TCP/IP
소켓 프로그래밍 2판

지은이 **김선우** promche@gmail.com

서울대학교 천문학과와 컴퓨터공학부를 졸업하고, 동 대학원에서 컴퓨터공학을 전공했습니다. 비트교육센터 강사로 윈도우/리눅스 분야를 교육했으며, 현재는 이레이어 시스템 수석 연구원으로 삼성전자 등 기업 위주의 임베디드/모바일/.NET/AI 기술 교육과 더불어 교육 관련 개발도 병행하고 있습니다. 저서로 『IT CookBook, 쉽게 배우는 MFC 윈도우 프로그래밍』(한빛아카데미, 2020), 『IT CookBook, 단계별로 배우는 안드로이드 프로그래밍』(한빛아카데미, 2017) 등 일곱 권이 있고, 역서로 『찰스 페졸드의 Programming Windows, 5th Edition』(한빛미디어, 2004)이 있습니다.

TCP/IP 소켓 프로그래밍 2판

초판발행 2022년 6월 30일
2쇄발행 2024년 1월 20일

지은이 김선우 / **펴낸이** 전태호
펴낸곳 한빛아카데미(주) / **주소** 서울시 서대문구 연희로2길 62 한빛아카데미(주) 2층
전화 02-336-7112 / **팩스** 02-336-7199
등록 2013년 1월 14일 제2017-000063호 / **ISBN** 979-11-5664-606-8 93000

총괄 박현진 / **책임편집** 유경희 / **기획** 유경희 / **편집** 박서연 / **진행** 정지윤
디자인 표지 이아란, 내지 박정화 / **전산편집** 김미경 / **제작** 박성우, 김정우
영업 김태진, 김성삼, 이정훈, 임현기, 이성훈, 김주성 / **마케팅** 길진철, 김호철, 심지연

이 책에 대한 의견이나 오탈자 및 잘못된 내용에 대한 수정 정보는 아래 이메일로 알려주십시오.
잘못된 책은 구입하신 서점에서 교환해 드립니다. 책값은 뒤표지에 표시되어 있습니다.
홈페이지 www.hanbit.co.kr / 이메일 question@hanbit.co.kr

윈도우&
리눅스

TCP/IP 소켓 프로그래밍 2판

김선우 지음

한빛아카데미
Hanbit Academy, Inc.

윈도우/리눅스 네트워크 프로그래밍으로 바닥 기술 다지기

요즘은 소프트웨어 프레임워크의 전성시대라고 할 만큼 소프트웨어 분야에서 다양한 프레임워크가 사용되고 있습니다. 프레임워크는 개발자가 저수준의 세세한 동작에 신경 쓰지 않고도 원하는 소프트웨어 결과물을 만들어내는 데 최적화되어 있다는 장점이 있습니다. 그러나 저수준의 기술을 아예 모른다면 학습하기도 쉽지 않고 문제 발생 시 대처하기도 어렵다는 문제가 있습니다.

이 책에서 다루는 네트워크 프로그래밍은 통신 기능을 가지는 모든 소프트웨어 프레임워크의 저수준 기술에 해당합니다. 개발자가 세세한 동작에 신경을 써야 하고 운영체제 자체를 제외하고는 누구도 대신하지도, 책임져주지도 않는 세계라고 할 수 있습니다. 하지만 잘 습득해두면 네트워크 통신 기능을 제공하는 어떤 소프트웨어 프레임워크를 만나더라도 내부 동작을 머릿속에 그릴 수 있는 탄탄한 기반 지식이 되는 기술이라고 할 수 있습니다.

이 책은 소켓을 이용한 네트워크 프로그래밍을 주요 내용으로 하되 실용적인 관점에서 직렬 통신이나 블루투스 통신도 함께 다룹니다. 주요 특징을 소개하면 다음과 같습니다.

❶ 윈도우와 리눅스 운영체제(OS) 지원

윈도우와 리눅스 OS에서 네트워크 프로그램을 작성하는 데 필요한 이론과 예제 코드를 제공합니다. 대부분 내용은 두 OS에 공통으로 적용할 수 있지만 그렇지 않을 때(멀티스레드, 소켓 입출력 모델)는 장을 분리해서 따로 설명합니다. 리눅스는 대표적인 모바일 OS인 안드로이드의 기반이므로 안드로이드 기기 간 네트워크 통신에도 적용됩니다.

❷ C/C++와 C# 언어 지원

본문은 C/C++ 언어를 기반으로 진행하지만, 2장부터 9장까지의 핵심 코드는 C# 언어로도 구현해 파일로 제공합니다. 네트워크 통신은 근본적으로 하드웨어 독립성, OS 독립성, 언어 독립성을 가지는데, 이 책의 다양한 예제를 통해 단기간에 관련 경험을 쌓을 수 있습니다.

❸ IPv4/IPv6 기반 프로그래밍 지원

IPv4를 기본으로 하되 IPv6 지원 방법을 책 전반에 걸쳐 소개합니다. 특히 마지막 14장에서는 IPv4/IPv6, 윈도우/리눅스를 동시에 지원하는 실전 응용 프로그램을 제작함으로써 다양한 프로토콜과 OS를 동시에 지원하는 기법을 보여줍니다.

❹ 응용 프로그램 간 데이터 전송 기법

응용 프로그램 간 데이터를 효과적으로 주고받는 방법을 별도의 장을 할애하여 자세히 설명합니다. 현업에서 가장 중요한 부분이기도 하고, 잘못 구현하기 쉬운 주제이므로 시간을 들여 다양한 예제로 학습할 필요가 있습니다.

❺ 직렬 통신과 블루투스 통신 지원

TCP/IP 외에 직렬 통신과 블루투스 프로그래밍을 다룹니다. 직렬 통신은 오래된 하드웨어 통신 규격이지만 아직도 널리 쓰이고 있어서 학습해두기를 권장합니다. 블루투스는 스마트폰의 일반화로 널리 사용되는 무선 통신 프로토콜이므로 이론과 더불어 실질적인 활용이 가능한 소켓 프로그래밍 예제를 담았습니다. 직렬 통신과 블루투스 통신은 한정된 지면과 상이한 API 때문에 윈도우 OS에 한정해서 진행하지만, 기본 개념을 잘 익혀두면 다른 OS에서도 관련 API를 학습해서 적용할 수 있습니다.

이 책은 IT 관련 학부생을 대상으로 하는 강의용은 물론이고 개인 학습이나 현업 개발자들의 문제 해결에도 도움이 될 것입니다. 반복하여 읽고 연습문제를 풀어보며 실습함으로써 이 책에 담긴 내용을 최대한 자신의 것으로 만들 수 있기를 바랍니다. 필자의 부족함으로 인해 혹시라도 잘못된 부분이 있다면 언제든지 따끔한 지적도 해주길 부탁합니다.

마지막으로, 도움을 주신 분들께 특별히 감사의 마음을 전하고 싶습니다. 우선 필자의 까탈스러운 집필 스타일 때문에 고생하신 한빛아카데미(주) 식구들에게 감사드립니다. 항상 이해하며 배려해주는 사랑하는 아내와 귀염둥이 기태와 정태, 멀리서 항상 염려해주시는 어머니와 가족, 가까이에서 시시때때로 도움을 주시는 임보영 님, 업무 일정을 차질 없이 조율해주시는 박규환 대표님, 그리고 변함없이 소식을 주고받는 오랜 친구들에게도 고마움을 전합니다.

저자 **김선우**

이 책의 사용 설명서

| 강의 보조 자료 |

한빛아카데미 홈페이지에서 '교수회원'으로 가입하신 분은 인증 후 교수용 강의 보조 자료를 제공받을 수 있습니다. 한빛아카데미 홈페이지 상단의 〈교수전용공간〉 메뉴를 클릭하세요.

http://www.hanbit.co.kr/academy

| 학습 보조 자료 |

학습에 필요한 자료는 아래 주소에서 내려받을 수 있습니다. 운영체제(윈도우, 리눅스)와 언어별(C/C++, C#) 예제 사용법은 PDF로 함께 제공합니다.

http://www.hanbit.co.kr/src/4606

| 연습문제 해답 안내 |

본 도서는 대학 강의용 교재로 개발되었으므로 연습문제 해답은 제공하지 않습니다.

| 실습 환경 |

- **윈도우:** 윈도우 10 이상 권장, 비주얼 스튜디오 2022/2019/2017
- **리눅스:** Ubuntu 또는 Fedora 권장, g++ 컴파일러와 make

| 본문 구성 |

❶ **준비 학습(1~3장)** 네트워크 프로그래밍에 필요한 이론과 개념을 다루고, 소켓 프로그래밍의 특징과 장단점을 소개합니다. 또한 소켓 프로그래밍을 본격적으로 시작하기 위한 필수 함수와 자료 구조를 단계적으로 익힙니다.

❷ **기본 학습(4~10장)** TCP와 UDP 서버-클라이언트를 중심으로 소켓 응용 프로그램의 기본 구조와 핵심 함수의 사용법을 학습합니다. 코드는 IPv4를 기본으로 작성하되 IPv6를 지원하는 방법도 소개합니다. 또한 실용적인 서버-클라이언트 구현을 위해 필요한 다양한 데이터 전송 방법과 동시 작업 처리 기법, 소켓 옵션을 이용한 세부 제어, GUI 소켓 응용 프로그램 제작 방법을 다룹니다.

❸ **심화 학습(11~13장)** 기본 학습에서 구현한 서버의 효율성을 개선하여 시스템 자원을 적게 사용하면서도 다수의 클라이언트를 효율적으로 처리할 수 있게 해주는 다양한 소켓 입출력 모델을 윈도우와 리눅스 운영체제로 나누어 학습합니다. 그 밖의 실용적인 주제로 직렬 통신과 블루투스 통신을 다룹니다.

❹ **실전 프로젝트(14장)** 실전 응용 프로그램을 제작하는 과정을 통해 소켓 함수와 서버 작성 모델을 종합적으로 정리합니다. IPv4/IPv6와 윈도우/리눅스를 지원하는 서버, IPv4/IPv6와 윈도우를 지원하는 클라이언트를 각각 콘솔과 GUI 응용 프로그램 형식으로 제작합니다.

| 운영체제에 따른 학습 순서 |

윈도우와 리눅스 운영체제별로 학습할 경우에는 다음 순서로 학습을 진행합니다.

- 윈도우: 1장 → 2장 → 3장 → 4장 → 5장 → 6장 → 8장 → 9장 → 10장 → 11장 → 13장 → 14장
- 리눅스: 1장 → 2장 → 3장 → 4장 → 5장 → 6.1절 → 7장 → 8장 → 9장 → 12장 → 14장

| 구성 요소 |

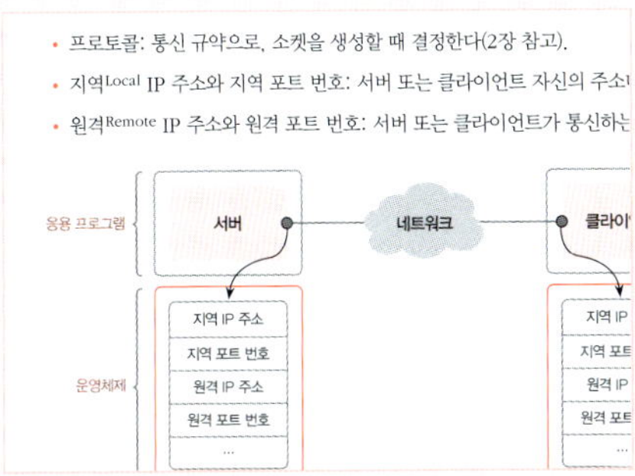

- 프로토콜: 통신 규약으로, 소켓을 생성할 때 결정한다(2장 참고).
- 지역Local IP 주소와 지역 포트 번호: 서버 또는 클라이언트 자신의 주소
- 원격Remote IP 주소와 원격 포트 번호: 서버 또는 클라이언트가 통신하는

본문

주요 개념을 쉽게 설명하고, 그림과 표를 활용해 개념 간의 관계를 명확히 보여줍니다. 특히 윈도우와 리눅스 문법이 다른 부분은 함께 살펴볼 수 있도록 구분해서 표기했습니다.

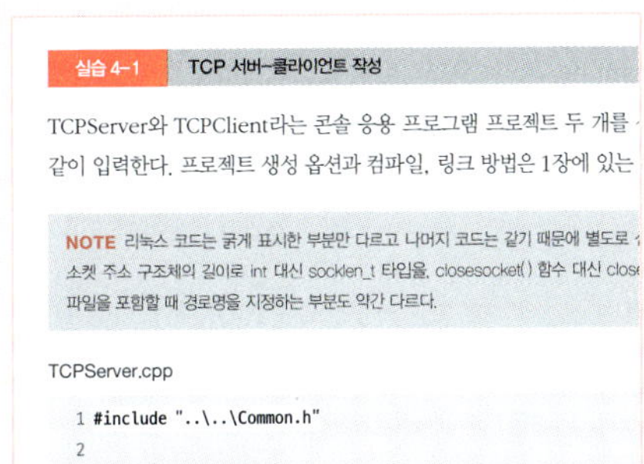

실습 4-1 TCP 서버-클라이언트 작성

TCPServer와 TCPClient라는 콘솔 응용 프로그램 프로젝트 두 개를
같이 입력한다. 프로젝트 생성 옵션과 컴파일, 링크 방법은 1장에 있는

NOTE 리눅스 코드는 굵게 표시한 부분만 다르고 나머지 코드는 같기 때문에 별도로
소켓 주소 구조체의 길이로 int 대신 socklen_t 타입을, closesocket() 함수 대신 close
파일을 포함할 때 경로명을 지정하는 부분도 약간 다르다.

TCPServer.cpp

```
#include "..\..\Common.h"

```

실습

주요 개념과 원리를 직접 구현하고 활용해 볼 수 있습니다.

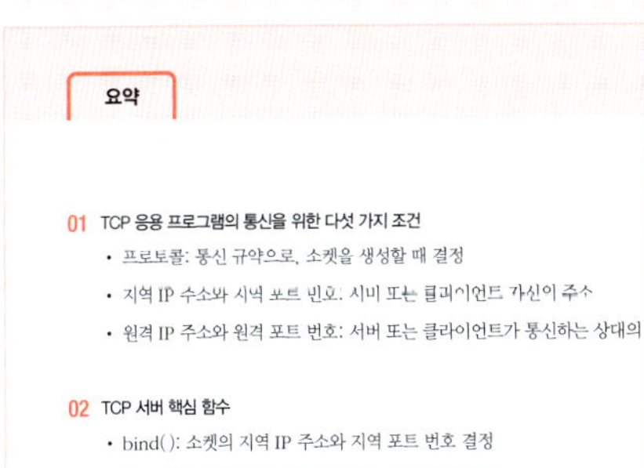

요약

01 TCP 응용 프로그램의 통신을 위한 다섯 가지 조건

- 프로토콜: 통신 규약으로, 소켓을 생성할 때 결정
- 지역 IP 주소와 지역 포트 번호: 서버 또는 클라이언트 자신의 주소
- 원격 IP 주소와 원격 포트 번호: 서버 또는 클라이언트가 통신하는 상대의

02 TCP 서버 핵심 함수

- bind(): 소켓의 지역 IP 주소와 지역 포트 번호 결정
- listen(): 소켓의 TCP 상태를 LISTENING으로 변경

요약

장이 끝날 때마다 핵심 내용을 요약 • 정리합니다. 배운 내용을 복습하면서 전체적인 맥락을 파악할 수 있습니다.

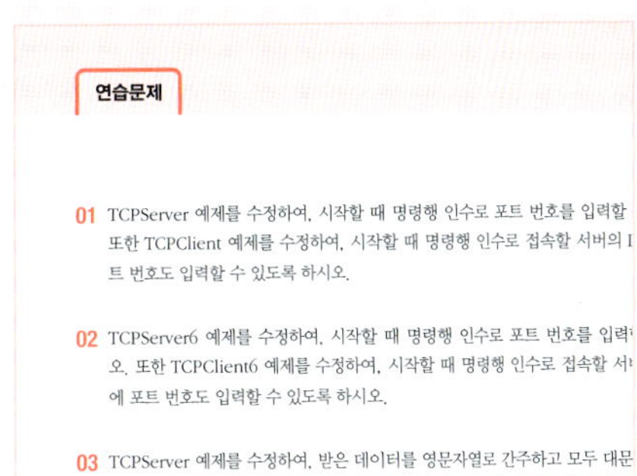

연습문제

01 TCPServer 예제를 수정하여, 시작할 때 명령행 인수로 포트 번호를 입력할
또한 TCPClient 예제를 수정하여, 시작할 때 명령행 인수로 접속할 서버의 I
트 번호도 입력할 수 있도록 하시오.

02 TCPServer6 예제를 수정하여, 시작할 때 명령행 인수로 포트 번호를 입력
오. 또한 TCPClient6 예제를 수정하여, 시작할 때 명령행 인수로 접속할 서
에 포트 번호도 입력할 수 있도록 하시오.

03 TCPServer 예제를 수정하여, 받은 데이터를 영문자열로 간주하고 모두 대문

연습문제

다양한 유형의 문제 풀이를 통해 본문에서 학습한 내용을 꼼꼼하게 응용할 수 있습니다.

차례

Chapter 01 네트워크와 소켓 프로그래밍

Chapter 02 소켓 시작하기

차례

Chapter 04 TCP 서버-클라이언트

Chapter 05 데이터 전송하기

차례

Chapter 07 멀티스레드: 리눅스

Chapter 08 UDP 서버-클라이언트

Chapter 09 소켓 옵션

Chapter 10 GUI 소켓 응용 프로그램: 윈도우

Chapter 11 소켓 입출력 모델: 윈도우

Chapter 12 소켓 입출력 모델: 리눅스

Chapter 13 직렬 통신과 블루투스 통신: 윈도우

Chapter 14 IPv4/IPv6 + TCP/UDP 지원 데이터 전송 프로그램

Chapter

01

네트워크와 소켓 프로그래밍

학습목표

- TCP/IP 프로토콜의 동작 원리를 살펴본다.
- 소켓의 기본 개념을 이해한다.
- 소켓의 역사와 특징을 살펴본다.
- 소켓 프로그램을 작성하고 실행하는 과정을 이해한다.

01 TCP/IP 프로토콜 개요

이 절에서는 네트워크 프로그래밍을 위한 준비 과정으로, 인터넷의 바탕을 이루는 TCP/IP 프로토콜을 살펴본다. 소켓 프로그래밍에 필요한 핵심 내용을 위주로 소개하므로 그 외의 사항은 관련 서적을 참고하도록 한다.

1 TCP/IP 프로토콜 구조

인터넷을 통해 통신을 수행하는 개체는 크게 호스트와 라우터로 나눌 수 있다. 호스트Host는 최종 사용자End-user의 응용 프로그램을 수행하는 주체로, 인터넷에 연결된 PC, 노트북, 스마트폰, 태블릿 등이 여기에 속한다. 라우터Router는 호스트에서 생성된 데이터를 여러 네트워크를 거쳐 전송함으로써 서로 다른 네트워크에 속한 호스트 간에 데이터를 교환할 수 있도록 하는 장비다. 호스트와 라우터, 라우터와 라우터 그리고 호스트와 호스트가 통신하려면 정해진 절차와 방법을 따라야 하는데, 이를 통신 프로토콜Communication Protocol(이하 프로토콜)이라고 부른다. [그림 1-1]에서 ❶~❹는 모두 상호 약속한 프로토콜을 이용하여 통신을 수행한다.

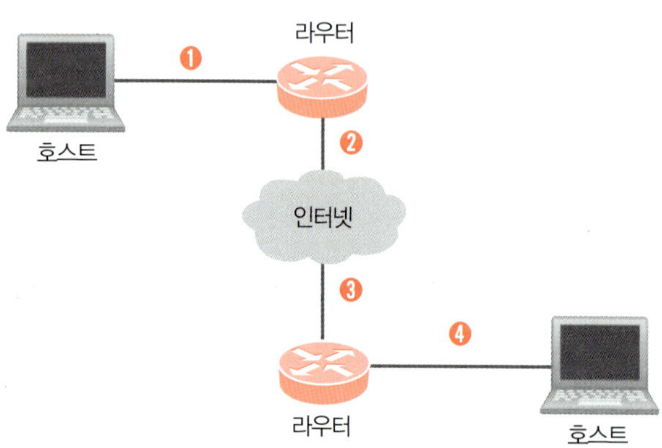

그림 1-1 인터넷 통신

인터넷에서 사용하는 핵심 프로토콜은 TCP와 IP로, 이를 비롯한 각종 프로토콜을 총칭하여 TCP/IP 프로토콜이라고 부른다. TCP/IP 프로토콜은 [그림 1-2]와 같이 운영체제의 일부로 구현되어 제공되며, 응용 프로그램은 TCP/IP 프로토콜의 서비스를 사용하여 통신한다. [그림 1-2]에서 통신을 수행하는 주체이자 통신의 최종 목적지는 호스트 자체가 아닌 호스트에서 수행하는 응용 프로그램이라는 점에 주목한다.

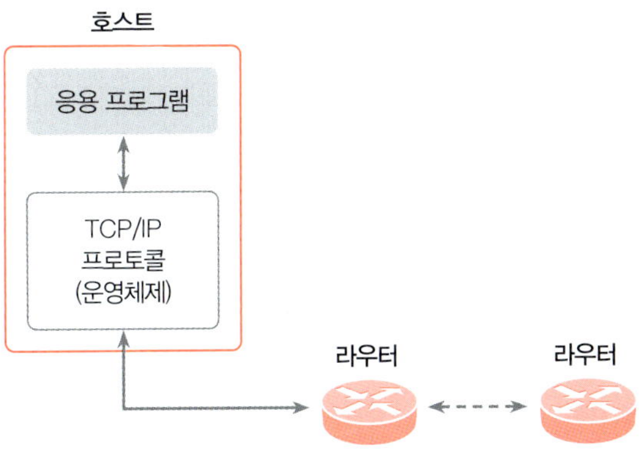

그림 1-2 TCP/IP 프로토콜을 사용한 통신

응용 프로그램 간의 통신을 위해서는 다양한 요구 사항을 만족해야 한다. 그 예로는 통신할 대상(호스트 자체와 호스트에서 수행하는 응용 프로그램)을 지정하는 상호 약속된 방법, 전송 오류 확인 기능, 오류 발생 시 재전송 기능, 데이터의 순서 관계 유지 등을 들 수 있다. 통신 프로토콜은 그 종류에 따라 이런 요구 사항 중 일부 또는 전체 기능을 제공해준다. 따라서 응용 프로그래머는 각 프로토콜의 특성에 대한 이해를 토대로 적절한 프로토콜을 선택하고, 제공되지 않는 기능이 있다면 직접 구현할 수 있어야 한다.

통신 프로토콜은 기능별로 나누어 계층적으로 구현하는 것이 일반적이며, TCP/IP 프로토콜도 이 구조를 따른다. [그림 1-3]에 나타낸 TCP/IP 프로토콜의 계층별 기능을 요약하면 다음과 같다.

그림 1-3 TCP/IP 프로토콜 구조

네트워크 접근 계층

네트워크 접근 계층Network Access Layer은 물리적 네트워크를 통한 실제 데이터 송수신을 담당한다. 구성 요소로는 물리적 신호를 처리하여 데이터를 송수신하는 네트워크 하드웨어와 운영체제가 제공하는 장치 드라이버가 있다.

네트워크 접근 계층에서는 하드웨어적으로 정의된 물리적 주소Physical Address를 사용하여 통신한다. 물리적 주소는 네트워크 방식에 따라 다르며 일반적으로 상호 호환되지 않는다. 예를 들어 이더넷Ethernet에서는 48비트 물리적 주소를 사용하는데, 윈도우에서는 [그림 1-4]의 그림 (a)와 같이 ipconfig /all 명령으로, 리눅스에서는 그림 (b)와 같이 ifconfig 명령으로 확인할 수 있다.

> **NOTE** 48비트 물리적 주소가 16진수로 표시된다는 것에 유의한다. 리눅스는 설치 옵션에 따라 ifconfig 명령이 없을 수도 있는데, 이런 경우에는 패키지 관리자를 이용하여 적절한 패키지를 설치해 주어야 한다. 예를 들어, 우분투Ubuntu 리눅스 사용자라면 'sudo apt install net-tools' 명령을 실행하여 설치할 수 있다.

(a) 윈도우

(b) 리눅스

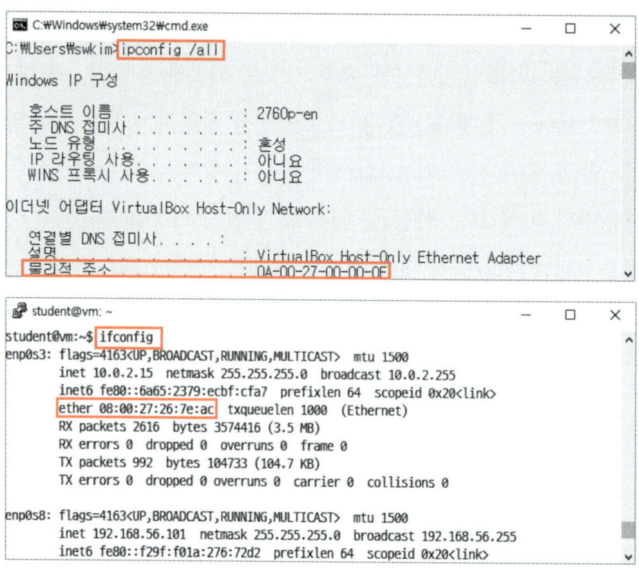

그림 1-4 물리적 주소 확인

인터넷 계층

인터넷 계층Internet Layer은 네트워크 접근 계층의 도움을 받아 데이터를 목적지 호스트까지 전달하는 역할을 한다. 네트워크 접근 계층처럼 주소를 지정하는 방법이 필요한데, 하드웨어적으로 정의된 물리적 주소 대신 소프트웨어적으로 정의된 논리적 주소인 IP 주소Internet Protocol Address를 사용한다.

IP 주소는 네트워크 접근 계층에서 사용하는 물리적 주소와는 별개로 정의하며, 전 세계적으로 유일성을 보장한다. 서로 다른 기술에 기반한 물리적 네트워크를 연결하여 좀 더 규모가 큰 인터-네트워크Inter-network를 구성하려면 물리적 주소와 무관한 단일 주소 지정 방식이 필요한데, IP 주소가 이런 요구 사항을 만족한다. 즉, IP 주소는 통신에 참여하는 개체 각각에 유일성을 지정하여 제공한다. IP 주소의 유일성과 하드웨어의 독립성을 기반으로 TCP/IP 프로토콜은 다양한 네트워크 기술과 하드웨어에서 작동할 수 있으며, 이를 통해 전 세계적인 네트워크인 인터넷Internet을 만들 수 있게 되었다.

실제 통신을 하려면 전송 경로를 결정하고 그에 따라 데이터를 전달하는 작업인 라우팅이 필요하다. 라우팅Routing은 데이터를 목적지까지 전달하는 일련의 작업을 가리키는 용어로, 라우팅에 필요한 정보를 수집하는 작업과 라우팅 정보를 기초로 실제 데이터를 전달하는 작업을 포함한다. 라우팅을 담당하는 전용 장비인 라우터Router를 통해 서로 다른 네트워크에 연결된 호스트가 통신할 수 있다.

전송 계층

전송 계층Transport Layer은 최종 통신 목적지를 지정하고 오류 없이 데이터를 전송하는 역할을 한다. 앞서 언급한 인터넷 계층의 역할은 IP 주소와 라우팅을 이용하여 목적지 호스트에 데이터가 도달할 수 있도록 하는 것이다. 그러나 통신의 최종 목적지는 호스트가 아닌 해당 호스트에서 실행되는 프로세스(응용 프로그램)다. 전송 계층에서는 프로세스를 지정하는 16비트 주소를 사용하는데, 이를 포트 번호Port Number라고 한다.

인터넷 계층의 IP가 제공하는 전송 서비스는 최선을 다하지만Best-effort 신뢰성은 없다Unreliable는 특징이 있다. 즉, 데이터에 문제가 생기면 목적지에 도달하지 못하는 상황이 발생할 수 있고, 목적지에 도달해도 실제 데이터의 내용이 손상되었을 가능성도 있다. 전송 계층에서는 이런 데이터 손실 또는 손상을 검출하여 잘못된 데이터가 목적지에 전달되지 않도록 한다.

전송 계층에 해당하는 인터넷 프로토콜로는 TCP Transmission Control Protocol와 UDP User Datagram Protocol가 있다. 응용 프로그램에서 데이터 전송을 위해 TCP를 사용할 때는 TCP/IP로, UDP를 사용할 때는 UDP/IP로 표기한다. TCP와 UDP 프로토콜의 특징은 다음과 같다.

표 1-1 TCP와 UDP의 특징

항목	TCP	UDP
❶	연결형Connection-oriented 프로토콜: 연결 설정 후 통신 가능	비연결형Connectionless 프로토콜: 연결 설정 없이 통신 가능
❷	신뢰성 있는 데이터 전송: 필요시 데이터 재전송	신뢰성 없는 데이터 전송: 데이터 재전송하지 않음
❸	일대일 통신Unicast	일대일 통신Unicast 일대다 통신Broadcast, Multicast
❹	데이터 경계 구분 안 함: 바이트 스트림Byte-Stream 서비스	데이터 경계 구분함: 데이터그램Datagram 서비스

NOTE TCP를 사용한다고 해서 데이터 전송이 반드시 성공하는 것은 아니다. 랜선이 빠지는 등의 물리적인 연결이 끊어지는 상황을 소프트웨어적으로 막을 수는 없기 때문이다. TCP의 신뢰성은 신뢰성 있는 전송 또는 신뢰성 있는 오류 감지로 보는 편이 정확하다.

응용 계층

응용 계층Application Layer은 전송 계층을 기반으로 하는 다수의 프로토콜(Telnet, FTP, HTTP, SMTP 등)과 이 프로토콜을 사용하는 응용 프로그램을 포괄한다. 이 책에서 다룰 소켓으로 구현한 네트워크 프로그램도 여기에 속한다.

2 데이터 전송 원리

앞서 소개한 TCP/IP 프로토콜 구조를 토대로 데이터 전송 원리를 살펴보자. 송신 측 호스트의 응용 프로그램이 보내는 데이터를 수신 측 호스트의 응용 프로그램에 전송하려면 각 프로토콜에서 정의한 제어 정보(IP 주소, 포트 번호, 오류 체크 코드 등)가 필요하다. 제어 정보는 위치에 따라 앞쪽에 붙는 헤더Header와 뒤쪽에 붙는 트레일러Trailer로 나뉜다. 데이터는 이런 제어 정보가 결합한 형태로 전송되며, 이를 패킷Packet이라고 부른다. 즉, 패킷은 '제어 정보 + 데이터'로 정의할 수 있다.

이더넷에 연결된 두 호스트가 TCP/IP를 사용하여 데이터를 교환할 때 패킷의 전송 형태는 [그림 1-5]와 같다. 그림 (a)와 같이 송신 측 응용 프로그램에서 보낸 데이터는 TCP/IP/이더넷 계층을 지나면서 헤더 또는 트레일러 형태의 제어 정보가 덧붙어 패킷이 생성된다. 이 패킷이 수신 측에 도달하면 그림 (b)와 같이 이더넷/IP/TCP 계층을 지나면서 헤더 또는 트레일러 형태의 제어 정보가 제거되고, 최종적으로 수신 측 응용 프로그램에 데이터가 전달된다.

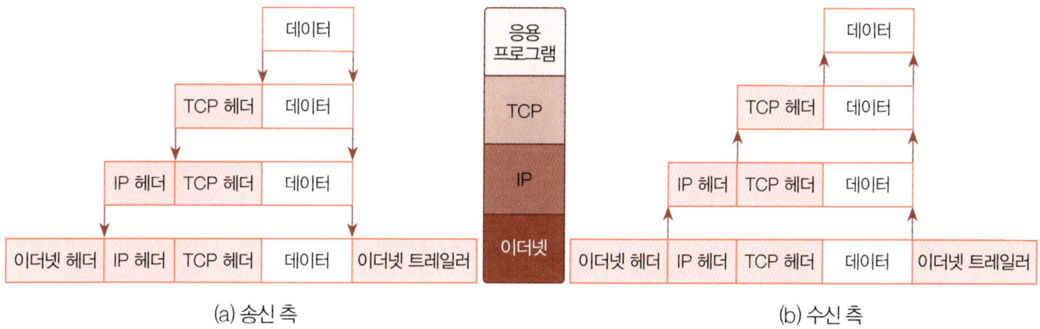

그림 1-5 패킷 전송 형태

이와 같은 패킷 전송 형태를 각 계층의 관점에서 보면 [그림 1-6]과 같다. 각 계층은 동일 위치의 상대편 계층과 통신하는 것으로 간주할 수 있다. 예를 들면, 송신 측 응용 프로그램이 보낸 데이터는 TCP/IP/이더넷을 거쳐 제어 정보가 덧붙은 형태로 전송되지만, 궁극적으로 수신 측 응용 프로그램은 모든 제어 정보가 제거된 데이터만 받는다. 따라서 응용 프로그래머는 주고받을 데이터에만 집중하여 구현하고, 나머지는 운영체제가 제공하는 프로토콜이 처리하도록 맡기면 된다.

그림 1-6 패킷 전송 형태: 계층별

NOTE 송신 측에서 보낸 이더넷 패킷이 그대로 수신 측에 도달하는 경우는 두 호스트가 같은 물리적 네트워크에 있을 때뿐이다. 따라서 이더넷 패킷은 별도로 표시하지 않았다.

TCP/IP 프로토콜을 사용한 데이터 전송 원리를 일반화하면 [그림 1-7]과 같다. 응용 계층과 전송 계층은 종단에서만End-to-end 존재하고 작동하며, 하부 계층이 제공하는 기능을 통해 가상적인 연결이 존재하는 것으로 간주한다. 반면 인터넷 계층은 호스트와 라우터에 모두 존재하고 작동하며, IP 주소와 라우팅 기능을 통해 패킷 전송 경로를 결정한다. 실제 패킷 전송에는 네트워크 접근 계층이 제공하는 물리적 주소를 사용하는데, 물리적 주소는 패킷이 라우터를 통과할 때마다 다음 지점의 물리적 주소로 계속 변경되면서 최종 목적지 호스트에 도달한다.

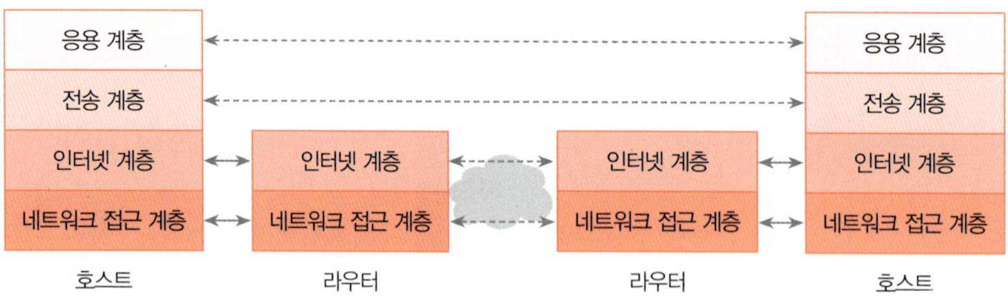

그림 1-7 패킷 전송 형태: 인터넷

3 IP 주소, 포트 번호

TCP/IP 프로토콜을 사용하여 통신할 때는 IP 주소와 포트 번호를 사용한다. IP 주소는 IPv4(IP 버전 4)와 IPv6(IP 버전 6) 두 종류가 있으며, 각각 32비트와 128비트 값을 사용한다. 다음 예와 같이 IPv4는 8비트 단위로 점(.)으로 구분하여 10진수 네 개로 표기한다. IPv6는 16비트 단위로 콜론(:)으로 구분하여 16진수 여덟 개로 표기한다. 이를 각각 Dotted-decimal notation, Colon-hexadecimal notation이라고 부른다.

- IPv4 주소 – 147.46.114.70
- IPv6 주소 – 2001:0230:abcd:ffab:0023:eb00:ffff:1111

폐쇄된 네트워크이거나 IP를 공유하는 경우가 아니면 IP 주소는 전 세계적으로 값이 유일하다. 라우터가 라우팅할 때는 IP 헤더에 포함된 고유한 수신자 IP 주소를 사용하며, 데이터를 받은 쪽에서 응답을 보낼 때는 IP 헤더에 포함된 고유한 송신자 IP 주소를 사용한다.

IP 주소는 인터넷에 있는 호스트를 유일하게 구별할 수 있으나 통신의 최종 주체인 프로세스를 식별하지는 못한다. 프로세스 식별자로는 16비트 포트 번호를 사용한다. 흔히 포트 번호는 프로세스를 구별하는 번호로 알려져 있다. 그러나 [그림 1-8]처럼 실제로는 한 프로세스가 포트 번호를 두 개 이상 사용하는 경우가 종종 있으며, 둘 이상의 프로세스가 한 포트 번호를 사용할 수도 있다. 따라서 포트 번호는 프로세스를 구별하는 번호라기보다 통신의 종착점(하나 혹은 여러 프로세스)을 나타내는 번호로 이해하도록 한다.

TCP와 UDP는 부호 없는 16비트 정수를 포트 번호로 사용하기 때문에 0~65535 범위가 가능하다. 하지만 모든 범위를 자유롭게 쓸 수 있는 것은 아니다. [표 1-2]는 포트 번호를 영역별로 나눈 것이다. 구체적인 내용은 포트 번호를 관리하는 공식 사이트(http://www.iana.org/assignments/port-numbers)를 참고한다. 주의할 점은 포트 번호 0~1023은 용도가 정해져 있으므로 함부로 사용하면 안 된다는 것이다. 일반적으로 응용 서버를 작성할 때는 1024~49151 범위에서 하나 또는 일부를 선택하여 사용하는 것이 바람직하다.

표 1-2 영역별 포트 번호

포트 번호	분류
0~1023	알려진 포트 Well-known Ports
1024~49151	등록된 포트 Registered Ports
49152~65535	동적/사설 포트 Dynamic and/or Private Ports

IP 주소와 포트 번호의 관계를 도식화하면 [그림 1-8]과 같다. 이 그림은 IP 주소 두 개를 보유한 호스트를 나타낸다. 한 프로세스가 둘 이상의 TCP 혹은 UDP 포트를 사용하거나 한 포트 번호를 두 개 이상의 프로세스가 사용하는 상황을 보여준다.

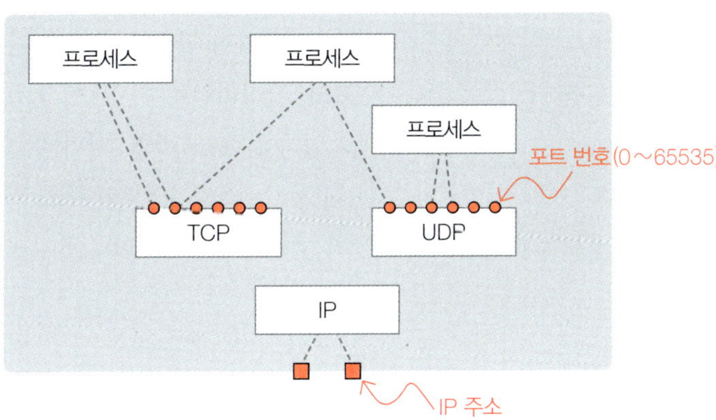

그림 1-8 IP 주소와 포트 번호

숫자로 이루어진 IP 주소는 기억하는 데 어렵고 불편하여 'www.microsoft.com'과 같은 도메인 이름Domain Name을 사용하는 경우가 많다. 도메인 이름은 IP 주소에 대한 별명에 불과하므로 실제 통신할 때는 IP 주소로 변환해야 한다. 도메인 이름과 IP 주소 사이의 변환 방법은 3장에서 다룬다.

4 클라이언트-서버 모델

네트워크 프로그램은 일반적으로 클라이언트-서버 모델Client-Server Model로 작성한다. 클라이언트-서버는 두 프로그램이 상호 작용하는 방식을 나타내는 용어로, 서비스를 요청하는 쪽을 클라이언트Client, 클라이언트가 요청한 서비스를 처리하는 쪽을 서버Server라고 부른다.

한 컴퓨터에서 실행되는 두 프로그램 사이의 데이터 교환에 클라이언트-서버 모델을 적용할 때는 다양한 프로세스 간 통신IPC; Inter-Process Communication 기법을 사용할 수 있다. 반면, 네트워크로 연결된 컴퓨터에서 각각 실행되는 두 프로그램에 적용할 때는 반드시 통신 프로토콜을 사용해야만 데이터를 주고받을 수 있다.

클라이언트-서버 모델의 필요성을 알아보기 위해 다음 두 예를 살펴보자. [그림 1-9(a)]는 서로 다른 호스트에서 실행되는 두 프로그램이 상호 접속하는 경우다. 접속이 성공하려면 반드시 상대 프로그램이 실행 중이어야 한다. 즉, 동시 접속 모델을 사용하면 타이밍 문제 때문에 접속이 실패할 확률이 높아지고, 결과적으로 통신할 수 없는 경우가 발생하게 된다.

클라이언트-서버 모델에서는 이와 같은 문제가 자연스럽게 해결된다. [그림 1-9(b)]와 같이 한 프로세스가 먼저 실행하여 대기하고 다른 프로세스가 나중에 실행하여 접속하면 된다. 이때 먼저 실행하는 쪽이 서버, 나중에 실행하는 쪽이 클라이언트다. 클라이언트가 서버에 접속하려면 서버의 IP 주소(또는 도메인 이름)와 포트 번호를 알고 있어야 한다. 반면, 서버는 클라이언트의 주소를 미리 알 필요가 없다. 클라이언트가 보낸 패킷에는 클라이언트의 주소 정보가 모두 들어 있으므로 서버는 이 정보를 이용하여 언제든지 클라이언트에 데이터를 보낼 수 있다.

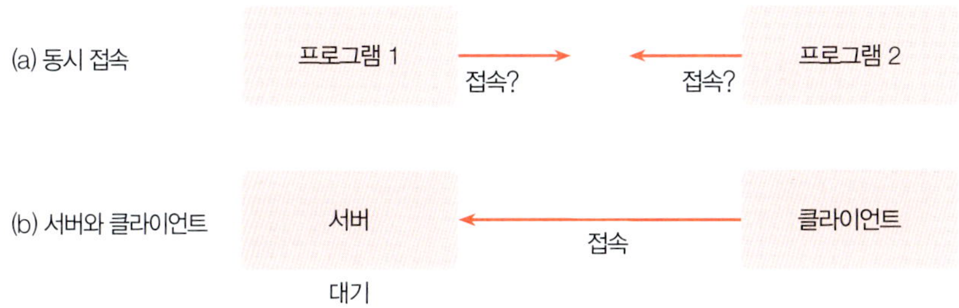

그림 1-9 두 프로그램의 통신

클라이언트-서버 모델은 두 프로그램의 상호 작용 모델로 잘 어울리고 로컬 통신과 네트워크 통신에 모두 적합하여 널리 사용된다. 앞으로 작성할 예제도 클라이언트-서버 모델을 따라 구현한다.

여기서 잠깐! | **루프백 주소**

네트워크 프로그래밍을 할 때 유용한 IP 주소로 루프백 주소Loopback Address가 있다. IPv4에서는 127.0.0.1, IPv6에서는 0:0:0:0:0:0:0:1(줄여서 ::1로 표기)로 정의되어 있다. 루프백 주소는 인터넷에 있는 호스트나 라우터의 고유 주소로는 할당되지 않으며, 시스템 자신을 나타내는 의미로 내부적으로만 사용된다. 예를 들어, 다음 그림과 같이 ping 프로그램을 사용하여 루프백 주소로 데이터를 보내면, ping을 실행하고 있는 해당 컴퓨터가 응답한다. 즉, 외부로는 데이터가 전송되지 않는다. 루프백 주소는 한 컴퓨터에서 네트워크 프로그램을 작성하고 테스트할 때 매우 유용하여 이 책에서도 자주 사용한다. 루프백 주소로 데이터를 주고받을 때는 일반적인 통신 네트워크와 달리 전송 지연이나 오류가 생기지 않는다. 초기 개발 단계에서는 루프백 주소를 사용하더라도 최종 단계에서는 실제 네트워크 환경에서 프로그램을 테스트해야 한다.

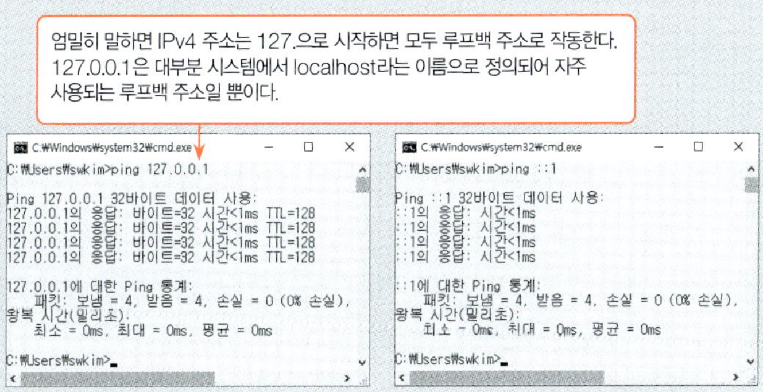

루프백 주소 사용 예

02 소켓의 개념

소켓은 원래 버클리 유닉스BSD UNIX; Berkeley Software Distribution UNIX에서 개발한 네트워크 프로그래밍 인터페이스다. 이를 윈도우에서 사용할 수 있게 만든 것을 윈도우 소켓Windows Sockets, 줄여서 윈속Winsock이라고 부르며, 윈도우 95부터 APIApplication Programming Interface에 정식으로 포함하여 제공한다.

네트워크 통신을 하려면 하드웨어의 신호 처리, 장치 드라이버의 하드웨어 제어, 운영체제의 프로토콜 구현 등 여러 계층의 협력이 필요하다. 하지만 네트워크 프로그램을 제작하는 데 있어 이 모든 분야의 지식을 다 알아야 하는 것은 아니다. 가령 TV 등의 전자 제품은 내부 회로를 몰라도 벽면의 소켓에 전원 코드를 꽂고 버튼만 누르면 사용할 수 있는 것처럼 네트워크 프로그램 역시 통신의 내부 처리 과정을 알지 못해도 데이터를 초기화하고 정해진 절차에 따라 함수를 호출하는 작업만으로 만들 수 있다.

네트워크 프로그램을 제작하는 방법은 여러 가지가 있지만 이 책에서는 다양한 플랫폼에서 널리 사용되는 소켓 프로그래밍을 위주로 학습한다. 소켓의 개념을 상세히 소개하기에 앞서 쉽게 이해할 수 있도록 소켓 통신을 일반 전화 통신과 비교해보자.

[그림 1-10]에서 사람은 응용 프로그램, 전화는 소켓, 전화망은 인터넷에 대응한다. 그림 (a)와 같이 전화기에 대고 말한 내용이 상대방 전화기에서 들리듯이, 소켓에 넣은 데이터는 상대편 소켓을 통해 빠져나온다. 이를 좀 더 세부적으로 살펴보면 그림 (b)와 같다. 사람은 응용 프로그램, 내선 번호는 포트 번호, 대표 전화는 IP 주소, 전화망은 인터넷에 대응한다. 소켓은 포트 번호와 IP 주소 등의 통신 관련 정보를 포괄하는 개념으로 볼 수 있다.

소켓 프로그래밍에서 '소켓'이라는 용어의 의미를 데이터 타입, 통신 종단점, 네트워크 프로그래밍 인터페이스 등 세 가지 관점에서 살펴보자.

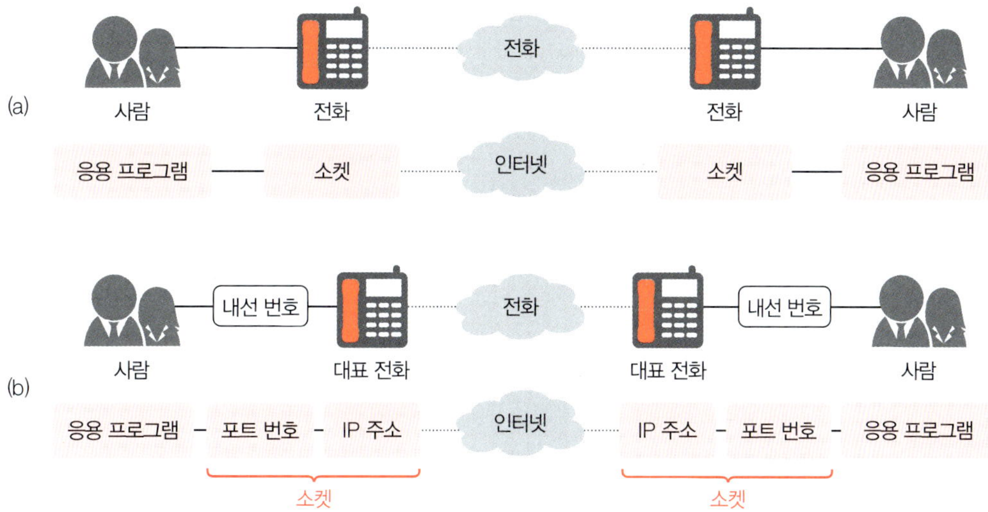

그림 1-10 전화 통신과 소켓 통신 비교

1 데이터 타입

소켓은 윈도우 프로그래밍에 사용되는 핸들Handle, 또는 리눅스 프로그래밍에 사용되는 파일 디스크립터File Descriptor와 유사한 개념이다. 일단 만들고 나면 함수를 호출하여 손쉽게 네트워크 통신을 수행할 수 있다. 다음 코드를 비교해보자. 파일 입출력 코드와 소켓 통신 코드의 형태가 비슷함을 알 수 있다.

```
int fd = open("myfile", ...); // 파일 생성
...
read(fd, ...);  // 데이터 읽기
write(fd, ...); // 데이터 쓰기
```

(a) 리눅스 파일 입출력

```
SOCKET sock = socket(...); // 소켓 생성
...
recv(sock, ...); // 데이터 받기
send(sock, ...); // 데이터 보내기
```

(b) 윈도우 소켓 통신

그림 1-11 파일 입출력 코드와 소켓 통신 코드 비교

NOTE 리눅스에서는 윈도우에서와 달리 소켓이 파일 디스크립터와 동등한 자격을 지닌다. 예를 들면, recv() 함수나 send() 함수 대신 read() 함수나 write() 함수로도 네트워크 통신을 할 수 있고, 데이터 타입도 파일 디스크립터와 마찬가지로 int 타입이다. 반면, 윈도우에서는 int 타입이 아닌 SOCKET이라는 별도 타입을 사용한다.

응용 프로그램이 통신하려면 다음과 같은 요소가 결정되어야 한다.

- 사용할 프로토콜(TCP/IP, UDP/IP 등)
- 송신 측 IP 주소
- 송신 측 포트 번호
- 수신 측 IP 주소
- 수신 측 포트 번호

이와 같은 정보는 운영체제에서 내부적으로 관리하며, 응용 프로그램은 소켓을 사용하여 이 정보에 접근할 수 있다. 소켓은 프로그래밍 관점에서 데이터 타입으로 볼 수 있는데, 생성과 설정 과정이 끝나면 운영체제의 통신 관련 정보를 참조하여 다양한 작업을 편리하게 할 수 있다.

2 통신 종단점

소켓은 응용 프로그램 관점에서 통신 종단점Communication end-point, 즉 통신의 출발점과 도착점이라고 볼 수 있다.

[그림 1-12]는 클라이언트가 서버에 데이터를 보내는 경우를 가정한 것이다. 클라이언트는 자신의 소켓이 서버 소켓과 연결된 것으로 생각하고 send( ) 함수를 호출하여 데이터를 보낸다. 서버도 자신의 소켓이 클라이언트 소켓과 연결된 것으로 생각하고 recv( ) 함수를 호출하여 데이터를 받는다. 서버가 클라이언트에 데이터를 보내는 경우도 같은 원리로 생각할 수 있다.

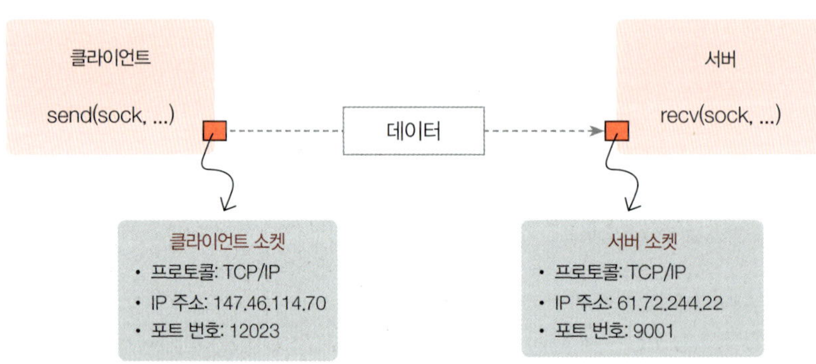

그림 1-12 소켓: 통신 종단점

3 네트워크 프로그래밍 인터페이스

소켓은 TCP/IP 프로토콜의 관점에서 네트워크 프로그래밍 인터페이스에 불과하다. 따라서 응용 프로그램이 통신하기 위해서 양쪽 모두 소켓을 사용해야 하는 것은 아니다. 둘 다 같은 프로토콜을 사용하고 정해진 형식과 절차에 따라 데이터를 주고받으면 된다.

소켓은 응용 프로그램 관점에서 [그림 1-13]과 같이 TCP/IP 프로토콜 구조의 응용 계층과 전송 계층 사이에 위치하는 인터페이스로 간주한다. 소켓 인터페이스를 사용하여 TCP나 UDP 프로토콜에 접근할 수 있다. 한편, 필요시 전송 계층을 건너뛰고 곧바로 인터넷 계층의 프로토콜(ICMP Internet Control Message Protocol, IGMP Internet Group Management Protocol, IP Internet Protocol)을 직접 사용할 수도 있지만 난도가 높고 실용적으로 사용할 일이 별로 없으므로 이 책에서는 다루지 않는다.

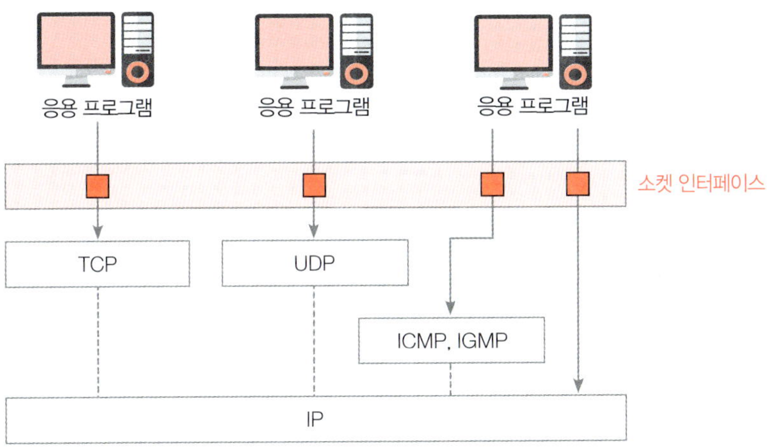

그림 1-13 소켓: 네트워크 프로그래밍 인터페이스

03 소켓의 특징과 구조

이 절에서는 윈도우 소켓을 중심으로 소켓의 특징과 구조를 살펴보고, 리눅스 소켓과의 비교도 진행한다. 역사적인 내용을 설명할 때만 '유닉스 소켓'이라는 표현을 사용하고 그 외에는 '리눅스 소켓'으로 표현했으니 참고한다.

1 소켓 특징

윈도우 소켓은 유닉스 소켓에 기반을 둔 네트워크 프로그래밍 인터페이스이므로 소스 코드 수준에서 비교적 호환성이 높다. 그러나 다음과 같은 이유로 유닉스 소켓 프로그래밍과는 다른 특징도 존재한다.

- 윈도우 소켓은 DLL Dynamic-Link Library을 통해 대부분의 기능이 제공되므로 DLL 초기화와 종료 작업을 위한 윈도우 전용 함수가 필요하다.
- 윈도우 프로그램은 대개 그래픽 사용자 인터페이스GUI; Graphical User Interface를 갖추고 메시지 구동 방식으로 동작하므로 이를 위한 확장 함수가 존재한다.
- 윈도우는 운영체제 차원에서 멀티스레드Multithread를 지원하므로 멀티스레드 환경에서 안정적으로 동작하기 위한 구조와 이를 위한 함수가 필요하다.

윈도우 버전별로 지원하는 윈속 버전은 [표 1-3]과 같다. 윈속 버전에 관한 내용은 2장에서 다시 설명할 것이다. 리눅스(유닉스) 소켓은 버전 개념이 없으므로 버전에 관한 설명은 하지 않는다.

표 1-3 윈속 버전 지원

윈도우 버전	윈속 버전
윈도우 95	1.1 (업그레이드를 통해 2.2 버전을 지원)
윈도우 98 이후 모든 버전	2.2

윈속 1.x 버전은 유닉스 소켓과 호환성을 제공하면서 TCP/IP 프로토콜을 지원하는 것을 목표로 설계되었다. 이후 윈속 2.x 버전부터는 다양한 프로토콜을 지원하도록 구조를 변경하고 함수를 추가했다. 윈도우와 리눅스 소켓에서 공통으로 지원하는 통신 프로토콜은 다음과 같다. 단, 윈도우 10 기준으로 지원하지 않는 프로토콜은 목록에서 제외했으며, 윈도우 또는 리눅스에서만 지원하는 프로토콜도 포함하지 않았다.

- IPv4 – 윈도우 95 이상
- IPv6 – 윈도우 XP SP1 이상
- Bluetooth – 윈도우 XP SP2 이상
- IrDA(적외선 통신) – 윈도우 98 이상

소켓을 사용하여 네트워크 프로그램을 작성하면 다음과 같은 장점이 있다.

- 윈도우와 리눅스 소켓은 소스 코드 수준에서 호환성이 높으므로 기존 코드를 이식하여 활용하기 쉽다.
- 가장 널리 사용하는 네트워크 프로그래밍 인터페이스이므로 한번 배워두면 여러 운영체제에서 사용할 수 있다.
- TCP/IP 외의 프로토콜도 지원하여 최소 코드 수정으로 응용 프로그램이 통신에 사용하는 프로토콜을 변경할 수 있다.
- 저수준의 프로그래밍 인터페이스이므로 세부 제어가 가능하여 고성능 네트워크 프로그램을 개발할 수 있다.

그러나 다음과 같은 단점도 있다.

- 프로그래머가 응용 프로그램 수준의 프로토콜을 직접 설계해야 한다. 즉, 주고받는 데이터 형식이나 전송 절차 등을 정해서 프로그래밍해야 하며, 설계 변경 시에는 코드를 수정해야 한다.
- 서로 다른 바이트 순서Byte Ordering를 사용하거나 데이터 처리 단위(32비트, 64비트 등)가 다른 호스트끼리 통신할 경우, 응용 프로그램 수준에서 데이터 변환을 처리해야 한다.

2 소켓 구조

윈도우 운영체제는 윈속 응용 프로그램을 위해 [그림 1-14]와 같은 구조를 제공한다. 윈속이 지원하는 대부분의 기능은 WS2_32.DLL로 제공되며, 윈속 1.x 응용 프로그램은 WSOCK32.DLL을 통해 궁극적으로 WS2_32.DLL의 기능을 사용한다. 표준 윈속 API 외에도 MS에서 확장한 API가 존재하며 MSWSOCK.DLL로 제공된다. WS2_32.DLL은 응용 프로그램이 실제로 사용할 하부 프로토콜을 선택하여 연결해준다.

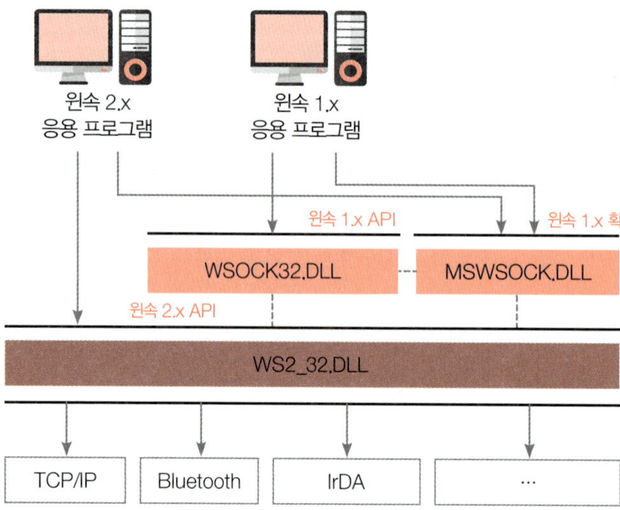

그림 1-14 윈도우 소켓 구조

> **NOTE** 64비트 윈도우에서는 32비트 DLL과 64비트 DLL이 각각 동일한 이름으로 제공된다. 예를 들면 WS2_32.DLL이 32비트 버전도 있고 64비트 버전도 있어서 응용 프로그램에 따라 적절한 버전이 자동으로 사용된다.

> **NOTE** 프로젝트를 직접 만들지 않고 제공하는 소스 코드를 활용하는 방법은 부록을 참고하도록 한다.

04 소켓 프로그램 맛보기

간단한 소켓 프로그램을 작성하여 윈도우와 리눅스에서 테스트하며 실습 환경을 점검한다. 본문 예제로 제공되는 Chapter01\Server\Server.cpp 파일을 사용하여 소켓 프로그램을 테스트해보자. TCP 클라이언트가 보내준 데이터를 그대로 화면에 표시하는 TCP 서버를 구현한 예제로, 윈도우/리눅스의 텔넷 클라이언트를 사용하여 테스트할 수 있다.

실습 1-1 윈도우 소켓 프로그램 작성과 테스트

1 **프로젝트 종류 선택** 비주얼 스튜디오 2022(또는 2019)의 [파일]-[새로 만들기]-[프로젝트...] 메뉴를 선택해 열린 [새 프로젝트 만들기] 대화상자에서 "콘솔"을 입력하여 검색한 후 'Windows 데스크톱 마법사'를 선택하고 [다음]을 누른다.

NOTE 비주얼 스튜디오 2017에서는 [새 프로젝트] 대화상자에서 [Visual C++]-[Windows 데스크톱]-[Windows 데스크톱 마법사]를 선택, 프로젝트 '이름'과 '위치'를 지정, '솔루션용 디렉터리 만들기' 해제로 설정한다.

프로젝트 생성 없이 본문 예제를 그대로 사용하고 싶다면 [파일]-[열기]-[프로젝트/솔루션...] 메뉴로 Chapter01\Server\Server.sln 파일을 열면 된다.

2 프로젝트 이름과 위치 지정 '프로젝트 이름'에 "Server"를 입력한다. '위치'는 프로젝트가 생성될 위치를 나타내는데, 오른쪽에 있는 [...]을 누르면 원하는 폴더를 선택할 수 있다. '솔루션 및 프로젝트를 같은 디렉터리에 배치' 옵션을 체크하고 [만들기]를 누른다.

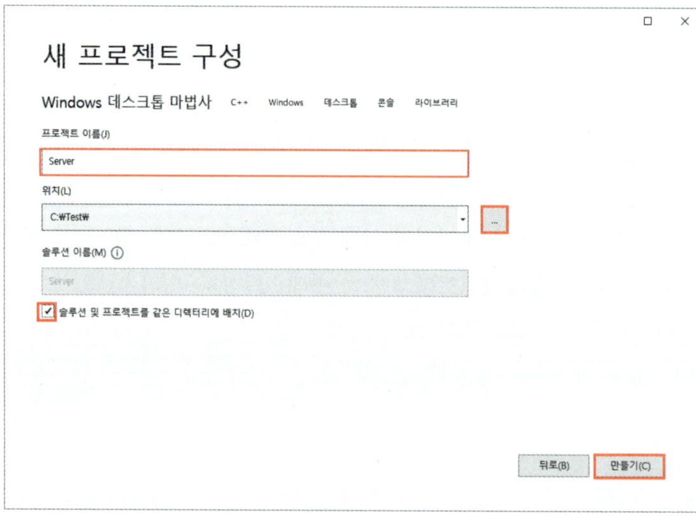

3 프로젝트 옵션 변경 애플리케이션 종류로 '콘솔 애플리케이션(.exe)'을 선택하고 '빈 프로젝트' 옵션을 체크한 후 [확인]을 누른다.

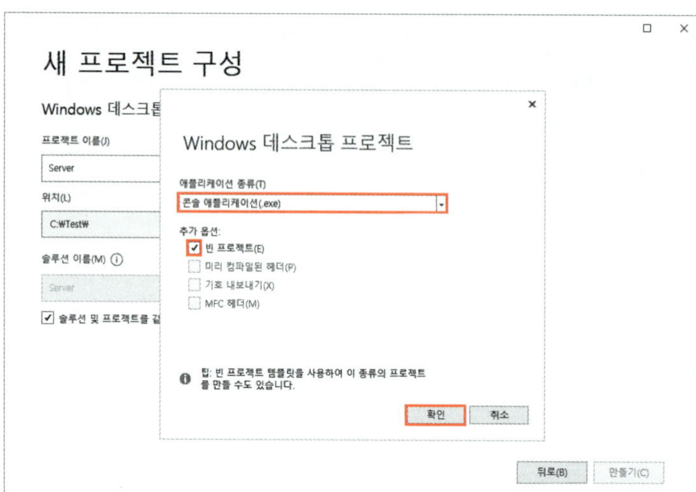

4 소스 파일 추가 프로젝트가 생성되면 ❶ [솔루션 탐색기]의 '소스 파일'에서 마우스 오른쪽 버튼을 누르고 [추가]–[새 항목...] 메뉴를 선택한다. ❷ [새 항목 추가] 대화상자가 나타나면 'C++ 파일(.cpp)'을 선택하고 이름에 "Server"를 입력한 후 [추가]를 누른다. ❸ 새로 추가한 Server.cpp 파일에 Chapter01\Server\Server.cpp 파일 내용을 복사해 넣는다.

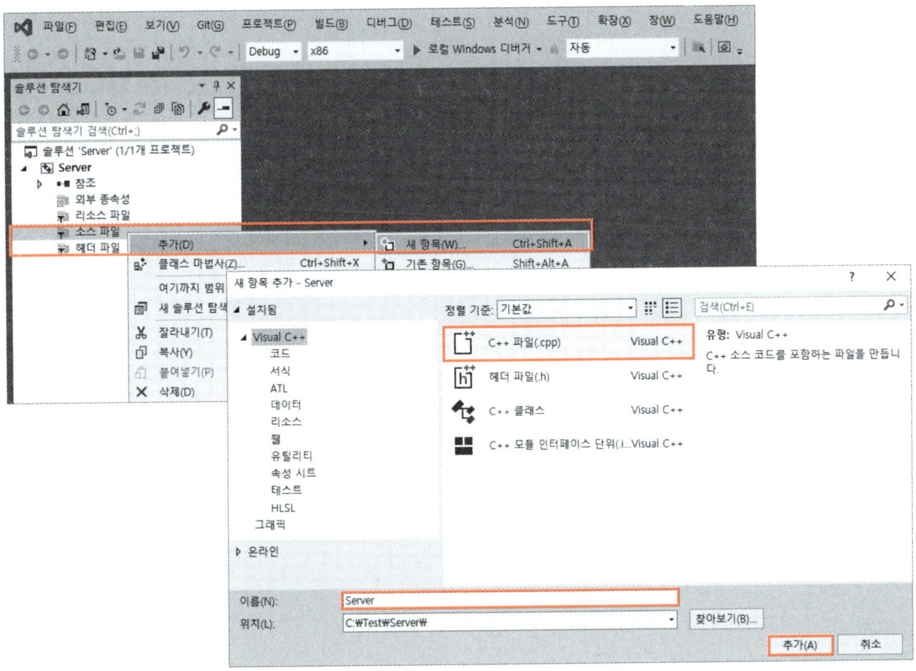

5 서버 실행 [빌드]–[솔루션 빌드] 메뉴를 선택하여 프로그램을 빌드한 후, [디버그]–[디버깅하지 않고 시작] 메뉴로 프로그램을 실행한다. 방화벽Firewall을 사용하는 경우에는 알림 메시지가 나타날 수 있는데, 이때 '액세스 허용'을 선택해야만 서버로 동작할 수 있다.

NOTE 윈도우 소켓 프로그램은 ws2_32.dll을 사용하므로 ws2_32.lib 라이브러리를 링크해야 한다. 프로젝트 속성에서 링크할 라이브러리 이름을 입력하는 방법은 프로젝트를 생성할 때마다 해야 하므로 이 책에서는 소스 코드에 "#pragma comment(lib, "ws2_32")"를 추가해 소스 코드에서 지정하는 방식을 사용한다.

6 서버와 클라이언트 통신 테스트 ❶ 윈도우 운영체제에 기본으로 내장된 텔넷 클라이언트를 사용하기 위해 명령 프롬프트를 실행한다. 그런 다음 "telnet 〈서버IP주소〉 9000"을 입력하고 Enter를 누른다. 네트워크로 연결된 다른 PC에서 실행하되, 같은 PC에서 테스트해야 한다면 다음과 같이 IPv4 루프백 주소인 127.0.0.1 또는 IPv6 루프백 주소인 ::1을 〈서버IP주소〉로 사용하면 된다. 여기서 9000은 서버가 사용하는 포트 번호다. ❷ 텔넷 클라이언트에서 글자를 입력하면 해당 화면에는 글자가 표시되지 않는다. 입력한 글자는 네트워크로 전송되어 서버 화면에 표시된다. 서버 화면에는 접속한 클라이언트의 IP 주소와 포트 번호가 출력되는 것을 확인할 수 있다. ❸ 클라이언트를 종료할 때는 텔넷 클라이언트 화면에서 Ctrl과]를 동시에 누른 후 'quit' 명령을 입력하여 종료한다. 서버는 클라이언트 종료를 감지하고 화면에 종료 메시지(클라이언트 IP 주소와 포트 번호)를 표시한다.

❶
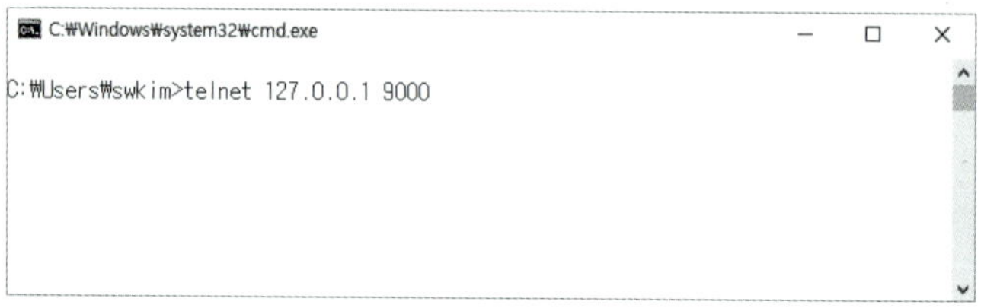

❷
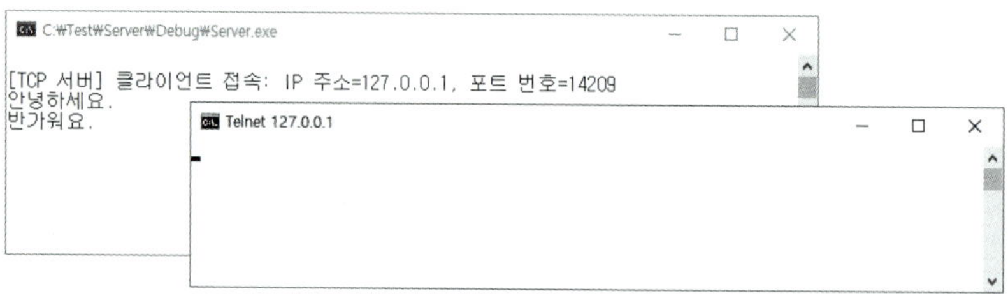

❸
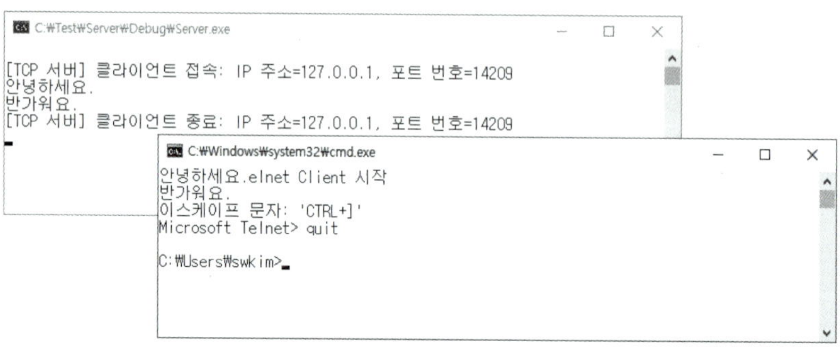

NOTE 윈도우 7/8.1/10/11은 초기 설치 상태에서 텔넷 클라이언트를 사용할 수 없으므로 [제어판]-[프로그램 및 기능]-[Windows 기능 사용/사용 안 함]에서 '텔넷 클라이언트'를 선택하여 기능을 활성화해야 한다. 참고로, 윈도우 10/11에서는 시작 메뉴에서 "control"을 입력(검색)하여 [제어판]을 찾을 수 있다.

실습 1-2 리눅스 소켓 프로그램 작성과 테스트

리눅스에서는 별도의 통합 개발 환경 없이 g++ 컴파일러와 make 명령만 있으면 모든 실습을 진행할 수 있다.

1 터미널 프로그램을 실행하고 다음 명령을 이용하여 g++ 컴파일러와 make 명령이 있는지 확인한다. 만약 명령이 존재하지 않는다면 패키지 관리자를 이용하여 설치해야 한다. 우분투 리눅스 사용자라면 'sudo apt install g++ make' 명령을 실행하면 된다.

```
student@vm:~$ g++ --version
g++ (Ubuntu 7.5.0-3ubuntu1~18.04) 7.5.0
Copyright (C) 2017 Free Software Foundation, Inc.
This is free software; see the source for copying conditions.  There is NO
warranty; not even for MERCHANTABILITY or FITNESS FOR A PARTICULAR PURPOSE.

student@vm:~$ make --version
GNU Make 4.1
Built for x86_64-pc-linux-gnu
Copyright (C) 1988-2014 Free Software Foundation, Inc.
License GPLv3+: GNU GPL version 3 or later <http://gnu.org/licenses/gpl.html>
This is free software: you are free to change and redistribute it.
There is NO WARRANTY, to the extent permitted by law.
```

2 본문 예제의 Chapter01 디렉터리로 이동하고 make 명령을 실행하여 서버 프로그램을 빌드한다. 서버 프로그램을 실행하고 다른 터미널을 하나 더 실행하여 텔넷 클라이언트로 테스트할 수 있다. 테스트 방법은 윈도우와 같으며, 그림과 같이 〈서버IP주소〉로 IPv6 루프백 주소(::1)를 사용해도 된다. 리눅스에서는 한국어 입력 시 서버 측 출력이 깨진 채 표시될 수 있다. 이런 경우에는 영어로 입력하여 테스트한다.

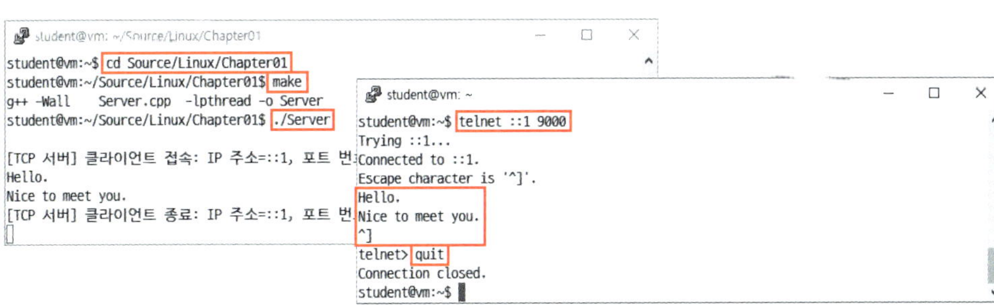

여기서 잠깐! | 코딩 스타일

현대의 프로그래밍 언어(C/C++ 포함)는 비교적 자유로운 코딩 스타일을 허용한다. 이 특징을 잘 활용하면 코드를 이해하고 유지하기 쉽지만, 잘못 활용하면 오히려 장애가 될 수도 있다. 본문에서는 C/C++ 언어를 사용하므로 예제에서 사용하는 코딩 스타일을 언급해두려고 한다.

C++ 프로그래밍 경험이 있다면 다음 문장에 익숙할 것이다. for 문에서 사용할 루프 인덱스 변수를 필요할 때 즉시 선언하여 사용하는 방법이다.

```
for (int i = 0; i < 100; i++) {
    ...
}
```

본문 예제에서는 이와 같은 스타일을 좀 더 폭넓게 활용하고 있다. Server.cpp 코드를 살펴보면 이 사실을 쉽게 알 수 있다. 이런 코딩 스타일은 새로운 변수를 만날 때마다 함수 맨 앞으로 다시 찾아가 변수 타입을 확인하고 다시 원래 코드로 돌아오는 수고를 덜 수 있다. 즉, 코드를 순차적으로 한 번에 읽을 수 있어 편리하다.

```
// 윈속 초기화
WSADATA wsa;
if (WSAStartup(MAKEWORD(2, 2), &wsa) != 0)
    return 1;

// 멀티스레드를 이용하여 두 개의 서버를 동시에 구동한다.
HANDLE hThread[2];
hThread[0] = CreateThread(NULL, 0, TCPServer4, NULL, 0, NULL);
hThread[1] = CreateThread(NULL, 0, TCPServer6, NULL, 0, NULL);
WaitForMultipleObjects(2, hThread, TRUE, INFINITE);
```

한편, 오류를 출력하고 종료하는 등 간단한 코드는 되도록 한 행으로 표시했다. 일반적인 C/C++ 코딩 스타일과는 조금 다르지만 오류 처리 때문에 불필요하게 길어지지 않으면서 핵심 내용에 집중할 수 있도록 하기 위한 것이다.

```
// 소켓 생성
SOCKET listen_sock = socket(AF_INET, SOCK_STREAM, 0);
if (listen_sock == INVALID_SOCKET) err_quit("socket()");

// bind()
...
if (retval == SOCKET_ERROR) err_quit("bind()");

// listen()
retval = listen(listen_sock, SOMAXCONN);
if (retval == SOCKET_ERROR) err_quit("listen()");
```

01 인터넷 통신 개체

호스트와 라우터 두 종류가 있음

02 TCP/IP 프로토콜 구조

- 네트워크 접근 계층: 물리적 네트워크를 통한 실제 데이터 송수신 담당. 물리적 주소 사용
- 인터넷 계층: 네트워크 접근 계층의 도움을 받아 데이터를 목적지 호스트까지 전달(라우팅). IP 주소 사용
- 전송 계층: 최종 통신 목적지를 지정하고 오류 없이 데이터를 전송. 포트 번호 사용
- 응용 계층: 전송 계층을 기반으로 하는 다수의 프로토콜과 응용 프로그램을 포괄

03 TCP와 UDP

TCP	UDP
연결형 프로토콜	비연결형 프로토콜
신뢰성 있는 데이터 전송	신뢰성 없는 데이터 전송
일대일 통신	일대일 통신, 일대다 통신
데이터 경계 구분 안 함	데이터 경계 구분함

04 IP 주소

인터넷에 존재하는 개체를 유일하게 식별. 32비트(IPv4) 또는 128비트(IPv6) 주소 사용

05 포트 번호

통신의 종착점(하나 혹은 여러 프로세스)을 식별. 부호 없는 16비트 정수 사용

06 루프백 주소

- 시스템 자신을 나타내는 주소로 내부적으로만 사용
- IPv4에서는 127.0.0.1로, IPv6에서는 0:0:0:0:0:0:0:1로 정의

요약

07 클라이언트-서버 모델

서비스를 요청하는 쪽을 클라이언트, 서비스를 처리하는 쪽을 서버라 부름

08 소켓의 개념

- 데이터 타입
- 통신 종단점
- 네트워크 프로그래밍 인터페이스

09 소켓 응용 프로그램

- 윈도우: WS2_32.DLL을 사용하므로 응용 프로그램 링크 시 WS2_32.LIB 필요
- 리눅스: 응용 프로그램 링크 시 별도 라이브러리 지정 불필요

01 이더넷의 48비트 물리 주소의 비트 단위 구조를 조사하고, 자신의 PC에서 사용 중인 이더넷 주소를 분석하시오.

02 OSI[Open Systems Interconnection] 7 계층 모델에 관해 조사하고, 각 계층의 기능을 TCP/IP 프로토콜 관점에서 설명하시오.

03 다음의 TCP/IP와 연관된 대표적인 네트워크 연결 장치의 기능을 각각 기술하시오.

- 리피터[Repeater]
- 허브[Hub]
- 브리지[Bridge]
- 라우터[Router]
- IP 공유기[Sharing Device]

04 RFC[Request For Comments]에 관해 설명하시오. RFC 문서 검색 서비스를 제공하는 웹 사이트를 찾아서 IPv4, IPv6, TCP, UDP, HTTP/1, HTTP/2 프로토콜 명세를 담고 있는 RFC 번호를 알아내시오.

05 다음 IPv4 주소의 역할과 비트 단위 구조를 기술하시오.

- 유니캐스트[Unicast]
- 멀티캐스트[Multicast]
- 브로드캐스트[Broadcast]

06 다음 IPv6 주소의 역할과 비트 단위 구조를 기술하시오.

- 유니게스트[Unicast]
- 멀티캐스트[Multicast]
- 애니캐스트[Anycast]

07 다음의 TCP/IP와 연관된 프로토콜의 역할과 특징을 기술하시오.

- ARP
- ICMP
- IGMP

08 본문에서 언급한 것처럼 윈도우 7/8.1/10/11에서는 초기 설치 상태에서 텔넷 클라이언트를 사용할 수 없다. 텔넷 프로토콜의 문제점을 보안Security 관점에서 설명하시오.

09 윈도우와 리눅스에는 TCP 포트 번호 13을 사용하는 daytime 서버가 내장되어 있지만 기본으로 활성화되어 있지 않다. 다음 명령으로 테스트했을 때 현재의 날짜와 시간 정보가 출력되도록 daytime 서버를 활성화하는 절차를 설명하시오.

```
telnet 127.0.0.1 13
또는
telnet ::1 13
```

힌트 1 daytime 서버는 13번 포트 번호로 클라이언트 접속 시 현재의 날짜와 시간 정보를 보내주고 곧바로 클라이언트와의 연결을 끊는다.

2 윈도우 버전에 따라 daytime 서버 활성화 후 재부팅을 해야만 동작하는 경우가 있다.

Chapter

02

소켓 시작하기

학습목표

- 소켓 함수의 오류 처리 방법을 익힌다.
- 소켓 초기화와 종료 방법을 익힌다.
- 소켓을 생성하고 닫는 방법을 익힌다.

01 오류 처리

네트워크 프로그램에서는 다양한 원인으로 인해 오류가 발생할 수 있고, 비교적 오류 발생 확률도 높다. 따라서 함수 호출 시 오류를 조사하여 사용자에게 구체적인 오류 내용을 알려주는 것이 매우 중요하다. 이 절에서는 윈도우와 리눅스에서 소켓 함수 호출 시 발생하는 오류 처리 방법을 알아본다. 앞으로 배울 소켓 함수는 오류 처리 방법에 따라 다음 세 가지 유형으로 나눌 수 있다.

❶ 오류를 처리할 필요가 없는 경우: 리턴값이 없거나 호출 시 항상 성공하는 일부 소켓 함수
❷ 리턴값만으로 오류를 확인하고 처리하는 경우: 윈도우의 WSAStartup() 함수
❸ 리턴값으로 오류 발생을 확인하고, 구체적인 내용은 오류 코드로 확인하는 경우: 대부분의 소켓 함수

❶, ❷ 유형은 특별한 경우이므로 해당 함수를 배울 때 설명하도록 한다. 여기서는 대부분의 소켓 함수에 적용되는 ❸ 유형을 처리하는 방법을 윈도우와 리눅스의 경우로 구분해 살펴보자.

1 윈도우 오류 처리

소켓 함수의 리턴값으로 오류 발생이 확인되었다면, WSAGetLastError() 함수를 사용해 구체적인 오류 코드를 얻을 수 있다. WSAGetLastError()가 리턴해주는 오류 코드에 대응하는 오류 메시지는 FormatMessage() 함수로 얻을 수 있다.

윈도우

```
#include <winsock2.h>  // WSAGetLastError() 함수가 선언되어 있다.
...
if (소켓 함수(...) == 실패) {
    printf(WSAGetLastError()에 해당하는 오류 메시지);
}
```

윈도우

```
#include <windows.h>
DWORD FormatMessage(
    ❶ DWORD dwFlags,
      LPCVOID lpSource,
    ❷ DWORD dwMessageId,
    ❸ DWORD dwLanguageId,
    ❹ LPTSTR lpBuffer,
      DWORD nSize,
      va_list *Arguments
);                                    성공: 오류 메시지의 길이, 실패: 0
```

❶ `dwFlags` FORMAT_MESSAGE_ALLOCATE_BUFFER | FORMAT_MESSAGE_FROM_SYSTEM 값을 사용한다. FORMAT_MESSAGE_ALLOCATE_BUFFER는 오류 메시지를 저장할 공간을 FormatMessage( ) 함수가 알아서 할당한다는 의미이고, FORMAT_MESSAGE_FROM_SYSTEM은 운영체제에서 오류 메시지를 가져온다는 뜻이다. dwFlags를 이처럼 설정할 경우 FormatMessage( ) 함수의 두 번째 인수인 lpSource에는 NULL 값, 여섯 번째와 일곱 번째 인수인 nSize와 Arguments에는 각각 0, NULL 값을 사용하면 된다.

❷ `dwMessageId` 오류 코드를 나타내며, WSAGetLastError( ) 함수의 리턴값을 여기에 넣는다.

❸ `dwLanguageId` 오류 메시지를 표시할 언어를 나타낸다. MAKELANGID(LANG_NEUTRAL, SUBLANG_DEFAULT)를 사용하면 시스템 기본 언어(예 한국어)로 오류 메시지를 얻을 수 있다.

❹ `lpBuffer` 오류 메시지의 시작 주소가 저장된다. 오류 메시지를 저장할 공간은 FormatMessage( ) 함수가 알아서 할당하므로 사용자는 주솟값을 저장할 변수를 여기에 넣어주면 된다. 오류 메시지 사용을 마치면 LocalFree( ) 함수를 사용하여 시스템이 할당한 메모리를 반환해야 한다는 점에 주의한다.

FormatMessage( ) 함수를 사용하여 작성한 오류 처리 함수는 다음과 같다. 이 책에서 작성하는 거의 모든 윈도우 소켓 예제에서 이 함수를 사용할 것이다. err_quit( ) 함수는 msg 인수로 전달된 문자열과 더불어 현재 발생한 오류 메시지를 화면에 메시지 상자로 표시하고 응용 프로그램을 종료하는 역할을 한다.

```
void err_quit(const char *msg)
{
    LPVOID lpMsgBuf;
    FormatMessageA(
        FORMAT_MESSAGE_ALLOCATE_BUFFER | FORMAT_MESSAGE_FROM_SYSTEM,
        NULL, WSAGetLastError(),
        MAKELANGID(LANG_NEUTRAL, SUBLANG_DEFAULT),
        (char *)&lpMsgBuf, 0, NULL);
    MessageBoxA(NULL, (const char *)lpMsgBuf, msg, MB_ICONERROR);
    LocalFree(lpMsgBuf);
    exit(1);
}
```

NOTE 자세히 살펴보면 FormatMessage() 함수 대신 FormatMessageA() 함수를, MessageBox() 함수 대신 MessageBoxA() 함수를 사용한다는 것을 알 수 있다. 윈도우 API 중 문자열을 입력받거나 리턴하는 것에는 이름이 A로 끝나는 ANSI 버전과 이름이 W로 끝나는 유니코드 버전이 있다. 보통은 A나 W로 끝나지 않는 대표 이름을 사용하면 프로젝트 설정에 따라 자동으로 ANSI 또는 유니코드 버전이 선택되지만, 본문의 err_quit() 함수는 명시적으로 ANSI 버전을 사용하기로 했다. 이는 리눅스에서 정의하는 err_quit() 함수와 사용법을 통일하기 위한 것이다. 만약 유니코드 버전으로 err_quit() 함수를 정의했다면 void err_quit(const wchar_t *msg) 형태여야 하며, 호출 시에는 err_quit(L"메시지") 코드를 사용해야 한다.

사용 예는 다음과 같다.

```
if (socket(...) == INVALID_SOCKET) err_quit("socket()");
if (bind(...) == SOCKET_ERROR) err_quit("bind()");
```

예를 들어 위 코드의 bind() 함수에서 오류가 발생하면 [그림 2-1]과 같은 메시지 상자가 화면에 표시된다. [확인] 버튼을 누르면 응용 프로그램이 종료된다.

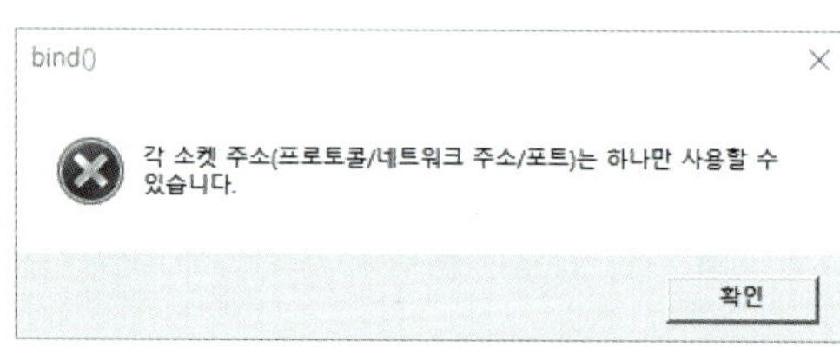

그림 2-1 err_quit( ) 함수의 오류 메시지

err_quit( ) 함수를 변형한 err_display( ) 함수는 err_quit( ) 함수에서 마지막 한 행을 제거하고 출력 함수로 MessageBox( ) 함수 대신 printf( ) 함수를 사용한다. 이 함수는 오류 메시지를 출력하되 응용 프로그램을 종료하지

는 않는다. 사소한 오류가 발생할 때마다 응용 프로그램을 종료하는 일은 비효율적이며 번거롭다. 이때는 err_quit() 함수 대신 err_display() 함수를 사용한다.

```
void err_display(const char *msg)
{
    LPVOID lpMsgBuf;
    FormatMessageA(
        FORMAT_MESSAGE_ALLOCATE_BUFFER | FORMAT_MESSAGE_FROM_SYSTEM,
        NULL, WSAGetLastError(),
        MAKELANGID(LANG_NEUTRAL, SUBLANG_DEFAULT),
        (char *)&lpMsgBuf, 0, NULL);
    printf("[%s] %s\n", msg, (char *)lpMsgBuf);
    LocalFree(lpMsgBuf);
}
```

[그림 2-1]과 같은 상황에서 err_display() 함수를 사용하면 다음과 같은 오류 메시지를 볼 수 있다.

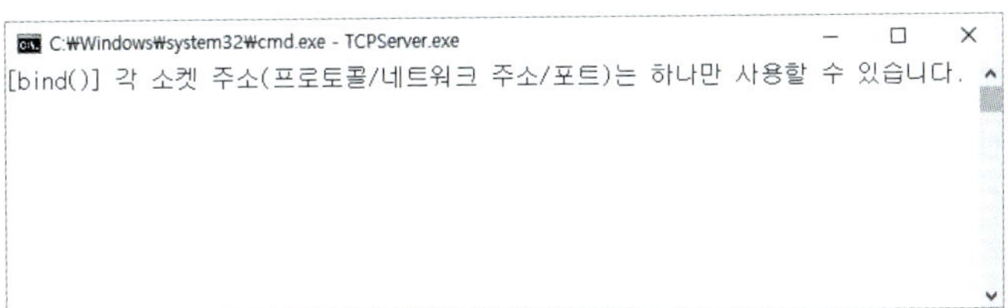

그림 2-2 err_display() 함수의 오류 메시지

2 리눅스 오류 처리

소켓 함수의 리턴값으로 오류 발생이 확인되었다면, 전역 변수 errno로 구체적인 오류 코드를 얻을 수 있다. 오류 코드에 대응하는 오류 메시지는 strerror() 함수로 얻을 수 있다.

리눅스

```
#include <errno.h> // 전역 변수 errno가 선언되어 있다.
...
if (소켓 함수(...) == 실패) {
    printf(errno에 해당하는 오류 메시지);
}
```

strerror() 함수는 오류 코드를 입력으로 받아 오류 메시지를 리턴한다.

리눅스	`#include <string.h>` `char *strerror(int errnum);`

리눅스에서 사용할 err_quit() 함수와 err_display() 함수의 정의는 다음과 같다. 윈도우의 함수 원형과 같으므로 사용법 역시 같다.

```
#include <stdio.h>  // printf(), ...
#include <stdlib.h> // exit(), ...
#include <string.h> // strerror(), ...
#include <errno.h>  // errno

void err_quit(const char *msg)
{
    char *msgbuf = strerror(errno);
    printf("[%s] %s\n", msg, msgbuf);
    exit(1);
}

void err_display(const char *msg)
{
    char *msgbuf = strerror(errno);
    printf("[%s] %s\n", msg, msgbuf);
}
```

NOTE 지금까지 설명한 오류 처리 함수들은 Common.h 파일에 넣어두고 모든 예제에서 #include해서 사용할 것이다. 소스 코드 트리 구조에 따라 형태는 다음과 같이 조금씩 다를 수 있다.

윈도우	`#include "..\..\Common.h"`
리눅스	`#include "../Common.h"`

02 소켓 초기화와 종료

[그림 2-3]은 소켓 응용 프로그램의 구조다. 윈도우에서는 소켓 생성 전에 윈속 초기화와 소켓 닫기 후에 윈속 종료 단계가 더 필요하다. 이 절에서는 윈속 초기화와 종료 방법을 소개하고, 다음 절에서 소켓 생성과 닫기 방법을 익히도록 하자.

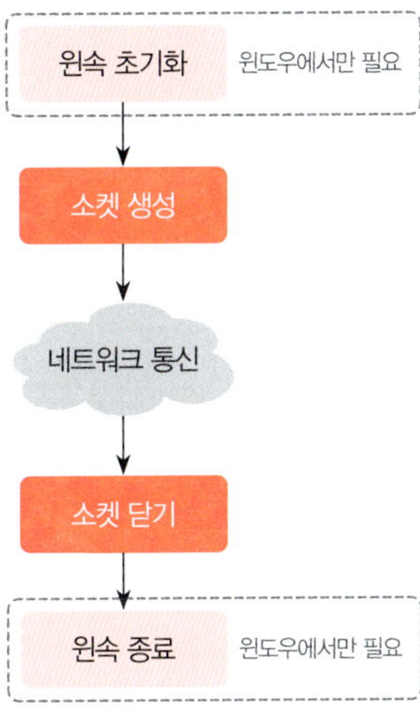

그림 2-3 소켓 응용 프로그램의 공통 구조

모든 윈속 프로그램은 최초 소켓 함수를 호출하기 전에 반드시 윈속 초기화 함수인 WSAStartup( ) 함수를 호출해야 한다. WSAStartup( ) 함수는 프로그램에서 사용할 윈속 버전을 요청하여 윈속 라이브러리(WS2_32.DLL)를 초기화한다. 만약 WSAStartup( ) 함수가 실패하면 WS2_32.DLL이 메모리에 로드되지 않는다. 이 경우는 앞 절에서 소개한 WSAGetLastError( ) 함수의 오류 정보가 부정확하므로 WSAStartup( ) 함수가 직접 오류 코드를 리턴하도록 설계되어 있다.

윈도우

```
#include <winsock2.h>
int WSAStartup(
    ❶ WORD wVersionRequested,
    ❷ LPWSADATA lpWSAData
);                                    성공: 0, 실패: 오류 코드
```

❶ `wVersionRequested` 프로그램이 요구하는 최상위 윈속 버전이다. 하위 8비트에 주major 버전, 상위 8비트에 부minor 버전을 넣어서 전달한다. 예를 들어, 윈속 3.2 버전 사용을 요청한다면 0×0203 또는 MAKEWORD(3, 2)를 사용한다. 현재 윈도우 7/8.1/10/11은 모두 최상위 버전이 2.2다.

❷ `lpWSAData` WSADATA 구조체를 전달하면 이를 통해 윈도우 운영체제가 제공하는 윈속 구현에 관한 정보(응용 프로그램이 실제로 사용하게 될 윈속 버전, 시스템이 지원하는 윈속 최상위 버전 등)를 얻을 수 있다. 하지만 응용 프로그램이 이런 정보를 사용할 일은 별로 없다.

프로그램을 종료할 때는 윈속 종료 함수인 WSACleanup( ) 함수를 호출해야 한다. WSACleanup( ) 함수는 윈속 사용의 중지를 운영체제에 알려서 관련 리소스를 반환하는 역할을 한다. 함수 호출이 실패하면 WSAGetLastError( ) 함수를 호출하여 구체적인 오류 코드를 얻을 수 있다.

윈도우

```
#include <winsock2.h>
int WSACleanup(void);                 성공: 0, 실패: SOCKET_ERROR
```

여기서 잠깐! | WSAStartup( ) 함수 사용 시 유의 사항

WSAStartup() 함수를 호출할 때 요청하는 윈속 버전이 같아도, 실제 사용 가능한 프로토콜은 운영체제에 따라 달라지므로 주의해야 한다. 가령, IPv6는 윈도우 XP SP1 이상에서만 사용할 수 있고, 블루투스Bluetooth는 윈도우 XP SP2 이상에서만 사용할 수 있다. WSAStartup() 함수를 두 번 이상 호출하는 것도 가능하다. 예를 들면, MFC(윈도우 프로그램 개발용 MS 공식 C++ 라이브러리) 소켓 클래스의 경우 윈속 1.1 버전만 지원하지만 윈속 2.2 버전을 사용하도록 WSAStartup() 함수를 호출할 수 있다. 만약 WSAStartup() 함수를 여러 번 호출했다면 그 횟수만큼 WSACleanup() 함수를 호출해야 한다.

실습 2-1 윈속 초기화와 종료하기

윈속을 초기화하고 종료하는 간단한 콘솔 응용 프로그램을 작성해보자. 1장에 있는 Server 예제를 참고하여 InitSocket 프로젝트를 만들고 다음 코드를 입력한다. 컴파일, 링크 후 실행 결과를 보면 윈속 초기화가 성공했음을 알 수 있다.

InitSocket.cpp

```
#include "..\..\Common.h"

int main(int argc, char *argv[])
{
    // 윈속 초기화
    WSADATA wsa;
    if (WSAStartup(MAKEWORD(2, 2), &wsa) != 0)
        return 1;
    printf("[알림] 윈속 초기화 성공\n");

    // 윈속 종료
    WSACleanup();
    return 0;
}
```

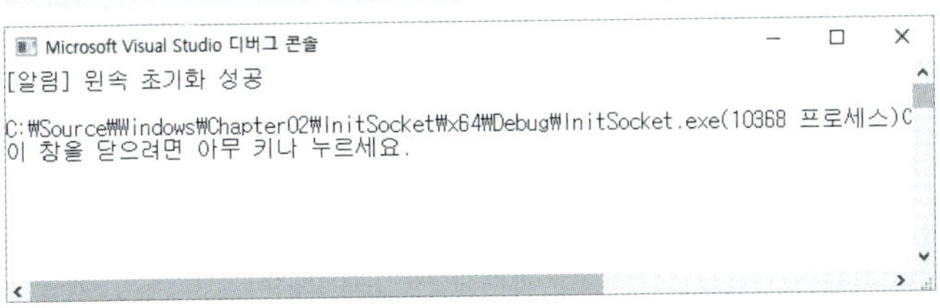

03 소켓 생성과 닫기

이번에는 소켓을 생성하고 닫는 방법을 살펴보자. 윈도우에서는 윈속 초기화를 먼저 해야 하지만, 리눅스에서는 별도의 초기화 과정 없이 곧바로 소켓을 만들 수 있다.

1 소켓 생성하기

소켓을 사용해 통신하려면 통신 양단이 같은 프로토콜을 사용해야 한다. 예를 들면, TCP를 사용할 것인지 혹은 UDP를 사용할 것인지를 약속해야 한다.

socket( ) 함수는 사용자가 요청한 프로토콜을 사용해 통신할 수 있도록 내부적으로 리소스를 할당하고, 이에 접근할 수 있는 일종의 핸들값을 리턴한다. 이 값을 소켓 디스크립터Socket Descriptor라고 부르며, 각종 소켓 함수를 호출할 때 인수로 전달한다.

윈도우

```
#include <winsock2.h>
SOCKET socket(
    int af,          // 주소 체계 지정
    int type,        // 소켓 타입 지정
    int protocol     // 사용할 프로토콜 지정
);
                              성공: 새로운 소켓, 실패: INVALID_SOCKET
```

리눅스

```
#include <sys/types.h>
#include <sys/socket.h>
int socket(
    int domain,      // 주소 체계 지정
    int type,        // 소켓 타입 지정
    int protocol     // 사용할 프로토콜 지정
);
                              성공: 새로운 소켓, 실패: -1
```

> **NOTE** 윈도우와 리눅스 함수의 리턴 타입이 다르게 보여도 대개 소스 코드 수준에서 호환성 문제는 없다. 예를 들면 윈도우의 socket() 함수 리턴값을 int형 변수에 저장해서 소켓으로 사용해도 된다. 하지만 정확히 같은 타입은 아니므로 본문 예제에서는 리눅스의 Common.h에서 typedef int SOCKET; 문장을 사용해 호환성을 확보하기로 한다. 리눅스 코드에서 SOCKET 타입을 사용하면 실제로는 int 타입으로 정의된다.

주소 체계

통신하려면 통신 상대를 유일하게 지정할 수 있는 주소가 필요하다. 주소 체계Address family란 이런 주소 지정 방식을 나타내는 값이다. 주소 체계는 네트워크 프로토콜의 종류에 따라 달라지므로, 이를 지정하는 것은 자신이 사용할 프로토콜을 선택하기 위한 첫 번째 관문이 된다.

[표 2-1]은 주소 체계를 나타내는 대표적인 상숫값이다. 자신이 사용할 프로토콜에 대응하는 값을 선택하여 socket( ) 함수의 첫 번째 인수로 전달하면 된다. 예를 들어 IPv4 기반의 TCP나 UDP 프로토콜을 사용하고자 한다면 AF_INET을 사용한다.

표 2-1 주소 체계

사용할 프로토콜	주소 체계
IPv4	AF_INET
IPv6	AF_INET6
블루투스	AF_BTH

소켓 타입

소켓 타입은 사용할 프로토콜의 특성을 나타내는 값이다. 자주 사용되는 소켓 타입을 요약하면 [표 2-2]와 같다.

표 2-2 소켓 타입

소켓 타입	특성
SOCK_STREAM	신뢰성 있는 데이터 전송 기능 제공, 연결형 프로토콜
SOCK_DGRAM	신뢰성 없는 데이터 전송 기능 제공, 비연결형 프로토콜

소켓 타입은 네트워크 프로토콜의 종류에 따라 달라지므로, 이를 지정하는 것은 자신이 사용할 프로토콜을 선택하기 위한 두 번째 관문이 된다. 이 책에서 주로 다룰 TCP나 UDP 프로토콜을 사용하려면 주소 체계와 소켓 타입을 [표 2-3]과 같이 설정한다. 주소 체계가 같아도 소켓 타입을 다르게 설정할 수 있으며, 결과적으로 사용할 프로토콜의 종류가 달라진다는 점에 주목한다.

표 2-3 TCP와 UDP 프로토콜 사용을 위한 설정(1)

사용할 프로토콜	주소 체계	소켓 타입
TCP	AF_INET 또는 AF_INET6	SOCK_STREAM
UDP	AF_INET 또는 AF_INET6	SOCK_DGRAM

프로토콜

[표 2-3]과 같이 주소 체계와 소켓 타입만으로 프로토콜을 결정할 수 있는 예도 있으나 일반적으로는 주소 체계와 소켓 타입이 같아도 이에 해당하는 프로토콜이 두 개 이상 존재한다. 이때는 프로토콜을 명시적으로 지정해야 하는데, socket() 함수의 세 번째 인수가 이 역할을 한다. 이 책에서 주로 다룰 TCP나 UDP 프로토콜을 사용할 때 주소 체계와 소켓 타입, 프로토콜을 [표 2-4]와 같이 설정할 수 있다. 하지만 TCP나 UDP 프로토콜은 주소 체계와 소켓 타입만으로 프로토콜을 결정할 수 있으므로 대개는 프로토콜 부분에 0을 넣는다.

표 2-4 TCP와 UDP 프로토콜 사용을 위한 설정(2)

사용할 프트토콜	주소 체계	소켓 타입	프로토콜
TCP	AF_INET 또는 AF_INET6	SOCK_STREAM	IPPROTO_TCP
UDP	AF_INET 또는 AF_INET6	SOCK_DGRAM	IPPROTO_UDP

여기서 잠깐! | **AF_INET과 PF_INET**

간혹 주소 체계로 AF_ 대신 PF_Protocol Family로 시작하는 상수를 사용하는 코드를 볼 수 있다. 예를 들면, AF_INET 대신 PF_INET을 사용하는 것이다. 이런 코드는 초기 버클리 유닉스에서 소켓 시스템 콜을 설계할 당시에 socket() 함수에는 PF_* 상수를 사용하고, 소켓 주소 구조체(3장 참고)에는 AF_* 상수를 사용하도록 정의한 사실에서 유래한다. 현재도 socket() 함수에는 PF_ 형태를 사용하는 것이 옳다고 주장하는 사람이 있지만, PF_*와 AF_* 상수의 실제 정의가 같고 현실적으로 AF_ 형태를 많이 사용하므로 본문에서도 일관되게 AF_* 상수를 사용한다. 비주얼 스튜디오 설명서의 예제 코드에서도 AF_ 형태를 주로 사용한다.

2 소켓 닫기

소켓을 사용한 통신을 마치면 관련 리소스를 반환해야 한다. closesocket() 함수 또는 close() 함수는 해당 소켓을 닫고 관련 리소스를 운영체제에 반환한다.

윈도우

```
#include <winsock2.h>
int closesocket(SOCKET s);                    성공: 0, 실패: SOCKET_ERROR
```

리눅스

```
#include <unistd.h>
int close(int fd);                            성공: 0, 실패: -1
```

실습 2-2 소켓 생성과 닫기

InitSocket 예제를 수정하여 소켓 생성과 닫기를 연습해보자. InitSocket 프로젝트를 열어 다음과 같이 코드를 추가한다. 컴파일, 링크 후 실행하면 소켓 생성이 성공했음을 알 수 있다.

InitSocket.cpp

```
#include "..\..\Common.h"

int main(int argc, char *argv[])
{
    // 윈속 초기화
    WSADATA wsa;
    if (WSAStartup(MAKEWORD(2, 2), &wsa) != 0)
        return 1;
    printf("[알림] 윈속 초기화 성공\n");

    // 소켓 생성
    SOCKET sock = socket(AF_INET, SOCK_STREAM, 0);
    if (sock == INVALID_SOCKET) err_quit("socket()");
    printf("[알림] 소켓 생성 성공\n");

    // 소켓 닫기
    closesocket(sock);

    // 윈속 종료
    WSACleanup();
    return 0;
}
```

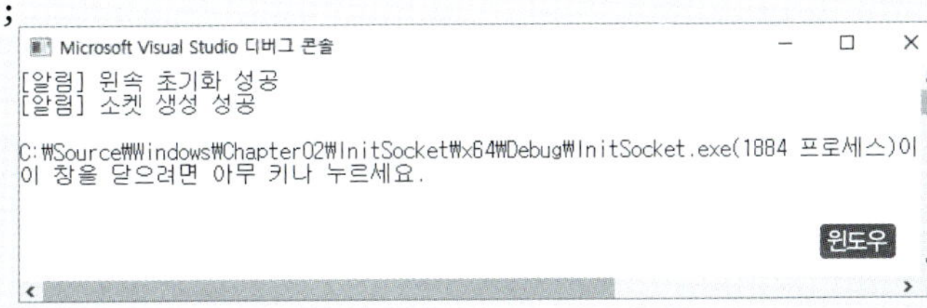

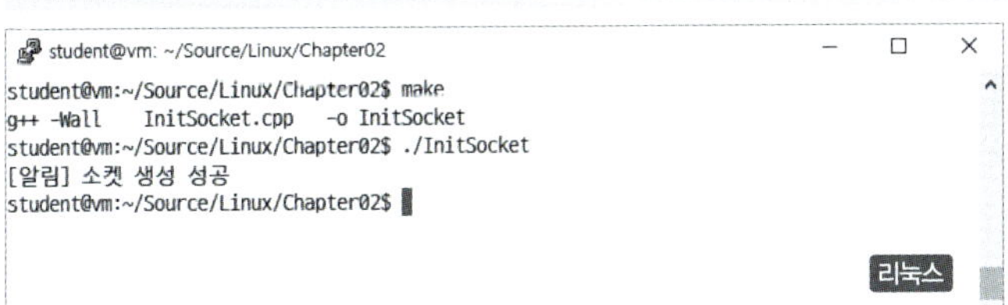

NOTE 리눅스에서는 윈속 초기화와 종료 코드가 빠지고 closesocket() 함수 대신 close() 함수를 사용한다는 점이 다르다. 리눅스에서 실습한다면 Source\Linux\Chapter02\InitSocket.cpp 파일을 열어서 살펴보자.

요약

01 오류 처리

- 오류 코드 얻기
  - WSAGetLastError() 함수[윈도우]/전역 변수 errno[리눅스] 사용
- 오류 메시지 얻기
  - FormatMessage() 함수[윈도우]/strerror() 함수[리눅스] 사용

02 윈속 초기화와 종료

- WSAStartup() 함수
  - 윈속 버전을 요청하여 윈속 라이브러리(WS2_32.DLL) 초기화
- WSACleanup() 함수
  - 윈속 사용을 중지함을 운영체제에 알려서 관련 리소스 반환

03 소켓 생성

- socket() 함수
  - 요청한 프로토콜을 사용하여 통신할 수 있도록 내부적으로 리소스를 할당하고, 이에 접근할 수 있는 일종의 핸들값인 소켓을 리턴
  - 전달 인수는 주소 체계, 소켓 타입, 프로토콜이며 TCP와 UDP 프로토콜을 위한 설정으로 흔히 사용되는 조합은 다음과 같음

사용할 프로토콜	주소 체계	소켓 타입	프로토콜
TCP	AF_INET 또는 AF_INET6	SOCK_STREAM	0
UDP	AF_INET 또는 AF_INET6	SOCK_DGRAM	0

04 소켓 닫기

- closesocket() 함수[윈도우]/close() 함수[리눅스]
  - 소켓을 닫고 관련 리소스를 운영체제에 반환

01 윈도우 첫 번째 InitSocket 예제를 수정하여 wsa 변수의 필드 중 처음 네 개(wVersion, wHighVersion, szDescription, szSystemStatus)를 화면에 출력하시오. 윈속 1.1 버전을 사용하도록 예제를 수정하면 이 값들이 어떻게 바뀌는가?

02-A 윈도우 두 번째 InitSocket 예제를 수정하여 UDP 소켓을 생성하시오.

02-B 리눅스 InitSocket 예제를 수정하여 UDP 소켓을 생성하시오.

03-A 윈도우 두 번째 InitSocket 예제를 수정하여 IPv6 프로토콜에 기반한 TCP 소켓을 생성하시오.

03-B 리눅스 InitSocket 예제를 수정하여 IPv6 프로토콜에 기반한 TCP 소켓을 생성하시오.

04-A 윈도우 두 번째 InitSocket 예제를 수정하여 IPv6 프로토콜에 기반한 UDP 소켓을 생성하시오.

04-B 리눅스 InitSocket 예제를 수정하여 IPv6 프로토콜에 기반한 UDP 소켓을 생성하시오.

05-A 윈도우 사용자 정의 함수도 일반 소켓 함수와 같은 방법으로 소켓 오류를 처리할 수 있다. 다음을 참고하여 f( ) 함수를 정의하시오. 단, WSASetLastError( ) 함수를 활용한다.

함수 정의

```
int f(int x)
{
    ...
}
```

- x가 0 또는 양수이면 성공
  리턴값은 0이고, 오류 코드는 0으로 설정한다.
- x가 음수이면 실패
  리턴값은 SOCKET_ERROR이고, 오류 코드는 WSAEINVAL로 설정한다.

함수 사용

```
int retval = f(-100);  // 테스트를 위해 함수가 실패하도록 값을 넣어준다.
if (retval == SOCKET_ERROR) err_quit("f()");
```

연습문제

05-B 리눅스 사용자 정의 함수도 일반 소켓 함수와 같은 방법으로 소켓 오류를 처리할 수 있다. 다음을 참고하여 f() 함수를 정의하시오. 단, 전역 변수 errno를 변경한다.

함수 정의

```
int f(int x)
{
    ...
}
```

- x가 0 또는 양수이면 성공
  리턴값은 0이고, 오류 코드는 0으로 설정한다.
- x가 음수이면 실패
  리턴값은 -1이고, 오류 코드는 EINVAL로 설정한다.

함수 사용

```
int retval = f(-100);  // 테스트를 위해 함수가 실패하도록 값을 넣어준다.
if (retval < 0) err_quit("f()");
```

06 윈도우 socket() 함수와 기본 역할은 같지만 향상된 기능을 제공하는 WSASocket() 함수가 있다. WSASocket() 함수를 사용하여 TCP 소켓과 UDP 소켓을 생성하시오.

Chapter

03

소켓 주소 구조체 다루기

학습목표

- 소켓 주소 구조체의 정의와 초기화 방법을 익힌다.
- 바이트 정렬 함수의 필요성과 사용법을 익힌다.
- IP 주소 변환 함수를 익힌다.
- 도메인 이름 시스템의 원리와 이름 변환 함수를 익힌다.

01 소켓 주소 구조체

2장에서 소켓 초기화와 생성, 종료와 관련된 함수를 소개했다. 이 장에서는 소켓 프로그램에서 필수로 사용할 소켓 주소 구조체를 알아보고, 이를 초기화하는 데 사용되는 소켓 함수를 익혀보도록 한다. 먼저 소켓 주소 구조체 정의를 살펴보자.

소켓 주소 구조체Socket Address Structures는 네트워크 프로그램에 필요한 주소 정보를 담는 구조체로, 다양한 소켓 함수의 인수로 사용한다. 프로토콜 체계에 따라 주소 지정 방식이 다르므로 다양한 소켓 주소 구조체가 존재한다. 기본이 되는 것은 sockaddr 구조체로, 다음과 같이 정의되어 있다.

```
#include <winsock2.h>     윈도우
#include <sys/socket.h>   리눅스
struct sockaddr {
  ❶ unsigned short    sa_family;
  ❷ char              sa_data[14];
};
```

NOTE 윈도우의 sockaddr은 C 언어의 typedef 문법을 이용하여 SOCKADDR로도 정의되어 있지만, 리눅스와의 호환성을 고려하여 본문 예제에서는 사용하지 않는다.

❶ sa_family 주소 체계를 나타내는 16비트 정숫값이다. 예를 들어, TCP/IP 프로토콜을 사용한다면 IP 버전에 따라 AF_INET 또는 AF_INET6 값을 가진다.

❷ sa_data 해당 주소 체계에서 사용할 주소 정보를 담는다. 주소 체계에 따라 필요한 정보가 다르므로 가장 일반적인 형태인 바이트 배열로 선언되어 있다. 예를 들어, TCP/IP 프로토콜을 사용한다면 IP 주소와 포트 번호를 저장한다.

sockaddr 구조체는 대표 타입이며, 실제 응용 프로그램이 사용할 프로토콜은 그 종류에 따라 별도의 소켓 주소 구조체가 정의되어 있다. 가령, TCP/IP에서는 sockaddr_in 또는

sockaddr_in6, 블루투스에서는 sockaddr_bth를 사용한다. 본문에서 주로 사용할 TCP/IP 프로토콜을 위한 소켓 주소 구조체는 IP 버전에 따라 두 종류가 제공된다.

```
/* IPv4 소켓 주소 구조체 */
#include <winsock2.h>   윈도우
#include <netinet/in.h> 리눅스
struct sockaddr_in {
  ❶ short             sin_family;
  ❷ unsigned short    sin_port;
  ❸ struct in_addr    sin_addr;
    char              sin_zero[8];      // 항상 0으로 설정
};

/* IPv6 소켓 주소 구조체 */
#include <ws2tcpip.h>   윈도우
#include <netinet/in.h> 리눅스
struct sockaddr_in6 {
  ❶ short             sin6_family;
  ❷ u_short           sin6_port;
    u_long            sin6_flowinfo;  // 대부분 0으로 설정
  ❸ struct  in6_addr  sin6_addr;
    u_long            sin6_scope_id;  // 대부분 0으로 설정
};
```

NOTE

- u_short는 unsigned short로, u_long은 unsigned long으로 정의되어 있다.
- 위의 구조체 정의는 윈도우를 기준으로 한 것이지만, 리눅스도 변수의 타입만 약간 다를 뿐 실질적인 메모리 크기와 변수 이름은 같으므로 따로 표시하지 않았다.
- 윈도우의 sockaddr_in과 sockaddr_in6는 C 언어의 typedef 문법을 이용하여 각각 SOCKADDR_IN과 SOCKADDR_IN6로도 정의되어 있지만, 리눅스와의 호환성을 고려하여 본문 예제에서는 사용하지 않는다.

자주 사용하는 구조체 필드의 기능을 요약하면 다음과 같다.

❶ `sin_family, sin6_family` 주소 체계를 의미하며, 각각 AF_INET과 AF_INET6 값을 사용한다.

❷ `sin_port, sin6_port` 포트 번호를 의미하며, 부호 없는 16비트 정숫값을 사용한다.

❸ `sin_addr`, `sin6_addr` IP 주소를 의미하며, 각각 32비트 in_addr 구조체와 128비트 in6_addr 구조체 타입이다.

IP 주소를 저장하기 위한 in_addr과 in6_addr 구조체는 각각 다음과 같이 정의되어 있다.

윈도우

```
#include <winsock2.h>
struct in_addr {
    union {
        struct {
            u_char s_b1;
            u_char s_b2;
            u_char s_b3;
            u_char s_b4;
        } S_un_b;
        struct {
            u_short s_w1;
            u_short s_w2;
        } S_un_w;
        u_long S_addr;
    } S_un;
#define s_addr S_un.S_addr
};

#include <ws2tcpip.h>
struct in6_addr {
    union {
        UCHAR  Byte[16];
        USHORT Word[8];
    } u;
};
```

리눅스

```
#include <netinet/in.h>
struct in_addr {
    uint32_t s_addr;
};
struct in6_addr {
    unsigned char s6_addr[16];
};
```

IPv4 주소를 담는 in_addr 구조체는 32비트 주소를 담는 s_addr 필드를 가진다. IPv6 주소를 담는 in6_addr 구조체는 운영체제에 따라 공용체/배열로 구성된다. in_addr 구조체의 s_addr 필드를 제외한 나머지 필드는 소켓 프로그래밍에서 직접 사용할 일이 없으므로 이름을 기억할 필요는 없다.

지금까지 살펴본 sockaddr과 sockaddr_in/sockaddr_in6 구조체의 크기는 [표 3-1]과 같다. 블루투스에 사용되는 sockaddr_bth 구조체도 함께 표시했으니 참고한다. sockaddr_in을 제외한 나머지 소켓 주소 구조체는 대표 타입인 sockaddr 구조체와 크기가 다르다는 것을 알 수 있다.

NOTE 소켓은 void 포인터 개념이 없던 시기에 등장한 API로, sockaddr이라는 대표 타입이 존재한다. 특정 네트워크 프로토콜을 선택하면 그에 맞는 구조체를 사용하되, 소켓 함수에 전달할 때 sockaddr 타입으로 캐스팅하도록 설계되어 있다.

표 3-1 소켓 주소 구조체 크기 비교

소켓 주소 구조체	전체 크기(바이트 단위)
sockaddr	16
sockaddr_in	16
sockaddr_in6	28
sockaddr_bth	30

응용 프로그램에서 소켓 주소 구조체를 사용하는 상황은 다음 두 가지로 나눌 수 있다. 주의할 사항은 소켓 주소 구조체는 크기가 크므로 소켓 함수 인수로 전달할 때는 항상 주솟값을 사용하며, 반드시 sockaddr 포인터 타입으로 변환Type casting해야 한다는 점이다.

[표 3-1]과 같이 사용할 통신 프로토콜에 따라 소켓 주소 구조체의 크기가 다르므로 sizeof 연산자를 사용하여 계산한 크기 정보를 같이 전달해야 한다.

❶ 응용 프로그램이 소켓 주소 구조체를 초기화하고 소켓 함수에 넘겨준다. 단, SocketFunc() 함수는 임의의 소켓 함수를 나타낸다.

```
struct sockaddr_in addr;
... // 소켓 주소 구조체를 초기화한다.
SocketFunc(..., (struct sockaddr *)&addr, sizeof(addr), ...);
```

❷ 소켓 함수가 소켓 주소 구조체를 입력으로 받아 내용을 채우면, 응용 프로그램이 이를 출력 등의 목적으로 사용한다. 단, SocketFunc() 함수는 임의의 소켓 함수를 나타낸다. 둘째 줄에서 소켓 주소 구조체의 크기를 계산하고, 셋째 줄에서 값이 아닌 주소 형태로 전달하는 것에 유의한다.

```
struct sockaddr_in addr;
int addrlen = sizeof(addr);
SocketFunc(..., (struct sockaddr *)&addr, &addrlen, ...);
... // 소켓 주소 구조체를 사용한다.
```

소켓 주소 구조체의 각 필드를 초기화하는 방법은 다음 절에서 살펴보도록 한다.

여기서 잠깐! | 다양한 소켓 주소 구조체 선언과 전달 방법

소켓 주소 구조체는 다음과 같이 다양한 형태로 선언할 수 있다.

```
struct sockaddr_in addr;
sockaddr_in addr; // C++ 컴파일러를 사용하는 경우
SOCKADDR_IN addr; // 윈도우에서만 가능한 형태
```

또한 다음과 같이 다양한 형태로 소켓 함수에 인수로 전달할 수 있다.

```
SocketFunc(..., (struct sockaddr *)&addr, ...);
SocketFunc(..., (sockaddr *)&addr, ...); // C++ 컴파일러를 사용하는 경우
SocketFunc(..., (SOCKADDR *)&addr, ...); // 윈도우에서만 가능한 형태
```

본문 코드에서는 C/C++ 언어 호환성과 윈도우/리눅스 운영체제 호환성을 고려하여 첫 번째 형태를 사용한다.

02 바이트 정렬 함수

바이트 정렬Byte Order; 바이트 순서은 메모리에 데이터를 저장할 때 바이트의 배치 순서를 나타내는 용어로, 빅 엔디언Big-endian과 리틀 엔디언Little-endian 방식이 있다. 빅 엔디언은 최상위 바이트MSB; Most Significant Byte부터 차례로 저장하는 방식이며, 리틀 엔디언은 최하위 바이트LSB; Least Significant Byte부터 차례로 저장하는 방식이다. 시스템에서 사용하는 바이트 정렬은 CPU와 운영체제에 따라 다르므로 서로 다른 시스템 간의 데이터를 교환할 때는 이를 고려해야 한다.

[그림 3-1]은 16진수 0×12345678을 메모리 0×1000번지에 저장할 때 두 바이트 정렬의 차이를 보여준다. 빅 엔디언은 최상위 바이트부터, 리틀 엔디언은 최하위 바이트부터 차례로 저장하는 것을 알 수 있다.

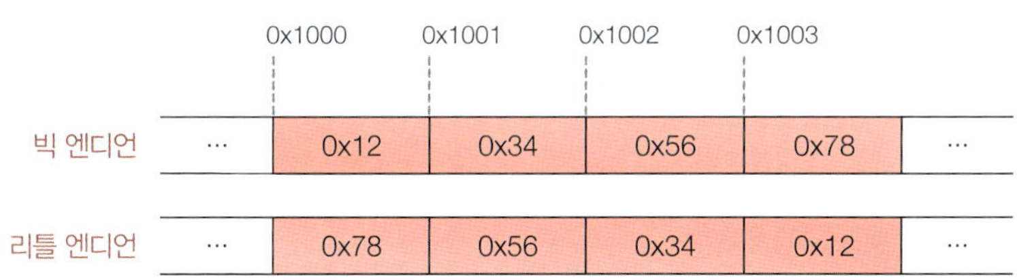

그림 3-1 바이트 정렬

파일에 데이터를 저장하고 읽어오는 경우나 네트워크를 통해 데이터를 송수신하는 경우에는 바이트 정렬에 유의해야 한다. 가령, 한쪽에서 데이터를 리틀 엔디언 방식으로 파일에 저장하거나 네트워크로 전송하고, 다른 쪽에서 빅 엔디언 방식으로 해당 데이터를 읽어서 해석하면 전혀 다른 의미의 데이터로 인식되는 문제가 생긴다.

[그림 3-2]를 참고하여 네트워크 통신에서 바이트 정렬을 고려해야 하는 경우를 ❶ 프로토콜 구현과 ❷ 응용 프로그램 데이터라는 두 가지 관점에서 살펴보자.

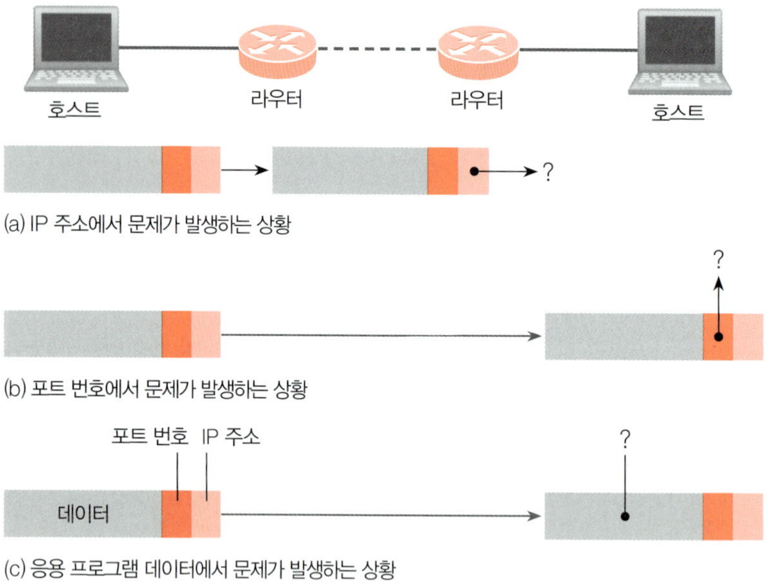

그림 3-2 바이트 정렬을 고려해야 하는 경우

❶ IP 주소, 포트 번호와 같이 프로토콜 구현을 위해 필요한 정보

[그림 3-2(a)]는 IP 주소의 바이트 정렬에 따른 문제점을 보여준다. 호스트가 보낸 패킷의 IP 헤더에는 IP 주소가 포함되어 있다. 이 패킷을 라우터가 받으면 IP 주소를 참조하여 다음 위치에 있는 라우터에 보낸다. 이때 호스트와 라우터가 IP 주소의 바이트 정렬을 약속하지 않으면 IP 주소 해석이 달라져 라우팅에 문제가 생길 수 있다.

[그림 3-2(b)]는 포트 번호의 바이트 정렬에 따른 문제점을 보여준다. 두 호스트가 포트 번호의 바이트 정렬을 약속하지 않으면 포트 번호 해석이 달라져 데이터가 잘못된 목적지 프로세스에 전달될 수 있다.

이런 문제는 시스템이 사용하는 바이트 정렬(호스트 바이트 정렬Host Byte Order이라고 함)이 통일되어 있지 않아 발생한다. 이를 해결하고자 IP 주소와 포트 번호의 바이트 정렬을 빅 엔디언으로 통일하여 사용한다. 빅 엔디언을 네트워크 용어로 네트워크 바이트 정렬Network Byte Order이라고 부른다.

❷ 응용 프로그램이 주고받는 데이터

[그림 3-2(c)]는 데이터의 바이트 정렬에 따른 문제점을 보여준다. 호스트가 주고받는 데이터에 대해 바이트 정렬을 약속하지 않으면 데이터 해석의 문제가 생길 수 있다. 두 호스트의 바이트 정렬이 같으면 문제가 되지 않지만 그렇지 않은 경우를 고려하여 상호 약속이 필요하다. 서버와 클라이언트를 같이 제작하는 경우라면 빅/리틀 엔디언 중 하나로 통일해서 구현한다. 클라이언트만 제작한다면 기존 서버가 정한 바이트 정렬 방식을 따르면 된다.

응용 프로그램이 바이트 정렬 방식을 편리하게 변환할 수 있도록 다음과 같은 소켓 함수가 제공된다. hton*( ) 함수는 호스트 바이트 정렬로 저장된 값을 입력받아 네트워크 바이트 정렬로 변환한 값을 리턴한다. ntoh*( ) 함수는 네트워크 바이트 정렬로 저장된 값을 입력받아 호스트 바이트 정렬로 변환한 값을 리턴한다. *s( ) 함수는 16비트 값을, *l( ) 함수는 32비트 값을 입력으로 받으므로 데이터 크기에 따라 적절한 버전을 선택하면 된다.

```
#include <winsock2.h> 윈도우
#include <arpa/inet.h> 리눅스
u_short htons(u_short hostshort); // host-to-network-short
u_long  htonl(u_long hostlong);   // host-to-network-long
u_short ntohs(u_short netshort);  // network-to-host-short
u_long  ntohl(u_long netlong);    // network-to-host-long
```

일반적으로 hton*( ) 함수는 [그림 3-3]처럼 응용 프로그램이 소켓 함수에 데이터를 넘겨주기 전에 호출한다. ntoh*( ) 함수는 [그림 3-4]처럼 소켓 함수가 결과로 리턴한 데이터를 응용 프로그램이 출력 등의 목적으로 사용하기 전에 호출한다.

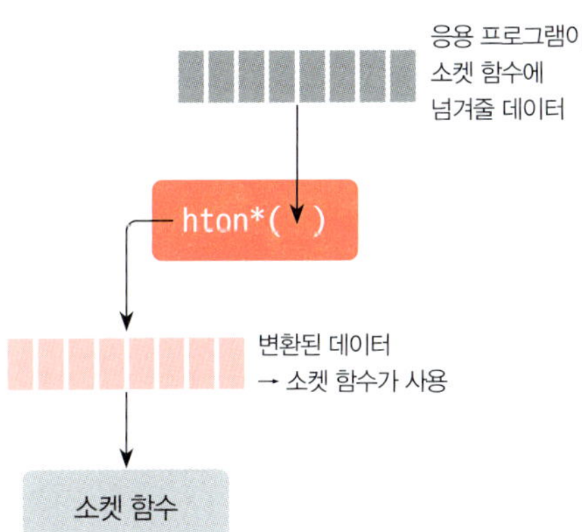

그림 3-3 hton*( ) 함수가 필요한 경우

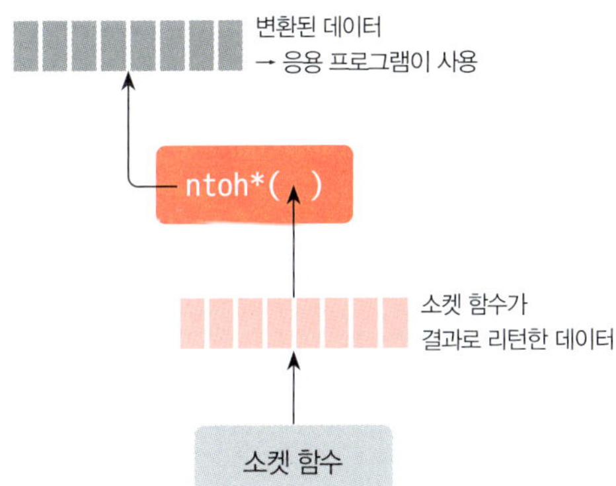

그림 3-4 ntoh*( ) 함수가 필요한 경우

TCP/IP에서 사용할 sockaddr_in/sockaddr_in6 구조체는 [그림 3-5]와 같은 바이트 정렬을 따른다. sockaddr_in/sockaddr_in6 구조체를 초기화하는 방법은 3절에서 IP 주소 변환 함수를 다루면서 살펴보도록 한다.

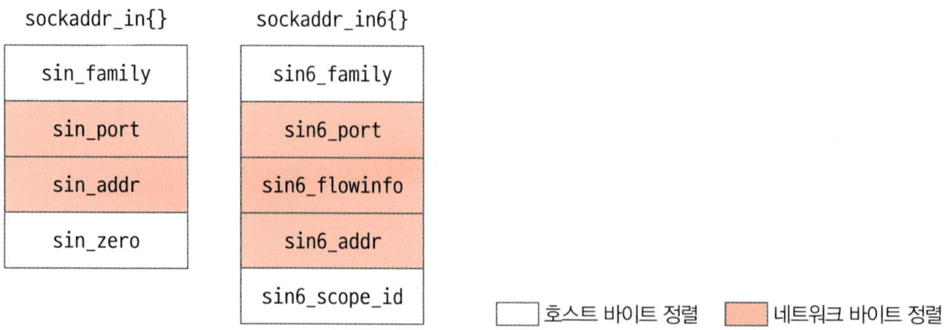

그림 3-5 sockaddr_in/sockaddr_in6 **구조체의 바이트 정렬**

실습 3-1 바이트 정렬 함수 연습

ByteOrder라는 콘솔 응용 프로그램 프로젝트를 생성하고 다음 코드를 입력한다. 프로젝트 생성 옵션과 컴파일, 링크 방법은 1장에 있는 실습과 같다. 윈속 초기화와 종료 코드를 제외하면 리눅스 버전도 코드는 동일하다. 실행 결과에서는 hton*() 함수를 사용하여 바이트 정렬을 바꾼 후 다시 ntoh*() 함수를 사용하여 원래 바이트 정렬로 되돌리는 것을 보여준다. 맨 마지막 행은 u_long 형을 입력으로 받는 함수에 u_short 형을 사용할 때 발생하는 문제점을 보여준다.

ByteOrder.cpp

```
#include "..\..\Common.h"

int main(int argc, char *argv[])
{
  // 윈속 초기화
  WSADATA wsa;
  if (WSAStartup(MAKEWORD(2, 2), &wsa) != 0)
      return 1;

```

```
    u_short x1 = 0x1234;
    u_long  y1 = 0x12345678;
    u_short x2;
    u_long  y2;

    // 호스트 바이트 -> 네트워크 바이트
    printf("[호스트 바이트 -> 네트워크 바이트]\n");
    printf("%#x -> %#x\n", x1, x2 = htons(x1));
    printf("%#x -> %#x\n", y1, y2 = htonl(y1));

    // 네트워크 바이트 -> 호스트 바이트
    printf("\n[네트워크 바이트 -> 호스트 바이트]\n");
    printf("%#x -> %#x\n", x2, ntohs(x2));
    printf("%#x -> %#x\n", y2, ntohl(y2));

    // 잘못된 사용 예
    printf("\n[잘못된 사용 예]\n");
    printf("%#x -> %#x\n", x1, htonl(x1));

    // 윈속 종료
    WSACleanup();
    return 0;
}
```

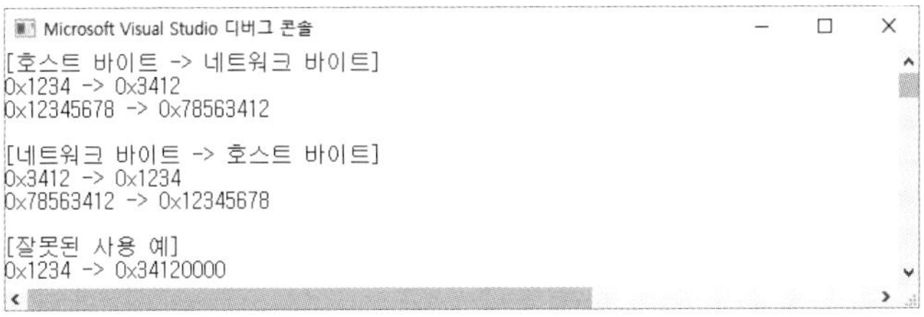

03 IP 주소 변환 함수

네트워크 프로그램에서 IP 주소를 입력받을 때는 [그림 3-6]의 그림 (a)처럼 명령행 인수를 사용하거나 그림 (b)처럼 운영체제가 제공하는 입력용 위젯Widget(고유 모양과 기능을 가진 자식 윈도우)을 이용한다. 이때 응용 프로그램은 IP 주소를 문자열 형태로 전달받기 때문에 네트워크 통신을 위해 이를 32비트(IPv4) 또는 128비트(IPv6) 숫자로 변환해야 한다.

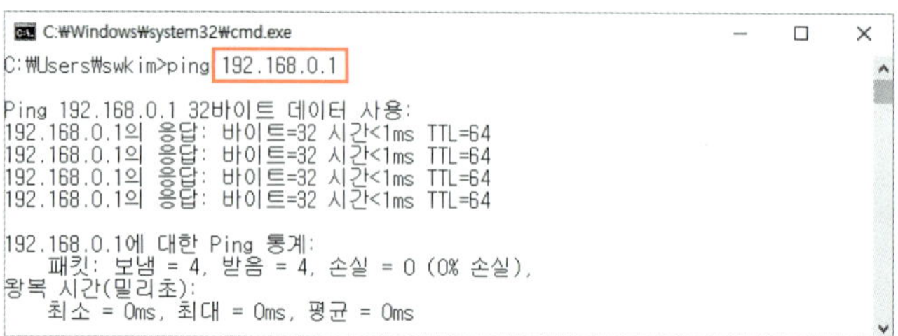

(a) 명령행 인수

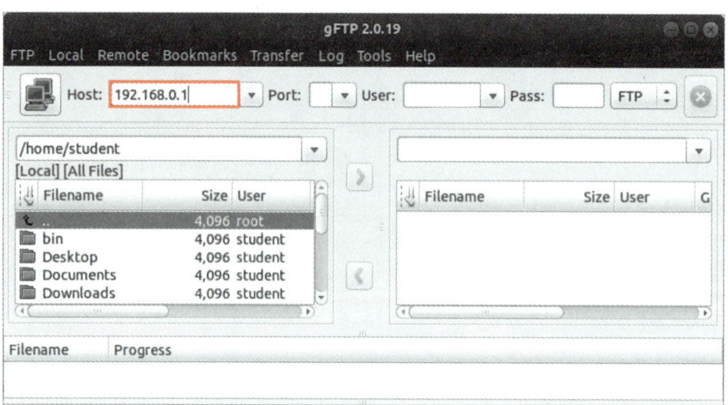

(b) 입력용 위젯

그림 3-6 IP 주소 입력: 명령행 인수와 입력용 위젯

> **NOTE** 윈도우에서는 위젯 대신 컨트롤Control이라는 용어를 사용한다.

IP 주소를 입력받는 또 다른 방법으로는 [그림 3-7]과 같은 IP 주소 전용 위젯의 사용을 들 수 있다. 이를 이용하면 IP 주소를 입력받아 문자열 또는 32비트 숫자(네트워크 바이트 정렬)를 얻을 수 있다. 하지만 IPv6에는 사용할 수 없고, 콘솔 응용 프로그램에서 사용하기에는 부적절하여 범용적이지 못하다는 단점이 있다.

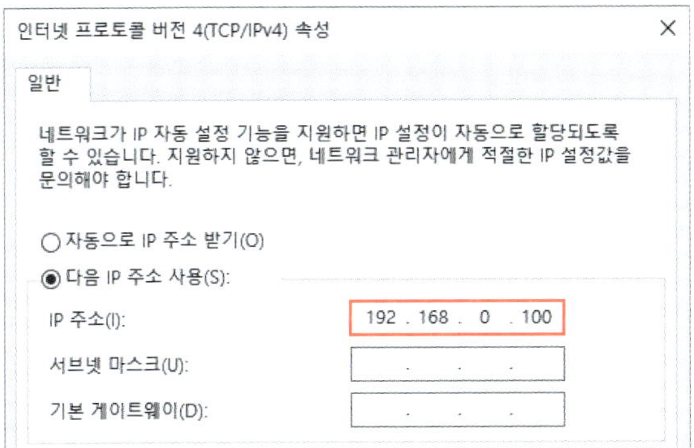

그림 3-7 IP 주소 전용 위젯

응용 프로그램에서 IP 주소를 편리하게 변환할 수 있도록 다음과 같은 소켓 함수가 제공된다. inet_pton( ) 함수는 문자열 형태의 IPv4/IPv6 주소를 입력받아 32/128비트 숫자(네트워크 바이트 정렬) 형태로 리턴한다. inet_ntop( ) 함수는 32/128비트 숫자(네트워크 바이트 정렬) 형태의 IPv4/IPv6 주소를 입력받아 문자열 형태로 리턴한다.

> **NOTE** pton은 'presentation to numeric(or network)', ntop는 'numeric(or network) to presentation'으로 생각하면 기억하고 이해하기 쉽다.

윈도우

```
#include <ws2tcpip.h>
int inet_pton(int af, const char *src, void *dst);
const char *inet_ntop(int af, const void *src, char *dst, size_t size);
```

리눅스

```
#include <arpa/inet.h>
int inet_pton(int af, const char *src, void *dst);
const char *inet_ntop(int af, const void *src, char *dst, socklen_t size);
```

NOTE

- inet_ntop() 함수의 맨 마지막 인수 타입이 조금 다르다는 점에 유의하자. 기본적으로 size_t와 socklen_t 타입 모두 정수형이라고 생각하면 되지만, 리눅스에서는 정확히 socklen_t 타입 또는 그와 동등한 타입이 아니면 컴파일 오류가 발생할 수 있다.
- 이 외에 IPv4 주소만 지원하는 구형 inet_addr() 함수와 inet_ntoa() 함수가 있다. 또한, 윈도우 전용 함수로 IPv4/IPv6 주소를 지원하는 WSAStringToAddress() 함수와 WSAAddressToString() 함수가 있다. 이 함수들은 3장의 연습문제에서 사용해보기로 한다.

다음은 바이트 정렬 함수와 IP 주소 변환 함수를 sockaddr_in 구조체에 사용하는 예다.

❶ 응용 프로그램이 소켓 주소 구조체를 초기화하고 소켓 함수에 넘겨준다. 단, SocketFunc() 함수는 임의의 소켓 함수를 나타낸다.

```
// 소켓 주소 구조체를 초기화한다.
struct sockaddr_in addr;           // IPv4용 소켓 주소 구조체
memset(&addr, 0, sizeof(addr));    // 0으로 채운다.
addr.sin_family = AF_INET;         // 주소 체계: IPv4
inet_pton(AF_INET, "147.46.114.70", &addr.sin_addr); // IP 주소: 문자열 → 숫자
addr.sin_port = htons(9000); // 포트 번호: 호스트 바이트 정렬 → 네트워크 바이트 정렬

// 소켓 함수를 호출한다.
SocketFunc(..., (struct sockaddr *)&addr, sizeof(addr), ...); // 소켓 함수 호출
```

❷ 소켓 함수가 소켓 주소 구조체를 입력으로 받아 내용을 채우면, 응용 프로그램이 이를 출력 등의 목적으로 사용한다. 단, SocketFunc() 함수는 임의의 소켓 함수를 나타낸다.

```
// 소켓 함수를 호출한다.
struct sockaddr_in addr; // IPv4용 소켓 주소 구조체
int addrlen = sizeof(addr); // 리눅스에서는 int 대신 socklen_t 타입을 사용해야 한다.
SocketFunc(..., (struct sockaddr *)&addr, &addrlen, ...); // 소켓 함수 호출

// 소켓 주소 구조체를 사용한다.
char ipaddr[INET_ADDRSTRLEN]; // 문자열 형태의 IPv4 주소를 담을 버퍼
inet_ntop(AF_INET, &clientaddr.sin_addr,
    ipaddr, sizeof(ipaddr)); // IP 주소: 숫자 → 문자열
printf("\n[TCP 서버] 클라이언트 접속: IP 주소=%s, 포트 번호=%d\n",
    ipaddr, ntohs(clientaddr.sin_port)); // 소켓 주소 구조체 사용
```

NOTE INET_ADDRSTRLEN은 문자열 형태의 IPv4 주소 최대 길이를 나타내는 상수다. 마찬가지로, 문자열 형태의 IPv6 주소 최대 길이를 나타내는 INET6_ADDRSTRLEN 상수도 있다. 이들은 윈도우와 리눅스에서 모두 기본 제공되므로 별도 정의 없이 사용할 수 있다.

실습 3-2 IP 주소 변환 함수 연습

IPv4와 IPv6 주소를 변환하여 화면에 출력하는 예제를 작성해보자. IP 주소 변환 함수를 모두 연습하기 위해 문자열을 숫자로, 숫자를 다시 문자열로 바꾸어 출력한다.

IPAddr이라는 콘솔 응용 프로그램 프로젝트를 생성하고 다음 코드를 입력한다. 프로젝트 생성 옵션과 컴파일, 링크 방법은 1장에 있는 실습과 같다. 윈속 초기화와 종료 코드를 제외하면 리눅스 버전도 코드는 동일하다. 실행 결과에서 원래의 IPv4 주소를 두 번 변환(문자열→숫자→문자열)했으므로 1행과 3행의 결과가 일치한다. 마찬가지로 IPv6 주소도 두 번 변환(문자열→숫자→문자열)한 결과가 일치함을 알 수 있다.

IPAddr.cpp

```
#include "..\..\Common.h"

int main(int argc, char *argv[])
{
  // 윈속 초기화
  WSADATA wsa;
  if (WSAStartup(MAKEWORD(2, 2), &wsa) != 0)
      return 1;

  /*----------------*/
  /* IPv4 변환 연습   */
  /*----------------*/
  // 원래의 IPv4 주소 출력
  const char *ipv4test = "147.46.114.70";
  printf("IPv4 주소(변환 전) = %s\n", ipv4test);

  // inet_pton() 함수 연습
  struct in_addr ipv4num;
```

```c
    inet_pton(AF_INET, ipv4test, &ipv4num);
    printf("IPv4 주소(변환 후) = %#x\n", ipv4num.s_addr);

    // inet_ntop() 함수 연습
    char ipv4str[INET_ADDRSTRLEN];
    inet_ntop(AF_INET, &ipv4num, ipv4str, sizeof(ipv4str));
    printf("IPv4 주소(다시 변환 후) = %s\n", ipv4str);
    printf("\n");

    /*----------------*/
    /* IPv6 변환 연습   */
    /*----------------*/
    // 원래의 IPv6 주소 출력
    const char *ipv6test = "2001:0230:abcd:ffab:0023:eb00:ffff:1111";
    printf("IPv6 주소(변환 전) = %s\n", ipv6test);

    // inet_pton() 함수 연습
    struct in6_addr ipv6num;
    inet_pton(AF_INET6, ipv6test, &ipv6num);
    printf("IPv6 주소(변환 후) = 0x");
    for (int i = 0; i < 16; i++)
        printf("%02x", ipv6num.s6_addr[i]);
    printf("\n");

    // inet_ntop() 함수 연습
    char ipv6str[INET6_ADDRSTRLEN];
    inet_ntop(AF_INET6, &ipv6num, ipv6str, sizeof(ipv6str));
    printf("IPv6 주소(다시 변환 후) = %s\n", ipv6str);

    // 윈속 종료
    WSACleanup();
    return 0;
}
```

Microsoft Visual Studio 디버그 콘솔

```
IPv4 주소(변환 전) = 147.46.114.70
IPv4 주소(변환 후) = 0x46722e93
IPv4 주소(다시 변환 후) = 147.46.114.70

IPv6 주소(변환 전) = 2001:0230:abcd:ffab:0023:eb00:ffff:1111
IPv6 주소(변환 후) = 0x20010230abcdffab0023eb00ffff1111
IPv6 주소(다시 변환 후) = 2001:230:abcd:ffab:23:eb00:ffff:1111
```

1행은 원래의 IPv4 주소를, 2행은 inet_pton() 함수를 사용하여 32비트 숫자(네트워크 바이트 정렬)로 변환한 결과를, 3행은 inet_ntop() 함수를 사용하여 문자열로 변환한 결과를 보여준다.

04 DNS와 이름 변환 함수

도메인 이름Domain Name은 IP 주소와 마찬가지로 호스트나 라우터의 고유한 식별자다. 'www.hanbit.co.kr'과 같이 숫자보다는 문자 위주로 구성되어 있다. IP 주소보다 기억하고 사용하기 쉽다는 장점이 있어 많은 네트워크 응용 프로그램이 도메인 이름을 주소로 사용하는 기능을 제공한다.

TCP/IP 프로토콜은 내부적으로 숫자 형태의 IP 주소를 기반으로 동작하기 때문에 사용자가 입력한 도메인 이름을 반드시 숫자 형태의 IP 주소로 변환해야 한다. [그림 3-8]은 ping 프로그램에 입력한 도메인 이름이 IPv4 또는 IPv6 주소로 변환되는 것을 보여준다.

NOTE IPv6가 지원되지 않는 일반 가정과 같은 환경에서는 ping -6 옵션이 작동하지 않는다.

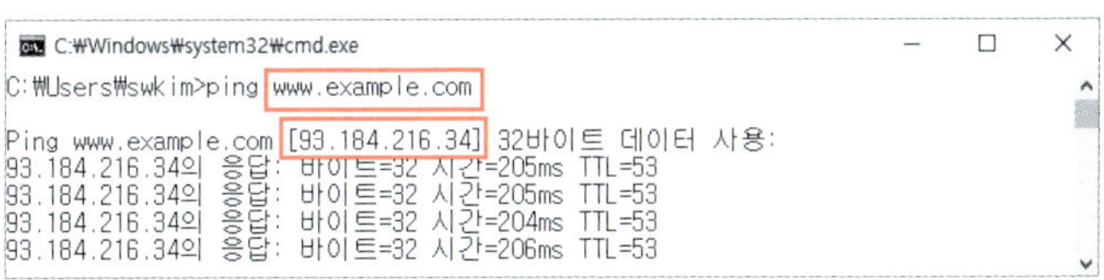

(a) 윈도우 도메인 이름 → IPv4 주소

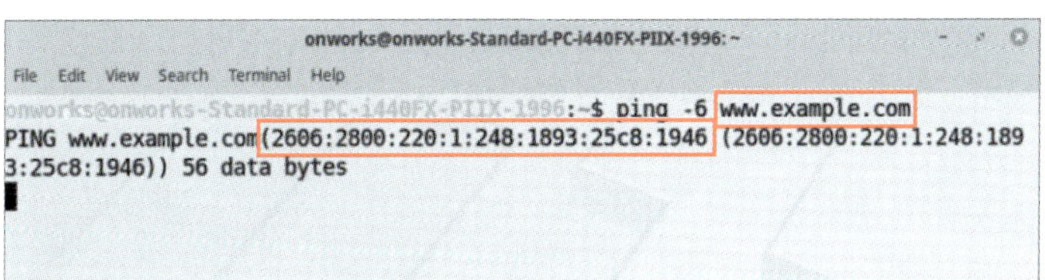

(b) 리눅스 도메인 이름 → IPv6 주소

그림 3-8 도메인 이름의 IP 주소 변환

도메인 이름과 IP 주소의 변환 정보는 인터넷에 존재하는 여러 도메인 이름 시스템DNS; Domain Name System 서버가 관리한다. 어느 한 DNS 서버가 모든 정보를 갖고 있지 않다는 점에서 일종의 분산 데이터베이스Distributed Database라고 할 수 있다. DNS 서버의 구성이나 설정 방법 등은 관련 서적을 참고하도록 하며, 여기서는 도메인 이름 시스템이 정상적으로 작동한다고 가정하고 진행한다.

응용 프로그램이 도메인 이름과 IP 주소를 상호 변환할 수 있도록 다음과 같은 소켓 함수가 제공된다.

```
#include <winsock2.h>   윈도우
#include <netdb.h>      리눅스

/* 도메인 이름 → IP 주소(네트워크 바이트 정렬) */
struct hostent *gethostbyname(
    const char *name       // 도메인 이름
);

/* IP 주소(네트워크 바이트 정렬) → 도메인 이름 */
struct hostent *gethostbyaddr(
    const char  *addr,     // IP 주소(네트워크 바이트 정렬)
    int          len,      // IP 주소의 길이
    int          type      // 주소 체계(AF_INET 또는 AF_INET6)
);
```

gethostbyname() 함수와 gethostbyaddr() 함수는 모두 hostent 구조체형 포인터를 리턴하므로 이 구조체를 먼저 이해해야 한다. hostent 구조체의 정의는 다음과 같다. [그림 3-9]를 참고하면서 각 필드의 의미를 이해해보자.

```
struct hostent {
  ❶ char  *h_name;
  ❷ char **h_aliases;
  ❸ short  h_addrtype;
  ❹ short  h_length;
  ❺ char **h_addr_list;
#define h_addr h_addr_list[0]
};
```

❶ h_name 공식 도메인 이름이다.

❷ h_aliases 한 호스트가 공식 도메인 이름 외에 다른 이름을 여러 개 가질 수 있는데, 이를 별명alias name이라고 한다. 호스트가 여러 별명을 가진 경우, 이 포인터를 따라가면 모든 별명을 얻을 수 있다.

❸ h_addrtype 주소 체계를 나타내는 값이다. AF_INET 또는 AF_INET6 값이 들어 있다.

❹ h_length IP 주소의 길이(바이트 단위)다. 4(IPv4) 또는 16(IPv6)이 들어 있다.

❺ h_addr_list 네트워크 바이트 정렬된 IP 주소다. 한 호스트가 IP 주소를 여러 개 가진 경우, 이 포인터를 따라가면 모든 IP 주소를 얻을 수 있다. 특정 호스트에 접속할 때는 대개 첫 번째 IP 주소만 사용하므로 h_addr_list[0]에 접근하는데, 매크로를 통해 정의된 h_addr을 사용하면 편리하다.

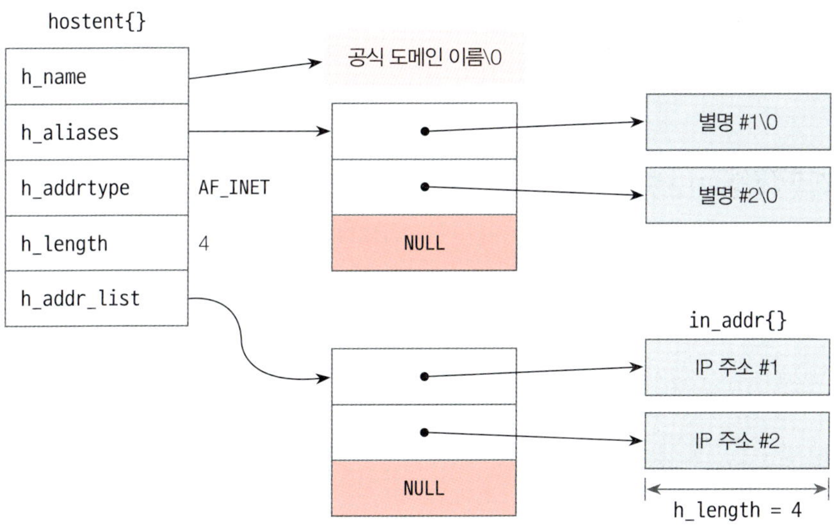

(a) IPv4를 사용하는 경우

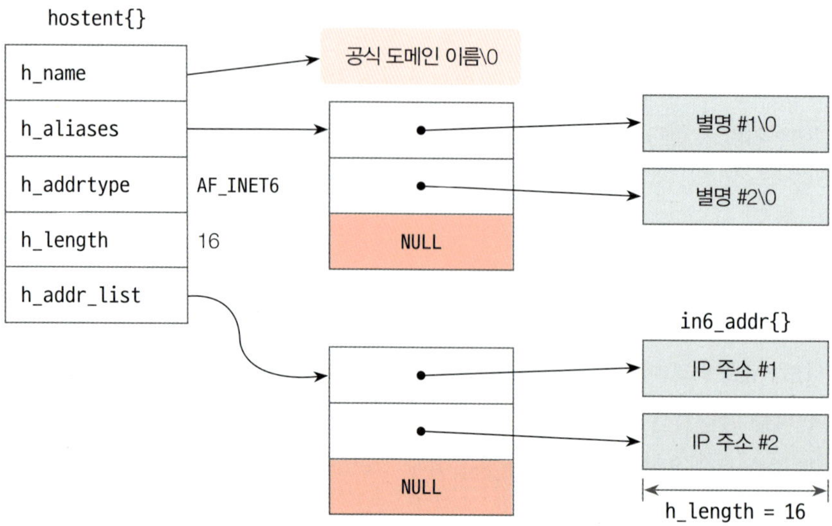

(b) IPv6를 사용하는 경우

그림 3-9 hostent **구조체**

> **NOTE** gethostbyname() 함수와 gethostbyaddr() 함수는 IPv4/IPv6를 지원하는 것처럼 보이지만 실질적으로는 IPv4만 지원한다. 84쪽에 있는 〈여기서 잠깐〉 '이름 변환 함수 사용 시 유의 사항'을 읽고 참고한다.

gethostbyname() 함수와 gethostbyaddr() 함수를 사용하여 도메인 이름과 IPv4 주소를 상호 변환하는 사용자 정의 함수를 작성하면 다음과 같다. 두 함수 모두 성공하면 true를, 실패하면 false를 리턴하도록 정의했다. 실제 사용 예는 잠시 후 [실습 3-3]을 통해 확인하도록 한다.

```
// 도메인 이름 -> IPv4 주소
bool GetIPAddr(const char *name, struct in_addr *addr)
{
    struct hostent *ptr = gethostbyname(name);
    if (ptr == NULL) {
        err_display("gethostbyname()");
        return false;
    }
```

```
9     if (ptr->h_addrtype != AF_INET)
10        return false;
11    memcpy(addr, ptr->h_addr, ptr->h_length);
12    return true;
13 }
```

4행 gethostbyname() 함수를 호출하여 hostent 구조체형 포인터를 얻는다.

5~8행 오류가 발생하면 오류를 출력하고 false를 리턴한다.

9~10행 AF_INET 주소 체계가 아니면 false를 리턴한다.

11~12행 IP 주소를 in_addr 구조체에 복사하고 true를 리턴한다.

```
1 // IPv4 주소 -> 도메인 이름
2 bool GetDomainName(struct in_addr addr, char *name, int namelen)
3 {
4     struct hostent *ptr = gethostbyaddr((const char *)&addr,
5         sizeof(addr), AF_INET);
6     if (ptr == NULL) {
7         err_display("gethostbyaddr()");
8         return false;
9     }
10    if (ptr->h_addrtype != AF_INET)
11        return false;
12    strncpy(name, ptr->h_name, namelen);
13    return true;
14 }
```

4~5행 gethostbyaddr() 함수를 호출하여 hostent 구조체형 포인터를 얻는다.

6~9행 오류가 발생하면 오류를 출력하고 false를 리턴한다.

10~11행 AF_INET 주소 체계가 아니면 false를 리턴한다.

12~13행 도메인 이름을 사용자가 전달한 버퍼에 복사하고 true를 리턴한다. 문자열 복사 시 strcpy() 함수보다는 strncpy() 함수를 사용하는 것이 좀 더 안전하다.

여기서 잠깐! | **이름 변환 함수 사용 시 유의 사항**

① 호스트가 IPv4/IPv6 주소를 모두 갖고 있는 경우, gethostbyname() 함수는 항상 IPv4 주소 정보를 리턴한다. 현재까지는 일반 사용자가 주로 IPv4 주소를 사용하므로 당장은 문제가 되지 않는다. 하지만 미래에 IPv6 주소 사용이 확대되면 호스트의 IPv6 주소가 필요하거나 IPv4/IPv6 주소 모두가 필요할 상황이 생길 수 있다. 이때는 getaddrinfo() 함수와 freeaddrinfo() 함수를 찾아 사용하면 된다. gethostbyaddr() 함수도 마찬가지여서 IPv4/IPv6 주소 정보를 얻을 수 있는 getnameinfo() 함수가 제공된다. 이런 내용은 연습문제에서 다루도록 한다. 현재 우리나라 일반 가정의 IPv6 보급률은 매우 낮기 때문에 일반 사용자가 IPv6 주소를 접할 수 있는 일은 거의 없다. 반면, 스마트폰의 LTE나 5G 네트워크에서는 통신사에 따라 IPv6 주소를 기기에 할당해주는 경우를 볼 수 있다.

② 유효한 도메인 이름을 IP 주소로 변환하는 일은 가능하지만, 유효한 IP 주소를 도메인 이름으로 변환하는 일은 항상 가능한 것은 아니다. 따라서 IP 주소를 도메인 이름으로 변환한 결과는 참고로만 사용하는 것이 좋다.

③ hostent 구조체는 스레드[Thread]당 하나씩 할당된다. 변환된 IP 주소나 도메인 이름을 계속 사용하려면 다른 소켓 함수를 호출하기 전에 미리 복사해두어야 한다. 본문에서 정의한 GetIPAddr() 함수, GetDomainName() 함수는 모두 이 규칙을 따른다.

실습 3-3 이름 변환 함수 연습

본문에서 정의한 GetIPAddr( ) 함수와 GetDomainName( ) 함수를 사용하여 이름 변환을 수행하는 예제를 작성해보자.

NameResolution이라는 콘솔 응용 프로그램 프로젝트를 생성하고 다음 코드를 입력한다. 프로젝트 생성 옵션과 컴파일, 링크 방법은 1장에 있는 실습과 같다. 윈속 초기화와 종료 코드를 제외하면 리눅스 버전도 코드는 동일하다.

실행 결과에서 ❶은 도메인 이름 'www.google.com'을 IP 주소로 변환해서 출력한 후, 이를 다시 도메인 이름으로 변환한 결과를 보여준다. 호스트가 대표 도메인 이름 외에 별명이 있다면 원래의 이름과 다른 결과가 나올 수 있다. 만약 3행의 도메인 이름이 인터넷에 존재하지 않아서(예 www.google.com.unknown) 도메인 이름을 찾을 수 없다면 ❷와 같이 오류 메시지를 출력한다.

NameResolution.cpp

```
#include "..\..\Common.h"

#define TESTNAME "www.google.com"

// 도메인 이름 -> IPv4 주소
bool GetIPAddr(const char *name, struct in_addr *addr)
{
    struct hostent *ptr = gethostbyname(name);
    if (ptr == NULL) {
        err_display("gethostbyname()");
        return false;
    }
    if (ptr->h_addrtype != AF_INET)
        return false;
    memcpy(addr, ptr->h_addr, ptr->h_length);
    return true;
}

// IPv4 주소 -> 도메인 이름
bool GetDomainName(struct in_addr addr, char *name, int namelen)
{
    struct hostent *ptr = gethostbyaddr((const char *)&addr,
        sizeof(addr), AF_INET);
    if (ptr == NULL) {
        err_display("gethostbyaddr()");
        return false;
    }
    if (ptr->h_addrtype != AF_INET)
        return false;
    strncpy(name, ptr->h_name, namelen);
    return true;
}

```

```
int main(int argc, char *argv[])
{
    // 윈속 초기화
    WSADATA wsa;
    if (WSAStartup(MAKEWORD(2, 2), &wsa) != 0)
        return 1;

    printf("도메인 이름(변환 전) = %s\n", TESTNAME);

    // 도메인 이름 -> IP 주소
    struct in_addr addr;
    if (GetIPAddr(TESTNAME, &addr)) {
        // 성공이면 결과 출력
        char str[INET_ADDRSTRLEN];
        inet_ntop(AF_INET, &addr, str, sizeof(str));
        printf("IP 주소(변환 후) = %s\n", str);

        // IP 주소 -> 도메인 이름
        char name[256];
        if (GetDomainName(addr, name, sizeof(name))) {
            // 성공이면 결과 출력
            printf("도메인 이름(다시 변환 후) = %s\n", name);
        }
    }

    // 윈속 종료
    WSACleanup();
    return 0;
}
```

```
Microsoft Visual Studio 디버그 콘솔
도메인 이름(변환 전) = www.google.com
IP 주소(변환 후) = 142.250.196.132
도메인 이름(다시 변환 후) = nrt12s36-in-f4.1e100.net
```

❶ 도메인 이름이 존재하는 경우

```
Microsoft Visual Studio 디버그 콘솔
도메인 이름(변환 전) = www.google.com.unknown
[gethostbyname()] 알려진 호스트가 없습니다.
```

❷ 도메인 이름이 존재하지 않는 경우

01 소켓 주소 구조체

- 네트워크 통신에 필요한 주소를 담는 구조체
- 다양한 소켓 함수의 인수로 전달하여 사용

02 다양한 소켓 주소 구조체

- sockaddr: 대표 타입으로, 소켓 함수의 인수 타입으로 사용
- sockaddr_in, sockaddr_in6: 각각 IPv4와 IPv6 프로토콜에서 사용
- sockaddr_bth: 블루투스 프로토콜에서 사용

03 IP 주소를 저장하기 위한 구조체

- in_addr, in6_addr: 각각 IPv4와 IPv6 주소 저장

04 바이트 정렬 방식

- 빅 엔디언: 최상위 바이트부터 차례로 저장하는 방식
- 리틀 엔디언: 최하위 바이트부터 차례로 저장하는 방식

05 바이트 정렬 변환 함수

- htons( ), htonl( ): 호스트 바이트 정렬 → 네트워크 바이트 정렬
- ntohs( ), ntohl( ): 네트워크 바이트 정렬 → 호스트 바이트 정렬

06 IP 주소 변환 함수

- inet_pton( ): 문자열 → 숫자(네트워크 바이트 정렬)
- inet_ntop( ): 숫자(네트워크 바이트 정렬) → 문자열
- inet_addr( ): 문자열 → 숫자(네트워크 바이트 정렬) ⇐ IPv4만 지원
- inet_ntoa( ): 숫자(네트워크 바이트 정렬) → 문자열 ⇐ IPv4만 지원

요약

07 도메인 이름과 IPv4 주소 변환 함수

- gethostbyname( ): 도메인 이름 → IPv4 주소(네트워크 바이트 정렬)
- gethostbyaddr( ): IPv4 주소(네트워크 바이트 정렬) → 도메인 이름

08 도메인 이름과 IPv4/IPv6 주소 변환 함수

- getaddrinfo( )/freeaddrinfo( ): 도메인 이름 → IPv4/IPv6 주소(네트워크 바이트 정렬)
- getnameinfo( ): IPv4/IPv6 주소(네트워크 바이트 정렬) → 도메인 이름

01 호스트의 바이트 정렬 방식을 확인할 수 있는 함수를 정의하시오.

```
bool IsLittleEndian();
리턴값: 리틀 엔디언이면 true, 그렇지 않으면 false를 리턴한다.

bool IsBigEndian();
리턴값: 빅 엔디언이면 true, 그렇지 않으면 false를 리턴한다.
```

02 IPAddr 예제의 IPv4 주소를 변환하는 코드에서 inet_pton() 함수를 inet_addr() 함수로 변경하시오. 단, IPv6 주소를 변환하는 코드는 그대로 둔다.

03 IPAddr 예제의 IPv4 주소를 변환하는 코드에서 inet_ntop() 함수를 inet_ntoa() 함수로 변경하시오. 단, IPv6 주소를 변환하는 코드는 그대로 둔다.

04 윈도우 IPAddr 예제에서 사용하는 inet_pton() 함수를 모두 WSAStringToAddress() 함수로 변경하시오.

05 윈도우 IPAddr 예제에서 사용하는 inet_ntop() 함수를 모두 WSAAddressToString() 함수로 변경하시오.

06 도메인 이름을 명령행 인수로 입력받아, 해당 호스트의 모든 별명과 모든 IPv4 주소를 출력하는 프로그램을 작성하시오.

07 IP 주소를 명령행 인수로 입력받아, 해당 호스트의 모든 별명과 모든 IPv4 주소를 출력하는 프로그램을 작성하시오.

연습문제

08 NameResolution 예제에서 정의한 GetIPAddr( ) 함수와 사용법이 같은 GetIPInfo( ) 함수를 정의하고 테스트하시오. 단, 내부적으로는 getaddrinfo( ) 함수를 사용하여 도메인 이름에 대응하는 IPv4 주소를 얻어야 한다.

09 NameResolution 예제에서 정의한 GetDomainName( ) 함수와 사용법이 같은 GetDomainInfo( ) 함수를 정의하고 테스트하시오. 단, 내부적으로는 getnameinfo( ) 함수를 사용하여 IPv4 주소에 대응하는 도메인 이름을 얻어야 한다.

Chapter

04

TCP 서버-클라이언트

학습목표

- TCP 서버-클라이언트의 기본 구조와 동작 원리를 이해한다.
- TCP 응용 프로그램 작성에 필요한 핵심 소켓 함수를 익힌다.
- IPv4와 IPv6 기반 TCP 서버-클라이언트를 작성할 수 있다.

01 TCP 서버-클라이언트 구조

지금까지 소켓 응용 프로그램 작성에 필요한 기초를 살펴보았다. 1장에서는 네트워크 기본 이론과 네트워크 응용 프로그램의 구조로 자주 사용되는 서버-클라이언트 개념을 소개했고, 2~3장에서는 소켓 응용 프로그램 작성에 필요한 기본 함수를 학습했다. 이 장에서는 지금까지 배운 내용을 토대로 간단한 TCP 서버-클라이언트를 작성하고 관련 소켓 함수를 공부하도록 한다.

1 TCP 서버-클라이언트 개념

[그림 4-1]은 TCP 서버-클라이언트의 예로, 웹 서버와 웹 브라우저(클라이언트)가 동작하는 모습을 보여준다. 웹 브라우저는 사용자가 입력한 주소를 해석하여 접속 대기 중인 웹 서버에 접속한다. 그런 다음 HTTP를 이용하여 요청 메시지(예 웹 페이지 경로명)를 보낸다. 웹 서버는 웹 브라우저에서 받은 메시지를 분석한 후 HTTP를 이용하여 응답 메시지(예 웹 페이지 데이터)를 보내준다. 웹 브라우저는 웹 서버에서 받은 데이터를 처리하여 화면에 표시한다. HTTP는 TCP에 기반한 프로토콜이므로 웹 서버-클라이언트는 대표적인 TCP 서버-클라이언트 응용 프로그램이라고 할 수 있다.

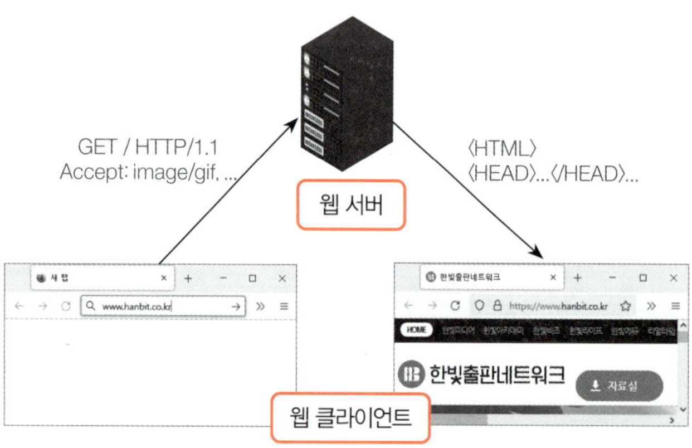

그림 4-1 웹 서버-클라이언트 동작

TCP 서버-클라이언트의 핵심 동작을 살펴보면 다음과 같다([그림 4-2] 참고). 괄호 안에는 사용할 소켓 함수를 표시했다.

❶ 서버는 먼저 실행하여 클라이언트가 접속하기를 기다린다(listen).

❷ 클라이언트는 서버에 접속(connect)하여 데이터를 보낸다(send).

❸ 서버는 클라이언트 접속을 수용하고(accept), 클라이언트가 보낸 데이터를 받아서(recv) 처리한다.

❹ 서버는 처리한 데이터를 클라이언트에 보낸다(send).

❺ 클라이언트는 서버가 보낸 데이터를 받아서(recv) 처리한다.

❻ 데이터를 주고받는 과정을 모두 마치면 접속을 끊는다(closesocket[윈도우]/close[리눅스]).

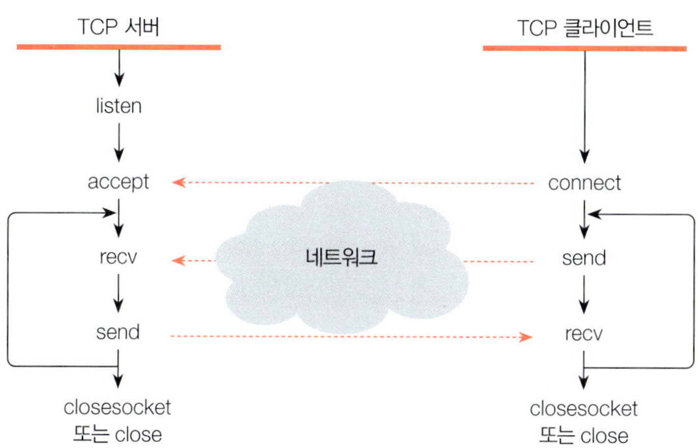

그림 4-2 TCP 서버-클라이언트 핵심 동작

이와 같은 동작은 웹 서버-클라이언트는 물론, 텔넷 서버-클라이언트나 FTP 서버-클라이언트 등에도 똑같이 적용된다. 이제 TCP 서버-클라이언트의 동작 원리를 소켓 프로그래밍 관점에서 좀 더 구체적으로 살펴보자.

여기서 잠깐! | **서버-클라이언트 개념**

대체로 서버-클라이언트의 개념을 하드웨어 관점에서만 생각하려는 경향이 있다. 즉, 어떤 시스템은 서버이고 어떤 시스템은 클라이언트라는 것이다. 이는 하드웨어 성능을 염두에 둔 표현으로, 서버는 고성능 시스템이고 클라이언트는 저성능 시스템이라는 생각을 반영한 것이다. 그러나 서버와 클라이언트의 개념은 상황에 따라 하드웨어 또는 소프트웨어 관점에서 생각하는 것이 바람직하다. 가령, '게임 서버를 작성한다'고 할 때는 '게임 서버 소프트웨어'를 의미하고, '게임 서버를 교체한다'고 할 때는 '게임 서버 소프트웨어를 실행하는 하드웨어'를 의미하는 것으로 이해하면 된다. 서버-클라이언트의 개념을 소프트웨어 관점에서 보면 같은 하드웨어가 성능과는 관계없이 서버가 될 수도 있고 클라이언트가 될 수도 있다. 즉, 저성능 시스템이라도 서버 소프트웨어를 실행하여 네트워크 서비스를 외부에 제공한다면 서버이고, 고성능 시스템이라도 클라이언트 소프트웨어를 실행하여 외부 네트워크 서비스를 이용한다면 클라이언트다.

윈도우가 초기 설치된 PC에서 내부적으로 동작하는 소프트웨어를 관찰해보면 TCP와 UDP 서버 소프트웨어 여러 개가 기본으로 실행되고 있다. 따라서 모든 윈도우 기반 PC는 서버라고 할 수 있고, 사용자가 웹 브라우저나 네트워크 게임 같은 소프트웨어를 실행하면 클라이언트라고도 할 수 있다. 요즘 일반화된 스마트폰에서는 통신 앱Application이 클라이언트로 동작하는 경우가 많지만 서버로 동작하는 앱도 간혹 있으므로, 소프트웨어 관점에서 스마트폰은 클라이언트이자 서버라고 볼 수 있다.

2 TCP 서버-클라이언트 동작 원리

[그림 4-3]은 TCP 서버와 클라이언트가 연결되어 통신을 수행하는 과정을 보여준다. 각 단계의 동작을 요약하면 다음과 같다.

(a) 서버는 소켓을 생성한 후 클라이언트가 접속하기를 기다린다. 이때 서버가 사용하는 소켓은 특정 포트 번호(예 9000번)와 결합되어 있어 이 포트 번호로 접속하는 클라이언트만 수용할 수 있다.

(b) 클라이언트가 서버에 접속한다. 이때 TCP 프로토콜 수준에서 연결 설정을 위한 패킷 교환이 일어난다. TCP 연결 시 세 개의 패킷을 주고받는데, 각각 SYN, SYN/ACK, ACK라고 부른다.

(c) TCP 프로토콜 수준의 연결 절차가 끝나면, 서버는 접속한 클라이언트와 통신할 수 있는 새로운 소켓을 생성한다. 이 소켓을 이용하여 서버와 클라이언트는 데이터를 주고받는다. 기존 소켓은 새로운 클라이언트 접속을 수용하는 데 계속 사용한다.

(d) 두 클라이언트가 접속한 후의 상태를 나타낸 것이다. 서버에는 총 세 개의 소켓이 존재하며, 두 개의 소켓은 접속한 두 클라이언트와 통신하는 용도로 사용한다.

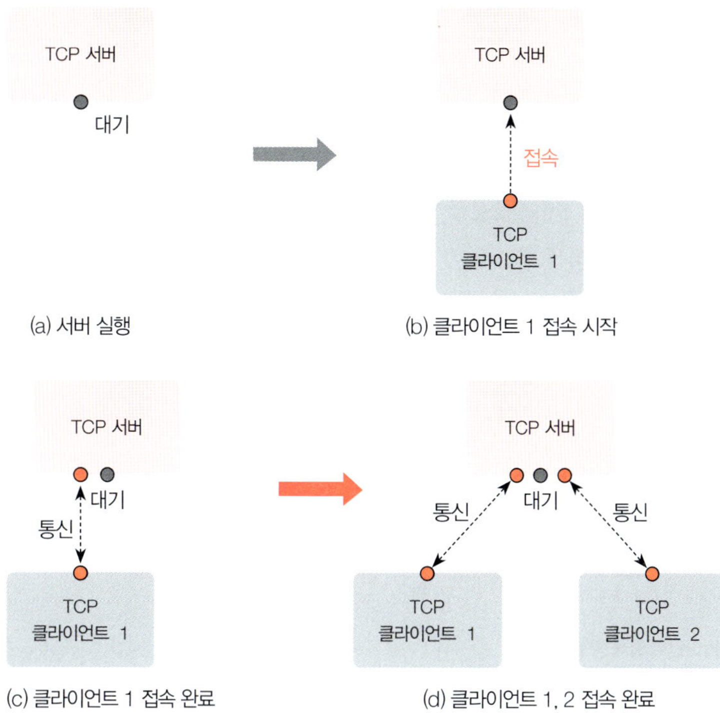

그림 4-3 TCP 서버-클라이언트 동작 원리

TCP 서버-클라이언트가 통신하는 상황을 일반적인 형태로 나타내면 [그림 4-4]와 같다. 서버 측 소켓과 클라이언트 측 소켓이 일대일로 대응함을 알 수 있다. 그림에 있는 TCP 클라이언트 n처럼 하나의 클라이언트가 둘 이상의 소켓을 사용하여 서버에 접속할 수도 있다.

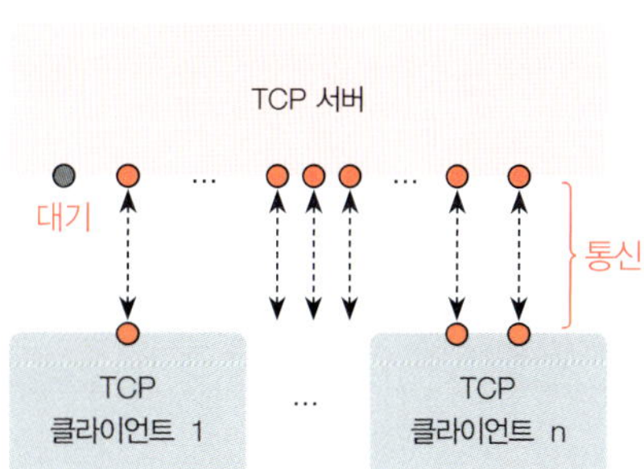

그림 4-4 하나의 TCP 서버와 여러 TCP 클라이언트의 통신

❸ TCP 서버-클라이언트 구현

IPv4를 기반으로 동작하는 간단한 TCP 서버-클라이언트를 작성하고 테스트해보자. [실습 4-1]에 사용할 서버와 클라이언트 예제의 동작을 미리 살펴보면 [그림 4-5]와 같다.

- 서버: 클라이언트가 보낸 데이터를 받아서(recv) 이를 문자열로 간주하여 무조건 화면에 출력한다(printf). 그런 다음 받은 데이터를 변경 없이 다시 클라이언트에 보낸다(send). 받은 데이터를 그대로 다시 보낸다는 뜻으로 에코 서버Echo Server라고 부른다.
- 클라이언트: 사용자가 키보드로 입력한(fgets) 문자열을 서버에 보낸다(send). 서버가 데이터를 그대로 돌려보내면, 클라이언트는 이를 받아서(recv) 화면에 출력한다(printf). 에코 서버와 통신한다는 의미로 에코 클라이언트Echo Client라고 부른다.

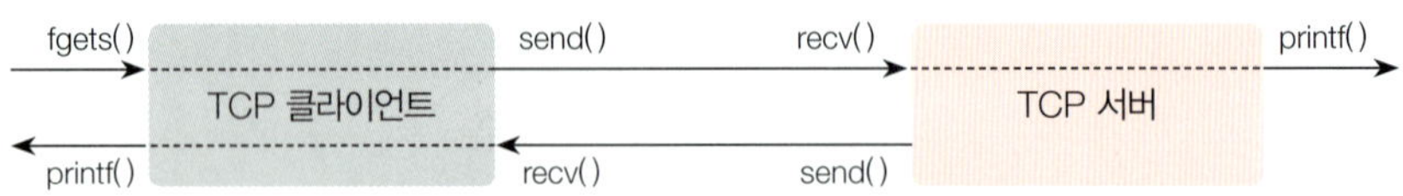

그림 4-5 TCP 서버-클라이언트 예제 동작

실습 4-1 **TCP 서버-클라이언트 작성**

TCPServer와 TCPClient라는 콘솔 응용 프로그램 프로젝트 두 개를 생성한 후 각각 다음과 같이 입력한다. 프로젝트 생성 옵션과 컴파일, 링크 방법은 1장에 있는 예제와 같다.

> **NOTE** 리눅스 코드는 굵게 표시한 부분만 다르고 나머지 코드는 같기 때문에 별도로 싣지 않았다. 리눅스에서는 소켓 주소 구조체의 길이로 int 대신 socklen_t 타입을, closesocket() 함수 대신 close() 함수를 사용한다. 헤더 파일을 포함할 때 경로명을 지정하는 부분도 약간 다르다.

TCPServer.cpp

```
#include "..\..\Common.h"

#define SERVERPORT 9000
#define BUFSIZE    512

int main(int argc, char *argv[])
```

```
{
    int retval;

    // 윈속 초기화
    WSADATA wsa;
    if (WSAStartup(MAKEWORD(2, 2), &wsa) != 0)
        return 1;

    // 소켓 생성
    SOCKET listen_sock = socket(AF_INET, SOCK_STREAM, 0);
    if (listen_sock == INVALID_SOCKET) err_quit("socket()");

    // bind()
    struct sockaddr_in serveraddr;
    memset(&serveraddr, 0, sizeof(serveraddr));
    serveraddr.sin_family = AF_INET;
    serveraddr.sin_addr.s_addr = htonl(INADDR_ANY);
    serveraddr.sin_port = htons(SERVERPORT);
    retval = bind(listen_sock, (struct sockaddr *)&serveraddr, sizeof(serveraddr));
    if (retval == SOCKET_ERROR) err_quit("bind()");

    // listen()
    retval = listen(listen_sock, SOMAXCONN);
    if (retval == SOCKET_ERROR) err_quit("listen()");

    // 데이터 통신에 사용할 변수
    SOCKET client_sock;
    struct sockaddr_in clientaddr;
    int addrlen;
    char buf[BUFSIZE + 1];

    while (1) {
        // accept()
        addrlen = sizeof(clientaddr);
        client_sock = accept(listen_sock, (struct sockaddr *)&clientaddr, &addrlen);
        if (client_sock == INVALID_SOCKET) {
            err_display("accept()");
            break;
        }
```

```
    
        // 접속한 클라이언트 정보 출력
        char addr[INET_ADDRSTRLEN];
        inet_ntop(AF_INET, &clientaddr.sin_addr, addr, sizeof(addr));
        printf("\n[TCP 서버] 클라이언트 접속: IP 주소=%s, 포트 번호=%d\n",
            addr, ntohs(clientaddr.sin_port));

        // 클라이언트와 데이터 통신
        while (1) {
            // 데이터 받기
            retval = recv(client_sock, buf, BUFSIZE, 0);
            if (retval == SOCKET_ERROR) {
                err_display("recv()");
                break;
            }
            else if (retval == 0)
                break;

            // 받은 데이터 출력
            buf[retval] = '\0';
            printf("[TCP/%s:%d] %s\n", addr, ntohs(clientaddr.sin_port), buf);

            // 데이터 보내기
            retval = send(client_sock, buf, retval, 0);
            if (retval == SOCKET_ERROR) {
                err_display("send()");
                break;
            }
        }

        // 소켓 닫기
        closesocket(client_sock);
        printf("[TCP 서버] 클라이언트 종료: IP 주소=%s, 포트 번호=%d\n",
            addr, ntohs(clientaddr.sin_port));
    }

    // 소켓 닫기
    closesocket(listen_sock);
```

```
}
```

TCPClient.cpp

```
#include "..\..\Common.h"

char *SERVERIP = (char *)"127.0.0.1";
#define SERVERPORT 9000
#define BUFSIZE    512

int main(int argc, char *argv[])
{
    int retval;

    // 명령행 인수가 있으면 IP 주소로 사용
    if (argc > 1) SERVERIP = argv[1];

    // 윈속 초기화
    WSADATA wsa;
    if (WSAStartup(MAKEWORD(2, 2), &wsa) != 0)
        return 1;

    // 소켓 생성
    SOCKET sock = socket(AF_INET, SOCK_STREAM, 0);
    if (sock == INVALID_SOCKET) err_quit("socket()");

    // connect()
    struct sockaddr_in serveraddr;
    memset(&serveraddr, 0, sizeof(serveraddr));
    serveraddr.sin_family = AF_INET;
    inet_pton(AF_INET, SERVERIP, &serveraddr.sin_addr);
    serveraddr.sin_port = htons(SERVERPORT);
    retval = connect(sock, (struct sockaddr *)&serveraddr, sizeof(serveraddr));
    if (retval == SOCKET_ERROR) err_quit("connect()");

```

```
// 데이터 통신에 사용할 변수
char buf[BUFSIZE + 1];
int len;

// 서버와 데이터 통신
while (1) {
  // 데이터 입력
  printf("\n[보낼 데이터] ");
  if (fgets(buf, BUFSIZE + 1, stdin) == NULL)
    break;

  // '\n' 문자 제거
  len = (int)strlen(buf);
  if (buf[len - 1] == '\n')
    buf[len - 1] = '\0';
  if (strlen(buf) == 0)
    break;

  // 데이터 보내기
  retval = send(sock, buf, (int)strlen(buf), 0);
  if (retval == SOCKET_ERROR) {
    err_display("send()");
    break;
  }

  printf("[TCP 클라이언트] %d바이트를 보냈습니다.\n", retval);

  // 데이터 받기
  retval = recv(sock, buf, retval, MSG_WAITALL);
  if (retval == SOCKET_ERROR) {
    err_display("recv()");
    break;
  }
  else if (retval == 0)
    break;

```

```
68         // 받은 데이터 출력
69         buf[retval] = '\0';
70         printf("[TCP 클라이언트] %d바이트를 받았습니다.\n", retval);
71         printf("[받은 데이터] %s\n", buf);
72     }
73 
74     // 소켓 닫기
75     closesocket(sock);
76 
77     // 윈속 종료
78     WSACleanup();
79     return 0;
80 }
```

실습 4-2 TCP 서버-클라이언트 테스트

실습의 편의를 위해 서버와 클라이언트를 같은 컴퓨터에서 실행하는 경우로 가정하자. 서로 다른 컴퓨터에서 실행하려면 TCPClient.cpp의 3행을 서버 IP 주소로 변경하거나 실행할 때 서버 IP 주소를 명령행 인수로 주어야 한다. 포트 번호 9000을 기본값으로 사용하므로 다른 포트 번호를 사용하려면 TCPServer.cpp의 3행과 TCPClient.cpp의 4행을 변경하면 된다.

1 TCP 서버를 실행한다. 초기에는 아무것도 출력되지 않는다.

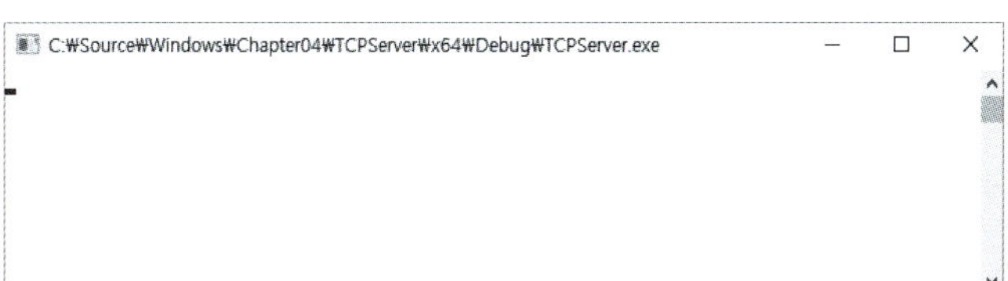

2 명령 프롬프트를 실행한 후 'netstat -a -n -p tcp | findstr 9000' 명령을 실행한다. netstat 명령은 네트워크 연결과 통계 정보를 표시하는 유틸리티로, 윈도우에서 기본으로 제공한다. '-a' 옵션은 모든 연결과 연결 대기 포트를 표시하며, '-n' 옵션은 주소와 포트 번호를 숫자 형식으로 표시한다. '-p tcp' 옵션을 사용하면 TCP 상태만 골라서 볼 수 있다. findstr 명령은 특정 패턴을 찾을 때 사용하는데, 여기서는 포트 번호 9000을 포함하는 줄

만 골라내는 기능을 한다. |('파이프'라 부름)은 두 명령을 연결하여 앞쪽 명령의 출력을 다음 명령의 입력으로 넘겨주는 역할을 한다. 즉, 'netstat 명령의 출력에서 9000을 포함하는 줄만 골라내어 출력하라'는 뜻이 되어 TCP 포트 번호 9000이 LISTENING(연결 대기 중)인 상태임을 보여준다.

NOTE

- netstat 명령의 출력은 '프로토콜_이름 자신의_주소 상대의_주소 TCP_상태'순이다. LISTENING 소켓 자신의 주소는 IP 주소 0.0.0.0, 포트 번호 9000이다. 상대의 주소는 결정되지 않은 상태이므로 항상 IP 주소 0.0.0.0, 포트 번호 0으로 표시된다.

```
C:₩Windows₩system32₩cmd.exe

C:₩Users₩swkim>netstat -a -n -p tcp | findstr 9000
  TCP    0.0.0.0:9000           0.0.0.0:0              LISTENING

C:₩Users₩swkim>_
```

- 리눅스에서는 터미널을 실행한 후 'netstat -a -n --tcp | grep 9000' 명령을 실행한다. grep 명령은 특정 패턴을 찾을 때 사용하는데, 여기서는 포트 번호 9000을 포함하는 줄만 골라내는 기능을 한다.

3 TCP 클라이언트를 실행한다.

```
C:₩Source₩Windows₩Chapter04₩TCPClient₩x64₩Debug₩TCPClient.exe

[보낼 데이터] _
```

4 다시 'netstat -a -n -p tcp | findstr 9000' 명령을 실행한다. 예제 프로그램과 관련된 정보는 총 세 개인데, 각각 포트 번호 9000, 9000, 14641을 사용 중이다. 첫 번째 행은 LISTENING(연결 대기 중) 상태이고, 나머지 두 행은 ESTABLISHED(연결됨) 상태다. 9000과 달리 14641은 클라이언트를 실행할 때마다 달라지는 숫자다. 오른쪽 그림은 TCP 서버-클라이언트의 상태로, netstat 명령의 결과로 출력되는 세 개의 상태 정보(두 개는 서버, 하나는 클라이언트)를 도식화한 것이다. 서버 측에 존재하는 소켓은 모두 같은 포트 번호(9000)를 사용한다는 점에 주목한다.

```
C:\Windows\system32\cmd.exe

C:\Users\swkim>netstat -a -n -p tcp | findstr 9000
  TCP    0.0.0.0:9000           0.0.0.0:0              LISTENING
  TCP    127.0.0.1:9000         127.0.0.1:14641        ESTABLISHED
  TCP    127.0.0.1:14641        127.0.0.1:9000         ESTABLISHED

C:\Users\swkim>
```

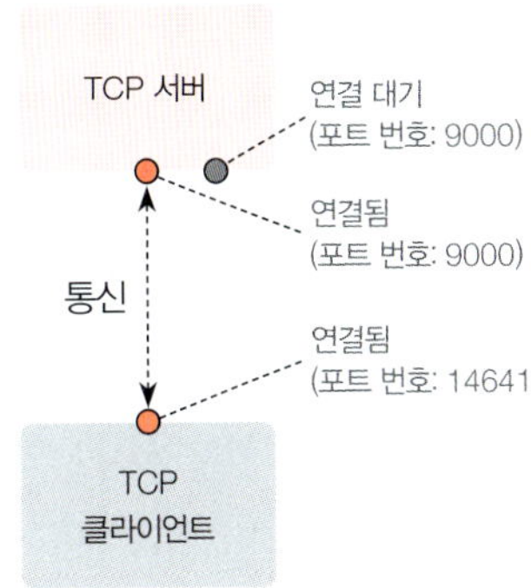

NOTE 리눅스에서는 'netstat -a -n --tcp | grep 9000' 명령을 실행한다.

5 클라이언트에서 글자를 입력하고 Enter를 누르면 입력 데이터가 서버에 전송된다. 클라이언트는 송신 바이트 수를 표시하고, 서버는 클라이언트의 IP 주소와 포트 번호, 클라이언트로부터 받은 데이터를 화면에 그대로 출력한다. 서버는 받은 데이터를 클라이언트에 되돌려주므로 클라이언트는 자신이 보냈던 데이터를 다시 받는다. 클라이언트는 수신 바이트 수와 받은 데이터를 화면에 출력한다.

```
C:\Source\Windows\Chapter04\TCPServer\x64\Debug\TCPServer.exe

[TCP 서버] 클라이언트 접속: IP 주소=127.0.0.1, 포트 번호=14641
[TCP/127.0.0.1:14641] 안녕하세요.
[TCP/127.0.0.1:14641] 반갑습니다.
```

```
C:\Source\Windows\Chapter04\TCPClient\x64\Debug\TCPClient.exe
[보낼 데이터] 안녕하세요.
[TCP 클라이언트] 11바이트를 보냈습니다.
[TCP 클라이언트] 11바이트를 받았습니다.
[받은 데이터] 안녕하세요.

[보낼 데이터] 반갑습니다.
[TCP 클라이언트] 11바이트를 보냈습니다.
[TCP 클라이언트] 11바이트를 받았습니다.
[받은 데이터] 반갑습니다.

[보낼 데이터] _
```

6 글자를 입력하지 않은 상태에서 Enter를 누르면 클라이언트는 종료되고, 서버 화면에 다음과 같이 표시된다. 이는 입력된 글자 없이 Enter를 눌렀을 때 서버와 연결을 끊는 코드가 클라이언트에 있기 때문이다.

```
C:\Source\Windows\Chapter04\TCPServer\x64\Debug\TCPServer.exe

[TCP 서버] 클라이언트 접속: IP 주소=127.0.0.1, 포트 번호=14641
[TCP/127.0.0.1:14641] 안녕하세요.
[TCP/127.0.0.1:14641] 반갑습니다.
[TCP 서버] 클라이언트 종료: IP 주소=127.0.0.1, 포트 번호=14641
_
```

7 다시 'netstat -a -n -p tcp | findstr 9000' 명령을 실행하여 네트워크 연결 상태를 확인하면, LISTENING 상태인 포트(9000)와 TIME_WAIT 상태인 포트(14641)가 존재하는 것을 알 수 있다. 이때 TCP 서버-클라이언트의 상태는 아래 그림과 같다. 서버는 계속 실행 중이므로 연결 대기 중인 포트 번호(9000)는 유지되지만, 클라이언트와 통신하던 소켓은 사라졌다. 클라이언트는 종료되었음에도 불구하고 사용하던 포트 번호(14641)는 사라지지 않고 TIME_WAIT 상태로 남아 있다.

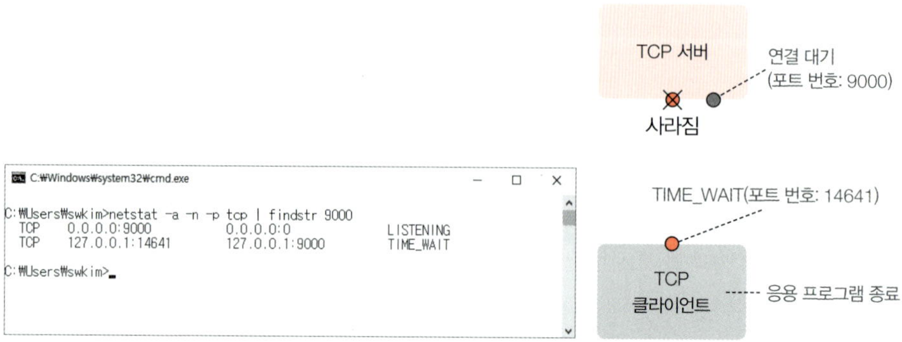

NOTE 리눅스에서는 'netstat -a -n --tcp | grep 9000' 명령을 실행한다.

8 5분쯤 기다렸다가 다시 'netstat -a -n -p tcp | findstr 9000' 명령을 실행하면 TIME_WAIT 상태인 포트가 사라지고 **2**단계의 상태로 돌아오는 것을 확인할 수 있다.

NOTE 리눅스에서는 'netstat -a -n --tcp | grep 9000' 명령을 실행한다.

1~**8**단계의 실습을 요약하면서 설명을 덧붙이면 다음과 같다.

- 클라이언트 접속을 수용하는 서버 측의 TCP 소켓은 LISTENING 상태에 계속 머물러 있다.
- 클라이언트가 접속하면 서버 측과 클라이언트 측에 ESTABLISHED 상태의 TCP 소켓이 각각 존재한다. 서버 측의 ESTABLISHED 상태 소켓은 새로운 클라이언트가 접속할 때마다 새로 만들어진다. 반면, 클라이언트 측의 ESTABLISHED 상태 소켓은 클라이언트당 한 개만 존재한다.
- 클라이언트가 접속을 끊으면 서버 측의 ESTABLISHED 상태 소켓은 사라지고, 클라이언트 측의 ESTABLISHED 상태 소켓은 TIME_WAIT 상태가 된다.
- TIME_WAIT 상태의 TCP 소켓은 일정 시간(운영체제의 TCP/IP 구현에 따라 다르지만 대개 5분 이내)이 지나면 사라진다. TIME_WAIT 상태는 같은 포트 번호를 가진 소켓 생성을 일정 시간 금지하여, 이전 TCP 연결에서 발생했다가 뒤늦게 도착한 데이터를 잘못 수신하는 상황을 막아준다.

02 TCP 서버-클라이언트 분석

이 절에서는 앞에서 실습한 TCP 서버-클라이언트 예제를 분석하고 관련 소켓 함수를 공부한다. 분석에 앞서 1장에서 소개한 소켓의 개념을 TCP/IP 관점에서 정리해보자.

응용 프로그램 관점에서 소켓은 운영체제의 TCP/IP 구현에서 제공하는 데이터 구조체를 참조하기 위한 매개체다. [그림 4-6]은 TCP 서버-클라이언트가 소켓을 이용하여 통신할 때 운영체제가 관리하는 정보를 보여준다. 응용 프로그램이 통신하려면 다음과 같은 요소가 결정되어야 한다.

- 프로토콜: 통신 규약으로, 소켓을 생성할 때 결정한다(2장 참고).
- 지역Local IP 주소와 지역 포트 번호: 서버 또는 클라이언트 자신의 주소다.
- 원격Remote IP 주소와 원격 포트 번호: 서버 또는 클라이언트가 통신하는 상대의 주소다.

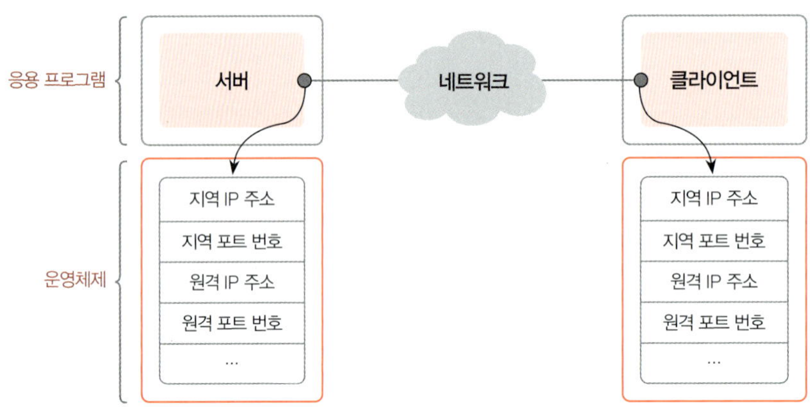

그림 4-6 소켓 데이터 구조체(1)

이 절에서 설명할 소켓 함수는 (데이터 전송 함수를 제외하면) 지역 주소와 원격 주소를 결정하고 TCP 상태(LISTENING, ESTABLISHED 등)를 변경하기 위한 일련의 절차라고 할 수 있다. 앞 절의 예제에서 사용한 함수를 각각 서버 함수, 클라이언트 함수, 데이터 전송 함수로 구분하여 살펴보자. 서버 함수는 서버에서만, 클라이언트 함수는 클라이언트에서만, 데이터 전송 함수는 양쪽에서 사용한다는 차이가 있다.

1 TCP 서버 함수

일반적으로 TCP 서버는 [그림 4-7]과 같은 순서로 소켓 함수를 호출한다.

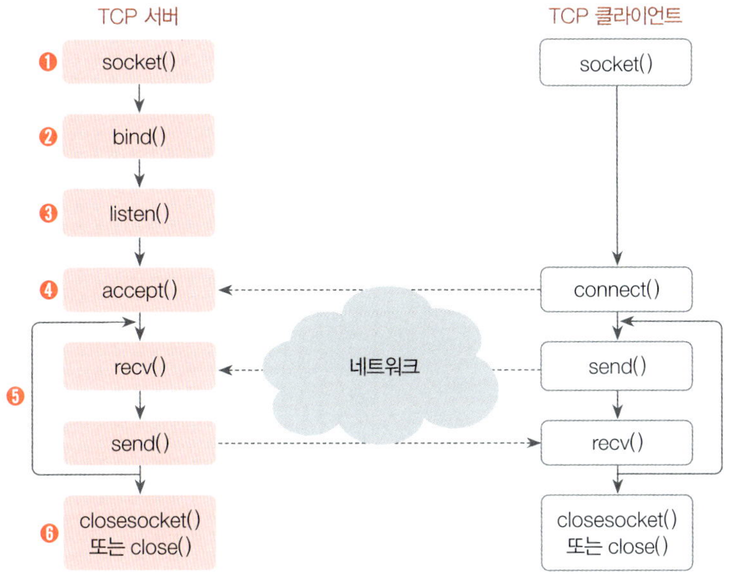

그림 4-7 TCP 서버 핵심 함수

❶ socket() 함수로 소켓을 생성함으로써 사용할 프로토콜을 결정한다.

❷ bind() 함수로 소켓의 지역 IP 주소와 지역 포트 번호를 결정한다.

❸ listen() 함수로 소켓의 TCP 상태를 LISTENING으로 변경한다.

❹ accept() 함수로 클라이언트 접속을 수용하고, 접속한 클라이언트와 통신할 수 있는 새로운 소켓을 생성한다. 이때 원격 IP 주소와 원격 포트 번호가 결정된다.

❺ send() 함수와 recv() 함수 등의 데이터 전송 함수로 클라이언트와 통신을 수행한 후 closesocket()[윈도우]/close()[리눅스] 함수로 소켓을 닫는다.

❻ 새로운 클라이언트 접속이 들어올 때마다 ❹~❺의 과정을 반복한다.

소켓 생성 및 닫기 함수인 socket( ) 함수, closesocket( )/close( ) 함수는 2장에서 배웠고, 데이터 전송 함수인 send( ) 함수와 recv( ) 함수는 공통 함수로 따로 설명할 것이다. 여기서는 앞에서 배우지 않은 핵심 서버 함수를 차례로 살펴본다.

bind( ) 함수

bind( ) 함수는 소켓의 지역 IP 주소와 지역 포트 번호를 결정한다.

윈도우

```
#include <winsock2.h>
int bind(
    ❶ SOCKET sock,
    ❷ const struct sockaddr *addr,
    ❸ int addrlen
);                                              성공: 0, 실패: SOCKET_ERROR
```

리눅스

```
#include <sys/types.h>
#include <sys/socket.h>
int bind(
    ❶ int sock,
    ❷ const struct sockaddr *addr,
    ❸ socklen_t addrlen
);                                              성공: 0, 실패: -1
```

❶ `sock` 클라이언트 접속을 수용하는 소켓으로, 지역 IP 주소와 지역 포트 번호가 아직 결정되지 않은 상태다.

❷ `addr` 소켓 주소 구조체로, 통신 프로토콜에 따른 주소 정보를 담고 있다. TCP/IP의 경우 sockaddr_in 또는 sockaddr_in6 구조체를 사용하되, 지역 IP 주소와 지역 포트 번호로 초기화하여 전달한다.

❸ `addrlen` 소켓 주소 구조체의 길이(바이트 단위)다.

TCPServer 예제에서 bind( ) 함수를 사용한 부분은 다음과 같다.

```
19  // bind()
20  struct sockaddr_in serveraddr;
21  memset(&serveraddr, 0, sizeof(serveraddr));
22  serveraddr.sin_family = AF_INET;
23  serveraddr.sin_addr.s_addr = htonl(INADDR_ANY);
24  serveraddr.sin_port = htons(SERVERPORT);
25  retval = bind(listen_sock, (struct sockaddr *)&serveraddr, sizeof(serveraddr));
26  if (retval == SOCKET_ERROR) err_quit("bind()");
```

20~21행 소켓 주소 구조체 변수를 선언하고 0으로 초기화한다.

22행 인터넷 주소 체계(IPv4)를 사용한다는 의미로 AF_INET 값을 넣는다.

23행 서버의 지역 IP 주소를 설정한다. 서버의 경우 특정 IP 주소 대신 INADDR_ANY(0으로 정의됨) 값을 사용하는 것이 바람직하다. 서버가 IP 주소를 둘 이상 보유한 경우(Multihomed host라고 부름)에 INADDR_ANY 값을 지역 주소로 설정하면, 클라이언트가 어느 IP 주소로 접속하든 받아들일 수 있다.

24행 서버의 지역 포트 번호(예 9000)를 설정한다. htons( ) 함수를 이용하여 네트워크 바이트 정렬한 값을 넣어야 한다.

25-26행 bind( ) 함수를 호출하고 오류를 처리한다. 두 번째 인수는 항상 (struct sockaddr *) 형으로 변환해야 한다.

listen( ) 함수

listen( ) 함수는 소켓의 TCP 상태를 LISTENING으로 바꾼다. 이는 클라이언트 접속을 받아들일 수 있는 상태가 되었다는 의미한다.

윈도우

```
#include <winsock2.h>
int listen(
   ❶ SOCKET sock,
   ❷ int backlog
);                                        성공: 0, 실패: SOCKET_ERROR
```

리눅스

```
#include <sys/types.h>
#include <sys/socket.h>
int listen(
   ❶ int sock,
   ❷ int backlog
);                                        성공: 0, 실패: -1
```

❶ sock 클라이언트 접속을 수용하는 소켓으로, 이전에 bind() 함수를 호출하여 지역 IP 주소와 지역 포트 번호를 설정한 상태다.

❷ backlog 서버가 당장 처리하지 않더라도 접속 가능한 클라이언트의 개수다. 클라이언트의 접속 정보는 연결 큐Connection Queue에 저장되는데, backlog는 이 연결 큐의 길이를 나타낸다. 하부 프로토콜에서 지원 가능한 최댓값을 사용하려면 SOMAXCONN 값을 전달한다.

NOTE 서버가 당장 처리하지 않는다는 것은 곧이어 소개할 accept() 함수를 호출하지 않는다는 것을 뜻한다. backlog 값을 바꾸려면 listen() 함수를 다시 호출하면 된다.

TCPServer 예제에서 listen() 함수를 사용한 부분은 다음과 같다.

```
28   // listen()
29   retval = listen(listen_sock, SOMAXCONN);
30   if (retval == SOCKET_ERROR) err_quit("listen()");
```

29-30행 backlog로 가능한 최댓값을 전달하여 listen() 함수를 호출하고 오류를 처리한다.

여기서 잠깐! | 크기 대입 방법

종종 다음과 같은 코드를 볼 수 있다.

```
struct sockaddr_in serveraddr;
...
retval = bind(listen_sock, (struct sockaddr *)&serveraddr,
   sizeof(struct sockaddr_in));
```

이 코드는 전혀 문제가 없다. 그런데 serveraddr 변수의 형을 바꾼다면 어떻게 될까? 다음과 같이 두 부분을 수정해야 한다.

```
struct sockaddr_bth serveraddr;
...
retval = bind(listen_sock, (struct sockaddr *)&serveraddr,
    sizeof(struct sockaddr_bth));
```

본문 예제처럼 변수 크기를 직접 대입했다면 한 부분만 수정하면 된다. 간단하지만 이와 같은 코딩 스타일을 사용하면 코드 수정 시 실수할 가능성을 줄일 수 있다.

```
struct sockaddr_bth serveraddr;
...
retval = bind(listen_sock, (struct sockaddr *)&serveraddr,
    sizeof(serveraddr;));
```

accept( ) 함수

accept( ) 함수는 클라이언트 접속을 수용하고, 접속한 클라이언트와 통신할 수 있는 새로운 소켓을 생성하여 리턴한다. 또한, 접속한 클라이언트의 주소 정보(서버 입장에서는 원격 IP 주소와 원격 포트 번호, 클라이언트 입장에서는 지역 IP 주소와 지역 포트 번호)도 함수 인수를 통해 얻을 수 있다.

NOTE 클라이언트가 접속했다는 것은 TCP 프로토콜 수준에서 연결 설정이 성공적으로 이루어졌다는 것을 의미한다.

윈도우

```
#include <winsock2.h>
SOCKET accept(
  ❶ SOCKET sock,
  ❷ struct sockaddr *addr,
  ❸ int *addrlen
);                                        성공: 새로운 소켓, 실패: INVALID_SOCKET
```

리눅스

```
#include <sys/types.h>
#include <sys/socket.h>
int accept(
  ❶ int sock,
  ❷ struct sockaddr *addr,
  ❸ socklen_t *addrlen
);                                        성공: 새로운 소켓, 실패: -1
```

❶ sock 클라이언트 접속을 수용하는 소켓이다. 이전에 bind() 함수로 지역 IP 주소와 지역 포트 번호를 설정하고, listen() 함수로 TCP 상태를 LISTENING으로 변경한 상태다.

❷ addr 소켓 주소 구조체를 전달하면, 접속한 클라이언트의 주소 정보(IP 주소와 포트 번호)로 채워진다.

❸ addrlen 운영체제에 따라 int 또는 socklen_t 타입의 변수를 준비하고 addr이 가리키는 소켓 주소 구조체의 크기로 초기화하여 전달한다. accept() 함수가 리턴하면 *addrlen에는 accept() 함수가 채워 넣은 주소 정보의 크기(바이트 단위)가 저장된다.

NOTE 클라이언트의 IP 주소와 포트 번호를 알 필요가 없다면 addr과 addrlen에 NULL 값을 전달하면 된다.

접속한 클라이언트가 없을 경우 accept() 함수는 서버를 대기 상태Wait State 또는 Suspended State로 만들며 이때 서버의 CPU 사용률은 0%가 된다. 클라이언트가 접속하면 서버는 깨어나고 accept() 함수는 비로소 리턴한다.

TCPServer 예제에서 accept() 함수를 사용한 부분은 다음과 같다.

```
// 데이터 통신에 사용할 변수
SOCKET client_sock;
struct sockaddr_in clientaddr;
int addrlen;
... (중략)...
while (1) {
    // accept()
    addrlen = sizeof(clientaddr);
    client_sock = accept(listen_sock, (struct sockaddr *)&clientaddr, &addrlen);
```

```
42      if (client_sock == INVALID_SOCKET) {
43          err_display("accept()");
44          break;
45      }
46
47      // 접속한 클라이언트 정보 출력
48      char addr[INET_ADDRSTRLEN];
49      inet_ntop(AF_INET, &clientaddr.sin_addr, addr, sizeof(addr));
50      printf("\n[TCP 서버] 클라이언트 접속: IP 주소=%s, 포트 번호=%d\n",
51          addr, ntohs(clientaddr.sin_port));
52
53      // 클라이언트와 데이터 통신
54      while (1) {
... (중략)...
74      }
75
76      // 소켓 닫기
77      closesocket(client_sock);
78      printf("[TCP 서버] 클라이언트 종료: IP 주소=%s, 포트 번호=%d\n",
79          addr, ntohs(clientaddr.sin_port));
80  }
```

33행 accept() 함수의 리턴값을 저장할 소켓을 선언한다.

34행 accept() 함수의 두 번째 인수로 사용한다. accept() 함수가 리턴하면 접속한 클라이언트의 IP 주소와 포트 번호가 여기에 저장된다.

35행 accept() 함수의 세 번째 인수로 사용한다. 윈도우에서는 int, 리눅스에서는 socklen_t 타입을 사용한다.

38행 일반적으로 서버는 계속 클라이언트 요청을 처리해야 하므로 무한 루프를 돈다.

40행 accept() 함수의 세 번째 인수로 전달할 변수 addrlen을 소켓 주소 구조체(clientaddr)의 크기로 초기화한다.

41~45행 accept() 함수를 호출하고 오류를 처리한다. 오류가 발생하면 err_display() 함수로 화면에 구체적인 오류 메시지를 표시하고 무한 루프를 탈출한다.

48~51행 접속한 클라이언트의 IP 주소와 포트 번호를 화면에 출력한다. inet_ntop() 함수와 ntohs() 함수의 사용법은 3장을 참고한다.

54~74행 accept( ) 함수가 리턴한 소켓을 이용하여 클라이언트와 통신한다. 이 부분은 데이터 전송 함수인 send( ) 함수, recv( ) 함수를 설명할 때 분석한다.

77~79행 클라이언트와 통신을 마치면 소켓을 닫고, 접속을 종료한 클라이언트의 IP 주소와 포트 번호를 화면에 출력한다. 이는 서버가 다수의 클라이언트와 통신할 때 어느 클라이언트와 통신을 마쳤는지 구분하기 위한 것이다.

여기서 잠깐! | 값-결과 인수

accept( ) 함수의 세 번째 인수와 같이 함수 호출 전에는 초기화하여 값을 전달하고, 함수 호출 후에는 결과를 담고 있는 인수가 있다. 이를 값-결과 인수Value-result Argument라고 한다. 구글 등의 검색 엔진에서 'msdn winsock accept'로 검색하여 accept( ) 함수 도움말을 찾아보자. 값을 전달하는 인수는 [in], 결과를 담을 인수는 [out] 표시가 붙어 있다. accept( ) 함수의 세 번째 인수는 두 가지 목적으로 사용하므로 [in, out]이 표시되어 있음에 주목한다.

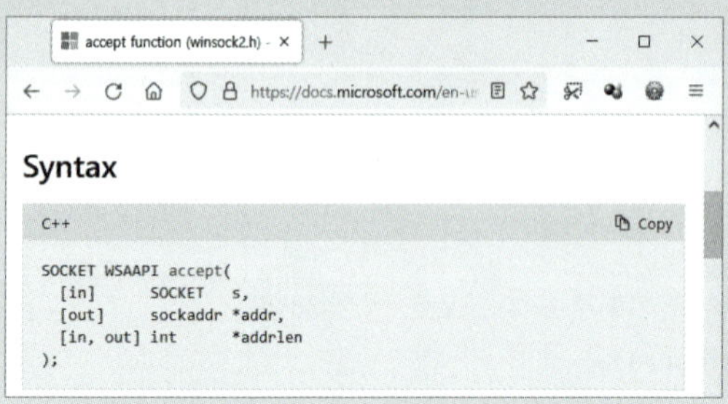

MS 도움말의 accept( ) 함수

- MS 도움말 일부는 C++ 언어 기준이므로 그림과 같이 구조체의 struct 키워드가 생략되는 경우(두 번째 매개변수에 주목)가 있다. C 언어와 달리 C++ 언어에서는 struct 키워드가 필요 없기 때문이다.
- 윈도우에서는 비주얼 스튜디오의 편집기에서 F1을 눌러 도움말을 찾을 수도 있는데, 함수에 따라 엉뚱한 내용이 검색되는 경우가 있다. 이런 경우에는 구글 등의 검색 엔진을 사용한다.
- 리눅스에서는 'man 2 accept' 명령으로 도움말을 찾아볼 수 있다. MS 도움말과 달리 [in], [out], [in, out]과 같은 표시는 따로 없다. 참고로, 숫자 2는 매뉴얼 섹션 번호인데, 섹션 1에는 각종 명령, 섹션 2에는 시스템 콜, 섹션 3에는 라이브러리 함수 도움말이 들어 있다. 응용 프로그램 개발자는 함수에 따라 2 또는 3을 옵션으로 주어 도움말을 찾으면 된다.

2 TCP 클라이언트 함수

일반적으로 TCP 클라이언트는 [그림 4-8]과 같은 순서로 소켓 함수를 호출한다.

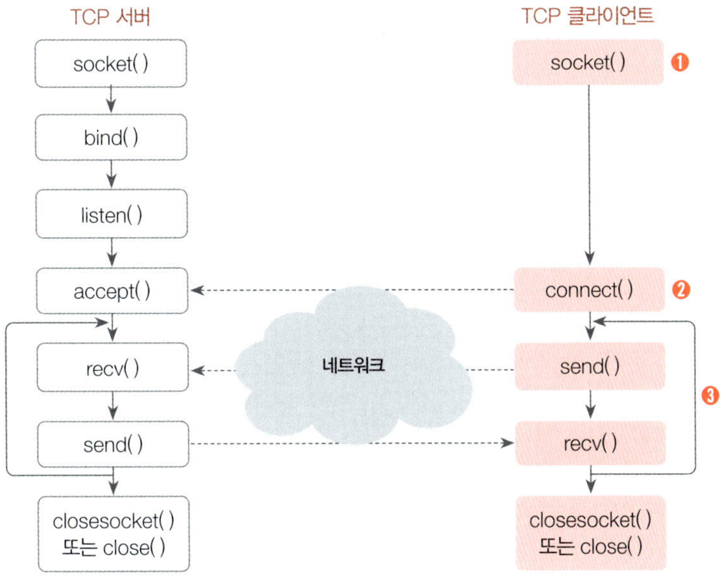

그림 4-8 TCP 클라이언트 핵심 함수

❶ socket( ) 함수로 소켓을 생성함으로써 사용할 프로토콜을 결정한다.

❷ connect( ) 함수로 서버에 접속한다. 이때 원격 IP 주소와 원격 포트 번호는 물론, 지역 IP 주소와 지역 포트 번호도 결정된다.

❸ send( ) 함수, recv( ) 함수 등의 데이터 전송 함수로 서버와 통신한 후 closesocket( )[윈도우] / close( )[리눅스] 함수로 소켓을 닫는다.

이번에는 유일한 클라이언트 함수인 connect( ) 함수를 살펴보자.

connect( ) 함수

connect() 함수는 TCP 프로토콜 수준에서 서버와 논리적 연결을 설정한다.

윈도우

```
#include <winsock2.h>
int connect(
  ❶ SOCKET sock,
  ❷ const struct sockaddr *addr,
  ❸ int addrlen
);                                    성공: 0, 실패: SOCKET_ERROR
```

리눅스

```
#include <sys/types.h>
#include <sys/socket.h>
int connect(
   ❶ int sock,
   ❷ const struct sockaddr *addr,
   ❸ socklen_t addrlen
);                                          성공: 0, 실패: -1
```

❶ sock 서버와 통신하는 소켓이다.

❷ addr 소켓 주소 구조체(TCP/IP의 경우 sockaddr_in 또는 sockaddr_in6)를 서버 주소(TCP/IP의 경우 원격 IP 주소와 원격 포트 번호)로 초기화하여 전달한다.

❸ addrlen 소켓 주소 구조체의 길이(바이트 단위)다.

일반적으로 클라이언트는 서버와 달리 bind( ) 함수를 호출하지 않는다. bind( ) 함수를 호출하지 않은 상태에서 connect( ) 함수를 호출하면, 운영체제가 자동으로 지역 IP 주소와 지역 포트 번호를 할당해준다. 자동으로 포트 번호를 할당하는 정책은 운영체제에 따라 달라진다.

TCPClient 예제에서 connect( ) 함수를 사용한 부분은 다음과 같다.

```
23  // connect()
24  struct sockaddr_in serveraddr;
25  memset(&serveraddr, 0, sizeof(serveraddr));
26  serveraddr.sin_family = AF_INET;
27  inet_pton(AF_INET, SERVERIP, &serveraddr.sin_addr);
28  serveraddr.sin_port = htons(SERVERPORT);
29  retval = connect(sock, (struct sockaddr *)&serveraddr, sizeof(serveraddr));
30  if (retval == SOCKET_ERROR) err_quit("connect()");
```

24~28행 소켓 주소 구조체를 0으로 초기화하고, IP 주소와 포트 번호를 넣는다.

29~30행 connect( ) 함수를 호출하고 오류를 처리한다.

❸ TCP 데이터 전송 함수

데이터 전송 함수는 크게 데이터를 보내는 함수와 데이터를 받는 함수로 구분할 수 있다. 기본이 되는 함수는 send( ) 함수와 recv( ) 함수이며, 그 외에 UDP에서 주로 사용하는 sendto( ) 함수와 recvfrom() 함수가 있다(8장 참고). 또한, 윈도우 전용 함수로 WSASend*( )/ WSARecv*( ) 형태의 확장 함수가 있고, 리눅스 전용 함수로 파일 입출력에도 사용되는 write( ) 함수와 read( ) 함수가 있다. 여기서는 예제에 사용한 기본 함수를 중심으로 살펴본다.

데이터 전송 함수를 다루기 전에 소켓 데이터 구조체를 다시 살펴보자. [그림 4-9]는 TCP 소켓과 연관된 데이터 구조체다(UDP 소켓과 연관된 데이터 구조체는 8장 참고). 지역/원격 주소 정보 외에 데이터 송수신 버퍼가 있음을 알 수 있다. 송신 버퍼Send Buffer는 데이터를 전송하기 전에 임시로 저장해두는 영역이고, 수신 버퍼Receive Buffer는 받은 데이터를 응용 프로그램이 읽어가기 전까지 임시로 저장해두는 영역이다. 송신 버퍼와 수신 버퍼를 통틀어 소켓 버퍼Socket Buffer라고 부른다. 여기서 살펴볼 send( ) 함수와 recv( ) 함수는 소켓 버퍼에 접근할 수 있도록 만든 함수로 이해하면 된다.

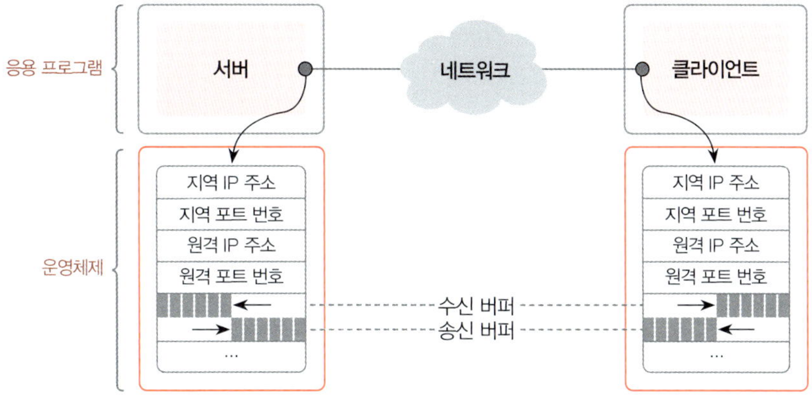

그림 4-9 소켓 데이터 구조체(2)

데이터 전송 함수를 사용할 때는 통신 프로토콜의 특성을 잘 알고 있어야 한다. 이 장에서 다루는 TCP 프로토콜은 응용 프로그램이 보낸 데이터의 경계를 구분하지 않는다는 특징이 있다. 예를 들어, 클라이언트가 100, 200, 300바이트 데이터를 차례로 보낼 경우 서버가 데이터의 경계를 구분하지 못하고 250, 350바이트 데이터를 읽을 수 있다. 따라서 TCP 서버-클라이언트를 작성할 때는 데이터 경계 구분을 위한 상호 약속이 필요하며, 이를 응용 프로그램 수준에서 처리해야 한다. 여기서는 데이터 전송 함수 사용법을 중심으로 학습하고, 효과적인 데이터 송수신 방법은 5장에서 소개한다.

send( ) 함수

send( ) 함수는 응용 프로그램의 데이터 전송을 위해 운영체제의 송신 버퍼에 데이터를 복사하고 곧바로 리턴한다. send( ) 함수가 리턴했다고 실제 데이터가 전송된 것은 아니며, 일정 시간이 흘러야 하부 프로토콜(예 TCP/IP)을 통해 전송이 완료된다.

윈도우

```
#include <winsock2.h>
int send(
  ❶ SOCKET sock,
  ❷ const char *buf,
  ❸ int len,
  ❹ int flags
);                                    성공: 보낸 바이트 수, 실패: SOCKET_ERROR
```

리눅스

```
#include <sys/types.h>
#include <sys/socket.h>
ssize_t send(
  ❶ int sock,
  ❷ const void *buf,
  ❸ size_t len,
  ❹ int flags
);                                    성공: 보낸 바이트 수, 실패: -1
```

NOTE 리눅스의 send() 함수 리턴 타입인 ssize_t는 부호 있는 정수로 정의된다. int 타입과 달리 32비트 컴파일러에서는 32비트, 64비트 컴파일러에서는 64비트인데, 대부분의 응용 프로그램에서는 int 타입으로 생각하고 코드를 작성하면 된다. send() 함수의 세 번째 매개변수 타입인 size_t도 ssize_t와 크기는 같지만 부호 없는 정수라는 차이가 있다.

❶ `sock` 통신할 대상(서버)과 연결된Connected 소켓이다.

❷ `buf` 보낼 데이터를 담고 있는 응용 프로그램 버퍼의 주소다.

❸ `len` 보낼 데이터의 크기(바이트 단위)다.

❹ `flags` send( ) 함수의 동작을 바꾸는 옵션으로, 거의 항상 0을 사용한다.

send( ) 함수는 첫 번째 인수로 전달하는 소켓의 특성에 따라 다음과 같이 두 종류의 성공적인 리턴을 할 수 있다.

- 블로킹Blocking 소켓: 지금까지 본문 예제에서 생성한 소켓은 모두 블로킹 소켓이다. 블로킹 소켓을 대상으로 send( ) 함수를 호출하면, 소켓 송신 버퍼의 여유 공간이 send( ) 함수의 세 번째 인수인 len보다 작을 경우 send( ) 함수를 호출한 프로세스는 대기 상태가 된다. 소켓 송신 버퍼에 충분한 공간이 생기면 프로세스는 깨어나고 len 크기만큼 데이터 복사가 일어난 후 send() 함수가 리턴한다. **이 경우 send( ) 함수의 리턴값은 len과 같다.**
- 넌블로킹Nonblocking 소켓: 11장에서 소개할 윈도우의 ioctlsocket( ) 함수와 12장에서 소개할 리눅스의 fcntl( ) 함수를 이용하면 블로킹 소켓을 넌블로킹 소켓으로 바꿀 수 있다. 넌블로킹 소켓을 대상으로 send( )함수를 호출하면, 소켓 송신 버퍼의 여유 공간만큼 데이터를 복사한 후 실제 복사한 바이트 수를 리턴한다. **이 경우 send( ) 함수의 리턴값은 최소 1, 최대 len이다.**

recv( ) 함수

recv( ) 함수는 운영체제의 수신 버퍼에 도착한 데이터를 응용 프로그램 버퍼에 복사한다.

윈도우

```
#include <winsock2.h>
int recv(
    ❶ SOCKET sock,
    ❷ char *buf,
    ❸ int len,
    ❹ int flags
);                    성공: 받은 바이트 수 또는 0(연결 종료 시), 실패: SOCKET_ERROR
```

리눅스

```
#include <sys/types.h>
#include <sys/socket.h>
ssize_t recv(
    ❶ int sock,
    ❷ void *buf,
    ❸ size_t len,
    ❹ int flags
);                    성공: 받은 바이트 수 또는 0(연결 종료 시), 실패: -1
```

❶ sock 통신할 대상(서버)과 연결된Connected 소켓이다.

❷ buf 받은 데이터를 저장할 응용 프로그램 버퍼의 주소다.

❸ len 운영체제의 수신 버퍼로부터 복사할 최대 데이터 크기(바이트 단위)다. 이 값은 buf가 가리키는 응용 프로그램 버퍼보다 크지 않아야 한다.

❹ `flags` recv() 함수의 동작을 바꾸는 옵션이다. 유용한 것으로 MSG_PEEK와 MSG_WAITALL이 있다.

- `MSG_PEEK` recv() 함수의 기본 동작은 수신 버퍼의 데이터를 응용 프로그램 버퍼에 복사한 후 해당 데이터를 수신 버퍼에서 삭제하는 것이다. 하지만 MSG_PEEK 옵션을 사용하면 수신 버퍼에 데이터가 계속 남는다.
- `MSG_WAITALL` recv() 함수의 기본 동작은 수신 버퍼에 도착한 데이터를 최대 len 크기만큼 응용 프로그램 버퍼에 복사하는 것이다. 수신 버퍼에 도착한 데이터 크기가 len보다 작더라도 다 도착할 때까지 기다리지 않고 현재 있는 만큼만 데이터를 복사하고 리턴한다. 하지만 MSG_WAITALL 옵션을 사용하면 len 크기만큼 데이터가 수신 버퍼에 도착해서 응용 프로그램 버퍼에 전부 복사할 때까지 기다린다. 단, TCP 연결이 종료된 경우에는 더 이상 기다리지 않고 수신 버퍼의 데이터를 응용 프로그램 버퍼에 복사하고 리턴한다. 이는 수신 버퍼의 내용이 최후 데이터이기 때문이다.

recv() 함수는 다음 두 종류의 성공적인 리턴을 할 수 있다.

- 수신 버퍼에 데이터가 도달한 경우: recv() 함수의 세 번째 인수인 len보다 크지 않은 범위에서 데이터를 응용 프로그램 버퍼에 최대한 복사한 후 실제 복사한 바이트 수를 리턴한다. **이 경우 recv() 함수의 리턴값은 최소 1, 최대 len이다.**
- 접속을 정상 종료한 경우: 상대편 응용 프로그램이 closesocket()[윈도우]/close()[리눅스] 함수를 호출하여 접속을 종료하면, TCP 프로토콜 수준에서 정상적인 접속 종료를 위한 패킷 교환 절차가 일어난다. **이 경우 recv() 함수는 0을 리턴한다.** 이처럼 recv() 함수의 리턴값이 0인 경우를 정상 종료Normal Close 또는 Graceful Close라고 부른다.

> **NOTE** TCP 종료 시 FIN, ACK, FIN, ACK 네 개의 패킷 교환이 일어난다. 그러나 때로는 FIN, FIN/ACK, ACK 세 개의 패킷을 교환하기도 한다. 접속 종료 시 먼저 closesocket()/close() 함수를 호출한 소켓의 TCP 포트는 상태가 곧바로 파괴되지 않고 TIME_WAIT라는 특별한 상태를 거친 후 사라진다. TIME_WAIT 상태에 머무르는 시간은 운영체제마다 다르지만 보통 5분을 넘지 않는다. 나중에 closesocket()/close() 함수를 호출한 소켓의 TCP 포트는 TIME_WAIT 상태를 거치지 않고 사라진다.

recv() 함수 사용 시 특히 주의할 점은 세 번째 인수인 len으로 지정한 것보다 적은 데이터가 응용 프로그램 버퍼에 복사될 수 있다는 사실이다. 이는 TCP가 데이터 경계를 구분하지 않는다는 특성에 기인한다. 따라서 자신이 받을 데이터의 크기를 알고 있다면 그만큼 다 받을 때까지 기다리도록 recv() 함수의 마지막 인수에 MSG_WAITALL을 사용하는 것이 좋다.

NOTE 이 책의 이전 판을 집필할 당시에는 MSG_WAITALL 옵션이 윈도우 XP에서 지원되지 않았다. 그런 이유로 MSG_WAITALL 옵션을 사용한 것과 같은 효과를 내는 recvn() 함수를 따로 정의해서 사용했다. 현재는 윈도우 XP를 고려할 필요가 없으므로 굳이 recvn()이라는 사용자 함수를 정의할 필요가 없다.

TCPClient 예제에서 send(), recv() 함수를 사용한 부분은 다음과 같다.

```
// 데이터 통신에 사용할 변수
char buf[BUFSIZE + 1];
int len;

// 서버와 데이터 통신
while (1) {
    // 데이터 입력
    printf("\n[보낼 데이터] ");
    if (fgets(buf, BUFSIZE + 1, stdin) == NULL)
        break;

    // '\n' 문자 제거
    len = (int)strlen(buf);
    if (buf[len - 1] == '\n')
        buf[len - 1] = '\0';
    if (strlen(buf) == 0)
        break;

    // 데이터 보내기
    retval = send(sock, buf, (int)strlen(buf), 0);
    if (retval == SOCKET_ERROR) {
        err_display("send()");
        break;
    }
    printf("[TCP 클라이언트] %d바이트를 보냈습니다.\n", retval);

```

```
58         // 데이터 받기
59         retval = recv(sock, buf, retval, MSG_WAITALL);
60         if (retval == SOCKET_ERROR) {
61             err_display("recv()");
62             break;
63         }
64         else if (retval == 0)
65             break;
66 
67         // 받은 데이터 출력
68         buf[retval] = '\0';
69         printf("[TCP 클라이언트] %d바이트를 받았습니다.\n", retval);
70         printf("[받은 데이터] %s\n", buf);
71     }
```

33행 보낼 데이터 또는 받은 데이터를 저장할 버퍼다.

34행 사용자가 입력한 문자열의 길이를 담아두는 변수다.

39~41행 fgets( ) 함수를 사용하여 사용자로부터 문자열을 입력받는다.

44~46행 '\n' 문자를 제거한다. 데이터 출력 시 줄바꿈 여부 혹은 줄바꿈 방식을 서버가 결정하도록 하기 위한 것이다.

47~48행 '\n' 문자를 제거한 후 문자열 길이가 0이면 사용자가 글자를 입력하지 않고 곧바로 Enter를 눌렀다는 뜻이다. 이 경우 루프를 빠져나가고 closesocket( )[윈도우]/close( )[리눅스] 함수를 호출하여 TCP 연결을 정상 종료한다.

51~56행 send( ) 함수를 호출하고 오류를 처리한다. 블로킹 소켓을 사용하고 있으므로 오류가 생기지 않는다면 send( ) 함수의 리턴값은 항상 strlen(buf) 값과 같을 것이다.

59~65행 recv( ) 함수를 호출하고 오류를 처리한다. 서버에서 받을 데이터의 크기를 미리 알고 있으므로 MSG_WAITALL 옵션을 사용했다.

68~70행 받은 데이터 끝에 '\0'을 추가하여 화면에 출력한다.

TCPServer 예제에서 send( ) 함수와 recv( ) 함수를 사용한 부분은 다음과 같다. 여기서 데이터 통신에 사용한 소켓(client_sock)은 accept( ) 함수의 리턴값으로 생성된 것임에 유의하자.

```
36  char buf[BUFSIZE + 1];
37
38  while (1) {
... (중략)...
53      // 클라이언트와 데이터 통신
54      while (1) {
55          // 데이터 받기
56          retval = recv(client_sock, buf, BUFSIZE, 0);
57          if (retval == SOCKET_ERROR) {
58              err_display("recv()");
59              break;
60          }
61          else if (retval == 0)
62              break;
63
64          // 받은 데이터 출력
65          buf[retval] = '\0';
66          printf("[TCP/%s:%d] %s\n", addr, ntohs(clientaddr.sin_port), buf);
67
68          // 데이터 보내기
69          retval = send(client_sock, buf, retval, 0);
70          if (retval == SOCKET_ERROR) {
71              err_display("send()");
72              break;
73          }
74      } ← 안쪽 while 루프의 끝
... (중략)...
80  } ← 바깥쪽 while 루프의 끝
```

36행 받은 데이터를 저장할 응용 프로그램 버퍼다.

54행 recv() 함수의 리턴값이 0(정상 종료) 또는 SOCKET_ERROR/−1(오류 발생)이 될 때까지 계속 루프를 돌며 데이터를 수신한다.

56~62행 recv() 함수를 호출하고 오류를 처리한다. 클라이언트로부터 받을 데이터 크기를 미리 알 수 없으므로 MSG_WAITALL 옵션은 사용할 수 없다.

65~66행 받은 데이터 끝에 '\0'을 추가하여 화면에 출력한다.

69~73행 send() 함수를 호출하고 오류를 처리한다.

03 TCP 서버-클라이언트(IPv6)

앞에서 설명한 TCP 서버-클라이언트 코드는 IPv4를 사용한다고 가정하고 작성한 것이다. 여기서는 IPv6를 지원하기 위한 코드 수정 방법을 소개한다.

기존 IPv4 코드를 IPv6 코드로 변환하는 규칙은 다음과 같다.

- (필요시)새로운 헤더 파일을 포함한다.
  - 윈도우에 한해 ws2tcpip.h를 추가한다.
- 소켓 생성 시 AF_INET 대신 AF_INET6를 사용한다.
- 소켓 주소 구조체로 sockaddr_in 대신 sockaddr_in6를 사용한다.
  - 구조체를 변경하면 구조체 필드명도 그에 따라 바꿔야 한다.
  - 서버에서 주로 사용하는 INADDR_ANY(0으로 정의됨) 값은 in6addr_any(0으로 정의됨; 소문자임에 주의)로 변경한다.
- 데이터 전송 함수는 기존의 send( ) 함수와 recv( ) 함수를 변경 없이 그대로 사용한다.

주의할 사항은 이런 규칙을 따라 변경한 코드는 IPv6만을 지원한다는 점이다. 즉, 서버와 클라이언트 코드를 모두 IPv6를 고려해 변경했을 때만 상호 통신이 가능하다.

> **NOTE** IPv4와 IPv6를 동시에 지원하는 데 필요한 기술은 6장, 7장 본문에서 다루며 14장 프로젝트에서 구현해본다.

실습 4-3 **TCP 서버-클라이언트(IPv6) 작성과 테스트**

1 TCPServer6와 TCPClient6라는 콘솔 응용 프로그램 프로젝트 두 개를 생성한 후 각각 다음과 같이 입력한다. IPv6 코드 변환 규칙을 적용하여 기존 IPv4 코드에서 달라진 부분은 굵게 표시했다.

TCPServer6.cpp

```
#include "..\..\Common.h"

#define SERVERPORT 9000
#define BUFSIZE    512

int main(int argc, char *argv[])
{
    int retval;

    // 윈속 초기화
    WSADATA wsa;
    if (WSAStartup(MAKEWORD(2, 2), &wsa) != 0)
        return 1;

    // 소켓 생성
    SOCKET listen_sock = socket(AF_INET6, SOCK_STREAM, 0);
    if (listen_sock == INVALID_SOCKET) err_quit("socket()");

    // bind()
    struct sockaddr_in6 serveraddr;
    memset(&serveraddr, 0, sizeof(serveraddr));
    serveraddr.sin6_family = AF_INET6;
    serveraddr.sin6_addr = in6addr_any;
    serveraddr.sin6_port = htons(SERVERPORT);
    retval = bind(listen_sock, (struct sockaddr *)&serveraddr, sizeof(serveraddr));
    if (retval == SOCKET_ERROR) err_quit("bind()");

    // listen()
    retval = listen(listen_sock, SOMAXCONN);
    if (retval == SOCKET_ERROR) err_quit("listen()");

    // 데이터 통신에 사용할 변수
    SOCKET client_sock;
    struct sockaddr_in6 clientaddr;
    int addrlen;
    char buf[BUFSIZE + 1];
```

```

    while (1) {
        // accept()
        addrlen = sizeof(clientaddr);
        client_sock = accept(listen_sock, (struct sockaddr *)&clientaddr, &addrlen);
        if (client_sock == INVALID_SOCKET) {
            err_display("accept()");
            break;
        }

        // 접속한 클라이언트 정보 출력
        char addr[INET6_ADDRSTRLEN];
        inet_ntop(AF_INET6, &clientaddr.sin6_addr, addr, sizeof(addr));
        printf("\n[TCP 서버] 클라이언트 접속: IP 주소=%s, 포트 번호=%d\n",
            addr, ntohs(clientaddr.sin6_port));

        // 클라이언트와 데이터 통신
        while (1) {
            // 데이터 받기
            retval = recv(client_sock, buf, BUFSIZE, 0);
            if (retval == SOCKET_ERROR) {
                err_display("recv()");
                break;
            }
            else if (retval == 0)
                break;

            // 받은 데이터 출력
            buf[retval] = '\0';
            printf("[TCP/%s:%d] %s\n", addr, ntohs(clientaddr.sin6_port), buf);

            // 데이터 보내기
            retval = send(client_sock, buf, retval, 0);
            if (retval == SOCKET_ERROR) {
                err_display("send()");
                break;
            }
        }
```

```
        // 소켓 닫기
        closesocket(client_sock);
        printf("[TCP 서버] 클라이언트 종료: IP 주소=%s, 포트 번호=%d\n",
            addr, ntohs(clientaddr.sin6_port));
    }

    // 소켓 닫기
    closesocket(listen_sock);

    // 윈속 종료
    WSACleanup();
    return 0;
}
```

TCPClient6.cpp

```
#include "..\..\Common.h"

char *SERVERIP = (char *)"::1";
#define SERVERPORT 9000
#define BUFSIZE    512

int main(int argc, char *argv[])
{
    int retval;

    // 명령행 인수가 있으면 IP 주소로 사용
    if (argc > 1) SERVERIP = argv[1];

    // 윈속 초기화
    WSADATA wsa;
    if (WSAStartup(MAKEWORD(2, 2), &wsa) != 0)
        return 1;

    // 소켓 생성
    SOCKET sock = socket(AF_INET6, SOCK_STREAM, 0);
    if (sock == INVALID_SOCKET) err_quit("socket()");
```

```
// connect()
struct sockaddr_in6 serveraddr;
memset(&serveraddr, 0, sizeof(serveraddr));
serveraddr.sin6_family = AF_INET6;
inet_pton(AF_INET6, SERVERIP, &serveraddr.sin6_addr);
serveraddr.sin6_port = htons(SERVERPORT);
retval = connect(sock, (struct sockaddr *)&serveraddr, sizeof(serveraddr));
if (retval == SOCKET_ERROR) err_quit("connect()");

// 데이터 통신에 사용할 변수
char buf[BUFSIZE + 1];
int len;

// 서버와 데이터 통신
while (1) {
    // 데이터 입력
    printf("\n[보낼 데이터] ");
    if (fgets(buf, BUFSIZE + 1, stdin) == NULL)
        break;

    // '\n' 문자 제거
    len = (int)strlen(buf);
    if (buf[len - 1] == '\n')
        buf[len - 1] = '\0';
    if (strlen(buf) == 0)
        break;

    // 데이터 보내기
    retval = send(sock, buf, (int)strlen(buf), 0);
    if (retval == SOCKET_ERROR) {
        err_display("send()");
        break;
    }
    printf("[TCP 클라이언트] %d바이트를 보냈습니다.\n", retval);

    // 데이터 받기
    retval = recv(sock, buf, retval, MSG_WAITALL);
```

```
        if (retval == SOCKET_ERROR) {
            err_display("recv()");
            break;
        }
        else if (retval == 0)
            break;

        // 받은 데이터 출력
        buf[retval] = '\0';
        printf("[TCP 클라이언트] %d바이트를 받았습니다.\n", retval);
        printf("[받은 데이터] %s\n", buf);
    }

    // 소켓 닫기
    closesocket(sock);

    // 윈속 종료
    WSACleanup();
    return 0;
}
```

2 서버와 클라이언트를 실행한 후 'netstat –a –n –p tcpv6 | findstr 9000' 명령을 실행하면 서버와 클라이언트의 연결 정보를 확인할 수 있다.

> **NOTE** 리눅스에서는 'netstat –a –n ––tcp –6 | grep 9000' 명령을 실행한다.

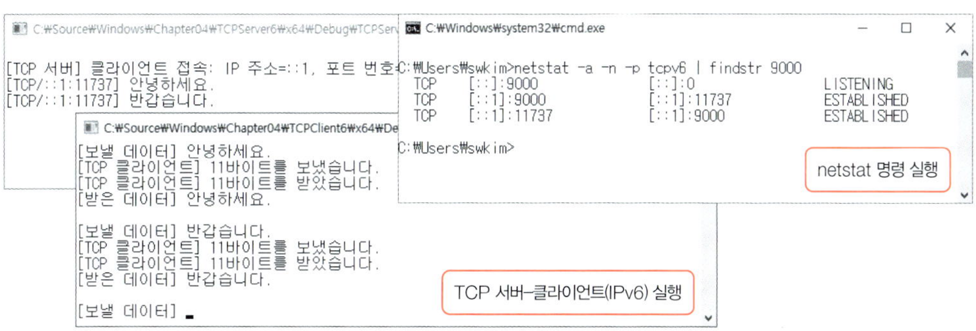

요약

01 TCP 응용 프로그램의 통신을 위한 다섯 가지 조건

- 프로토콜: 통신 규약으로, 소켓을 생성할 때 결정
- 지역 IP 주소와 지역 포트 번호: 서버 또는 클라이언트 자신의 주소
- 원격 IP 주소와 원격 포트 번호: 서버 또는 클라이언트가 통신하는 상대의 주소

02 TCP 서버 핵심 함수

- bind(): 소켓의 지역 IP 주소와 지역 포트 번호 결정
- listen(): 소켓의 TCP 상태를 LISTENING으로 변경
- accept(): 클라이언트 접속 수용. 접속한 클라이언트와 통신할 수 있는 새로운 소켓을 생성하여 리턴. 접속한 클라이언트의 주소 정보 얻음

03 TCP 클라이언트 핵심 함수

- connect(): TCP 프로토콜 수준에서 서버와 논리적 연결 설정

04 소켓 버퍼

- 송신 버퍼: 데이터를 전송하기 전에 임시 저장해두는 영역
- 수신 버퍼: 받은 데이터를 응용 프로그램이 읽어가기 전까지 임시 저장해두는 영역

05 TCP 데이터 전송 함수

- send(): 응용 프로그램 데이터를 운영체제의 송신 버퍼에 복사하여 데이터 전송
- recv(): 운영체제의 수신 버퍼에 도착한 데이터를 응용 프로그램 버퍼에 복사

06 recv( ) 함수의 flags 옵션

- MSG_PEEK: 데이터를 읽은 후에도 소켓 수신 버퍼에서 삭제하지 않고 그대로 유지
- MSG_WAITALL: len 크기만큼 데이터를 응용 프로그램 버퍼에 전부 복사할 때까지 대기

07 IPv4 코드를 IPv6 코드로 변환하기

- (필요시) 새로운 헤더 파일을 포함
  - 윈도우에 한해 ws2tcpip.h 추가
- 소켓 생성 시 AF_INET 대신 AF_INET6 사용
- 소켓 주소 구조체로 sockaddr_in 대신 sockaddr_in6 사용
  - 구조체 필드명도 변경
  - INADDR_ANY 대신 in6addr_any 사용
- 데이터 전송 함수는 기존의 send( )/recv( ) 함수 그대로 사용

01 TCPServer 예제를 수정하여, 시작할 때 명령행 인수로 포트 번호를 입력할 수 있도록 하시오. 또한 TCPClient 예제를 수정하여, 시작할 때 명령행 인수로 접속할 서버의 IPv4 주소 외에 포트 번호도 입력할 수 있도록 하시오.

02 TCPServer6 예제를 수정하여, 시작할 때 명령행 인수로 포트 번호를 입력할 수 있도록 하시오. 또한 TCPClient6 예제를 수정하여, 시작할 때 명령행 인수로 접속할 서버의 IPv6 주소 외에 포트 번호도 입력할 수 있도록 하시오.

03 TCPServer 예제를 수정하여, 받은 데이터를 영문자열로 간주하고 모두 대문자로 바꾼 후 다시 클라이언트에 보내도록 하시오.

04 TCPServer/TCPClient 예제를 수정하여, 클라이언트에서 32비트 정수 두 개를 입력받아 보내면 서버에서 두 수의 합을 계산하여 숫자 형태로 리턴하도록 하시오.

05 TCPServer/TCPClient 예제를 수정하여, 클라이언트에서 수식(숫자, +, −로 구성)을 입력받아 보내면 서버에서 이를 계산하여 숫자 형태로 리턴하도록 하시오.

06 TCPServer/TCPClient 예제를 수정하여, 클라이언트에서 32비트 정수 한 개를 입력받아 보내면 서버에서 이 숫자의 이진수 표현을 문자열 형태로 리턴하도록 하시오.

07 TCPServer/TCPClient 예제를 수정하여, 클라이언트가 접속하면 서버에서 현재 날짜와 시각을 문자열 형태로 리턴하도록 하시오.

08 TCP 클라이언트에서 connect( ) 함수를 호출하기 전에 bind( ) 함수를 호출하면 TCP 서버와 마찬가지로 사용할 포트 번호를 고정할 수 있다. TCPClient 예제를 수정하여, 항상 포트 번호 50000을 사용하도록 하시오. 또한 이처럼 구현할 때 어떤 문제가 있을지 논의하시오.

09 명령행 인수로 IP 주소와 두 개의 포트 번호(최솟값, 최댓값)를 입력받아, 특정 호스트에서 LISTENING 상태인 TCP 포트 번호를 모두 알아내는 프로그램을 작성하시오. 단, 속도를 빠르게 구현할 필요는 없다. 정해진 범위의 포트 번호를 대상으로 connect( ) 함수를 호출하여 성공 여부를 확인하면 된다.

Chapter

05

데이터 전송하기

학습목표

- 응용 프로그램 프로토콜의 필요성과 메시지 설계 방식을 이해한다.
- 데이터 전송 시 고려 사항을 파악한다.
- 다양한 데이터 전송 방식을 이해하고 활용한다.

01 응용 프로그램 프로토콜과 데이터 전송

TCP 서버-클라이언트의 기본 구조는 정해져 있다. 4장에서 작성한 TCP 서버-클라이언트 예제는 기본 구조와 핵심 함수를 모두 갖추고 있어 이를 바탕으로 다른 기능을 추가하여 재사용할 수 있다. 즉, TCP 서버-클라이언트에서 사용하는 각 함수의 의미를 이해하면 뼈대가 되는 코드를 그대로 복사하여 유용한 여러 기능을 만들 수 있다.

응용 프로그램의 고유 기능을 결정하는 부분은 어디일까? 바로 데이터 처리 부분이다. 어떤 데이터를 어떤 형식으로 주고받고 어떻게 처리할지를 결정하는 일은 네트워크 응용 프로그램 개발자가 해야 할 가장 중요한 작업이다.

이 장에서는 응용 프로그램 프로토콜의 개념과 데이터 전송 방식을 소개하고, 이를 토대로 다양한 데이터 전송 방식을 사용하는 TCP 서버-클라이언트를 구현해보도록 한다.

1 응용 프로그램 프로토콜

응용 프로그램 프로토콜Application Protocol은 응용 프로그램 수준에서 주고받는 데이터의 형식과 의미, 처리 방식을 정의한 프로토콜이다. TCP나 IP와 같은 표준 통신 프로토콜에서 주고받는 패킷의 형식과 의미, 처리 방식을 정의한 것과 비슷하지만 응용 프로그램마다 자유롭게 정의한다는 점, 즉 표준화되어 있지 않다는 점이 다르다. 응용 프로그램 프로토콜이 결정되면, 데이터를 정해진 형식과 절차에 따라 주고받도록 소켓 함수를 이용하여 구현하면 된다.

응용 프로그램 프로토콜의 기본은 주고받을 메시지 형식을 정하는 것이다. [그림 5-1]을 예로 들어보자. 이 프로그램은 네트워크를 통해 자신과 상대방의 화면에 동시에 그림을 그리는 기능을 제공한다.

그림 5-1 네트워크 그림판 프로그램

해당 프로그램이 주고받아야 할 정보는 다음과 같다. 단, 곡선은 짧은 직선을 연결하여 그린다고 가정한다.

- 직선의 시작과 끝점
- 선의 두께와 색상

주고받을 데이터를 C 언어의 구조체로 표현하면 다음과 같다.

```
struct DrawingMessage1
{
   int x1, y1;    // 직선의 시작점
   int x2, y2;    // 직선의 끝점
   int width;     // 선의 두께
   int color;     // 선의 색상
};
```

이 프로그램에 원 그리기 기능을 추가한다면 다음 정보도 주고받아야 한다.

- 원의 중심 좌표
- 원의 반지름
- 내부 채우기 색상
- 테두리 두께와 색상

원을 그리기 위해 주고받을 데이터를 C 언어의 구조체로 표현하면 다음과 같다.

```
struct DrawingMessage2
{
    int x, y;           // 원의 중심 좌표
    int r;              // 원의 반지름
    int fillcolor;      // 내부 채우기 색상
    int width;          // 테두리 두께
    int color;          // 테두리 색상
};
```

이와 같이 직선과 원 두 개의 메시지 형식을 정의하면 네트워크를 통해 데이터를 받은 쪽에서는 어떤 타입인지 구분할 수 없다. 다음과 같이 타입을 나타내는 필드를 추가해야 한다.

```
struct DrawingMessage1
{
    int type;           // = LINE
    int x1, y1;         // 직선의 시작점
    int x2, y2;         // 직선의 끝점
    int width;          // 선의 두께
    int color;          // 선의 색상
};

struct DrawingMessage2
{
    int type;           // = CIRCLE
    int x, y;           // 원의 중심 좌표
    int r;              // 원의 반지름
    int fillcolor;      // 내부 채우기 색상
    int width;          // 테두리 두께
    int color;          // 테두리 색상
};
```

맨 앞부분의 32비트 정수를 읽으면 직선 데이터인지 원 데이터인지 알 수 있으므로 나머지 부분을 읽어서 올바로 처리할 수 있다.

❷ 데이터 전송

통신 양단이 주고받을 데이터를 C 언어의 구조체로 정의하는 것만으로는 충분하지 않다. 데이터를 전송할 때 추가로 고려할 사항을 알아보자.

경계 구분

TCP처럼 메시지 경계를 구분하지 않는 프로토콜을 사용할 때는 응용 프로그램 수준에서 메시지 경계를 구분하기 위한 추가 작업을 해야 한다. 다음과 같이 네 가지 방법을 고려할 수 있다. 여기서는 특징과 장단점 위주로 정리하고, 실제 코딩 방법은 2절에서 예제를 중심으로 살펴본다.

❶ 송신자는 항상 고정 길이 데이터를 보내고, 수신자는 항상 고정 길이 데이터를 읽는다.

❷ 송신자는 가변 길이 데이터를 보내고 끝부분에 특별한 표시(EOR End Of Record)를 붙인다. 수신자는 EOR이 나올 때까지 데이터를 읽는다.

❸ 송신자는 보낼 데이터 크기를 고정 길이 데이터로 보내고, 이어서 가변 길이 데이터를 보낸다. 수신자는 고정 길이 데이터를 읽어서 뒤따라올 가변 데이터의 길이를 알아내고, 이 길이만큼 데이터를 읽는다.

❹ 송신자는 가변 길이 데이터를 전송한 후 연결을 정상 종료한다. 수신자는 recv( ) 함수의 리턴값이 0(정상 종료)이 될 때까지 데이터를 읽는다.

방법 ❶은 구현이 쉽다. 하지만 미래에 사용할 가장 긴 데이터를 고려하여 고정 길이를 정해야 하고, 길이가 짧은 데이터를 주고받을 때 낭비하는 부분이 생기는 문제가 있다. 반면에 주고받을 데이터의 길이 변동 폭이 크지 않고 그 범위가 제한되어 있다면 효과적이다.

방법 ❷는 생성할 데이터의 길이를 미리 알 수 없을 때 적합하다. 데이터가 생성되면 곧바로 전송하되 끝이라고 판단하면 EOR을 전송한다. 하지만 몇 가지 문제점이 있으므로 유의해야 한다. 첫째, 데이터 중간에 EOR과 똑같은 패턴이 있으면 안 된다. 둘째, 데이터를 효율적으로 수신하는 방식을 고안하지 않으면 성능이 떨어질 수 있다. 단순히 한 바이트씩 읽어서 EOR을 검출하는 방식을 사용하면 동작은 할지라도 수신자의 데이터 처리 속도가 지나치게 느려진다. 좀 더 효과적인 구현 방법은 2절에서 살펴보도록 한다.

방법 ❸은 생성할 데이터의 길이를 미리 알고 있는 상황에서 구현하기 쉽고 처리 효율성도 높다. [그림 5-2]는 방법 ❸을 사용할 때의 메시지 구조다. recv(..., MSG_WAITALL) 함수를 두 번만 호출하는 것으로 데이터를 모두 읽을 수 있다.

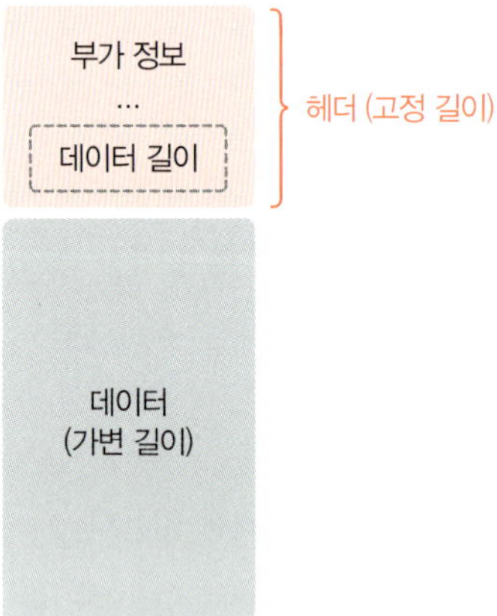

그림 5-2 메시지 구조

방법 ❹는 한쪽에서 다른 쪽으로 일방적으로 가변 길이 데이터를 보낼 때 적당하다. 하지만 데이터를 자주 전송하는 경우에는 'TCP 연결 설정 → 데이터 전송 → TCP 연결 종료'를 반복해야 하므로 비효율적이다.

바이트 정렬

서로 다른 바이트 정렬 방식을 사용하는 시스템 간에 데이터를 교환할 때는 바이트 정렬 방식을 통일해야 한다. 그렇지 않으면 데이터 해석에 문제가 생긴다. 특별한 전제가 없으면 빅 엔디언 방식으로 통일하는 것이 좋다. 바이트 정렬 변환 함수는 3장에서 다루었으므로 내용을 참고하여 활용한다.

구조체 멤버 맞춤

구조체 멤버 맞춤Structure Member Alignment은 C 언어의 구조체(C++ 언어의 클래스 포함) 멤버의 메모리 시작 주소를 결정하는 컴파일러 규칙이다. 예를 들어, 다음과 같이 구조체를 이용하여 메시지를 정의하면 10(=4+1+4+1)바이트가 아닌 16바이트가 전송된다. [그림

5-3(a)]는 변수 msg의 메모리 구조를 보여준다. 기본적으로 C/C++ 컴파일러는 구조체 멤버에 대한 접근 속도를 빠르게 하기 위해 메모리를 약간 낭비하는 방식을 취한다.

```
struct MyMessage
{
   int  a;  // 4바이트
   char b;  // 1바이트
   int  c;  // 4바이트
   char d;  // 1바이트
};
struct MyMessage msg;
...
send(sock, (char *)&msg, sizeof(msg), 0);
```

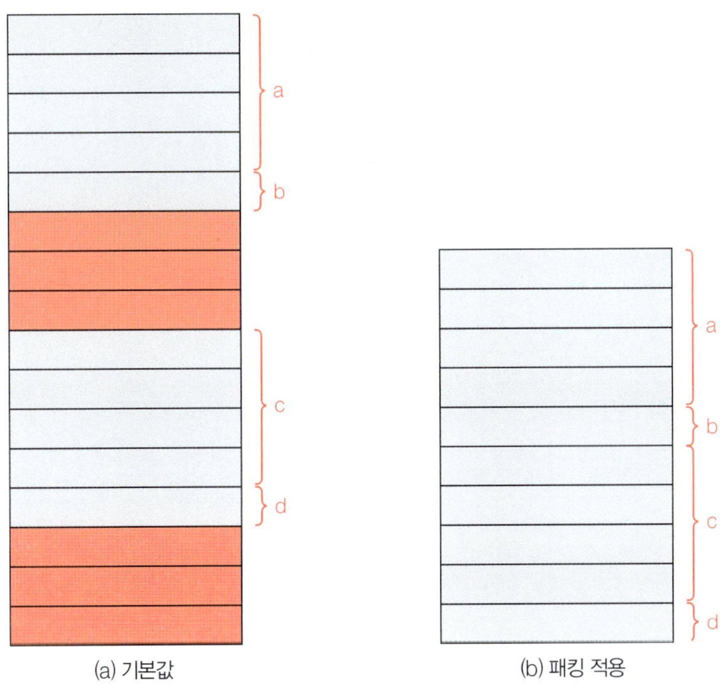

그림 5-3 msg 변수의 메모리 구조

양쪽 프로그램이 똑같은 구조체 멤버 맞춤을 사용한다면 문제가 없겠지만, 그렇지 않다면 구조체 멤버 맞춤을 통일해야 한다. 만약 중간에 비어 있는 부분 없이 정확히 10바이트를 보내고자 한다면 구조체 패킹 옵션을 주면 된다. 윈도우에서 비주얼 C++ 컴파일러를 사용한다면 #pragma pack 지시자를, 리눅스에서 gcc 또는 g++ 컴파일러를 사용한다면 __attribute__ ((packed)) 지시자를 사용하면 된다. 이때 변수 msg의 메모리 구조는 [그림 5-3(b)]와 같다.

윈도우

```
#pragma pack(1)  // 구조체 멤버 맞춤 기준을 1바이트 경계로 변경
struct MyMessage
{
   int  a; // 4바이트
   char b; // 1바이트
   int  c; // 4바이트
   char d; // 1바이트
};
#pragma pack()  // 구조체 멤버 맞춤을 컴파일러 기본값으로 되돌림
struct MyMessage msg;
...
send(sock, (char *)&msg, sizeof(msg), 0);
```

리눅스

```
struct __attribute__((packed)) MyMessage
{
   int  a; // 4바이트
   char b; // 1바이트
   int  c; // 4바이트
   char d; // 1바이트
};
struct MyMessage msg;
...
send(sock, (char *)&msg, sizeof(msg), 0);
```

02 다양한 데이터 전송 방식

1절에서 살펴본 데이터 전송 시 고려 사항 중 메시지 경계 구분에 초점을 맞춰서 서로 다른 방식을 사용하는 TCP 서버-클라이언트를 구현해보자. 4장에서 작성한 TCPServer와 TCPClient를 기본으로 하되, 간단한 구현을 위해 클라이언트에서 서버로만 데이터를 보내는 것으로 가정한다. 클라이언트가 보낼 데이터는 다음과 같다.

```
const char *testdata[] = {
    "안녕하세요",
    "반가워요",
    "오늘따라 할 이야기가 많을 것 같네요",
    "저도 그렇네요",
};

for (int i = 0; i < 4; i++) {
    // testdata[i]를 전송한다.
}
```

루프를 돌면서 길이가 다른 문자열 데이터를 보낸다. 메시지 경계 구분을 위한 네 가지 방식을 각각 적용하여 구현한 TCP 서버-클라이언트 예제를 차례로 살펴보자. 굵게 표시한 핵심 코드 부분을 중심으로 분석해본다.

1 고정 길이 데이터 전송

고정 길이 데이터를 주고받는 방식은 개념도 쉽고 구현도 편리하다. 서버와 클라이언트 모두 크기가 같은 버퍼를 정의해두고 데이터를 주고받으면 된다.

실습 5-1 고정 길이 데이터 전송 연습

TCPServer_Fixed와 TCPClient_Fixed라는 콘솔 응용 프로그램 프로젝트 두 개를 생성한다. 그런 후에 다음 실행 결과와 같이 클라이언트와 서버가 고정 길이 데이터(50바이트)를 각각 보내고 받도록 구현해보자.

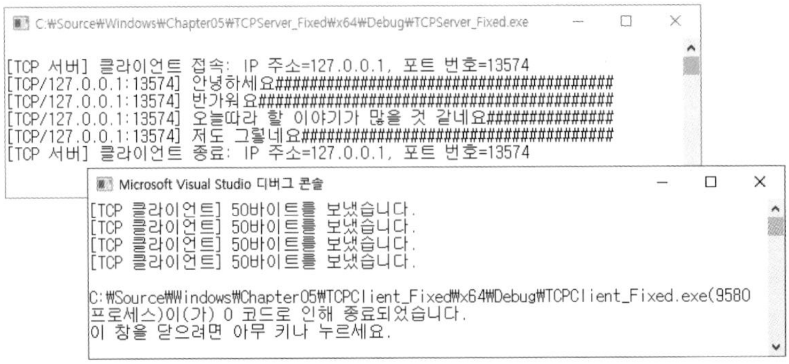

TCPServer_Fixed.cpp

```
#include "..\..\Common.h"

#define SERVERPORT 9000
#define BUFSIZE    50

int main(int argc, char *argv[])
{
  int retval;

  // 윈속 초기화
  WSADATA wsa;
  if (WSAStartup(MAKEWORD(2, 2), &wsa) != 0)
    return 1;

  // 소켓 생성
  SOCKET listen_sock = socket(AF_INET, SOCK_STREAM, 0);
  if (listen_sock == INVALID_SOCKET) err_quit("socket()");

  // bind()
  struct sockaddr_in serveraddr;
  memset(&serveraddr, 0, sizeof(serveraddr));
  serveraddr.sin_family = AF_INET;
```

```
serveraddr.sin_addr.s_addr = htonl(INADDR_ANY);
serveraddr.sin_port = htons(SERVERPORT);
retval = bind(listen_sock, (struct sockaddr *)&serveraddr, sizeof(serveraddr));
if (retval == SOCKET_ERROR) err_quit("bind()");

// listen()
retval = listen(listen_sock, SOMAXCONN);
if (retval == SOCKET_ERROR) err_quit("listen()");

// 데이터 통신에 사용할 변수
SOCKET client_sock;
struct sockaddr_in clientaddr;
int addrlen;
char buf[BUFSIZE + 1];

while (1) {
  // accept()
  addrlen = sizeof(clientaddr);
  client_sock = accept(listen_sock, (struct sockaddr *)&clientaddr, &addrlen);
  if (client_sock == INVALID_SOCKET) {
    err_display("accept()");
    break;
  }

  // 접속한 클라이언트 정보 출력
  char addr[INET_ADDRSTRLEN];
  inet_ntop(AF_INET, &clientaddr.sin_addr, addr, sizeof(addr));
  printf("\n[TCP 서버] 클라이언트 접속: IP 주소=%s, 포트 번호=%d\n",
    addr, ntohs(clientaddr.sin_port));

  // 클라이언트와 데이터 통신
  while (1) {
    // 데이터 받기
    retval = recv(client_sock, buf, BUFSIZE, MSG_WAITALL);
    if (retval == SOCKET_ERROR) {
      err_display("recv()");
```

```
59                 break;
60             }
61             else if (retval == 0)
62                 break;
63 
64             // 받은 데이터 출력
65             buf[retval] = '\0';
66             printf("[TCP/%s:%d] %s\n", addr, ntohs(clientaddr.sin_port), buf);
67         }
68 
69         // 소켓 닫기
70         closesocket(client_sock);
71         printf("[TCP 서버] 클라이언트 종료: IP 주소=%s, 포트 번호=%d\n",
72             addr, ntohs(clientaddr.sin_port));
73     }
74 
75     // 소켓 닫기
76     closesocket(listen_sock);
77 
78     // 윈속 종료
79     WSACleanup();
80     return 0;
81 }
```

4행 50바이트 고정 길이 버퍼를 사용하여 데이터를 읽는다.

36행 1바이트 널 문자를 고려하여 BUFSIZE+1 크기의 버퍼를 선언한다.

56행 recv( ) 함수에 MSG_WAITALL 옵션을 주어 항상 BUFSIZE(=50)만큼 데이터를 읽는다.

TCPClient_Fixed.cpp

```
#include "..\..\Common.h"

char *SERVERIP = (char *)"127.0.0.1";
#define SERVERPORT 9000
#define BUFSIZE    50

```

```
int main(int argc, char *argv[])
{
    int retval;

    // 명령행 인수가 있으면 IP 주소로 사용
    if (argc > 1) SERVERIP = argv[1];

    // 윈속 초기화
    WSADATA wsa;
    if (WSAStartup(MAKEWORD(2, 2), &wsa) != 0)
        return 1;

    // 소켓 생성
    SOCKET sock = socket(AF_INET, SOCK_STREAM, 0);
    if (sock == INVALID_SOCKET) err_quit("socket()");

    // connect()
    struct sockaddr_in serveraddr;
    memset(&serveraddr, 0, sizeof(serveraddr));
    serveraddr.sin_family = AF_INET;
    inet_pton(AF_INET, SERVERIP, &serveraddr.sin_addr);
    serveraddr.sin_port = htons(SERVERPORT);
    retval = connect(sock, (struct sockaddr *)&serveraddr, sizeof(serveraddr));
    if (retval == SOCKET_ERROR) err_quit("connect()");

    // 데이터 통신에 사용할 변수
    char buf[BUFSIZE];
    const char *testdata[] = {
        "안녕하세요",
        "반가워요",
        "오늘따라 할 이야기가 많을 것 같네요",
        "저도 그렇네요",
    };

    // 서버와 데이터 통신
    for (int i = 0; i < 4; i++) {
        // 데이터 입력(시뮬레이션)
        memset(buf, '#', sizeof(buf));
```

```
45         strncpy(buf, testdata[i], strlen(testdata[i]));
46 
47         // 데이터 보내기
48         retval = send(sock, buf, BUFSIZE, 0);
49         if (retval == SOCKET_ERROR) {
50             err_display("send()");
51             break;
52         }
53         printf("[TCP 클라이언트] %d바이트를 보냈습니다.\n", retval);
54     }
55 
56     // 소켓 닫기
57     closesocket(sock);
58 
59     // 윈속 종료
60     WSACleanup();
61     return 0;
62 }
```

5행 50바이트 고정 길이 버퍼를 사용하여 데이터를 보낸다.

33~39행 BUFSIZE 크기의 버퍼와 전송할 문자열 데이터를 선언한다.

44행 고정 길이 데이터 전송 여부를 확인하기 위해 버퍼를 항상 '#' 문자로 채운다. 실전에서 이 부분은 불필요하므로 제거해야 한다.

45행 문자열 데이터를 버퍼에 복사한다.

48행 문자열 길이와 상관없이 항상 BUFSIZE(=50)만큼 데이터를 보낸다.

2 가변 길이 데이터 전송

가변 길이 데이터를 주고받으려면 EOR^End Of Record^로 사용할 데이터 패턴을 정해야 한다. 흔히 '\n'이나 '\r\n'을 사용하는데, '\n'을 EOR로 간주하고 이를 검출하는 가상의 코드를 작성하면 다음과 같다.

```
while (1) {
→ 소켓 수신 버퍼에서 1바이트 데이터를 읽는다.
   읽은 데이터가 '\n'이 아니면 응용 프로그램 버퍼에 저장한다.
   읽은 데이터가 '\n'이면 루프를 빠져나온다.
}
응용 프로그램 버퍼에 저장된 데이터를 사용한다.
```

이와 같은 형태로 구현하면 동작은 할지라도 →로 표시한 부분 때문에 성능이 떨어진다. → 부분에서 성능을 높이려면 소켓 수신 버퍼에서 데이터를 한꺼번에 읽어서 내부에 저장해두고, 읽기 요청이 있을 때마다 1바이트씩 리턴해주는 사용자 함수를 만들어야 한다. 다음 실습을 통해 이를 구현하는 방법을 살펴보자.

실습 5-2 가변 길이 데이터 전송 연습

TCPServer_Variable과 TCPClient_Variable이라는 콘솔 응용 프로그램 프로젝트 두 개를 생성한다. 그런 후에 다음 실행 결과와 같이 클라이언트가 가변 길이 데이터를 보내면, 서버가 데이터를 정확히 구분하여 읽도록 구현해보자.

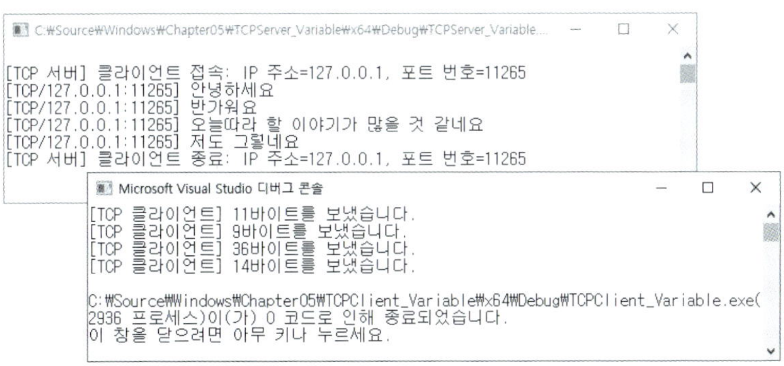

TCPServer_Variable.cpp

```
#include "..\..\Common.h"

#define SERVERPORT 9000
#define BUFSIZE    512

// 내부 구현용 함수
```

```
int _recv_ahead(SOCKET s, char *p)
{
    __declspec(thread) static int nbytes = 0;
    __declspec(thread) static char buf[1024];
    __declspec(thread) static char *ptr;

    if (nbytes == 0 || nbytes == SOCKET_ERROR) {
        nbytes = recv(s, buf, sizeof(buf), 0);
        if (nbytes == SOCKET_ERROR) {
            return SOCKET_ERROR;
        }
        else if (nbytes == 0)
            return 0;
        ptr = buf;
    }

    --nbytes;
    *p = *ptr++;
    return 1;
}

// 사용자 정의 데이터 수신 함수
int recvline(SOCKET s, char *buf, int maxlen)
{
    int n, nbytes;
    char c, *ptr = buf;

    for (n = 1; n < maxlen; n++) {
        nbytes = _recv_ahead(s, &c);
        if (nbytes == 1) {
            *ptr++ = c;
            if (c == '\n')
                break;
        }
        else if (nbytes == 0) {
            *ptr = 0;
            return n - 1;
        }
```

```
        else
            return SOCKET_ERROR;
    }

    *ptr = 0;
    return n;
}

int main(int argc, char *argv[])
{
    int retval;

    // 윈속 초기화
    WSADATA wsa;
    if (WSAStartup(MAKEWORD(2, 2), &wsa) != 0)
        return 1;

    // 소켓 생성
    SOCKET listen_sock = socket(AF_INET, SOCK_STREAM, 0);
    if (listen_sock == INVALID_SOCKET) err_quit("socket()");

    // bind()
    struct sockaddr_in serveraddr;
    memset(&serveraddr, 0, sizeof(serveraddr));
    serveraddr.sin_family = AF_INET;
    serveraddr.sin_addr.s_addr = htonl(INADDR_ANY);
    serveraddr.sin_port = htons(SERVERPORT);
    retval = bind(listen_sock, (struct sockaddr *)&serveraddr, sizeof(serveraddr));
    if (retval == SOCKET_ERROR) err_quit("bind()");

    // listen()
    retval = listen(listen_sock, SOMAXCONN);
    if (retval == SOCKET_ERROR) err_quit("listen()");

    // 데이터 통신에 사용할 변수
    SOCKET client_sock;
```

```
struct sockaddr_in clientaddr;
int addrlen;
char buf[BUFSIZE + 1];

while (1) {
    // accept()
    addrlen = sizeof(clientaddr);
    client_sock = accept(listen_sock, (struct sockaddr *)&clientaddr, &addrlen);
    if (client_sock == INVALID_SOCKET) {
        err_display("accept()");
        break;
    }

    // 접속한 클라이언트 정보 출력
    char addr[INET_ADDRSTRLEN];
    inet_ntop(AF_INET, &clientaddr.sin_addr, addr, sizeof(addr));
    printf("\n[TCP 서버] 클라이언트 접속: IP 주소=%s, 포트 번호=%d\n",
        addr, ntohs(clientaddr.sin_port));

    // 클라이언트와 데이터 통신
    while (1) {
        // 데이터 받기
        retval = recvline(client_sock, buf, BUFSIZE + 1);
        if (retval == SOCKET_ERROR) {
            err_display("recv()");
            break;
        }
        else if (retval == 0)
            break;

        // 받은 데이터 출력
        printf("[TCP/%s:%d] %s", addr, ntohs(clientaddr.sin_port), buf);
    }

    // 소켓 닫기
    closesocket(client_sock);
```

```
117       printf("[TCP 서버] 클라이언트 종료: IP 주소=%s, 포트 번호=%d\n",
118          addr, ntohs(clientaddr.sin_port));
119    }
120
121    // 소켓 닫기
122    closesocket(listen_sock);
123
124    // 윈속 종료
125    WSACleanup();
126    return 0;
127 }
```

4행 512바이트 버퍼를 사용하여 데이터를 읽는다. 실제로 받을 데이터는 이보다 작은 가변 길이 데이터라고 가정한다.

7행 소켓 수신 버퍼에서 데이터를 한꺼번에 읽어서 내부에 저장해두고 읽기 요청이 있을 때마다 1바이트씩 리턴해주는 사용자 함수다. recvline( ) 함수의 35행에서 호출해서 사용할 것이다.

9~11행 소켓 수신 버퍼에서 읽은 데이터를 1바이트씩 리턴하는 데 필요한 핵심 변수다. 함수가 리턴해도 값을 계속 유지해야 하므로 static 변수로 선언했다. __declspec(thread)는 멀티스레드 환경에서 함수가 문제없이 동작하는 데 필요하지만, 이 예제에서는 생략해도 상관없다. 멀티스레드 관련 내용은 6/7장에서 학습하도록 한다.

> **NOTE** 리눅스에서는 __thread를 변수 타입명 앞에 붙이면 멀티스레드 환경에서 static 변수가 문제없이 동작한다. Source\Linux\Chapter05\TCPServer_Variable.cpp 코드를 살펴보자.

13~21행 소켓 수신 버퍼에서 읽어들인 데이터가 아직 없거나 리턴하여 모두 소진한 경우에는 새로 읽어 buf[ ] 배열에 저장해두고 포인터 변수 ptr이 맨 앞쪽 바이트를 가리키게 한다.

23~25행 남은 바이트 수(nbytes)를 1 감소시키고, 포인터 변수 ptr이 가리키는 데이터를 포인터 변수 p가 가리키는 메모리 영역에 복사하고 리턴한다.

29~51행 '\n'이 나올 때까지 데이터를 읽어들이는 recvline( ) 함수를 정의한다. 소켓 s에서 데이터를 1바이트씩 읽어서 buf가 가리키는 메모리 영역에 복사하되, '\n'이 나오거나 최대 길이(maxlen−1)에 도달하면 '\0'을 붙여 리턴한다. '\0'은 반드시 필요한 것은 아니지만 데이터를 C/C++ 문자열로 간주하여 출력할 때 유용하다.

83행 1바이트 널 문자를 고려하여 BUFSIZE+1 크기의 버퍼를 선언한다.

103행 recvline( ) 함수를 호출하여 '\n'이 나올 때까지 데이터를 읽는다. +1은 1바이트 널 문자를 고려한 것으로, 실제로 최대 BUFSIZE(=512) 크기만큼 데이터를 읽는다.

112행 buf[] 배열에 있는 데이터를 문자열로 간주하여 출력한다. 데이터 자체에 '\n\0'이 포함되어 있으므로 줄바꿈을 따로 해주지 않아도 된다.

TCPClient_Variable.cpp

```
#include "..\..\Common.h"

char *SERVERIP = (char *)"127.0.0.1";
#define SERVERPORT 9000
#define BUFSIZE    50

int main(int argc, char *argv[])
{
  int retval;

  // 명령행 인수가 있으면 IP 주소로 사용
  if (argc > 1) SERVERIP = argv[1];

  // 윈속 초기화
  WSADATA wsa;
  if (WSAStartup(MAKEWORD(2, 2), &wsa) != 0)
    return 1;

  // 소켓 생성
  SOCKET sock = socket(AF_INET, SOCK_STREAM, 0);
  if (sock == INVALID_SOCKET) err_quit("socket()");

  // connect()
  struct sockaddr_in serveraddr;
  memset(&serveraddr, 0, sizeof(serveraddr));
  serveraddr.sin_family = AF_INET;
  inet_pton(AF_INET, SERVERIP, &serveraddr.sin_addr);
```

```
    serveraddr.sin_port = htons(SERVERPORT);
    retval = connect(sock, (struct sockaddr *)&serveraddr, sizeof(serveraddr));
    if (retval == SOCKET_ERROR) err_quit("connect()");

    // 데이터 통신에 사용할 변수
    char buf[BUFSIZE];
    const char *testdata[] = {
        "안녕하세요",
        "반가워요",
        "오늘따라 할 이야기가 많을 것 같네요",
        "저도 그렇네요",
    };
    int len;

    // 서버와 데이터 통신
    for (int i = 0; i < 4; i++) {
        // 데이터 입력(시뮬레이션)
        len = (int)strlen(testdata[i]);
        strncpy(buf, testdata[i], len);
        buf[len++] = '\n';

        // 데이터 보내기
        retval = send(sock, buf, len, 0);
        if (retval == SOCKET_ERROR) {
            err_display("send()");
            break;
        }
        printf("[TCP 클라이언트] %d바이트를 보냈습니다.\n", retval);
    }

    // 소켓 닫기
    closesocket(sock);

    // 윈속 종료
    WSACleanup();
    return 0;
}
```

5행 50바이트 버퍼를 사용하여 데이터를 보낸다.

33~39행 BUFSIZE 크기의 버퍼와 전송할 문자열 데이터를 선언한다.

40행 문자열 길이를 계산한 결과를 담을 변수다.

45~47행 문자열 데이터를 버퍼에 복사하고 맨 끝에 '\n'을 추가한다.

50행 len 크기만큼 데이터를 보낸다. 여기서 len은 보내고자 하는 원래 문자열 데이터에 '\n'을 붙인 것까지 고려하여 45, 47행에서 계산해둔 길이다.

3 고정 길이 + 가변 길이 데이터 전송

송신 측에서 가변 길이 데이터의 크기를 미리 계산할 수 있다면 '고정 길이 데이터 + 가변 길이 데이터' 전송이 효과적이다. 수신 측에서는 '① 고정 길이 데이터 수신, ② 가변 길이 데이터 수신', 단 두 번의 데이터 읽기 작업으로 가변 길이 데이터의 경계를 구분하여 읽을 수 있다.

실습 5-3 **고정 길이 + 가변 길이 데이터 전송 연습**

TCPServer_FixedVariable과 TCPClient_FixedVariable이라는 콘솔 응용 프로그램 프로젝트 두 개를 생성한다. 그런 후에 다음 실행 결과와 같이 클라이언트가 [고정 길이 데이터 + 가변 길이 데이터]를 보내면, 서버가 데이터를 정확히 구분하여 읽도록 구현해보자.

```
C:₩Source₩Windows₩Chapter05₩TCPServer_FixedVariable₩x64₩Debug₩TCPServer_Fix...

[TCP 서버] 클라이언트 접속: IP 주소=127.0.0.1, 포트 번호=11311
[TCP/127.0.0.1:11311] 안녕하세요
[TCP/127.0.0.1:11311] 반가워요
[TCP/127.0.0.1:11311] 오늘따라 할 이야기가 많을 것 같네요
[TCP/127.0.0.1:11311] 저도 그렇네요
[TCP 서버] 클라이언트 종료: IP 주소=127.0.0.1, 포트 번호=11311
```

```
Microsoft Visual Studio 디버그 콘솔
[TCP 클라이언트] 4+10바이트를 보냈습니다.
[TCP 클라이언트] 4+8바이트를 보냈습니다.
[TCP 클라이언트] 4+35바이트를 보냈습니다.
[TCP 클라이언트] 4+13바이트를 보냈습니다.

C:₩Source₩Windows₩Chapter05₩TCPClient_FixedVariable₩x64₩Debug₩TCPClient_FixedVar
iable.exe(3712 프로세스)이(가) 0 코드로 인해 종료되었습니다.
이 창을 닫으려면 아무 키나 누르세요.
```

TCPServer_FixedVariable.cpp

```
#include "..\..\Common.h"

```

```
#define SERVERPORT 9000
#define BUFSIZE    512

int main(int argc, char *argv[])
{
  int retval;

  // 윈속 초기화
  WSADATA wsa;
  if (WSAStartup(MAKEWORD(2, 2), &wsa) != 0)
    return 1;

  // 소켓 생성
  SOCKET listen_sock = socket(AF_INET, SOCK_STREAM, 0);
  if (listen_sock == INVALID_SOCKET) err_quit("socket()");

  // bind()
  struct sockaddr_in serveraddr;
  memset(&serveraddr, 0, sizeof(serveraddr));
  serveraddr.sin_family = AF_INET;
  serveraddr.sin_addr.s_addr = htonl(INADDR_ANY);
  serveraddr.sin_port = htons(SERVERPORT);
  retval = bind(listen_sock, (struct sockaddr *)&serveraddr, sizeof(serveraddr));
  if (retval == SOCKET_ERROR) err_quit("bind()");

  // listen()
  retval = listen(listen_sock, SOMAXCONN);
  if (retval == SOCKET_ERROR) err_quit("listen()");

  // 데이터 통신에 사용할 변수
  SOCKET client_sock;
  struct sockaddr_in clientaddr;
  int addrlen;
  int len; // 고정 길이 데이터
  char buf[BUFSIZE + 1]; // 가변 길이 데이터

```

```
while (1) {
    // accept()
    addrlen = sizeof(clientaddr);
    client_sock = accept(listen_sock, (struct sockaddr *)&clientaddr, &addrlen);
    if (client_sock == INVALID_SOCKET) {
        err_display("accept()");
        break;
    }

    // 접속한 클라이언트 정보 출력
    char addr[INET_ADDRSTRLEN];
    inet_ntop(AF_INET, &clientaddr.sin_addr, addr, sizeof(addr));
    printf("\n[TCP 서버] 클라이언트 접속: IP 주소=%s, 포트 번호=%d\n",
        addr, ntohs(clientaddr.sin_port));

    // 클라이언트와 데이터 통신
    while (1) {
        // 데이터 받기(고정 길이)
        retval = recv(client_sock, (char *)&len, sizeof(int), MSG_WAITALL);
        if (retval == SOCKET_ERROR) {
            err_display("recv()");
            break;
        }
        else if (retval == 0)
            break;

        // 데이터 받기(가변 길이)
        retval = recv(client_sock, buf, len, MSG_WAITALL);
        if (retval == SOCKET_ERROR) {
            err_display("recv()");
            break;
        }
        else if (retval == 0)
            break;

        // 받은 데이터 출력
        buf[retval] = '\0';
```

```
76            printf("[TCP/%s:%d] %s\n", addr, ntohs(clientaddr.sin_port), buf);
77        }
78
79        // 소켓 닫기
80        closesocket(client_sock);
81        printf("[TCP 서버] 클라이언트 종료: IP 주소=%s, 포트 번호=%d\n",
82            addr, ntohs(clientaddr.sin_port));
83    }
84
85    // 소켓 닫기
86    closesocket(listen_sock);
87
88    // 윈속 종료
89    WSACleanup();
90    return 0;
91 }
```

4행 512바이트 버퍼를 사용하여 데이터를 읽는다. 실제로 받을 데이터는 이보다 작다고 가정한다.

36행 32비트(int) 고정 길이 데이터를 저장할 변수다. 서버는 클라이언트가 뒤따르는 가변 길이 데이터의 길이를 32비트의 고정 길이로 먼저 보내주는 것으로 가정한다.

37행 1바이트 널 문자를 고려하여 BUFSIZE+1 크기의 버퍼를 선언한다. 이 버퍼는 가변 길이 데이터를 저장하는 데 사용한다.

57행 recv( ) 함수에 MSG_WAITALL 옵션을 주어 32비트(int) 고정 길이 데이터를 읽고 len 변수에 저장한다.

66행 recv( ) 함수에 MSG_WAITALL 옵션을 주어 len 길이의 데이터를 한꺼번에 읽는다.

TCPClient_FixedVariable.cpp

```
#include "..\..\Common.h"

char *SERVERIP = (char *)"127.0.0.1";
#define SERVERPORT 9000
#define BUFSIZE    50
```

```

int main(int argc, char *argv[])
{
    int retval;

    // 명령행 인수가 있으면 IP 주소로 사용
    if (argc > 1) SERVERIP = argv[1];

    // 윈속 초기화
    WSADATA wsa;
    if (WSAStartup(MAKEWORD(2, 2), &wsa) != 0)
        return 1;

    // 소켓 생성
    SOCKET sock = socket(AF_INET, SOCK_STREAM, 0);
    if (sock == INVALID_SOCKET) err_quit("socket()");

    // connect()
    struct sockaddr_in serveraddr;
    memset(&serveraddr, 0, sizeof(serveraddr));
    serveraddr.sin_family = AF_INET;
    inet_pton(AF_INET, SERVERIP, &serveraddr.sin_addr);
    serveraddr.sin_port = htons(SERVERPORT);
    retval = connect(sock, (struct sockaddr *)&serveraddr, sizeof(serveraddr));
    if (retval == SOCKET_ERROR) err_quit("connect()");

    // 데이터 통신에 사용할 변수
    char buf[BUFSIZE];
    const char *testdata[] = {
        "안녕하세요",
        "반가워요",
        "오늘따라 할 이야기가 많을 것 같네요",
        "저도 그렇네요",
    };
    int len;

```

```
42    // 서버와 데이터 통신
43    for (int i = 0; i < 4; i++) {
44       // 데이터 입력(시뮬레이션)
45       len = (int)strlen(testdata[i]);
46       strncpy(buf, testdata[i], len);
47
48       // 데이터 보내기(고정 길이)
49       retval = send(sock, (char *)&len, sizeof(int), 0);
50       if (retval == SOCKET_ERROR) {
51          err_display("send()");
52          break;
53       }
54
55       // 데이터 보내기(가변 길이)
56       retval = send(sock, buf, len, 0);
57       if (retval == SOCKET_ERROR) {
58          err_display("send()");
59          break;
60       }
61       printf("[TCP 클라이언트] %d+%d바이트를 "
62          "보냈습니다.\n", (int)sizeof(int), retval);
63    }
64
65    // 소켓 닫기
66    closesocket(sock);
67
68    // 윈속 종료
69    WSACleanup();
70    return 0;
71 }
```

5행 50바이트 버퍼를 사용하여 데이터를 보낸다.

33~39행 BUFSIZE 크기의 버퍼와 전송할 문자열 데이터를 선언한다.

40행 문자열 길이를 계산한 결과를 담을 변수다.

45~46행 문자열 데이터를 버퍼에 복사한다.

49행 뒤따르는 문자열 데이터의 길이를 32비트(int) 크기로 보낸다.

56행 문자열 데이터를 가변 길이로 보낸다.

4 데이터 전송 후 종료

실습 5-4 데이터 전송 후 종료 연습

데이터 전송 후 종료 방식은 EOR로 특별한 데이터 패턴 대신 연결 종료를 사용하는 일종의 가변 길이 데이터 전송 방식이다. TCPServer_CloseOnTransfer와 TCPClient_CloseOnTransfer라는 콘솔 응용 프로그램 프로젝트 두 개를 생성해 다음 실행 결과와 같이 클라이언트가 데이터를 하나 보낼 때마다 접속과 접속 종료를 반복하도록 구현해보자.

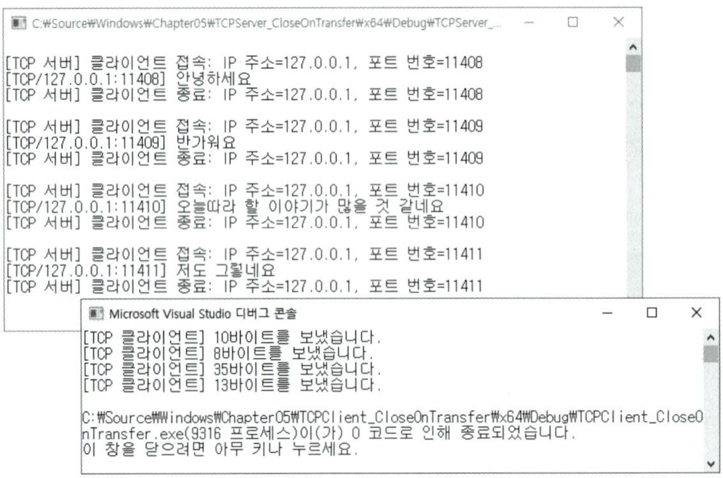

TCPServer_CloseOnTransfer.cpp

```
#include "..\..\Common.h"

#define SERVERPORT 9000
#define BUFSIZE    1024

int main(int argc, char *argv[])
{
    int retval;

    // 윈속 초기화
    WSADATA wsa;
    if (WSAStartup(MAKEWORD(2, 2), &wsa) != 0)
        return 1;

```

```
// 소켓 생성
SOCKET listen_sock = socket(AF_INET, SOCK_STREAM, 0);
if (listen_sock == INVALID_SOCKET) err_quit("socket()");

// bind()
struct sockaddr_in serveraddr;
memset(&serveraddr, 0, sizeof(serveraddr));
serveraddr.sin_family = AF_INET;
serveraddr.sin_addr.s_addr = htonl(INADDR_ANY);
serveraddr.sin_port = htons(SERVERPORT);
retval = bind(listen_sock, (struct sockaddr *)&serveraddr, sizeof(serveraddr));
if (retval == SOCKET_ERROR) err_quit("bind()");

// listen()
retval = listen(listen_sock, SOMAXCONN);
if (retval == SOCKET_ERROR) err_quit("listen()");

// 데이터 통신에 사용할 변수
SOCKET client_sock;
struct sockaddr_in clientaddr;
int addrlen;
char buf[BUFSIZE + 1];

while (1) {
    // accept()
    addrlen = sizeof(clientaddr);
    client_sock = accept(listen_sock, (struct sockaddr *)&clientaddr, &addrlen);
    if (client_sock == INVALID_SOCKET) {
        err_display("accept()");
        break;
    }

    // 접속한 클라이언트 정보 출력
    char addr[INET_ADDRSTRLEN];
    inet_ntop(AF_INET, &clientaddr.sin_addr, addr, sizeof(addr));
    printf("\n[TCP 서버] 클라이언트 접속: IP 주소=%s, 포트 번호=%d\n",
        addr, ntohs(clientaddr.sin_port));

```

```
53          // 클라이언트와 데이터 통신
54          while (1) {
55              // 데이터 받기
56              retval = recv(client_sock, buf, BUFSIZE, MSG_WAITALL);
57              if (retval == SOCKET_ERROR) {
58                  err_display("recv()");
59                  break;
60              }
61              else if (retval == 0)
62                  break;
63
64              // 받은 데이터 출력
65              buf[retval] = '\0';
66              printf("[TCP/%s:%d] %s\n", addr, ntohs(clientaddr.sin_port), buf);
67          }
68
69          // 소켓 닫기
70          closesocket(client_sock);
71          printf("[TCP 서버] 클라이언트 종료: IP 주소=%s, 포트 번호=%d\n",
72              addr, ntohs(clientaddr.sin_port));
73      }
74
75      // 소켓 닫기
76      closesocket(listen_sock);
77
78      // 윈속 종료
79      WSACleanup();
80      return 0;
81  }
```

4행 1024바이트 버퍼를 사용하여 데이터를 읽는다. 실제로 받을 데이터는 이보다 작다고 가정한다.

36행 1바이트 널 문자를 고려하여 BUFSIZE+1 크기의 버퍼를 선언한다.

56행 recv( ) 함수에 MSG_WAITALL 옵션을 주어 데이터를 최대한 읽는다. 서버는 클라이언트가 데이터를 모두 전송한 후 접속을 정상 종료한다고 가정한다.

> **NOTE** 다른 예제와 달리 여기서 사용하는 MSG_WAITALL 옵션은 한 번에 최대한 데이터를 읽겠다는 뜻이다. while 루프를 돌면서 데이터를 계속 읽으므로 MSG_WAITALL 옵션 유무와 상관없이 데이터를 모두 읽을 수 있다.

TCPClient_CloseOnTransfer.cpp

```
#include "..\..\Common.h"

char *SERVERIP = (char *)"127.0.0.1";
#define SERVERPORT 9000
#define BUFSIZE    50

int main(int argc, char *argv[])
{
    int retval;

    // 명령행 인수가 있으면 IP 주소로 사용
    if (argc > 1) SERVERIP = argv[1];

    // 윈속 초기화
    WSADATA wsa;
    if (WSAStartup(MAKEWORD(2, 2), &wsa) != 0)
        return 1;

    // connect() 호출에 사용할 변수
    struct sockaddr_in serveraddr;
    memset(&serveraddr, 0, sizeof(serveraddr));
    serveraddr.sin_family = AF_INET;
    inet_pton(AF_INET, SERVERIP, &serveraddr.sin_addr);
    serveraddr.sin_port = htons(SERVERPORT);

    // 데이터 통신에 사용할 변수
    char buf[BUFSIZE];
    const char *testdata[] = {
        "안녕하세요",
        "반가워요",
        "오늘따라 할 이야기가 많을 것 같네요",
        "저도 그렇네요",
    };
    int len;

    // 서버와 데이터 통신
    for (int i = 0; i < 4; i++) {
```

```
38         // 소켓 생성
39         SOCKET sock = socket(AF_INET, SOCK_STREAM, 0);
40         if (sock == INVALID_SOCKET) err_quit("socket()");
41 
42         // connect()
43         retval = connect(sock, (struct sockaddr *)&serveraddr, sizeof(serveraddr));
44         if (retval == SOCKET_ERROR) err_quit("connect()");
45 
46         // 데이터 입력(시뮬레이션)
47         len = (int)strlen(testdata[i]);
48         strncpy(buf, testdata[i], len);
49 
50         // 데이터 보내기
51         retval = send(sock, buf, len, 0);
52         if (retval == SOCKET_ERROR) {
53             err_display("send()");
54             break;
55         }
56         printf("[TCP 클라이언트] %d바이트를 보냈습니다.\n", retval);
57 
58         // 소켓 닫기
59         closesocket(sock);
60     }
61 
62     // 윈속 종료
63     WSACleanup();
64     return 0;
65 }
```

5행 50바이트 버퍼를 사용하여 데이터를 보낸다.

27~33행 BUFSIZE 크기의 버퍼와 전송할 문자열 데이터를 선언한다.

34행 문자열 길이를 계산한 결과를 담을 변수다.

39, 43, 59행 데이터를 보낼 때마다 소켓 생성/서버 접속/접속 종료를 반복한다.

47~48행 문자열 데이터를 버퍼에 복사한다.

51행 문자열 데이터를 가변 길이로 보낸다.

01 응용 프로그램 프로토콜

응용 프로그램 수준에서 주고받는 데이터의 형식/의미/처리 방식을 정의한 프로토콜

02 데이터 전송 시 고려 사항(1): 경계 구분을 위한 네 가지 방식

① 송신자는 항상 고정 길이 데이터를 보내고 수신자는 항상 고정 길이 데이터를 읽음

② 송신자는 가변 길이 데이터를 보내고 끝부분에 특별한 표시(EOR[End Of Record])를 붙임. 수신자는 EOR이 나올 때까지 데이터를 읽음

③ 송신자는 보낼 데이터 크기를 고정 길이 데이터로 보내고, 이어서 가변 길이 데이터를 보냄. 수신자는 고정 길이 데이터를 읽어서 뒤따라올 가변 데이터의 길이를 알아내고, 이 길이만큼 데이터를 읽음

④ 송신자는 가변 길이 데이터를 전송한 후 연결을 정상 종료. 수신자는 recv( ) 함수의 리턴값이 0(정상 종료)이 될 때까지 데이터를 읽음

03 데이터 전송 시 고려 사항(2): 바이트 정렬

서로 다른 바이트 정렬 방식을 사용하는 시스템 간에 데이터를 교환할 때, 바이트 정렬 방식을 통일하지 않으면 데이터 해석에 문제 발생

04 데이터 전송 시 고려 사항(3): 구조체 멤버 맞춤

- C 언어 구조체(C++ 언어의 클래스 포함) 멤버의 메모리 시작 주소를 결정하는 컴파일러 규칙
- # pragma pack 지시자[윈도우]/__attribute__((packed)) 지시자[리눅스]를 사용하여 구조체 멤버 맞춤 방식 변경 가능

05 고정 길이 데이터 전송

recv( ) 함수에 MSG_WAITALL 옵션을 주어 데이터를 읽음

06 가변 길이 데이터 전송

- EOR로 사용할 데이터 패턴으로 흔히 '\n'이나 '\r\n'을 사용
- 소켓 수신 버퍼에서 데이터를 한꺼번에 읽어서 내부에 저장해두고 읽기 요청이 있을 때마다 1바이트씩 리턴해주는 사용자 함수를 활용하여 성능 저하 방지

07 고정 길이 + 가변 길이 데이터 전송

recv( ) 함수에 MSG_WAITALL 옵션을 주어 두 번(한 번은 고정 길이, 한 번은 가변 길이) 데이터를 읽음

08 데이터 전송 후 종료

EOR(End Of Record)로 특별한 데이터 패턴 대신 연결 종료 사용

01 TCPServer_Fixed/TCPClient_Fixed 예제를 수정하여, 간단한 채팅 프로그램을 작성하시오. 채팅 ID는 서버와 클라이언트 모두 명령행 인수로 입력받으며, 항상 클라이언트 → 서버 → 클라이언트 → 서버 → ...순으로 채팅 메시지를 입력하는 것으로 가정한다.

02 TCPServer_Variable/TCPClient_Variable 예제를 수정하여, 간단한 채팅 프로그램을 작성하시오. 채팅 ID는 서버와 클라이언트 모두 명령행 인수로 입력받으며, 항상 클라이언트 → 서버 → 클라이언트 → 서버 → ...순으로 채팅 메시지를 입력하는 것으로 가정한다.

03 TCPServer_FixedVariable/TCPClient_FixedVariable 예제를 수정하여, 간단한 채팅 프로그램을 작성하시오. 채팅 ID는 서버와 클라이언트 모두 명령행 인수로 입력받으며, 항상 클라이언트 → 서버 → 클라이언트 → 서버 → ...순으로 채팅 메시지를 입력하는 것으로 가정한다.

※ **04~06**번 문제는 파일 전송 프로그램을 만드는 것이다. 파일을 열고 읽고 쓰고 닫을 때 C 표준 함수(fopen( ), fread( ), fwrite( ), fclose( ))를 사용해야 한다.

04 클라이언트에서 사용자가 파일 이름을 입력하면, 해당 파일 데이터를 읽어서 서버에 전송하는 프로그램을 고정 길이 데이터 전송 방식으로 구현하시오. 여기서 고정 길이라고 하는 것은 파일 데이터를 일정 길이(고정 길이)로 끊어서 보낸다는 뜻이다. 단, 클라이언트가 전송하는 파일 이름과 서버가 저장하는 파일 이름은 같아야 하며, 서버 측에 이름이 같은 파일이 있는 경우에는 덮어쓰는 것으로 가정한다.

05 클라이언트에서 사용자가 파일 이름을 입력하면, 해당 파일 데이터를 읽어서 서버에 전송하는 프로그램을 고정 길이 + 가변 길이 데이터 전송 방식으로 구현하시오. 단, 클라이언트가 전송하는 파일 이름과 서버가 저장하는 파일 이름은 같아야 하며, 서버 측에 이름이 같은 파일이 있는 경우에는 덮어쓰는 것으로 가정한다.

06 클라이언트에서 사용자가 파일 이름을 입력하면, 해당 파일 데이터를 읽어서 서버에 전송하는 프로그램을 데이터 전송 후 종료 방식으로 구현하시오. 단, 클라이언트가 전송하는 파일 이름과 서버가 저장하는 파일 이름은 같아야 하며, 서버 측에 이름이 같은 파일이 있는 경우에는 덮어쓰는 것으로 가정한다.

연습문제

07-A 윈도우 **04**번 문제에서 파일을 열고 읽고 쓰고 닫을 때 윈도우 API(CreateFile(), ReadFile(), WriteFile(), CloseHandle())를 사용해서 구현하시오.

07-B 리눅스 **04**번 문제에서 파일을 열고 읽고 쓰고 닫을 때 리눅스 시스템 콜(open(), read(), write(), close())을 사용해서 구현하시오.

08-A 윈도우 **05**번 문제에서 파일을 열고 읽고 쓰고 닫을 때 윈도우 API(CreateFile(), ReadFile(), WriteFile(), CloseHandle())를 사용해서 구현하시오.

08-B 리눅스 **05**번 문제에서 파일을 열고 읽고 쓰고 닫을 때 리눅스 시스템 콜(open(), read(), write(), close())을 사용해서 구현하시오.

09-A 윈도우 **06**번 문제에서 파일을 열고 읽고 쓰고 닫을 때 윈도우 API(CreateFile(), ReadFile(), WriteFile(), CloseHandle())를 사용해서 구현하시오.

09-B 리눅스 **06**번 문제에서 파일을 열고 읽고 쓰고 닫을 때 리눅스 시스템 콜(open(), read(), write(), close())을 사용해서 구현하시오.

10 TCPServer_FixedVariable/TCPClient_FixedVariable 예제를 수정하여, 고정 길이 부분을 항상 빅 엔디언으로 통일해서 주고받도록 하시오.

Chapter

06

멀티스레드: 윈도우

학습목표

- 멀티스레드 프로그래밍의 필요성을 이해하고 기본 개념을 익힌다.
- 윈도우에서 멀티스레드를 이용한 다중 처리 서버를 작성할 수 있다.
- 윈도우의 스레드 동기화 기법을 이해하고 활용할 수 있다.

01 스레드 기초

지금까지 TCP 서버-클라이언트 작성에 초점을 맞추고 기본 소켓 함수를 중심으로 학습했다. 다수의 클라이언트를 각기 독립적으로 처리하는 좀 더 실용적인 TCP 서버를 작성하고자 한다면 대표적인 다중 처리 기법인 멀티스레드를 고려할 수 있다. 소켓 API와 달리 멀티스레드 API는 운영체제마다 다르다. 이 장에서는 윈도우 운영체제에서 멀티스레드 프로그래밍을 학습하고, 7장에서는 리눅스 운영체제에서 멀티스레드 프로그래밍을 학습하도록 한다. 리눅스 운영체제의 멀티스레드만 학습하고 싶더라도 이 장의 1절 내용을 먼저 읽고 다음 장으로 넘어가길 바란다. 7장에서는 스레드 기초 개념을 따로 다루지 않고 리눅스의 스레드 API 설명부터 시작한다.

1 소켓 응용 프로그램과 멀티스레드

4장에서 작성한 TCP 서버-클라이언트 예제는 다음과 같은 문제가 있다.

❶ 두 개 이상의 클라이언트가 서버에 접속할 수는 있으나, 서버가 동시에 두 개 이상의 클라이언트를 서비스할 수는 없다. [그림 6-1]은 이런 상황을 보여준다. 맨 처음 접속한 클라이언트가 보낸 메시지는 서버 화면에 정상적으로 표시되지만, 두 번째로 접속한 클라이언트가 보낸 메시지는 표시되지 않는다.

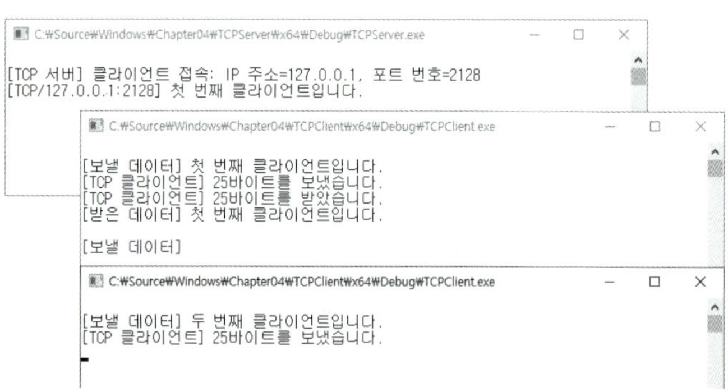

그림 6-1 다중 처리 문제

❷ 서버와 클라이언트의 send( ) 함수와 recv( ) 함수 호출 순서가 서로 맞아야 한다. 데이터를 보내지 않은 상태에서 양쪽에서 동시에 recv( ) 함수를 호출하면 교착 상태가 발생할 수 있다. 여기서 교착 상태Deadlock란 영원히 일어나지 않을 사건을 기다리는 상황을 뜻한다. [그림 6-2]에서 두 프로세스는 recv( ) 함수에서 빠져나가지 못하고, 이 때문에 send( ) 함수를 호출할 수 없어 교착 상태가 발생한다.

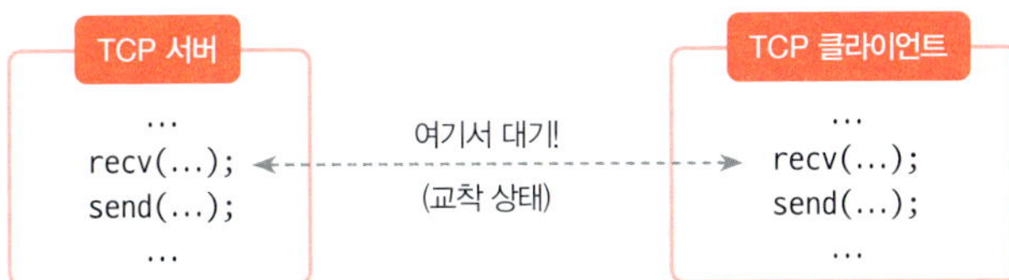

그림 6-2 교착 상태 발생

다중 처리 문제와 교착 상태 발생에 대한 해결책과 장단점을 살펴보자.

■ 다중 처리 문제

다중 처리 문제 ❶에 대한 해결책과 그 장단점을 정리하면 다음과 같다.

방법 1: 서버가 각 클라이언트와 연결하여 통신하는 시간을 짧게 줄인다. 예를 들면, 5장 마지막 예제와 같이 클라이언트가 데이터를 전송하기 전에 매번 서버에 접속하고, 전송 후에는 곧바로 접속을 끊는 방식을 사용할 수 있다.

- **장점:** 특별한 기법을 도입하지 않고도 쉽게 구현할 수 있고, 서버의 시스템 자원을 적게 사용한다.
- **단점:** 파일 전송 프로그램과 같이 대용량 데이터를 전송하는 응용 프로그램을 구현하는 데는 적합하지 않다. 또한, 클라이언트 수가 많으면 처리 지연 시간이 길어질 수 있다.

방법 2: 서버에 접속한 클라이언트마다 스레드를 생성하여 독립적으로 처리한다.

- **장점:** 소켓 입출력 모델에 비해 쉽게 구현할 수 있다.
- **단점:** 접속한 클라이언트 수에 비례하여 스레드를 생성하므로 서버의 시스템 자원을 많이 사용한다.

방법 3: 소켓 입출력 모델을 사용한다(11~12장 참고.)

- **장점**: 소수의 스레드를 이용하여 다수의 클라이언트를 처리할 수 있다. 따라서 두 번째 방법보다 서버의 시스템 자원을 적게 사용한다.
- **단점**: 다른 두 방법보다 구현이 어렵다.

■ 교착 상태 발생

교착 상태 발생 문제 ❷에 대한 해결책과 그 장단점을 정리하면 다음과 같다.

방법 1: 데이터 송수신 부분을 잘 설계하여 교착 상태가 발생하지 않도록 한다.

- **장점**: 특별한 기법을 도입하지 않고도 구현할 수 있다.
- **단점**: 데이터 송수신 패턴이 달라지면 교착 상태가 발생할 수 있기 때문에 이 방법을 모든 상황에 적용하기는 어렵다.

방법 2: 소켓에 타임아웃Timeout 옵션을 적용하여, 소켓 함수 호출 시 작업이 완료되지 않아도 일정 시간 후에 리턴하게 한다(9장 참고).

- **장점**: 비교적 간단하게 구현할 수 있다.
- **단점**: 다른 방법보다 성능이 떨어진다. 이는 타임아웃으로 지정한 시간이 지날 때까지 아무것도 할 수 없기 때문이다.

방법 3: 넌블로킹Nonblocking 소켓을 사용한다(11~12장 참고).

- **장점**: 넌블로킹 소켓을 사용하면 조건을 만족하지 않더라도 소켓 함수가 즉시 리턴하여 교착 상태를 막을 수 있다.
- **단점**: 구현이 복잡하다. CPU 시간을 불필요하게 낭비할 수 있다.

방법 4: 소켓 입출력 모델을 사용한다(11~12장 참고).

- **장점**: 넌블로킹 소켓의 단점을 보완하면서 교착 상태를 막을 수 있다. 또한 방법 3보다 쉽고 일관성 있게 구현할 수 있다.
- **단점**: 방법 1, 2보다 구현이 어렵다.

이 장에서는 다중 처리 문제를 해결하는 방법 중 하나인 멀티스레드를 공부한다. 멀티스레드를 이용하면 서버에 접속한 각 클라이언트를 독립적으로 처리할 수 있다. 앞서 [그림 6-1]과 같은 상황에서 두 번째 클라이언트가 보낸 메시지도 처리하여 화면에 표시할 수 있다. 멀티스레드를 이용한 결과를 미리 보려면 ThreadTCPServer의 실행 결과를 참조한다.

우선 스레드의 개념을 배우고 멀티스레드를 기반으로 간단한 콘솔 응용 프로그램을 작성하도록 한다. 그런 다음 멀티스레드 기법을 TCP 서버-클라이언트에 적용하는 방법을 살펴본다.

2 스레드 기본 개념

스레드 개념을 이해하려면 프로세스가 무엇인지 알아야 한다. 대부분 운영체제에서의 프로세스는 CPU 시간을 할당받아 실행 중인 프로그램을 일컫는다. 프로그램Program이 저장 장치에 실행 파일로 존재하는 정적인 개념인 데 반해, 프로세스Process는 코드(CPU 명령), 데이터(전역 변수, 정적 변수), 리소스(그림 파일, 사운드 파일 등)를 파일에서 읽어들여 작업을 수행하는 동적인 개념이다.

윈도우 운영체제에서는 일반적인 의미의 프로세스 개념을 프로세스와 스레드 두 가지로 구분한다. 프로세스는 코드, 데이터, 리소스를 파일에서 읽어들여 메모리 영역에 담고 있는 일종의 컨테이너Container로, 정적인 개념이다. 스레드Thread는 CPU 시간을 할당받아 프로세스 메모리 영역에 있는 코드를 수행하고 데이터를 사용하는 실행 흐름으로, 동적인 개념이다. 요약하면, "일반 운영체제의 프로세스 = 윈도우 운영체제의 프로세스 + 스레드"라고 보면 된다.

응용 프로그램이 CPU 시간을 할당받아 실행하려면 한 개 이상의 스레드가 필요하다. 응용 프로그램 실행 시 최초로 생성되는 스레드를 주 스레드Primary Thread 또는 메인 스레드Main Thread라고 부르는데, main( ) 함수 또는 WinMain( ) 함수에서 실행을 시작한다. 만약 응용 프로그램에서 메인 스레드와 별도로 동시에 수행하고자 하는 작업이 있다면 스레드를 추가로 생성한다. 이 스레드가 해당 작업을 수행하도록 시키면 된다. 많은 응용 프로그램이 이와 같은 형태로 구현되어 있어 멀티스레드 응용 프로그램Multithreaded Application이라고 부른다.

멀티스레드를 활용하면 사용자는 한 응용 프로그램이 동시에 여러 작업을 수행하는 것처럼 느낀다. 어떤 원리로 운영체제는 한정된 CPU 개수로 수많은 스레드가 동시에 실행되는 것과 같은 효과를 만들어내는 것일까? CPU는 한 개, 스레드는 두 개라고 가정하고 동작 원리를 살펴보자.

CPU 하나가 스레드 두 개를 동시에 실행할 수는 없어도 교대로 실행하는 일은 가능하다. 교대로 실행하는 간격이 짧을 때 사용자는 두 스레드가 동시에 실행되는 것처럼 느낀다. 이를 위해 각 스레드의 최종 실행 상태를 저장하고 나중에 복원하는 작업을 반복해야 한다. 스레드의 실행 상태란 CPU와 메모리 상태를 말하며, 구체적으로는 CPU 레지스터 값과 메모리의 스택을 의미한다. 하드웨어(CPU)와 소프트웨어(운영체제)의 협동으로 이루어지는 스레드 실행 상태의 저장과 복원 작업을 컨텍스트 전환Context Switch이라고 일컫는다. 이를 통해 각 스레드는 다른 스레드의 존재와 무관하게 상태를 유지하면서 실행할 수 있다.

[그림 6-3]은 하나의 프로세스가 두 개의 스레드를 사용하는 원리를 보여준다. 각 단계의 상황을 요약하면 다음과 같다.

(a) 스레드 ❶이 실행 중이다. 명령을 하나 수행할 때마다 CPU 레지스터 값과 메모리의 스 택 내용이 변경된다.

(b) 스레드 ❶의 실행을 중지하고 실행 상태를 저장한다(스택은 메모리에 계속 유지되므로 그림에서는 CPU 레지스터만 저장하는 것으로 표시했다). 이전에 저장해둔 스레드 ❷의 상태를 복원한다.

(c) 스레드 ❷를 실행한다. 명령을 하나 수행할 때마다 CPU 레지스터 값과 메모리의 스택 내용이 변경된다.

(d) 스레드 ❷의 실행을 중지하고 실행 상태를 저장한다. 이전에 저장해둔 스레드 ❶의 상태를 복원한다.

(e) 스레드 ❶을 다시 실행한다. 이전 실행 상태를 복원했으므로 스레드 ❶은 마지막에 수행했던 명령의 다음 위치부터 진행한다.

응용 프로그램은 외형적 특성과 내부 구조에 따라 콘솔Console 응용 프로그램과 GUIGraphical User Interface 응용 프로그램으로 나눌 수 있다. 두 가지 모두 멀티스레드를 이용할 수 있으며 적절하게 활용하면 매우 유용하다. 특히 GUI 응용 프로그램은 메시지 구동 구조Message-driven Architecture라는 특징 때문에 반드시 멀티스레드를 이용해야 하는 경우가 생긴다. 대표적인 예로 소켓 함수를 GUI 응용 프로그램에서 사용하는 상황을 들 수 있다. GUI 응용 프로그램의 특징과 프로그래밍 방법은 10장에서 다루고, 여기서는 실제 응용 프로그램에서 멀티스레드를 사용한다는 사실만 확인한다.

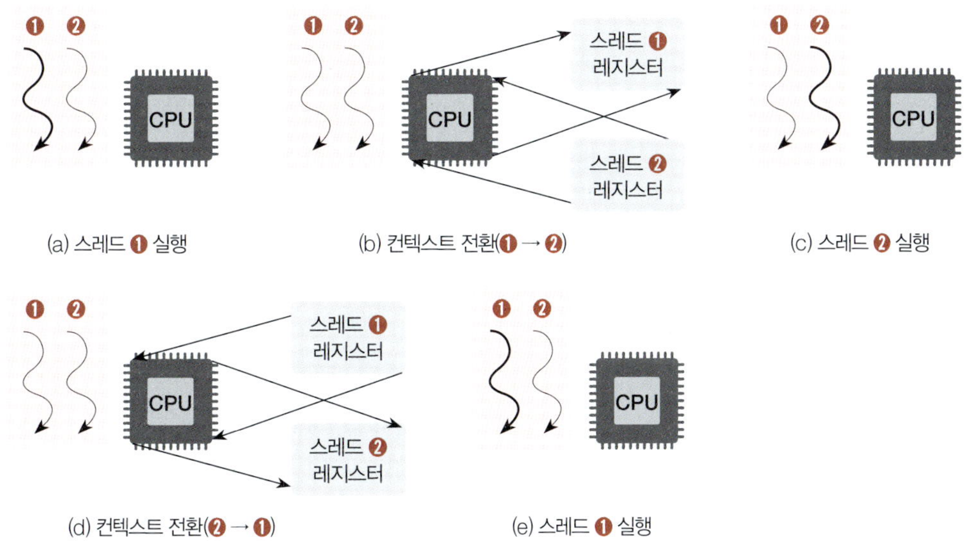

그림 6-3 멀티스레드 동작 원리

윈도우의 시작 메뉴에서 [Windows 관리 도구]-[리소스 모니터]를 찾아 실행하면 [그림 6-4]와 같이 프로세스 내부에 존재하는 스레드 수를 확인할 수 있다. 프로세스 목록은 시스템마다 다르겠지만, 두 개 이상의 스레드를 사용하는 응용 프로그램이 많다는 것을 알 수 있다.

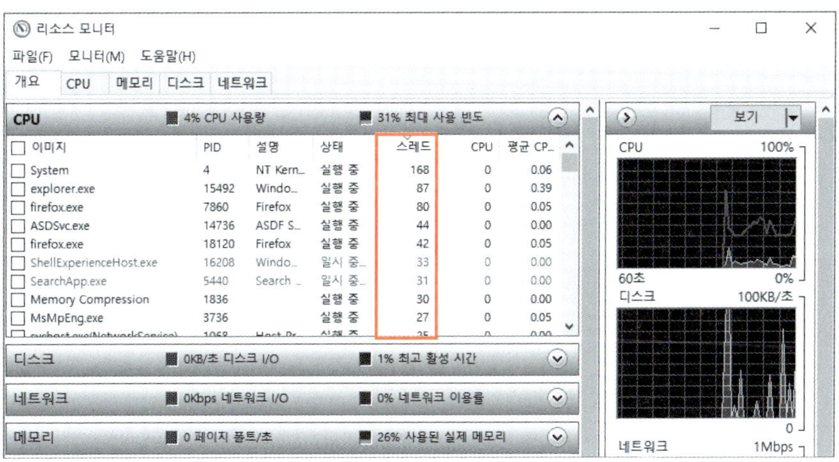

그림 6-4 윈도우 스레드 수 확인

리눅스에서는 ps -eLF 명령으로 [그림 6-5]와 같이 프로세스별 스레드 수를 확인할 수 있다. ps 명령의 옵션 e는 모든 프로세스 선택, L은 스레드 정보 출력, F는 상세 정보 출력을 지시한다. 화면에서 LWP Light Weight Process는 메인 스레드의 ID이고, NLWP Number of Light Weight Process는 스레드의 개수를 뜻한다. 윈도우에 비해 스레드가 한 개인 프로세스가 많지만, 화면을 아래로 스크롤하면 둘 이상의 스레드를 사용하는 프로세스를 찾을 수 있다.

```
student@vm:~$ ps -eLF
UID        PID  PPID   LWP  C NLWP    SZ   RSS PSR STIME TTY          TIME  CMD
root         1     0     1  0    1 39985  8988   0 12월16 ?        00:00:23 /sbin/init sp
root         2     0     2  0    1     0     0   0 12월16 ?        00:00:00 [kthreadd]
root         4     2     4  0    1     0     0   0 12월16 ?        00:00:00 [kworker/0:0H
root         6     2     6  0    1     0     0   0 12월16 ?        00:00:00 [mm_percpu_wq
... 중략 ...
gdm       1309  1303  1313  0   15 867998 211804 0 12월16 tty1     00:00:02 /usr/bin/gnom
gdm       1309  1303  1314  0   15 867998 211804 0 12월16 tty1     00:00:00 /usr/bin/gnom
gdm       1309  1303  1326  0   15 867998 211804 1 12월16 tty1     00:00:14 /usr/bin/gnom
gdm       1309  1303  1327  0   15 867998 211804 1 12월16 tty1     00:00:14 /usr/bin/gnom
...
```

그림 6-5 리눅스 스레드 수 확인

02 스레드 API

윈도우 운영체제가 제공하는 스레드 API 함수들을 살펴보자.

1 스레드 생성과 종료

스레드 개념을 응용 프로그램에서 구현하려면 윈도우 운영체제가 제공하는 함수, 즉 윈도우 API를 사용해야 한다. 스레드 생성 함수를 소개하기 전에 스레드 생성에 필요한 요소를 먼저 살펴보도록 한다.

[그림 6-6]은 두 함수로 구성된 응용 프로그램(프로세스)의 주소 공간을 나타낸 것이다. 프로세스가 생성되면 main() 함수를 실행 시작점으로 하는 메인 스레드가 자동으로 생성된다. 이때 또 다른 함수인 f() 함수를 실행 시작점으로 하는 스레드를 생성하려면 다음과 같은 정보를 운영체제에 제공해야 한다.

- **f() 함수의 시작 주소**

  운영체제는 f() 함수의 시작 주소를 알아야 한다. C/C++ 프로그램에서는 함수 이름이 곧 그 함수의 시작 주소를 의미한다. f() 함수와 같이 스레드 실행 시작점이 되는 함수를 스레드 함수Thread Function라고 한다.

- **f() 함수 실행 시 사용할 스택의 크기**

  C/C++ 프로그램의 모든 함수는 실행 중 인수 전달과 변수 할당을 위해 스택이 필요하다. 만약 f() 함수를 실행 시작점으로 하는 스레드 두 개를 생성하고자 한다면, 서로 다른 메모리 위치에 스택을 총 두 개 할당해야 한다. 스레드 실행에 필요한 스택 생성은 운영체제가 자동으로 해주므로 응용 프로그램은 스택 크기만 알려주면 된다.

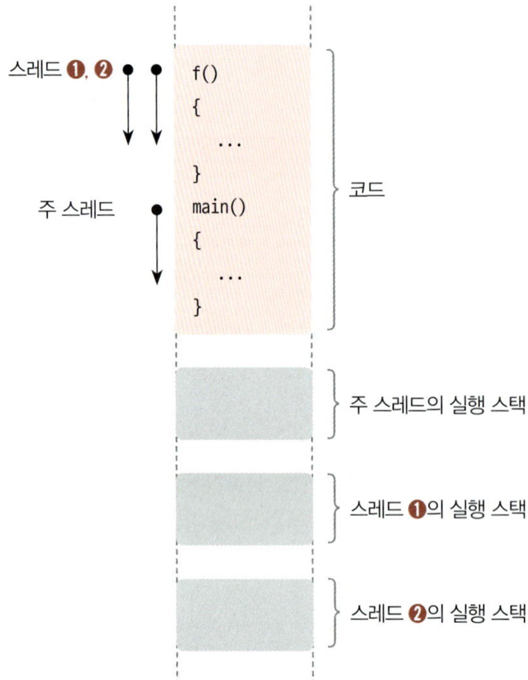

그림 6-6 함수 두 개로 구성된 응용 프로그램에 스레드 세 개가 존재하는 상황

윈도우에서 스레드를 생성할 때는 CreateThread( ) 함수를 사용한다. CreateThread( ) 함수는 스레드를 생성한 후 스레드 핸들Thread Handle을 리턴한다. 스레드 핸들은 파일 디스크립터나 소켓 디스크립터와 비슷한 개념으로, 운영체제의 스레드 관련 데이터 구조체를 간접적으로 참조하는 역할을 한다. 응용 프로그램은 스레드 핸들을 윈도우 API 함수에 전달함으로써 다양한 방식으로 스레드를 제어할 수 있다.

```
#include <windows.h>
HANDLE CreateThread(
  ❶ LPSECURITY_ATTRIBUTES lpThreadAttributes,
  ❷ SIZE_T dwStackSize,
  ❸ LPTHREAD_START_ROUTINE lpStartAddress,
  ❹ LPVOID lpParameter,
  ❺ DWORD dwCreationFlags,
  ❻ LPDWORD lpThreadId
);
                                    성공: 스레드 핸들, 실패: NULL
```

❶ `lpThreadAttributes` SECURITY_ATTRIBUTES 구조체를 통해 핸들 상속Handle Inheritance과 보안 디스크립터Security Descriptor 정보를 전달한다. 상세 내용은 이 책의 범위를 넘어서므로 설명은 생략한다. 기본값인 NULL을 사용하면 스레드를 생성하고 활용하는 데 문제가 없다.

❷ `dwStackSize` 스레드에 할당되는 스택 크기(바이트 단위)다. 0을 사용하면 실행 파일의 헤더에 들어 있는 기본 크기를 사용하는데, 비주얼 C++로 응용 프로그램을 빌드할 때 링커 옵션을 변경하지 않으면 기본 크기는 1MB다.

> **NOTE** 리눅스에서 스레드의 기본 스택 크기는 8~10MB다.

❸ `lpStartAddress` 스레드 함수의 시작 주소다. 스레드 함수 이름은 자유롭게 하되 반드시 다음과 같은 형태로 입력과 출력 타입을 정의해야 한다.

```
DWORD WINAPI ThreadProc(LPVOID lpParameter)
{
    ...
}
```

❹ `lpParameter` 스레드 함수에 전달할 인수다. void형 포인터이므로 포인터 크기보다 작거나 같은 데이터는 값을 직접 넣어도 되고 주소 형태로 전달해도 된다. 포인터 크기보다 큰 데이터는 값을 구조체나 배열에 넣고 반드시 주소 형태로 전달해야 한다. 전달할 인수가 없으면 NULL 값을 넣어준다.

```
예1) int data = 값; // int는 void형 포인터보다 작거나 같다. (32비트/64비트 윈도우)
    CreateThread(..., (LPVOID)data, ...); // 값을 전달한다.
예2) int data = 값; // int는 void형 포인터보다 작거나 같다. (32비트/64비트 윈도우)
    CreateThread(..., &data, ...);          // 주소를 전달한다.
예3) struct MyData data = {값}; // MyData 구조체는 void형 포인터보다 크다고 가정한다.
    CreateThread(..., &data, ...);          // 주소를 전달한다.
```

❺ `dwCreationFlags` 스레드 생성을 제어하는 값으로 0 또는 CREATE_SUSPENDED를 사용한다. 0을 사용하면 스레드는 생성 후 곧바로 실행되고, CREATE_SUSPENDED를 사용하면 스레드가 생성은 되지만 ResumeThread( ) 함수를 호출하기 전까지 실행되지 않는다.

❻ `lpThreadId` DWORD형 변수를 전달하면 스레드 ID가 저장된다. 스레드 ID가 필요 없으면 NULL 값을 전달해도 된다.

여기서 잠깐! | 스레드의 최대 개수

한 프로세스에서 생성할 수 있는 스레드는 최대 몇 개일까? 다음 그림을 살펴보자.

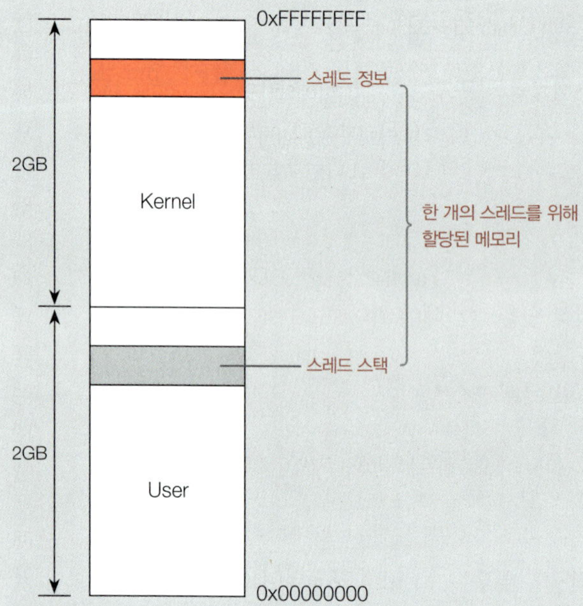

프로세스 주소 공간 [32비트 윈도우]

32비트 윈도우에서 실행되는 모든 프로세스는 4GB의 가상 주소 공간Virtual Address Space을 각각 할당받는다. 이 중 OS 영역(Kernel이라고 부름)인 상위 2GB를 제외한 하위 2GB만이 자유롭게 접근하여 사용할 수 있는 공간이다. 스레드를 하나 만들 때마다 하위 2GB에서 스택을 위한 공간을 할당받으며, 이때 OS 영역에 스레드 정보 관리를 위한 메모리 구조체도 할당된다. CreateThread( ) 함수를 호출할 때 기본 스택 크기는 1MB이므로 2GB/1MB = 2048이 단순하게 계산한 스레드의 최대 개수다. 하지만 하위 2GB에는 실행 파일, DLL, 힙heap, 환경 변수 등을 위해 사용되는 영역이 있으므로 이 부분을 제외하면 스레드의 최대 개수는 줄어든다.

기본 스택보다 작은 크기를 사용해도 OS의 메모리 영역 역시 한정되어 있으므로 최대 스레드 개수에는 한계가 있다. 따라서 프로그램을 작성할 때 스레드를 원하는 만큼 많이 생성할 수 있다고 가정해서는 안 된다. 기능이나 성능을 떨어뜨리지 않는 범위에서 스레드 개수를 최소로 유지하도록 노력해야 한다.

64비트 윈도우를 사용한다면 프로세스의 가상 주소 공간이 매우 크므로 이론상으로는 생성 가능한 스레드 개수는 훨씬 늘어난다. 그러나 스레드를 많이 생성하는 일은 경계해야 하는데, 필요 이상으로 많이 생성하면 메모리를 많이 소모할 뿐만 아니라 스레드 간 컨텍스트 전환 횟수가 증가하여 오히려 성능이 떨어질 수 있다.

윈도우에서 스레드를 종료하는 방법에는 다음 네 가지가 있다.

❶ 스레드 함수가 리턴한다.

❷ 스레드 함수 안에서 ExitThread( ) 함수를 호출한다.

❸ 다른 스레드가 TerminateThread( ) 함수를 호출하여 스레드를 강제 종료한다.

❹ 메인 스레드가 종료하면 프로세스 내의 다른 모든 스레드가 강제 종료된다.

일반적으로 ❶ 또는 ❷ 방법으로 스레드를 종료하는 것이 바람직하다. ❸은 꼭 필요한 경우에만 사용해야 하며, ❹는 정상적인 방법이기보다는 메인 스레드(main( ) 함수)의 특성으로 이해하면 된다. ExitThread( ) 함수와 TerminateThread( ) 함수 원형은 다음과 같다. 함수 인수의 의미가 명확하므로 설명은 주석으로 대신한다.

```
#include <windows.h>
void ExitThread(
   DWORD dwExitCode  // 종료 코드
);

#include <windows.h>
BOOL TerminateThread(
   HANDLE hThread,    // 종료할 스레드를 가리키는 핸들
   DWORD dwExitCode  // 종료 코드
);                                             성공: 0이 아닌 값, 실패: 0
```

지금까지 배운 내용을 토대로 스레드 생성과 종료를 보여주는 코드 형태를 살펴보면 다음과 같다. [그림 6-6]과 같이 f( ) 함수를 실행 시작점으로 하는 스레드 두 개를 만드는 코드다. 편의상 f() 함수에 전달할 인수는 없다고 가정한다.

```
DWORD WINAPI f(LPVOID arg)
{
   ...
   return 0; // 스레드 종료
}

int main( )
{
   ...
```

```
    // 첫 번째 스레드 생성
    HANDLE hThread1 = CreateThread(NULL, 0, f, NULL, 0, NULL);
    if (hThread1 == NULL) 오류 처리;
    // 두 번째 스레드 생성
    HANDLE hThread2 = CreateThread(NULL, 0, f, NULL, 0, NULL);
    if (hThread2 == NULL) 오류 처리;
    ...
}
```

여기서 잠깐! | 스레드 함수 호출 규약

스레드 함수에 사용하는 WINAPI 키워드는 호출 규약을 의미한다. 호출 규약Calling Convention이란 컴파일러의 코드 생성 방법을 의미하는 것으로, 함수를 호출하는 쪽과 호출되는 함수 쪽에서 일관성 있게 따라야 하는 약속이다. WinDef.h 헤더 파일을 찾아보면 다음과 같은 내용을 볼 수 있다. 대문자로 구성된 다섯 개 명칭 모두 __stdcall로 정의되는 것을 알 수 있다.

```
#define CALLBACK    __stdcall
#define WINAPI      __stdcall
#define APIENTRY     WINAPI
#define APIPRIVATE __stdcall
#define PASCAL      __stdcall
```

__stdcall은 대부분의 윈도우 API에서 사용하는 호출 규약이다. 본문에서 소개한 CreateThread() 함수를 WinBase.h 헤더 파일에서 찾아보면 다음과 같이 선언되어 있다. 이는 운영체제가 제공하는 CreateThread() 함수가 __stdcall 호출 규약을 따르는 것을 의미하며, 이 함수를 호출하는 응용 프로그램 코드도 같은 호출 규약을 따라야 하는 것을 나타낸다.

```
HANDLE WINAPI CreateThread(/* 생략 */);
```

윈도우 API 함수는 응용 프로그램이 호출하는 반면, 사용자가 정의한 스레드 함수는 운영체제가 호출한다. 운영체제가 __stdcall 호출 규약에 따라 사용자가 정의한 스레드 함수를 호출하므로 스레드 함수 역시 같은 호출 규약을 따라야 한다. 이런 약속을 강제하는 것이 스레드 함수에 붙이는 WINAPI 키워드이며, 이 키워드를 제거하면 컴파일러가 오류를 발생시켜 잘못된 코드가 생성되지 않도록 방지한다.

실습 6-1 **스레드 생성과 종료, 인수 전달 연습**

하나의 스레드 함수를 실행하는 두 개의 스레드를 생성하고, 스레드 함수 인수를 통해 서로 다른 값을 전달하는 응용 프로그램을 작성해보자. 전달할 데이터가 void형 포인터보다 큰 일반적인 상황을 가정하여 구조체를 사용한다.

1 ThreadTest1이라는 콘솔 응용 프로그램 프로젝트를 생성하고 다음 코드를 입력한다.

ThreadTest1.cpp

```
#include <windows.h>
#include <stdio.h>

struct Point3D
{
    int x, y, z;
};

DWORD WINAPI MyThread(LPVOID arg)
{
    Sleep(1000);
    Point3D *pt = (Point3D *)arg;
    printf("Running MyThread( ) %d: %d, %d, %d\n",
        GetCurrentThreadId( ), pt->x, pt->y, pt->z);
    return 0;
}

int main(int argc, char *argv[])
{
    // 첫 번째 스레드 생성
    Point3D pt1 = { 10, 20, 30 };
    HANDLE hThread1 = CreateThread(NULL, 0, MyThread, &pt1, 0, NULL);
    if (hThread1 == NULL) return 1;
    CloseHandle(hThread1);

    // 두 번째 스레드 생성
    Point3D pt2 = { 40, 50, 60 };
    HANDLE hThread2 = CreateThread(NULL, 0, MyThread, &pt2, 0, NULL);
```

```
29     if (hThread2 == NULL) return 1;
30     CloseHandle(hThread2);
31
32     printf("Running main( ) %d\n", GetCurrentThreadId( ));
33     Sleep(2000);
34     return 0;
35 }
```

4~7행 스레드 함수에 포인터보다 큰 값을 전달하고자 Point3D 구조체를 정의한다.

11행 1000밀리초(=1초) 지연 후 스레드 함수가 작업을 시작한다.

12~14행 void형 포인터를 Point3D 구조체형 포인터로 변환하고, 구조체 멤버 x, y, z를 현재 스레드 ID와 더불어 출력한다. GetCurrentThreadId( ) 함수는 현재 스레드 ID를 리턴하는 API 함수다.

15행 스레드 함수가 리턴한다. 스레드 함수 리턴은 스레드를 종료하는 방법 중 하나다.

21~24행, 27~30행 스레드 두 개를 생성하되, 각각 서로 다른 Point3D 구조체를 포인터형으로 전달한다. CreateThread( ) 함수가 리턴하는 핸들은 나중에 스레드를 별도로 조작할 필요가 없다면 되도록 빨리 닫는 것이 좋다. CloseHandle( ) 함수를 호출하여 핸들을 닫는다고 해서 스레드가 종료하는 것은 아니라는 점에 유의한다.

32~34행 스레드 ID를 출력하고 2000밀리초(=2초) 지연 후 리턴하여 메인 함수를 종료한다. 지연 시간을 주지 않으면 메인 함수가 곧바로 리턴하면서 MyThread도 따라서 종료된다.

> **NOTE** C/C++ 프로그램은 메인 함수가 리턴하면 프로세스 전체가 종료하는 구조로 작동한다. 33행의 지연 시간을 11행의 값보다 줄이거나 아예 코드를 제거해서 메인 함수가 빨리 리턴하면 MyThread도 종료되어 출력이 나오지 않음을 직접 확인해본다.

2 실행 결과는 다음과 같다. 메인 스레드와 더불어 MyThread 두 개의 ID가 출력되고, MyThread에 전달한 서로 다른 Point3D 구조체 내용도 볼 수 있다.

```
Microsoft Visual Studio 디버그 콘솔
Running main() 12012
Running MyThread() 12260: 10, 20, 30
Running MyThread() 15104: 40, 50, 60

C:\Source\Windows\Chapter06A\ThreadTest1\x64\Debug\ThreadTest1.exe(3540 프로세스
)이(가) 0 코드로 인해 종료되었습니다.
이 창을 닫으려면 아무 키나 누르세요.
```

여기서 잠깐! | _beginthreadex(), _endthreadex() 함수 활용하기

C/C++ 라이브러리 함수를 사용하는 응용 프로그램에서는 CreateThread(), ExitThread() API 함수보다는 _beginthreadex(), _endthreadex() 라이브러리 함수를 사용하는 것이 바람직하다. 두 함수의 원형은 다음과 같다.

```
#include <process.h>

uintptr_t _beginthreadex(
    void *security,
    unsigned stack_size,
    unsigned (__stdcall *start_address)(void *),
    void *arglist,
    unsigned initflag,
    unsigned *thrdaddr
);

void _endthreadex(
    unsigned retval
);
```

_beginthreadex(), _endthreadex() 함수는 각각 CreateThread(), ExitThread() 함수와 같은 역할을 하며, 실제로 내부적으로 이들 API를 호출한다. 차이가 있다면 C/C++ 라이브러리 자체가 멀티스레드 환경에서 문제없이 동작하도록 부가적인 작업을 한다는 점이다.

사용 예는 다음과 같다. 윈도우 API 함수와 인수의 타입이 조금 다를 뿐 순서와 의미가 같으므로 기존 코드를 거의 변경할 필요가 없다.

```
#include <windows.h>
#include <process.h>

unsigned __stdcall MyThread(void *arg)
{
    ...
    _endthreadex(0); // 아래쪽 return 문과 기능이 같으므로 생략해도 된다.
    return 0;
}

int main(int argc, char *argv[])
{
    Point3D pt1 = {10, 20, 30};
    HANDLE hThread1 = (HANDLE)_beginthreadex(NULL, 0, MyThread, &pt1, 0, NULL);
    if(hThread1 == NULL) return 1;
    CloseHandle(hThread1);
    ...
}
```

2 스레드 제어

윈도우 운영체제는 스레드의 우선순위를 변경하거나 종료를 기다리는 등의 제어 기능을 제공한다. 기능별로 스레드 제어 함수를 살펴보고 실습을 통해 동작을 확인해보자.

스레드 우선순위 변경하기

윈도우 운영체제에서는 항상 여러 스레드가 CPU 시간을 사용하기 위해 경쟁한다. 따라서 각 스레드에 CPU 시간을 적절히 분배하기 위한 정책을 사용하는데, 이를 CPU 스케줄링CPU Scheduling 또는 스레드 스케줄링Thread Scheduling이라고 부른다.

윈도우 운영체제의 스케줄링 기법은 우선순위Priority에 기반한 것으로, 우선순위가 높은 스레드에 먼저 CPU 시간을 할당한다. 스레드의 우선순위를 결정하는 요소는 다음과 같다.

- 프로세스 우선순위: 우선순위 클래스Priority Class라고 부른다.
- 스레드 우선순위: 우선순위 레벨Priority Level이라고 부른다.

우선순위 클래스는 프로세스 속성으로, 한 프로세스가 생성한 스레드는 우선순위 클래스가 모두 같다는 특징이 있다. 윈도우 운영체제가 제공하는 우선순위 클래스는 다음과 같다.

- REALTIME_PRIORITY_CLASS(실시간)
- HIGH_PRIORITY_CLASS(높음)
- ABOVE_NORMAL_PRIORITY_CLASS(높은 우선순위; 윈도우 2000 이상)
- NORMAL_PRIORITY_CLASS(보통)
- BELOW_NORMAL_PRIORITY_CLASS(낮은 우선순위; 윈도우 2000 이상)
- IDLE_PRIORITY_CLASS(낮음)

Ctrl+Shift+Esc를 눌러 윈도우 [작업 관리자]를 실행하고 [세부 정보]를 클릭한다. [그림 6-7]과 같이 마우스 오른쪽 버튼을 눌러 프로세스의 우선순위 클래스를 보거나 다른 값으로 변경할 수 있다.

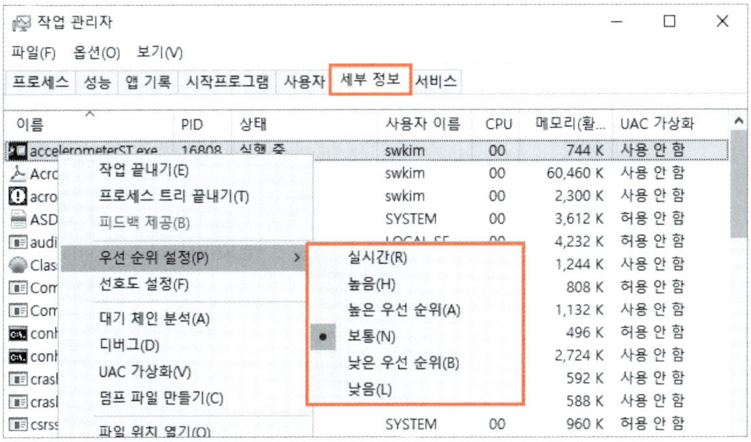

그림 6-7 프로세스의 우선순위 클래스 보기/변경하기

우선순위 레벨은 스레드 속성으로, 같은 프로세스에 속한 스레드 간에 상대적인 우선순위를 결정할 때 사용한다. 윈도우 운영체제가 제공하는 우선순위 레벨은 다음과 같다.

- THREAD_PRIORITY_TIME_CRITICAL
- THREAD_PRIORITY_HIGHEST
- THREAD_PRIORITY_ABOVE_NORMAL
- THREAD_PRIORITY_NORMAL
- THREAD_PRIORITY_BELOW_NORMAL
- THREAD_PRIORITY_LOWEST
- THREAD_PRIORITY_IDLE

우선순위 클래스와 우선순위 레벨을 결합하면 스레드의 기본 우선순위Base Priority가 결정되고, 이 값이 스레드 스케줄링에 사용된다. 윈도우에서는 우선순위가 가장 높은 스레드에 CPU 시간을 할당하되, 우선순위가 같은 스레드가 여러 개 있을 때는 CPU 시간을 번갈아 할당한다([그림 6-8]).

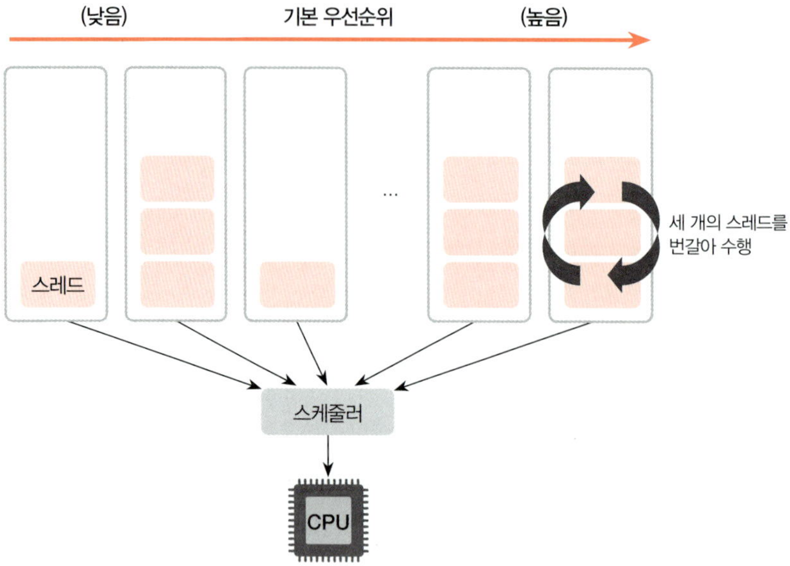

그림 6-8 윈도우의 스레드 스케줄링 방식

이런 방식에서는 우선순위가 높은 스레드가 계속 CPU 시간을 요구하면 우선순위가 낮은 스레드는 CPU 시간을 전혀 할당받지 못하는 문제가 생긴다. 이를 기아Starvation라고 한다. 윈도우 운영체제는 기아를 해결하기 위해서 오랜 시간 CPU 시간을 할당받지 못한 스레드의 우선순위를 단계적으로 끌어올린다. 이렇게 우선순위가 낮은 스레드도 궁극적으로 CPU를 사용할 수 있도록 한다. 또한, 현재 사용자가 작업하고 있는 프로그램의 반응 속도를 빠르게 하기 위해 우선순위를 동적으로 변경하기도 한다. 예를 들면, 같은 프로그램이 두 개 실행 중일 때 사용자가 작업하고 있는 포그라운드Foreground 프로그램의 스레드가 더 높은 우선순위를 가진다.

멀티스레드를 이용할 때 작업의 중요도에 따라 응용 프로그램이 직접 우선순위를 변경하기도 한다. 우선순위 클래스를 변경하는 경우는 흔하지 않으며, 대개는 우선순위 레벨을 변경한다. 우선순위 레벨 관련 API 함수는 다음과 같다. SetThreadPriority() 함수는 우선순위 레벨을 변경할 때, GetThreadPriority() 함수는 현재의 우선순위 레벨을 얻을 때 사용한다.

```
#include <windows.h>
BOOL SetThreadPriority(
   HANDLE hThread, // 스레드 핸들
   int nPriority   // 우선순위 레벨
);                                                  성공: 0이 아닌 값, 실패: 0
```

```
#include <windows.h>
int GetThreadPriority(
   HANDLE hThread  // 스레드 핸들
);                       성공: 우선순위 레벨, 실패: THREAD_PRIORITY_ERROR_RETURN
```

실습 6-2 스레드 우선순위 변경 연습

메인 스레드 외에 새로운 스레드를 CPU 개수만큼 생성하고 우선순위 레벨을 변경하는 응용 프로그램을 작성해보자.

1 ThreadTest2라는 콘솔 응용 프로그램 프로젝트를 생성하고 다음 코드를 입력한다.

ThreadTest2.cpp

```
#include <windows.h>
#include <stdio.h>

DWORD WINAPI MyThread(LPVOID arg)
{
   while (1);
   return 0;
}

int main( )
{
   // 우선순위 값의 범위를 출력한다.
   printf("우선순위: %d ~ %d\n", THREAD_PRIORITY_IDLE,
      THREAD_PRIORITY_TIME_CRITICAL);

   // CPU 개수를 알아낸다.
   SYSTEM_INFO si;
```

```
18   GetSystemInfo(&si);
19
20   // CPU 개수만큼 스레드를 생성한다.
21   for (int i = 0; i < (int)si.dwNumberOfProcessors; i++) {
22       // 스레드를 생성한다.
23       HANDLE hThread = CreateThread(NULL, 0, MyThread, NULL, 0, NULL);
24       // 우선순위를 높게 설정한다.
25       SetThreadPriority(hThread, THREAD_PRIORITY_ABOVE_NORMAL);
26       CloseHandle(hThread);
27   }
28
29   // 우선순위를 낮게 설정한다.
30   SetThreadPriority(GetCurrentThread( ), THREAD_PRIORITY_BELOW_NORMAL);
31   Sleep(1000);
32   printf("주 스레드 실행!\n");
33   return 0;
34 }
```

2 실행 결과는 다음과 같다. CPU 개수만큼 생성한 MyThread의 우선순위 레벨을 메인 스레드보다 높게 설정하고(25행, 30행) 무한 루프를 돌면서 CPU 시간을 계속 요구하므로(6행), 우선순위가 고정되어 있다면 MyThread만 CPU 시간을 할당받게 된다. 이때 기아 Starvation가 발생할 수 있으나, 윈도우 운영체제에서는 오랜 시간 CPU 시간을 할당받지 못한 스레드의 우선순위를 단계적으로 끌어올리므로 결과와 같이 메인 스레드도 실행할 기회를 얻는다.

```
Microsoft Visual Studio 디버그 콘솔
우선순위: -15 ~ 15
주 스레드 실행!

C:\Source\Windows\Chapter06A\ThreadTest2\x64\Debug\ThreadTest2.exe(16732 프로세스)이(가) 0 코드로 인해 종료되었습니다.
이 창을 닫으려면 아무 키나 누르세요.
```

NOTE MyThread의 우선순위 레벨을 높게 설정했으므로 잠시 응용 프로그램이 먹통이 될 수 있다. 31행에서 1초 지연 시간을 주었지만 메인 스레드의 우선순위가 낮으므로 그보다 더 기다려야 한다. 인내심을 갖고 기다리면 메인 스레드가 수행할 기회가 주어져서 33행을 실행한 후 응용 프로그램 전체가 종료될 것이다.

스레드 종료 기다리기

스레드는 일단 생성되면 CPU 시간을 사용하기 위해 다른 스레드와 경쟁하면서 독립적으로 실행된다. 하지만 때로는 한 스레드가 다른 스레드의 종료 여부, 즉 작업 완료 여부를 확인해야 할 때가 있다. WaitForSingleObject( ) 함수를 사용하면 특정 스레드가 종료할 때까지 기다릴 수 있다.

```
#include <windows.h>
DWORD WaitForSingleObject(
    ❶ HANDLE hHandle,
    ❷ DWORD dwMilliseconds
);                    성공: WAIT_OBJECT_0 또는 WAIT_TIMEOUT, 실패: WAIT_FAILED
```

❶ hHandle 종료를 기다릴 대상 스레드를 나타낸다.

❷ dwMilliseconds 대기 시간으로, 밀리초 단위를 사용한다. 이 시간 안에 스레드가 종료하지 않으면 WaitForSingleObject( ) 함수는 리턴하고, 이때 리턴값은 WAIT_TIMEOUT이 된다. 스레드가 종료한 경우에는 WAIT_OBJECT_0을 리턴한다. 대기 시간으로 INFINITE 값을 사용하면 스레드가 종료할 때까지 무한히 기다린다.

WaitForSingleObject() 함수 사용 예는 다음과 같다.

```
HANDLE hThread = CreateThread(...);
DWORD retval = WaitForSingleObject(hThread, 1000);
if (retval == WAIT_OBJECT_0) { ... }        // 스레드 종료
else if (retval == WAIT_TIMEOUT) { ... }   // 타임아웃(스레드는 아직 종료 안 함)
else { ... }                               // 에러 발생
```

여러 스레드가 종료하기를 기다리려면 WaitForSingleObject( ) 함수를 스레드 개수만큼 호출해야 하는데, 대신 WaitForMultipleObjects( ) 함수를 사용하면 한 번으로 끝낼 수 있다.

```
#include <windows.h>
DWORD WaitForMultipleObjects(
    ❶ DWORD nCount, const HANDLE *lpHandles,
    ❷ BOOL bWaitAll,
    ❸ DWORD dwMilliseconds
);              성공: WAIT_OBJECT_0 ~ WAIT_OBJECT_0 + nCount - 1 또는 WAIT_TIMEOUT
                                                               실패: WAIT_FAILED
```

❶ `nCount, lpHandles` WaitForMultipleObjects( ) 함수를 사용할 때는 스레드 핸들을 배열에 넣어 전달해야 한다. nCount는 배열 요소의 개수, lpHandles는 배열의 시작 주소를 나타낸다. nCount의 최댓값은 MAXIMUM_WAIT_OBJECTS(=64)로 정의되어 있다.

❷ `bWaitAll` TRUE이면 모든 스레드가 종료할 때까지 기다린다. FALSE이면 한 스레드가 종료하는 즉시 리턴한다.

❸ `dwMilliseconds` 사용법과 의미는 WaitForSingleObject( ) 함수의 두 번째 인수와 같다.

WaitForMultipleObjects() 함수 사용 예는 다음과 같다.

```
// 모든 스레드의 종료를 기다린다.
HANDLE hThread[2];
hThread[0] = CreateThread(...);
hThread[1] = CreateThread(...);
WaitForMultipleObjects(2, hThread, TRUE, INFINITE);
```

```
// 스레드 하나의 종료를 기다린다.
HANDLE hThread[2];
hThread[0] = CreateThread(...);
hThread[1] = CreateThread(...);
DWORD retval = WaitForMultipleObjects(2, hThread, FALSE, INFINITE);
switch (retval) {
  case WAIT_OBJECT_0:     // hThread[0] 종료
    ...
    break;
  case WAIT_OBJECT_0 + 1: // hThread[1] 종료
    ...
    break;
  case WAIT_FAILED:       // 오류 발생
    ...
    break;
}
```

참고로, WaitForSingleObject( ) 함수와 WaitForMultipleObjects( ) 함수는 스레드 종료를 기다리는 전용 함수가 아니다. 두 함수는 모두 스레드 동기화에 사용하는 범용 함수로, 여기서는 단지 스레드 종료를 기다리는 목적으로 활용한 것뿐이다. 스레드 동기화에 관한 포괄적인 내용은 3절에서 다루도록 한다.

스레드 실행 일시 중지와 재시작하기

스레드 핸들을 보유하고 있으면 SuspendThread( ) 함수를 호출하여 해당 스레드 실행을 일시 중지하거나 ResumeThread( ) 함수를 호출하여 재시작할 수 있다. 윈도우 운영체제는 스레드의 중지 횟수Suspend Count를 관리하는데, 이 값은 SuspendThread( ) 함수를 호출할 때마다 1씩 증가하고 ResumeThread() 함수를 호출할 때마다 1씩 감소한다. 중지 횟수가 0보다 크면 스레드는 실행 중지 상태에 있게 된다. 따라서 한 스레드에 대해 SuspendThread( ) 함수를 두 번 호출했다면 ResumeThread( ) 함수를 두 번 호출해야 재시작할 수 있다.

```
#include <windows.h>
DWORD SuspendThread(
   HANDLE hThread // 스레드 핸들
);                                              성공: 중지 횟수, 실패: -1

#include <windows.h>
DWORD ResumeThread(
   HANDLE hThread // 스레드 핸들
);                                              성공: 중지 횟수, 실패: -1
```

비슷한 기능을 제공하는 것으로 Sleep( ) 함수가 있다. SuspendThread( ) 함수를 호출하면 반드시 ResumeThread( ) 함수를 사용해야 스레드가 재시작하지만, Sleep( ) 함수를 호출하면 dwMilliseconds로 지정한 시간이 지나면 자동으로 재시작한다는 차이가 있다.

```
void Sleep(
   DWORD dwMilliseconds // 밀리초
);
```

실습 6-3 스레드 실행 제어와 종료 기다리기 연습

스레드를 이용하여 1부터 100까지 합을 구해보자. 연습을 위해 스레드를 정지 상태로 시작한 후 ResumeThread() 함수를 사용하여 재시작한다. 또한 스레드가 계산을 완료했는지 확인하기 위해 WaitForSingleObject( ) 함수를 사용한다.

1 ThreadTest3라는 콘솔 응용 프로그램 프로젝트를 생성하고 다음 코드를 입력한다.

ThreadTest3.cpp

```
#include <windows.h>
#include <stdio.h>

int sum = 0;

DWORD WINAPI MyThread(LPVOID arg)
{
   int num = (int)(long long)arg;
   for (int i = 1; i <= num; i++)
      sum += i;
   return 0;
}

int main(int argc, char *argv[])
{
   int num = 100;
   HANDLE hThread = CreateThread(NULL, 0, MyThread,
      (LPVOID)(long long)num, CREATE_SUSPENDED, NULL);

   printf("스레드 실행 전. 계산 결과 = %d\n", sum);
   ResumeThread(hThread);
   WaitForSingleObject(hThread, INFINITE);
   printf("스레드 실행 후. 계산 결과 = %d\n", sum);
   CloseHandle(hThread);
   return 0;
}
```

2 실행 결과는 다음과 같다. 스레드 실행 전에는 결과가 틀리지만, 실행 후에는 올바른 결과를 보여준다.

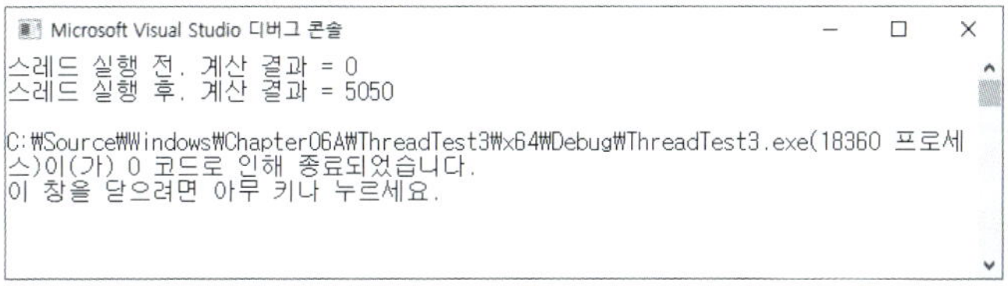

여기서 잠깐! | **빠르게 컨텍스트 전환하기**

Sleep(0)를 호출하면 스레드는 자신에게 할당된 CPU 시간을 포기하고 남은 시간을 우선순위가 같은 다른 스레드에 넘겨준다. 이를 이용하면 스레드 간에 컨텍스트 전환을 빠르게 할 수 있다.

다음 그림을 살펴보자. 화면에 존재하는 물체마다 스레드를 하나씩 생성하고, 각 스레드가 자신의 물체를 주기적으로 움직인다고 가정한다. 만약 스레드가 자신에게 할당된 CPU 시간을 모두 사용한다면, 다른 물체는 모두 정지한 상태에서 한 물체만 상당히 긴 거리를 이동할 것이다. 이때 Sleep(0)를 활용하면 모든 물체가 동시에 부드럽게 움직이는 효과를 낼 수 있다. 각 스레드가 물체를 적당한 거리만큼 이동하고서 Sleep(0)를 호출하면 된다.

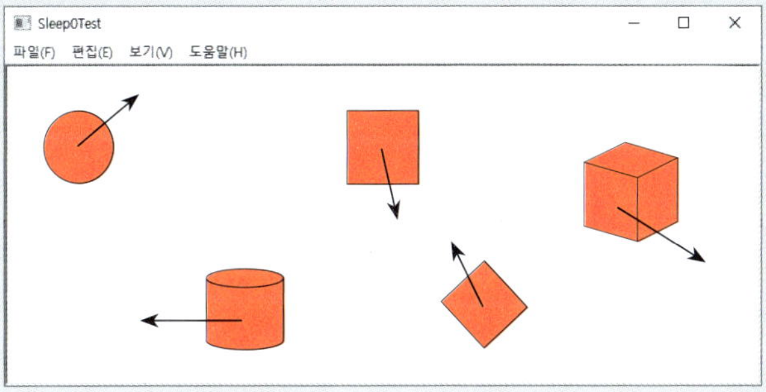

Sleep(0)가 필요한 상황

03 멀티스레드 TCP 서버

이제 멀티스레드를 이용하여 여러 클라이언트를 동시에 처리할 수 있는 TCP 서버를 작성해 보자. 여기서는 지금까지 배운 스레드 관련 함수 중 스레드 생성 함수만으로 충분하며, 나머지 함수는 차후에 활용하도록 한다.

멀티스레드 TCP 서버의 기본 형태는 다음과 같다.

```
DWORD WINAPI ProcessClient(LPVOID arg)
{
    // ❸ 전달된 소켓 저장
    SOCKET client_sock = (SOCKET)arg;
    // ❹ 클라이언트 정보 얻기
    addrlen = sizeof(clientaddr);
    getpeername(client_sock, (struct sockaddr *)&clientaddr, &addrlen);
    // ❺ 클라이언트와 데이터 통신
    while (1) {
        ...
    }
    ...
}

int main(int argc, char *argv[])
{
    ...
    while (1) {
        // ❶ 클라이언트 접속 수용
        client_sock = accept(listen_sock, ...);
        ...
        // ❷ 스레드 생성
        CreateThread(NULL, 0, ProcessClient, (LPVOID)client_sock, 0, NULL);
    }
    ...
}
```

❶ 클라이언트가 접속하면 accept( ) 함수는 클라이언트와 통신할 수 있는 소켓을 리턴한다.

❷ 클라이언트와 통신을 담당할 스레드를 생성한다. 이때 스레드 함수에 소켓을 넘겨준다. SOCKET 타입은 포인터형과 크기가 같으므로 주소가 아닌 값으로 전달하는 것이 좋다.

> **NOTE** sizeof(SOCKET) 값을 printf() 함수 등으로 출력하면 32빌드에서는 32비트이고 64빌드에서는 64비트다.

❸ 스레드 함수는 인수로 전달된 소켓을 SOCKET 타입으로 변환하여 저장해둔다.

❹ getpeername( ) 함수를 호출하여 클라이언트의 IP 주소와 포트 번호를 얻는다. 이 코드는 필수는 아니며 클라이언트 정보를 출력할 때만 필요하다.

❺ 클라이언트와 데이터를 주고받는다.

스레드 함수에 소켓만 전달한 경우에는 별도의 주소 정보가 없으므로, 소켓 자체에서 주소 정보를 얻는 기능이 필요하다. 이런 경우를 위해 다음 두 소켓 함수가 준비되어 있다.

> **NOTE** 표준 소켓 함수이므로 리눅스에서도 똑같이 사용할 수 있다. 리눅스에서 사용하는 예는 7장을 참고한다.

```
#include <windows.h>
int getpeername(
    SOCKET sock,
    struct sockaddr *addr,
    int *addrlen
);                                          성공: 0, 실패: SOCKET_ERROR

#include <windows.h>
int getsockname(
    SOCKET sock,
    struct sockaddr *addr,
    int *addrlen
);                                          성공: 0, 실패: SOCKET_ERROR
```

getpeername( ) 함수는 소켓 데이터 구조체에 저장된 원격 IP 주소와 원격 포트 번호를 리턴하고, getsockname( ) 함수는 소켓 데이터 구조체에 저장된 지역 IP 주소와 지역 포트 번호를 리턴한다. 두 함수 모두 첫 번째 인수는 소켓, 두 번째 인수는 소켓 주소 구조체, 세 번째 인수는 소켓 주소 구조체의 크기다. 세 번째 인수는 값-결과 인수Value-Result Argument이므로 함수 호출 전에 반드시 초기화해야 한다.

실습 6-4 멀티스레드 TCP 서버 작성과 테스트

4장 TCPServer 예제에 멀티스레드 기법을 적용하여, 접속한 클라이언트마다 스레드를 하나씩 생성하여 처리하도록 만들어보자. 이렇게 하면 각 클라이언트는 이전에 접속한 다른 클라이언트와 관계없이 독립적인 서비스를 받을 수 있다는 장점이 있다. 이때 기존 TCPClient 예제는 전혀 변경할 필요가 없다는 점도 알아두자.

1 ThreadTCPServer라는 콘솔 응용 프로그램 프로젝트를 생성하고, 4장 TCPServer 코드를 복사해서 추가한다. 변경할 부분을 굵게 표시했으니 참고하여 코드를 수정하고 분석해보자.

ThreadTCPServer.cpp

```
#include "..\..\Common.h"

#define SERVERPORT 9000
#define BUFSIZE    512

// 클라이언트와 데이터 통신
DWORD WINAPI ProcessClient(LPVOID arg)
{
  SOCKET client_sock = (SOCKET)arg;
  int retval;
  struct sockaddr_in clientaddr;
  char addr[INET_ADDRSTRLEN];
  int addrlen;
  char buf[BUFSIZE + 1];

```

```
	// 클라이언트 정보 얻기
	addrlen = sizeof(clientaddr);
	getpeername(client_sock, (struct sockaddr *)&clientaddr, &addrlen);
	inet_ntop(AF_INET, &clientaddr.sin_addr, addr, sizeof(addr));

	while (1) {
		// 데이터 받기
		retval = recv(client_sock, buf, BUFSIZE, 0);
		if (retval == SOCKET_ERROR) {
			err_display("recv( )");
			break;
		}
		else if (retval == 0)
			break;

		// 받은 데이터 출력
		buf[retval] = '\0';
		printf("[TCP/%s:%d] %s\n", addr, ntohs(clientaddr.sin_port), buf);

		// 데이터 보내기
		retval = send(client_sock, buf, retval, 0);
		if (retval == SOCKET_ERROR) {
			err_display("send( )");
			break;
		}
	}

	// 소켓 닫기
	closesocket(client_sock);
	printf("[TCP 서버] 클라이언트 종료: IP 주소=%s, 포트 번호=%d\n",
		addr, ntohs(clientaddr.sin_port));
	return 0;
}

```

```
int main(int argc, char *argv[])
{
    int retval;

    // 윈속 초기화
    WSADATA wsa;
    if (WSAStartup(MAKEWORD(2, 2), &wsa) != 0)
        return 1;

    // 소켓 생성
    SOCKET listen_sock = socket(AF_INET, SOCK_STREAM, 0);
    if (listen_sock == INVALID_SOCKET) err_quit("socket( )");

    // bind( )
    struct sockaddr_in serveraddr;
    memset(&serveraddr, 0, sizeof(serveraddr));
    serveraddr.sin_family = AF_INET;
    serveraddr.sin_addr.s_addr = htonl(INADDR_ANY);
    serveraddr.sin_port = htons(SERVERPORT);
    retval = bind(listen_sock, (struct sockaddr *)&serveraddr, sizeof(serveraddr));
    if (retval == SOCKET_ERROR) err_quit("bind( )");

    // listen( )
    retval = listen(listen_sock, SOMAXCONN);
    if (retval == SOCKET_ERROR) err_quit("listen( )");

    // 데이터 통신에 사용할 변수
    SOCKET client_sock;
    struct sockaddr_in clientaddr;
    int addrlen;
    HANDLE hThread;

```

```
82    while (1) {
83        // accept( )
84        addrlen = sizeof(clientaddr);
85        client_sock = accept(listen_sock, (struct sockaddr *)&clientaddr, &addrlen);
86        if (client_sock == INVALID_SOCKET) {
87            err_display("accept( )");
88            break;
89        }
90
91        // 접속한 클라이언트 정보 출력
92        char addr[INET_ADDRSTRLEN];
93        inet_ntop(AF_INET, &clientaddr.sin_addr, addr, sizeof(addr));
94        printf("\n[TCP 서버] 클라이언트 접속: IP 주소=%s, 포트 번호=%d\n",
95            addr, ntohs(clientaddr.sin_port));
96
97        // 스레드 생성
98        hThread = CreateThread(NULL, 0, ProcessClient,
99            (LPVOID)client_sock, 0, NULL);
100       if (hThread == NULL) { closesocket(client_sock); }
101       else { CloseHandle(hThread); }
102   }
103
104       // 소켓 닫기
105       closesocket(listen_sock);
106
107       // 윈속 종료
108       WSACleanup( );
109       return 0;
110 }
```

7~48행 TCP 클라이언트가 보낸 데이터를 받아 화면에 표시하고 다시 보내는 역할을 하는 스레드 함수다. 전달받은 인수를 SOCKET 타입으로 변환하는 부분(9행)과 클라이언트 정보를 얻는 부분(17~19행)을 제외하면 4장 TCPServer 예제와 똑같다.

80행 스레드 핸들을 저장할 변수를 선언한다.

98~101행 접속한 클라이언트를 처리할 스레드를 생성한다. 이때 스레드 함수 인수로 client_sock 값을 전달한다.

2 실행 결과는 다음과 같다. 4장 TCPServer 예제와 달리 두 개 이상의 클라이언트가 접속해도 독립적으로 처리가 진행된다.

04 스레드 동기화

스레드 동기화의 개념과 대표적인 윈도우의 동기화 기법을 살펴보자.

❶ 스레드 동기화 필요성

멀티스레드를 이용하는 프로그램에서 두 개 이상의 스레드가 공유 데이터에 접근하면 여러 문제가 발생할 수 있다. 다음과 같은 시나리오를 생각해보자.

공유 변수

```
int money = 1000
```

스레드 ❶

```
...
❶ read money into ECX
❷ ECX = ECX + 2000
❸ write ECX into money
...
```

스레드 ❷

```
...
❶ read money into ECX
❷ ECX = ECX + 4000
❸ write ECX into money
...
```

그림 6-9 스레드 간 데이터 공유 때문에 문제가 발생하는 상황

만약 스레드 ❶이 ❶을 수행한 상태에서 정지되고 스레드 ❷가 ❶~❸을 수행하면, money 값은 5000(1000+4000)이 된다. 다시 스레드 ❶이 CPU 시간을 할당받아 ❷~❸을 수행하면, ECX에 저장되어 있던 값(1000)에 2000이 더해지고 이 값이 메모리에 저장되어 money 값은 3000이 된다. 결과적으로 스레드 ❷가 더한 값인 4000은 사라지는 셈이다.

> **NOTE** [그림 6-3]에서 설명한 것처럼 CPU 레지스터 값이 스레드마다 별도로 유지된다는 점에 유의하여 이해한다.

멀티스레드 환경에서 발생하는 이와 같은 문제를 해결하기 위한 일련의 작업을 스레드 동기화Thread Synchronization라고 한다. 윈도우 운영체제는 프로그래머가 상황에 따라 적절한 동기화 기법을 선택할 수 있도록 다양한 API 함수를 제공한다. [표 6-1]은 윈도우 운영체제에서 사용할 수 있는 대표적인 스레드 동기화 기법이다.

표 6-1 스레드 동기화 기법

종류	기능
임계 영역Critical Section	공유 자원에 오직 한 스레드의 접근만 허용한다. (한 프로세스에 속한 스레드 간에만 사용 가능)
뮤텍스Mutex	공유 자원에 오직 한 스레드의 접근만 허용한다. (서로 다른 프로세스에 속한 스레드 간에도 사용 가능)
이벤트Event	사건 발생을 알려서 대기 중인 스레드를 깨운다.
세마포어Semaphore	한정된 개수의 자원에 여러 스레드가 접근할 때, 자원을 사용할 수 있는 스레드 개수를 제한한다.
대기 가능 타이머Waitable Timer	시간과 관련된 조건이 만족되면 대기 중인 스레드를 깨운다.

NOTE 임계 영역을 제외한 모든 스레드 동기화 기법은 서로 다른 프로세스에 속한 스레드 간에도 사용할 수 있다.

이 절에서는 네트워크 응용 프로그램에서 사용 빈도가 높은 임계 영역과 이벤트를 다룬다. 그 밖의 동기화 기법은 관련 서적을 참고하여 필요에 따라 학습하도록 한다.

2 스레드 동기화 기본 개념

스레드 동기화가 필요한 상황은 크게 다음 두 가지 경우다.

❶ 둘 이상의 스레드가 공유 자원에 접근한다.

❷ 한 스레드가 작업을 완료한 후, 기다리는 다른 스레드에 알려준다.

두 가지 경우 모두 각 스레드가 독립적으로 실행하지 않고 다른 스레드와의 상호 작용을 토대로 자신의 작업을 진행한다는 특징이 있다. 스레드를 동기화하려면 스레드가 상호 작용해야 하므로 [그림 6-10]과 같이 중간 매개체가 필요하다. 두 스레드가 동시에 진행되면 안 되는 상황에서, 매개체를 통해 두 스레드의 진행 가능 여부를 판단하고 이에 따라 자신의 실행을 계속할지 결정한다.

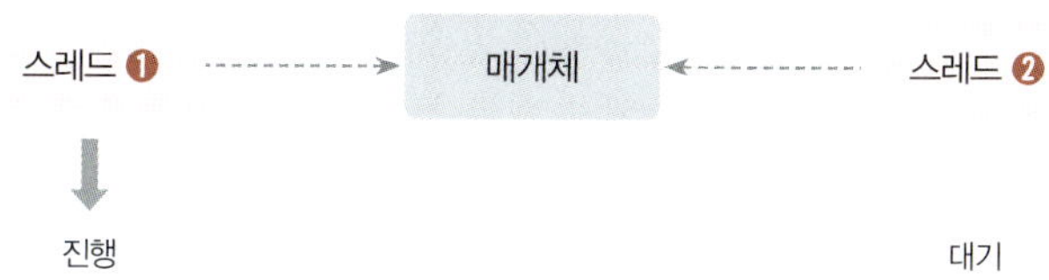

그림 6-10 스레드 동기화 원리

윈도우 운영체제에서 이런 매개체 역할을 할 수 있는 것을 통틀어 동기화 객체Synchronization Object라고 한다. 동기화 객체의 특징을 요약하면 다음과 같다. 스레드 자체도 이 특징을 만족하므로 일종의 동기화 객체라고 할 수 있다.

- Create*( ) 함수를 호출하면 커널Kernel(운영체제의 핵심 부분) 메모리 영역에 동기화 객체가 생성되고, 이에 접근할 수 있는 핸들(HANDLE 타입)이 리턴된다.
- 평소에는 비신호 상태Non-signaled State로 있다가 특정 조건이 만족되면 신호 상태Signaled State가 된다. 비신호 상태에서 신호 상태로 변화 여부는 Wait*( ) 함수를 사용하여 감지할 수 있다([그림 6-11]).
- 사용이 끝나면 CloseHandle( ) 함수를 호출한다.

그림 6-11 동기화 객체의 상태 변화

Wait*( ) 함수는 스레드 동기화를 위한 필수 함수인데, 자주 사용하는 WaitForSingleObject( ) 함수와 WaitForMultipleObjects( ) 함수는 2절에서 학습했다. 동기화 객체를 학습할 때는 비신호 → 신호, 신호 → 비신호 상태 변화 조건을 잘 이해해야 하며, 상황에 맞게 Wait*( ) 함수를 사용할 수 있도록 연습해야 한다.

3 임계 영역

임계 영역Critical Section은 두 개 이상의 스레드가 공유 자원에 접근할 때, 오직 한 스레드만 접근을 허용해야 하는 상황에서 사용한다. 임계 영역은 대표적인 스레드 동기화 기법이지만, 생성과 사용법이 다르다. 이런 이유로 앞에서 소개한 동기화 객체로 분류하지 않는다. 대표적인 특징을 정리하면 다음과 같다.

- 임계 영역은 일반 동기화 객체와 달리 개별 프로세스의 사용자User 메모리 영역에 존재하는 단순한 구조체다. 따라서 다른 프로세스가 접근할 수 없으므로 한 프로세스에 속한 스레드 간의 동기화에만 사용한다.
- 다른 동기화 객체보다 빠르고 효율적이다.

NOTE 공유 메모리 기법을 사용하면 서로 다른 프로세스 간 임계 영역 공유가 가능하지만, 이 책의 범위를 넘어서는 주제이므로 다루지 않는다.

임계 영역 사용 예는 다음과 같다. 사용법이 비교적 간단하므로 코드 분석과 더불어 관련 함수를 소개할 것이다.

```
#include <windows.h>

CRITICAL_SECTION cs;

DWORD WINAPI MyThread1(LPVOID arg)
{
    ...

    EnterCriticalSection(&cs);
    // 공유 자원 접근
    LeaveCriticalSection(&cs);
    ...

}

DWORD WINAPI MyThread2(LPVOID arg)
{
    ...
    EnterCriticalSection(&cs);
    // 공유 자원 접근
    LeaveCriticalSection(&cs);
    ...
}

int main(int argc, char *argv[])
{
    ...

    InitializeCriticalSection(&cs);
    // 스레드를 둘 이상 생성하여 작업을 진행한다.
    // 생성한 모든 스레드가 종료할 때까지 기다린다.
    DeleteCriticalSection(&cs);
    ...

}
```

- `CRITICAL_SECTION cs;`: CRITICAL_SECTION 구조체 타입의 전역 변수를 선언한다. 일반 동기화 객체는 Create*() 함수를 호출하여 커널 메모리 영역에 생성하지만, 임계 영역은 사용자 메모리 영역에 (대개는 전역 변수 형태로) 생성한다.
- `EnterCriticalSection(&cs);`: 공유 자원에 접근하기 전에 호출한다. 공유 자원을 사용하고 있는 스레드가 없다면 곧바로 리턴한다. 하지만 공유 자원을 사용 중인 스레드가 있다면 리턴하지 못하고 호출 스레드는 곧바로 대기 상태가 된다.
- `LeaveCriticalSection(&cs);`: 공유 자원 사용을 마치면 호출한다. 이때 EnterCriticalSection() 함수에서 대기 중인 다른 스레드가 있다면 하나만 선택되어 깨어난다.
- `InitializeCriticalSection(&cs);`: 임계 영역을 사용하기 전에 호출하여 초기화한다.
- `DeleteCriticalSection(&cs);`: 임계 영역을 사용하는 모든 스레드가 종료하면 이 함수를 호출하여 삭제한다.

실습 6-5 임계 영역 연습

두 스레드가 공유 자원에 접근할 때 문제가 발생하는 상황을 만들고, 이를 임계 영역으로 해결해보자.

1 CriticalSections라는 콘솔 응용 프로그램 프로젝트를 생성하고 다음 코드를 입력한다.

CriticalSections.cpp

```
#include <windows.h>
#include <stdio.h>

#define MAXCNT 100000000
int count = 0;

DWORD WINAPI MyThread1(LPVOID arg)
{
    for (int i = 0; i < MAXCNT; i++) {
        count += 2;
    }
    return 0;
}

DWORD WINAPI MyThread2(LPVOID arg)
{
    for (int i = 0; i < MAXCNT; i++) {
        count -= 2;
    }
    return 0;
}

int main(int argc, char *argv[])
{
    // 스레드 두 개 생성
    HANDLE hThread[2];
    hThread[0] = CreateThread(NULL, 0, MyThread1, NULL, 0, NULL);
    hThread[1] = CreateThread(NULL, 0, MyThread2, NULL, 0, NULL);

```

```
30     // 스레드 두 개 종료 대기
31     WaitForMultipleObjects(2, hThread, TRUE, INFINITE);
32
33     // 결과 출력
34     printf("count = %d\n", count);
35     return 0;
36 }
```

2 실행 결과는 다음과 같다. 두 스레드가 MAXCNT(4행에서 정의)만큼 루프를 돌면서 count 변수를 각각 2씩 증가 혹은 감소시키므로 최종 count 변수의 값은 0이 되어야 한다. 하지만 매번 실행할 때마다 다른 값이 출력될 것이다. 이는 내부적으로 [그림 6-9]와 비슷한 상황이 발생하기 때문이다.

```
Microsoft Visual Studio 디버그 콘솔
count = 16145608

C:\Source\Windows\Chapter06A\CriticalSections\x64\Debug\CriticalSections.exe(170
40 프로세스)이(가) 0 코드로 인해 종료되었습니다.
이 창을 닫으려면 아무 키나 누르세요.
```

3 이번에는 임계 영역을 사용하여 count 변수에 한 스레드만 접근하게 한다. 추가해야 할 부분은 굵게 표시했다. for 루프 전체를 보호할 수도 있지만 좀 더 세밀한 단위로 제어하기 위해 count 변수에 접근하는 코드 한 행(12행, 22행)만 임계 영역으로 보호했다.

```
 1 #include <windows.h>
 2 #include <stdio.h>
 3
 4 #define MAXCNT 100000000
 5 int count = 0;
 6 CRITICAL_SECTION cs;
 7
 8 DWORD WINAPI MyThread1(LPVOID arg)
 9 {
10     for (int i = 0; i < MAXCNT; i++) {
11         EnterCriticalSection(&cs);
12         count += 2;
13         LeaveCriticalSection(&cs);
14     }
```

```
    return 0;
}

DWORD WINAPI MyThread2(LPVOID arg)
{
    for (int i = 0; i < MAXCNT; i++) {
        EnterCriticalSection(&cs);
        count -= 2;
        LeaveCriticalSection(&cs);
    }
    return 0;
}

int main(int argc, char *argv[])
{
    // 임계 영역 초기화
    InitializeCriticalSection(&cs);

    // 스레드 두 개 생성
    HANDLE hThread[2];
    hThread[0] = CreateThread(NULL, 0, MyThread1, NULL, 0, NULL);
    hThread[1] = CreateThread(NULL, 0, MyThread2, NULL, 0, NULL);

    // 스레드 두 개 종료 대기
    WaitForMultipleObjects(2, hThread, TRUE, INFINITE);

    // 임계 영역 삭제
    DeleteCriticalSection(&cs);

    // 결과 출력
    printf("count = %d\n", count);
    return 0;
}
```

4 실행 결과는 다음과 같다. 스레드 동기화로 인한 오버헤드 때문에 결과가 나오기까지 시간이 다소 걸린다. 그러나 몇 번을 실행해도 항상 올바른 값(0)이 출력될 것이다. 이 예제는

극단적인 상황에서 지나치게 세밀한 단위로 스레드 동기화를 하고 있으므로 성능 저하가 두드러진다. 하지만 실전에서 이와 같은 상황은 잘 발생하지 않으므로 스레드 동기화의 성능은 크게 문제되지 않는다.

```
Microsoft Visual Studio 디버그 콘솔
count = 0

C:\Source\Windows\Chapter06A\CriticalSections\x64\Debug\CriticalSections.exe(17024 프로세스)이(가) 0 코드로 인해 종료되었습니다.
이 창을 닫으려면 아무 키나 누르세요.
```

여기서 잠깐! | 임계 영역 사용 시 주의 사항

임계 영역을 사용할 때 빠지기 쉬운 함정이 있다. 임계 영역을 이용하여 공유 자원 접근을 제한하는 것으로 스레드 동기화 문제를 해결했다고 생각하는 것이다. 반드시 기억해야 할 사항은 임계 영역만으로는 어느 스레드가 먼저 리소스를 사용할지 결정할 수 없다는 점이다. 즉, 어느 스레드가 먼저 EnterCriticalSection() 함수를 호출할지 알 수 없다. 다음 그림을 살펴보자.

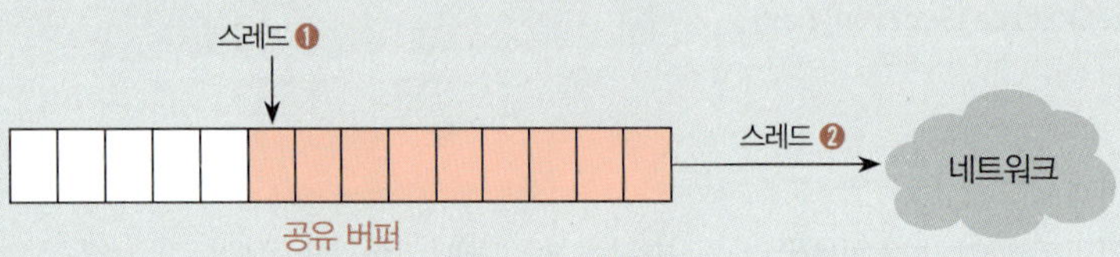

스레드 실행 순서 제어가 필요한 상황

스레드 ❶이 공유 버퍼에 데이터를 기록하면, 스레드 ❷는 공유 버퍼에 저장된 데이터를 네트워크로 전송하는 역할을 한다. 이때 공유 버퍼에 대한 접근을 임계 영역으로 보호하더라도 문제가 생길 수 있다. 스레드 ❶이 데이터를 기록하지 않았는데 스레드 ❷가 데이터를 보내려고 하는 경우 혹은 스레드 ❷가 아직 데이터를 보내지 않았는데 스레드 ❶이 또 다시 데이터를 기록하여 덮어쓰는 경우가 그런 예다. 이처럼 공유 자원을 보호하되 접근 순서가 중요한 상황에는 잠시 후 소개할 이벤트를 사용해야 한다.

4 이벤트

이벤트Event는 사건 발생을 다른 스레드에 알리는 동기화 기법이다. 예를 들면, 한 스레드가 작업을 완료한 후 기다리고 있는 다른 스레드에 알릴 때 사용할 수 있다.

이벤트를 사용하는 전형적인 절차는 다음과 같다.

❶ 이벤트를 비신호 상태로 생성한다.

❷ 한 스레드가 작업을 진행하고, 나머지 스레드는 이벤트에 대해 Wait*() 함수를 호출하여 이벤트가 신호 상태가 될 때까지 대기한다Sleep.

❸ 스레드가 작업을 완료하면 이벤트를 신호 상태로 바꾼다.

❹ 대기 중인 스레드 중 한 개 혹은 전부가 깨어난다Wakeup. 깨어난 스레드는 후속 작업을 한다.

❺ ❷~❹를 반복 수행하면서 원하는 작업이 모두 끝났으면, 즉 이벤트가 필요하지 않으면 CloseHandle() 함수를 호출하여 이벤트를 제거한다.

이벤트는 대표적인 동기화 객체로, 신호와 비신호 두 가지 상태를 가진다. 또한, 상태를 변경할 수 있도록 다음과 같은 함수가 제공된다.

```
BOOL SetEvent(HANDLE hEvent);   // 비신호 상태 → 신호 상태
BOOL ResetEvent(HANDLE hEvent); // 신호 상태 → 비신호 상태
```

이벤트는 특성에 따라 다음 두 종류가 있으므로, 용도에 맞게 선택할 수 있어야 한다.

- 자동 리셋Auto-Reset 이벤트: 이벤트를 신호 상태로 바꾸면, 대기 중인 스레드 중 하나만 깨운 후 자동으로 비신호 상태가 된다. 따라서 자동 리셋 이벤트에 대해서는 ResetEvent() 함수를 사용할 필요가 없다.
- 수동 리셋Manual-Reset 이벤트: 이벤트를 신호 상태로 바꾸면, 대기 중인 스레드를 모두 깨운 후 계속 신호 상태를 유지한다. 자동 리셋 이벤트와 달리 비신호 상태로 바꾸려면 명시적으로 ResetEvent() 함수를 호출해야 한다.

이벤트 생성 함수는 다음과 같다.

```
#include <windows.h>
HANDLE CreateEvent(
  ❶ LPSECURITY_ATTRIBUTES lpEventAttributes,
  ❷ BOOL bManualReset,
  ❸ BOOL bInitialState,
  ❹ LPCTSTR lpName
);                                        성공: 이벤트 핸들, 실패: NULL
```

❶ `lpEventAttributes` 핸들 상속Handle Inheritance과 보안 디스크립터Security Descriptor 관련 구조체로, 대부분은 기본값인 NULL을 사용하면 된다.

❷ `bManualReset` TRUE이면 수동 리셋, FALSE이면 자동 리셋 이벤트가 된다.

❸ `bInitialState` TRUE이면 신호 상태, FALSE이면 비신호 상태로 시작한다.

❹ `lpName` 이벤트에 부여할 이름이다. NULL을 사용하면 이름 없는Anonymous 이벤트가 생성되므로 한 프로세스에 속한 스레드 간의 동기화에만 사용할 수 있다. 서로 다른 프로세스에 속한 스레드 간 동기화를 하려면 같은 이름으로 생성해야 한다. 예를 들어, 프로세스 P1과 프로세스 P2에 각각 속한 두 스레드가 이벤트를 이용한 동기화를 하려면 다음과 같이 CreateEvent() 함수를 호출하면 된다. 둘 중 먼저 CreateEvent() 함수를 호출한 쪽은 이벤트를 생성Create하게 되고, 다른 쪽은 이벤트를 열게Open 된다.

```
// P1에 속한 스레드
Handle hEvent = CreateEvent(NULL, ..., "MyEventObject");
```

```
// P2에 속한 스레드
Handle hEvent = CreateEvent(NULL, ..., "MyEventObject");
```

실습 6-6 이벤트 연습

데이터를 생성하여 공유 버퍼에 저장하는 한 개의 스레드와 공유 버퍼에서 데이터를 읽어서 처리하는 두 개의 스레드를 생성하자([그림 6-12]). 이 경우 한 스레드만 버퍼에 접근할 수 있도록 해야 하며, 접근 순서도 정해야 한다. 스레드 실행 순서에 대한 제약 사항은 다음과 같다.

- 스레드 ❶이 쓰기를 완료한 후 스레드 ❷나 스레드 ❸이 읽을 수 있다. 이때 스레드 ❷와 스레드 ❸ 중 한 개만 버퍼 데이터를 읽을 수 있으며, 일단 한 스레드가 읽기 시작하면 다른 스레드는 읽을 수 없다.
- 스레드 ❷나 스레드 ❸이 읽기를 완료하면 스레드 ❶이 다시 쓰기를 할 수 있다.

이 문제는 공유 데이터에 접근하는 순서가 중요하므로 이벤트를 사용하는 것이 좋다. 쓰기 완료와 읽기 완료를 알릴 목적으로 이벤트 두 개(hWriteEvent, hReadEvent)를 생성하여 사용한다.

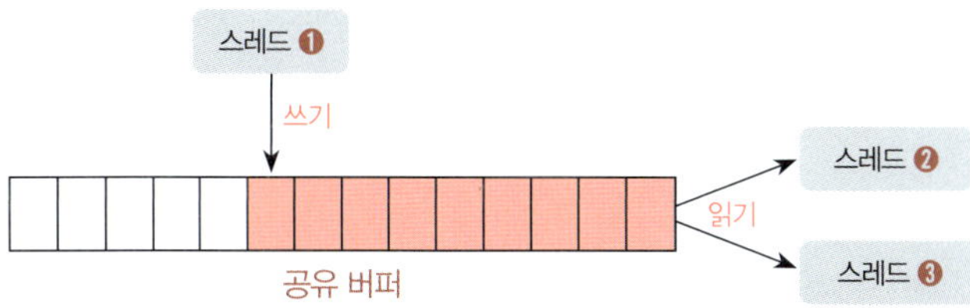

그림 6-12 예제 프로그램 구조

1 Events라는 콘솔 응용 프로그램 프로젝트를 생성하고 다음 코드를 입력한다.

Events.cpp

```
#include <windows.h>
#include <stdio.h>

#define BUFSIZE 10

HANDLE hWriteEvent;
HANDLE hReadEvent;
int buf[BUFSIZE];

DWORD WINAPI WriteThread(LPVOID arg)
{
   DWORD retval;
   for (int k = 1; k <= 500; k++) {
      // 읽기 완료 대기
      retval = WaitForSingleObject(hReadEvent, INFINITE);
      if (retval != WAIT_OBJECT_0) break;

      // 공유 버퍼에 데이터 저장
      for (int i = 0; i < BUFSIZE; i++)
         buf[i] = k;

      // 쓰기 완료 알림
      SetEvent(hWriteEvent);
   }
   return 0;
}

```

```
DWORD WINAPI ReadThread(LPVOID arg)
{
	DWORD retval;
	while (1) {
		// 쓰기 완료 대기
		retval = WaitForSingleObject(hWriteEvent, INFINITE);
		if (retval != WAIT_OBJECT_0) break;

		// 읽은 데이터 출력 후 버퍼를 0으로 초기화
		printf("Thread %4d:\t", GetCurrentThreadId( ));
		for (int i = 0; i < BUFSIZE; i++)
			printf("%3d ", buf[i]);
		printf("\n");
		memset(buf, 0, sizeof(buf));

		// 읽기 완료 알림
		SetEvent(hReadEvent);
	}
	return 0;
}

int main(int argc, char *argv[])
{
	// 이벤트 생성
	hWriteEvent = CreateEvent(NULL, FALSE, FALSE, NULL);
	hReadEvent = CreateEvent(NULL, FALSE, FALSE, NULL);

	// 스레드 세 개 생성
	HANDLE hThread[3];
	hThread[0] = CreateThread(NULL, 0, WriteThread, NULL, 0, NULL);
	hThread[1] = CreateThread(NULL, 0, ReadThread, NULL, 0, NULL);
	hThread[2] = CreateThread(NULL, 0, ReadThread, NULL, 0, NULL);

	// 읽기 완료 알림
	SetEvent(hReadEvent);

```

```
64    // 스레드 세 개 종료 대기
65    WaitForMultipleObjects(3, hThread, TRUE, INFINITE);
66
67    // 이벤트 제거
68    CloseHandle(hWriteEvent);
69    CloseHandle(hReadEvent);
70    return 0;
71 }
```

main( ) 함수

6~7행, 52~53행 자동 리셋 이벤트를 두 개 생성한다. 쓰기 이벤트(hWriteEvent)와 읽기 이벤트(hReadEvent) 모두 비신호 상태로 시작한다.

56~59행 스레드를 세 개 생성한다. hThread[0]은 쓰기 스레드, hThread[1]과 hThread[2]는 읽기 스레드다.

62행 읽기 이벤트를 신호 상태로 변경한다. 과거에 실제로 읽기를 한 적은 없지만, 읽기를 완료한 것처럼 한 번만 해주면 쓰기 작업이 시작된다.

65행 스레드 세 개가 종료되기를 기다린다. 이 예제에서 읽기 스레드는 오류가 발생하지 않는 한 무한 루프를 탈출하지 않으므로 WaitForMultipleObjects() 함수는 리턴하지 않고 계속 기다린다.

68~70행 스레드 세 개가 모두 종료되었다면 이벤트 사용을 마쳤으므로 제거한다.

> **NOTE** 이 프로그램에서 68~70행 코드가 수행될 기회는 없지만, 일반적인 종료 절차를 보여주기 위해 넣었다.

WriteThread( ) 함수

15~16행 읽기 이벤트(hReadEvent)가 신호 상태가 되기를 기다린다. 최초에는 비신호 상태로 시작하므로 이 지점에서 쓰기 스레드는 대기 상태가 되었다가 59행 코드가 실행되면서 깨어나 다음으로 진행한다.

19~20행 공유 버퍼에 데이터를 저장한다. k 값은 루프를 돌 때마다 1씩 증가(13행)하므로 읽기 스레드는 매번 서로 다른 값을 읽게 된다.

23행 쓰기 이벤트(hWriteEven)를 신호 상태로 만들어 읽기 스레드 두 개 중 하나를 대기 상태에서 깨운다.

ReadThread( ) 함수

33~34행 쓰기 이벤트(hWriteEvent)가 신호 상태가 되기를 기다린다. 최초에는 비신호 상태로 시작하므로 이 지점에서 읽기 스레드는 대기 상태가 된다.

37~40행 공유 버퍼에서 데이터를 읽어 출력한다. GetCurrentThreadId( ) 함수로 얻은 스레드 ID를 앞쪽에 표시해주므로 어느 스레드가 데이터를 읽어서 처리했는지 알 수 있다.

41행 공유 버퍼를 0으로 초기화한다. 만약 데이터를 새로 쓰지 않은 상태에서 다시 읽는다면 0이 출력될 것이므로 오류 여부를 확인할 수 있다.

44행 읽기 이벤트(hReadEvent)를 신호 상태로 만들어 쓰기 스레드를 대기 상태에서 깨운다.

2 실행 결과는 다음과 같다. 총 500번에 걸쳐 버퍼에 데이터를 저장할 때마다 두 스레드 중 하나가 대기 상태에서 깨어나 버퍼 데이터를 읽고 화면에 출력한다. 출력 행마다 스레드 ID를 표시하므로 어느 스레드가 데이터를 읽어서 처리했는지 알 수 있다.

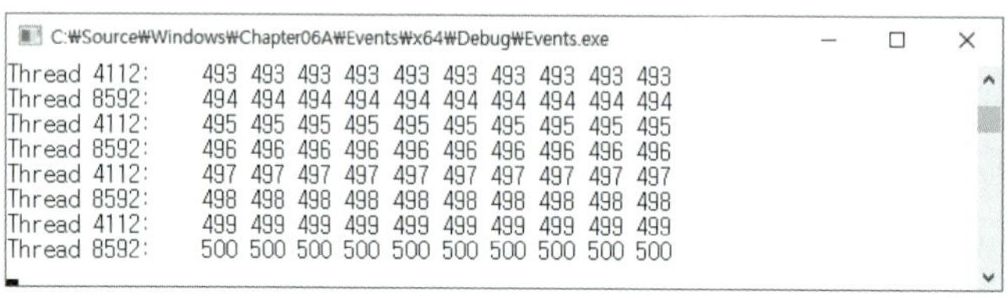

여기서 잠깐! | **콘솔 응용 프로그램 활용**

지금까지 본문에서 작성한 모든 예제는 소위 콘솔 응용 프로그램(Console Application)이라는 형태다. 콘솔 응용 프로그램은 외형적으로 과거의 도스(DOS)와 닮아 도스를 위한 호환 모드라고 생각하기 쉽다. 하지만 콘솔 응용 프로그램도 표준 윈도우 응용 프로그램의 한 형태다. 그런 의미에서 '도스 창'은 잘못된 표현이다. 여러분이 원한다면, 콘솔 응용 프로그램도 일반 윈도우 응용 프로그램처럼 실행 파일에 각종 리소스를 포함할 수 있고 대화상자를 띄울 수도 있다. 또한, 지금까지 그랬듯이 소켓 함수를 비롯한 윈도우 API를 자유롭게 호출하여 운영체제가 제공하는 서비스를 이용할 수 있다.

콘솔 응용 프로그램은 비교적 작성하기 쉬워 교육용으로 적합하며, 본문에서도 이런 장점을 최대한 활용하고 있다. 콘솔 응용 프로그램의 응용은 여기에서 그치지 않는다. 어떤 프로그램은 콘솔 응용 프로그램으로 작성하여 독립적인 기능을 하기도 하며(예 윈도우의 ipconfig.exe, telnet.exe, ftp.exe, ping.exe, tracert.exe 등), 규모가 큰 프로그램의 한 모듈로 사용하기도 한다. 또한 GUI 응용 프로그램에서 콘솔 창을 별도로 만들어서 디버깅 정보를 출력하는 목적으로도 사용한다.

유용한 기능을 하는 콘솔 응용 프로그램을 작성하고, 이를 다른 프로그램에서 사용하려고 할 때 어떻게 하면 될까? 다음과 같이 CreateProcess() API 함수를 사용하면 된다. CreateProcess() 함수는 문자열 형태로 전달된 이름의 실행 파일을 찾아 새로운 프로세스를 생성한다.

```
TCHAR cmdLine[] = _T("실행 파일 경로명과 명령행 인수 전체");
STARTUPINFO si = { sizeof(si), };
PROCESS_INFORMATION pi;
if (!CreateProcess(NULL, cmdLine, NULL, NULL, FALSE,
    0, NULL, NULL, &si, &pi))
{
    오류 출력;
}
```

화면에 뜨는 콘솔 창을 숨기고 싶을 때는 코드를 다음과 같이 수정한다.

```
TCHAR cmdLine[] = _T("실행 파일 경로명과 명령행 인수 전체");
STARTUPINFO si = { sizeof(si), };
PROCESS_INFORMATION pi;
if (!CreateProcess(NULL, cmdLine, NULL, NULL, FALSE,
    CREATE_NO_WINDOW, NULL, NULL, &si, &pi))
{
    오류 출력;
}
```

여기서 잠깐! | **스레드 지역 저장소 활용**

한 프로세스 안에 존재하는 모든 스레드는 코드, 데이터(전역 변수, 정적 변수), 힙, 환경 변수를 공유한다. 반면 스택(함수 전달 인수, 지역 변수)은 스레드별로 할당되며, 스레드가 실행 중에 사용하는 CPU 레지스터 값도 운영체제가 스레드별로 독립적으로 유지 및 관리해준다.

이런 특징을 알고 있지 않으면 멀티스레드 환경에서 오동작하는 코드를 만들기 쉽다. C/C++ 언어로 응용 프로그램을 개발할 때는 함수 단위로 기능을 분할하기 마련인데, 멀티스레드에서 안심하고 호출하려면 지역 변수만 사용해서 구현하는 것이 좋다. 앞에서 언급한 것처럼 지역 변수, 즉 스택은 스레드별로 존재하므로 별도의 스레드 동기화 기법을 사용하여 보호하지 않아도 안전하기 때문이다. 하지만 전역 변수나 정적 변수를 한 개 이상 사용해서 함수를 구현할 때는 특히 조심해야 한다. 전역 변수나 정적 변수의 사용 목적이 데이터 공유라면 적절한 스레드 동기화 기법을 사용하여 보호하면 되지만, 그 외에는 멀티스레드 환경에서 문제를 일으킬 가능성만 커지게 된다.

구현상의 이유로 전역 변수나 정적 변수를 함수에서 사용하되 데이터 공유가 목적이 아니라면 어떻게 하는 것이 좋을까? 이때는 스레드 지역 저장소를 사용하면 된다. 스레드 지역 저장소TLS: Thread Local Storage는 스레드별로 전역 변수나 정적 변수 등을 위한 저장 공간이 필요할 때 운영체제가 할당해주는 메모리 영역이다. 스레드 지역 저장소는 윈도우 API 함수(TlsAlloc(), TlsSetValue(), TlsGetValue(), TlsFree())로 지원되지만, 비주얼 C++의 확장 기능을 통해 좀 더 편리하게 사용할 수 있다.

다음 왼쪽 코드를 살펴보자. TestFunc() 함수가 전역 변수, 정적 변수, 지역 변수를 사용하고 있다. 두 개 이상의 스레드가 TestFunc() 함수를 동시에 호출해서 사용하면 전역 변수와 정적 변수를 (원하지 않게) 공유하게 되어 문제가 발생할 수 있다. 이때는 오른쪽 코드처럼 전역 변수와 정적 변수 앞에 __declspec(thread) 지시자를 붙이면 된다. 이제 전역 변수와 정적 변수는 프로세스 내에 존재하는 스레드별로 따로 존재하게 되어 메모리 공유 문제가 생기지 않는다. 참고로, 지역 변수는 스레드마다 스택 영역에 별도로 할당되므로 스레드 지역 저장소를 사용할 필요가 없다는 점도 알아둔다.

```
int glo_var;                // 전역 변수

void TestFunc(void)
{
    static int sta_var;     // 정적 변수
    int loc_var;            // 지역 변수
    glo_var 변수 사용;
    sta_var 변수 사용;
    loc_var 변수 사용;
}
```

```
__declspec(thread) int glo_var;               // 전역 변수

void TestFunc(void)
{
    __declspec(thread) static int sta_var;    // 정적 변수
    int loc_var;                              // 지역 변수
    glo_var 변수 사용;
    sta_var 변수 사용;
    loc_var 변수 사용;
}
```

01 일반 운영체제의 프로그램과 프로세스

- 프로그램: 저장 장치에 존재하는 실행 파일(정적인 개념)
- 프로세스: 코드, 데이터, 리소스를 읽어들여 실행 중인 프로그램(동적인 개념)

02 윈도우 운영체제의 프로세스와 스레드

- 프로세스: 코드, 데이터, 리소스를 메모리 영역에 담고 있는 컨테이너(정적인 개념)
- 스레드: CPU 시간을 할당받아 프로세스 메모리 영역에 있는 코드를 수행하고 데이터를 사용하는 실행 흐름(동적인 개념)
- 일반 운영체제의 프로세스 = 윈도우 운영체제의 프로세스 + 스레드

03 스레드 생성과 종료

- 스레드 생성 방법: CreateThread() 함수 호출 → 스레드 핸들 리턴
- 스레드 종료 방법

  ① 스레드 함수가 리턴한다.

  ② 스레드 함수 내에서 ExitThread() 함수 호출

  ③ 다른 스레드가 TerminateThread() 함수 호출

  ④ 메인 스레드가 종료하면 모든 스레드가 종료

04 스레드 자신의 식별자(ID) 얻기

- 핵심 함수: GetCurrentThreadId()

05 스레드 제어

- 스레드 우선순위 변경하기
  - 두 종류의 우선순위 개념: 프로세스 우선순위를 우선순위 클래스, 스레드 우선순위를 우선순위 레벨이라 부름. 우선순위 클래스와 우선순위 레벨을 결합하면 스레드의 기본 우선순위가 결정되어 스레드 스케줄링에 사용
  - 핵심 함수: SetThreadPriority( ), GetThreadPriority( )
- 스레드 종료 기다리기
  - 핵심 함수: WaitForSingleObject( ), WaitForMultipleObjects( )
- 스레드 실행 일시 중지와 재시작하기
  - 핵심 함수: SuspendThread( ), ResumeThread( )

06 스레드 동기화

- 임계 영역: 두 개 이상의 스레드가 공유 자원에 접근할 때 오직 한 스레드만 접근 허용
  - 핵심 함수: InitializeCriticalSection( ), DeleteCriticalSection( ), EnterCriticalSection( ), LeaveCriticalSection( )
- 이벤트: 사건 발생을 다른 스레드에 알림
  - 핵심 함수: CreateEvent( ), SetEvent( ), ResetEvent( ), WaitForSingleObject( ), WaitForMultipleObjects( )

01 ThreadTest1 예제를 수정하여, Point3D 구조체를 malloc( ) 함수 또는 new 연산자로 동적으로 생성하여 스레드에 전달하시오. MyThread( ) 함수에서는 전달된 Point3D 구조체를 사용한 후 free( ) 함수 또는 delete 연산자로 메모리를 해제해야 한다.

02 ThreadTest3 예제를 수정하여, WaitForSingleObject( ) 함수의 두 번째 인수에 적당한 타임아웃 값을 사용하시오. num 변수의 초깃값을 충분히 크게 하면 MyThread( ) 함수가 종료하지 않은 상태에서 WaitForSingleObject( ) 함수가 타임아웃 때문에 리턴한다. 그러고 나면 화면에 '*'를 출력하고 다시 WaitForSingleObject( ) 함수를 호출하도록 하시오.

03 MultithreadTCPServer 예제를 수정하여, 메인 스레드의 우선순위 레벨을 다른 스레드보다 높게 설정하시오.

04 MultithreadTCPServer 예제를 수정하여, 프로세스의 우선순위 클래스를 ABOVE_NORMAL_PRIORITY_CLASS로 변경하시오. 참고로, 프로세스의 우선순위 클래스는 SetPriorityClass( ) 함수로 설정할 수 있고, 프로세스 자신을 가리키는 핸들값은 GetCurrentProcess( ) 함수로 얻을 수 있다.

05 MultithreadTCPServer 예제를 수정하여, 스레드 생성과 종료를 위해 _beginthreadex( ) 함수, _endthreadex( ) 함수를 사용하시오.

06 MultithreadTCPServer 예제를 수정하여, 연결된 클라이언트의 주소 정보(IP 주소, 포트 번호)를 스레드 함수 인수를 활용하여 전달하시오. 이렇게 하면 getpeername( ) 함수를 사용하지 않고도 스레드 함수에서 클라이언트 정보를 출력할 수 있다.

07 CriticalSections 예제를 임계 영역 대신 이벤트 객체를 이용하도록 수정하시오.

힌트 이 문제는 이벤트 객체로도 임계 영역을 구현할 수 있음을 뜻한다.

08 CriticalSections 예제에서 InitializeCriticalSection() 함수 대신 InitializeCriticalSectionAndSpinCount() 함수를 사용하도록 수정하시오. 그리고 기존 예제와 실행 속도를 비교하시오.

힌트 Spin Count는 스레드를 곧바로 대기 상태로 만들지 않고 잠시 루프를 돌면서 기다리는 개념이다. 대기 상태로 들어가고 깨어나는 데 드는 비용이 크므로 이를 줄여서 성능을 높이는 방법이다.

Chapter

07

멀티스레드: 리눅스

학습목표

- 멀티스레드 프로그래밍의 필요성을 이해하고 기본 개념을 익힌다.
- 리눅스에서 멀티스레드를 이용한 다중 처리 서버를 작성할 수 있다.
- 리눅스의 스레드 동기화 기법을 이해하고 활용할 수 있다.

01 스레드 API

리눅스 운영체제가 제공하는 스레드 API 함수들을 살펴보자. 윈도우와 리눅스의 스레드 기초 개념은 6장 1절에서 설명했다.

1 스레드 생성과 종료

6장 1절에서 소개한 스레드 개념을 응용 프로그램에서 구현하려면 리눅스 운영체제가 제공하는 함수, 즉 시스템 콜을 사용해야 한다. 스레드 생성 함수를 소개하기 전에 스레드 생성에 필요한 요소를 살펴보자.

[그림 7-1]은 두 함수로 구성된 응용 프로그램(프로세스)의 주소 공간을 나타낸 것이다. 프로세스가 생성되면 main() 함수를 실행 시작점으로 하는 메인 스레드가 자동으로 생성된다. 이때 또 다른 함수인 f() 함수를 실행 시작점으로 하는 스레드를 생성하려면 다음과 같은 정보를 운영체제에 제공해야 한다.

- **f() 함수 시작 주소**

  운영체제는 f() 함수의 시작 주소를 알아야 한다. C/C++ 프로그램에서는 함수 이름이 곧 그 함수의 시작 주소를 의미한다. f() 함수와 같이 스레드 실행 시작점이 되는 함수를 스레드 함수Thread Function라고 한다.

- **f() 함수 실행 시 사용할 스택의 크기**

  C/C++ 프로그램의 모든 함수는 실행 중 인수 전달과 변수 할당을 위해 스택이 필요하다. 만약 f() 함수를 실행 시작점으로 하는 두 개의 스레드를 생성하려고 한다면, 서로 다른 메모리 위치에 총 두 개의 스택을 할당해야 한다. 스레드 실행에 필요한 스택 생성은 운영체제가 자동으로 해주므로 응용 프로그램은 스택 크기만 알려주면 된다.

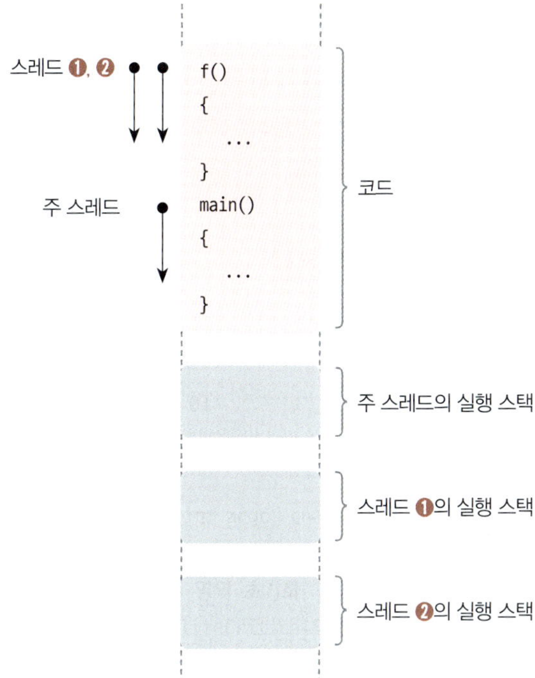

그림 7-1 함수 두 개로 구성된 응용 프로그램에 스레드 세 개가 존재하는 상황

리눅스에서 스레드를 생성할 때는 pthread_create( ) 함수를 사용한다. pthread_create( ) 함수는 스레드를 생성한 후 스레드 식별자Thread Identifier를 첫 번째 인수를 통해 반환한다. 스레드 식별자는 파일 디스크립터나 소켓 디스크립터와 비슷한 개념으로, 운영체제의 스레드 관련 데이터 구조체를 간접적으로 참조하는 역할을 한다. 응용 프로그램은 스레드 식별자(pthread_t 타입)를 리눅스 시스템 콜에 전달함으로써 다양한 방식으로 스레드를 제어할 수 있다.

```
#include <pthread.h>
int pthread_create(
    ❶ pthread_t *thread,
    ❷ const pthread_attr_t *attr,
    ❸ void *(*start_routine) (void *),
    ❹ void *arg
);
                                        성공: 0, 실패: 오류 코드
```

❶ thread 스레드 생성이 성공하면 스레드 식별자가 여기에 저장된다.

❷ attr 생성할 스레드의 속성을 제어한다. 상세 내용은 이 책의 범위를 넘어서므로 설명은 생략한다. 기본값인 NULL을 사용하면 스레드를 생성하고 활용하는 데 전혀 문제가 없다. 리눅스에서 기본 속성 사용 시 스레드의 스택 크기는 8~10MB(리눅스 배포판에 따라 다름)다.

> **NOTE** 윈도우에서 스레드의 기본 스택 크기는 1MB다.

❸ start_routine 스레드 함수의 시작 주소다. 스레드 함수 이름은 자유롭게 하되 반드시 다음과 같은 형태로 입력과 출력 타입을 정의해야 한다.

```
void *ThreadProc(void *arg)
{
    ...
}
```

❹ arg 스레드 함수에 전달할 인수다. void형 포인터이므로 포인터 크기보다 작거나 같은 데이터는 값을 직접 넣어도 되고 주소 형태로 전달해도 된다. 포인터 크기보다 큰 데이터는 값을 구조체나 배열에 넣고 반드시 주소 형태로 전달해야 한다. 전달할 인수가 없으면 NULL 값을 넣어준다.

```
예1) int data = 값;  // int는 void형 포인터보다 작거나 같다. (32비트/64비트 리눅스)
     pthread_create(..., (void *)data);     // 값을 전달한다.

예2) int data = 값;  // int는 void형 포인터보다 작거나 같다. (32비트/64비트 리눅스)
     pthread_create(..., &data);            // 주소를 전달한다.

예3) struct MyData data = {값};  // MyData 구조체는 void형 포인터보다 크다고 가정한다.
     pthread_create(..., &data);            // 주소를 전달한다.
```

여기서 잠깐! | **스레드의 최대 개수**

한 프로세스에서 생성할 수 있는 스레드는 최대 몇 개일까? 다음 그림을 살펴보자.

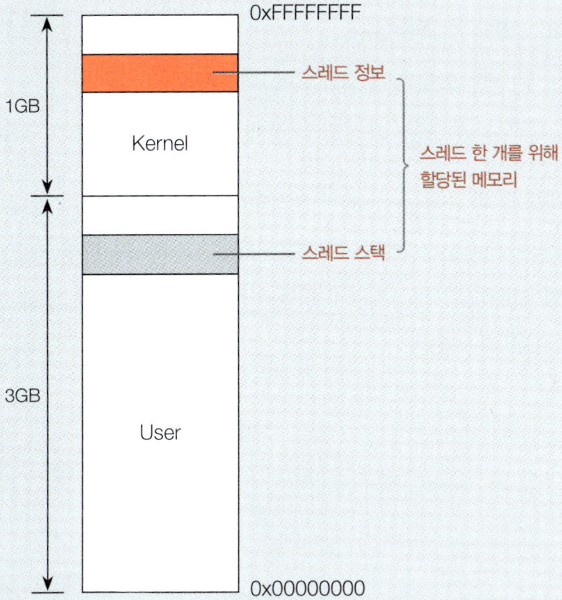

프로세스 주소 공간(32비트 리눅스)

32비트 리눅스에서 실행되는 모든 프로세스는 4GB의 가상 주소 공간Virtual Address Space을 각각 할당받는다. 이 중 OS 영역Kernel인 상위 1GB를 제외한 하위 3GB만 자유롭게 접근하여 사용할 수 있는 공간이다. 스레드를 하나 만들 때마다 하위 3GB에서 스택을 위한 공간을 할당받으며, 이때 OS 영역에 스레드 정보 관리를 위한 메모리 구조체도 할당된다. pthread_create() 함수를 호출할 때 기본 스택 크기를 8MB로 가정하면 3GB/8MB = 384가 단순하게 계산한 스레드의 최대 개수다. 하지만 하위 3GB에는 실행 파일, 공유 라이브러리, 힙, 환경 변수 등을 위해 사용되는 영역이 있으므로 이 부분을 제외하면 스레드의 최대 개수는 줄어든다.

기본 스택보다 작은 크기를 사용하더라도 OS의 메모리 영역 역시 한정되어 있으므로 최대 스레드 개수에는 여전히 한계가 있다. 따라서 프로그램을 작성할 때 스레드를 원하는 만큼 많이 생성할 수 있다고 가정해서는 안 된다. 기능이나 성능을 떨어뜨리지 않는 범위에서 스레드 개수를 최소로 유지하도록 노력해야 한다.

64비트 리눅스를 사용한다면 프로세스의 가상 주소 공간이 매우 커 이론상 생성 가능한 스레드 개수는 훨씬 늘어난다. 그러나 스레드를 많이 생성하는 일은 여전히 경계해야 한다. 스레드를 필요 이상으로 많이 생성하면 메모리를 많이 소모할 뿐만 아니라 스레드 간에 컨텍스트 전환 횟수가 증가하여 오히려 성능이 떨어질 수 있기 때문이다.

리눅스에서 스레드를 종료하는 방법에는 다음 네 가지가 있다.

❶ 스레드 함수가 리턴한다.

❷ 스레드 함수 안에서 pthread_exit( ) 함수를 호출한다.

❸ 다른 스레드가 pthread_cancel( ) 함수를 호출하여 스레드에 취소 요청을 보낸다.

❹ 메인 스레드가 종료하면 프로세스 내의 다른 모든 스레드가 강제 종료된다.

일반적으로 ❶ 또는 ❷ 방법으로 스레드를 종료하는 것이 바람직하다. ❸은 꼭 필요한 경우에만 사용해야 하며, ❹는 정상적인 방법이라기보다 메인 스레드(main( ) 함수)의 특성으로 이해하면 된다. pthread_exit( ) 함수와 pthread_cancel( ) 함수 원형은 다음과 같다. 함수 인수의 의미가 명확하므로 설명은 주석으로 대신한다.

```
#include <pthread.h>
void pthread_exit(
  void *retval // 종료 코드
);
```

```
#include <pthread.h>
int pthread_cancel(
  pthread_t thread // 취소할 스레드의 식별자
);                                        성공: 0, 실패: 오류 코드
```

지금까지 배운 내용을 토대로 스레드 생성과 종료를 보여주는 코드 형태를 살펴보면 다음과 같다. [그림 7-1]과 같이 f( ) 함수를 실행 시작점으로 하는 두 개의 스레드를 만드는 코드다. 편의상 f( ) 함수에 전달할 인수는 없다고 가정한다.

```
void *f(void *arg)
{
  ...
  return NULL; // 스레드 종료
}

int main()
{
  int retval;
 ...
```

```
    // 첫 번째 스레드 생성
    pthread_t tid1;
    retval = pthread_create(&tid1, NULL, f, NULL);
    if (retval != 0) 오류 처리;
    // 두 번째 스레드 생성
    pthread_t tid2;
    retval = pthread_create(&tid2, NULL, f, NULL);
    if (retval != 0) 오류 처리;
    ...
}
```

실습 7-1 **스레드 생성과 종료, 인수 전달 연습**

하나도 스레드 함수를 실행하는 두 개의 스레드를 생성하되, 스레드 함수 인수를 통해 서로 다른 값을 전달하는 응용 프로그램을 작성해보자. 전달할 데이터가 void형 포인터보다 큰 일반적인 상황을 가정하여 구조체를 사용한다.

1 ThreadTest1.cpp 파일을 생성하고 다음 코드를 입력한다.

```
#include <stdio.h>
#include <unistd.h>
#include <pthread.h>

struct Point3D
{
    int x, y, z;
};

void *MyThread(void *arg)
{
    sleep(1);
    Point3D *pt = (Point3D *)arg;
    printf("Running MyThread() %lu: %d, %d, %d\n",
        pthread_self(), pt->x, pt->y, pt->z);
    return NULL;
}

```

```
19 int main(int argc, char *argv[])
20 {
21     int retval;
22
23     // 첫 번째 스레드 생성
24     pthread_t tid1;
25     Point3D pt1 = { 10, 20, 30 };
26     retval = pthread_create(&tid1, NULL, MyThread, &pt1);
27     if (retval != 0) return 1;
28
29     // 두 번째 스레드 생성
30     pthread_t tid2;
31     Point3D pt2 = { 40, 50, 60 };
32     retval = pthread_create(&tid2, NULL, MyThread, &pt2);
33     if (retval != 0) return 1;
34
35     printf("Running main() %lu\n", pthread_self());
36     sleep(2);
37     return 0;
38 }
```

4~7행 스레드 함수에 포인터보다 큰 값을 전달하고자 Point3D 구조체를 정의한다.

12행 1초 지연 후 스레드 함수가 작업을 시작한다.

13~15행 void형 포인터를 Point3D 구조체형 포인터로 변환하고, 구조체 멤버 x, y, z를 현재 스레드 ID와 더불어 출력한다. pthread_self( ) 함수는 현재 스레드 ID를 리턴하는 시스템 콜이다.

16행 스레드 함수가 리턴한다. 스레드 함수 리턴은 스레드를 종료하는 방법 중 하나다.

24~27행, 30~33행 스레드 두 개를 생성하되, 각각 서로 다른 Point3D 구조체를 포인터형으로 전달한다.

35~37행 스레드 ID를 출력하고 2초 지연 후 리턴하여 메인 함수를 종료한다. 지연 시간을 주지 않으면 메인 함수가 곧바로 리턴하면서 MyThread도 따라서 종료된다.

> **NOTE** C/C++ 프로그램은 메인 함수가 리턴하면 프로세스 전체가 종료하는 구조로 작동한다. 36행의 지연 시간을 12행의 값보다 줄이거나 아예 코드를 제거해서 메인 함수가 빨리 리턴하면 MyThread도 종료되어 출력이 나오지 않음을 직접 확인해본다.

2 실행 결과는 다음과 같다. 메인 스레드와 더불어 MyThread 두 개의 ID가 출력되고, MyThread에 전달한 서로 다른 Point3D 구조체 내용도 볼 수 있다.

```
student@vm:~/Source/Linux/Chapter07$ ./ThreadTest1
Running main() 140699239130944
Running MyThread() 140699222214400: 40, 50, 60
Running MyThread() 140699230607104: 10, 20, 30
```

2 스레드 제어

리눅스 운영체제는 스레드의 우선순위를 변경하거나 종료를 기다리는 등의 제어 기능을 제공한다. 기능별로 스레드 제어 함수를 살펴보고 실습을 통해 동작을 확인해보자.

스레드 우선순위 변경하기

스레드는 리눅스 운영체제 내부로 들어가면 태스크Task라고 불리는 실행 단위와 일대일 대응한다. [그림 7-2]에서 보듯이 프로세스 내부의 스레드 하나하나가 운영체제 내부의 태스크로 표현되며, 이 태스크가 실질적인 실행 주체가 된다.

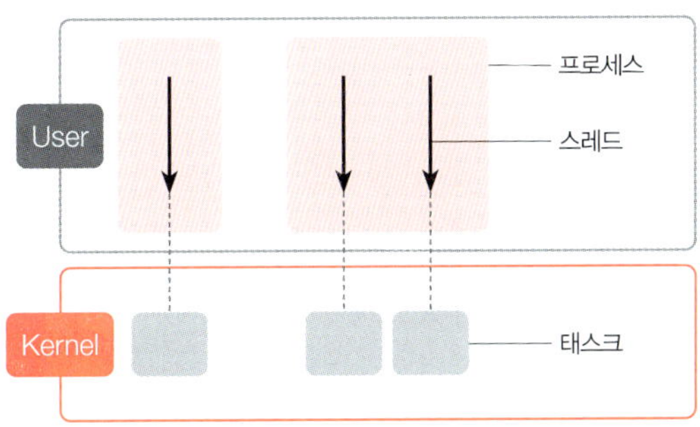

그림 7-2 프로세스, 스레드, 태스크 관계

NOTE 전통적인 유닉스 시스템의 프로세스는 리눅스에서 프로세스 내부에 스레드가 한 개만 존재하는 것으로 생각할 수 있다.

리눅스 운영체제에서는 항상 여러 태스크가 CPU 시간을 사용하기 위해 경쟁한다. 따라서 각 태스크에 CPU 시간을 적절히 분배하기 위한 정책을 사용하는데, 이를 CPU 스케줄링CPU Scheduling, 태스크 스케줄링Task Scheduling, 프로세스 스케줄링Process Scheduling 등으로 부른다.

리눅스 운영체제의 스케줄링 기법은 우선순위에 기반한 것으로, 우선순위가 높은 태스크에 먼저 CPU 시간을 할당한다. 태스크의 우선순위를 결정하는 요소는 다음과 같다.

- 스케줄링 정책Scheduling Policy: 실시간Real-time과 정규Normal 두 가지 정책이 있다. 실시간 정책을 따르는 태스크는 정규 정책을 따르는 태스크보다 항상 우선순위가 더 높다.
- 스케줄링 우선순위Scheduling Priority: 실시간 스케줄링 정책은 1(최저)~99(최고) 범위의 우선순위를 지원한다. 반면, 정규 스케줄링 정책은 고정된 순위를 지원하지 않으므로 우선순위를 0으로 간주한다.

모든 태스크는 자신과 연관된 스케줄링 정책과 스케줄링 우선순위를 가진다. 리눅스 운영체제는 스케줄링 정책과 스케줄링 우선순위를 고려하여 태스크의 우선순위를 결정하고 이에 따라 어느 태스크를 선택하여 수행할지 결정한다.

> **NOTE** 고정 우선순위를 사용하는 실시간 정책은 대부분의 일반 응용 프로그램에는 적합하지 않으므로 이 책에서는 가변 우선순위를 사용하는 정규 정책만 다루기로 한다.

멀티스레드를 이용할 때 작업의 중요도에 따라 응용 프로그램이 직접 우선순위를 변경하기도 한다. 정규 정책을 따르는 태스크는 Nice 값을 이용하여 상대적인 우선순위를 조절할 수 있다. Nice 값이 작을수록 우선순위는 높아지고 Nice 값이 클수록 우선순위는 낮아진다.

> **NOTE** Nice 값이 클수록 다른 태스크에 대해 더 '친절한' 태스크라고 생각하면 기억하기 쉽다. 더 '친절한' 태스크일수록 CPU 시간을 덜 사용한다.

nice() 함수를 호출하면 호출한 스레드의 우선순위가 변경된다. 유일한 인수인 inc의 값은 −20 ~ +19까지 가능하다. 리턴값은 새로운 Nice 값인데, 문제는 새로운 Nice 값이 −1일

수도 있다는 점이다(-1은 리눅스 시스템 콜의 실패를 뜻하는 대표적인 리턴값). 성공과 실패를 구분하려면 nice( ) 함수 호출 전에 전역 errno를 0으로 초기화하되, 호출 후에 리턴값과 errno 값을 모두 확인해야 한다.

```
#include <unistd.h>
int nice(int inc);                                    성공: 새로운 Nice 값, 실패: -1
```

> **NOTE** 리눅스에서 전역 errno는 스레드마다 따로 존재하도록 내부적으로 함수 형태로 구현되어 있다. 리눅스가 아닌 일반 유닉스 시스템에서는 C/C++ 프로그램을 컴파일할 때 -D_REENTRANT 옵션을 주어야 errno가 함수 호출 형태로 바뀌면서 스레드마다 따로 존재하게 된다. nice() 함수는 일반 유닉스 시스템에서 프로세스의 우선순위를 조절하지만 리눅스에서는 스레드의 우선순위를 조절하도록 구현되어 있다.

실습 7-2 스레드 우선순위 변경 연습

메인 스레드 외에 새로운 스레드를 CPU 개수만큼 생성하고 우선순위를 변경하는 응용 프로그램을 작성해보자.

1 ThreadTest2.cpp 파일을 생성하고 다음 코드를 입력한다.

```
#include <stdio.h>
#include <stdlib.h>
#include <unistd.h>
#include <pthread.h>
#include <errno.h>

void *MyThread(void *arg)
{
  // 우선순위를 높게 설정한다.
  errno = 0;
  int retval = nice(-20);
  if (retval < 0 && errno != 0) {
    perror("nice() in MyThread");
    exit(1);
}

```

```
17   while (1) {
18     write(1, ".", 1);
19   }
20   return 0;
21 }
22
23 int main()
24 {
25   // CPU 개수를 알아낸다.
26   int numberOfProcessors = sysconf(_SC_NPROCESSORS_ONLN);
27
28   // CPU 개수만큼 스레드를 생성한다.
29   for (int i = 0; i < numberOfProcessors; i++) {
30     pthread_t tid;
31     pthread_create(&tid, NULL, MyThread, NULL);
32   }
33
34   // 우선순위를 낮게 설정한다.
35   errno = 0;
36   int retval = nice(19);
37   if (retval < 0 && errno != 0) {
38     perror("nice() in main");
39     exit(1);
40   }
41
42   sleep(1);
43   while (1) {
44     write(1, "*", 1);
45   }
46   return 0;
47 }
```

10~15행, 35~40행 전역 errno 변수를 0으로 미리 초기화한 상태로 nice( ) 함수를 호출하고, nice( ) 함수의 리턴값과 전역 errno를 모두 비교해서 오류 여부를 판단하고 처리한다.

17~19행, 43~45행 리눅스의 write( ) 시스템 콜을 이용하여 화면에 '.' 또는 '*'를 출력한다.

write( ) 함수의 첫 번째 인수 1은 표준 출력Standard output(화면) 장치를, 두 번째 인수는 출력할 내용을, 세 번째 인수는 출력할 데이터의 바이트 수를 의미한다.

2 프로그램을 몇 번 실행해보면 다음과 같이 매번 오류가 발생한다. 이는 nice( ) 함수에 음수를 전달하여(코드 11행) 기본값보다 우선순위를 높이려면 관리자 권한이 필요하기 때문이다. CPU 개수만큼 MyThread가 생성되므로 상황에 따라 오류 메시지가 여러 개 출력될 수 있다.

```
student@vm:~/Source/Linux/Chapter07$ ./ThreadTest2
nice() in MyThread: Operation not permitted
student@vm:~/Source/Linux/Chapter07$ ./ThreadTest2
nice() in MyThread: Operation not permitted
nice() in MyThread: Operation not permitted
nice() in MyThread: Operation not permitted
```

sudo 명령을 붙여서 관리자 권한으로 실행하면 정상 수행된다. MyThread의 우선순위가 높으므로 대부분 '.'이 출력되지만 메인 스레드가 출력하는 '*'도 가끔 볼 수 있다. 정규 스케줄링 정책을 따르는 스레드의 우선순위는 고정되어 있지 않으므로 특정 스레드에 높은 우선순위를 부여하더라도 낮은 우선순위를 가진 스레드도 실행할 기회가 주어지는 것이다.

```
student@vm:~/Source/Linux/Chapter07$ sudo ./ThreadTest2
[sudo] password for student: 암호 입력
~ 중략 ~
..................................*.......................................
..........................................................................
..........................................................................
..........................................................................
..........................................................................
..........................*.....................
```

11행과 36행을 모두 nice(0)으로 변경하고 다시 실행한 결과는 다음과 같다. 이전에 비해 '*'가 더 많이 출력되는 것을 확인할 수 있다. 이는 MyThread와 메인 스레드의 우선순위가 같아져서 생긴 변화다.

```
student@vm:~/Source/Linux/Chapter07$ sudo ./ThreadTest2
[sudo] password for student: 암호 입력
~ 중략 ~
..*.....*.*.*.*..*.*.*.*.*.*.*.*.*..............................................
.........................................................*.*.*.*.*.*.*.*.*......
....................................................*...........................
.......................********************************.........................
................................................................................
...................................................
```

스레드 종료 기다리기

스레드는 일단 생성되면 CPU 시간을 사용하기 위해 다른 스레드와 경쟁하면서 독립적으로 실행된다. 하지만, 때로는 한 스레드가 다른 스레드의 종료 여부, 즉 작업 완료 여부를 확인해야 할 때가 있다. pthread_join( ) 함수를 사용하면 특정 스레드가 종료할 때까지 기다릴 수 있다.

```
#include <pthread.h>
int pthread_join(pthread_t thread, void ** retval);
                           ❶              ❷
                                                    성공: 0, 실패: 오류 코드
```

❶ `thread` 종료를 기다릴 대상 스레드의 식별자다.

❷ `retval` 스레드 함수의 리턴값을 받는 데 사용한다. 리턴값에 관심이 없다면 NULL을 넣어준다.

pthread_join( ) 함수의 사용 예는 다음과 같다.

```
pthread_t tid;
pthread_create(&tid, NULL, MyThread, NULL);
void *retval;
pthread_join(tid, &retval);
```

스레드 실행 일시 중지와 재시작하기

윈도우와 달리 리눅스에는 다른 스레드를 일시 중지하거나 재시작하는 함수가 없다. 대신 다음 절에서 소개하는 스레드 동기화 기법을 사용하여 비슷한 효과를 낼 수 있다.

스레드 스스로 실행을 일시 중지하는 것은 가능하다. 일정 시간 스레드 실행을 중지하는 함수로 sleep() 함수, usleep() 함수, nanosleep() 함수가 있다. 각각 초, 마이크로micro초, 나노nano초 단위로 스레드 실행을 중지한다. 나노초 단위로 지연 시간을 주는 상황은 흔하지 않으므로 nanosleep() 함수를 제외한 두 함수를 살펴보자.

```
#include <unistd.h>
unsigned int sleep(unsigned int sec);
                                        성공: 0, 실패: 남은 시간(초)

#include <unistd.h>
int usleep(useconds_t usec);
                                        성공: 0, 실패: -1
```

두 함수 모두 시간 값을 입력받아 그 시간 동안 스레드 실행을 중지한다. sleep() 함수는 리눅스의 시그널Signal 등으로 인해 중간에 리턴할 수 있는데, 원래 지정했던 시간에서 남아 있는 시간을 반환한다. 예를 들어 sleep(10)을 호출했는데 7초 후에 조기 리턴해야 했다면 리턴값은 3이 된다.

실습 7-3 스레드 종료 기다리기 연습

스레드를 이용하여 1부터 100까지 합을 구해보자. 스레드가 계산을 완료했는지 확인하기 위해 pthread_join() 함수를 사용한다.

1 ThreadTest3.cpp 파일을 생성하고 다음 코드를 입력한다.

```
#include <stdio.h>
#include <pthread.h>

int sum = 0;

void *MyThread(void *arg)
```

```
{
    int num = (int)(long long)arg;
    for (int i = 1; i <= num; i++)
        sum += i;
    return 0;
}

int main(int argc, char *argv[])
{
    int num = 100;
    pthread_t tid;
    pthread_create(&tid, NULL, MyThread, (void *)(long long)num);

    printf("스레드 실행 전. 계산 결과 = %d\n", sum);
    pthread_join(tid, NULL);
    printf("스레드 실행 후. 계산 결과 = %d\n", sum);
    return 0;
}
```

2 실행 결과는 다음과 같다. 스레드 실행 전에는 결과가 틀리지만, 실행 후에는 올바른 결과를 보여준다.

```
student@vm:~/Source/Linux/Chapter07$ ./ThreadTest3
스레드 실행 전. 계산 결과 = 0
스레드 실행 후. 계산 결과 = 5050
```

02 멀티스레드 TCP 서버

이제 멀티스레드를 이용하여 여러 클라이언트를 동시에 처리할 수 있는 TCP 서버를 작성해 보자. 여기서는 지금까지 배운 스레드 관련 함수 중 스레드 생성 함수만으로 충분하며, 나머지 함수는 차후에 활용하도록 한다.

멀티스레드 TCP 서버의 기본 형태는 다음과 같다.

```
void *ProcessClient(void *arg)
{
    // ❸ 전달된 소켓 저장
    SOCKET client_sock = (SOCKET)(long long)arg;
    // ❹ 클라이언트 정보 얻기
    addrlen = sizeof(clientaddr);
    getpeername(client_sock, (struct sockaddr *)&clientaddr, &addrlen);
    // ❺ 클라이언트와 데이터 통신
    while (1) {
        ...
    }
    ...
}

int main(int argc, char *argv[])
{
    ...
    while (1) {
        // ❶ 클라이언트 접속 수용
        client_sock = accept(listen_sock, ...);
        ...
        // ❷ 스레드 생성
        pthread_create(&tid, NULL, ProcessClient, (void *)(long long)client_sock);
    }
    ...
}
```

❶ 클라이언트가 접속하면 accept( ) 함수는 클라이언트와 통신할 수 있는 소켓을 리턴한다.

❷ 클라이언트와 통신을 담당할 스레드를 생성한다. 이때 스레드 함수에 소켓을 넘겨준다. 리눅스의 소켓은 정수형이므로 포인터형보다 크기가 작거나 같아 주소가 아닌 값으로 전달하는 것이 좋다.

> **NOTE** (long long)은 컴파일 경고를 막기 위한 것이다. 64비트 환경에서 정수형(32비트)을 포인터형(64비트)으로 곧바로 타입 캐스팅하려고 하면 컴파일 경고가 생긴다.

❸ 스레드 함수는 인수로 전달된 소켓을 소켓 타입(정수형)으로 변환하여 저장해둔다.

> **NOTE** (long long)은 컴파일 오류를 막기 위한 것이다. 타입 캐스팅하지 않으면 포인터형을 정수형으로 변환하는 과정에서 컴파일 오류가 생긴다.

❹ getpeername( ) 함수를 호출하여 클라이언트의 IP 주소와 포트 번호를 얻는다. 이 코드는 필수는 아니며 클라이언트 정보를 출력할 때만 필요하다.

❺ 클라이언트와 데이터를 주고받는다.

스레드 함수에 소켓만 전달한 경우에는 별도의 주소 정보가 없으므로, 소켓 자체에서 주소 정보를 얻는 기능이 필요하다. 이런 경우를 위해 다음 두 소켓 함수가 준비되어 있다. 표준 소켓 함수이므로 윈도우에서도 똑같이 사용할 수 있다. 윈도우에서 사용한 예는 6장을 참고한다.

```
#include <sys/socket.h>
int getpeername(
    int sock,
    struct sockaddr *addr,
    int *addrlen
);                                                   성공: 0, 실패: -1
```

```
#include <sys/socket.h>
int getsockname(
    int sock,
    struct sockaddr *addr,
    int *addrlen
);                                                   성공: 0, 실패: -1
```

getpeername( ) 함수는 소켓 데이터 구조체에 저장된 원격 IP 주소와 원격 포트 번호를 리턴하고, getsockname( ) 함수는 소켓 데이터 구조체에 저장된 지역 IP 주소와 지역 포트 번호를 리턴한다. 두 함수 모두 첫 번째 인수는 소켓, 두 번째 인수는 소켓 주소 구조체, 세 번째 인수는 소켓 주소 구조체의 크기다. 세 번째 인수는 값-결과 인수Value-Result Argument이므로 함수 호출 전에 반드시 초기화해야 한다.

실습 7-4 멀티스레드 TCP 서버 작성과 테스트

4장 TCPServer 예제에 멀티스레드 기법을 적용하여, 접속한 클라이언트마다 스레드를 하나씩 생성하여 처리하도록 만들어보자. 이렇게 하면 각 클라이언트는 이전에 접속한 다른 클라이언트와 관계없이 독립적인 서비스를 받을 수 있다는 장점이 있다. 이때 기존 TCPClient 예제는 전혀 변경할 필요가 없다는 점도 알아두자.

1 ThreadTCPServer.cpp 파일을 생성하고, 4장 TCPServer 코드를 복사해서 추가한다. 변경할 부분을 굵게 표시했으니 참고하여 코드를 수정하고 분석해보자.

```
#include "../Common.h"

#define SERVERPORT 9000
#define BUFSIZE    512

// 클라이언트와 데이터 통신
void *ProcessClient(void *arg)
{
    SOCKET client_sock = (SOCKET)(long long)arg;
    int retval;
    struct sockaddr_in clientaddr;
    char addr[INET_ADDRSTRLEN];
    socklen_t addrlen;
    char buf[BUFSIZE + 1];

    // 클라이언트 정보 얻기
    addrlen = sizeof(clientaddr);
    getpeername(client_sock, (struct sockaddr *)&clientaddr, &addrlen);
    inet_ntop(AF_INET, &clientaddr.sin_addr, addr, sizeof(addr));

```

```
  while (1) {
    // 데이터 받기
    retval = recv(client_sock, buf, BUFSIZE, 0);
    if (retval == SOCKET_ERROR) {
      err_display("recv()");
      break;
    }
    else if (retval == 0)
      break;

    // 받은 데이터 출력
    buf[retval] = '\0';
    printf("[TCP/%s:%d] %s\n", addr, ntohs(clientaddr.sin_port), buf);

    // 데이터 보내기
    retval = send(client_sock, buf, retval, 0);
    if (retval == SOCKET_ERROR) {
      err_display("send()");
      break;
    }
  }

  // 소켓 닫기
  close(client_sock);
  printf("[TCP 서버] 클라이언트 종료: IP 주소=%s, 포트 번호=%d\n",
    addr, ntohs(clientaddr.sin_port));
  return 0;
}

int main(int argc, char *argv[])
{
  int retval;

  // 소켓 생성
  SOCKET listen_sock = socket(AF_INET, SOCK_STREAM, 0);
  if (listen_sock == INVALID_SOCKET) err_quit("socket()");

```

```
// bind()
struct sockaddr_in serveraddr;
memset(&serveraddr, 0, sizeof(serveraddr));
serveraddr.sin_family = AF_INET;
serveraddr.sin_addr.s_addr = htonl(INADDR_ANY);
serveraddr.sin_port = htons(SERVERPORT);
retval = bind(listen_sock, (struct sockaddr *)&serveraddr, sizeof(serveraddr));
if (retval == SOCKET_ERROR) err_quit("bind()");

// listen()
retval = listen(listen_sock, SOMAXCONN);
if (retval == SOCKET_ERROR) err_quit("listen()");

// 데이터 통신에 사용할 변수
SOCKET client_sock;
struct sockaddr_in clientaddr;
socklen_t addrlen;
pthread_t tid;

while (1) {
  // accept()
  addrlen = sizeof(clientaddr);
  client_sock = accept(listen_sock, (struct sockaddr *)&clientaddr, &addrlen);
  if (client_sock == INVALID_SOCKET) {
    err_display("accept()");
    break;
  }

  // 접속한 클라이언트 정보 출력
  char addr[INET_ADDRSTRLEN];
  inet_ntop(AF_INET, &clientaddr.sin_addr, addr, sizeof(addr));
  printf("\n[TCP 서버] 클라이언트 접속: IP 주소=%s, 포트 번호=%d\n",
    addr, ntohs(clientaddr.sin_port));
```

```
92        // 스레드 생성
93        retval = pthread_create(&tid, NULL, ProcessClient,
94          (void *)(long long)client_sock);
95        if (retval != 0) { close(client_sock); }
96      }
97
98      // 소켓 닫기
99      close(listen_sock);
100     return 0;
101 }
```

7~48행 TCP 클라이언트가 보낸 데이터를 받아 화면에 표시하고 다시 보내는 역할을 하는 스레드 함수다. 전달받은 인수를 SOCKET 타입으로 변환하는 부분(9행)과 클라이언트 정보를 얻는 부분(17~19행)을 제외하면 4장 TCPServer 예제와 똑같다.

75행 스레드 식별자를 저장할 변수를 선언한다.

93~95행 접속한 클라이언트를 처리할 스레드를 생성한다. 이때 스레드 함수 인수로 client_sock 값을 전달한다.

2 실행 결과는 다음과 같다. 4장 TCPServer 예제와 달리 두 개 이상의 클라이언트가 접속해도 독립적으로 처리가 진행된다.

```
student@vm: ~/Source/Linux/Chapter06B
student@vm:~/Source/Linux/Chapter06B$ ./ThreadTCPServer

[TCP 서버] 클라이언트 접속: IP 주소=127.0.0.1, 포트 번호=52042

[TCP 서버] 클라이언트 접속: IP 주소=127.0.0.1, 포트 번호=52044
[TCP/127.0.0.1:52042] 첫 번째 클라이언트입니다.
[TCP/127.0.0.1:52044] 두 번째 클라이언트입니다.
```

```
student@vm: ~/Source/Linux/Chapter04
student@vm:~/Source/Linux/Chapter04$ ./TCPClient

[보낼 데이터] 첫 번째 클라이언트입니다.
[TCP 클라이언트] 36바이트를 보냈습니다.
[TCP 클라이언트] 36바이트를 받았습니다.
[받은 데이터] 첫 번째 클라이언트입니다.
```

```
student@vm: ~/Source/Linux/Chapter04
student@vm:~/Source/Linux/Chapter04$ ./TCPClient

[보낼 데이터] 두 번째 클라이언트입니다.
[TCP 클라이언트] 36바이트를 보냈습니다.
[TCP 클라이언트] 36바이트를 받았습니다.
[받은 데이터] 두 번째 클라이언트입니다.

[보낼 데이터]
```

03 스레드 동기화

스레드 동기화의 개념과 대표적인 리눅스의 동기화 기법을 살펴보자.

1 스레드 동기화 필요성

멀티스레드를 이용하는 프로그램에서 두 개 이상의 스레드가 공유 데이터에 접근하면 여러 문제가 발생할 수 있다. 다음과 같은 시나리오를 생각해보자.

공유 변수

```
int money = 1000
```

스레드 ❶

```
...
❶ read money into ECX
❷ ECX = ECX + 2000
❸ write ECX into money
...
```

스레드 ❷

```
...
❶ read money into ECX
❷ ECX = ECX + 4000
❸ write ECX into money
...
```

그림 7-3 스레드 간 데이터 공유 때문에 문제가 발생하는 상황

만약 스레드 ❶이 ❶을 수행한 상태에서 정지되고 스레드 ❷가 ❶~❸을 수행하면, money 값은 5000(1000+4000)이 된다. 다시 스레드 ❶이 CPU 시간을 할당받아 ❷~❸을 수행하면, ECX에 저장되어 있던 값(1000)에 2000이 더해지고 이 값이 메모리에 저장되어 money 값은 3000이 된다. 결과적으로 스레드 ❷가 더한 값인 4000은 사라지는 셈이다.

NOTE 6장 1절의 [그림 6-3]에서 설명한 것처럼 CPU 레지스터 값이 스레드마다 별도로 유지된다는 점에 유의하여 이해해야 한다.

멀티스레드 환경에서 발생하는 이와 같은 문제를 해결하기 위한 일련의 작업을 스레드 동기화Thread Synchronization라고 한다. 리눅스 운영체제는 프로그래머가 상황에 따라 적절한 동기화 기법을 선택할 수 있도록 다양한 시스템 콜을 제공한다. [표 7-1]은 리눅스 운영체제에서 사용할 수 있는 대표적인 스레드 동기화 기법이다.

표 7-1 스레드 동기화 기법

종류	기능
뮤텍스Mutex	공유 자원에 오직 한 스레드의 접근만 허용한다.
읽기-쓰기 잠금Reader-Writer Lock	공유 자원에 대한 읽기는 여러 스레드에 허용하지만, 공유 자원에 대한 쓰기는 한 스레드만 허용한다.
조건 변수Condition Variable	특정 조건이 만족되면 대기 중인 스레드를 깨운다.
배리어Barrier	일정 개수의 스레드가 특정 코드에 도달하기 전까지 모두 대기 상태로 만든다. 조건이 만족되면, 즉 일정 개수의 스레드가 특정 코드에 도달하면 대기 중인 모든 스레드를 깨운다.

이 절에서는 네트워크 응용 프로그램에서 사용 빈도가 높은 뮤텍스와 조건 변수를 다룬다. 그 밖의 동기화 기법은 관련 서적을 참고하여 필요에 따라 학습하도록 한다.

NOTE 서로 다른 프로세스에 속한 스레드 간 동기화에는 System V IPC라고 불리는 부류의 시스템 콜을 사용해야 하지만 이 책의 범주를 벗어나므로 다루지 않는다.

2 스레드 동기화 기본 개념

스레드 동기화가 필요한 상황은 크게 다음 두 가지 경우다.

❶ 둘 이상의 스레드가 공유 자원에 접근한다.

❷ 한 스레드가 작업을 완료한 후, 기다리는 다른 스레드에 알려준다.

두 가지 경우 모두 각 스레드가 독립적으로 실행하지 않고 다른 스레드와의 상호 작용을 토대로 자신의 작업을 진행한다는 특징이 있다. 스레드를 동기화하려면 스레드가 상호 작용해야 하므로 [그림 7-4]와 같이 중간 매개체가 필요하다. 두 스레드가 동시에 진행하면 안 되는 상황에서 매개체를 통해 두 스레드는 진행 가능 여부를 판단해 자신의 실행을 계속할지 결정한다.

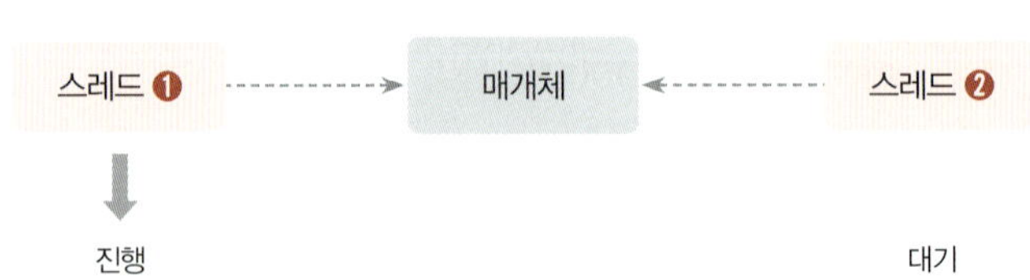

그림 7-4 스레드 동기화 원리

3 뮤텍스

뮤텍스Mutex: Mutual Exclusion(상호 배제)는 두 개 이상의 스레드가 공유 자원에 접근할 때, 오직 한 스레드만 접근을 허용해야 하는 상황에서 사용한다.

뮤텍스 사용 예는 다음과 같다. 사용법이 비교적 간단하므로 코드 분석과 함께 관련 함수를 소개한다.

```
#include <pthread.h>

pthread_mutex_t mutex;

void *MyThread1(void *arg)
{
    ...

    pthread_mutex_lock(&mutex);
    // 공유 자원 접근

    pthread_mutex_unlock(&mutex);
        ...
}

void *MyThread2(void *arg)
{
    ...
    pthread_mutex_lock(&mutex)
    // 공유 자원 접근
    pthread_mutex_unlock(&mutex);
    ...
}

int main(int argc, char *argv[])
{
    ...
    pthread_mutex_init(&mutex, NULL);
    // 스레드를 둘 이상 생성하여 작업을 진행한다.
    // 생성한 모든 스레드가 종료할 때까지 기다린다.

    pthread_mutex_destroy(&mutex);
    ...
}
```

- `pthread_mutex_t mutex;` — pthread_mutex_t 타입의 전역 변수를 선언한다. 이 변수를 초기화하면 곧바로 뮤텍스로 사용할 수 있다.
- `pthread_mutex_lock(&mutex)` — 공유 자원에 접근하기 전에 호출한다. 공유 자원을 사용하고 있는 스레드가 없다면 곧바로 리턴한다. 하지만 공유 자원을 사용 중인 스레드가 있다면 리턴하지 못하고 호출 스레드는 곧바로 대기 상태가 된다.
- `pthread_mutex_unlock(&mutex)` — 공유 자원 사용을 마치면 호출한다. 이때 pthread_mutex_lock( ) 함수에서 대기 중인 다른 스레드가 있다면 하나만 선택되어 깨어난다.
- `pthread_mutex_init(&mutex, NULL);` — 뮤텍스를 사용하기 전에 호출하여 초기화한다. 두 번째 인수에 NULL을 전달하면 기본 속성을 가진 뮤텍스가 되며, 대부분 응용 프로그램에서 사용하기에 충분하다.
- `pthread_mutex_destroy(&mutex);` — 뮤텍스를 사용하는 모든 스레드가 종료하면 이 함수를 호출하여 삭제한다.

실습 7-5 뮤텍스 연습

두 스레드가 공유 자원에 접근할 때 문제가 발생하는 상황을 만들고, 이를 뮤텍스로 해결해 보자.

1 Mutexes.cpp 파일을 생성하고 다음 코드를 입력한다.

```
#include <stdio.h>
#include <pthread.h>

#define MAXCNT 100000000
int count = 0;

void *MyThread1(void *arg)
{
   for (int i = 0; i < MAXCNT; i++) {
      count += 2;
   }
   return 0;
}

void *MyThread2(void *arg)
{
   for (int i = 0; i < MAXCNT; i++) {
      count -= 2;
   }
   return 0;
}

int main(int argc, char *argv[])
{
   // 스레드 두 개 생성
   pthread_t tid[2];
   pthread_create(&tid[0], NULL, MyThread1, NULL);
   pthread_create(&tid[1], NULL, MyThread2, NULL);

```

```
30    // 스레드 두 개 종료 대기
31    pthread_join(tid[0], NULL);
32    pthread_join(tid[1], NULL);
33
34    // 결과 출력
35    printf("count = %d\n", count);
36    return 0;
37 }
```

2 실행 결과는 다음과 같다. 두 스레드가 MAXCNT(4행에서 정의)만큼 루프를 돌면서 count 변수를 각각 2씩 증가 혹은 감소시키므로 최종 count 변수의 값은 0이 되어야 한다. 하지만 매번 실행할 때마다 다른 값이 출력될 것이다. 이는 내부적으로 [그림 7-3]과 비슷한 상황이 발생하기 때문이다.

```
student@vm:~/work$ ./Mutexes
count = 5354450
```

3 이번에는 뮤텍스를 사용하여 count 변수에 한 스레드만 접근하게 한다. 추가해야 할 부분은 굵게 표시했다. for 루프 전체를 보호할 수도 있지만 좀 더 세밀한 단위로 제어하기 위해 count 변수에 접근하는 코드 한 행(12행, 22행)만 뮤텍스로 보호했다.

```
 1 #include <stdio.h>
 2 #include <pthread.h>
 3
 4 #define MAXCNT 100000000
 5 int count = 0;
 6 pthread_mutex_t mutex;
 7
 8 void *MyThread1(void *arg)
 9 {
10    for (int i = 0; i < MAXCNT; i++) {
11       pthread_mutex_lock(&mutex);
12       count += 2;
13       pthread_mutex_unlock(&mutex);
14    }
15    return 0;
16 }
```

```

void *MyThread2(void *arg)
{
    for (int i = 0; i < MAXCNT; i++) {
        pthread_mutex_lock(&mutex);
        count -= 2;
        pthread_mutex_unlock(&mutex);
    }
    return 0;
}

int main(int argc, char *argv[])
{
    // 뮤텍스 초기화
    pthread_mutex_init(&mutex, NULL);

    // 스레드 두 개 생성
    pthread_t tid[2];
    pthread_create(&tid[0], NULL, MyThread1, NULL);
    pthread_create(&tid[1], NULL, MyThread2, NULL);

    // 스레드 두 개 종료 대기
    pthread_join(tid[0], NULL);
    pthread_join(tid[1], NULL);

    // 뮤텍스 삭제
    pthread_mutex_destroy(&mutex);

    // 결과 출력
    printf("count = %d\n", count);
    return 0;
}
```

4 실행 결과는 다음과 같다. 스레드 동기화로 인한 오버헤드 때문에 결과가 나오기까지 시간이 다소 걸린다. 그러나 몇 번을 실행해도 항상 올바른 값(0)이 출력될 것이다. 이 예제는 극단적인 상황에서 지나치게 세밀한 단위로 스레드 동기화를 하고 있으므로 성능 저하가 두드러진다. 한편 실전에서 이와 같은 상황은 잘 발생하지 않으므로 스레드 동기화의 성능은 크게 문제되지 않는다.

```
student@vm:~/Source/Linux/Chapter07$ ./Mutexes
count = 0
```

여기서 잠깐! | 뮤텍스 사용 시 주의 사항

뮤텍스를 사용할 때 빠지기 쉬운 함정이 있다. 뮤텍스를 이용하여 공유 자원 접근을 제한하는 것으로 스레드 동기화 문제를 해결했다고 생각하는 것이다. 반드시 기억해야 할 사항은 뮤텍스만으로는 어느 스레드가 먼저 리소스를 사용할지 결정할 수 없다는 점이다. 즉, 어느 스레드가 먼저 pthread_mutex_lock() 함수를 호출할지 알 수 없다. 다음 그림을 살펴보자.

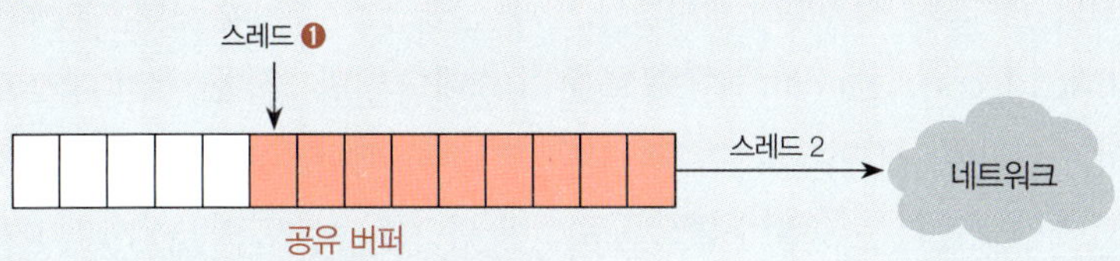

스레드 실행 순서 제어가 필요한 상황

스레드 ❶이 공유 버퍼에 데이터를 기록하면, 스레드 2는 공유 버퍼에 저장된 데이터를 네트워크로 전송하는 역할을 한다. 이때 공유 버퍼에 대한 접근을 뮤텍스로 보호하더라도 문제가 생길 수 있다. 스레드 ❶이 데이터를 기록하지 않았는데 스레드 2가 데이터를 보내려고 하는 경우 혹은 스레드 2가 아직 데이터를 보내지 않았는데 스레드 ❶이 또 다시 데이터를 기록하여 덮어쓰는 경우가 그런 예다. 이처럼 공유 자원을 보호하되 접근 순서가 중요한 상황에는 잠시 후 소개할 조건 변수를 사용해야 한다.

4 조건 변수

조건 변수Condition Variable는 어떤 조건을 검사하여 조건이 만족되면 다른 스레드에 알리는 동기화 기법이다. 예를 들면, 한 스레드가 작업을 완료한 후 기다리고 있는 다른 스레드에 알릴 때 사용할 수 있다.

조건 변수를 사용하는 전형적인 절차는 다음과 같다.

❶ 조건 변수(pthread_cont_t 타입)를 선언하고 pthread_cond_init( ) 함수로 초기화한다.

❷ 한 스레드가 작업을 진행하고, 나머지 스레드는 조건 변수에 대해 pthread_cond_wait( ) 함수를 호출하여 조건이 만족될 때까지 대기한다Sleep.

❸ 스레드가 작업을 완료하면 pthread_cond_signal( ) 함수 또는 pthread_cond_broadcast( ) 함수를 호출한다. pthread_cond_signal( ) 함수는 대기 중인 스레드 중 한 개 이상을, pthread_cond_broadcast( ) 함수는 대기 중인 스레드 전부를 깨운다.

❹ 대기 중인 스레드 중 한 개 이상 혹은 전부가 깨어난다Wakeup. 깨어난 스레드는 후속 작업을 한다.

❺ ❷~❹를 반복 수행하면서 원하는 작업이 모두 끝났으면, 즉 조건 변수가 필요하지 않으면 pthread_cond_destroy( ) 함수를 호출하여 조건 변수를 제거한다.

조건 변수는 다른 동기화 기법보다 사용법이 까다롭다. 그냥 사용하면 안 되고 뮤텍스로 묶어서 보호해야 한다. pthread_cond_signal( ) 함수 호출 시 스레드가 반드시 한 개만 대기 상태에서 깨어나는 것이 아니라 한 개 이상일 수 있다는 점도 유의해야 한다. 다시 말해, 조건 변수만으로 스레드 한 개만 깨운다는 보장이 없으므로 일반 변수를 추가로 사용해서 정보를 보완해야 한다. 다음 실습을 통해 실제 코드와 핵심 함수를 같이 살펴보자.

실습 7-6 조건 변수 연습

데이터를 생성하여 공유 버퍼에 저장하는 한 개의 스레드와 공유 버퍼에서 데이터를 읽어서 처리하는 두 개의 스레드를 생성하자([그림 7-5]). 이 경우 한 스레드만 버퍼에 접근할 수 있도록 해야 하며, 접근 순서도 정해야 한다. 스레드 실행 순서에 대한 제약 사항은 다음과 같다.

- 스레드 ❶이 쓰기를 완료한 후 스레드 ❷나 스레드 ❸이 읽을 수 있다. 이때 스레드 ❷와 스레드 ❸ 중 한 개만 버퍼 데이터를 읽을 수 있으며, 일단 한 스레드가 읽기 시작하면 다른 스레드는 읽을 수 없다.
- 스레드 ❷나 스레드 ❸이 읽기를 완료하면 스레드 ❶이 다시 쓰기를 할 수 있다.

이 문제는 공유 데이터에 접근하는 순서가 중요하므로 조건 변수를 사용하는 것이 좋다. 쓰기 완료와 읽기 완료를 알릴 목적으로 조건 변수 두 개(writeCond, readCond)를 생성하여 사용한다.

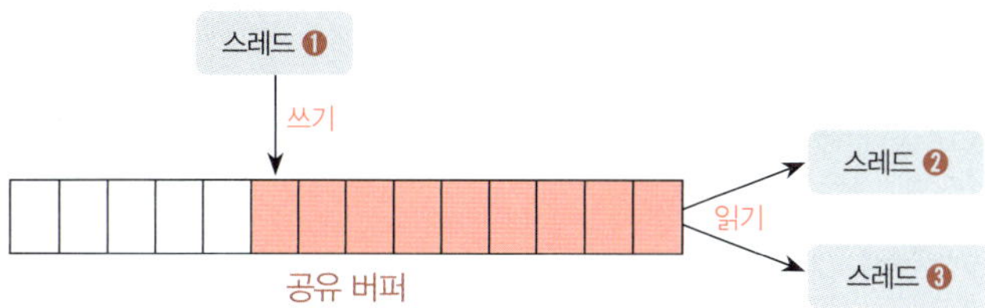

그림 7-5 예제 프로그램 구조

1 CondVars.cpp 파일을 생성하고 다음 코드를 입력한다.

```
#include <stdio.h>
#include <string.h>
#include <pthread.h>

#define BUFSIZE 10

pthread_cond_t writeCond;
pthread_cond_t readCond;
pthread_mutex_t writeMutex;
pthread_mutex_t readMutex;
int writeDone = 0;
int readDone = 0;
int buf[BUFSIZE];

void *WriteThread(void *arg)
{
    for (int k = 1; k <= 500; k++) {
        // 읽기 완료 대기
        pthread_mutex_lock(&readMutex);
        while (readDone == 0)
            pthread_cond_wait(&readCond, &readMutex);
        readDone = 0;
        pthread_mutex_unlock(&readMutex);
```

```
    // 공유 버퍼에 데이터 저장
    for (int i = 0; i < BUFSIZE; i++)
      buf[i] = k;

    // 쓰기 완료 알림
    pthread_mutex_lock(&writeMutex);
    writeDone = 1;
    pthread_mutex_unlock(&writeMutex);
    pthread_cond_signal(&writeCond);
  }
  return 0;
}

void *ReadThread(void *arg)
{
  while (1) {
    // 쓰기 완료 대기
    pthread_mutex_lock(&writeMutex);
    while (writeDone == 0)
      pthread_cond_wait(&writeCond, &writeMutex);
    writeDone = 0;
    pthread_mutex_unlock(&writeMutex);

    // 읽은 데이터 출력 후 버퍼를 0으로 초기화
    printf("Thread %4d:\t", (int)pthread_self());
    for (int i = 0; i < BUFSIZE; i++)
      printf("%3d ", buf[i]);
    printf("\n");
    memset(buf, 0, sizeof(buf));

    // 읽기 완료 알림
    pthread_mutex_lock(&readMutex);
    readDone = 1;
    pthread_mutex_unlock(&readMutex);
    pthread_cond_signal(&readCond);
  }
```

```
    return 0;
}

int main(int argc, char *argv[])
{
    // 조건 변수와 뮤텍스 생성
    pthread_cond_init(&writeCond, NULL);
    pthread_cond_init(&readCond, NULL);
    pthread_mutex_init(&writeMutex, NULL);
    pthread_mutex_init(&readMutex, NULL);

    // 스레드 세 개 생성
    pthread_t tid[3];
    pthread_create(&tid[0], NULL, WriteThread, NULL);
    pthread_create(&tid[1], NULL, ReadThread, NULL);
    pthread_create(&tid[2], NULL, ReadThread, NULL);

    // 읽기 완료 알림
    pthread_mutex_lock(&readMutex);
    readDone = 1;
    pthread_mutex_unlock(&readMutex);
    pthread_cond_signal(&readCond);

    // 스레드 세 개 종료 대기
    pthread_join(tid[0], NULL);
    pthread_join(tid[1], NULL);
    pthread_join(tid[2], NULL);

    // 조건 변수와 뮤텍스 제거
    pthread_cond_destroy(&writeCond);
    pthread_cond_destroy(&readCond);
    pthread_mutex_destroy(&writeMutex);
    pthread_mutex_destroy(&readMutex);
    return 0;
}
```

전역 변수

11~13행 공유 버퍼와 함께 쓰기와 읽기 완료를 의미하는 변수를 선언한다. 이전에 본문에서 언급했듯이 조건 변수만으로 스레드 한 개만 깨운다는 보장이 없으므로 일반 변수를 사용하여 정보를 보완해야 한다.

main( ) 함수

7~10행, 67~70행 조건 변수와 뮤텍스를 각각 두 개씩 생성한다. write~로 시작하는 것은 쓰기 이벤트를, read~로 시작하는 것은 읽기 이벤트를 알리는 데 사용할 것이다. 조건 변수와 뮤텍스 모두 초기화 함수의 두 번째 인수에 NULL을 사용하면 기본 속성을 가지도록 초기화된다.

73~76행 스레드를 세 개 생성한다. tid[0]은 쓰기 스레드, tid[1]과 tid[2]는 읽기 스레드다.

79~82행 pthread_cond_signal( ) 함수를 호출하여 한 개 이상의 스레드에 읽기 완료를 알린다. 과거에 실제로 읽기를 한 적은 없지만, 읽기를 완료한 것처럼 한 번만 해주면 쓰기 작업이 시작된다.

85~87행 스레드 세 개가 종료되기를 기다린다. 이 예제에서 읽기 스레드는 오류가 발생하지 않는 한 무한 루프를 탈출하지 않으므로 86행의 pthread_join( ) 함수는 리턴하지 않고 계속 기다린다.

90~94행 스레드 세 개가 모두 종료되었다면 이벤트 사용을 마쳤으므로 이벤트와 함께 뮤텍스도 제거한다.

> **NOTE** 이 프로그램에서 90~94행 코드가 수행될 기회는 없지만, 일반적인 종료 절차를 보여주기 위해 넣었다.

WriteThread( ) 함수

19~23행 pthread_cond_wait( ) 함수를 호출하여 읽기 완료를 기다린다. 전체 코드를 뮤텍스로 보호해야 하며, pthread_cond_wait( ) 함수의 리턴과 함께 readDone이 1이라는 조건도 만족해야 완전하게 읽기가 완료되었다고 해석하는 점에 유의한다. pthread_cond_wait( ) 함수로 기다리다가 깨어나는 스레드가 두 개 이상일 수 있지만(물론 이 예

제에서는 하나뿐이다), readDone이 1이라는 조건까지 감지하는 스레드는 하나뿐이다. 이는 뮤텍스로 보호된 코드에서 readDone을 다시 0으로 만들어서 다른 스레드가 readDone이 잠시 1이었음을 감지하지 못하게 만들기 때문이다(22행).

26~27행 공유 버퍼에 데이터를 저장한다. k 값은 루프를 돌 때마다 1씩 증가(17행)하므로 읽기 스레드는 매번 서로 다른 값을 읽게 된다.

30~33행 pthread_cond_signal( ) 함수를 호출하여 한 개 이상의 스레드에 쓰기 완료를 알린다. 이 예제에서 쓰기 완료를 기다리는 스레드는 두 개인데, pthread_cond_signal( ) 함수 호출 시 반드시 한 개만 대기 상태에서 깨어난다는 보장은 없으므로 writeDone 변수로 writeCond 조건 변수의 의미를 보완해준다.

ReadThread( ) 함수

42~46행 pthread_cond_wait( ) 함수를 호출하여 쓰기 완료를 기다린다. 전체 코드를 뮤텍스로 보호해야 하며, pthread_cond_wait( ) 함수의 리턴과 함께 writeDone이 1이라는 조건도 만족해야 완전하게 쓰기가 완료되었다고 해석하는 점에 유의한다. pthread_cond_wait( ) 함수로 기다리다가 깨어나는 스레드가 두 개 이상일 수 있지만, writeDone이 1이라는 조건까지 감지하는 스레드는 하나뿐이다. 이는 뮤텍스로 보호된 코드에서 writeDone을 다시 0으로 만들어서 다른 스레드가 writeDone이 잠시 1이었음을 감지하지 못하게 만들기 때문이다(45행).

49~52행 공유 버퍼에서 데이터를 읽어 출력한다. pthread_self( ) 함수로 얻은 스레드 ID를 앞쪽에 표시해주므로 어느 스레드가 데이터를 읽어서 처리했는지 알 수 있다.

53행 공유 버퍼를 0으로 초기화한다. 만약 데이터를 새로 쓰지 않은 상태에서 다시 읽는다면 0이 출력될 것이므로 오류 여부를 확인할 수 있다.

56~59행 pthread_cond_signal( ) 함수를 호출하여 한 개 이상의 스레드에 읽기 완료를 알린다. 이 예제에서 읽기 완료를 기다리는 스레드는 한 개인데, 일반적으로는 pthread_cond_signal( ) 함수 호출 시 반드시 한 개만 대기 상태에서 깨어난다는 보장은 없으므로 readDone 변수로 readCond 조건 변수의 의미를 보완해준다.

2 실행 결과는 다음과 같다. 총 500번에 걸쳐 버퍼에 데이터를 저장할 때마다 두 스레드 중 하나가 대기 상태에서 깨어나 버퍼 데이터를 읽고 화면에 출력한다. 출력 행마다 스레드 ID를 표시하므로 어느 스레드가 데이터를 읽어서 처리했는지 알 수 있다.

```
student@vm:~/Source/Linux/Chapter07$ ./CondVars
Thread 1373464320:     1   1   1   1   1   1   1   1   1   1
~ 중략 ~
Thread 1365071616:    498 498 498 498 498 498 498 498 498 498
Thread 1373464320:    499 499 499 499 499 499 499 499 499 499
Thread 1365071616:    500 500 500 500 500 500 500 500 500 500
```

여기서 잠깐! | **리눅스 시그널과 accept() 함수**

본문에서 따로 다루지 않지만, 리눅스(유닉스) 응용 프로그램에서는 간혹 시그널Signal과 관련된 처리를 할 필요가 있다. 특히 네트워크 서버와 관련하여 주의할 점이 있는데, 시그널 발생 시 accept() 함수가 오류(−1)를 리턴할 수 있다는 사실이다. 심각한 오류가 아님에도 불구하고 accept() 함수가 −1을 리턴했다는 이유로 서버를 종료하는 것은 바람직하지 않으므로 대개 다음과 같이 처리한다. 이 코드는 시그널 발생 시 응용 프로그램이 죽지 않는다는 뜻은 아니며 단지 accept()가 시그널로 인해 리턴했을 때 루프 처음으로 되돌아감으로써 자동으로 재시작하는 효과를 줄 뿐이다. 시그널 자체에 대한 처리는 리눅스(유닉스) 프로그래밍 서적을 참고해서 필요에 따라 추가해야 한다. 참고로, 최근 인기 있는 Python 언어에서는 accept()에서 시그널 발생 시 이와 비슷한 방식으로 내부에서 자동으로 처리해준다.

```
int main(int argc, char *argv[])
{
    ...
    while (1) {
        // accept()
        addrlen = sizeof(clientaddr);
        client_sock = accept(listen_sock, (struct sockaddr *)&clientaddr, &addrlen);
        if (client_sock == INVALID_SOCKET) {
            if (errno == EINTR) continue;    // 시그널로 인해 리턴했다면 루프 처음으로 되돌아간다.
            err_display("accept()");
            break;
        }
    ...
}
```

여기서 잠깐! | **스레드 지역 저장소 활용**

한 프로세스 안에 존재하는 모든 스레드는 코드, 데이터(전역 변수, 정적 변수), 힙, 환경 변수를 공유한다. 반면 스택(함수 전달 인수, 지역 변수)은 스레드별로 할당되며, 스레드가 실행 중에 사용하는 CPU 레지스터 값도 운영체제가 스레드별로 독립적으로 유지 및 관리해준다.

이런 특징을 알고 있지 않으면 멀티스레드 환경에서 오동작하는 코드를 만들기 쉽다. C/C++ 언어로 응용 프로그램을 개발할 때는 함수 단위로 기능을 분할하기 마련인데, 멀티스레드에서 안심하고 호출하려면 지역 변수만 사용해서 구현하는 것이 좋다. 앞에서 언급한 것처럼 지역 변수, 즉 스택은 스레드별로 존재하므로 별도의 스레드 동기화 기법을 사용하여 보호하지 않아도 안전하기 때문이다. 하지만 전역 변수나 정적 변수를 한 개 이상 사용해서 함수를 구현할 때는 특히 조심해야 한다. 전역 변수나 정적 변수의 사용 목적이 데이터 공유라면 적절한 스레드 동기화 기법을 사용하여 보호하면 되지만, 그 외에는 멀티스레드 환경에서 문제를 일으킬 가능성만 커지게 된다.

구현상의 이유로 전역 변수나 정적 변수를 함수에서 사용하되 데이터 공유가 목적이 아니라면 어떻게 하는 것이 좋을까? 이때는 스레드 지역 저장소를 사용하면 된다. 스레드 지역 저장소TLS; Thread Local Storage는 스레드별로 전역 변수나 정적 변수 등을 위한 저장 공간이 필요할 때 운영체제가 할당해주는 메모리 영역이다. 스레드 지역 저장소는 리눅스 시스템 콜(set_thread_area(), get_thread_area())로 지원되지만, gcc/g++의 확장 기능을 통해 좀 더 편리하게 사용할 수 있다.

다음 왼쪽 코드를 살펴보자. TestFunc() 함수가 전역 변수, 정적 변수, 지역 변수를 사용하고 있다. 두 개 이상의 스레드가 TestFunc() 함수를 동시에 호출해서 사용하면 전역 변수와 정적 변수를 (원하지 않게) 공유하게 되어 문제가 발생할 수 있다. 이때는 오른쪽 코드처럼 전역 변수와 정적 변수 앞에 __thread 지시자를 붙이면 된다. 이제 전역 변수와 정적 변수는 프로세스 내에 존재하는 스레드별로 따로 존재하게 되어 메모리 공유 문제가 생기지 않는다. 참고로, 지역 변수는 스레드마다 스택 영역에 별도로 할당되므로 스레드 지역 저장소를 사용할 필요가 없다는 점도 알아둔다.

```
int glo_var;              // 전역 변수

void TestFunc(void)
{
    static int sta_var;   // 정적 변수
    int loc_var;          // 지역 변수
    glo_var 변수 사용;
    sta_var 변수 사용;
    loc_var 변수 사용;
}
```

```
__thread int glo_var;              // 전역 변수

void TestFunc(void)
{
    __thread static int sta_var;   // 정적 변수
    int loc_var;                   // 지역 변수
    glo_var 변수 사용;
    sta_var 변수 사용;
    loc_var 변수 사용;
}
```

요약

01 스레드 생성과 종료

- 스레드 생성 방법: pthread_create( ) 함수 호출 → 스레드 식별자 리턴
- 스레드 종료 방법
  ① 스레드 함수 리턴
  ② 스레드 함수 내에서 pthread_exit( ) 함수 호출
  ③ 다른 스레드가 pthread_cancel( ) 함수 호출
  ④ 메인 스레드가 종료하면 모든 스레드가 종료

02 스레드 자신의 식별자(ID) 얻기

- 핵심 함수: pthread_self( )

03 태스크 우선순위를 결정하는 두 가지 요소

- 스케줄링 정책
  - 실시간과 정규 두 가지 정책이 있음. 실시간 정책을 따르는 태스크는 정규 정책을 따르는 태스크보다 우선순위가 항상 더 높음
- 스케줄링 우선순위
  - 실시간 스케줄링 정책은 1(최저)~99(최고) 범위의 우선순위를 지원. 정규 스케줄링 정책은 고정된 순위를 지원하지 않으므로 우선순위를 0으로 간주

04 스레드 제어

- 태스크 우선순위 변경하기
  - 핵심 함수: nice( )
- 스레드 종료 기다리기
  - 핵심 함수: pthread_join( )
- 스레드 실행 일시 중지
  - 핵심 함수: sleep( ), usleep( ), nanosleep( )

05 스레드 동기화

- 뮤텍스
  - 스레드 둘 이상이 공유 자원에 접근할 때 오직 한 스레드만 접근 허용
  - 핵심 함수: pthread_mutex_init(), pthread_mutex_destroy(), pthread_mutex_lock(), pthread_mutex_unlock()
- 조건 변수
  - 어떤 조건을 검사하여 조건이 만족되면 다른 스레드에 알림
  - 핵심 함수: pthread_cond_init(), pthread_cond_destroy(), pthread_cond_wait(), pthread_cond_signal(), pthread_cond_broadcast()

연습문제

01 ThreadTest1 예제를 수정하여, Point3D 구조체를 malloc( ) 함수 또는 new 연산자로 동적으로 생성하여 스레드에 전달하시오. MyThread( ) 함수에서는 전달된 Point3D 구조체를 사용한 후 free( ) 함수 또는 delete 연산자로 메모리를 해제해야 한다.

02 ThreadTest3 예제를 수정하여, pthread_join( ) 함수 대신 pthread_timedjoin_np( ) 함수를 사용하고 세 번째 인수에 적당한 타임아웃 값을 사용하시오. num 변수의 초깃값을 충분히 크게 하면 MyThread( ) 함수가 종료하지 않은 상태에서 pthread_timedjoin_np( ) 함수가 타임아웃 때문에 리턴한다. 그런 후에 화면에 '*'를 출력하고 다시 pthread_timedjoin_np( ) 함수를 호출하도록 하시오.

힌트 리눅스에서 man pthread_timedjoin_np 명령을 수행하면 매뉴얼을 볼 수 있다. 메뉴얼 내용과 인터넷 검색 등을 활용해서 본문에서 소개하지 않은 pthread_timedjoin_np( ) 함수를 학습하고 사용해보는 것이 이 문제의 목적이다. 비슷한 함수로 pthread_tryjoin_np( ) 함수가 있다는 것도 확인해보자. pthread_tryjoin_np( ) 함수는 지연 시간 없이 스레드 종료를 확인만 하되, 스레드가 정말 종료됐다면 스레드 함수의 리턴값을 얻을 수 있다.

03 MultithreadTCPServer 예제를 수정하여, 메인 스레드의 우선순위를 다른 스레드보다 높게 설정하시오.

04 MultithreadTCPServer 예제를 수정하여, 연결된 클라이언트의 주소 정보(IP 주소, 포트 번호)를 스레드 함수 인수를 활용하여 전달하시오. 이렇게 하면 getpeername( ) 함수를 사용하지 않고도 스레드 함수에서 클라이언트 정보를 출력할 수 있다.

05 CondVars 예제를 수정하여, 쓰기 완료가 감지되면 읽기 스레드 두 개가 모두 데이터를 읽어가도록 수정하시오. 다시 말해 쓰기 스레드가 500번 데이터를 기록한다면 두 읽기 스레드가 각각 500번 데이터를 읽을 수 있어야 한다.

Chapter

08

UDP 서버-클라이언트

학습목표

- UDP 서버-클라이언트의 기본 구조와 동작 원리를 이해한다.
- UDP 응용 프로그램 작성에 필요한 핵심 소켓 함수를 익힌다.
- IPv4와 IPv6 기반 UDP 서버-클라이언트를 작성할 수 있다.
- 브로드캐스팅의 개념을 이해하고 UDP를 이용하여 구현할 수 있다.

01 UDP 서버-클라이언트 구조

이 장에서는 TCP와 더불어 대표적인 전송 계층 프로토콜인 UDPUser Datagram Protocol를 이용한 소켓 프로그래밍을 다룬다.

1 UDP 프로토콜 개요

TCP와 UDP는 전송 계층 프로토콜이라는 점에서 다음과 같은 공통점이 있다.

- 포트 번호를 이용하여 주소를 지정한다.
  두 응용 프로그램이 TCP나 UDP를 이용하여 통신하려면 반드시 포트 번호를 결정해야 한다.
- 데이터 오류를 체크한다.
  TCP와 UDP는 IP의 패킷 전송 기능을 기반으로 동작한다. 전송 중 여러 원인으로 오류가 발생할 수 있는데, IP는 프로토콜 동작에 필수적인 IP 헤더의 오류만 체크하고 데이터는 체크하지 않는다. TCP와 UDP는 헤더는 물론이고 데이터의 오류도 체크한다.

이와 같은 공통점을 제외하면 TCP와 UDP는 상당히 다른 특징을 갖는다. 1장에서 소개한 TCP와 UDP의 차이점을 다시 정리하면 [표 8-1]과 같다.

UDP의 항목별 특징을 소켓 함수 관점에서 정리하면 다음과 같다.

❶ 연결 설정을 하지 않으므로 connect( ) 함수를 사용하지 않는다.

> **NOTE** 본문에서 설명하겠지만 몇 가지 이유로 connect( ) 함수를 사용하는 경우가 있다. 하지만 UDP 프로토콜에는 연결 설정 개념이 없으므로 connect( ) 함수를 호출하더라도 연결을 위한 패킷 교환이 일어나지는 않는다.

❷ 프로토콜 수준에서 신뢰성 있는 데이터 전송을 보장하지 않으므로, 필요하다면 응용 프로그램 수준에서 신뢰성 있는 데이터 전송 기능을 구현해야 한다.

❸ 간단한 소켓 함수 호출 절차만 따르면 다자간 통신을 쉽게 구현할 수 있다.

❹ TCP와 달리 응용 프로그램이 데이터 경계 구분을 위한 별도의 작업을 할 필요가 없다.

표 8-1 TCP와 UDP의 특징

항목	TCP	UDP
❶	연결형Connection-oriented 프로토콜: 연결 설정 후 통신 가능	비연결형Connectionless 프로토콜: 연결 설정 없이 통신 가능
❷	신뢰성 있는 데이터 전송: 필요시 데이터 재전송	신뢰성 없는 데이터 전송: 데이터 재전송하지 않음
❸	일대일 통신Unicast	일대일 통신Unicast 일대다 통신Broadcast, Multicast
❹	데이터 경계 구분 안 함: 바이트 스트림Byte-Stream 서비스	데이터 경계 구분함: 데이터그램Datagram 서비스

2 UDP 서버-클라이언트 동작 원리

UDP 서버는 TCP 서버와 달리 멀티스레드 등의 프로그래밍 기법을 사용하지 않고도 한 소켓으로 여러 클라이언트를 처리할 수 있다. [그림 8-1]은 UDP 서버와 UDP 클라이언트가 통신하는 원리를 보여준다.

(a) 서버는 소켓을 생성하고 클라이언트가 데이터 보내기를 기다린다. 이때 서버가 사용하는 소켓은 특정 포트 번호(예 9000번)와 결합되어 있어서 이 포트 번호로 도착한 데이터만 수신할 수 있다.

(b) 첫 번째 클라이언트는 연결 설정 없이 곧바로 서버와 데이터를 주고받는다.

(c) 두 번째 클라이언트도 연결 설정 없이 곧바로 서버와 데이터를 주고받는다. TCP 서버와 달리 UDP 서버는 소켓을 한 개만 사용한다는 점에 주목한다.

(d) UDP 서버-클라이언트가 통신하는 일반적인 상황이다. 'UDP 클라이언트 n'처럼 한 클라이언트가 두 개 이상의 소켓을 사용하여 서버와 통신할 수도 있다.

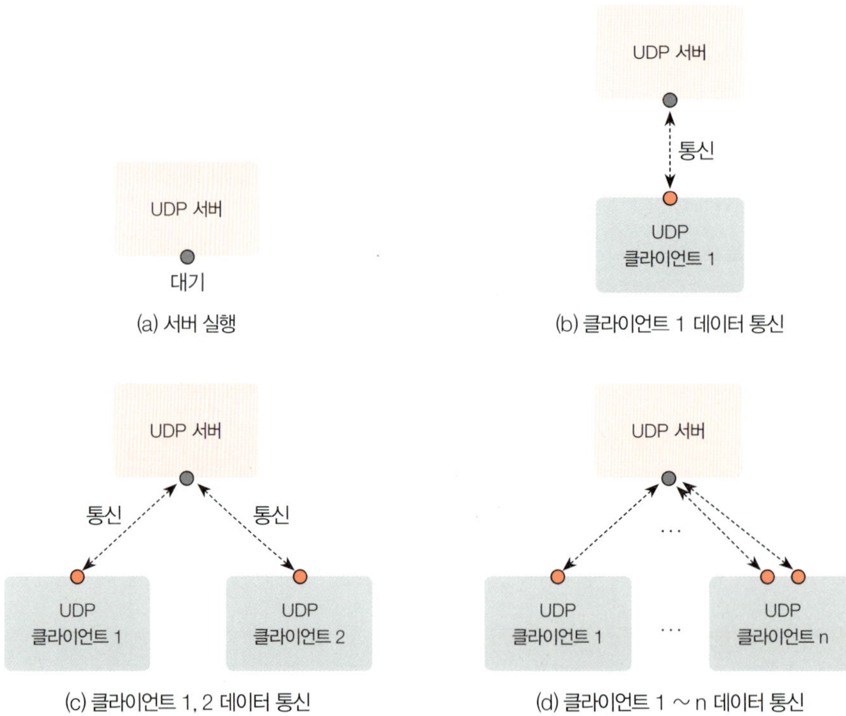

그림 8-1 UDP 서버-클라이언트 동작 원리

여기서 잠깐! | UDP에 대한 오해

UDP가 신뢰성 없는 데이터 전송을 한다고 해서 데이터 오류를 체크하지 않을 것이라고 생각하면 안 된다. UDP는 TCP처럼 체크섬Checksum을 이용하여 데이터 오류를 체크한다. 그렇다면 TCP는 신뢰성 있는 데이터 전송을 하는데 왜 UDP는 신뢰성 없는 데이터 전송을 할까? 그 이유는 UDP에서는 데이터 재전송과 데이터 순서 유지 작업을 하지 않기 때문이다. UDP는 도착한 데이터에 오류가 있다고 판단하면 응용 프로그램에 전달하지 않고 그대로 삭제해버린다. 따라서 응용 프로그램은 데이터에 오류가 있어서 버려졌다는 사실을 알지 못한다. 또한 TCP는 데이터 순서 유지를 위해 각 바이트에 번호를 부여하지만 UDP는 그런 기능을 제공하지 않는다.

UDP를 이용하는 응용 프로그램에서 신뢰성 있는 데이터 전송을 하기 위해서는 데이터 재전송과 데이터 순서 유지라는 두 가지 기능을 구현해야 한다. 또한 UDP를 이용하여 대량의 데이터Bulk Data를 주고받으려면 흐름 제어Flow Control(상대의 여유 버퍼 공간에 따라 데이터 송신량을 조절) 기능도 구현하는 것이 좋다. UDP에는 TCP와 같은 흐름 제어 기능이 없어서 통신 상대의 현재 상태와 관계없이 대량의 데이터를 보낼 경우, 여유 버퍼 공간의 부족으로 데이터가 버려질 수 있기 때문이다.

3 UDP 서버-클라이언트 실습

IPv4 기반으로 동작하는 간단한 UDP 서버-클라이언트를 작성하고 테스트해보자. 실습에 사용할 서버와 클라이언트 예제의 동작을 미리 살펴보면 [그림 8-2]와 같다.

- 서버: 클라이언트가 보낸 데이터를 받아서(recvfrom) 이를 문자열로 간주하여 무조건 화면에 출력한다(printf). 그런 다음 받은 데이터를 변경 없이 다시 클라이언트에 보낸다(sendto). 받은 데이터를 그대로 다시 보낸다는 뜻으로 에코 서버Echo Server라고 부른다.
- 클라이언트: 사용자가 키보드로 입력한(fgets) 문자열을 서버에 보낸다(sendto). 서버가 데이터를 그대로 돌려보내면, 클라이언트는 이를 받아서(recvfrom) 화면에 출력한다(printf). 에코 서버와 통신한다는 의미로 에코 클라이언트Echo Client라고 부른다.

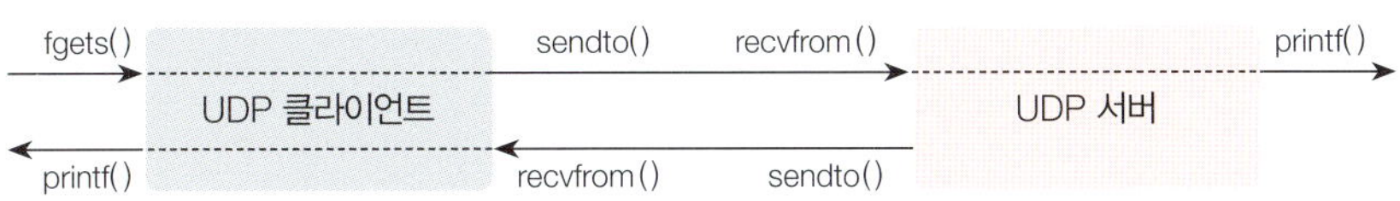

그림 8-2 UDP 서버-클라이언트 예제 동작

실습 8-1 UDP 서버-클라이언트 작성과 테스트

1 UDPServer와 UDPClient라는 콘솔 응용 프로그램 프로젝트 두 개를 생성한 후 각각 다음과 같이 입력한다. 프로젝트 생성 옵션과 컴파일, 링크 방법은 1장에 있는 예제와 같다.

> **NOTE** 리눅스 코드는 굵게 표시한 부분만 다르고 나머지 코드는 같기 때문에 별도로 싣지 않았다. 리눅스에서는 소켓 주소 구조체의 길이로 int 대신 socklen_t 타입을, closesocket() 함수 대신 close() 함수를 사용한다. 헤더 파일을 포함할 때 경로명을 지정하는 부분도 약간 다르다.

UDPServer.cpp

```
#include "..\..\Common.h"

#define SERVERPORT 9000
#define BUFSIZE    512

int main(int argc, char *argv[])
{
  int retval;
```

```
// 윈속 초기화
WSADATA wsa;
if (WSAStartup(MAKEWORD(2, 2), &wsa) != 0)
    return 1;

// 소켓 생성
SOCKET sock = socket(AF_INET, SOCK_DGRAM, 0);
if (sock == INVALID_SOCKET) err_quit("socket()");

// bind()
struct sockaddr_in serveraddr;
memset(&serveraddr, 0, sizeof(serveraddr));
serveraddr.sin_family = AF_INET;
serveraddr.sin_addr.s_addr = htonl(INADDR_ANY);
serveraddr.sin_port = htons(SERVERPORT);
retval = bind(sock, (struct sockaddr *)&serveraddr, sizeof(serveraddr));
if (retval == SOCKET_ERROR) err_quit("bind()");

// 데이터 통신에 사용할 변수
struct sockaddr_in clientaddr;
int addrlen;
char buf[BUFSIZE + 1];

// 클라이언트와 데이터 통신
while (1) {
    // 데이터 받기
    addrlen = sizeof(clientaddr);
    retval = recvfrom(sock, buf, BUFSIZE, 0,
        (struct sockaddr *)&clientaddr, &addrlen);
    if (retval == SOCKET_ERROR) {
        err_display("recvfrom()");
        break;
    }

    // 받은 데이터 출력
    buf[retval] = '\0';
```

```
    char addr[INET_ADDRSTRLEN];
    inet_ntop(AF_INET, &clientaddr.sin_addr, addr, sizeof(addr));
    printf("[UDP/%s:%d] %s\n", addr, ntohs(clientaddr.sin_port), buf);

    // 데이터 보내기
    retval = sendto(sock, buf, retval, 0,
      (struct sockaddr *)&clientaddr, sizeof(clientaddr));
    if (retval == SOCKET_ERROR) {
      err_display("sendto()");
      break;
    }
  }

  // 소켓 닫기
  closesocket(sock);

  // 윈속 종료
  WSACleanup();
  return 0;
}
```

UDPClient.cpp

```
#include "..\..\Common.h"

char *SERVERIP = (char *)"127.0.0.1";
#define SERVERPORT 9000
#define BUFSIZE    512

int main(int argc, char *argv[])
{
  int retval;

  // 명령행 인수가 있으면 IP 주소로 사용
  if (argc > 1) SERVERIP = argv[1];

  // 윈속 초기화
  WSADATA wsa;
```

```
if (WSAStartup(MAKEWORD(2, 2), &wsa) != 0)
  return 1;

// 소켓 생성
SOCKET sock = socket(AF_INET, SOCK_DGRAM, 0);
if (sock == INVALID_SOCKET) err_quit("socket()");

// 소켓 주소 구조체 초기화
struct sockaddr_in serveraddr;
memset(&serveraddr, 0, sizeof(serveraddr));
serveraddr.sin_family = AF_INET;
inet_pton(AF_INET, SERVERIP, &serveraddr.sin_addr);
serveraddr.sin_port = htons(SERVERPORT);

// 데이터 통신에 사용할 변수
struct sockaddr_in peeraddr;
int addrlen;
char buf[BUFSIZE + 1];
int len;

// 서버와 데이터 통신
while (1) {
  // 데이터 입력
  printf("\n[보낼 데이터] ");
  if (fgets(buf, BUFSIZE + 1, stdin) == NULL)
    break;

  // '\n' 문자 제거
  len = (int)strlen(buf);
  if (buf[len - 1] == '\n')
    buf[len - 1] = '\0';
  if (strlen(buf) == 0)
    break;

  // 데이터 보내기
  retval = sendto(sock, buf, (int)strlen(buf), 0,
    (struct sockaddr *)&serveraddr, sizeof(serveraddr));
  if (retval == SOCKET_ERROR) {
```

```
54             err_display("sendto()");
55             break;
56         }
57         printf("[UDP 클라이언트] %d바이트를 보냈습니다.\n", retval);
58 
59         // 데이터 받기
60         addrlen = sizeof(peeraddr);
61         retval = recvfrom(sock, buf, BUFSIZE, 0,
62             (struct sockaddr *)&peeraddr, &addrlen);
63         if (retval == SOCKET_ERROR) {
64             err_display("recvfrom()");
65             break;
66         }
67 
68         // 송신자의 IP 주소 체크
69         if (memcmp(&peeraddr, &serveraddr, sizeof(peeraddr))) {
70             printf("[오류] 잘못된 데이터입니다!\n");
71             break;
72         }
73 
74         // 받은 데이터 출력
75         buf[retval] = '\0';
76         printf("[UDP 클라이언트] %d바이트를 받았습니다.\n", retval);
77         printf("[받은 데이터] %s\n", buf);
78     }
79 
80     // 소켓 닫기
81     closesocket(sock);
82 
83     // 윈속 종료
84     WSACleanup();
85     return 0;
86 }
```

2 실습 환경에 따라 수정이 필요할 수 있다. 여기서 예제 코드는 실습의 편의를 위해 서버와 클라이언트를 같은 컴퓨터에서 실행하는 경우로 가정한다. 서로 다른 컴퓨터에서 실행하려면 UDPClient.cpp의 3행을 서버의 IP 주소로 변경하거나 실행할 때 서버 IP 주소를 명령

행 인수로 주어야 한다. 포트 번호 9000을 기본값으로 사용하므로 다른 포트 번호를 사용하려면 UDPServer.cpp의 3행과 UDPClient.cpp의 4행을 변경하면 된다. 다음 순서에 따라 테스트해보자.

❶ UDP 서버를 실행한다. 초기에는 아무것도 출력되지 않는다.

❷ 명령 프롬프트를 실행한 후 'netstat -a -n -p udp | findstr 9000' 명령을 실행한다. 다음은 윈도우 10에서 실행한 화면으로, 포트 번호 9000을 사용 중인 UDP 서버 프로세스를 보여준다.

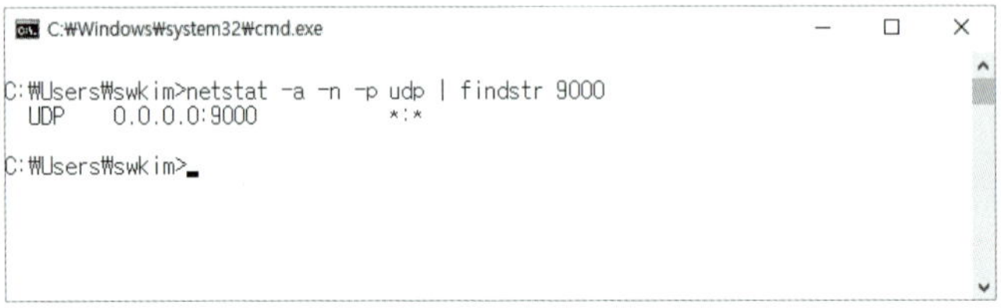

NOTE 리눅스에서는 터미널을 실행한 후 'netstat -a -n --udp | grep 9000' 명령을 실행한다.

❸ UDP 클라이언트를 실행한다. 다시 'netstat -a -n -p udp | findstr 9000' 명령을 실행하면 출력은 여전히 ❷와 같을 것이다. UDP는 TCP와 달리 연결 설정 개념 자체가 없으므로 netstat 명령의 출력 결과에 자신의 IP 주소와 포트 번호는 표시되지만 통신 상대의 IP 주소와 포트 번호는 항상 *:*로 표시된다.

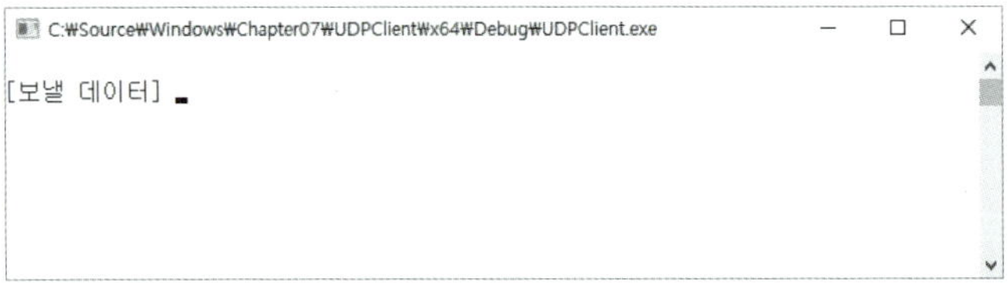

NOTE 리눅스에서는 'netstat -a -n --udp | grep 9000' 명령을 실행한다.

❹ 클라이언트에서 글자를 입력하고 Enter 를 누르면 입력 데이터가 서버에 전송된다. 클라이언트는 송신 바이트 수를 표시하고, 서버는 클라이언트의 IP 주소와 포트 번호, 클라이언트로부터 받은 데이터를 그대로 화면에 출력한다. 서버는 받은 데이터를 클라이언트에 되돌려주므로 클라이언트는 자신이 보냈던 데이터를 다시 받는다. 클라이언트는 수신 바이트 수와 받은 데이터를 화면에 출력한다. 다음의 경우, 클라이언트가 서버와 같은 컴퓨터(127.0.0.1)에서 실행 중이고 포트 번호 52580을 사용하고 있다는 것을 알 수 있다. 이 실행 결과를 토대로 UDP 서버-클라이언트의 상태를 그려보면 오른쪽 그림과 같다. UDP 클라이언트의 포트 번호 52580은 최초 데이터를 보낼 때 운영체제가 자동으로 결정해준 값이다.

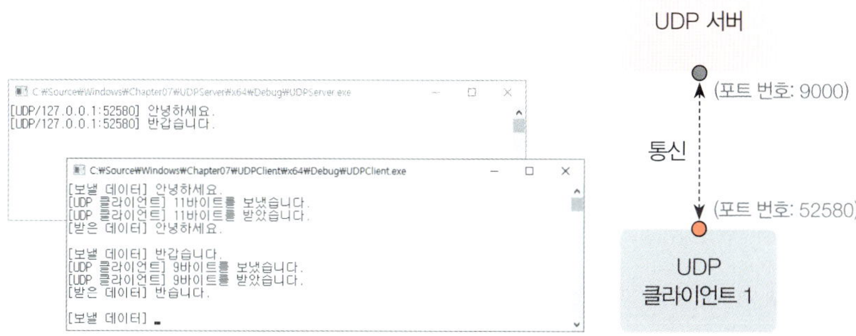

❺ UDP 클라이언트를 하나 더 실행한다. 다음과 같이 서버가 두 클라이언트의 데이터를 제대로 처리하는 것을 알 수 있다. 두 번째 클라이언트가 사용하는 포트 번호는 서버 화면에 61544로 표시된다. 실행 결과를 토대로 UDP 서버-클라이언트의 상태를 그려보면 오른쪽 그림과 같다. TCP 서버와 달리 UDP 서버는 멀티스레드 등의 방법을 사용하지 않고도 한 개의 소켓으로 다수의 클라이언트 데이터를 동시에 처리할 수 있다.

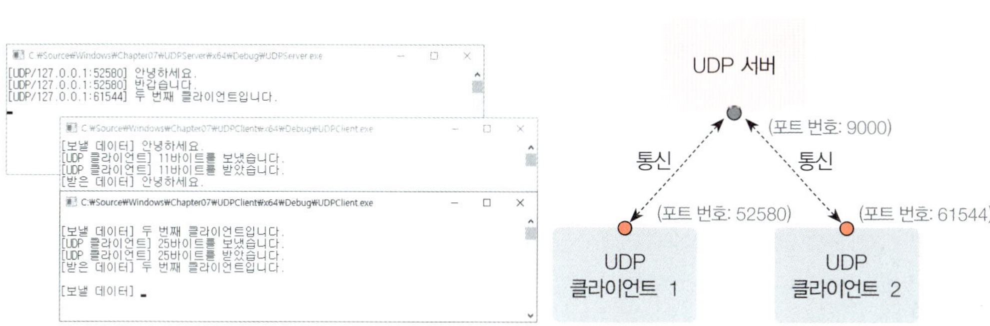

02 UDP 서버-클라이언트 분석

이 절에서는 앞에서 실습한 UDP 서버-클라이언트의 구조와 함께 관련 소켓 함수를 공부할 것이다. 우선 UDP 소켓과 연관된 데이터 구조체를 살펴보자.

[그림 8-3]은 UDP 소켓과 연관된 운영체제의 데이터 구조체다. TCP 소켓([그림 4-9])과 비교해보면 송신 버퍼가 없다는 사실을 알 수 있다. UDP는 TCP와 달리 데이터 재전송과 흐름 제어를 하지 않으므로 TCP와 같은 개념의 데이터 재전송을 위한 송신 버퍼는 존재하지 않는다.

응용 프로그램이 통신하려면 다음과 같은 요소가 결정되어야 한다. 4장에서 TCP/IP와 연관 지어 설명한 내용과 같음을 알 수 있다.

- 프로토콜: 통신 규약으로, 소켓을 생성할 때 결정한다(2장 참조).
- 지역Local IP 주소와 지역 포트 번호: 서버 또는 클라이언트 자신의 주소다.
- 원격Remote IP 주소와 원격 포트 번호: 서버 또는 클라이언트가 통신하는 상대의 주소다.

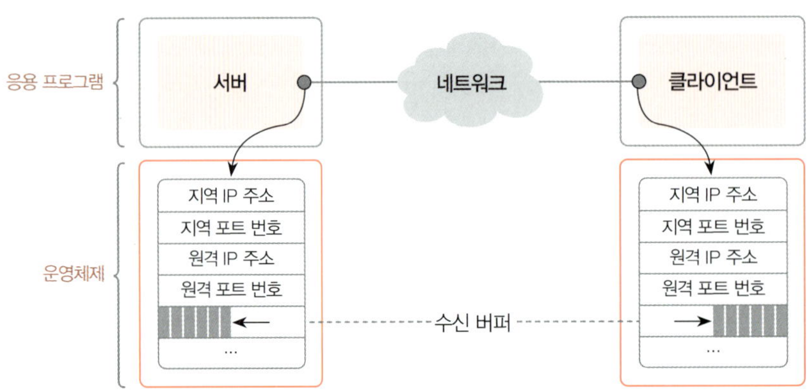

그림 8-3 UDP 소켓 데이터 구조체

UDP 서버-클라이언트에서 사용할 소켓 함수는 (데이터 전송 함수를 제외하면) 지역 주소와 원격 주소를 결정하기 위한 일련의 절차라고 할 수 있다. 데이터 전송 함수 외에 필요한 모든 함수는 이미 4장에서 다루었으므로, UDP 서버-클라이언트 작성 모델을 살펴본 후 데이터 전송 함수를 학습하도록 한다.

1 UDP 서버-클라이언트 모델

일반적으로 UDP 서버와 클라이언트는 [그림 8-4]의 왼쪽과 오른쪽에 각각 나열된 순서로 소켓 함수를 호출한다.

UDP 서버

❶ socket() 함수로 소켓을 생성함으로써 사용할 프로토콜을 결정한다.

❷ bind() 함수로 지역 IP 주소와 지역 포트 번호를 결정한다.

❸ 클라이언트가 보낸 데이터를 recvfrom() 함수로 받는다. 이때 원격 IP 주소와 원격 포트 번호, 즉 클라이언트의 주소를 알 수 있다.

❹ 받은 데이터를 처리한 결과를 sendto() 함수로 보낸다.

❺ 모든 작업을 마치면 closesocket()[윈도우]/close()[리눅스] 함수로 소켓을 닫는다.

UDP 클라이언트

❶ socket() 함수로 소켓을 생성함으로써 사용할 프로토콜을 결정한다.

❷ sendto() 함수로 서버에 데이터를 보낸다. 이때 원격 IP 주소와 원격 포트 번호는 물론, 지역 IP 주소와 지역 포트 번호도 결정된다.

❸ 서버가 처리하여 보낸 데이터를 recvfrom() 함수로 받는다.

❹ 모든 작업을 마치면 closesocket()[윈도우]/close()[리눅스] 함수로 소켓을 닫는다.

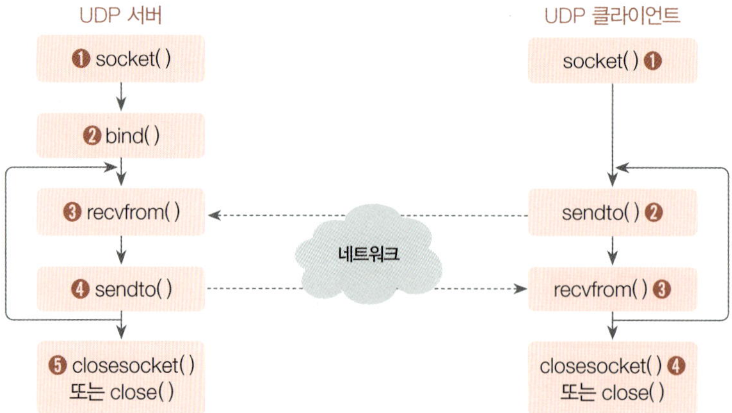

그림 8-4 UDP 서버-클라이언트 모델(1)

[그림 8-4]에 나타낸 UDP 서버-클라이언트 모델을 사용할 때 주의할 점은 다음과 같다.

- 블로킹 소켓을 사용할 경우, 송수신 함수의 호출 순서가 맞지 않으면 교착 상태Deadlock가 발생할 수 있다.
- 클라이언트는 데이터를 받은 후 송신자의 주소(IP 주소, 포트 번호)를 확인해야 한다. recvfrom() 함수는 UDP 서버가 보낸 데이터는 물론, 전혀 다른 UDP 응용 프로그램이 보낸 데이터도 수신할 수 있기 때문이다.

UDP 클라이언트를 [그림 8-5]의 오른쪽처럼 작성할 수도 있다. UDP 소켓에 대해 connect() 함수를 호출하면 통신할 상대의 주소 정보가 내부적으로 기억되므로, sendto()/recvfrom() 함수 대신 send()/recv() 함수를 사용하여 특정 UDP 서버와 통신할 수 있다.

NOTE connect() 함수를 사용하는 것은 특정 IP 주소와 포트 번호로 나타낼 수 있는 고정된 대상과 통신한다는 것을 의미한다. 통신 대상을 변경하려면 언제든지 connect() 함수를 다시 호출하면 된다.

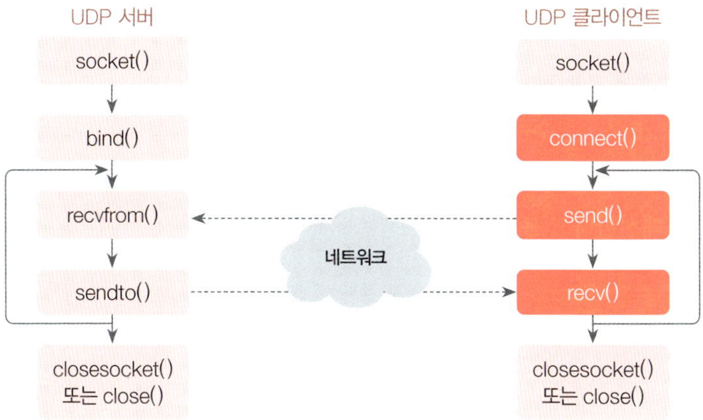

그림 8-5 UDP 서버-클라이언트 모델(2)

[그림 8-5]에 나타낸 UDP 서버-클라이언트 모델의 장점은 다음과 같다.

- sendto( ) 함수를 사용한 경우보다 효율적이다. connect( ) 함수로 서버 주소를 한 번만 설정해두면 send( ) 함수가 이 정보를 재사용하기 때문이다.
- 데이터를 받은 후 송신자의 주소(IP 주소, 포트 번호)를 확인하지 않아도 된다. recvfrom( ) 함수와 달리 recv( ) 함수는 connect( ) 함수로 설정한 대상을 제외한 다른 UDP 응용 프로그램이 보낸 데이터는 수신하지 않기 때문이다.

그러나 이 모델 역시 블로킹 소켓을 사용할 경우, 송수신 함수의 호출 순서가 맞지 않으면 교착 상태가 발생할 수 있어 주의해야 한다.

2 UDP 데이터 전송 함수

데이터 전송 함수는 크게 데이터를 보내는 함수와 데이터를 받는 함수로 구분할 수 있다. 가장 기본이 되는 함수는 sendto( ) 함수와 recvfrom( ) 함수이며, 그 밖에 운영체제에 따라 대체 함수가 존재한다. 예를 들면, 윈도우에서는 WSASend*( )/WSARecv*( ) 형태의 확장 함수를 사용할 수 있고, 리눅스에서는 sendmsg( )/recvmsg( ) 함수가 제공된다. 여기서는 예제에서 사용한 기본 함수만 살펴보도록 한다. UDP 서버-클라이언트 코드는 데이터 전송 함수를 제외하면 TCP 서버-클라이언트 코드의 부분 집합이므로, sendto( ) 함수와 recvfrom( ) 함수를 학습하고 나면 여러분이 스스로 분석할 수 있을 것이다.

sendto( ) 함수

sendto( ) 함수는 응용 프로그램 데이터를 운영체제의 송신 버퍼에 복사함으로써 데이터를 전송한다. UDP의 경우, sendto( ) 함수를 호출할 때 소켓의 지역 IP 주소와 지역 포트 번호가 아직 결정되지 않은 상태라면 운영체제가 자동으로 결정해준다. 즉, sendto( ) 함수가 TCP의 bind( ) 함수 역할을 대신한다고 볼 수 있다.

> **NOTE** 여기서 송신 버퍼라는 용어를 사용했는데, TCP에서 데이터 재전송을 위해 사용하는 송신 버퍼와는 다르다. 응용 프로그램의 데이터를 운영체제의 메모리에 복사하는 영역이라고 생각하면 된다.

윈도우

```
#include <winsock2.h>
int sendto(
  ❶ SOCKET sock,
  ❷ const char *buf,
  ❸ int len,
  ❹ int flags,
  ❺ const struct sockaddr *addr,
  ❻ int addrlen
);                                          성공: 보낸 바이트 수, 실패: SOCKET_ERROR
```

리눅스

```
#include <sys/types.h>
#include <sys/socket.h>
ssize_t sendto(
  ❶ int sock,
  ❷ void *buf,
  ❸ size_t len,
  ❹ int flags,
  ❺ struct sockaddr *addr,
  ❻ socklen_t addrlen
);                                          성공: 보낸 바이트 수, 실패: -1
```

❶ `sock` 통신에 사용할 소켓이다.

❷ `buf` 보낼 데이터를 담고 있는 응용 프로그램 버퍼의 주소다.

❸ `len` 보낼 데이터의 크기(바이트 단위)다.

❹ `flags` sendto( ) 함수의 동작을 바꾸는 옵션으로, 대부분은 0을 사용하면 된다.

❺ `addr` 목적지 주소를 담고 있는 소켓 주소 구조체다. UDP의 경우, 특정 호스트나 라우터 주소는 물론이고 브로드캐스트Broadcast나 멀티캐스트Multicast 주소를 사용할 수도 있다. 브로드캐스트 주소 사용 예는 8장 4절을, 멀티캐스트 주소 사용 예는 9장 3절을 참고한다.

❻ `addrlen` 목적지 주소를 담고 있는 소켓 주소 구조체의 크기(바이트 단위)다.

sendto( ) 함수 사용 예는 다음과 같다.

```
// 소켓 주소 구조체를 수신자의 IP 주소와 포트 번호로 초기화한다.
struct sockaddr_in serveraddr;
...
// 송신용 버퍼를 선언하고 데이터를 넣는다.
char buf[BUFSIZE];
...
// sendto() 함수로 데이터를 보낸다.
retval = sendto(sock, buf, (int)strlen(buf), 0,
    (struct sockaddr *)&serveraddr, sizeof(serveraddr));
if (retval == SOCKET_ERROR) 오류 처리;
printf("%d바이트를 보냈습니다.\n", retval);
```

sendto( ) 함수와 관련하여 주의 사항을 정리하면 다음과 같다.

- sendto( ) 함수는 UDP 소켓은 물론이고 TCP 소켓에도 사용할 수 있으며, 이 경우 addr과 addrlen 인수는 무시된다.
- sendto( ) 함수로 보낸 데이터는 독립적인 UDP 데이터그램(패킷)으로 만들어져 전송되며, 수신 측에서는 recvfrom( ) 함수를 한 번만 호출하여 이 데이터를 읽을 수 있다. 따라서 UDP를 사용할 때는 TCP와 달리 응용 프로그램 수준에서 메시지 경계를 구분하는 작업을 할 필요가 없다.
- UDP 소켓에 대해 sendto( ) 함수를 호출할 때 한 번에 보낼 수 있는 데이터의 크기는 제한이 있다. 최솟값은 0, 최댓값은 65507(65535−20(IP 헤더 크기)−8(UDP 헤더 크기))바이트다. 실제로는 최댓값보다 훨씬 작은 크기를 사용하는 것이 바람직하다. 특히 UDP를 이용하여 브로드캐스트 패킷을 보낼 경우 512바이트보다 작은 크기를 사용할 것을 권고한다.

- sendto( ) 함수로 보낸 응용 프로그램 데이터는 커널(운영체제) 영역에 복사되어 전송된 후 곧 바로 버려진다. sendto( ) 함수가 리턴했다고 실제 데이터 전송이 끝났다는 보장은 없으며, 설령 데이터 전송이 끝났어도 상대 응용 프로그램이 그 데이터를 읽었는지는 확인할 수 없다.
- 블로킹 소켓을 사용할 경우, 커널 영역에 데이터를 복사할 공간이 부족하면 sendto( ) 함수는 호출 시 블록된다.

recvfrom( ) 함수

recvfrom( ) 함수는 운영체제의 수신 버퍼에 도착한 데이터를 응용 프로그램 버퍼에 복사한다. TCP의 recv( ) 함수와 다른 점은, UDP 패킷 데이터를 한 번에 하나만 읽을 수 있다는 점이다. 즉, 응용 프로그램이 큰 버퍼를 준비해도 많은 데이터를 한꺼번에 읽을 수 없다.

윈도우

```
#include <winsock2.h>
int recvfrom(
   ❶ SOCKET sock,
   ❷ char *buf,
   ❸ int len,
   ❹ int flags,
   ❺ struct sockaddr *addr,
   ❻ int *addrlen
);                                        성공: 받은 바이트 수, 실패: SOCKET_ERROR
```

리눅스

```
#include <sys/types.h>
#include <sys/socket.h>
ssize_t recvfrom(
   ❶ int sock,
   ❷ void *buf,
   ❸ size_t len,
   ❹ int flags,
   ❺ struct sockaddr *addr,
   ❻ socklen_t *addrlen
);                                        성공: 받은 바이트 수, 실패: -1
```

❶ sock 통신에 사용할 소켓이다. sendto( ) 함수에 사용하는 소켓과 달리 이 소켓은 반드시 지역 주소(IP 주소, 포트 번호)가 미리 결정되어 있어야 한다.

❷ `buf` 받은 데이터를 저장할 응용 프로그램 버퍼의 주소다.

❸ `len` 응용 프로그램 버퍼의 크기(바이트 단위)다. 도착한 UDP 패킷 데이터가 len보다 크면 len만큼 복사하고 나머지는 버린다. 이때 recvfrom( ) 함수는 SOCKET_ERROR(−1)를 리턴한다. 따라서 예상되는 UDP 패킷 데이터의 최대 크기를 고려하여 응용 프로그램 버퍼를 준비해야 한다.

❹ `flags` recv( ) 함수의 동작을 바꾸는 옵션으로, 대부분은 0을 사용하면 된다. recvfrom( ) 함수의 기본 동작은 수신 버퍼의 데이터를 응용 프로그램 버퍼에 복사한 후 해당 데이터를 수신 버퍼에서 삭제하는 것이다. 그러나 MSG_PEEK 옵션을 사용하면 수신 버퍼에 데이터가 계속 남는다.

❺ `addr` 소켓 주소 구조체를 전달하면 송신자의 주소 정보(IP 주소와 포트 번호)로 채워진다.

❻ `addrlen` 정수형 변수를 addr이 가리키는 소켓 주소 구조체의 크기로 초기화한 후 전달한다. recvfrom( ) 함수가 리턴하면 *addrlen 변수는 recvfrom( ) 함수가 채워 넣은 주소 정보의 크기(바이트 단위)를 갖게 된다.

recvfrom( ) 함수 사용 예는 다음과 같다.

```
// 통신 상대의 주소를 저장할 변수를 선언한다.
struct sockaddr_in peeraddr;
int addrlen;
// 수신용 버퍼를 선언한다.
char buf[BUFSIZE];
// recvfrom() 함수로 데이터를 받는다.
addrlen = sizeof(peeraddr);
retval = recvfrom(sock, buf, BUFSIZE, 0,
    (struct sockaddr *)&peeraddr, &addrlen);
if (retval == SOCKET_ERROR) 오류 처리;
printf("%d바이트를 받았습니다.\n", retval);
```

recvfrom( ) 함수와 관련하여 주의 사항을 정리하면 다음과 같다.

- recvfrom( ) 함수는 UDP 소켓은 물론이고 TCP 소켓에도 사용할 수 있으며, 이 경우 addr과 addrlen 인수는 무시된다.

- sendto() 함수로 보낸 데이터는 독립적인 UDP 데이터그램(패킷)으로 만들어져 전송되며, 수신 측에서는 recvfrom() 함수를 한 번만 호출하여 이 데이터를 읽을 수 있다. 따라서 UDP를 사용할 때는 TCP와 달리 응용 프로그램 수준에서 메시지 경계를 구분하는 작업을 할 필요가 없다.
- UDP 소켓에 대해 recvfrom() 함수를 호출할 때 리턴값이 0이 될 수 있는데, 이는 상대방이 sendto() 함수 호출 시 데이터 크기를 최솟값인 0으로 설정했다는 뜻이다. UDP 프로토콜에는 연결 설정과 종료 개념이 없으므로 recvfrom() 함수의 리턴값이 0이라고 해서 특별한 의미가 있는 것은 아니다. 반면, TCP 소켓에 대해 recvfrom() 함수를 호출할 때 리턴값이 0이면 정상 종료Normal close 또는 Graceful close를 의미한다.
- 블로킹 소켓을 사용할 경우, 소켓 수신 버퍼에 도착한 데이터가 없으면 recvfrom() 함수는 호출 시 블록된다.

여기서 잠깐! | recvfrom() 함수와 소켓 지역 주소 바인딩

recvfrom() 함수에 사용하는 소켓은 반드시 지역 주소(IP 주소, 포트 번호)가 미리 결정되어 있어야 한다. 즉, recvfrom() 함수를 호출하기 전에 어디선가 bind() 함수 또는 이에 상응하는 함수를 사용하여 지역 주소를 설정하는 과정이 필요하다. 다음 서버 측 코드를 보자. 명시적으로 bind() 함수를 호출했으므로 전혀 문제가 없다.

```
bind(sock, ...);
...
recvfrom(sock, ...);
```

다음 클라이언트 코드처럼 sendto() 함수를 먼저 호출한 경우에도, 이 함수가 bind() 함수 역할도 하기 때문에 문제가 없다.

```
sendto(sock, ...);
...
recvfrom(sock, ...);
```

03 UDP 서버-클라이언트(IPv6)

앞서 설명한 UDP 서버-클라이언트는 IPv4 사용을 가정하고 작성했다. 여기서는 4장에서 소개한 규칙을 토대로 IPv6를 지원하는 UDP 서버-클라이언트를 작성하고 테스트한다.

기존 IPv4 코드를 IPv6 코드로 변환하는 규칙을 다시 소개하면 다음과 같다.

- (필요시) 새로운 헤더 파일을 포함한다.
  - 윈도우에 한해 ws2tcpip.h를 추가한다.
- 소켓 생성 시 AF_INET 대신 AF_INET6를 사용한다.
- 소켓 주소 구조체로 sockaddr_in 대신 sockaddr_in6를 사용한다.
  - 구조체를 변경하면 구조체 필드명도 그에 따라 바뀌야 한다.
  - 서버에서 주로 사용하는 INADDR_ANY(0으로 정의됨) 값은 in6addr_any(역시 0으로 정의됨 ; 소문자임에 주의)로 변경한다.
- 데이터 전송 함수는 기존의 sendto( ) 함수와 recvfrom( ) 함수를 변경 없이 그대로 사용한다.

실습 8-2 UDP 서버-클라이언트(IPv6) 작성과 테스트

1 UDPServer6와 UDPClient6라는 콘솔 응용 프로그램 프로젝트 두 개를 생성한 후 각각 다음과 같이 입력한다. IPv6 코드 변환 규칙을 적용하여 기존 IPv4 코드에서 달라진 부분은 굵게 표시했다.

UDPServer6.cpp

```
#include "..\..\Common.h"

#define SERVERPORT 9000
#define BUFSIZE    512

```

```
int main(int argc, char *argv[])
{
    int retval;

    // 윈속 초기화
    WSADATA wsa;
    if (WSAStartup(MAKEWORD(2, 2), &wsa) != 0)
        return 1;

    // 소켓 생성
    SOCKET sock = socket(AF_INET6, SOCK_DGRAM, 0);
    if (sock == INVALID_SOCKET) err_quit("socket()");

    // bind()
    struct sockaddr_in6 serveraddr;
    memset(&serveraddr, 0, sizeof(serveraddr));
    serveraddr.sin6_family = AF_INET6;
    serveraddr.sin6_addr = in6addr_any;
    serveraddr.sin6_port = htons(SERVERPORT);
    retval = bind(sock, (struct sockaddr *)&serveraddr, sizeof(serveraddr));
    if (retval == SOCKET_ERROR) err_quit("bind()");

    // 데이터 통신에 사용할 변수
    struct sockaddr_in6 clientaddr;
    int addrlen;
    char buf[BUFSIZE + 1];

    // 클라이언트와 데이터 통신
    while (1) {
        // 데이터 받기
        addrlen = sizeof(clientaddr);
        retval = recvfrom(sock, buf, BUFSIZE, 0,
            (struct sockaddr *)&clientaddr, &addrlen);
        if (retval == SOCKET_ERROR) {
            err_display("recvfrom()");
            break;
        }

```

```
    // 받은 데이터 출력
    buf[retval] = '\0';
    char addr[INET6_ADDRSTRLEN];
    inet_ntop(AF_INET6, &clientaddr.sin6_addr, addr, sizeof(addr));
    printf("[UDP/%s:%d] %s\n", addr, ntohs(clientaddr.sin6_port), buf);

    // 데이터 보내기
    retval = sendto(sock, buf, retval, 0,
      (struct sockaddr *)&clientaddr, sizeof(clientaddr));
    if (retval == SOCKET_ERROR) {
      err_display("sendto()");
      break;
    }
  }

  // 소켓 닫기
  closesocket(sock);

  // 윈속 종료
  WSACleanup();
  return 0;
}
```

UDPClient6.cpp

```
#include "..\..\Common.h"

char *SERVERIP = (char *)"::1";
#define SERVERPORT 9000
#define BUFSIZE    512

int main(int argc, char *argv[])
{
  int retval;

  // 명령행 인수가 있으면 IP 주소로 사용
  if (argc > 1) SERVERIP = argv[1];

```

```
// 윈속 초기화
WSADATA wsa;
if (WSAStartup(MAKEWORD(2, 2), &wsa) != 0)
    return 1;

// 소켓 생성
SOCKET sock = socket(AF_INET6, SOCK_DGRAM, 0);
if (sock == INVALID_SOCKET) err_quit("socket()");

// 소켓 주소 구조체 초기화
struct sockaddr_in6 serveraddr;
memset(&serveraddr, 0, sizeof(serveraddr));
serveraddr.sin6_family = AF_INET6;
inet_pton(AF_INET6, SERVERIP, &serveraddr.sin6_addr);
serveraddr.sin6_port = htons(SERVERPORT);

// 데이터 통신에 사용할 변수
struct sockaddr_in6 peeraddr;
int addrlen;
char buf[BUFSIZE + 1];
int len;

// 서버와 데이터 통신
while (1) {
    // 데이터 입력
    printf("\n[보낼 데이터] ");
    if (fgets(buf, BUFSIZE + 1, stdin) == NULL)
        break;

    // '\n' 문자 제거
    len = (int)strlen(buf);
    if (buf[len - 1] == '\n')
        buf[len - 1] = '\0';
    if (strlen(buf) == 0)
        break;

```

```
        // 데이터 보내기
        retval = sendto(sock, buf, (int)strlen(buf), 0,
            (struct sockaddr *)&serveraddr, sizeof(serveraddr));
        if (retval == SOCKET_ERROR) {
            err_display("sendto()");
            break;
        }
        printf("[UDP 클라이언트] %d바이트를 보냈습니다.\n", retval);

        // 데이터 받기
        addrlen = sizeof(peeraddr);
        retval = recvfrom(sock, buf, BUFSIZE, 0,
            (struct sockaddr *)&peeraddr, &addrlen);
        if (retval == SOCKET_ERROR) {
            err_display("recvfrom()");
            break;
        }

        // 송신자의 IP 주소 체크
        if (memcmp(&peeraddr, &serveraddr, sizeof(peeraddr))) {
            printf("[오류] 잘못된 데이터입니다!\n");
            break;
        }

        // 받은 데이터 출력
        buf[retval] = '\0';
        printf("[UDP 클라이언트] %d바이트를 받았습니다.\n", retval);
        printf("[받은 데이터] %s\n", buf);
    }

    // 소켓 닫기
    closesocket(sock);

    // 윈속 종료
    WSACleanup();
    return 0;
}
```

2 실행 화면은 다음과 같다. 'netstat -a -n -p udpv6' 명령으로 실행하면 서버와 클라이언트의 연결 정보를 확인할 수 있다.

NOTE 리눅스에서는 'netstat -a -n --udp -6' 명령을 실행한다.

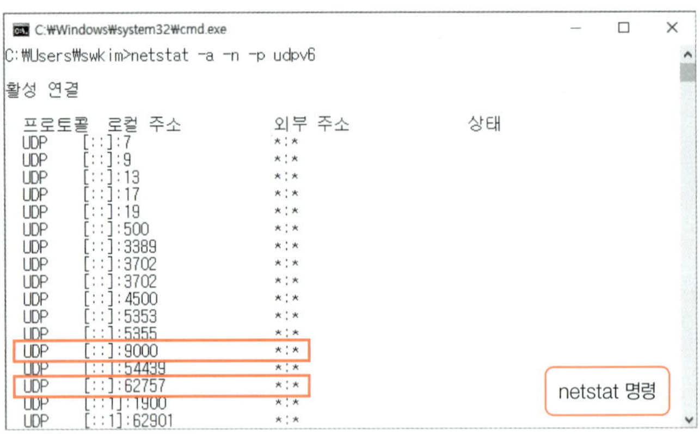

04 브로드캐스팅

TCP와 구별되는 UDP의 특징으로는 브로드캐스팅과 멀티캐스팅을 들 수 있다. 이를 이용하면 다자간 통신을 쉽게 구현할 수 있다. 통신에 참여하는 개체 간의 상호 작용을 송신자와 수신자의 개수에 따라 분류하면 [그림 8-6]과 같다.

NOTE 브로드캐스팅과 멀티캐스팅은 엄밀하게는 IP가 제공하는 기능이지만, 응용 프로그램 수준에서는 UDP를 사용하여 구현하는 것이 일반적이다.

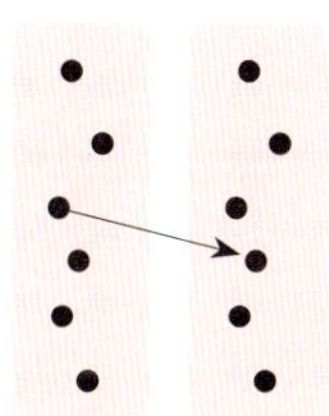

한 개체가 다른 한 개체에 데이터를 보내는 모델이다. IPv4/IPv6에서 지원한다.

(a) 유니캐스팅Unicasting; one-to-one

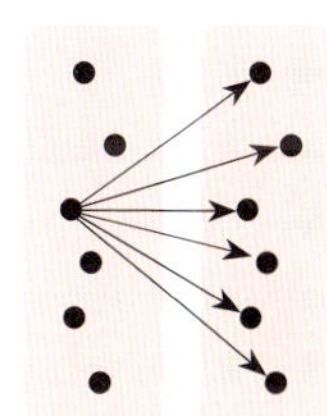

한 개체가 특정 네트워크(자신과 동일 네트워크도 가능)에 속한 모든 개체에 데이터를 보내는 모델이다. IPv4에서만 지원한다.

(b) 브로드캐스팅Broadcasting; one-to-many

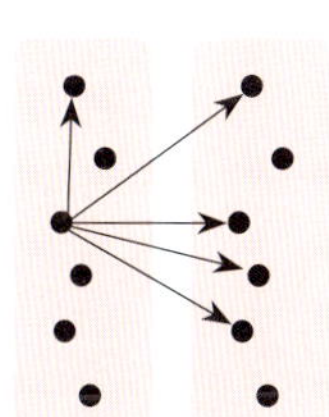

동일 그룹에 가입한 모든 개체(물리적으로는 서로 다른 네트워크에 각 개체가 속할 수 있음)에 데이터를 보내는 모델이다. 개념적으로 브로드캐스팅은 멀티캐스팅의 특수한 경우로 볼 수 있다. IPv4/IPv6에서 지원한다.

(c) 멀티캐스팅Multicasting; one-to-many

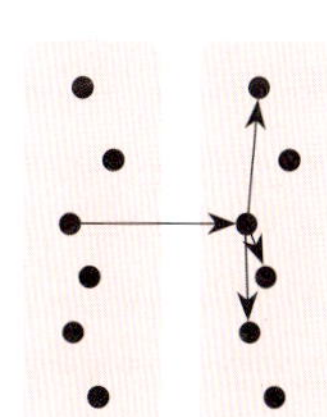

한 개체가 동일 그룹에 가입한 개체 중 가장 가까운 하나에만 데이터를 보내면, 데이터를 받은 개체가 그룹에 속한 나머지 개체에 데이터를 보내는 모델이다. IPv6에서만 지원한다.

(d) 애니캐스팅Anycasting; one-to-one-of-many

그림 8-6 통신에 참여하는 개체 간 상호 작용

이 절에서는 UDP를 이용한 브로드캐스팅 기법을 다루고, 9장에서 소켓 옵션을 공부하면서 UDP를 이용한 멀티캐스팅을 다룬다. 애니캐스팅은 IPv6에 새로 등장한 개념인데, 현재까지는 네트워크 하부 구조에서만 사용하므로 본문에서 추가로 언급하지 않는다.

브로드캐스팅은 송신자가 보낸 데이터 한 개를 다수의 수신자가 받는 방식이다. 데이터 복사본을 여러 개 만들어 보내는 것이 아니므로 송신자 관점에서 보면 상당히 효율적인 기술이라고 볼 수 있다.

[그림 8-7]은 이더넷Ethernet에서 브로드캐스트 메시지를 보내는 상황을 나타낸다. 송신자가 보내는 (하나의) 메시지는 이더넷을 통해 전기적 신호로 뿌려지고, 각 개체는 이 메시지가 브로드캐스트 주소로 보낸 것임을 확인하고 각자 읽어들인다.

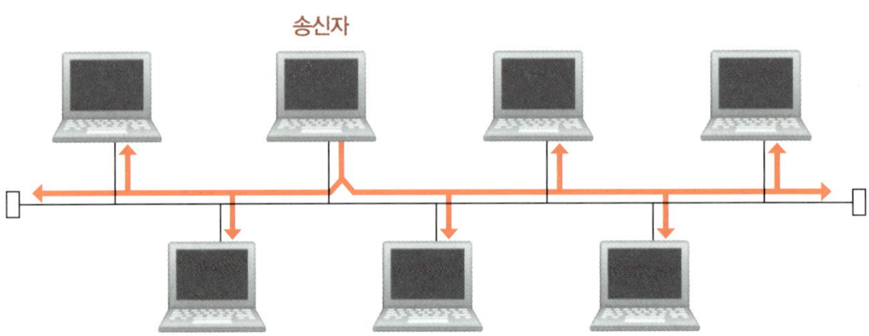

그림 8-7 브로드캐스팅의 예: 이더넷

소켓 응용 프로그램에서 브로드캐스트 데이터를 보내려면 다음 절차를 따라야 한다. 브로드캐스트 데이터를 받는 쪽에서는 프로토콜(예 UDP)과 포트 번호(예 9000)만 일치시키면 된다.

❶ 브로드캐스팅을 활성화한다.

윈도우

```
DWORD bEnable = 1;
setsockopt(sock, SOL_SOCKET, SO_BROADCAST,
   (const char *)&bEnable, sizeof(bEnable));
```

리눅스

```
int bEnable = 1;
retval = setsockopt(sock, SOL_SOCKET, SO_BROADCAST,
   &bEnable, sizeof(bEnable));
```

socket() 함수로 생성한 소켓은 기본적으로 유니캐스팅만 가능하다. 9장에서 배울 소켓 옵션 중 SO_BROADCAST를 사용하면 브로드캐스팅을 활성화할 수 있다. setsockopt() 함수의 첫 번째 인수로 소켓, 두 번째와 세 번째 인수로 SOL_SOCKET과 SO_BROADCAST를 전달한 상태에서 네 번째 인수에 0이 아닌 값을 담은 변수의 주솟값을 전달하면 해당 소켓에 대한 브로드캐스팅이 활성화되며, 이때부터 브로드캐스트 데이터를 보낼 수 있다.

❷ 브로드캐스트 주소를 목적지로 설정하여 데이터를 보낸다.

```
// 소켓 주소 구조체를 초기화한다.
struct sockaddr_in remoteaddr;
memset(&remoteaddr, 0, sizeof(remoteaddr));
remoteaddr.sin_family = AF_INET;
inet_pton(AF_INET, "255.255.255.255", &remoteaddr.sin_addr);
remoteaddr.sin_port = htons(9000);
// 송신용 버퍼를 선언하고 데이터를 넣는다.
char buf[BUFSIZE];
...
// sendto() 함수로 데이터를 보낸다.
retval = sendto(sock, buf, (int)strlen(buf), 0,
  (struct sockaddr *)&remoteaddr, sizeof(remoteaddr));
if(retval == SOCKET_ERROR) 오류 처리;
printf("%d바이트를 보냈습니다.\n", retval);
```

브로드캐스트 데이터를 보내는 코드는 IP 주소 부분을 제외하면 유니캐스트 데이터를 보내는 것과 동일하다. 따라서 브로드캐스팅을 위한 IP 주소의 종류만 알면 된다. IPv6에서는 브로드캐스팅을 지원하지 않으므로 IPv4 주소만 설명한다.

IPv4 주소는 크게 네트워크 ID와 호스트 ID로 나눌 수 있다. 서브넷Subnet을 사용하는 경우, 호스트 ID의 일부는 서브넷 ID로 사용된다. 브로드캐스팅용으로 예약된 IPv4 주소는 [그림 8-8]과 같은 구조를 가진다.

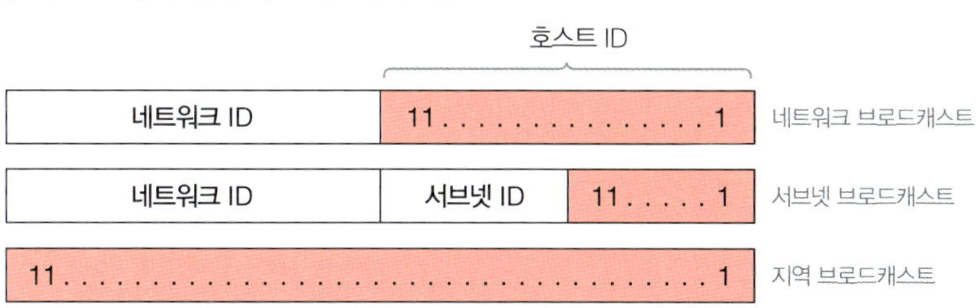

그림 8-8 브로드캐스트 주소의 구조

■ **네트워크 브로드캐스트**Net-Directed Broadcast

호스트 ID 비트가 모두 1인 경우로, 특정 네트워크에 대한 브로드캐스팅을 의미한다. 브로드캐스트 데이터가 라우터를 거쳐야 하므로 라우터 설정에 따라 브로드캐스팅이 불가능할 수도 있다. 따라서 실용적으로 브로드캐스트 주소로 사용하기는 어렵다.

■ **서브넷 브로드캐스트**Subnet-Directed Broadcast

서브넷 ID를 제외한 호스트 ID 비트가 모두 1인 경우로, 특정 서브넷에 대한 브로드캐스팅을 의미한다. 서브넷 브로드캐스트도 라우터를 통과하지 못할 수 있으므로, 일반적으로 외부 서브넷에 대한 브로드캐스팅을 목적으로 사용하기는 어렵다. 하지만 송신자 자신이 속한 서브넷에 대한 브로드캐스팅은 사실상 지역 브로드캐스트이므로 가능하다.

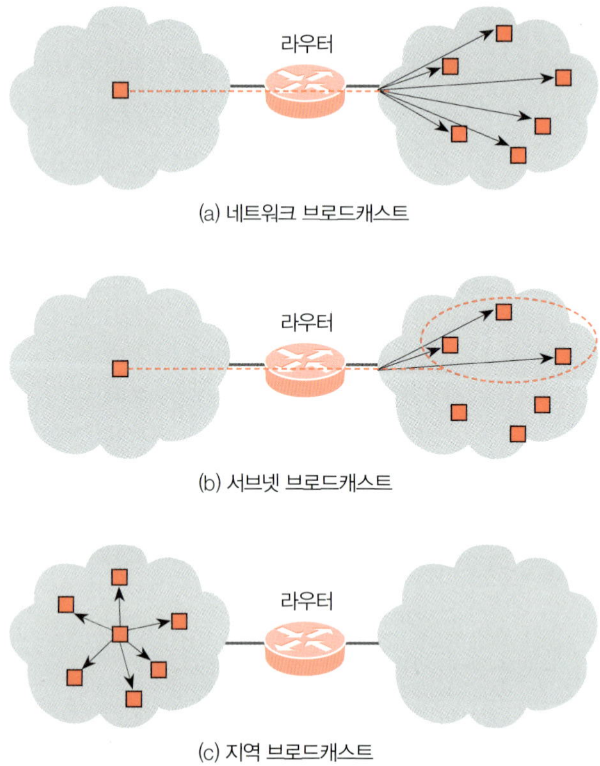

그림 8-9 브로드캐스팅 방식

■ **지역 브로드캐스트**Local Broadcast 또는 Limited Broadcast

네트워크 ID와 호스트 ID 비트가 1인 경우(IPv4 주소 255.255.255.255로 표시)로, 송신자 자신이 속한 네트워크에 대한 브로드캐스팅을 의미한다. 항상 브로드캐스팅이 가능하며, 브로드캐스트 데이터가 라우터 경계를 넘어가지 않는다.

> **NOTE** 요즘은 네트워크 보안 때문에 지역 브로드캐스트를 제외하고는 대부분 막혀 있다고 생각하면 된다.

UDP 소켓을 이용하여 브로드캐스트 데이터를 보내는 프로그램과 받는 프로그램을 작성해보자. 실습의 편의를 위해 지역 브로드캐스트 주소(255.255.255.255)를 사용한다. 두 응용 프로그램의 동작은 [그림 8-10]과 같다.

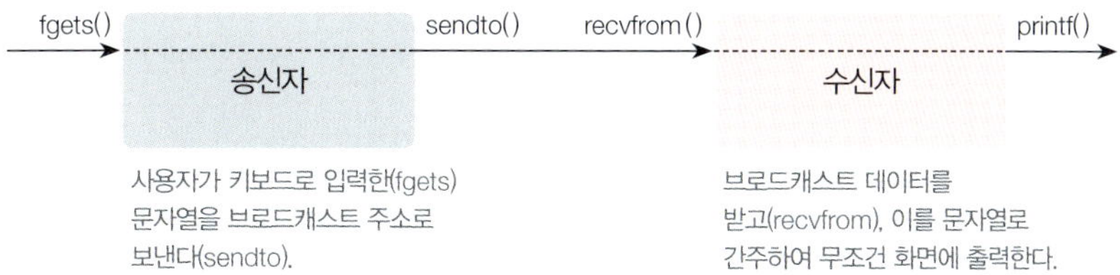

그림 8-10 브로드캐스팅 예제 동작

실습 8-3 UDP 브로드캐스팅 예제 작성과 테스트

1 BroadcastReceiver와 BroadcastSender라는 콘솔 응용 프로그램 프로젝트 두 개를 생성한 후 각각 다음과 같이 입력한다.

BroadcastReceiver.cpp

```
#include "..\..\Common.h"

#define LOCALPORT 9000
#define BUFSIZE   512

int main(int argc, char *argv[])
{
    int retval;

    // 윈속 초기화
    WSADATA wsa;
    if (WSAStartup(MAKEWORD(2, 2), &wsa) != 0)
        return 1;

    // 소켓 생성
    SOCKET sock = socket(AF_INET, SOCK_DGRAM, 0);
    if (sock == INVALID_SOCKET) err_quit("socket()");

    // bind()
    struct sockaddr_in localaddr;
    memset(&localaddr, 0, sizeof(localaddr));
    localaddr.sin_family = AF_INET;
    localaddr.sin_addr.s_addr = htonl(INADDR_ANY);
    localaddr.sin_port = htons(LOCALPORT);
```

```
    retval = bind(sock, (struct sockaddr *)&localaddr, sizeof(localaddr));
    if (retval == SOCKET_ERROR) err_quit("bind()");

    // 데이터 통신에 사용할 변수
    struct sockaddr_in peeraddr;
    int addrlen;
    char buf[BUFSIZE + 1];

    // 브로드캐스트 데이터 받기
    while (1) {
        // 데이터 받기
        addrlen = sizeof(peeraddr);
        retval = recvfrom(sock, buf, BUFSIZE, 0,
            (struct sockaddr *)&peeraddr, &addrlen);
        if (retval == SOCKET_ERROR) {
            err_display("recvfrom()");
            break;
        }

        // 받은 데이터 출력
        buf[retval] = '\0';
        char addr[INET_ADDRSTRLEN];
        inet_ntop(AF_INET, &peeraddr.sin_addr, addr, sizeof(addr));
        printf("[UDP/%s:%d] %s\n", addr, ntohs(peeraddr.sin_port), buf);
    }

    // 소켓 닫기
    closesocket(sock);

    // 윈속 종료
    WSACleanup();
    return 0;
}
```

BroadcastSender.cpp

```
#include "..\..\Common.h"

#define REMOTEIP   "255.255.255.255"
```

```
#define REMOTEPORT 9000
#define BUFSIZE    512

int main(int argc, char *argv[])
{
    int retval;

    // 윈속 초기화
    WSADATA wsa;
    if (WSAStartup(MAKEWORD(2, 2), &wsa) != 0)
        return 1;

    // 소켓 생성
    SOCKET sock = socket(AF_INET, SOCK_DGRAM, 0);
    if (sock == INVALID_SOCKET) err_quit("socket()");

    // 브로드캐스팅 활성화
    DWORD bEnable = 1;
    retval = setsockopt(sock, SOL_SOCKET, SO_BROADCAST,
        (const char *)&bEnable, sizeof(bEnable));
    if (retval == SOCKET_ERROR) err_quit("setsockopt()");

    // 소켓 주소 구조체 초기화
    struct sockaddr_in remoteaddr;
    memset(&remoteaddr, 0, sizeof(remoteaddr));
    remoteaddr.sin_family = AF_INET;
    inet_pton(AF_INET, REMOTEIP, &remoteaddr.sin_addr);
    remoteaddr.sin_port = htons(REMOTEPORT);

    // 데이터 통신에 사용할 변수
    char buf[BUFSIZE + 1];
    int len;

    // 브로드캐스트 데이터 보내기
    while (1) {
        // 데이터 입력
        printf("\n[보낼 데이터] ");
        if (fgets(buf, BUFSIZE + 1, stdin) == NULL)
            break;
```

```
43
44         // '\n' 문자 제거
45         len = (int)strlen(buf);
46         if (buf[len - 1] == '\n')
47             buf[len - 1] = '\0';
48         if (strlen(buf) == 0)
49             break;
50
51         // 데이터 보내기
52         retval = sendto(sock, buf, (int)strlen(buf), 0,
53             (struct sockaddr *)&remoteaddr, sizeof(remoteaddr));
54         if (retval == SOCKET_ERROR) {
55             err_display("sendto()");
56             break;
57         }
58         printf("[UDP] %d바이트를 보냈습니다.\n", retval);
59     }
60
61     // 소켓 닫기
62     closesocket(sock);
63
64     // 윈속 종료
65     WSACleanup();
66     return 0;
67 }
```

2 실행 결과는 다음과 같다. 만약 같은 LAN(예 강의실)에 속한 여러 컴퓨터에서 BroadcastReceiver를 실행한 상태에서 BroadcastSender로 데이터를 보내면, 모든 BroadcastReceiver가 데이터를 수신하여 ❶과 같이 출력할 것이다. 브로드캐스팅을 활성화하는 코드(BroadcastSender.cpp의 21~24행)를 제거하고 다시 실행해본다. ❷와 같이 sendto() 함수에서 오류가 발생할 것이다.

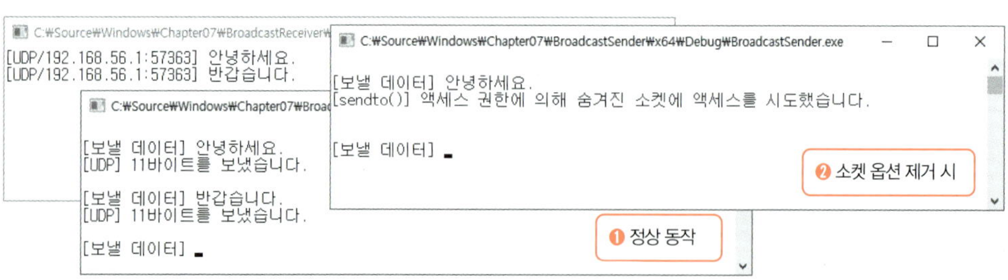

01 UDP의 특징(소켓 함수 관점)

① 연결 설정을 하지 않으므로 connect( ) 함수를 사용하지 않음

② 프로토콜 수준에서 신뢰성 있는 데이터 전송을 보장하지 않으므로, 필요하다면 응용 프로그램 수준에서 신뢰성 있는 데이터 전송 기능을 구현해야 함

③ 간단한 소켓 함수 호출 절차만 따르면 다자간 통신을 쉽게 구현할 수 있음

④ TCP와 달리 응용 프로그램이 데이터 경계 구분을 위한 작업을 할 필요가 없음

02 UDP 서버의 동작 순서

① socket( ) 함수로 소켓을 생성함으로써 사용할 프로토콜을 결정

② bind( ) 함수로 지역 IP 주소와 지역 포트 번호를 결정

③ 클라이언트가 보낸 데이터를 recvfrom( ) 함수로 받음. 이때 원격 IP 주소와 원격 포트 번호(=클라이언트 주소)를 알 수 있음

④ 받은 데이터를 처리한 결과를 sendto( ) 함수로 보냄

⑤ 모든 작업을 마치면 closesocket( )[윈도우]/close( )[리눅스] 함수로 소켓을 닫음

03 UDP 클라이언트의 동작 순서

① socket( ) 함수로 소켓을 생성함으로써 사용할 프로토콜을 결정

② sendto( ) 함수로 서버에 데이터를 보냄. 이때 원격 IP 주소와 원격 포트 번호는 물론, 지역 IP 주소와 지역 포트 번호도 결정

③ 서버가 처리하여 보낸 데이터를 recvfrom( ) 함수로 받음

④ 모든 작업을 마치면 closesocket( )[윈도우]/close( )[리눅스] 함수로 소켓을 닫음

04 UDP 데이터 전송 함수

- sendto( ) 함수: 응용 프로그램 데이터를 운영체제의 송신 버퍼에 복사하여 데이터 전송
- recvfrom( ) 함수: 운영체제의 수신 버퍼에 도착한 데이터를 응용 프로그램 버퍼에 복사

요약

05 통신에 참여하는 개체 간 상호 작용

- 유니캐스팅
- 브로드캐스팅
- 멀티캐스팅
- 애니캐스팅

06 브로드캐스트 주소

- 네트워크 브로드캐스트
- 서브넷 브로드캐스트
- 지역 브로드캐스트

01 UDPClient 예제를 수정하여 getsockname( ) 함수로 자신의 지역 포트 번호를 출력하시오.

02 UDPClient 예제를 [그림 8-5] 형태로 변경한 후 동작 여부를 확인하시오.

03 UDPServer 예제를 수정하여, 받은 데이터를 영문자열로 간주하고 대문자는 소문자로, 소문자는 대문자로 바꾼 후 다시 클라이언트에 보내도록 하시오.

04 현재 시각을 알려주는 UDP 서버를 작성하시오. UDP 클라이언트는 UDP 서버에 요청 메시지를 보낸 후 현재 시각을 문자열 형태로 받아야 한다. 현재 시각의 형식은 xxxx년 xx월 xx일 xx시 xx분 xx초이며, 24시간제를 사용한다.

05 사용자가 명령행 인수로 임의 개수의 숫자를 입력하면 이 숫자들을 모아서 UDP 서버에 보내는 UDP 클라이언트를 작성하시오. UDP 서버가 숫자의 합을 계산하여 리턴하면, UDP 클라이언트는 화면에 계산 결과를 출력한다. 실행 예는 다음과 같다.

```
클라이언트 실행: 윈도우 .\UDPClient.exe 10 20 30 40 50
클라이언트 실행: 리눅스 ./UDPClient 10 20 30 40 50
클라이언트 출력         10 + 20 + 30 + 40 + 50 = 150
```

06 UDP를 이용한 파일 전송 프로그램을 작성하시오. 클라이언트가 서버에 파일을 전송한다고 가정하며 데이터 손실이 없도록 구현해야 한다. 상대가 데이터를 잘 받았는지 확인하는 기능과 그렇지 않은 경우 재전송하는 기능을 넣어야만 신뢰성 있는 전송이 가능하다.

07 브로드캐스팅을 이용한 다자간 채팅 프로그램을 작성하시오. 멀티스레드를 이용하여 BroadcastSender와 BroadcastReceiver 기능을 하나로 합치면 된다.

08 **04**번 문제를 IPv6를 사용하여 구현하시오. 서버와 클라이언트 모두 IPv6를 사용한다.

09 05번 문제를 IPv6를 사용하여 구현하시오. 서버와 클라이언트 모두 IPv6를 사용한다.

10 06번 문제를 IPv6를 사용하여 구현하시오. 서버와 클라이언트 모두 IPv6를 사용한다.

Chapter

09

소켓 옵션

학습목표

- TCP/IP 응용 프로그램에 적용 가능한 소켓 옵션을 이해하고 활용할 수 있다.
- 멀티캐스팅의 개념과 동작 원리를 이해하고 UDP를 이용하여 구현할 수 있다.
- 소켓 옵션을 조합해서 적용하여 데이터 통신의 기능과 효율을 보완할 수 있다.

01 소켓 옵션의 종류와 관련 함수

소켓 프로그래밍은 [그림 9-1]과 같이 소켓을 통해 TCP/IP, Bluetooth, IrDA와 같은 통신 프로토콜의 기능을 이용하는 응용 프로그램을 작성하는 일이다. 이 응용 프로그램은 소켓 코드가 제공하는 인터페이스인 소켓 함수를 사용하므로, 통신 프로토콜을 변경하더라도 기존 코드 수정을 최소화할 수 있다는 장점이 있다.

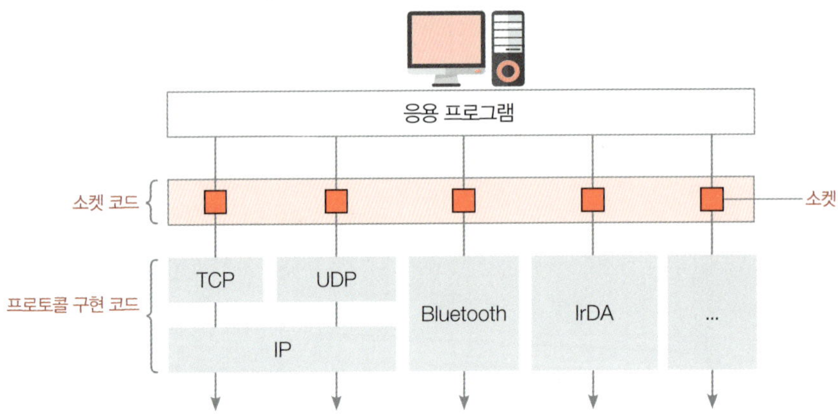

그림 9-1 소켓 프로그래밍 모델

지금까지 작성한 모든 응용 프로그램은 (8장의 브로드캐스팅 예제를 제외하면) 소켓의 동작 속성을 변경하지 않고 소켓 함수에 그대로 전달함으로써 구현했다. 그러나 다양한 요구사항이 있는 응용 프로그램을 작성하다 보면 같은 소켓 함수를 호출하더라도 소켓 코드나 프로토콜 구현 코드의 동작이 달라져야 할 경우가 있다. 이 장의 주제인 소켓 옵션Socket Option을 사용하면 소켓 함수의 기본 동작을 변경할 수 있고, 이를 통해 소켓 코드와 프로토콜 구현 코드를 세부적으로 제어할 수 있다.

소켓 옵션은 처리 주체에 따라 크게 두 종류로 구분할 수 있다.

■ **소켓 코드가 처리하는 옵션**

옵션을 설정하면 소켓 코드에서 해석하고 처리한다. 프로토콜에 독립적인 성격이 있으나 옵션의 실제 적용 여부는 프로토콜 종류에 따라 달라진다. 2절에서 학습하도록 한다.

■ **프로토콜 구현 코드가 처리하는 옵션**

옵션을 설정하면 프로토콜 구현 코드에서 해석하고 처리한다. 프로토콜에 의존적인 성격이 있으므로 프로토콜 종류에 따라 옵션 자체가 달라진다. 대표 예로 3절과 4절에서 각각 IP와 TCP 옵션을 학습하도록 한다.

소켓 옵션을 설정할 때는 setsockopt() 함수를 사용한다.

윈도우

```
#include <winsock2.h>
int setsockopt(
    ❶ SOCKET sock,
    ❷ int level,
    ❸ int optname,
    ❹ const char *optval,
    ❺ int optlen
);                                           성공: 0, 실패: SOCKET_ERROR
```

리눅스

```
#include <sys/types.h>
#include <sys/socket.h>
int setsockopt(
    ❶ int sock,
    ❷ int level,
    ❸ int optname,
    ❹ const void *optval,
    ❺ socklen_t optlen
);                                           성공: 0, 실패: -1
```

❶ `sock` 옵션을 적용할 대상 소켓이다.

❷ `level` 옵션을 해석하고 처리할 주체를 지시한다. 예를 들어, 소켓 코드가 처리하면 SOL_SOCKET, IPv4 프로토콜 코드가 처리하면 IPPROTO_IP, IPv6 프로토콜 코드가 처리하면 IPPROTO_IPV6, TCP 프로토콜 코드가 처리하면 IPPROTO_TCP를 사용한다. 옵션 이름이 정해지면 level 값은 자동으로 결정되므로 [표 9-1]~[표 9-4]를 참고하여 선택하면 된다.

❸ `optname` 설정할 옵션의 이름이다.

❹ `optval` 설정할 옵션값을 담고 있는 버퍼의 주소다. 옵션값은 대부분 정수이지만 구조체인 경우도 있다.

❺ `optlen` optval이 가리키는 버퍼의 크기(바이트 단위)다.

현재 설정된 소켓 옵션값을 얻을 때는 getsockopt( ) 함수를 사용한다.

윈도우

```
#include <winsock2.h>
int getsockopt(
    ❶ SOCKET sock,
    ❷ int level,
    ❸ int optname,
    ❹ char *optval,
    ❺ int *optlen
);                                    성공: 0, 실패: SOCKET_ERROR
```

리눅스

```
#include <sys/types.h>
#include <sys/socket.h>
int getsockopt(
    ❶ int sock,
    ❷ int level,
    ❸ int optname,
    ❹ void *optval,
    ❺ socklen_t *optlen
);                                    성공: 0, 실패: -1
```

❶ `sock` 옵션값을 얻을 대상 소켓이다.

❷ `level` 옵션을 해석하고 처리할 주체를 지시한다. 예를 들어, 소켓 코드가 처리하면 SOL_SOCKET, IPv4 프로토콜 코드가 처리하면 IPPROTO_IP, IPv6 프로토콜 코드가 처리하면 IPPROTO_IPV6, TCP 프로토콜 코드가 처리하면 IPPROTO_TCP를 사용한다. 옵션 이름이 정해지면 level 값은 자동으로 결정되므로 [표 9-1]~[표 9-4]를 참고하여 선택하면 된다.

❸ `optname` 값을 얻을 옵션의 이름이다.

❹ `optval` 얻은 옵션값을 저장할 버퍼의 주소다. 옵션값은 대부분 정수형이지만 구조체형인 경우도 있다.

❺ `optlen` 옵션값의 길이를 나타내는 값-결과Value-Result 인수다. 함수 호출 전에는 optval이 가리키는 버퍼의 크기(바이트 단위)로 응용 프로그램에서 초기화한다. 함수 호출 후에는 얻은 옵션값의 크기로 운영체제가 값을 채워준다.

NOTE [표 9-1]~[표 9-4]의 내용과 달리 운영체제에 따라 호출 전후 optlen의 길이가 조금 다른 경우도 있으므로 getsockopt() 함수 호출 후에 optlen의 길이를 확인해보기를 바란다.

[표 9-1]~[표 9-4]는 TCP/IP와 관련하여 레벨별로 자주 사용되는 옵션을 정리한 것이다. 왼쪽부터 차례로 옵션 이름, 옵션값의 타입, getsockopt( ) 함수와 setsockopt( ) 함수 사용 가능 여부, 간단한 설명이다. 각 옵션의 사용법은 2절부터 학습한다.

NOTE

- 표의 두 번째 열 내용에서 타입 이름 뒤의 { } 기호는 구조체를 나타낸다.
- 표의 내용은 윈도우를 기준으로 한 것이다. 리눅스에서는 별도 언급이 없다면 DWORD 대신 int가 들어간다고 보면 된다. DWORD(boolean)은 정수형이면서 참(1) 또는 거짓(0) 값을 사용함을 뜻한다. 본문 소스 코드는 윈도우/리눅스에 따라 DWORD/int를 구분해서 사용하지만, 소스 코드 호환성을 위해 모두 int로 통일해도 문제없이 작동한다.

표 9-1 level = SOL_SOCKET

optname 값	optval 타입	get	set	설명
SO_BROADCAST	DWORD (boolean)	o	o	브로드캐스트 패킷 전송 가능 여부
SO_KEEPALIVE	DWORD (boolean)	o	o	주기적으로 연결 상태 확인 여부
SO_LINGER	linger{ }	o	o	소켓 송신 버퍼에 미전송 데이터가 있을 때 closesocket( )[윈도우]/close( )[리눅스] 함수의 리턴 지연 시간 설정
SO_SNDBUF SO_RCVBUF	DWORD	o	o	소켓 송/수신 버퍼의 크기 설정
SO_SNDTIMEO SO_RCVTIMEO	DWORD[윈도우] timeval{ }[리눅스]	o	o	데이터 송/수신 함수 호출 시 타임아웃 설정
SO_REUSEADDR	DWORD (boolean)	o	o	지역 주소(IP 주소, 포트 번호) 재사용 여부

표 9-2 level = IPPROTO_IP

optname 값	optval 타입	get	set	설명
IP_TTL	DWORD	o	o	IP 패킷의 TTL[Time-To-Live] 값 설정
IP_ADD_MEMBERSHIP IP_DROP_MEMBERSHIP	ip_mreq{ }	x	o	멀티캐스트 그룹 가입과 탈퇴
IP_MULTICAST_IF	DWORD[윈도우] in_addr{ }[리눅스]	o	o	멀티캐스트 패킷 송신 인터페이스 선택 (인터페이스 IP 주소 전달, 기본값은 0)
IP_MULTICAST_LOOP	DWORD (boolean)[윈도우] u_char[리눅스]	o	o	멀티캐스트 패킷의 루프백 여부
IP_MULTICAST_TTL	DWORD[윈도우] u_char[리눅스]	o	o	멀티캐스트 패킷의 TTL 값 설정

표 9-3 level = IPPROTO_IPV6

optname 값	optval 타입	get	set	설명
IPV6_UNICAST_HOPS	DWORD	o	o	IP 패킷의 TTL[Time-To-Live] 값 설정
IPV6_JOIN_GROUP IPV6_LEAVE_GROUP	ipv6_mreq{ }	x	o	멀티캐스트 그룹 가입과 탈퇴
IPV6_MULTICAST_IF	DWORD[윈도우] u_int[리눅스]	o	o	멀티캐스트 패킷 송신 인터페이스 선택 (인터페이스 인덱스 전달, 기본값은 0)
IPV6_MULTICAST_LOOP	DWORD (boolean)[윈도우] u_int[리눅스]	o	o	멀티캐스트 패킷의 루프백 여부
IPV6_MULTICAST_HOPS	DWORD	o	o	멀티캐스트 패킷의 TTL 값 설정

표 9-4 level = IPPROTO_TCP

optname 값	optval 타입	get	set	설명
TCP_NODELAY	DWORD (boolean)	o	o	Nagle 알고리즘 비활성화 여부 (기본값은 0; Nagle 알고리즘 활성 상태)

02 SOL_SOCKET 레벨 옵션

SOL_SOCKET 레벨 옵션은 소켓 코드에서 해석하여 처리하므로 프로토콜에 독립적인 성격을 띤다. 하지만 여기에 속한 옵션을 모든 프로토콜에 공통으로 적용할 수 있는 것은 아니므로 주의해야 한다.

1 SO_BROADCAST 옵션

SO_BROADCAST 옵션을 설정하면 해당 소켓을 이용하여 브로드캐스트 데이터를 보낼 수 있다. 프로토콜의 특성상 TCP 소켓에는 사용할 수 없고 UDP 소켓에만 사용할 수 있다. TCP는 프로토콜 수준에서 SO_BROADCAST 옵션에 대응하는 기능을 제공하지 않기 때문이다.

SO_BROADCAST 옵션은 8장 4절의 BroadcastSender 예제에서 활용한 적이 있는데, 사용 예를 다시 살펴보면 다음과 같다.

윈도우

```
// 브로드캐스팅 활성화
DWORD bEnable = 1;
retval = setsockopt(sock, SOL_SOCKET, SO_BROADCAST,
    (const char *)&bEnable, sizeof(bEnable));
if (retval == SOCKET_ERROR) err_quit("setsockopt()");
```

리눅스

```
// 브로드캐스팅 활성화
int bEnable = 1;
retval = setsockopt(sock, SOL_SOCKET, SO_BROADCAST,
    &bEnable, sizeof(bEnable));
if (retval == SOCKET_ERROR) err_quit("setsockopt()");
```

여기서 잠깐! | **항상 브로드캐스팅이 가능하다면?**

기본 생성 소켓이 유니캐스팅은 물론이고 브로드캐스팅도 가능하다면 어떤 일이 발생할까? 예를 들어, 유니캐스팅만 가정하여 작성한 데이터 전송 프로그램이 있다고 하자. IP 주소를 브로드캐스트 주소로 설정하여 데이터를 전송할 수 있다면, 네트워크에 연결된 모든 컴퓨터에 데이터가 전송되므로 효율성 문제가 생긴다. 컴퓨터 20대 중 단 1대만 데이터를 받을 필요가 있다면, 나머지 19대는 불필요하게 브로드캐스트 데이터를 처리해야 하기 때문이다. 이처럼 유니캐스팅을 위한 응용 프로그램을 브로드캐스팅에 (실수로 혹은 의도적으로) 잘못 사용하는 경우를 막으려고 브로드캐스팅을 기본값이 아닌 옵션으로 두었다고 보면 된다.

2 SO_KEEPALIVE 옵션

SO_KEEPALIVE 옵션을 설정하면 TCP 프로토콜 수준에서 연결 여부를 확인하기 위해 상대 TCP에 주기적으로(기본 2시간 간격) TCP 패킷을 보낸다. 이때 상대 TCP의 반응에 따른 동작은 다음과 같다.

- **상대 TCP가 정해진 시간 안에 응답하는 경우**

  TCP 연결에 문제가 없는 상태이므로 응용 프로그램은 정상적으로 동작한다.

- **상대 TCP가 정해진 시간 안에 응답하지 않는 경우**

  TCP 연결에 일시적으로 문제가 있는 상태로 간주할 수 있으므로 몇 번 더 TCP 패킷을 보내고도 응답이 없다면 자동으로 소켓을 닫아 시스템 자원 소모를 막는다. 나중에 응용 프로그램이 해당 소켓을 사용하려고 하면 오류가 발생한다.

- **상대 TCP가 RST^{ReSeT} 패킷으로 응답하는 경우**

  TCP는 예상하지 못한 엉뚱한 패킷이 도달하면 비정상적인 상황으로 간주하여 상대편에 RST 패킷을 보냄으로써 연결을 강제 종료한다. RST 패킷이 도달하면 사실상 연결이 끊어진 것이므로 자동으로 소켓을 닫아 시스템 자원 소모를 막는다. 나중에 응용 프로그램이 해당 소켓을 사용하려고 하면 오류가 발생한다.

SO_KEEPALIVE 옵션을 사용하는 이유를 생각해보자. TCP 연결은 단순한 물리적 연결Physical Connection이 아니라, 최초 연결 설정 시 정보를 주고받아 양쪽의 상태 정보를 일치시킨 상태로 통신하는 논리적 연결Logical Connection이다. 따라서 이후에 데이터 교환이 없다면 상대 호스트가 다운되거나 전원이 끊어진 경우를 감지하지 못한다는 특성이 있다. 한편, TCP 서버는 접속한 클라이언트 수에 비례하여 소켓을 생성한다. 따라서 이로 인한 시스템 자원 소모도 비례하여 증가하므로 연결이 끊어진 소켓을 그때그때 닫아야 한다. 그런데 TCP 연결의 특성상 연결이 끊어진 사실을 서버가 감지할 수 없는 경우가 발생한다. 이때 SO_KEEPALIVE 옵션을 설정해두면 TCP 프로토콜 수준에서 주기적으로 끊어진 연결을 감지하여 해당 소켓을 닫기 때문에 불필요한 시스템 자원 소모를 막을 수 있다.

SO_KEEPALIVE 옵션 사용 예는 다음과 같다.

윈도우

```
DWORD bEnable = 1;
retval = setsockopt(sock, SOL_SOCKET, SO_KEEPALIVE,
    (const char *)&bEnable, sizeof(bEnable));
if (retval == SOCKET_ERROR) err_quit("setsockopt()");
```

리눅스

```
int bEnable = 1;
retval = setsockopt(sock, SOL_SOCKET, SO_KEEPALIVE,
    &bEnable, sizeof(bEnable));
if (retval == SOCKET_ERROR) err_quit("setsockopt()");
```

SO_KEEPALIVE 옵션은 TCP 소켓에만 사용할 수 있다. UDP는 프로토콜 수준에서 SO_KEEPALIVE 옵션에 대응하는 기능을 제공하지 않기 때문이다. TCP 소켓에 사용할 때는 일반적으로 TCP 서버의 연결 대기Listening 소켓에 대해 설정하며, 이 경우 accept( ) 함수가 리턴하는 소켓도 자동으로 SO_KEEPALIVE 옵션이 설정된 상태로 생성된다.

3 SO_LINGER 옵션

SO_LINGER 옵션으로 소켓 송신 버퍼에 미전송 데이터가 있을 때 closesocket( )[윈도우]/close( )[리눅스] 함수의 리턴 지연 시간 제어를 설정할 수 있다. 옵션의 필요성을 이해하기 위해 데이터를 보낸 직후에 소켓을 닫는 상황을 생각해보자.

```
send(sock, ...);       // 데이터를 보낸다.
closesocket(sock);     // 소켓을 닫는다.[윈도우]
또는 close(sock);       // 소켓을 닫는다.[리눅스]
```

TCP 소켓을 사용할 경우, closesocket()/close() 함수는 다음 두 가지 기능을 한다.

- 소켓을 닫고 할당된 운영체제 자원을 반환한다. 따라서 closesocket()/close() 함수 리턴 후에는 해당 소켓을 통신에 사용할 수 없다. 이는 TCP 소켓뿐만 아니라 UDP 소켓의 경우에도 마찬가지다.
- TCP 프로토콜 수준에서 연결 종료 절차Connection Termination Sequence를 시작한다. 즉, TCP 연결 종료를 위한 최초의 패킷(TCP 기술 문서에서는 FIN 세그먼트(패킷)라고 부름)을 상대편에 보낸다.

그런데 closesocket()/close() 함수 호출 시점에 send() 함수로 보내려고 했던 이전 데이터가 송신 버퍼에 아직 남아 있다면 어떻게 될까? 다음 질문에 대한 답을 생각해보자.

- Q1. closesocket()/close() 함수는 언제 리턴하는가?
- Q2. 송신 버퍼에 남아 있는 데이터를 보낼 것인가, 아니면 삭제할 것인가?
- Q3. TCP 연결을 어떤 방식(정상 종료 혹은 강제 종료)으로 종료할 것인가?

이 질문에 대한 답으로 다음과 같은 가능한 동작 방식을 생각해볼 수 있다.

❶ closesocket()/close() 함수는 곧바로 리턴하되, 송신 버퍼의 데이터를 백그라운드로 모두 보내고 TCP 연결을 정상 종료한다.

❷ closesocket()/close() 함수는 곧바로 리턴하되, 송신 버퍼의 데이터를 삭제하고 TCP 연결을 강제 종료한다.

❸ 송신 버퍼의 데이터를 모두 보내고 TCP 연결을 정상 종료한 후 closesocket()/close() 함수가 리턴한다. 만약 일정 시간 안에 송신 버퍼의 데이터를 모두 보내지 못하면 TCP 연결을 강제 종료한 후 closesocket()/close() 함수가 리턴한다. 이때 송신 버퍼에 남은 데이터는 삭제한다.

여기서 잠깐! | TCP 연결 정상 종료와 강제 종료

정상 종료Normal Close 또는 Graceful Close는 통신 양단이 FIN(→), ACK(←), FIN(←), ACK(→) TCP 패킷을 주고받아 접속을 끊는 방법이다. TCP 응용 프로그램의 바람직한 연결 종료 방법으로, 응용 프로그램 수준에서는 closesocket()/close() 함수를 상호 호출함으로써 구현한다. 지금까지 본문에서 작성한 모든 응용 프로그램은 정상 종료한다고 보면 된다.

강제 종료Abortive Close(또는 Hard Close)는 한쪽에서 일방적으로 RSTReSeT 패킷을 보냄으로써 접속을 끊는 방법이다. 대개 강제 종료는 예상하지 못한 엉뚱한 TCP 패킷이 도달하는 등의 비정상적인 상황이 발생했을 때 TCP 프로토콜 수준에서 자동으로 진행된다. 하지만 응용 프로그램이 TCP 프로토콜에 강제 종료를 시작하도록 지시할 수도 있다. SO_LINGER 옵션을 소켓에 적용한 상태로 closesocket()/close() 함수를 호출하면 된다. 구체적인 옵션값 설정에 대한 설명은 본문 내용을 참고한다.

SO_LINGER 옵션은 closesocket()/close() 함수의 두 가지 기능을 세부적으로 제어하는 데 사용한다. 이를 이용하면 앞에서 설명한 세 가지 동작 방식을 구현할 수 있다.

SO_LINGER 옵션값으로는 linger 구조체를 사용한다.

윈도우

```
struct linger {
    ❶ u_short l_onoff; /* 0=off, nonzero=on */
    ❷ u_short l_linger; /* linger time (seconds) */
};
```

리눅스

```
struct linger {
    ❶ int l_onoff; /* 0=off, nonzero=on */
    ❷ int l_linger; /* linger time (seconds) */
};
```

❶ `l_onoff` 값이 0이면 closesocket()/close() 함수는 곧바로 리턴한다. 0이 아니면 l_linger 필드로 설정한 시간(초 단위) 동안 리턴하지 않고 대기한다.

❷ `l_linger` closesocket()/close() 함수가 리턴하지 않고 대기할 시간을 초 단위(0 또는 양수)로 지정한다.

SO_LINGER 옵션 사용 예는 다음과 같다.

윈도우

```
struct linger optval;
optval.l_onoff = 1;    /* linger on */
optval.l_linger = 10; /* linger time = 10초 */
retval = setsockopt(sock, SOL_SOCKET, SO_LINGER,
   (const char *)&optval, sizeof(optval));
if (retval == SOCKET_ERROR) err_quit("setsockopt()");
```

리눅스

```
struct linger optval;
optval.l_onoff = 1;    /* linger on */
optval.l_linger = 10; /* linger time = 10초 */
retval = setsockopt(sock, SOL_SOCKET, SO_LINGER,
   &optval, sizeof(optval));
if (retval == SOCKET_ERROR) err_quit("setsockopt()");
```

옵션값에 따른 closesocket()/close() 함수 동작을 요약하면 [표 9-5]와 같다.

표 9-5 SO_LINGER 옵션값에 따른 closesocket()/close() 함수 동작

linger 구조체		closesocket()/close() 함수 동작	추가 설명
l_onoff	l_linger		
0	사용 안 함	설명 ❶과 동일	closesocket()/close()의 기본 동작 방식
1	0	설명 ❷와 동일	
1	양수	설명 ❸과 동일	

SO_LINGER 옵션은 TCP 소켓에만 사용할 수 있다. UDP는 프로토콜 수준에서 정상 종료와 강제 종료 개념을 제공하지 않기 때문이다. TCP 서버에 SO_LINGER 옵션을 적용할 때는 연결 대기Listening 소켓에 대해 한 번만 설정해두면 accept() 함수가 리턴하는 소켓도 자동으로 SO_LINGER 옵션이 설정된 상태로 생성된다. TCP 클라이언트는 소켓을 보통 한 개만 만들어서 사용하므로 역시 SO_LINGER 옵션을 한 번만 설정하면 된다.

여기서 잠깐! | shutdown() 함수

closesocket()/close() 함수의 두 가지 기능(소켓 닫고 운영체제 자원 반환, TCP 연결 종료) 중 후자를 별도 함수로 처리하는 방법이 있다. closesocket()/close() 함수를 호출하기 전에 shutdown() 함수를 호출하는 것이다. shutdown() 함수의 형태는 다음과 같다.

윈도우

```
#include <winsock2.h>
int shutdown(
    SOCKET sock,
    int how
);                                        성공: 0, 실패: SOCKET_ERROR
```

리눅스

```
#include <sys/socket.h>
int shutdown(
    int sock,
    int how
);                                        성공: 0, 실패: -1
```

첫 번째 인수는 제어할 대상 소켓이고, 두 번째 인수는 옵션이다. 옵션에 따른 shutdown() 함수의 기능은 다음과 같다. 두 번째 옵션인 SD_SEND 또는 SHUT_WR을 TCP 소켓에 사용할 경우, 상대편에 FIN 패킷을 보냄으로써 정상적인 TCP 연결 종료 절차가 시작된다. 이는 closesocket()/close() 함수의 두 번째 기능과 같은 것이다. TCP 연결은 양방향[Full-duplex]인데 shutdown() 함수는 한쪽 방향 연결만을 끊으므로[Half close], 완전한 연결 종료를 하려면 통신 양단이 적절한 시점에 shutdown() 함수를 각각 호출해야 한다.

옵션(실제값)	기능
SD_RECEIVE(0)[윈도우] 또는 SHUT_RD(0)[리눅스]	소켓에 대한 데이터 수신이 금지된다. 데이터 송신은 계속할 수 있다.
SD_SEND(1)[윈도우] 또는 SHUT_WR(1)[리눅스]	소켓에 대한 데이터 송신이 금지된다. 데이터 수신은 계속할 수 있다.
SD_BOTH(2)[윈도우] 또는 SHUT_RDWR(2)[리눅스]	소켓에 대한 데이터 수신과 송신이 모두 금지된다.

다음 그림은 shutdown() 함수와 closesocket()/close() 함수를 조합하여 사용하는 예다. 어느 쪽이든 send() 함수를 이용한 데이터 전송이 끝나면 항상 shutdown() 함수를 호출함으로써 한쪽 방향의 TCP 연결을 끊는다. 상대편은 recv() 함수의 리턴값이 0이 되므로 데이터를 모두 받았다고 확신할 수 있다. 이때는 shutdown() 함수가 연결 종료 기능을 하므로 closesocket()/close() 함수는 소켓을 닫고 운영체제 자원을 반환하는 기능만 한다.

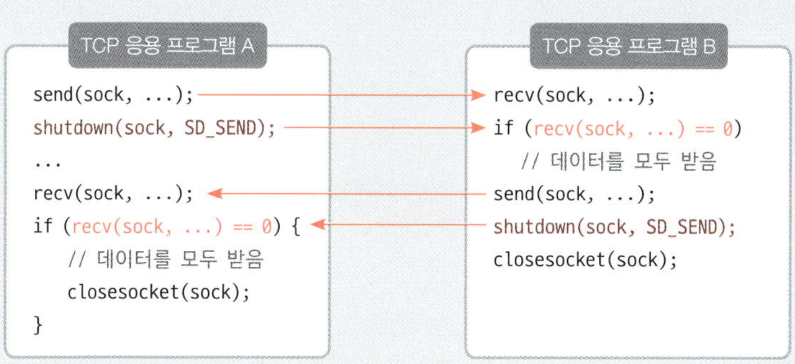

윈도우에서 shutdown() 함수 사용 예

4 SO_SNDBUF, SO_RCVBUF 옵션

SO_SNDBUF와 SO_RCVBUF 옵션을 설정하면 운영체제가 소켓에 할당하는 송신 버퍼와 수신 버퍼의 크기를 변경할 수 있다. 두 옵션의 사용법은 같으므로 SO_RCVBUF 옵션 사용 예만 살펴보자. 다음 코드는 TCP 서버에서 연결 대기Listening 소켓의 수신 버퍼 크기를 두 배로 늘린다. 버퍼 크기를 무한정 늘릴 수 없으므로 제대로 설정됐는지 확인하기 위해 getsockopt() 함수를 다시 호출한다는 점에 주목한다. 완성된 예제는 RcvBuf_TCPServer 이름으로 제공된다.

윈도우

```
DWORD optval; int optlen;
// 수신 버퍼의 크기를 얻는다.
optlen = sizeof(optval);
retval = getsockopt(listen_sock, SOL_SOCKET, SO_RCVBUF,
   (char *)&optval, &optlen);
if (retval == SOCKET_ERROR) err_quit("getsockopt()");
printf("수신 버퍼 크기(old) = %d바이트\n", optval);
// 수신 버퍼의 크기를 두 배로 늘린다.
optval *= 2;
retval = setsockopt(listen_sock, SOL_SOCKET, SO_RCVBUF,
   (const char *)&optval, sizeof(optval));
if (retval == SOCKET_ERROR) err_quit("setsockopt()");
// 수신 버퍼의 크기를 얻는다.
optlen = sizeof(optval);
retval = getsockopt(listen_sock, SOL_SOCKET, SO_RCVBUF,
   (char *)&optval, &optlen);
if (retval == SOCKET_ERROR) err_quit("getsockopt()");
printf("수신 버퍼 크기(new) = %d바이트\n", optval);
```

리눅스

```
int optval; socklen_t optlen;
// 수신 버퍼의 크기를 얻는다.
optlen = sizeof(optval);
retval = getsockopt(listen_sock, SOL_SOCKET, SO_RCVBUF,
   &optval, &optlen);
if (retval == SOCKET_ERROR) err_quit("getsockopt()");
printf("수신 버퍼 크기(old) = %d바이트\n", optval);
// 수신 버퍼의 크기를 두 배로 늘린다.
optval *= 2;
```

```
retval = setsockopt(listen_sock, SOL_SOCKET, SO_RCVBUF,
    &optval, sizeof(optval));
if (retval == SOCKET_ERROR) err_quit("setsockopt()");
// 수신 버퍼의 크기를 얻는다.
optlen = sizeof(optval);
retval = getsockopt(listen_sock, SOL_SOCKET, SO_RCVBUF,
    &optval, &optlen);
if (retval == SOCKET_ERROR) err_quit("getsockopt()");
printf("수신 버퍼 크기(new) = %d바이트\n", optval);
```

앞의 코드를 윈도우 10에서 실행한 결과는 [그림 9-2]와 같다. 수신 버퍼의 기본 크기는 64K바이트이고, 이 값이 128K바이트로 증가했음을 알 수 있다.

```
C:\Source\Windows\Chapter08\RcvBuf_TCPServer\x64\Debug\TCPServer.exe
수신 버퍼 크기(old) = 65536바이트
수신 버퍼 크기(new) = 131072바이트
```

그림 9-2 소켓 수신 버퍼 크기 변경

SO_SNDBUF와 SO_RCVBUF 옵션 사용 시 권장 사항은, UDP 소켓은 소켓 버퍼 크기를 언제든지 변경해도 되지만 TCP 소켓은 연결이 이루어지기 전에 변경하는 것이다. 즉, TCP 서버에서는 listen( ) 함수, TCP 클라이언트에서는 connect( ) 함수 호출 전에 옵션을 설정하는 것이 좋다. TCP 서버에 옵션을 적용할 때는, 연결 대기Listening 소켓에 대해 한 번만 설정해두면 accept( ) 함수가 리턴하는 소켓도 자동으로 같은 옵션이 설정된 상태로 생성된다는 점도 알아두자.

5 SO_SNDTIMEO, SO_RCVTIMEO 옵션

4장 2절에서 언급했듯이 socket( ) 함수로 만든 기본 소켓은 블로킹 소켓이므로, 데이터 전송 함수 호출 시 조건이 만족하지 않으면 무한정 블록되어 교착 상태가 발생할 수 있다. 이때 SO_SNDTIMEO와 SO_RCVTIMEO 옵션으로 타임아웃Timeout을 설정해두면, 데이터 전송 함수(send( ), recv( ), sendto( ), recvfrom( ) 등)가 작업 완료와 상관없이 일정 시간 후에 리턴하게 할 수 있다. SO_SNDTIMEO, SO_RCVTIMEO 옵션값으로 윈도우에서는 정수(밀리초 단위)를, 리눅스에서는 timeval 구조체(초 단위 + 마이크로초 단위)를 사용한다.

두 옵션의 사용법은 동일하므로 SO_RCVTIMEO 옵션의 사용 예만 살펴본다. 다음 코드는 소켓의 수신 타임아웃을 3.5초로 지정한다. 즉, 3.5초가 지나도 데이터가 도착하지 않으면 recv() 함수에서 오류가 발생한다.

윈도우

```
// 수신 타임아웃을 3.5초(=3500밀리초)로 지정한다.
DWORD optval = 3500;
retval = setsockopt(sock, SOL_SOCKET, SO_RCVTIMEO,
    (const char *)&optval, sizeof(optval));
if (retval == SOCKET_ERROR) err_quit("setsockopt()");
```

리눅스

```
// 수신 타임아웃을 3.5초(=3초+500000마이크로초)로 지정한다.
struct timeval optval = { 3, 500000 };
retval = setsockopt(sock, SOL_SOCKET, SO_RCVTIMEO,
    &optval, sizeof(optval));
if (retval == SOCKET_ERROR) err_quit("setsockopt()");
```

앞의 코드를 UDP 클라이언트에 추가하고 UDP 서버가 응답하는 코드(sendto( ) 함수 호출 부분)를 주석 처리한 후 실행해보자. 완성된 예제는 RcvTimeO_UDPServer, RcvTimeO_UDPClient 이름으로 제공된다. UDP 클라이언트 화면에 [그림 9-3]과 같은 오류 메시지가 나타날 것이다. 옵션을 설정하지 않았다면 recvfrom() 함수가 무한정 대기해야 하지만, 타임아웃을 3.5초로 지정했으므로 3.5초 안에 데이터가 도착하지 않으면 recvfrom() 함수가 오류를 리턴한다.

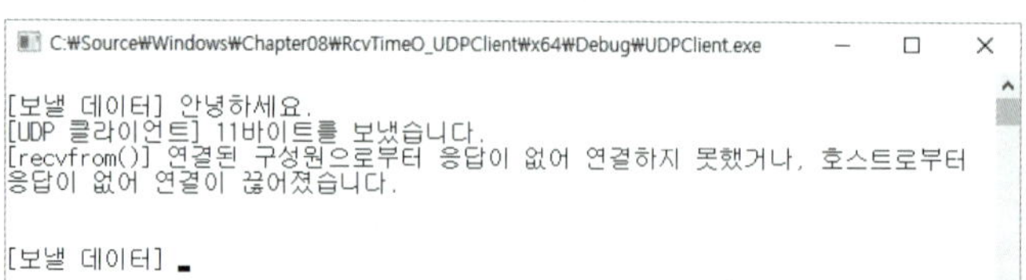

그림 9-3 SO_RCVTIMEO 옵션을 사용하여 수신 타임아웃을 지정한 경우

SO_SNDTIMEO와 SO_RCVTIMEO 옵션은 TCP와 UDP 소켓에 모두 사용할 수 있다. 이 두 옵션은 교착 상태를 방지하는 목적 외에 통신 상대가 일정 시간 안에 응답하는지 알고 싶을 때도 유용하게 사용할 수 있다. 윈도우나 리눅스에서 기본 제공되는 ping 프로그램이 그런 예다.

6 SO_REUSEADDR 옵션

SO_REUSEADDR 옵션을 설정하면 현재 사용 중인 IP 주소와 포트 번호를 재사용할 수 있다. 다시 말하면, 현재 사용 중인 IP 주소와 포트 번호를 이용하여 bind( ) 함수를 (성공적으로) 호출할 수 있다. 이 옵션은 TCP와 UDP 소켓에 모두 사용할 수 있는데, 실습을 통해 기능을 확인해보자.

실습 9-1 **SO_REUSEADDR 옵션 테스트**

1 4장 TCPServer와 8장 UDPServer 예제를 각각 복사한 후, 소켓 생성 직후에 SO_REUSEADDR 옵션을 설정하는 코드를 추가한다.

> **NOTE** 리눅스에서는 optval 변수의 타입만 약간 다르므로 별도로 코드를 싣지 않았다. 9장 디렉터리의 TCPServer.cpp와 UDPServer.cpp 파일을 살펴본다.

TCPServer.cpp

```
...
// 소켓 생성
SOCKET listen_sock = socket(AF_INET, SOCK_STREAM, 0);
if (listen_sock == INVALID_SOCKET) err_quit("socket()");

// SO_REUSEADDR 소켓 옵션 설정
DWORD optval = 1;
retval = setsockopt(listen_sock, SOL_SOCKET, SO_REUSEADDR,
   (const char *)&optval, sizeof(optval));
if (retval == SOCKET_ERROR) err_quit("setsockopt()");
...
```

UDPServer.cpp

```
...
// 소켓 생성
SOCKET sock = socket(AF_INET, SOCK_DGRAM, 0);
if (sock == INVALID_SOCKET) err_quit("socket()");

// SO_REUSEADDR 소켓 옵션 설정
DWORD optval = 1;
```

```
retval = setsockopt(sock, SOL_SOCKET, SO_REUSEADDR,
    (const char *)&optval, sizeof(optval));
if (retval == SOCKET_ERROR) err_quit("setsockopt()");
...
```

2 4장 TCPClient와 8장 UDPClient 예제를 각각 클라이언트로 사용하여 테스트한 결과는 다음과 같다. 윈도우에서는 같은 서버를 두 개 이상 실행해도 문제가 없으며, 그중 하나만 클라이언트 요청에 응답한다는 것을 알 수 있다. 만약 SO_REUSEADDR 옵션을 설정하지 않은 상태로 실행하면, 두 번째 서버를 실행할 때 bind( ) 함수에서 오류가 발생한다. 리눅스에서는 TCP 서버의 동작만 다른데, SO_REUSEADDR 옵션을 사용하더라도 같은 TCP 서버를 두 개 이상 실행할 수 없다.

SO_REUSEADDR 옵션을 설정하는 목적을 요약하면 다음과 같다.

❶ TCP 서버 종료 후 재실행 시 bind( ) 함수에서 오류가 발생하는 일을 방지한다.

유닉스/리눅스 운영체제에서 멀티프로세스 기반으로 작성한 TCP 서버를 실행할 때 종종 발생하는 문제다. TCP 서버는 새로운 접속이 이루어지면 fork( ) 함수로 자식 프로세스를 생성하여 클라이언트 요청을 처리한다. TCP 서버에 문제가 발생하여 강제 종료하더라도 자식 프로세스가 남아 포트 번호를 계속 사용하므로 TCP 서버를 재실행할 때 바인딩 오류가 발생한다. 이때 bind( ) 함수 호출 전에 SO_REUSEADDR 옵션을 설정해두면 오류를 피할 수 있다. 윈도우 운영체제에서는 일반적으로 멀티스레드를 기반으로 작성하므로 이런 문제가 발생하지 않는다. 하지만 단일 프로세스로 작성한 TCP 서버를 실행할 때도 종종 바인딩 오류가 발생할 수 있다. 이는 서버의 비정상 종료로 인해 지역 주소(지역 IP 주소와 지역 포트 번호)의 TCP 상태가 TIME_WAIT에 머물러 있기 때문이다. 유닉스/리눅스 운영체제에서는 TIME_WAIT 상태에 기인한 바인딩 오류가 흔한 편이지만, 윈도우 운영체제에서는 상대적으로 경험하기 어렵다. 당장은 오류가 발생하지 않더라도 코드 이식성을 고려하여 TCP 서버 작성 시 항상 SO_REUSEADDR 옵션을 설정하는 것이 좋다.

❷ 여러 IP 주소를 보유한 호스트에서 서버를 IP 주소별로 따로 운용할 수 있도록 한다.

유닉스/리눅스 운영체제에서는 서버 실행 시 IP 주소가 달라도 포트 번호만 같으면 바인딩 오류가 발생한다. 여러 IP 주소를 보유한 호스트에서 서버를 IP 주소별로 따로 운용하고 싶다면 SO_REUSEADDR 옵션을 설정해두어야 한다. 윈도우 운영체제에서는 서버 실행 시 포트 번호가 같아도 IP 주소가 다르면 바인딩 오류가 발생하지 않는다. 하지만 코드 이식성을 고려하여 서버 작성 시 항상 SO_REUSEADDR 옵션을 설정하는 것이 좋다.

❸ 멀티캐스팅 응용 프로그램이 같은 포트 번호를 사용할 수 있도록 한다.

❶은 TCP 서버에, ❷는 TCP와 UDP 서버 모두에 사용하는 것에 반해 ❸은 UDP 서버에 한정하여 사용한다. 다음 3절에서 멀티캐스팅 예제를 다룰 때 활용한다.

03 IPPROTO_IP, IPPROTO_IPV6 레벨 옵션

IPPROTO_IP, IPPROTO_IPV6 레벨 옵션은 각각 IPv4, IPv6 프로토콜 코드에서 해석하고 처리한다. 따라서 AF_INET 또는 AF_INET6 주소 체계를 사용하는 소켓에만 적용할 수 있다.

이 절에서는 [표 9-2]와 [표 9-3]에 정리한 멀티캐스팅 관련 옵션(IP_TTL, IPV6_UNICAST_HOPS를 제외한 나머지 전부)을 다룰 것이다. 멀티캐스팅은 개념상 TCP 소켓에는 사용할 수 없고 UDP 소켓에만 적용할 수 있다는 점을 염두에 두고 진행한다.

8장 4절에서 잠시 언급했듯이 멀티캐스팅을 사용하면 같은 그룹에 가입한 모든 개체(물리적으로 서로 다른 네트워크에 속할 수 있음)가 서로 통신할 수 있다. 브로드캐스팅과 마찬가지로 멀티캐스팅을 하려면 예약된 IP 주소를 사용해야 한다.

멀티캐스팅용 IP 주소는 [그림 9-4]와 같이 정의되어 있다. IPv4 주소는 224.0.0.0~239.255.255.255 범위이고, IPv6 주소는 FFXX:XXXX:XXXX:XXXX:XXXX:XXXX:XXXX:XXXX 형태다(X는 0~F 범위의 16진수 숫자). 고정된 상위 비트를 제외한 나머지 부분을 그룹 ID라고 부르며, 이 값이 통신할 대상의 멀티캐스트 그룹을 나타낸다. 응용 프로그램은 멀티캐스트 데이터를 수신하기 위해 멀티캐스트 그룹에 자유롭게 가입Join하고 탈퇴Leave할 수 있다. 소켓 옵션을 이용한 그룹 가입과 탈퇴 방법은 잠시 후 실습에서 살펴보도록 한다.

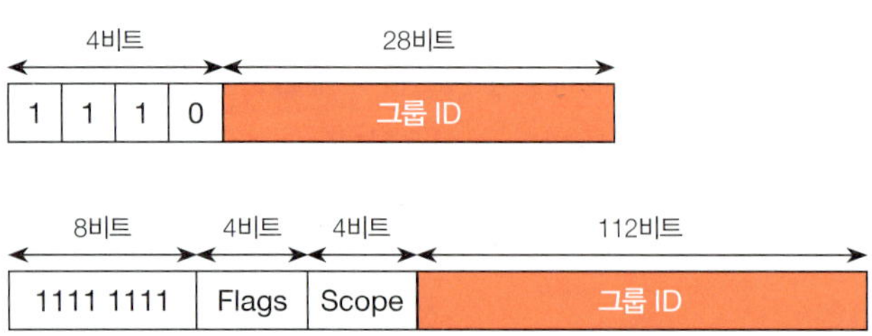

그림 9-4 멀티캐스트 주소

인터넷의 멀티캐스팅은 다음과 같은 특징이 있다.

- 그룹 가입과 탈퇴가 자유롭고 그룹 구성원 모두가 평등하다. [그림 9-5(a)]처럼 A, B 두 호스트는 그룹 구성원에게 언제든지 멀티캐스트 데이터를 보낼 수 있다.
- 멀티캐스트 데이터를 받으려면 반드시 그룹에 가입해야 한다.
- 멀티캐스트 데이터를 보내려고 그룹에 가입할 필요는 없다. [그림 9-5(b)]처럼 멀티캐스트 그룹에 가입하지 않은 호스트 C도 언제든지 멀티캐스트 그룹에 데이터를 보낼 수 있다.

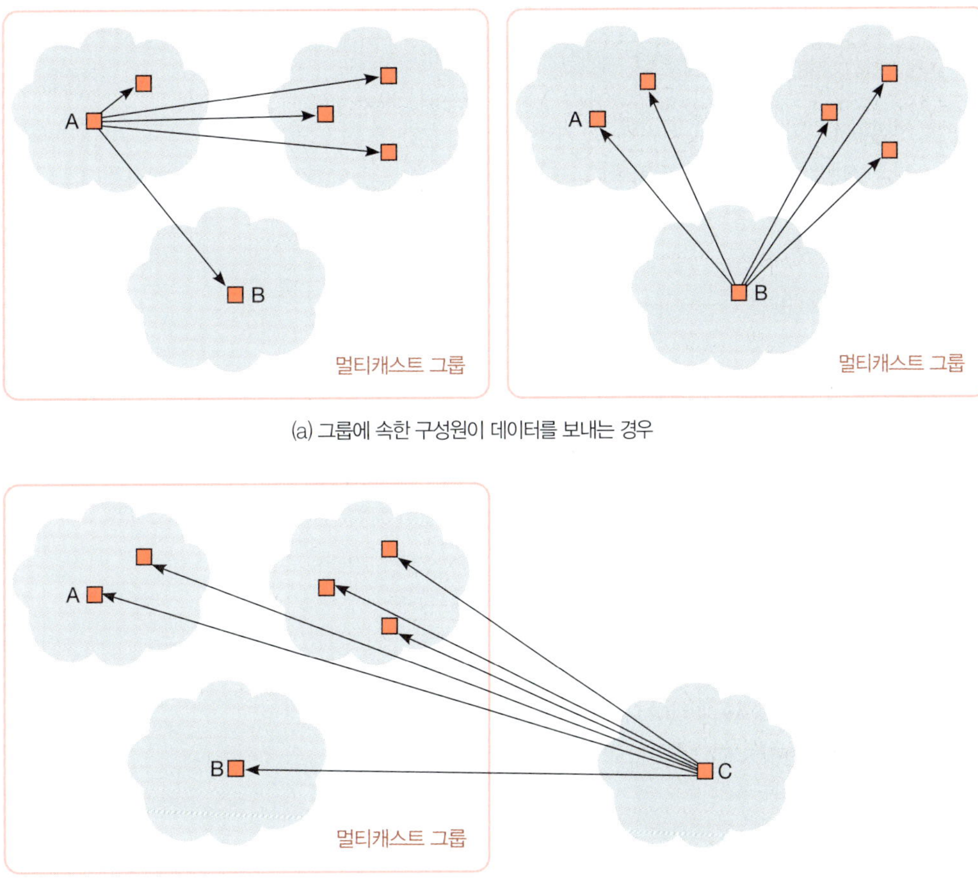

그림 9-5 멀티캐스트 데이터 전송

8장에서 다룬 브로드캐스팅 예제를 멀티캐스팅 예제로 변경해보자. 응용 프로그램의 동작은 [그림 9-6]과 같다.

- 송신자: 사용자가 키보드로 입력한(fgets) 문자열을 멀티캐스트 주소로 보낸다(sendto).
- 수신자: 멀티캐스트 그룹에 가입한다. 멀티캐스트 데이터를 받고(recvfrom), 이를 문자열로 간주하여 무조건 화면에 출력한다(printf).

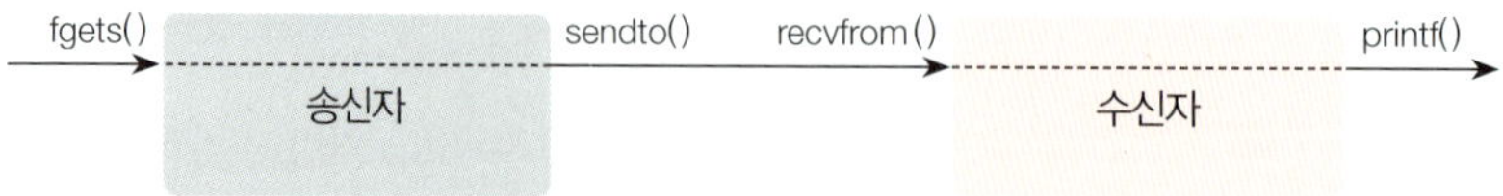

그림 9-6 멀티캐스팅 예제 동작

실습 9-2 멀티캐스팅(IPv4) 예제 작성과 테스트

1 MulticastReceiver와 MulticastSender라는 콘솔 응용 프로그램 프로젝트 두 개를 생성한 후 각각 다음과 같이 입력한다. 브로드캐스팅 예제와 다른 부분은 굵게 표시했다.

MulticastReceiver

```
#include "..\..\Common.h"

#define MULTICASTIP "235.7.8.9"
#define LOCALPORT   9000
#define BUFSIZE     512

int main(int argc, char *argv[])
{
    int retval;

    // 윈속 초기화
    WSADATA wsa;
    if (WSAStartup(MAKEWORD(2, 2), &wsa) != 0)
        return 1;

    // 소켓 생성
    SOCKET sock = socket(AF_INET, SOCK_DGRAM, 0);
    if (sock == INVALID_SOCKET) err_quit("socket()");

    // SO_REUSEADDR 옵션 설정
    DWORD optval = 1;
    retval = setsockopt(sock, SOL_SOCKET, SO_REUSEADDR,
```

```
	(const char *)&optval, sizeof(optval));
if (retval == SOCKET_ERROR) err_quit("setsockopt()");

// bind()
struct sockaddr_in localaddr;
memset(&localaddr, 0, sizeof(localaddr));
localaddr.sin_family = AF_INET;
localaddr.sin_addr.s_addr = htonl(INADDR_ANY);
localaddr.sin_port = htons(LOCALPORT);
retval = bind(sock, (struct sockaddr *)&localaddr, sizeof(localaddr));
if (retval == SOCKET_ERROR) err_quit("bind()");

// 멀티캐스트 그룹 가입
struct ip_mreq mreq;
inet_pton(AF_INET, MULTICASTIP, &mreq.imr_multiaddr);
mreq.imr_interface.s_addr = htonl(INADDR_ANY);
retval = setsockopt(sock, IPPROTO_IP, IP_ADD_MEMBERSHIP,
	(const char *)&mreq, sizeof(mreq));
if (retval == SOCKET_ERROR) err_quit("setsockopt()");

// 데이터 통신에 사용할 변수
struct sockaddr_in peeraddr;
int addrlen;
char buf[BUFSIZE + 1];

// 멀티캐스트 데이터 받기
while (1) {
	// 데이터 받기
	addrlen = sizeof(peeraddr);
	retval = recvfrom(sock, buf, BUFSIZE, 0,
		(struct sockaddr *)&peeraddr, &addrlen);
	if (retval == SOCKET_ERROR) {
		err_display("recvfrom()");
		break;
	}

	// 받은 데이터 출력
	buf[retval] = '\0';
	char addr[INET_ADDRSTRLEN];
```

```
        inet_ntop(AF_INET, &peeraddr.sin_addr, addr, sizeof(addr));
        printf("[UDP/%s:%d] %s\n", addr, ntohs(peeraddr.sin_port), buf);
    }

    // 멀티캐스트 그룹 탈퇴
    retval = setsockopt(sock, IPPROTO_IP, IP_DROP_MEMBERSHIP,
        (const char *)&mreq, sizeof(mreq));
    if (retval == SOCKET_ERROR) err_quit("setsockopt()");

    // 소켓 닫기
    closesocket(sock);

    // 윈속 종료
    WSACleanup();
    return 0;
}
```

MulticastSender

```
#include "..\..\Common.h"

#define MULTICASTIP "235.7.8.9"
#define REMOTEPORT  9000
#define BUFSIZE     512

int main(int argc, char *argv[])
{
    int retval;

    // 윈속 초기화
    WSADATA wsa;
    if (WSAStartup(MAKEWORD(2, 2), &wsa) != 0)
        return 1;

    // 소켓 생성
    SOCKET sock = socket(AF_INET, SOCK_DGRAM, 0);
    if (sock == INVALID_SOCKET) err_quit("socket()");

```

```
// 멀티캐스트 TTL 설정
DWORD ttl = 2;
retval = setsockopt(sock, IPPROTO_IP, IP_MULTICAST_TTL,
  (const char *)&ttl, sizeof(ttl));
if (retval == SOCKET_ERROR) err_quit("setsockopt()");

// 소켓 주소 구조체 초기화
struct sockaddr_in remoteaddr;
memset(&remoteaddr, 0, sizeof(remoteaddr));
remoteaddr.sin_family = AF_INET;
inet_pton(AF_INET, MULTICASTIP, &remoteaddr.sin_addr);
remoteaddr.sin_port = htons(REMOTEPORT);

// 데이터 통신에 사용할 변수
char buf[BUFSIZE + 1];
int len;

// 멀티캐스트 데이터 보내기
while (1) {
  // 데이터 입력
  printf("\n[보낼 데이터] ");
  if (fgets(buf, BUFSIZE + 1, stdin) == NULL)
    break;

  // '\n' 문자 제거
  len = (int)strlen(buf);
  if (buf[len - 1] == '\n')
    buf[len - 1] = '\0';
  if (strlen(buf) == 0)
    break;

  // 데이터 보내기
  retval = sendto(sock, buf, (int)strlen(buf), 0,
    (struct sockaddr *)&remoteaddr, sizeof(remoteaddr));
  if (retval == SOCKET_ERROR) {
    err_display("sendto()");
    break;
  }
```

```
        printf("[UDP] %d바이트를 보냈습니다.\n", retval);
    }

    // 소켓 닫기
    closesocket(sock);

    // 윈속 종료
    WSACleanup();
    return 0;
}
```

2 실행 결과를 보면 MulticastReceiver를 두 개 이상 실행해도 문제가 없고, MulticastSender가 보낸 데이터가 모든 MulticastReceiver에 도달한다는 것을 알 수 있다.

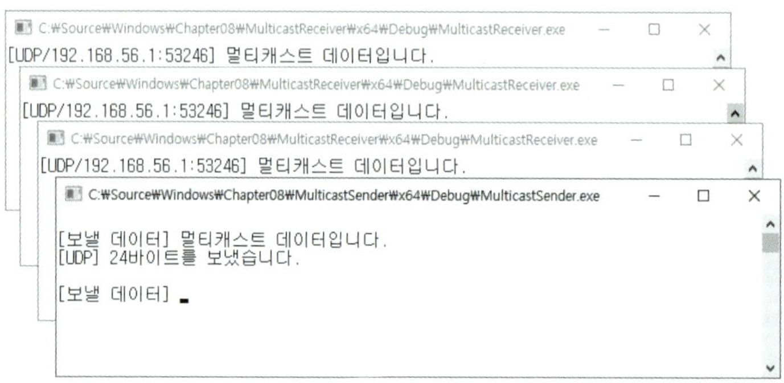

여기서 잠깐! | **멀티캐스트 수신 프로그램과 SO_REUSEADDR 옵션**

[실습 9-2]의 실행 결과와 같이 MulticastReceiver를 두 개 이상 실행해도 문제가 없는 이유는 무엇일까? 바로 MulticastReceiver.cpp의 21~24행에서 SO_REUSEADDR 옵션을 사용했기 때문이다. 멀티캐스트 데이터를 수신하고자 하는 응용 프로그램에서는 SO_REUSEADDR 옵션을 설정하기를 권장하는데, 그 이유를 생각해보자.

다음과 같은 상황이 있다. 어떤 호스트에서 실행 중인 두 개의 네트워크 응용 프로그램이 있는데 각각 서로 다른 멀티캐스트 그룹에 가입해서 데이터를 수신하려고 한다. 그런데 두 멀티캐스트 그룹은 IP 주소는 다르지만 (우연히) 같은 포트 번호로 데이터를 받도록 약속되어 있다. 이 경우 먼저 실행한 프로그램은 문제가 없지만 두 번째로 실행한 프로그램은 같은 포트 번호를 사용하려고 하므로 바인딩 오류가 발생할 것이다. 확률은 높지 않지만 이와 같은 잠재적인 문제가 생길 수 있으므로 멀티캐스트 수신 응용 프로그램에서는 SO_REUSEADDR 옵션을 설정해두는 것이 좋다.

이번에는 IPv4 멀티캐스팅 예제를 IPv6 멀티캐스팅 예제로 변경하여 테스트해보자. 기존 IPv4 코드를 IPv6 코드로 변환하는 규칙(4장 3절 참고)을 기본으로 하되, 옵션 이름이나 옵션값의 타입을 변경할 부분도 있다는 점에 주의하여 코드를 살펴본다.

실습 9-3 멀티캐스팅(IPv6) 예제 작성과 테스트

1 MulticastReceiver6와 MulticastSender6라는 콘솔 응용 프로그램 프로젝트 두 개를 생성한 후 각각 다음과 같이 입력한다. 비교를 위해 MulticastReceiver, MulticastSender 예제와 다른 부분은 굵게 표시했다. 프로젝트 생성 옵션과 컴파일, 링크 방법은 1장에 있는 예제와 같다.

MulticastReceiver6.cpp

```
#include "..\..\Common.h"

#define MULTICASTIP "FF12::1:2:3:4"
#define LOCALPORT   9000
#define BUFSIZE     512

int main(int argc, char *argv[])
{
    int retval;

    // 윈속 초기화
    WSADATA wsa;
    if (WSAStartup(MAKEWORD(2, 2), &wsa) != 0)
        return 1;

    // 소켓 생성
    SOCKET sock = socket(AF_INET6, SOCK_DGRAM, 0);
    if (sock == INVALID_SOCKET) err_quit("socket()");

    // SO_REUSEADDR 옵션 설정
    DWORD optval = 1;
   retval = setsockopt(sock, SOL_SOCKET, SO_REUSEADDR,
        (const char *)&optval, sizeof(optval));
```

```
    if (retval == SOCKET_ERROR) err_quit("setsockopt()");

    // bind()
    struct sockaddr_in6 localaddr;
    memset(&localaddr, 0, sizeof(localaddr));
    localaddr.sin6_family = AF_INET6;
    localaddr.sin6_addr = in6addr_any;
    localaddr.sin6_port = htons(LOCALPORT);
    retval = bind(sock, (struct sockaddr *)&localaddr, sizeof(localaddr));
    if (retval == SOCKET_ERROR) err_quit("bind()");

    // 멀티캐스트 그룹 가입
    struct ipv6_mreq mreq;
    inet_pton(AF_INET6, MULTICASTIP, &mreq.ipv6mr_multiaddr);
    mreq.ipv6mr_interface = 0;
    retval = setsockopt(sock, IPPROTO_IPV6, IPV6_JOIN_GROUP,
        (const char *)&mreq, sizeof(mreq));
    if (retval == SOCKET_ERROR) err_quit("setsockopt()");

    // 데이터 통신에 사용할 변수
    struct sockaddr_in6 peeraddr;
    int addrlen;
    char buf[BUFSIZE + 1];

    // 멀티캐스트 데이터 받기
    while (1) {
        // 데이터 받기
        addrlen = sizeof(peeraddr);
        retval = recvfrom(sock, buf, BUFSIZE, 0,
            (struct sockaddr *)&peeraddr, &addrlen);
        if (retval == SOCKET_ERROR) {
            err_display("recvfrom()");
            break;
        }

```

```
        // 받은 데이터 출력
        buf[retval] = '\0';
        char addr[INET6_ADDRSTRLEN];
        inet_ntop(AF_INET6, &peeraddr.sin6_addr, addr, sizeof(addr));
        printf("[UDP/%s:%d] %s\n", addr, ntohs(peeraddr.sin6_port), buf);
    }

    // 멀티캐스트 그룹 탈퇴
    retval = setsockopt(sock, IPPROTO_IPV6, IPV6_LEAVE_GROUP,
        (const char *)&mreq, sizeof(mreq));
    if (retval == SOCKET_ERROR) err_quit("setsockopt()");

    // 소켓 닫기
    closesocket(sock);

    // 윈속 종료
    WSACleanup();
    return 0;
}
```

MulticastSender6.cpp

```
#include "..\..\Common.h"

#define MULTICASTIP "FF12::1:2:3:4"
#define REMOTEPORT  9000
#define BUFSIZE     512

int main(int argc, char *argv[])
{
    int retval;

    // 윈속 초기화
    WSADATA wsa;
    if (WSAStartup(MAKEWORD(2, 2), &wsa) != 0)
        return 1;

```

```
// 소켓 생성
SOCKET sock = socket(AF_INET6, SOCK_DGRAM, 0);
if (sock == INVALID_SOCKET) err_quit("socket()");

// 멀티캐스트 TTL 설정
DWORD ttl = 2;
retval = setsockopt(sock, IPPROTO_IPV6, IPV6_MULTICAST_HOPS,
  (const char *)&ttl, sizeof(ttl));
if (retval == SOCKET_ERROR) err_quit("setsockopt()");

// 소켓 주소 구조체 초기화
struct sockaddr_in6 remoteaddr;
memset(&remoteaddr, 0, sizeof(remoteaddr));
remoteaddr.sin6_family = AF_INET6;
inet_pton(AF_INET6, MULTICASTIP, &remoteaddr.sin6_addr);
remoteaddr.sin6_port = htons(REMOTEPORT);

// 데이터 통신에 사용할 변수
char buf[BUFSIZE + 1];
int len;

// 멀티캐스트 데이터 보내기
while (1) {
  // 데이터 입력
  printf("\n[보낼 데이터] ");
  if (fgets(buf, BUFSIZE + 1, stdin) == NULL)
    break;

  // '\n' 문자 제거
  len = (int)strlen(buf);
  if (buf[len - 1] == '\n')
    buf[len - 1] = '\0';
  if (strlen(buf) == 0)
    break;

```

```
        // 데이터 보내기
        retval = sendto(sock, buf, (int)strlen(buf), 0,
          (struct sockaddr *)&remoteaddr, sizeof(remoteaddr));
        if (retval == SOCKET_ERROR) {
          err_display("sendto()");
          break;
        }
        printf("[UDP] %d바이트를 보냈습니다.\n", retval);
    }

    // 소켓 닫기
    closesocket(sock);

    // 윈속 종료
    WSACleanup();
    return 0;
}
```

2 실행 결과를 보면 MulticastReceiver6를 두 개 이상 실행해도 문제가 없고, MulticastSender6가 보낸 데이터가 모든 MulticastReceiver6에 도달한다는 것을 알 수 있다.

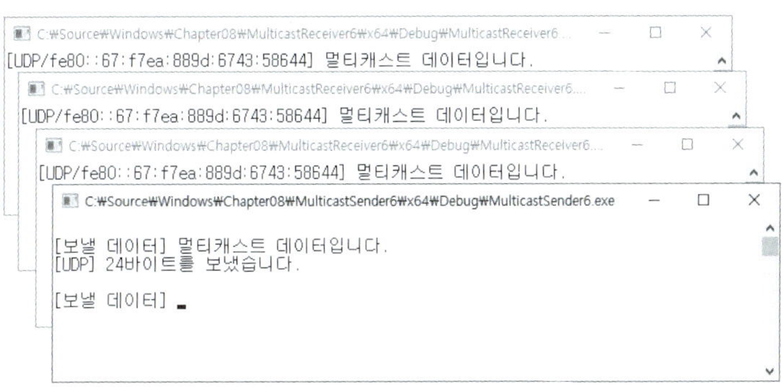

멀티캐스팅 관련 소켓 옵션을 차례로 학습하면서 관련 코드를 살펴보자. 실습 예제에서 사용하지 않은 소켓 옵션은 이해를 돕기 위해 짧은 예제 코드를 제공한다.

IP_MULTICAST_IF, IPV6_MULTICAST_IF 옵션

IP 주소를 두 개 이상 보유한 호스트에서 멀티캐스트 데이터를 보낼 네트워크 인터페이스를 선택할 때 사용한다. 예를 들면, 다음 코드는 특정 IPv4 주소(147.46.114.70)로 멀티캐스트 데이터를 보내도록 설정한 것이다. 이 코드를 수행하면 [그림 9-7]과 같이 주소가 147.46.114.70인 네트워크 인터페이스를 통해 멀티캐스트 데이터가 전송된다. 옵션을 별도로 설정하지 않으면 IP 라우팅 기능에 따라 적절한 네트워크 인터페이스가 선택되어 전송된다.

윈도우

```
DWORD localaddr;
inet_pton(AF_INET, "147.46.114.70", &localaddr);
setsockopt(sock, IPPROTO_IP, IP_MULTICAST_IF,
   (const char *)&localaddr, sizeof(localaddr));
```

리눅스

```
struct in_addr localaddr;
inet_pton(AF_INET, "147.46.114.70", &localaddr);
setsockopt(sock, IPPROTO_IP, IP_MULTICAST_IF, &localaddr, sizeof(localaddr));
```

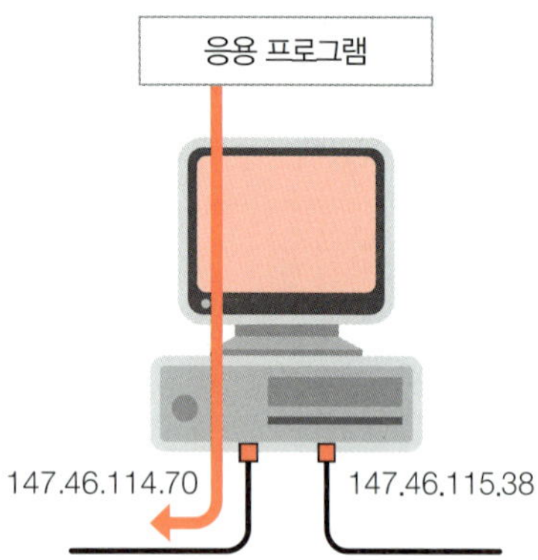

그림 9-7 IP_MULTICAST_IF 옵션 설정 결과

IP_MULTICAST_TTL, IPV6_MULTICAST_HOPS 옵션

UDP 멀티캐스트 패킷은 [그림 9-8]과 같이 IP 헤더와 UDP 헤더, 응용 프로그램 데이터로 구성된다.

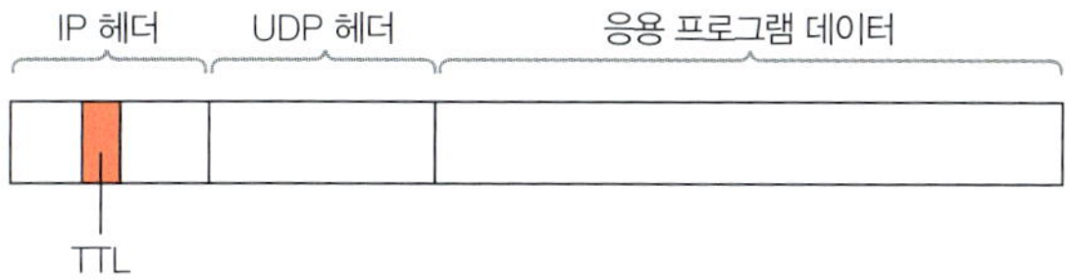

그림 9-8 UDP 멀티캐스트 패킷 구성

멀티캐스트 패킷이 생성될 때 IP 헤더의 TTL[Time-To-Live] 필드는 기본값 1로 설정된다. TTL은 라우터를 통과할 때마다 1씩 감소하는데, 0이 되면 패킷이 버려진다. 따라서 기본값인 TTL=1은 멀티캐스트 패킷이 라우터 경계를 넘어갈 수 없다는 것을 뜻한다. 라우터 경계를 넘어 특정 범위까지 IPv4 멀티캐스트 패킷을 보내려면 IP_MULTICAST_TTL 옵션을 이용하여 TTL 값을 변경해야 한다. IPv6에서는 TTL 대신 Hop Limit라는 용어를 사용하는데 개념은 동일하다. 라우터 경계를 넘어 특정 범위까지 IPv6 멀티캐스트 패킷을 보내려면 IPV6_MULTICAST_HOPS 옵션을 이용하여 Hop Limit 값을 변경하면 된다.

> **NOTE** 비슷한 옵션이지만 본문에서 따로 설명하지 않는 소켓 옵션으로 IP_TTL, IPV6_UNICAST_HOPS가 있다. 이들도 IP 헤더의 TTL 값을 얻거나 설정한다는 점은 똑같지만 기본값이 다르다. 멀티캐스트 데이터와 달리 일반 데이터의 TTL은 충분히 큰 값으로 기본 설정되어 있어서 최종 목적지에 도달하기 전에 TTL이 0이 되어 패킷이 버려지는 일이 생기지 않는다.

MulticastSender와 MulticastSender6에서 TTL 값을 변경하는 코드는 각각 다음과 같다.

```
DWORD ttl = 2;
retval = setsockopt(sock, IPPROTO_IP, IP_MULTICAST_TTL,
    (const char *)&ttl, sizeof(ttl));
if (retval == SOCKET_ERROR) err_quit("setsockopt()");
```

```
DWORD ttl = 2;
retval = setsockopt(sock, IPPROTO_IPV6, IPV6_MULTICAST_HOPS,
    (const char *)&ttl, sizeof(ttl));
if (retval == SOCKET_ERROR) err_quit("setsockopt()");
```

IP_MULTICAST_LOOP, IPV6_MULTICAST_LOOP 옵션

멀티캐스트 그룹에 가입한 응용 프로그램이 자신의 그룹에 멀티캐스트 데이터를 보내면 자신도 받는다(기본 동작). 다음과 같이 IP*_MULTICAST_LOOP 옵션을 이용하면 기본 동작을 바꿀 수 있다.

윈도우

```
DWORD optval = 0;    // 자신이 보낸 멀티캐스트 데이터는 받지 않는다.
setsockopt(sock, IPPROTO_IP, IP_MULTICAST_LOOP,
    (const char *)&optval, sizeof(optval));
```

리눅스

```
u_char optval = 0;   // 자신이 보낸 멀티캐스트 데이터는 받지 않는다.
setsockopt(sock, IPPROTO_IP, IP_MULTICAST_LOOP, &optval, sizeof(optval));
```

IP_ADD_MEMBERSHIP/IP_DROP_MEMBERSHIP, IPV6_JOIN_GROUP/IPV6_LEAVE_GROUP 옵션

멀티캐스트 데이터를 받으려면 반드시 멀티캐스트 그룹에 가입해야 한다. IP*_{ADD_MEM BERSHIP|JOIN_GROUP} 옵션은 그룹에 가입할 때, IP*_{DROP_MEMBERSHIP|LEAVE_GROUP} 옵션은 그룹에서 탈퇴할 때 필요하다. IP_ADD_MEMBERSHIP/IP_DROP_MEMBERSHIP 옵션은 ip_mreq 구조체를, IPV6_JOIN_GROUP/IPV6_LEAVE_GROUP 옵션은 ipv6_mreq 구조체를 옵션으로 사용한다.

NOTE IPV6_JOIN_GROUP / IPV6_LEAVE_GROUP과 똑같이 정의된 값으로 IPV6_ADD_MEMBERSHIP / IPV6_DROP_MEMBERSHIP도 있다. 윈도우와 리눅스에서 모두 정의되어 있으므로 자유롭게 사용해도 좋다.

```
struct ip_mreq {
  ❶ struct in_addr  imr_multiaddr;       // IPv4 멀티캐스트 주소
  ❷ struct in_addr  imr_interface;       // 로컬 인터페이스의 IPv4 주소(기본값은 0)
};

struct ipv6_mreq {
  ❸ struct in6_addr ipv6mr_multiaddr;   // IPv6 멀티캐스트 주소
  ❹ unsigned int    ipv6mr_interface;   // 로컬 인터페이스의 인덱스(기본값은 0)
};
```

❶ `imr_multiaddr` 가입하거나 탈퇴할 IPv4 멀티캐스트 주소다.

❷ `imr_interface` 멀티캐스트 패킷을 받을 네트워크 인터페이스의 IPv4 주소다. INADDR_ANY(0으로 정의)를 전달하여 자동으로 선택되게 하는 것이 일반적이다.

❸ `ipv6mr_multiaddr` 가입하거나 탈퇴할 IPv6 멀티캐스트 주소다.

❹ `ipv6mr_interface` 멀티캐스트 패킷을 받을 네트워크 인터페이스의 인덱스다. 0을 전달하여 자동으로 선택되게 하는 것이 일반적이다.

IP_ADD_MEMBERSHIP 옵션을 이용하여 특정 네트워크 인터페이스(147.46.114.70)를 멀티캐스트 그룹(235.7.8.9)에 가입시키는 코드는 다음과 같다. 이 코드를 수행하면 [그림 9-9]와 같이 주소가 147.46.114.70인 네트워크 인터페이스가 멀티캐스트 데이터를 받는다.

```
struct ip_mreq mreq;
inet_pton(AF_INET, "235.7.8.9", &mreq.imr_multiaddr);
inet_pton(AF_INET, "147.46.114.70", &mreq.imr_interface);
setsockopt(sock, IPPROTO_IP, IP_ADD_MEMBERSHIP,
   (const char *)&mreq, sizeof(mreq));
```

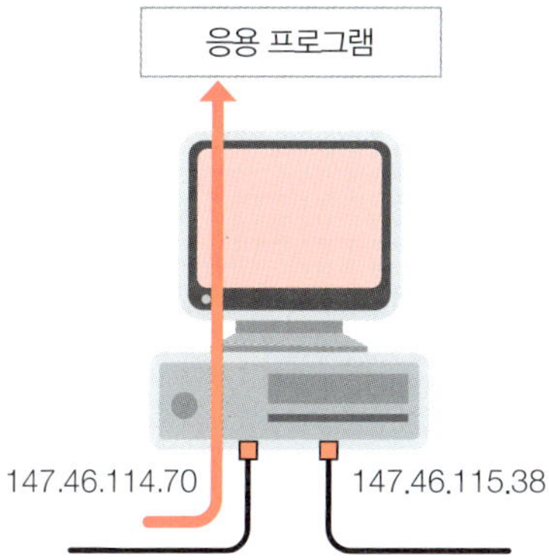

그림 9-9 IP_ADD_MEMBERSHIP 옵션 설정 결과

MulticastReceiver와 MulticastReceiver6에서 멀티캐스트 그룹에 가입하고 탈퇴하는 코드는 각각 다음과 같다. 가입할 때 사용했던 구조체 변수(mreq)를 탈퇴할 때 재사용하는 것을 알 수 있다.

```
#define MULTICASTIP "235.7.8.9"
    …
    // 멀티캐스트 그룹 가입
    struct ip_mreq mreq;
    inet_pton(AF_INET, MULTICASTIP, &mreq.imr_multiaddr);
    mreq.imr_interface.s_addr = htonl(INADDR_ANY);
    retval = setsockopt(sock, IPPROTO_IP, IP_ADD_MEMBERSHIP,
        (const char *)&mreq, sizeof(mreq));
    if (retval == SOCKET_ERROR) err_quit("setsockopt()");
    …
    // 멀티캐스트 그룹 탈퇴
    retval = setsockopt(sock, IPPROTO_IP, IP_DROP_MEMBERSHIP,
        (const char *)&mreq, sizeof(mreq));
    if (retval == SOCKET_ERROR) err_quit("setsockopt()");
```

```
#define MULTICASTIP "FF12::1:2:3:4"
    …
    // 멀티캐스트 그룹 가입
    struct ipv6_mreq mreq;
    inet_pton(AF_INET6, MULTICASTIP, &mreq.ipv6mr_multiaddr);
    mreq.ipv6mr_interface = 0;
    retval = setsockopt(sock, IPPROTO_IPV6, IPV6_JOIN_GROUP,
        (const char *)&mreq, sizeof(mreq));
    if (retval == SOCKET_ERROR) err_quit("setsockopt()");
    …
    // 멀티캐스트 그룹 탈퇴
    retval = setsockopt(sock, IPPROTO_IPV6, IPV6_LEAVE_GROUP,
        (const char *)&mreq, sizeof(mreq));
    if (retval == SOCKET_ERROR) err_quit("setsockopt()");
```

04 IPPROTO_TCP 레벨 옵션

IPPROTO_TCP 레벨 옵션은 TCP 프로토콜 코드에서 해석하고 처리한다. 따라서 TCP 소켓에만 적용할 수 있다. 여기서는 [표 9-4]에 있는 TCP_NODELAY 옵션만 소개한다.

TCP_NODELAY 옵션은 Nagle[네이글] 알고리즘 작동을 중지하는 역할을 한다. Nagle 알고리즘은 작은 패킷이 불필요하게 많이 생성되는 일을 방지하여 네트워크 트래픽을 감소시키는 알고리즘이다. TCP 전송 효율과 네트워크 활용도를 높인다는 장점이 있으므로 TCP 프로토콜에서는 기본으로 동작한다. 따라서 일반적으로는 TCP_NODELAY 옵션을 설정하지 않는 것이 바람직하지만, 몇 가지 이유로 TCP_NODELAY 옵션이 필요할 때가 있다.

Nagle 알고리즘(http://www.ietf.org/rfc/rfc896.txt)을 이해하려면 TCP의 데이터 전송 원리를 먼저 알아야 한다. TCP는 신뢰성 있는 데이터 전송 기법의 하나로 ACK[Acknowledgement]에 기반한 데이터 재전송을 한다. 즉, 데이터를 보낸 후 상대방이 잘 받았는지 ACK 패킷을 통해 확인하고, 그렇지 않았으면 재전송한다. [그림 9-10]은 데이터를 보내고 ACK를 받고, 다시 다음 데이터를 보내고 ACK를 받는 과정을 반복하는 것을 보여준다. 참고로 TCP는 마지막에 성공적으로 수신한 데이터 번호에 1을 더한 값을 ACK 번호로 보낸다. 이를 바꿔 말하면, 다음에 받기를 기대하는 데이터 번호를 ACK 번호로 보낸다고 생각할 수 있다. [그림 9-10]에서 데이터 n에 대해 ACK n+1로 응답하는 것은 이 때문이다.

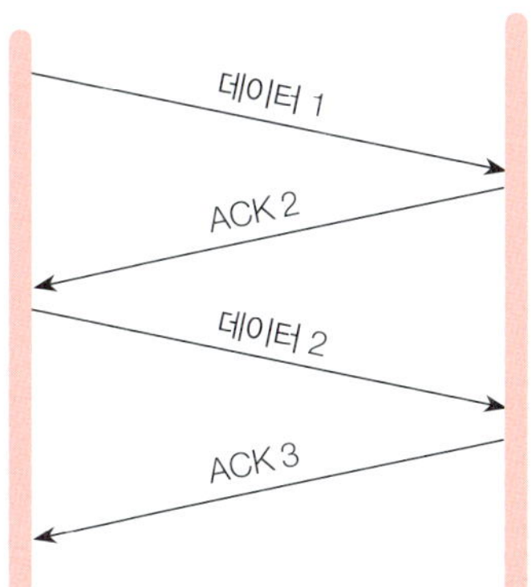

그림 9-10 TCP 데이터 전송 원리(1): ACK를 이용하여 데이터 수신 확인

그런데 데이터를 보낼 때마다 ACK가 도착할 때까지 대기하면 네트워크 대역폭Bandwidth을 잘 활용하지 못하는 문제가 생긴다. TCP에서는 네트워크 자원을 효율적으로 활용하기 위해 슬라이딩 윈도우Sliding Window라는 방식을 사용한다([그림 9-11]). 이 방식에서는 ACK를 받지 못해도 상대편의 윈도우 크기Window Size만큼 데이터를 계속 보낼 수 있으므로 성능을 높일 수 있다. 여기에 추가로, 각 데이터에 대해 상대편이 ACK로 응답할 것을 요구하면 성능이 떨어지므로 마지막에 성공적으로 받은 데이터에 대해서만 ACK로 응답하는 방식을 사용한다. [그림 9-11]에서 ACK 4는 데이터 1부터 데이터 3까지 잘 받았다는 응답이다.

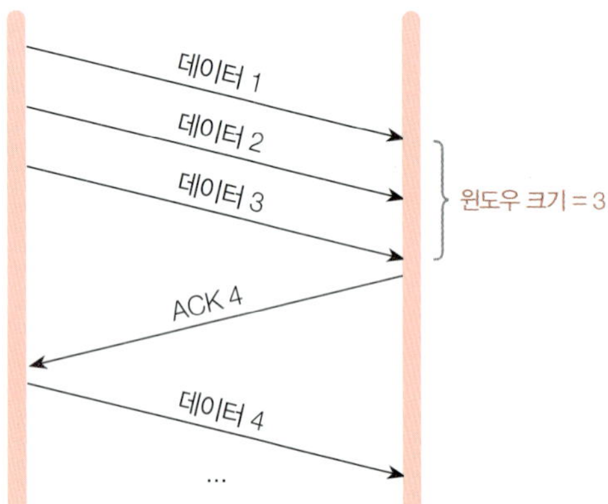

그림 9-11 TCP 데이터 전송 원리(2): 슬라이딩 윈도우를 이용하여 전송 효율 높임

Nagle 알고리즘의 동작 방식은 다음 두 가지로 요약할 수 있다.

- 보낼 데이터가 MSSMaximum Segment Size로 정의된 크기만큼 쌓이면 상대편에 무조건 보낸다. 이 경우 슬라이딩 윈도우 방식으로 데이터를 계속 보낼 수 있다.
- 보낼 데이터가 MSS보다 작으면 이전에 보낸 데이터에 대한 ACK가 오기를 기다린다. ACK가 도착하면 보낼 데이터가 MSS보다 작더라도 상대편에 보낸다. 이 경우 데이터를 전송할 때마다 ACK를 기다리고, ACK를 받으면 다음 데이터를 전송하는 동작을 반복한다.

이와 같은 동작 방식을 요약하면 다음과 같다.

"데이터가 충분히 크면 곧바로 보내고, 그렇지 않으면 데이터가 쌓일 때까지 대기한다. 단, 데이터가 충분히 쌓이지 않았더라도 이전에 보낸 데이터를 상대편이 받았다면 다음 데이터를 보낸다."

Nagle 알고리즘의 장단점은 다음과 같다.

- 장점: 작은 패킷이 불필요하게 많이 생성되는 일을 방지하여 네트워크 트래픽을 감소시킨다.
- 단점: 데이터가 충분히 쌓일 때까지 또는 ACK가 도달할 때까지 대기하는 시간 때문에 응용 프로그램의 반응 시간Response Time이 길어질 수 있다.

TCP_NODELAY 옵션은 이와 같은 Nagle 알고리즘의 장점을 포기하는 대신 응용 프로그램의 반응 속도를 빠르게 할 때 사용한다. TCP_NODELAY 옵션 사용 예는 다음과 같다.

윈도우

```
DWORD optval = 1; // Nagle 알고리즘 중지
setsockopt(sock, IPPROTO_TCP, TCP_NODELAY,
   (const char *)&optval, sizeof(optval));
```

리눅스

```
#include <netinet/tcp.h> /* TCP_NODELAY 상수 정의 */
...
int optval = 1; // Nagle 알고리즘 중지
setsockopt(sock, IPPROTO_TCP, TCP_NODELAY,
   &optval, sizeof(optval));
```

여기서 잠깐! | Nagle 알고리즘과 네트워크 환경

LANLocal Area Network에서는 Nagle 알고리즘이 작동하더라도 크게 문제가 되지 않는다. 그러나 WANWide Area Network에서는 패킷 전송 시간이 길어지므로 Nagle 알고리즘으로 인한 응용 프로그램의 반응 시간 지연이 뚜렷하게 나타날 수 있다. 이런 경우에는 응용 프로그램 수준에서 데이터 전송 방식을 수정하는 등의 방법으로 대처하는 것이 바람직하며, TCP_NODELAY 옵션 사용은 최후의 수단으로 고려해야 한다.

요약

01 소켓 옵션 관련 함수

- 소켓 옵션을 설정할 때는 setsockopt() 함수 사용
- 현재 설정된 소켓 옵션값을 얻을 때는 getsockopt() 함수 사용
  - setsockopt() 함수와 달리 getsockopt() 함수는 마지막 인수가 값-결과 인수임에 주의!

02 SOL_SOCKET 레벨 소켓 옵션

optname 값	optval 타입	get	set	설명
SO_BROADCAST	DWORD (boolean)	o	o	브로드캐스트 패킷 전송 가능 여부
SO_KEEPALIVE	DWORD (boolean)	o	o	주기적으로 연결 상태 확인 여부
SO_LINGER	linger{}	o	o	소켓 송신 버퍼에 미전송 데이터가 있을 때 closesocket()[윈도우]/close()[리눅스] 함수의 리턴 지연 시간 설정
SO_SNDBUF SO_RCVBUF	DWORD	o	o	소켓 송/수신 버퍼의 크기 설정
SO_SNDTIMEO SO_RCVTIMEO	DWORD[윈도우] timeval{}[리눅스]	o	o	데이터 송/수신 함수 호출 시 타임아웃 설정
SO_REUSEADDR	DWORD (boolean)	o	o	지역 주소(IP 주소, 포트 번호) 재사용 여부

03 IPPROTO_IP 레벨 소켓 옵션

optname 값	optval 타입	get	set	설명
IP_TTL	DWORD	o	o	IP 패킷의 TTL[Time-To-Live] 값 설정
IP_ADD_MEMBERSHIP IP_DROP_MEMBERSHIP	ip_mreq{}	x	o	멀티캐스트 그룹 가입과 탈퇴
IP_MULTICAST_IF	DWORD[윈도우] in_addr{}[리눅스]	o	o	멀티캐스트 패킷 송신 인터페이스 선택 (인터페이스 IP 주소 전달, 기본값은 0)

IP_MULTICAST_LOOP	DWORD (boolean)[윈도우] u_char[리눅스]	o	o	멀티캐스트 패킷의 루프백 여부
IP_MULTICAST_TTL	DWORD[윈도우] u_char[리눅스]	o	o	멀티캐스트 패킷의 TTL 값 설정

04 IPPROTO_IPV6 레벨 소켓 옵션

optname 값	optval 타입	get	set	설명
IPV6_UNICAST_HOPS	DWORD	o	o	IP 패킷의 TTL[Time-To-Live] 값 설정
IPV6_JOIN_GROUP IPV6_LEAVE_GROUP	ipv6_mreq{ }	x	o	멀티캐스트 그룹 가입과 탈퇴
IPV6_MULTICAST_IF	DWORD[윈도우] u_int[리눅스]	o	o	멀티캐스트 패킷 송신 인터페이스 선택 (인터페이스 인덱스 전달, 기본값은 0)
IPV6_MULTICAST_LOOP	DWORD (boolean)[윈도우] u_int[리눅스]	o	o	멀티캐스트 패킷의 루프백 여부
IPV6_MULTICAST_HOPS	DWORD	o	o	멀티캐스트 패킷의 TTL 값 설정

05 IPPROTO_TCP 레벨 소켓 옵션

optname 값	optval 타입	get	set	설명
TCP_NODELAY	DWORD (boolean)	o	o	Nagle 알고리즘 비활성화 여부 (기본값은 0; Nagle 알고리즘 활성 상태)

연습문제

01 본문의 'TCP 소켓에 사용할 때는 일반적으로 TCP 서버의 연결 대기Listening 소켓에 대해 설정하며, 이 경우 accept( ) 함수가 리턴하는 소켓도 자동으로 SO_KEEPALIVE 옵션이 설정된 상태로 생성된다.'의 동작을 확인할 수 있는 코드를 작성하시오.

02 본문의 'TCP 서버에 SO_LINGER 옵션을 적용할 때는 연결 대기Listening 소켓에 대해 한 번만 설정해두면, accept( ) 함수가 리턴하는 소켓도 자동으로 SO_LINGER 옵션이 설정된 상태로 생성된다.'의 동작을 확인할 수 있는 코드를 작성하시오.

03 4장의 TCPServer 예제에 SO_LINGER 옵션을 사용하여, TCPClient가 보내는 데이터에 "quit" 문자열이 포함되어 있으면 무조건 강제 종료하는 코드를 작성하시오.

04 8장의 UDPClient 예제에 SO_SNDBUF와 SO_RCVBUF 옵션을 사용하여 UDP 소켓의 송/수신 버퍼 기본 크기를 확인하시오.

05 멀티캐스팅을 이용한 다자간 채팅 프로그램을 작성하시오. 멀티스레드를 이용하여 MulticastSender와 MulticastReceiver의 기능을 하나로 합치면 된다.

06 멀티캐스팅을 이용한 다자간 채팅 프로그램을 IPv6 버전으로 작성하시오. 멀티스레드를 이용하여 MulticastSender6와 MulticastReceiver6의 기능을 하나로 합치면 된다.

07 4장의 TCPServer 예제에 TCP_NODELAY 옵션의 기본값(0 또는 1)을 확인하는 코드를 작성하시오.

힌트 본문에서 언급했듯이 [표 9-1]~[표 9-4]의 내용과 달리 운영체제에 따라 호출 전후 optlen의 길이가 조금 다른 경우도 있으므로 getsockopt( ) 호출 후에 optlen의 길이를 확인해보기를 바란다. optlen의 길이가 예상과 다르다면 optlen의 길이에 따라 optval에서 의미 있는 부분만 출력해야 한다.

Chapter

10

GUI 소켓 응용 프로그램 : 윈도우

학습목표

- GUI 응용 프로그램의 구조와 동작 원리를 이해한다.
- GUI 소켓 응용 프로그램 작성 기법을 익힌다.
- 대화상자 기반 응용 프로그램의 구조와 동작 원리를 이해한다.
- 대화상자 기반 소켓 응용 프로그램 작성 기법을 익힌다.

01 GUI 응용 프로그램

1장부터 9장까지 작성한 예제는 모두 콘솔 응용 프로그램 형태다. 콘솔 응용 프로그램은 CLI Command-Line Interface 응용 프로그램이라고도 부르며, 순차적으로 실행하는 방식이므로 코드를 이해하기 쉽다. 이런 이유로 기본 개념을 익힐 때 적합하다. 하지만 윈도우 운영체제에서 실행되는 응용 프로그램은 대부분 GUI Graphical User Interface 응용 프로그램 형태다. 따라서 콘솔 응용 프로그램에서 배운 개념을 GUI 응용 프로그램에 적용하는 방법을 익혀야 한다. 이 장에서는 콘솔 응용 프로그램으로 작성한 소켓 프로그램을 GUI 응용 프로그램으로 변환할 때 필요한 사항을 중심으로 학습한다.

1절에서는 일반적인 GUI 응용 프로그램의 구조와 동작 원리를 살펴보고, 간단한 예제를 중심으로 작성 기법을 익힌다. GUI 응용 프로그래밍과 관련된 내용은 매우 방대하므로 모든 분야를 다루기는 어렵다. 여기서는 2절에서 다룰 GUI 소켓 응용 프로그램 작성에 필요한 내용을 위주로 진행하도록 한다.

1 GUI 응용 프로그램 구조와 동작 원리

GUI 응용 프로그램은 다양한 API Application Programming Interface 로 구현된 편리하고 화려한 사용자 인터페이스를 제공한다. GUI 응용 프로그램의 핵심 특징은 메시지 구동 구조 Message-driven Architecture 로 동작한다는 점이다. 여기서 메시지 Message 는 윈도우 운영체제가 응용 프로그램의 외부나 내부에 변화가 생겼음을 해당 응용 프로그램에 알리는 데 사용하는 개념이다.

[그림 10-1]은 윈도우 운영체제가 제공하는 메시지 구동 구조를 간략하게 나타낸 것이다. 외부에서 메시지를 발생시키는 이벤트 Event 가 발생하면, 운영체제가 관리하는 시스템 메시지 큐 System Message Queue 에 정보가 저장된다. 각 GUI 응용 프로그램은 운영체제로부터 응용 프로그램 메시지 큐 Application Message Queue 를 할당받는데, 운영체제는 시스템 메시지 큐에 저장된 메시지를 적절한 응용 프로그램의 메시지 큐에 보낸다. 응용 프로그램은 자신의 메시

지 큐를 감시하다가 메시지가 발생해서 큐에 들어오면 하나씩 꺼내 처리하고, 메시지가 없을 때는 대기한다.

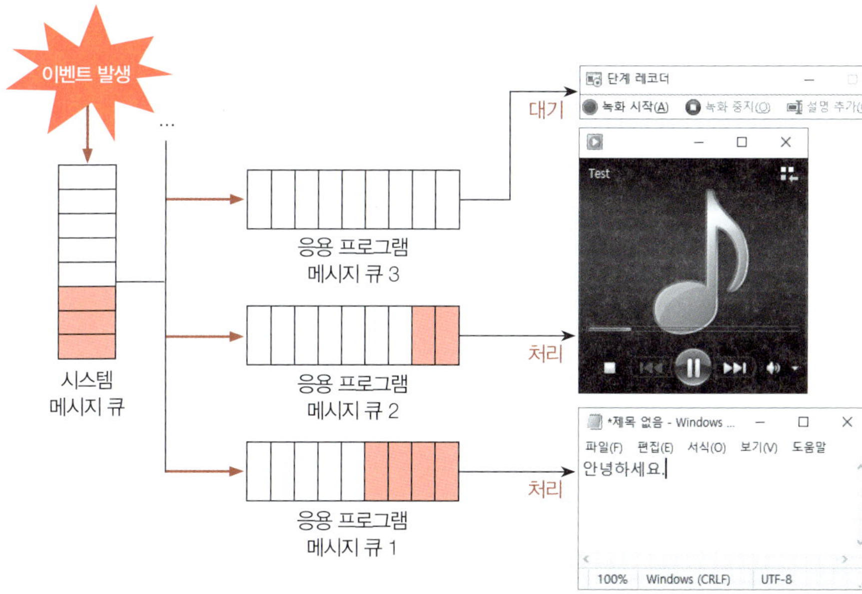

그림 10-1 메시지 구동 구조(간단)

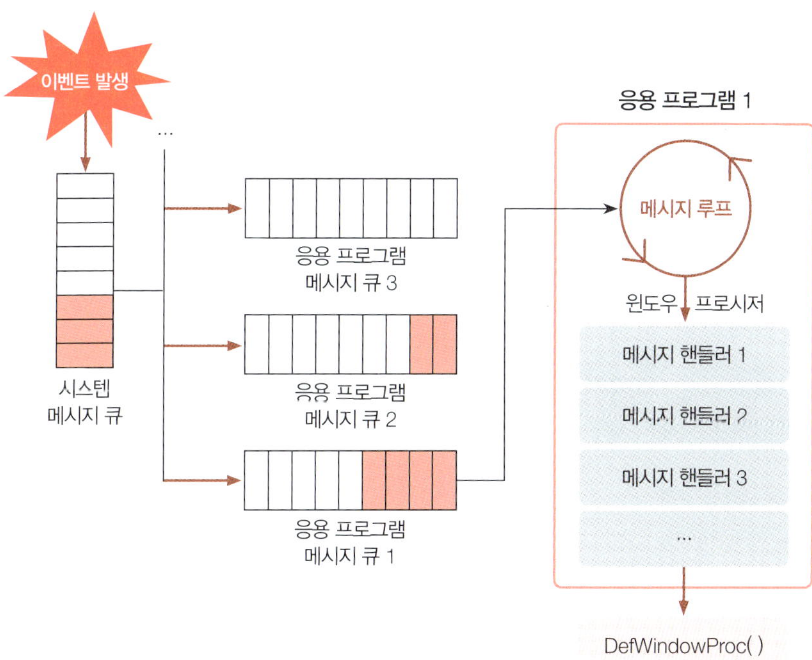

그림 10-2 메시지 구동 구조(상세)

[그림 10-2]는 메시지 구동 구조를 좀 더 세부적으로 나타낸 것이다. 메시지 구동 구조에서는 응용 프로그램이 받는 메시지에 따라 코드의 실행 순서가 달라지며, 해당 메시지에 어떻게 반응하는가에 따라 동작이 달라진다. 메시지를 받았을 때 동작을 결정하는 코드를 흔히 메시지 핸들러Message Handler라고 부른다. 프로그래머는 키보드 메시지 핸들러, 마우스 메시지 핸들러, 메뉴 메시지 핸들러와 같은 다양한 메시지 핸들러를 작성한다. 메시지 핸들러의 집합을 윈도우 프로시저Window Procedure라고 하는데, 메시지 처리 코드를 담고 있는 사용자 정의 함수로 보면 된다. 일반 함수와 다른 점이 있다면 응용 프로그램 자신이 아닌 운영체제가 자동으로 호출한다는 것이다. GUI 응용 프로그램은 윈도우 프로시저에 전달된 메시지를 자신만의 방식으로 처리하며, 처리하지 않은 메시지는 윈도우 운영체제에 맡겨서 자동으로 처리한다.

이제 [그림 10-3]과 같이 500×220 크기의 윈도우를 표시하는 간단한 형태의 GUI 응용 프로그램 코드를 살펴보자. 완성된 예제는 SimpleWindow 이름으로 제공된다.

그림 10-3 간단한 GUI 응용 프로그램

```
❶ #include <windows.h>
   #include <tchar.h>

❷ LRESULT CALLBACK WndProc(HWND, UINT, WPARAM, LPARAM);

❸ int WINAPI WinMain(HINSTANCE hInstance, HINSTANCE hPrevInstance,
     LPSTR lpCmdLine, int nCmdShow)
   {
❹    // 윈도우 클래스 등록
     WNDCLASS wndclass;
     wndclass.style = CS_HREDRAW | CS_VREDRAW;
     wndclass.lpfnWndProc = WndProc;
     wndclass.cbClsExtra = 0;
     wndclass.cbWndExtra = 0;
```

```
    wndclass.hInstance = hInstance;
    wndclass.hIcon = LoadIcon(NULL, IDI_APPLICATION);
    wndclass.hCursor = LoadCursor(NULL, IDC_ARROW);
    wndclass.hbrBackground = (HBRUSH)GetStockObject(WHITE_BRUSH);
    wndclass.lpszMenuName = NULL;
    wndclass.lpszClassName = _T("MyWndClass");
    if (!RegisterClass(&wndclass)) return 1;

❺   // 윈도우 생성
    HWND hWnd = CreateWindow(_T("MyWndClass"), _T("Simple Window"),
      WS_OVERLAPPEDWINDOW, 0, 0, 500, 220, NULL, NULL, hInstance, NULL);
    if (hWnd == NULL) return 1;
    ShowWindow(hWnd, nCmdShow);
    UpdateWindow(hWnd);

❻   // 메시지 루프
    MSG msg;
    while (GetMessage(&msg, NULL, 0, 0) > 0) {
      TranslateMessage(&msg);
      DispatchMessage(&msg);
    }
    return (int)msg.wParam;
}

❼ // 윈도우 프로시저
LRESULT CALLBACK WndProc(HWND hWnd, UINT uMsg, WPARAM wParam, LPARAM lParam)
{
    switch (uMsg) {
    case WM_CREATE:
      return 0;
    case WM_SIZE:
      return 0;
    case WM_DESTROY:
      PostQuitMessage(0);
      return 0;
    }
    return DefWindowProc(hWnd, uMsg, wParam, lParam);
}
```

❶ windows.h는 윈도우 API 함수 원형과 각종 데이터 타입(HWND, UINT, WPARAM, LPARAM 등), 구조체(WNDCLASS, MSG 등), 매크로 상수(WM_CREATE, WM_SIZE, WM_DESTROY 등)를 포함하는 헤더 파일이다. tchar.h는 윈도우 API 함수에 문자열을 사용할 때 ANSI/유니코드 동시 지원을 위한 데이터 타입과 매크로 함수를 제공한다.

NOTE 윈도우 API 함수에 문자열을 전달할 때는 특수한 경우를 제외하고는 _T() 매크로로 묶기를 권장한다. 예를 들어 _T("Hello")는 컴파일러 설정에 따라 ANSI 또는 유니코드 문자열로 자동 정의된다.

❷ 윈도우 프로시저의 원형을 선언한다.

❸ WinMain( ) 함수는 콘솔 응용 프로그램의 main( ) 함수와 같은 기능을 하는 GUI 응용 프로그램의 실행 시작점이다. 각 인수의 의미는 [표 10-1]과 같다. 두 번째 인수는 16비트 윈도우(윈도우 1.0~윈도우 3.1) 시절의 잔재로, 현재는 사용되지 않으므로 설명을 생략한다.

표 10-1 WinMain() 함수 인수

인수	의미
hInstance	인스턴스 핸들Instance Handle이라고 부르는 값으로, 실행 파일에 포함된 각종 리소스에 접근할 때 사용한다. 여러 함수에서 필요하므로 전역 변수에 저장해두고 사용하면 편리하다.
lpCmdLine	프로그램 실행 시 전달된 명령행 인수Command-line Argument를 담고 있는 문자열이다.
nCmdShow	프로그램이 시작할 때 메인 윈도우를 보일 방법(최대화, 최소화 등)을 제어하는 값이다.

❹ 윈도우 클래스를 초기화하고 등록하는 부분이다. 윈도우 클래스Window Class는 윈도우의 다양한 특성을 정의하는 구조체로, 원하는 값으로 초기화한 후 RegisterClass( ) 함수를 호출하여 운영체제에 등록해야 한다. 한 번 등록해두면 특성이 같은 윈도우를 원하는 개수만큼 생성할 수 있다.

❺ ❹에서 등록한 윈도우 클래스를 기반으로 실제 윈도우를 생성한다. CreateWindow( ) 함수는 윈도우를 생성한 후 윈도우 핸들(HWND 타입)을 리턴한다. 윈도우 핸들을 다양한 API 함수에 전달함으로써 윈도우를 자유롭게 조작할 수 있다. 생성한 윈도우는 처음에는 보이지 않으므로 ShowWindow( ) 함수, UpdateWindow( ) 함수를 차례로 호출하여 화면에 보이게 한다.

❻ 메시지 큐에서 메시지를 꺼내고(GetMessage( )), 키보드 메시지이면 특별한 처리를 한 후(TranslateMessage( )), 해당 메시지를 윈도우 프로시저에 전달한다(DispatchMessage( )). 이런 일련의 작업을 하는 코드 부분을 메시지 루프Message Loop라고 한다.

❼ 윈도우 메시지를 처리하는 핵심 함수인 윈도우 프로시저다. 이 예제에서는 윈도우가 생성되었을 때(WM_CREATE), 크기가 변경되었을 때(WM_SIZE), 종료 버튼을 눌렀을 때(WM_DESTROY) 발생하는 메시지를 처리한다. 응용 프로그램이 처리하지 않은 메시지는 DefWindowProc( ) 함수에 전달하여 윈도우 운영체제가 알아서 처리하게 한다. 윈도우 프로시저에 전달되는 인수의 의미는 [표 10-2]와 같다.

표 10-2 윈도우 프로시저 인수

인수	의미
hWnd	메시지가 발생한 윈도우를 나타내는 핸들값이다. 윈도우 프로시저에서 윈도우를 조작할 때는 항상 이 값을 사용해야 한다.
uMsg	발생한 메시지를 나타내는 값이다. WM_* 형태의 상수로 정의되어 있다.
wParam lParam	메시지와 더불어 전달되는 두 개의 부가 정보다(윈도우 운영체제에 따라 32비트 또는 64비트 크기). 메시지마다 의미가 다르므로 도움말을 참조하여 해석하고 처리해야 한다.

앞에서 살펴본 코드는 사용자 입력을 받지도 않고 출력도 하지 않으므로 그다지 유용하지 않다. GUI 응용 프로그램에서 사용자 입력을 받고 출력을 할 수 있는 효과적인 방법은 컨트롤을 이용하는 것이다. 컨트롤Control은 표준화된 형태와 특성을 제공하는 일종의 윈도우다. 운영체제가 제공하는 것만 해도 종류가 상당하지만, 때로는 사용자가 필요에 따라 직접 만들기도 한다. [그림 10-4]는 윈도우 운영체제가 제공하는 몇 가지 컨트롤을 보여준다.

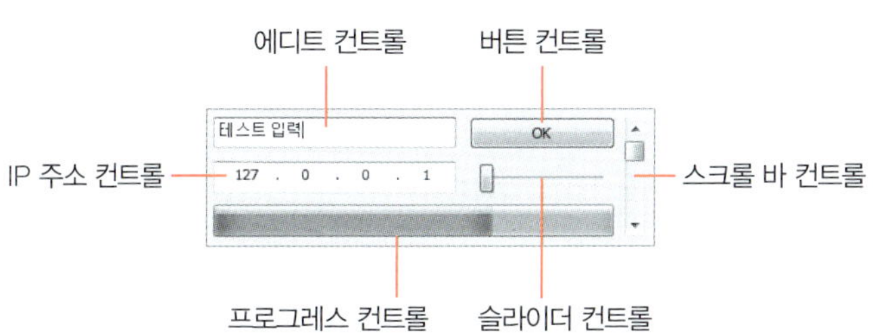

그림 10-4 윈도우 운영체제가 제공하는 컨트롤(일부)

컨트롤은 일반적으로 대화상자에서 사용하지만 일반 GUI 응용 프로그램에서도 사용할 수 있다. 어떤 경우든 독립적인 윈도우가 아닌 자식 윈도우Child Window로 존재한다. 컨트롤의 부모 윈도우Parent Window는 SendMessage( ) 함수를 사용하여 컨트롤에 메시지를 보낼 수 있다. 컨트롤은 메시지를 받으면 미리 정의된 방식으로 동작하므로 메시지를 이용하여 컨트롤의 동작을 제어할 수 있다.

이 장에서 작성할 모든 예제는 에디트 컨트롤과 버튼 컨트롤 두 종류만 이용하여 사용자 입력을 받고 출력을 한다. 에디트 컨트롤Edit Control은 콘솔 응용 프로그램의 printf( ) 함수와 fgets( ) 함수 기능을 대체하기 위해, 버튼 컨트롤Button Control은 특정 작업의 시작이나 종료를 지시하는 목적으로 사용한다. 구체적인 활용 예는 잠시 후 실습에서 살펴보도록 한다.

2 GUI 응용 프로그램 작성

에디트 컨트롤을 이용하여 글자 입력과 화면 출력을 수행하는 GUI 응용 프로그램을 작성해 보자. [그림 10-5]는 예제 프로그램의 구조다. 메인 윈도우의 클라이언트 영역Client Area(윈도우 내부 영역)을 에디트 컨트롤이 차지하고 있어 키보드로 글자를 입력할 수 있고, 응용 프로그램에서 에디트 컨트롤에 직접 출력도 할 수 있다.

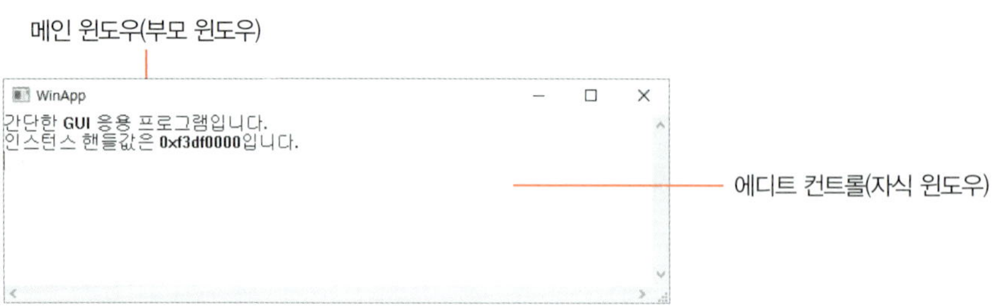

그림 10-5 예제 프로그램의 구조

실습 10-1 GUI 응용 프로그램 작성과 테스트

1 **프로젝트 종류 선택** 비주얼 스튜디오 2019 또는 2022를 실행한 후 [파일]-[새로 만들기]-[프로젝트...] 메뉴를 선택하면 [새 프로젝트 만들기] 대화상자가 나타난다. "콘솔"을 입력하여 검색한 후 'Windows 데스크톱 마법사'를 선택하고 [다음]을 누른다.

NOTE 비주얼 스튜디오 2017을 사용한다면 **1**~**2**단계를 다음과 같이 진행한다. [파일]-[새로 만들기]-[프로젝트...] 메뉴를 선택하여 [새 프로젝트] 대화상자가 나타나면, [Visual C++]-[Windows 데스크톱]-[Windows 데스크톱 마법사]를 선택한 상태에서 프로젝트 '이름' 과 '위치'를 지정하고 '솔루션용 디렉터리 만들기'를 끈 후 [확인]을 누른다.

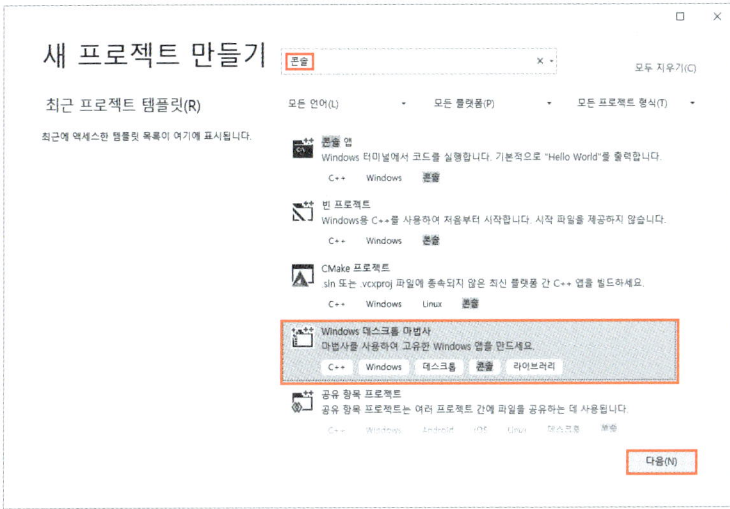

2 프로젝트 이름과 위치 지정 '프로젝트 이름'에 "WinApp"을 입력한다. '위치'는 프로젝트가 생성될 위치를 나타내는데, 오른쪽에 있는 [...]을 누르면 원하는 폴더를 선택할 수 있다. '솔루션 및 프로젝트를 같은 디렉터리에 배치' 옵션에 체크하고 [만들기]를 누른다.

3 프로젝트 옵션 변경 애플리케이션 종류로 '데스크톱 애플리케이션(.exe)'을 선택하고 '빈 프로젝트' 옵션을 체크한 후 [확인]을 누른다.

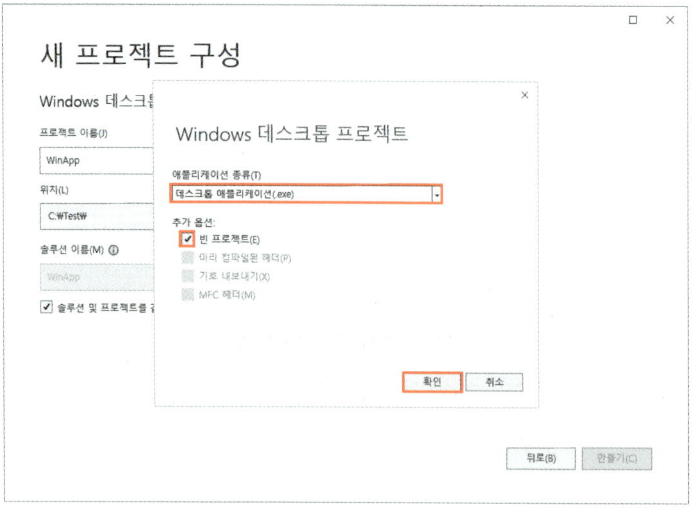

4 소스 파일 추가 솔루션 탐색기의 '소스 파일'에서 마우스 오른쪽 버튼을 누르고 [추가]-[새 항목...]을 선택한다. [새 항목 추가] 대화상자에서 'C++ 파일(.cpp)' 선택, 이름에 "WinApp" 입력 후(.cpp 확장자는 자동으로 붙으므로 입력하지 않는다) [추가]를 누른다.

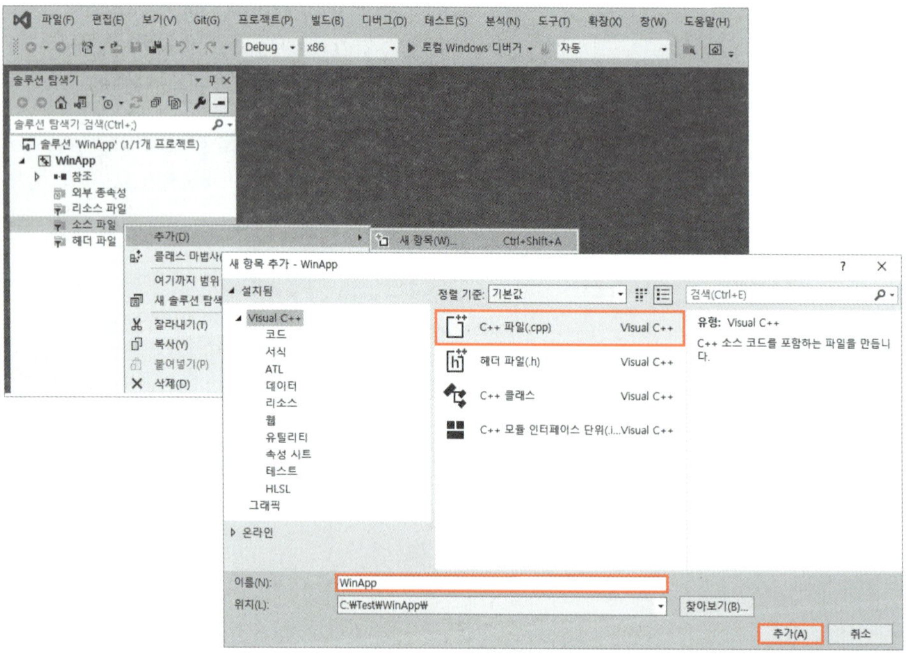

5 새로 추가한 WinApp.cpp 파일에 코드를 작성한다. 코드 내용은 아래에서 분석한다.

6 실행 결과는 다음과 같다. ❶과 같이 초기 문자열이 표시되어 있고, 글자를 입력할 수 있도록 캐럿Caret(흔히 커서Cursor라고 부름)이 깜박인다. 계속 글자를 입력하면 ❷와 같이 가로와 세로 스크롤바가 자동으로 표시된다.

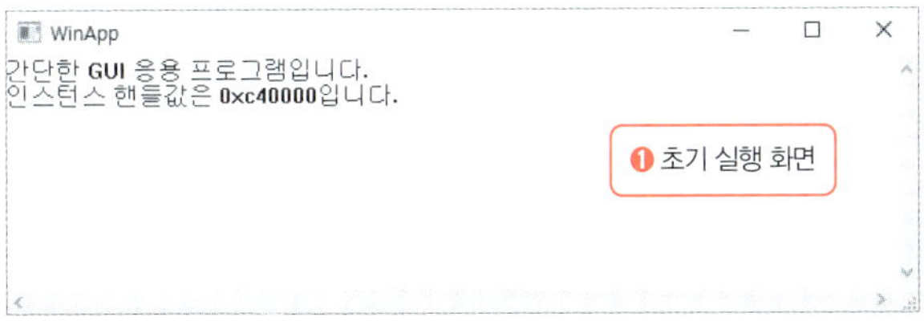

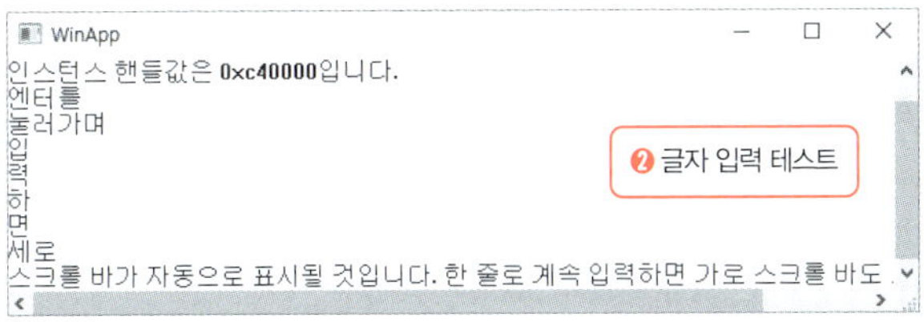

3 GUI 응용 프로그램 코드 분석

예제 코드를 행 단위로 분석해보자.

헤더 파일, 함수 원형 선언, 전역 변수 정의

```
#define _CRT_SECURE_NO_WARNINGS          // 구형 C 함수 사용 시 경고 끄기
#include <windows.h>
#include <tchar.h>
#include <stdio.h>

// 윈도우 프로시저
LRESULT CALLBACK WndProc(HWND, UINT, WPARAM, LPARAM);
// 에디트 컨트롤 출력 함수
void DisplayText(const char *fmt, ...);

HINSTANCE hInst;   // 인스턴스 핸들
HWND hEdit;        // 에디트 컨트롤
```

3행 윈도우 API 함수에 문자열을 전달할 때 사용하는 _T( ) 매크로를 제공한다. 예를 들어 _T("Hello")는 컴파일러 설정에 따라 ANSI 또는 유니코드 문자열로 자동 정의된다.

4행 DisplayText( ) 함수에서 가변 길이 인수Variable-length Argument를 구현하는 데 필요한 va_list 타입과 va_start( ) 함수, va_end( ) 함수를 제공한다.

9행 DisplayText( ) 함수는 printf( ) 함수와 같은 형식으로 에디트 컨트롤에 문자열을 출력할 수 있다. 예를 들면, DisplayText("i = %d\r\n", i) 형태로 사용할 수 있다. 에디트 컨트롤에서 줄바꿈할 때는 '\n' 대신 '\r\n'을 권장한다는 점에 주의한다.

11행 인스턴스 핸들은 여러 함수에서 필요하므로 핸들값을 저장할 전역 변수를 정의한다.

12행 DisplayText( ) 함수에서 에디트 컨트롤에 접근하므로 핸들값을 저장할 전역 변수를 정의한다.

메인 함수

```
14 #int WINAPI WinMain(HINSTANCE hInstance, HINSTANCE hPrevInstance,
15     LPSTR lpCmdLine, int nCmdShow)
16 {
17     hInst = hInstance;
18 
19     // 윈도우 클래스 등록
20     WNDCLASS wndclass;
21     wndclass.style = CS_HREDRAW | CS_VREDRAW;
22     wndclass.lpfnWndProc = WndProc;
23     wndclass.cbClsExtra = 0;
24     wndclass.cbWndExtra = 0;
25     wndclass.hInstance = hInstance;
26     wndclass.hIcon = LoadIcon(NULL, IDI_APPLICATION);
27     wndclass.hCursor = LoadCursor(NULL, IDC_ARROW);
28     wndclass.hbrBackground = (HBRUSH)GetStockObject(WHITE_BRUSH);
29     wndclass.lpszMenuName = NULL;
30     wndclass.lpszClassName = _T("MyWndClass");
31     if (!RegisterClass(&wndclass)) return 1;
32 
33     // 윈도우 생성
34     HWND hWnd = CreateWindow(_T("MyWndClass"), _T("WinApp"),
35         WS_OVERLAPPEDWINDOW, 0, 0, 500, 220,
```

```
36         NULL, NULL, hInstance, NULL);
37     if (hWnd == NULL) return 1;
38     ShowWindow(hWnd, nCmdShow);
39     UpdateWindow(hWnd);
40 
41     // 메시지 루프
42     MSG msg;
43     while (GetMessage(&msg, 0, 0, 0) > 0) {
44         TranslateMessage(&msg);
45         DispatchMessage(&msg);
46     }
47     return (int)msg.wParam;
48 }
```

17행 인스턴스 핸들을 전역 변수에 저장한다.

18~47행 윈도우 클래스 등록, 윈도우 생성, 메시지 루프는 본문에서 이미 설명한 부분이다.

윈도우 프로시저

```
50 // 윈도우 프로시저
51 LRESULT CALLBACK WndProc(HWND hWnd, UINT uMsg, WPARAM wParam, LPARAM lParam)
52 {
53     switch (uMsg) {
54     case WM_CREATE:
55         hEdit = CreateWindow(_T("edit"), NULL,
56             WS_CHILD | WS_VISIBLE | WS_HSCROLL |
57             WS_VSCROLL | ES_AUTOHSCROLL |
58             ES_AUTOVSCROLL | ES_MULTILINE,
59             0, 0, 0, 0, hWnd, (HMENU)100, hInst, NULL);
60         DisplayText("간단한 GUI 응용 프로그램입니다.\r\n");
61         DisplayText("인스턴스 핸들값은 %#x입니다.\r\n", hInst);
62         return 0;
63     case WM_SIZE:
64         MoveWindow(hEdit, 0, 0, LOWORD(lParam), HIWORD(lParam), TRUE);
65         return 0;
66     case WM_SETFOCUS:
```

```
67       SetFocus(hEdit);
68       return 0;
69    case WM_DESTROY:
70       PostQuitMessage(0);
71       return 0;
72    }
73    return DefWindowProc(hWnd, uMsg, wParam, lParam);
74 }
```

54~62행 WM_CREATE 메시지는 메인 윈도우가 생성될 때 발생하므로 각종 초기화 작업(동적 메모리 할당, 자식 윈도우 생성, 파일 열기 등)을 수행하는 데 적합하다. 여기서는 에디트 컨트롤을 메인 윈도우의 자식 윈도우로 생성한 후, DisplayText( ) 함수를 사용하여 에디트 컨트롤에 문자열을 출력한다.

> **NOTE** 56~58에서 사용하는 WS_* 상수는 일반 윈도우와 컨트롤에 모두 적용할 수 있는 공통 스타일, ES_* 상수는 에디트 컨트롤에만 적용할 수 있는 스타일이다. 각각의 의미는 윈도우 API 프로그래밍 서적이나 비주얼 스튜디오 도움말을 참고해야 하지만, 지금 당장은 이 책의 모든 예제에서 에디트 컨트롤 생성 시 공통으로 사용할 무난한 속성으로 생각하면 된다.

63~65행 WM_SIZE 메시지는 메인 윈도우의 크기가 변경될 때마다 발생한다. 이때 lParam의 하위 16비트와 상위 16비트에는 각각 클라이언트 영역의 폭과 높이가 들어 있다. MoveWindow( ) 함수에 이 정보를 전달하여 에디트 컨트롤이 메인 윈도우의 클라이언트 영역 전체를 차지하도록 크기를 조정한다.

66~68행 WM_SETFOCUS 메시지는 메인 윈도우가 키보드 포커스Keyboard Focus를 얻을 때 발생한다. 이는 메인 윈도우가 키보드 메시지를 받을 수 있다는 것을 의미한다. SetFocus( ) 함수를 호출하면 키보드 포커스를 다른 윈도우로 전환할 수 있다. 여기서는 에디트 컨트롤이 키보드 포커스를 소유하게 함으로써 키보드 입력을 받을 수 있도록 한다.

69~71행 WM_DESTROY 메시지는 메인 윈도우를 닫을 때 발생하므로 각종 청소 작업(동적 메모리 해제, 파일 닫기 등)을 수행하는 데 적합하다. PostQuitMessage( ) 함수는 응용 프로그램 메시지 큐에 WM_QUIT 메시지를 넣음으로써 GetMessage( ) 함수가 0을 리턴하게 한다. 따라서 메시지 루프가 끝나고 메인 함수가 리턴하므로 응용 프로그램이 종료한다.

73행 응용 프로그램이 처리하지 않은 메시지는 DefWindowProc( ) 함수에 전달하여 윈도우 운영체제가 알아서 처리하게 한다.

화면 출력 함수

```
76 // 에디트 컨트롤 출력 함수
77 void DisplayText(const char *fmt, ...)
78 {
79     va_list arg;
80     va_start(arg, fmt);
81     char cbuf[1024];
82     vsprintf(cbuf, fmt, arg);
83     va_end(arg);
84
85     int nLength = GetWindowTextLength(hEdit);
86     SendMessage(hEdit, EM_SETSEL, nLength, nLength);
87     SendMessageA(hEdit, EM_REPLACESEL, FALSE, (LPARAM)cbuf);
88 }
```

77행 DisplayText( ) 함수를 printf( ) 함수를 대체하여 사용할 수 있도록 정의한다. 일반 윈도우 API처럼 정의한다면 ANSI/유니코드를 지원하도록 const TCHAR * 타입을 사용해야 하지만, 기존 소켓 프로그램에서 printf( ) 함수를 주로 사용하는 점을 고려하여 const char * 타입을 첫 번째 인수로 받도록 했다.

79~83행 va_list 타입과 va_start( ) 함수, va_end( ) 함수는 가변 길이 인수의 지원을 위해 표준 C 라이브러리 함수에서 제공한다. 에디트 컨트롤에 최종 출력할 문자열을 vsprintf( ) 함수를 이용하여 cbuf[ ] 배열에 미리 출력(저장)해둔다.

85~87행 에디트 컨트롤에 문자열을 추가하는 코드다. GetWindowTextLength( ) 함수로 에디트 컨트롤에 들어 있는 문자열의 길이를 얻은 후, EM_SETSEL/EM_REPLACESEL 메시지를 이용하여 맨 끝에 새로운 문자열을 추가한다. 86행과 달리 87행은 cbuf[ ]에 들어 있는 문자열을 윈도우 API에 전달하므로 ANSI 함수인 SendMessageA( ) 함수를 사용해야 한다.

> **NOTE** SendMessage() 함수는 프로젝트 설정에 따라 ANSI 함수인 SendMessageA() 함수 또는 유니코드 함수인 SendMessageW() 함수로 변경되어 컴파일된다. 86행은 ANSI/유니코드 상관없이 똑같이 작동하지만, 87행은 마지막 인수로 문자열을 전달받으므로 문자열의 저장 형태(이 예제에서는 char 배열이므로 ANSI 문자열)에 맞게 ANSI 또는 유니코드 전용의 윈도우 API를 선택해야 한다.

02 GUI 소켓 응용 프로그램

이 절에서는 GUI 응용 프로그램에 소켓 통신 기능을 추가하는 방법을 알아본다. 콘솔 응용 프로그램을 작성할 때와 어떤 점이 다르고 어떤 점에 주의해야 하는지 살펴보자.

1 GUI 소켓 응용 프로그램 구조와 동작 원리

1절에서 GUI 응용 프로그램이 메시지 구동 방식으로 동작한다는 것을 배웠다. 메시지 구동 구조에서 윈도우 메시지를 처리할 때는 시간이 오래 걸리는 작업을 하지 않도록 주의해야 한다. 윈도우 메시지를 받았을 때 복잡한 계산을 하거나 네트워크로 데이터를 받는 등 시간이 오래 걸리는 작업을 하면, 메시지 루프가 일시 정지하게 되고 이로 인해 다른 메시지 처리가 지나치게 지연되기 때문이다.

윈도우 메시지를 잘못 처리했을 때 발생하는 문제점을 살펴보기 위해 1절 WinApp 예제에서 WM_SIZE 메시지를 처리하는 부분을 다음과 같이 수정한다. Sleep() 함수를 호출하여 메인 스레드를 3초 동안 정지하게 한다. 예제 실행 직후 [그림 10-6]처럼 약 3초 동안 화면이 제대로 표시되지 않을 것이다. 또한 마우스로 윈도우의 크기를 변경하려고 할 때도 약 3초간 지연되는 것을 경험할 수 있다. 이는 WM_SIZE 메시지 이후에 발생하는 메시지를 제시간에 처리하지 못하기 때문에 나타나는 결과다.

```
case WM_SIZE:
   MoveWindow(hEdit, 0, 0, LOWORD(lParam), HIWORD(lParam), TRUE);
   Sleep(3000);
   return 0;
```

그림 10-6 윈도우 메시지 처리 지연 상황

소켓 응용 프로그램에는 이처럼 메시지 루프 처리를 지연시킬 수 있는 부분이 있다. 대표적으로 accept() 함수, send() 함수, recv() 함수, sendto() 함수, recvfrom() 함수를 들 수 있다. 함수를 호출할 때 조건이 만족하지 않으면 스레드는 대기 상태가 되므로 윈도우의 메시지 루프 처리가 지나치게 지연될 수 있다. 이런 문제를 해결하려면 소켓 코드를 별도의 스레드로 분리해야 하며, 윈도우 프로시저와 소켓 코드가 공유하는 데이터가 있을 때는 스레드 동기화 기법을 사용하여 보호해야 한다.

[그림 10-7]은 GUI 소켓 응용 프로그램의 구조다. 윈도우 메시지를 처리하는 스레드 외에 소켓 통신을 담당하거나 데이터를 처리하는 스레드가 별도로 존재한다.

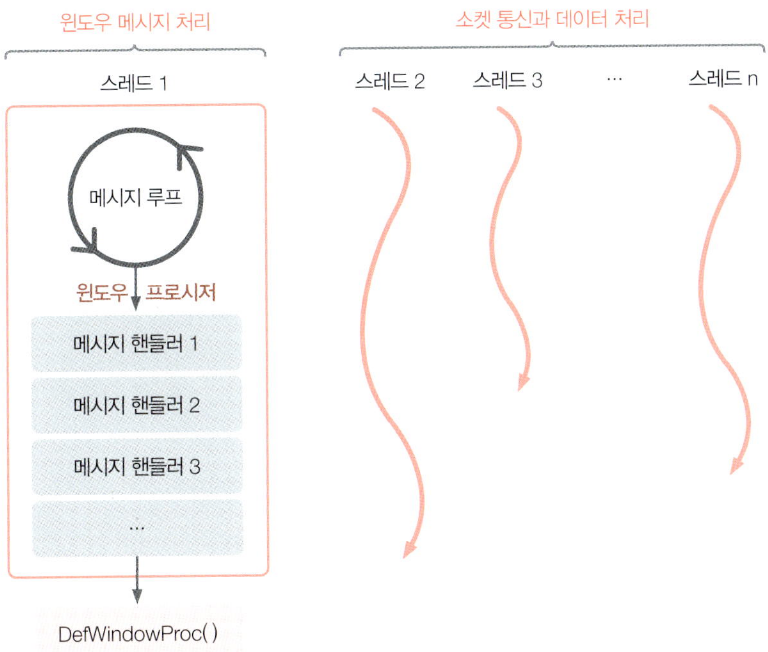

그림 10-7 GUI 소켓 응용 프로그램 구조

2 GUI 소켓 응용 프로그램 작성

1절의 WinApp 예제와 6장에 있는 ThreadTCPServer 예제를 결합하여 GUI 소켓 응용 프로그램을 구현해보자. ThreadTCPServer 예제의 메인 함수 부분을 별도의 스레드로 처리한다는 점과, 화면 출력을 에디트 컨트롤에 한다는 점을 제외하면 크게 달라지는 부분은 없다.

실습 10-2 GUI 소켓 응용 프로그램 작성과 테스트

1 GUITCPServer라는 프로젝트를 생성하고 다음 코드를 입력한다. 프로젝트 생성 방법은 1절 WinApp 예제의 **1~5**단계를 참조하되 소스 파일 이름은 GUITCPServer.cpp로 한다. 코드 내용은 아래에서 분석한다.

2 GUITCPServer는 TCP 서버로 동작하므로 테스트에 사용할 TCP 클라이언트가 필요한데, 4장에서 작성한 TCPClient 예제를 사용하면 된다. 실행 결과는 다음과 같다. 멀티스레드로 구현되어 있어서 두 개 이상의 클라이언트를 동시에 처리할 수 있다는 점은 6장의 ThreadTCPServer 예제와 같다. 그러나 모든 출력이 메인 윈도우 내부의 에디트 컨트롤에 표시된다는 점에서 차이가 있다.

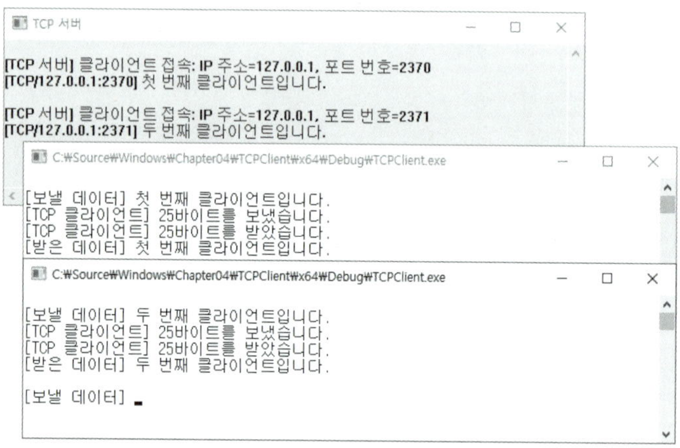

3 GUI 소켓 응용 프로그램 코드 분석

예제 코드를 행 단위로 분석해보자. WinApp 예제에 새로 추가하거나 변경한 부분을 중심으로 설명하고, ThreadTCPServer 예제에서 변경 없이 그대로 가져온 부분은 설명을 생략한다.

헤더 파일, 함수 원형 선언, 전역 변수 정의

```
#include "..\..\Common.h"

#define SERVERPORT 9000
#define BUFSIZE    512
```

```
5
6 // 윈도우 프로시저
7 LRESULT CALLBACK WndProc(HWND, UINT, WPARAM, LPARAM);
8 // 에디트 컨트롤 출력 함수
9 void DisplayText(const char *fmt, ...);
10 // 소켓 함수 오류 출력
11 void DisplayError(const char *msg);
12 // 소켓 통신 스레드 함수
13 DWORD WINAPI ServerMain(LPVOID arg);
14 DWORD WINAPI ProcessClient(LPVOID arg);
15
16 HINSTANCE hInst;       // 인스턴스 핸들
17 HWND hEdit;            // 에디트 컨트롤
18 CRITICAL_SECTION cs;   // 임계 영역
```

13~14행 ThreadTCPServer 예제의 메인 함수와 클라이언트 처리 부분을 그대로 담고 있는 스레드 함수다.

18행 임계 영역 변수다. 두 개 이상의 스레드가 에디트 컨트롤에 접근하여 출력하므로, 데이터가 뒤섞이는 상황을 방지하기 위한 것이다.

메인 함수

```
int WINAPI WinMain(HINSTANCE hInstance, HINSTANCE hPrevInstance,
  LPSTR lpCmdLine, int nCmdShow)
{
  hInst = hInstance;
  InitializeCriticalSection(&cs);

  // 윈도우 클래스 등록
  WNDCLASS wndclass;
  wndclass.style = CS_HREDRAW | CS_VREDRAW;
  wndclass.lpfnWndProc = WndProc;
  wndclass.cbClsExtra = 0;
  wndclass.cbWndExtra = 0;
  wndclass.hInstance = hInstance;
  wndclass.hIcon = LoadIcon(NULL, IDI_APPLICATION);
  wndclass.hCursor = LoadCursor(NULL, IDC_ARROW);
```

```
35     wndclass.hbrBackground = (HBRUSH)GetStockObject(WHITE_BRUSH);
36     wndclass.lpszMenuName = NULL;
37     wndclass.lpszClassName = _T("MyWndClass");
38     if (!RegisterClass(&wndclass)) return 1;
39
40     // 윈도우 생성
41     HWND hWnd = CreateWindow(_T("MyWndClass"), _T("TCP 서버"),
42         WS_OVERLAPPEDWINDOW, 0, 0, 500, 220,
43         NULL, NULL, hInstance, NULL);
44     if (hWnd == NULL) return 1;
45     ShowWindow(hWnd, nCmdShow);
46     UpdateWindow(hWnd);
47
48     // 소켓 통신 스레드 생성
49     CreateThread(NULL, 0, ServerMain, NULL, 0, NULL);
50
51     // 메시지 루프
52     MSG msg;
53     while (GetMessage(&msg, 0, 0, 0) > 0) {
54         TranslateMessage(&msg);
55         DispatchMessage(&msg);
56     }
57
58     DeleteCriticalSection(&cs);
59     return (int)msg.wParam;
60 }
```

24, 58행 임계 영역의 초기화와 종료 작업을 담당한다.

49행 메시지 루프를 구동하기 전에 TCP 서버의 메인 코드를 별도의 스레드로 시작한다.

윈도우 프로시저

```
// 윈도우 프로시저
LRESULT CALLBACK WndProc(HWND hWnd, UINT uMsg, WPARAM wParam, LPARAM lParam)
{
    switch (uMsg) {
    case WM_CREATE:
        hEdit = CreateWindow(_T("edit"), NULL,
```

```
68         WS_CHILD | WS_VISIBLE | WS_HSCROLL |
69         WS_VSCROLL | ES_AUTOHSCROLL |
70         ES_AUTOVSCROLL | ES_MULTILINE | ES_READONLY,
71         0, 0, 0, 0, hWnd, (HMENU)100, hInst, NULL);
72       return 0;
73     case WM_SIZE:
74       MoveWindow(hEdit, 0, 0, LOWORD(lParam), HIWORD(lParam), TRUE);
75       return 0;
76     case WM_SETFOCUS:
77       SetFocus(hEdit);
78       return 0;
79     case WM_DESTROY:
80       PostQuitMessage(0);
81       return 0;
82     }
83     return DefWindowProc(hWnd, uMsg, wParam, lParam);
84 }
```

70행 에디트 컨트롤 생성 시 ES_READONLY 스타일을 주어 읽기만 할 수 있도록 한다(쓰기 불가). 이는 에디트 컨트롤을 출력 전용으로 사용한다는 의미다.

화면 출력 함수

```
86 // 에디트 컨트롤 출력 함수
87 void DisplayText(const char *fmt, ...)
88 {
89     va_list arg;
90     va_start(arg, fmt);
91     char cbuf[BUFSIZE * 2];
92     vsprintf(cbuf, fmt, arg);
93     va_end(arg);
94 
95     EnterCriticalSection(&cs);
96     int nLength = GetWindowTextLength(hEdit);
97     SendMessage(hEdit, EM_SETSEL, nLength, nLength);
98     SendMessageA(hEdit, EM_REPLACESEL, FALSE, (LPARAM)cbuf);
99     LeaveCriticalSection(&cs);
100 }
```

91행 에디트 컨트롤에 출력할 문자열 저장을 위한 버퍼다. 4행에서 정의한 응용 프로그램 수신 버퍼 크기의 두 배로 충분히 크게 설정했다.

95, 99행 두 개 이상의 스레드가 에디트 컨트롤에 접근할 수 있으므로 출력이 뒤섞이지 않도록 임계 영역으로 보호한다.

오류 출력 함수

```
102 // 소켓 함수 오류 출력
103 void DisplayError(const char *msg)
104 {
105     LPVOID lpMsgBuf;
106     FormatMessageA(
107         FORMAT_MESSAGE_ALLOCATE_BUFFER | FORMAT_MESSAGE_FROM_SYSTEM,
108         NULL, WSAGetLastError(),
109         MAKELANGID(LANG_NEUTRAL, SUBLANG_DEFAULT),
110         (char *)&lpMsgBuf, 0, NULL);
111     DisplayText("[%s] %s\r\n", msg, (char *)lpMsgBuf);
112     LocalFree(lpMsgBuf);
113 }
```

103행 기존 err_display( ) 함수를 대체할 수 있도록 입력과 출력 형태를 똑같이 정의한 함수다.

111행 기존 err_display( ) 함수의 printf( ) 함수를 DisplayText( ) 함수로 대체하여 콘솔 화면 대신 에디트 컨트롤에 출력한다.

> **NOTE** err_quit() 함수는 오류 메시지를 MessageBox() 함수로 출력하지만, err_display() 함수는 오류 메시지를 printf() 함수로 출력한다는 점에 주목한다. err_quit() 함수는 GUI 응용 프로그램에서도 출력에 문제가 없지만, err_display() 함수는 별도의 콘솔 창이 없다면 출력이 나오지 않는다.

소켓 통신 스레드 함수

ThreadTCPServer 예제에서 그대로 가져온 코드에서 printf( ) 함수 대신 DisplayText( ) 함수를, err_display( ) 함수 대신 DisplayError( ) 함수를 사용하도록 변경했다. 그 외에 특별히 추가하거나 변경한 부분은 없으므로 설명을 생략한다.

```
// TCP 서버 시작 부분
DWORD WINAPI ServerMain(LPVOID arg)
{
    int retval;

    // 윈속 초기화
    WSADATA wsa;
    if (WSAStartup(MAKEWORD(2, 2), &wsa) != 0)
        return 1;

    // 소켓 생성
    SOCKET listen_sock = socket(AF_INET, SOCK_STREAM, 0);
    if (listen_sock == INVALID_SOCKET) err_quit("socket()");

    // bind()
    struct sockaddr_in serveraddr;
    memset(&serveraddr, 0, sizeof(serveraddr));
    serveraddr.sin_family = AF_INET;
    serveraddr.sin_addr.s_addr = htonl(INADDR_ANY);
    serveraddr.sin_port = htons(SERVERPORT);
    retval = bind(listen_sock, (struct sockaddr *)&serveraddr, sizeof(serveraddr));
    if (retval == SOCKET_ERROR) err_quit("bind()");

    // listen()
    retval = listen(listen_sock, SOMAXCONN);
    if (retval == SOCKET_ERROR) err_quit("listen()");

    // 데이터 통신에 사용할 변수
    SOCKET client_sock;
    struct sockaddr_in clientaddr;
    int addrlen;
    HANDLE hThread;

    while (1) {
        // accept()
        addrlen = sizeof(clientaddr);
        client_sock = accept(listen_sock, (struct sockaddr *)&clientaddr, &addrlen);
```

```
		if (client_sock == INVALID_SOCKET) {
			DisplayError("accept()");
			break;
		}

		// 접속한 클라이언트 정보 출력
		char addr[INET_ADDRSTRLEN];
		inet_ntop(AF_INET, &clientaddr.sin_addr, addr, sizeof(addr));
		DisplayText("\r\n[TCP 서버] 클라이언트 접속: IP 주소=%s, 포트 번호=%d\r\n",
			addr, ntohs(clientaddr.sin_port));

		// 스레드 생성
		hThread = CreateThread(NULL, 0, ProcessClient,
			(LPVOID)client_sock, 0, NULL);
		if (hThread == NULL) { closesocket(client_sock); }
		else { CloseHandle(hThread); }
	}

	// 소켓 닫기
	closesocket(listen_sock);

	// 윈속 종료
	WSACleanup();
	return 0;
}

// 클라이언트와 데이터 통신
DWORD WINAPI ProcessClient(LPVOID arg)
{
	SOCKET client_sock = (SOCKET)arg;
	int retval;
	struct sockaddr_in clientaddr;
	char addr[INET_ADDRSTRLEN];
	int addrlen;
	char buf[BUFSIZE + 1];

```

```
    // 클라이언트 정보 얻기
    addrlen = sizeof(clientaddr);
    getpeername(client_sock, (struct sockaddr *)&clientaddr, &addrlen);
    inet_ntop(AF_INET, &clientaddr.sin_addr, addr, sizeof(addr));

    while (1) {
        // 데이터 받기
        retval = recv(client_sock, buf, BUFSIZE, 0);
        if (retval == SOCKET_ERROR) {
            DisplayError("recv()");
            break;
        }
        else if (retval == 0)
            break;

        // 받은 데이터 출력
        buf[retval] = '\0';
        DisplayText("[TCP/%s:%d] %s\r\n", addr, ntohs(clientaddr.sin_port), buf);

        // 데이터 보내기
        retval = send(client_sock, buf, retval, 0);
        if (retval == SOCKET_ERROR) {
            DisplayError("send()");
            break;
        }
    }

    // 소켓 닫기
    closesocket(client_sock);
    DisplayText("[TCP 서버] 클라이언트 종료: IP 주소=%s, 포트 번호=%d\r\n",
        addr, ntohs(clientaddr.sin_port));
    return 0;
}
```

03 대화상자 기반 응용 프로그램

대화상자Dialog Box는 다양한 컨트롤을 포함하는 일종의 윈도우로, 사용자 입력을 받거나 정보를 출력하는 목적으로 사용한다. 윈도우의 메모장에서 [편집]-[찾기...] 메뉴를 선택했을 때 나타나는 [그림 10-8]의 그림 (a)와 같은 대화상자가 그런 예다. 대화상자는 독립적인 응용 프로그램으로 존재할 수도 있는데, 이를 대화상자 기반 응용 프로그램Dialog-based Application이라고 부른다. 대화상자 기반 응용 프로그램의 대표 예로는 그림 (b)와 같은 계산기를 들 수 있다.

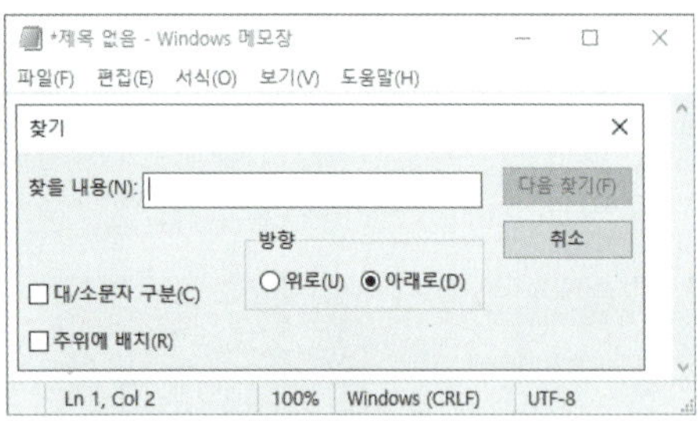

(a) 대화상자

(b) 대화상자 기반 응용 프로그램

그림 10-8 대화상자와 대화상자 기반 응용 프로그램

대화상자 기반 응용 프로그램은 일반 GUI 응용 프로그램보다 코드가 간단하고 화면 디자인이 쉬워서 자주 사용된다. 이 절에서는 대화상자 기반 응용 프로그램의 구조와 동작 원리를 살펴보고, 간단한 예제로 작성 기법을 익히도록 한다.

1 대화상자 기반 응용 프로그램 구조와 동작 원리

대화상자 기반 응용 프로그램을 작성하려면 코드와 더불어 대화상자 템플릿을 만들어야 한다. 대화상자 템플릿Dialog Box Template이란 대화상자 자체와 대화상자에 포함된 컨트롤에 관한 정보를 담고 있는 이진Binary 데이터다. 윈도우 운영체제는 사용자가 디자인하고 컴파일하여 실행 파일에 넣어둔 대화상자 템플릿을 토대로 대화상자를 생성한다.

대화상자 디자인부터 최종적으로 대화상자가 화면에 보이기까지 절차는 다음과 같다.

❶ 프로젝트에 리소스 파일(*.rc)을 추가한다. 리소스 파일Resource File 또는 Resource Script File이란 대화상자 자체와 대화상자에 포함된 컨트롤에 관한 정보를 담고 있는 텍스트 데이터다.

❷ 리소스 파일에 대화상자 리소스를 추가하고, 비주얼 스튜디오의 리소스 편집기를 이용하여 시각적으로 디자인한다.

❸ 프로젝트를 빌드하면 컴파일 단계에서 리소스 컴파일러가 실행되어 *.rc 파일을 이진 형식인 *.res로 변환한다. *.res 파일은 링크 단계에서 실행 파일 내부에 리소스로 포함된다.

❹ 프로그램 실행 중 대화상자 생성을 요청하는 윈도우 API 함수를 호출하면, 윈도우 운영체제는 실행 파일 내부에 들어 있는 대화상자 리소스(대화상자 템플릿)를 토대로 대화상자를 생성한다.

대화상자 리소스 작성은 잠시 후 실습에서 연습하기로 하고, 여기서는 대화상자 기반 응용 프로그램 코드의 구조를 살펴본다. [그림 10-9]와 같은 대화상자를 표시하고 [확인] 또는 [취소] 버튼을 누르면 종료하는 기능을 하는 코드를 살펴본다. 완성된 예제는 SimpleDialog 이름으로 제공된다.

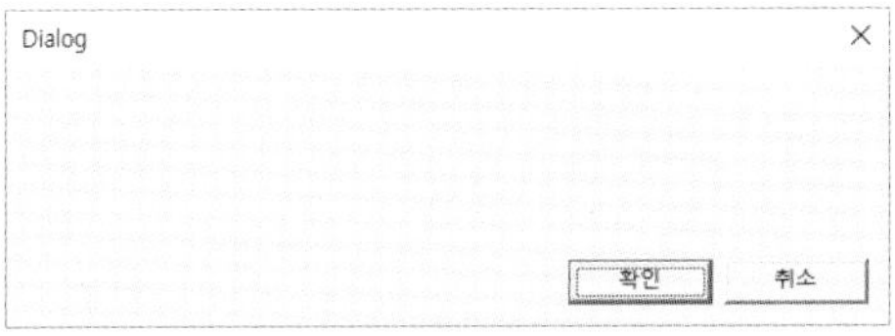

그림 10-9 간단한 대화상자 기반 응용 프로그램

```
   #include <windows.h>
❶ #include "resource.h"

❷ INT_PTR CALLBACK DlgProc(HWND, UINT, WPARAM, LPARAM);

   int WINAPI WinMain(HINSTANCE hInstance, HINSTANCE hPrevInstance,
     LPSTR lpCmdLine, int nCmdShow)
   {
❸    DialogBox(hInstance, MAKEINTRESOURCE(IDD_DIALOG1), NULL, DlgProc);
     return 0;
   }

❹ INT_PTR CALLBACK DlgProc(HWND hDlg, UINT uMsg, WPARAM wParam, LPARAM lParam)
   {
     switch (uMsg) {
❺    case WM_INITDIALOG:
       return TRUE;
❻    case WM_COMMAND:
       switch (LOWORD(wParam)) {
       case IDOK:
❼        EndDialog(hDlg, IDOK);
         return TRUE;
       case IDCANCEL:
❼        EndDialog(hDlg, IDCANCEL);
         return TRUE;
       }
       return FALSE;
     }
     return FALSE;
   }
```

❶ 대화상자 자체와 대화상자에 포함된 컨트롤은 각기 서로 다른 ID[IDentifier]를 사용한다. 리소스 파일(*.rc)을 컴파일하면 resource.h 파일이 자동으로 생성되는데, 여기에는 ID가 #define 상수 형태로 정의되어 있다. 코드에서 ID를 직접 참조하려고 한다면 (대부분 그렇게 함), resource.h 파일을 반드시 포함해야 한다.

❷ 윈도우 메시지를 처리하는 사용자 정의 함수인 윈도우 프로시저가 있듯이, 대화상자 메시지를 처리하는 사용자 정의 함수가 필요한데, 이를 대화상자 프로시저Dialog Box Procedure라고 부른다.

❸ 대화상자를 생성한다. DialogBox(인스턴스 핸들, 대화상자 템플릿 ID, 소유 윈도우, 대화상자 프로시저) 형식으로 호출하면 된다. 일반 대화상자와 달리 소유 윈도우가 없다는 뜻으로 NULL을 사용한다.

❹ 대화상자 프로시저에 전달되는 인수의 개수와 의미는 윈도우 프로시저와 같다.

❺ 대화상자 생성 초기에 발생하는 메시지다. 각종 초기화 작업(컨트롤 생성과 초기화, 키보드 포커스 변경 등)을 수행한다.

❻ 대화상자에 포함된 컨트롤에서 발생하는 메시지다. 예를 들면, [그림 10-10] 화면에서 [확인]이나 [취소] 버튼을 클릭할 때 발생하는데, 이때 wParam의 하위 16비트에는 메시지를 발생시킨 컨트롤의 ID가 들어 있다.

❼ 대화상자를 종료한다. EndDialog(대화상자 핸들, 리턴값) 형식으로 호출하면 된다. 여기서 전달한 리턴값은 대화상자를 생성할 때 호출했던 DialogBox( ) 함수의 리턴값으로 나온다. 예를 들어 [그림 10-10]의 [확인]이나 [취소] 버튼을 누르면, 각각 IDOK와 IDCANCEL 값을 리턴값으로 하여 대화상자가 종료된다. 이때 DialogBox( ) 함수의 리턴값을 확인하면 어떤 버튼을 클릭해서 대화상자를 종료했는지 알 수 있다.

2 대화상자 기반 응용 프로그램 작성

에디트 컨트롤과 버튼 컨트롤을 포함하는 간단한 대화상자 기반 응용 프로그램을 작성해보자. [그림 10-10]은 예제 프로그램의 구조다. 왼쪽 상단의 에디트 컨트롤은 입력용, 왼쪽 하단의 에디트 컨트롤은 출력용으로 사용할 것이다. [취소] 버튼을 누르면 대화상자가 닫힌다.

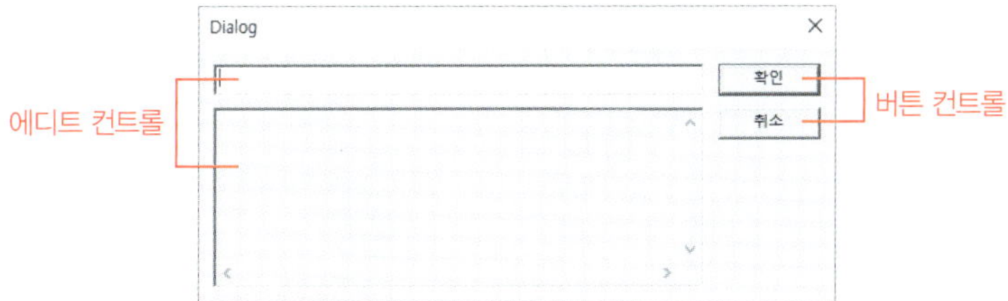

그림 10-10 예제 프로그램의 구조

실습 10-3 대화상자 기반 응용 프로그램 작성과 테스트

1 DlgApp.cpp 작성 DlgApp이라는 프로젝트를 생성하고 다음 코드를 입력한다. 프로젝트 생성 방법은 1절 WinApp 예제의 **1~5**단계를 참조하되 소스 파일 이름은 DlgApp.cpp로 한다. 코드 내용은 374쪽에서 분석한다.

2 대화상자 리소스 추가 솔루션 탐색기의 '리소스 파일' 부분에서 마우스 오른쪽 버튼을 눌러 [추가]-[리소스] 메뉴를 선택한다. [리소스 추가] 대화상자가 나타나면 'Dialog'를 선택하고 [새로 만들기] 버튼을 누른다.

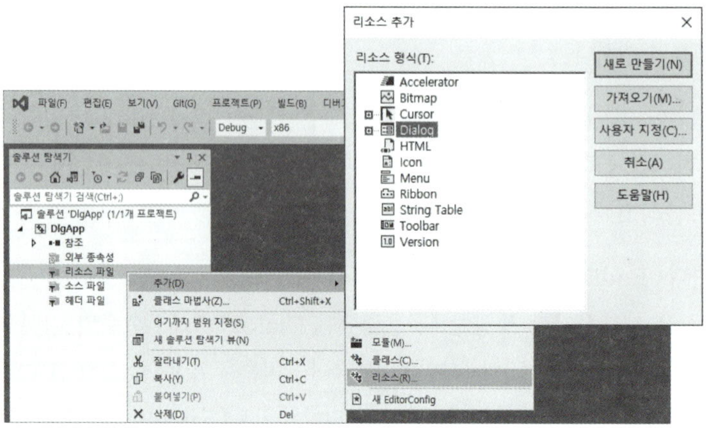

3 대화상자 디자인(1) 대화상자 디자인 화면이 나타나면 자동으로 추가된 [확인]과 [취소] 버튼을 대화상자 우측에 배치하고, 도구 상자에서 'Edit Control'을 선택하여 대화상자 왼쪽에 두 개를 추가한다. 대화상자 자체의 크기는 테두리 부분을 마우스로 드래그하여 자유롭게 변경해도 좋다.

> **NOTE** 도구 상자가 보이지 않을 경우 비주얼 스튜디오의 [보기]-[도구 상자] 메뉴를 선택한다.

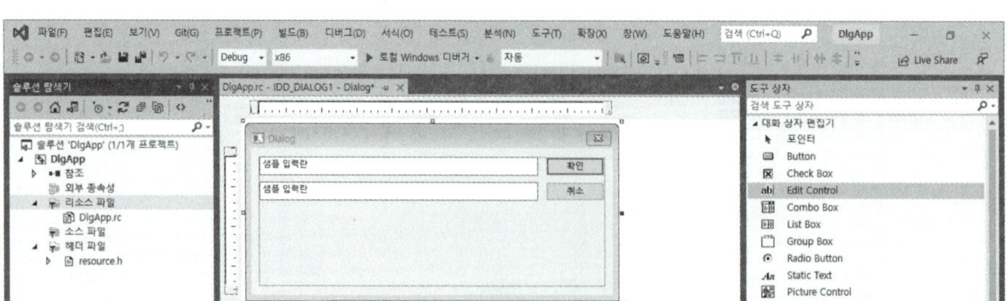

4 탭 순서 변경 비주얼 스튜디오의 [서식]-[탭 순서] 메뉴를 선택하면 ❶과 같이 탭 순서가 표시된다. 각 컨트롤을 마우스로 클릭하여 ❷와 같이 탭 순서를 변경한다. 탭 순서Tab Order란 대화상자에서 탭 키를 눌렀을 때 키보드 포커스가 이동하는 순서를 나타낸다. 응용 프로그램이 시작하면 탭 순서 1로 설정된 컨트롤이 자동으로 키보드 입력을 받는다.

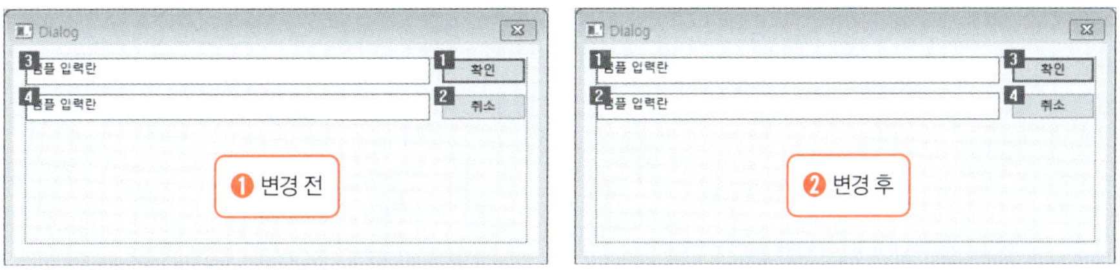

5 대화상자 디자인(2) 두 번째 에디트 컨트롤에서 마우스 오른쪽 버튼을 눌러 [속성] 메뉴를 선택하면 속성 창이 나타난다. 다음 표를 참고하여 에디트 컨트롤의 속성을 변경한다.

> **NOTE** 실수로 속성 창을 닫더라도 비주얼 스튜디오의 [보기]-[다른 창]-[속성 창] 메뉴를 선택하면 필요할 때 다시 열 수 있다.

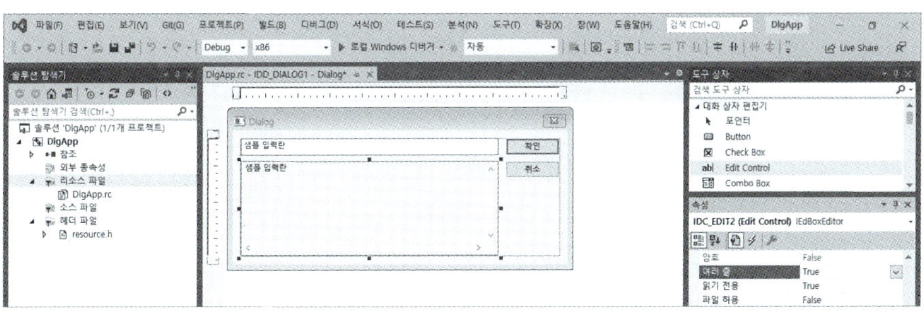

속성 이름	값
여러 줄	True
읽기 전용	True
자동 VScroll	True
가로 스크롤	True
세로 스크롤	True

6 실행 실행 결과는 다음과 같다. 위쪽 에디트 컨트롤에 글자를 입력하고 Enter를 누르면 ❶과 같이 아래쪽 에디트 컨트롤에 출력된다. 이때 기존에 입력한 문자열은 자동으로 선택 상태

가 되므로 수정하거나 새로 입력하는 작업을 편리하게 할 수 있다. 위쪽 에디트 컨트롤에 계속 글자를 입력하면 ❷와 같이 25글자(영숫자 기준)까지만 입력할 수 있다. 이는 에디트 컨트롤에 입력할 수 있는 글자 수를 제한하는 코드가 DlgApp.cpp 파일에 포함되어 있기 때문이다.

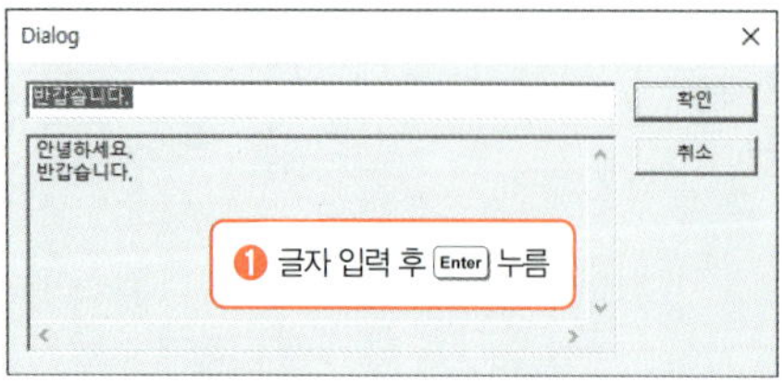

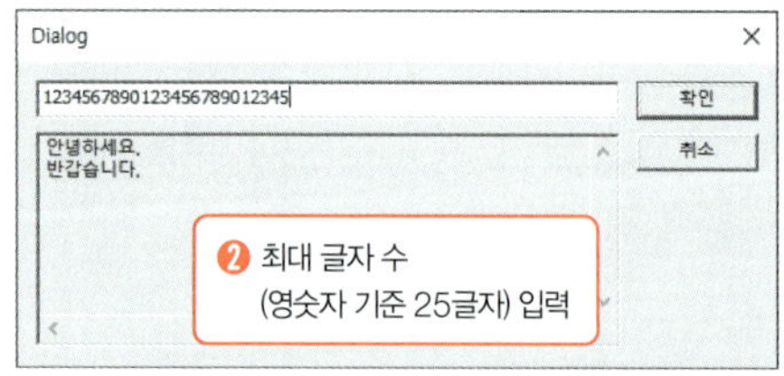

❸ 대화상자 기반 응용 프로그램 코드 분석

헤더 파일, 함수 원형 선언, 전역 변수 정의

```
1 #define _CRT_SECURE_NO_WARNINGS // 구형 C 함수 사용 시 경고 끄기
2 #include <windows.h>
3 #include <tchar.h>
4 #include <stdio.h>
5 #include "resource.h"
6
7 #define BUFSIZE 25
8
9 // 대화상자 프로시저
10 INT_PTR CALLBACK DlgProc(HWND, UINT, WPARAM, LPARAM);
11 // 에디트 컨트롤 출력 함수
12 void DisplayText(const char* fmt, ...);
13
14 HWND hEdit1, hEdit2; // 에디트 컨트롤
```

7행 위쪽 에디트 컨트롤에 입력할 수 있는 글자의 최대 개수다(영숫자 기준).

12행 DisplayText( ) 함수는 아래쪽 에디트 컨트롤에 문자열을 출력한다. 1절 WinApp 예제의 것과 기능은 같다.

14행 두 에디트 컨트롤에 언제든 접근할 수 있도록 핸들값을 저장할 전역 변수를 선언한다.

메인 함수

본문에서 설명했으므로 설명은 생략한다.

```
int WINAPI WinMain(HINSTANCE hInstance, HINSTANCE hPrevInstance,
    LPSTR lpCmdLine, int nCmdShow)
{
    // 대화상자 생성
    DialogBox(hInstance, MAKEINTRESOURCE(IDD_DIALOG1), NULL, DlgProc);
    return 0;
}
```

대화상자 프로시저

```
// 대화상자 프로시저
INT_PTR CALLBACK DlgProc(HWND hDlg, UINT uMsg, WPARAM wParam, LPARAM lParam)
{
    static char buf[BUFSIZE + 1];
    switch (uMsg) {
    case WM_INITDIALOG:
        hEdit1 = GetDlgItem(hDlg, IDC_EDIT1);
        hEdit2 = GetDlgItem(hDlg, IDC_EDIT2);
        SendMessage(hEdit1, EM_SETLIMITTEXT, BUFSIZE, 0);
        return TRUE;
    case WM_COMMAND:
        switch (LOWORD(wParam)) {
        case IDOK:
            GetDlgItemTextA(hDlg, IDC_EDIT1, buf, BUFSIZE + 1);
            DisplayText("%s\r\n", buf);
            SetFocus(hEdit1);
            SendMessage(hEdit1, EM_SETSEL, 0, -1);
            return TRUE;
        case IDCANCEL:
            EndDialog(hDlg, IDCANCEL);
            return TRUE;
        }
        return FALSE;
    }
    return FALSE;
}
```

27행 위쪽 에디트 컨트롤에 입력한 문자열을 저장하기 위한 버퍼다. 널('\0') 문자를 고려하여 크기를 BUFSIZE+1로 했다.

30~31행 두 에디트 컨트롤에 언제든 접근할 수 있도록 전역 변수에 핸들값을 저장해둔다. GetDlgItem(대화상자 핸들, 컨트롤 ID) 형식으로 호출하면 컨트롤의 핸들값을 얻을 수 있다.

32행 위쪽 에디트 컨트롤에 입력할 수 있는 글자의 최대 개수를 설정한다. SendMessage(에디트 컨트롤 ID, EM_SETLIMITTEXT, 최대 글자 개수, 0) 형식으로 호출한다.

37~38행 위쪽 에디트 컨트롤에 입력된 문자열을 얻어서 아래쪽 에디트 컨트롤에 출력한다. GetDlgItemText(대화상자 핸들, 컨트롤 ID, 버퍼 시작 주소, 버퍼 길이) 형식으로 호출하면 에디트 컨트롤에 입력된 문자열을 버퍼에 저장할 수 있다.

40행 위쪽 에디트 컨트롤에 입력된 문자열이 모두 선택 상태가 되도록 한다. SendMessage(컨트롤 ID, EM_SETSEL, 0, −1) 형식으로 호출한다.

> **NOTE** 이렇게 하면 사용자가 계속 Enter 만 눌러서 이전에 입력했던 내용을 재사용할 수도 있고, 기존 내용을 굳이 지우지 않고도 새로운 내용을 곧바로 입력할 수도 있어서 편리하다.

화면 출력 함수

에디트 컨트롤에 입력할 수 있는 글자의 최대 개수(BUFSIZE)를 고려하여 버퍼 크기를 수정한 부분(56행)을 제외하면 1절 WinApp 예제의 것과 거의 같다. 출력 대상은 두 번째 에디트 컨트롤(hEdit2)이다.

```
51 // 에디트 컨트롤 출력 함수
52 void DisplayText(const char* fmt, ...)
53 {
54     va_list arg;
55     va_start(arg, fmt);
56     char cbuf[BUFSIZE * 2];
57     vsprintf(cbuf, fmt, arg);
58     va_end(arg);
59 
60     int nLength = GetWindowTextLength(hEdit2);
61     SendMessage(hEdit2, EM_SETSEL, nLength, nLength);
62     SendMessageA(hEdit2, EM_REPLACESEL, FALSE, (LPARAM)cbuf);
63 }
```

04 대화상자 기반 소켓 응용 프로그램

이 절에서는 대화상자 기반 응용 프로그램에 소켓 통신 기능을 추가하는 방법을 알아본다. 콘솔 응용 프로그램을 작성할 때와 어떤 점이 다르고 어떤 점에 주의해야 하는지 살펴보자.

1 대화상자 기반 소켓 응용 프로그램 구조와 동작 원리

대화상자 기반 응용 프로그램도 일반 GUI 응용 프로그램처럼 메시지 구동 방식으로 동작한다. 따라서 소켓 코드를 별도의 스레드로 분리해도 하며, 대화상자 프로시저와 소켓 코드가 공유하는 데이터가 있을 때는 스레드 동기화 기법을 사용하여 보호해야 한다.

여기서는 스레드 동기화 관련 문제를 생각해보고 해결책을 알아보자. [그림 10-11]은 잠시 후 작성할 예제의 동작 원리를 도식화한 것으로, 스레드 동기화가 필요한 상황을 보여준다.

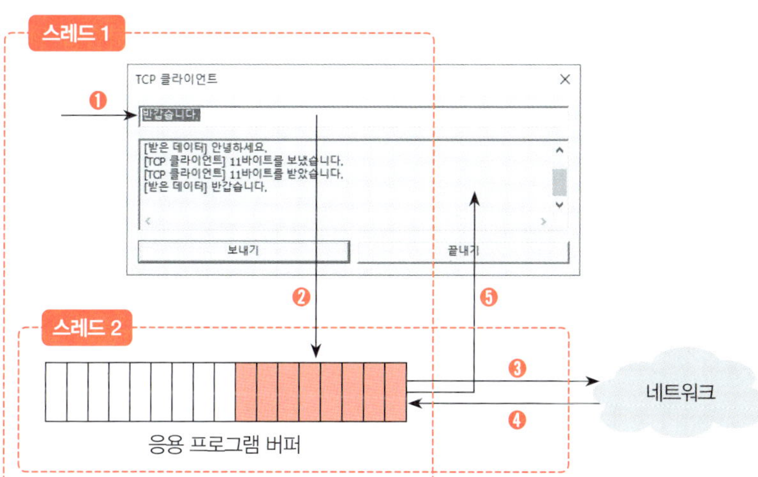

그림 10-11 스레드 동기화가 필요한 상황

이 응용 프로그램은 스레드 두 개로 구성되어 있다. 스레드 1은 윈도우 메시지 처리, 스레드 2는 소켓 통신을 담당한다. 응용 프로그램의 작동 절차는 다음과 같다.

❶ (스레드 1) 사용자가 에디트 컨트롤에 글자를 입력한 후 [보내기] 버튼을 누른다.

❷ (스레드 1) 에디트 컨트롤에 입력된 문자열을 응용 프로그램 버퍼에 저장한다.

❸ (스레드 2) 응용 프로그램 버퍼에 저장된 데이터를 에코Echo 서버에 보낸다.

❹ (스레드 2) 에코 서버가 응답해준 데이터를 응용 프로그램 버퍼에서 읽어들인다.

❺ (스레드 2) 응용 프로그램 버퍼에 저장된 데이터를 에디트 컨트롤에 출력한다.

이 응용 프로그램이 올바로 동작하는 데 필요한 조건을 생각해보자. 먼저, 두 스레드가 응용 프로그램 버퍼를 공유하므로 임계 영역을 이용하여 접근을 제한하면 문제가 없을 것 같다. 하지만 이 방법으로는 올바른 동작을 보장하지 못한다. 예를 들어, 스레드 2가 ❸~❺를 실행한 후 다시 ❸~❺를 실행한다면 똑같은 데이터를 두 번 보내고 받게 된다. 이런 경우에는 이벤트를 이용하여 스레드 1이 ❷를 수행한 후에만 스레드 2가 ❸~❺를 실행하도록 강제해야 한다.

사용자가 데이터를 아주 빠르게 입력하여 스레드 1이 ❶~❷를 연속으로 두 번 실행할 때도 문제가 생길 수 있다. 스레드 2가 데이터를 전송하기 전에 새로운 데이터로 덮어쓰기 때문이다. 이 문제는 이벤트를 이용한 동기화 기법을 적용하거나, [보내기] 버튼을 비활성화함으로써 버튼을 누르는 행위를 금지하는 방법으로 해결할 수 있다. 실습 예제에서는 학습을 위해 이벤트를 이용한 동기화와 버튼 비활성화 방법을 모두 사용할 것이다.

2 대화상자 기반 소켓 응용 프로그램 작성

3절 DlgApp 예제와 4장 TCPClient 예제를 결합하여 대화상자 기반 소켓 응용 프로그램을 구현해보자. TCPClient 예제의 메인 함수 부분을 별도의 스레드로 처리한다는 점과, 입출력을 에디트 컨트롤에서 한다는 점을 제외하면 크게 달라지는 부분은 없다. 다만, [그림 10-11]과 같은 상황을 고려하여 스레드 동기화 기법을 적용해야 한다.

실습 10-4 **대화상자 기반 소켓 응용 프로그램 작성과 테스트**

1 GUITCPClient.cpp 작성 GUITCPClient라는 프로젝트를 생성하고 다음 코드를 입력한다. 프로젝트 생성 방법은 1절 WinApp 예제의 **1~5**단계를 참조하되 소스 파일 이름은

GUITCPClient.cpp로 한다. 굵게 표시한 코드는 3절 DlgApp 예제에 새로 추가한 부분인데, 대부분 TCPClient 예제에서 그대로 가져온 것이다. 코드 내용은 380쪽에서 분석한다.

2 대화상자 디자인 3절 DlgApp 예제의 **2~6**단계를 참조하여 프로젝트에 리소스를 추가하고 대화상자를 만든다. 대화상자 디자인과 에디트 컨트롤 속성 역시 그대로 따르되, 다음과 같이 버튼의 위치만 변경한다.

NOTE 추가로 변경할 사항은 다음 표에 정리해두었다.

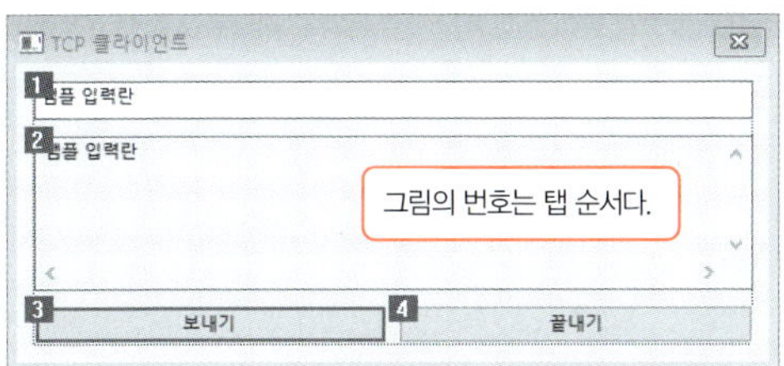

변경 대상	변경 내용
대화상자 자체	Caption을 'Dialog'에서 'TCP 클라이언트'로 바꾼다.
3번 컨트롤	Caption을 '확인'에서 '보내기'로 바꾼다.
4번 컨트롤	Caption을 '취소'에서 '끝내기'로 바꾼다.

3 실행 GUITCPClient는 TCP 클라이언트로 동작하므로 테스트에 사용할 TCP 서버가 필요한데, 2절에서 작성한 GUITCPServer 또는 4장의 TCPServer를 그대로 사용하면 된다. 실행 결과는 다음과 같다. 기본 동작은 4장의 TCPClient 예제와 같지만, 모든 입출력이 대화상자 내부의 에디트 컨트롤에서 일어난다는 차이가 있다.

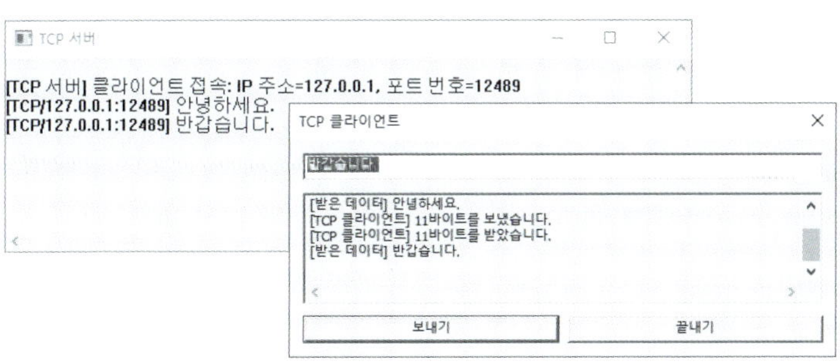

3 대화상자 기반 소켓 응용 프로그램 코드 분석

예제 코드를 행 단위로 분석해보자. DlgApp 예제에 새로 추가하거나 변경한 부분을 중심으로 설명하고, 4장의 TCPClient 또는 2절의 GUITCPServer 예제에서 변경 없이 그대로 가져온 부분은 설명을 생략한다.

헤더 파일, 함수 원형 선언, 전역 변수 정의

```
 1 #include "..\..\Common.h"
 2 #include "resource.h"
 3
 4 #define SERVERIP   "127.0.0.1"
 5 #define SERVERPORT 9000
 6 #define BUFSIZE    512
 7
 8 // 대화상자 프로시저
 9 INT_PTR CALLBACK DlgProc(HWND, UINT, WPARAM, LPARAM);
10 // 에디트 컨트롤 출력 함수
11 void DisplayText(const char *fmt, ...);
12 // 소켓 함수 오류 출력
13 void DisplayError(const char *msg);
14 // 소켓 통신 스레드 함수
15 DWORD WINAPI ClientMain(LPVOID arg);
16
17 SOCKET sock;             // 소켓
18 char buf[BUFSIZE + 1]; // 데이터 송수신 버퍼
19 HANDLE hReadEvent, hWriteEvent; // 이벤트
20 HWND hSendButton;        // 보내기 버튼
21 HWND hEdit1, hEdit2;   // 에디트 컨트롤
```

15행 TCPClient 예제의 메인 함수 부분을 담고 있는 스레드 함수다.

19행 스레드 동기화를 위해 사용하는 두 개의 이벤트 오브젝트를 각각 나타낸다.

20행 [보내기] 버튼에 언제든지 접근할 수 있도록 핸들값을 저장할 전역 변수를 선언한다.

메인 함수

```
23 int WINAPI WinMain(HINSTANCE hInstance, HINSTANCE hPrevInstance,
24     LPSTR lpCmdLine, int nCmdShow)
25 {
26     // 윈속 초기화
27     WSADATA wsa;
28     if (WSAStartup(MAKEWORD(2, 2), &wsa) != 0)
29         return 1;
30 
31     // 이벤트 생성
32     hReadEvent = CreateEvent(NULL, FALSE, TRUE, NULL);
33     hWriteEvent = CreateEvent(NULL, FALSE, FALSE, NULL);
34 
35     // 소켓 통신 스레드 생성
36     CreateThread(NULL, 0, ClientMain, NULL, 0, NULL);
37 
38     // 대화상자 생성
39     DialogBox(hInstance, MAKEINTRESOURCE(IDD_DIALOG1), NULL, DlgProc);
40 
41     // 이벤트 제거
42     CloseHandle(hReadEvent);
43     CloseHandle(hWriteEvent);
44 
45     // 윈속 종료
46     WSACleanup();
47     return 0;
48 }
```

32~33행 이벤트 두 개를 생성한다. hReadEvent는 신호 상태로, hWriteEvent는 비신호 상태로 시작한다.

36행 TCP 클라이언트의 메인 코드를 별도의 스레드로 시작한다.

42~43행 사용을 마친 이벤트 오브젝트를 모두 제거한다.

대화상자 프로시저

```
50 // 대화상자 프로시저
51 INT_PTR CALLBACK DlgProc(HWND hDlg, UINT uMsg, WPARAM wParam, LPARAM lParam)
52 {
53 	switch (uMsg) {
54 	case WM_INITDIALOG:
55 		hEdit1 = GetDlgItem(hDlg, IDC_EDIT1);
56 		hEdit2 = GetDlgItem(hDlg, IDC_EDIT2);
57 		hSendButton = GetDlgItem(hDlg, IDOK);
58 		SendMessage(hEdit1, EM_SETLIMITTEXT, BUFSIZE, 0);
59 		return TRUE;
60 	case WM_COMMAND:
61 		switch (LOWORD(wParam)) {
62 		case IDOK:
63 			EnableWindow(hSendButton, FALSE); // 보내기 버튼 비활성화
64 			WaitForSingleObject(hReadEvent, INFINITE); // 읽기 완료 대기
65 			GetDlgItemTextA(hDlg, IDC_EDIT1, buf, BUFSIZE + 1);
66 			SetEvent(hWriteEvent);  // 쓰기 완료 알림
67 			SetFocus(hEdit1);
68 			SendMessage(hEdit1, EM_SETSEL, 0, -1);
69 			return TRUE;
70 		case IDCANCEL:
71 			EndDialog(hDlg, IDCANCEL);
72 			closesocket(sock); // 소켓 닫기
73 			return TRUE;
74 		}
75 		return FALSE;
76 	}
77 	return FALSE;
78 }
```

57행 [보내기] 버튼에 언제든지 접근할 수 있도록 전역 변수에 핸들값을 저장해둔다.

63행 [보내기] 버튼을 두 번 연속 클릭할 수 없도록 비활성화한다.

64행 hReadEvent가 신호 상태가 되길 기다린다. 처음에는 신호 상태이므로 즉시 다음 코드로 진행하지만, 다음에는 소켓 통신 스레드에서 데이터를 읽은 후에야 신호 상태로 바뀐다.

66행 응용 프로그램 버퍼에 데이터를 저장했음을 알리기 위해 hWriteEvent를 신호 상태로 만든다.

화면 출력 함수

3절의 DlgApp 예제와 똑같으므로 코드 분석은 생략한다.

```
80 // 에디트 컨트롤 출력 함수
81 void DisplayText(const char *fmt, ...)
82 {
83     va_list arg;
84     va_start(arg, fmt);
85     char cbuf[BUFSIZE * 2];
86     vsprintf(cbuf, fmt, arg);
87     va_end(arg);
88 
89     int nLength = GetWindowTextLength(hEdit2);
90     SendMessage(hEdit2, EM_SETSEL, nLength, nLength);
91     SendMessageA(hEdit2, EM_REPLACESEL, FALSE, (LPARAM)cbuf);
92 }
```

오류 처리 함수

2절의 GUITCPServer 예제와 똑같으므로 코드 분석은 생략한다.

```
94 // 소켓 함수 오류 출력
95 void DisplayError(const char *msg)
96 {
97     LPVOID lpMsgBuf;
98     FormatMessageA(
99         FORMAT_MESSAGE_ALLOCATE_BUFFER | FORMAT_MESSAGE_FROM_SYSTEM,
100         NULL, WSAGetLastError(),
101         MAKELANGID(LANG_NEUTRAL, SUBLANG_DEFAULT),
102         (char *)&lpMsgBuf, 0, NULL);
103     DisplayText("[%s] %s\r\n", msg, (char *)lpMsgBuf);
104     LocalFree(lpMsgBuf);
105 }
```

소켓 통신 스레드 함수

TCPClient 예제에서 그대로 가져온 코드에서 printf( ) 함수 대신 DisplayText( ) 함수를, err_display( ) 함수 대신 DisplayError( ) 함수를 사용하도록 변경했다. 스레드 동기화를 위해 특별히 변경한 부분은 별색으로 표시했다.

```
// TCP 클라이언트 시작 부분
DWORD WINAPI ClientMain(LPVOID arg)
{
   int retval;

   // 소켓 생성
   sock = socket(AF_INET, SOCK_STREAM, 0);
   if (sock == INVALID_SOCKET) err_quit("socket()");

   // connect()
   struct sockaddr_in serveraddr;
   memset(&serveraddr, 0, sizeof(serveraddr));
   serveraddr.sin_family = AF_INET;
   serveraddr.sin_addr.s_addr = inet_addr(SERVERIP);
   serveraddr.sin_port = htons(SERVERPORT);
   retval = connect(sock, (struct sockaddr *)&serveraddr, sizeof(serveraddr));
   if (retval == SOCKET_ERROR) err_quit("connect()");

   // 서버와 데이터 통신
   while (1) {
      WaitForSingleObject(hWriteEvent, INFINITE); // 쓰기 완료 대기

      // 문자열 길이가 0이면 보내지 않음
      if (strlen(buf) == 0) {
         EnableWindow(hSendButton, TRUE); // 보내기 버튼 활성화
         SetEvent(hReadEvent); // 읽기 완료 알림
         continue;
      }

```

```
136         // 데이터 보내기
137         retval = send(sock, buf, (int)strlen(buf), 0);
138         if (retval == SOCKET_ERROR) {
139             DisplayError("send()");
140             break;
141         }
142         DisplayText("[TCP 클라이언트] %d바이트를 보냈습니다.\r\n", retval);
143 
144         // 데이터 받기
145         retval = recv(sock, buf, retval, MSG_WAITALL);
146         if (retval == SOCKET_ERROR) {
147             DisplayError("recv()");
148             break;
149         }
150         else if (retval == 0)
151             break;
152 
153         // 받은 데이터 출력
154         buf[retval] = '\0';
155         DisplayText("[TCP 클라이언트] %d바이트를 받았습니다.\r\n", retval);
156         DisplayText("[받은 데이터] %s\r\n", buf);
157 
158         EnableWindow(hSendButton, TRUE); // 보내기 버튼 활성화
159         SetEvent(hReadEvent); // 읽기 완료 알림
160     }
161 
162     return 0;
163 }
```

127행 hWriteEvent가 신호 상태가 되기를 기다린다. 여기서 신호 상태는 사용자가 입력한 데이터가 응용 프로그램 버퍼에 저장되었다는 것을 뜻한다.

131~132행, 158~159행 [보내기] 버튼을 활성화한 후 hReadEvent를 신호 상태로 만든다. 여기서 신호 상태는 응용 프로그램 버퍼의 데이터를 서버 측에 전송했음을 뜻한다.

요약

01 GUI 응용 프로그램 구조와 동작 원리

- 외부에서 메시지를 발생시키는 이벤트가 발생하면, 운영체제가 관리하는 시스템 메시지 큐에 정보가 저장되고, 운영체제는 이 정보를 적절한 응용 프로그램의 메시지 큐에 보냄
- 응용 프로그램은 메시지 큐에 메시지가 들어오면 처리하고 메시지가 없을 때는 대기
  - 메시지 처리 코드를 담고 있는 사용자 정의 함수를 윈도우 프로시저라 부름
- 응용 프로그램이 처리하지 않은 메시지는 윈도우 운영체제에 맡겨서 자동으로 처리
  - 윈도우 운영체제가 자동으로 처리할 때 사용하는 API 함수는 DefWindowProc()임

02 윈도우 운영체제가 제공하는 컨트롤

- 컨트롤이란 표준화된 형태와 특성을 제공하는 일종의 윈도우
  - 어떤 경우이든 독립적인 윈도우가 아닌 자식 윈도우로 존재
- 컨트롤은 대화상자는 물론 일반 GUI 응용 프로그램에서도 사용 가능
- 컨트롤의 부모 윈도우는 SendMessage( ) 함수로 컨트롤에 메시지를 보낼 수 있음
  - 컨트롤은 메시지를 받으면 미리 정의된 방식으로 동작하므로 메시지를 이용하여 제어 가능

03 GUI 소켓 응용 프로그램 작성 기법

- 일부 소켓 함수는 메시지 루프 처리를 지연시킬 수 있음
  - 소켓 코드를 별도의 스레드로 분리해야 함
- 윈도우 프로시저와 소켓 코드가 공유하는 데이터가 있을 때
  - 스레드 동기화 기법을 적용하여 보호해야 함

04 대화상자 기반 응용 프로그램의 구조와 동작 원리

- 대화상자 자체와 대화상자에 포함된 컨트롤에 관한 정보를 담고 있는 이진 데이터인 대화상자 템플릿 작성
- 대화상자 생성을 요청하는 윈도우 API 함수를 호출하면 윈도우 운영체제는 실행 파일 내부의 대화상자 템플릿을 토대로 대화상자 생성

05 대화상자 기반 소켓 응용 프로그램 작성 기법

- 대화상자 기반 응용 프로그램도 메시지 구동 방식으로 동작
  - 소켓 코드를 별도의 스레드로 분리해야 함
- 대화상자 프로시저와 소켓 코드가 공유하는 데이터가 있을 때
  - 스레드 동기화 기법을 적용하여 보호해야 함

연습문제

01 GUITCPServer 예제를 수정하여, 시작할 때 명령행 인수로 포트 번호를 입력받게 하시오. WinMain( ) 함수의 세 번째 인수를 활용하면 된다.

02 GUITCPClient 예제를 수정하여, 시작할 때 접속할 서버의 IP 주소(또는 도메인 이름)와 포트 번호를 입력받게 하시오. WinMain( ) 함수의 세 번째 인수를 활용하면 된다.

03 8장의 UDPServer 예제를 GUIUDPServer라는 GUI 응용 프로그램으로 변경하고, 8장의 UDPClient 예제로 테스트하시오.

04 8장의 UDPClient 예제를 GUIUDPClient라는 대화상자 기반 응용 프로그램으로 변경하고, 8장의 UDPServer 예제로 테스트하시오.

05 9장의 MulticastReceiver 예제를 GUIMulticastReceiver라는 GUI 응용 프로그램으로 변경하고, 9장의 MulticastSender 예제로 테스트하시오.

06 9장의 MulticastSender 예제를 GUIMulticastSender라는 대화상자 기반 응용 프로그램으로 변경하고, 9장의 MulticastReceiver 예제로 테스트하시오.

07 호스트 이름을 에디트 컨트롤에 입력하고 [IP 주소 얻기] 버튼을 누르면, 해당 호스트의 모든 IP 주소를 얻어서 또 다른 에디트 컨트롤에 출력하는 대화상자 기반 응용 프로그램을 작성하시오.

08 두 개의 에디트 컨트롤에 각각 입력한 숫자를 서버 측에 전송하면 두 숫자 범위의 합을 리턴받아 또 다른 에디트 컨트롤에 출력하는 대화상자 기반 TCP 클라이언트를 작성하시오. TCP 클라이언트와 통신하는 TCP 서버는 콘솔 응용 프로그램 형식으로 작성하기로 한다.

09 두 개의 에디트 컨트롤에 각각 입력한 숫자를 서버 측에 전송하면 두 숫자의 곱을 리턴받아 또 다른 에디트 컨트롤에 출력하는 대화상자 기반 UDP 클라이언트를 작성하시오. UDP 클라이언트와 통신하는 UDP 서버는 콘솔 응용 프로그램 형식으로 작성하기로 한다.

Chapter

11

소켓 입출력 모델: 윈도우

학습목표

- 블로킹과 넌블로킹 소켓의 특징을 이해한다.
- Select 소켓 입출력 모델을 이해하고 활용한다.
- WSAAsyncSelect 소켓 입출력 모델을 이해하고 활용한다.
- Completion Port 소켓 입출력 모델을 이해하고 활용한다.

01 소켓 입출력 모델 개요

소켓 입출력 모델Socket I/O model은 다수의 소켓을 관리하고 소켓에 대한 입출력을 처리하는 방식을 뜻한다. 소켓 입출력 모델을 사용하면 프로그래밍 복잡도는 높아지지만, 시스템 자원을 적게 사용하면서도 다수의 클라이언트를 효율적으로 처리하는 서버를 만들 수 있다. 이 절에서는 소켓 입출력 모델을 학습하기 위한 사전 지식으로 소켓의 동작 모드를 알아보고, 윈도우 운영체제가 제공하는 다양한 소켓 입출력 모델의 종류를 살펴본다.

1 소켓 모드의 종류

소켓은 소켓 함수 호출 시 동작하는 방식에 따라 블로킹과 넌블로킹 소켓으로 구분한다. 이를 소켓 모드Socket Mode라고 부르며, 각각의 특징을 정리하면 다음과 같다.

블로킹 소켓

블로킹 소켓Blocking Socket은 소켓 함수 호출 시 조건을 만족하지 않으면 함수가 리턴하지 않고 스레드 실행이 정지한다. 조건을 만족하면 소켓 함수가 리턴하고 정지된 스레드가 실행을 재개한다.

주요 소켓 함수와 리턴 조건은 [표 11-1]과 같다. 조건을 만족하지 않으면 소켓 함수가 리턴하지 않으므로 응용 프로그램이 별도의 스레드를 사용하지 않는 한 다른 작업을 할 수 없다.

> **NOTE** 9장에서 배운 SO_SNDTIMEO, SO_RCVTIMEO 소켓 옵션을 이용하면, 조건을 만족하지 않더라도 send() 함수, sendto() 함수, recv() 함수, recvfrom() 함수가 일정 시간 후에 리턴할 수 있다.

표 11-1 주요 소켓 함수와 리턴 조건

소켓 함수	리턴 조건
accept()	TCP 소켓 접속한 클라이언트가 있을 때
connect()	TCP 소켓 서버에 접속이 성공했을 때
send(), sendto()	TCP 소켓, UDP 소켓 응용 프로그램이 전송을 요청한 데이터를 소켓 송신 버퍼에 모두 복사했을 때
recv(), recvfrom()	TCP 소켓 소켓 수신 버퍼에 도착한 데이터가 1바이트 이상 있어서 이를 응용 프로그램이 제공한 버퍼에 복사했을 때 UDP 소켓 UDP 패킷이 완전히 도착해서 소켓 수신 버퍼의 UDP 데이터를 응용 프로그램이 제공한 버퍼에 복사했을 때

넌블로킹 소켓

넌블로킹 소켓Nonblocking Socket은 소켓 함수 호출 시 조건을 만족하지 않더라도 함수가 리턴하므로 스레드가 중단 없이 다음 코드를 수행한다. 예를 들면, 접속한 클라이언트가 없어도 accept( ) 함수가 리턴하고, 소켓 수신 버퍼에 도착한 데이터가 없어도 recv( ) 함수가 리턴한다.

socket( ) 함수는 기본적으로 블로킹 소켓을 생성한다. 넌블로킹 소켓이 필요하면 다음과 같이 ioctlsocket( ) 함수를 호출하여 소켓 모드를 변경해야 한다.

NOTE 리눅스 운영체제에서 소켓 모드를 변경할 때는 fcntl() 함수를 사용한다(12장 참고).

```
// 블로킹 소켓 생성
SOCKET sock = socket(AF_INET, SOCK_STREAM, 0);
if (sock == INVALID_SOCKET) err_quit("socket()");
// 넌블로킹 소켓으로 전환
u_long on = 1;
retval = ioctlsocket(sock, FIONBIO, &on);
if (retval == SOCKET_ERROR) err_quit("ioctlsocket()");
```

넌블로킹 소켓에 대해 소켓 함수 호출 시 조건을 만족하지 않으면 소켓 함수는 오류를 리턴한다. 이때는 WSAGetLastError( ) 함수를 이용하여 오류 코드를 확인해야 한다. 대개 오류 코드는 WSAEWOULDBLOCK인데, 이는 조건을 만족하지 않았음을 나타내므로 나중에 다시 소켓 함수를 호출하면 된다.

실습 11-1 넌블로킹 소켓 연습

4장의 TCPServer 예제는 블로킹 소켓을 사용해 구현한 TCP 서버다. 이를 넌블로킹 소켓을 사용하도록 수정하고 차이점을 확인해보자.

1 NonblockTCPServer라는 콘솔 응용 프로그램 프로젝트를 생성한다. 4장의 TCPServer 예제 코드를 복사해 NonblockTCPServer.cpp에 붙여 넣고 따로 표시한 부분을 추가한다.

NonblockTCPServer.cpp

```
#include "..\..\Common.h"

#define SERVERPORT 9000
#define BUFSIZE    512

int main(int argc, char *argv[])
{
  int retval;

  // 윈속 초기화
  WSADATA wsa;
  if (WSAStartup(MAKEWORD(2, 2), &wsa) != 0)
    return 1;

  // 소켓 생성
  SOCKET listen_sock = socket(AF_INET, SOCK_STREAM, 0);
  if (listen_sock == INVALID_SOCKET) err_quit("socket()");

  // 넌블로킹 소켓으로 전환
  u_long on = 1;
  retval = ioctlsocket(listen_sock, FIONBIO, &on);
  if (retval == SOCKET_ERROR) err_quit("ioctlsocket()");

  // bind()
  struct sockaddr_in serveraddr;
  memset(&serveraddr, 0, sizeof(serveraddr));
  serveraddr.sin_family = AF_INET;
```

```
serveraddr.sin_addr.s_addr = htonl(INADDR_ANY);
serveraddr.sin_port = htons(SERVERPORT);
retval = bind(listen_sock, (struct sockaddr *)&serveraddr, sizeof(serveraddr));
if (retval == SOCKET_ERROR) err_quit("bind()");

// listen()
retval = listen(listen_sock, SOMAXCONN);
if (retval == SOCKET_ERROR) err_quit("listen()");

// 데이터 통신에 사용할 변수
SOCKET client_sock;
struct sockaddr_in clientaddr;
int addrlen;
char buf[BUFSIZE + 1];

while (1) {
  // accept()
ACCEPT_AGAIN:
  addrlen = sizeof(clientaddr);
  client_sock = accept(listen_sock, (struct sockaddr *)&clientaddr, &addrlen);
  if (client_sock == INVALID_SOCKET) {
    if (WSAGetLastError() == WSAEWOULDBLOCK)
      goto ACCEPT_AGAIN;
    err_display("accept()");
    break;
  }

  // 접속한 클라이언트 정보 출력
  char addr[INET_ADDRSTRLEN];
  inet_ntop(AF_INET, &clientaddr.sin_addr, addr, sizeof(addr));
  printf("\n[TCP 서버] 클라이언트 접속: IP 주소=%s, 포트 번호=%d\n",
    addr, ntohs(clientaddr.sin_port));

  // 클라이언트와 데이터 통신
  while (1) {
    // 데이터 받기
  RECEIVE_AGAIN:
    retval = recv(client_sock, buf, BUFSIZE, 0);
    if (retval == SOCKET_ERROR) {
```

```
                if (WSAGetLastError() == WSAEWOULDBLOCK)
                    goto RECEIVE_AGAIN;
                err_display("recv()");
                break;
            }
            else if (retval == 0)
                break;

            // 받은 데이터 출력
            buf[retval] = '\0';
            printf("[TCP/%s:%d] %s\n", addr, ntohs(clientaddr.sin_port), buf);

            // 데이터 보내기
        SEND_AGAIN:
            retval = send(client_sock, buf, retval, 0);
            if (retval == SOCKET_ERROR) {
                if (WSAGetLastError() == WSAEWOULDBLOCK)
                    goto SEND_AGAIN;
                err_display("send()");
                break;
            }
        }

        // 소켓 닫기
        closesocket(client_sock);
        printf("[TCP 서버] 클라이언트 종료: IP 주소=%s, 포트 번호=%d\n",
            addr, ntohs(clientaddr.sin_port));
    }

    // 소켓 닫기
    closesocket(listen_sock);

    // 윈속 종료
    WSACleanup();
    return 0;
}
```

NOTE listen_sock이 넌블로킹 소켓이면 client_sock도 자동으로 넌블로킹 소켓이 된다. 리눅스에서는 동작이 다르므로 12장의 NonblockTCPServer 예제를 비교하며 살펴보자.

2 실행 결과는 4장 TCPServer 예제와 같으므로 실행 화면은 생략한다. 하지만 CPU 사용률은 큰 차이가 있다. NonblockTCPServer 예제를 실행한 상태에서 작업 관리자를 띄워보면 CPU 사용률이 상당히 높음을 볼 수 있다. 싱글 코어 CPU라면 거의 100% 사용률일 것이고 멀티 코어 CPU라면 대략 1/{CPU 개수} 값으로 나올 것이다. 이는 접속한 클라이언트가 없어도 accept( ) 함수가 대기하지 않고 곧바로 리턴해 64~68행 코드를 계속 수행하기 때문이다.

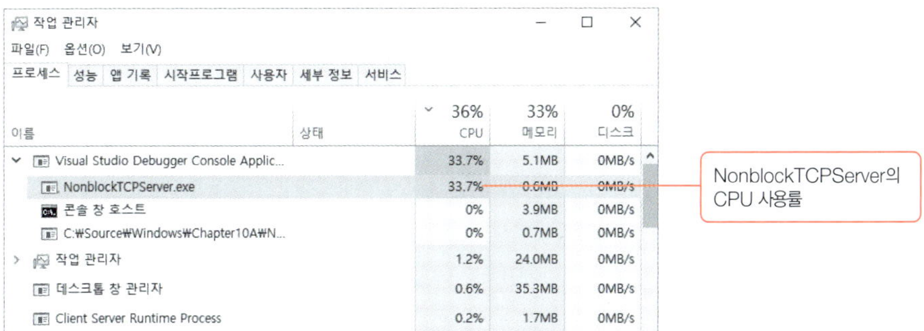

넌블로킹 소켓의 특징을 정리하면 다음과 같다. 이 장에서 학습할 소켓 입출력 모델을 사용하면 넌블로킹 소켓의 장점을 유지하면서 단점을 해결할 수 있다는 점도 염두에 둔다.

표 11-2 넌블로킹 소켓의 특징

장점	• 소켓 함수 호출 시 항상 리턴하므로 조건을 만족하지 않아 스레드가 오랜 시간 정지하는 상황, 즉 교착 상태 Deadlock가 생기지 않는다. • 멀티스레드를 사용하지 않고도 여러 소켓에 대해 돌아가면서 입출력을 처리할 수 있다. 필요하다면 중간에 소켓과 직접 관계가 없는 다른 작업을 할 수도 있다.
단점	• 소켓 함수를 호출할 때마다 WSAEWOULDBLOCK과 같은 오류 코드를 확인하고 처리해야 하므로 프로그램 구조가 복잡해진다. • 블로킹 소켓을 사용한 경우보다 CPU 사용률이 훨씬 높다.

2 서버 작성 모델의 종류

소켓 입출력 모델에 기반한 서버를 작성하기에 앞서 기존의 서버 작성 모델을 살펴보자. 지금까지 배운 TCP 혹은 UDP 서버는 반복 서버와 병행 서버로 분류할 수 있다.

반복 서버

반복 서버Iterative Server는 여러 클라이언트를 한 번에 하나씩 처리한다. 4장에서 작성한 TCP 서버, 8장에서 작성한 UDP 서버가 반복 서버에 해당한다. 반복 서버의 특징은 다음과 같다.

표 11-3 반복 서버의 특징

장점	한 개의 스레드로 구현하므로 시스템 자원 소모가 적다.
단점	한 클라이언트의 처리 시간이 길어지면 다른 클라이언트의 대기 시간이 길어진다.

이런 특징이 있어 반복 서버는 UDP 서버를 작성할 때 적합하다. UDP는 TCP와 달리 논리적 연결 개념을 사용하지 않으므로, 반복 서버 방식으로 다수의 클라이언트를 동시에 서비스할 수 있다.

병행 서버

병행 서버Concurrent Server는 여러 클라이언트를 동시에 처리한다. 6~7장에서 멀티스레드로 구현한 TCP 서버가 이에 해당한다. 병행 서버의 특징은 다음과 같다.

표 11-4 병행 서버의 특징

장점	한 클라이언트의 처리 시간이 길어지더라도 다른 클라이언트의 대기 시간에 영향을 주지 않는다.
단점	스레드를 여러 개 생성하여 구현하므로 시스템 자원 소모가 크다.

이런 특징이 있어 병행 서버는 TCP 서버를 작성할 때 적합하다. TCP는 UDP와 달리 논리적 연결 개념을 사용하므로, 병행 서버 방식을 사용하지 않고는 다수의 클라이언트를 동시에 서비스하기 어렵다. 하지만 TCP 서버가 각 클라이언트와 아주 짧은 시간 동안만 통신하고, 동시에 접속하는 클라이언트 수가 제한되어 있다면 반복 서버 방식으로 작성해도 된다.

3 이상적인 소켓 입출력 모델의 특징

바람직한 소켓 입출력 모델은 반복 서버와 병행 서버의 장점을 모두 갖추면서 각각의 단점을 해결한 형태가 될 것이다. 유한한 자원(CPU, 메모리 등)을 갖춘 시스템에서 실행되는 서버는 다음과 같은 이상적인 기능을 제공해야 한다.

- 가능한 많은 클라이언트가 접속할 수 있다.
- 서버는 각 클라이언트의 서비스 요청에 빠르게 반응하며Short Response Time, 고속으로 데이터를 전송한다High Throughput.
- 시스템 자원 사용량(CPU 사용률, 메모리 사용량 등)을 최소화한다.

이상적인 기능을 제공하는 서버를 구현하기 위해 소켓 입출력 모델에 요구되는 사항을 정리해보면 다음과 같다. 이 장에서 배울 소켓 입출력 모델이 이런 요구 사항을 얼마나 만족하는지 살펴보는 것도 흥미로울 것이다.

■ 소켓 함수 호출 시 블로킹을 최소화한다.

블로킹을 없애기 위해 넌블로킹 소켓을 사용하는 것으로는 충분하지 않다. 함수 호출 시 조건을 만족하지 않아 그냥 리턴하게 되면 불필요하게 CPU 사용률만 높아지기 때문이다. 이상적인 소켓 입출력 모델에서는 CPU 사용률을 최소로 하되 넌블로킹 소켓을 사용한 소켓 함수 호출이 항상 성공해야 한다. 소켓 함수 호출이 성공한다는 것은 조건을 만족하지 않아 WSAEWOULDBLOCK과 같은 오류 코드가 발생하는 경우가 없어야 한다는 뜻이다.

■ 스레드 개수를 일정 수준으로 유지한다.

스레드를 사용하면 여러 작업이 동시에 처리되는 것처럼 보이지만, 실제로는 CPU가 여러 스레드를 짧은 시간 간격으로 번갈아 수행하는 것이다. 따라서 스레드 개수를 무작정 늘린다고 성능이 좋아지지는 않는다. 게다가 스레드는 자신만의 스택을 별도로 유지하므로 개수가 늘어나면 메모리 사용량이 많아지는 문제도 생긴다. 시스템에서 동시에 실행할 수 있는 스레드 개수는 CPU 개수와 일치하므로, 이상적인 소켓 입출력 모델에서는 CPU 개수에 비례하여 스레드를 생성하고 입출력을 처리할 수 있어야 한다.

■ CPU 명령 수행과 입출력 작업을 병행한다.

하드웨어는 진정한 의미의 병렬 동작이 가능하므로 CPU 명령 수행(코드 실행)과 입출력 작업을 동시에 진행할 수 있다. 이상적인 소켓 입출력 모델에서는 CPU 명령 수행과 소켓 입출력 작업을 병행할 수 있어야 한다.

■ **유저 모드와 커널 모드 전환 횟수를 최소화한다.**

운영체제에서 응용 프로그램은 유저 모드User Mode와 커널 모드Kernel Mode를 끊임없이 오가며 실행된다. 여기서 문제는 유저 모드와 커널 모드의 전환이 CPU 사이클Cycle을 상당히 소모한다는 점이다. 이상적인 소켓 입출력 모델에서는 가능한 많은 작업을 모드 전환 없이 처리할 수 있어야 한다.

4 소켓 입출력 모델의 종류

윈도우 운영체제에서 제공하는 소켓 입출력 모델은 [표 11-5]와 같다. 이를 운영체제 버전별로 다시 요약하면 다음과 같다. 아주 오래된 윈도우 버전이 아니라면 사실상 모든 소켓 입출력 모델이 지원된다고 보면 된다.

- 윈도우 95 이상의 모든 데스크톱 운영체제는 Completion Port 모델을 제외한 모든 소켓 입출력 모델을 지원한다.
- 윈도우 NT 계열(버전 3.51 이상) 운영체제(NT/2000/.../7/8.1/10/11)는 모든 소켓 입출력 모델을 지원한다.

표 11-5 윈도우 운영체제의 소켓 입출력 모델 지원

소켓 입출력 모델	운영체제 버전	
	윈도우(클라이언트 버전)	윈도우(서버 버전)
Select	윈도우 95 이상	윈도우 NT 이상
WSAAsyncSelect	윈도우 95 이상	윈도우 NT 이상
WSAEventSelect	윈도우 95 이상	윈도우 NT 3.51 이상
Overlapped	윈도우 95 이상	윈도우 NT 3.51 이상
Completion Port	윈도우 NT 3.5 이상(윈도우 95/98/Me 제외)	

이 장에서는 실용성을 고려해 이들 중 Select, WSAAsyncSelect, Completion Port 모델을 학습한다. Select는 유닉스/리눅스에서도 사용할 수 있는 호환성이 있고, WSAAsyncSelect는 유일하게 윈도우 메시지를 기반으로 하는 처리 방식이다. 또한, Completion Port는 윈도우 운영체제에서 가장 효율적인 입출력 방식이다. WSAEventSelect와 Overlapped 모델은 코드의 복잡도에 비해 장점이 많지 않아 본문에서는 따로 언급하지 않는다.

02 Select 모델

Select 모델은 select() 함수가 핵심 역할을 한다는 뜻에서 붙인 이름이다. Select 모델을 사용하면 소켓 모드(블로킹, 넌블로킹)와 관계없이 여러 소켓을 한 스레드로 처리할 수 있다.

NOTE 윈도우의 select() 함수는 첫 번째 인수만 제외하면 리눅스의 select() 함수와 기본 동작이 거의 같다.

1 Select 모델의 동작 원리

Select 모델을 사용하면 소켓 함수 호출이 성공할 수 있는 시점을 미리 알 수 있다. 따라서 소켓 함수 호출 시 조건을 만족하지 않아 생기는 문제를 해결할 수 있다. 소켓 모드에 따른 Select 모델 사용의 효과는 다음과 같다.

- 블로킹 소켓: 소켓 함수 호출 시 조건을 만족하지 않아 블로킹되는 상황을 막을 수 있다.
- 넌블로킹 소켓: 소켓 함수 호출 시 조건을 만족하지 않아 나중에 다시 호출해야 하는 상황을 막을 수 있다.

[그림 11-1]은 Select 모델의 동작 원리를 보여준다. Select 모델을 사용하려면 세 개의 소켓 셋Set을 준비해야 한다. 소켓 셋은 소켓의 집합으로, 호출할 함수의 종류에 따라 소켓을 담아두는 역할을 한다. 예를 들면, 어떤 소켓에 대해 recv() 함수를 호출하고 싶다면 읽기 셋에 넣고, send() 함수를 호출하고 싶다면 쓰기 셋에 넣으면 된다.

소켓 셋을 세 개 준비해 select() 함수를 호출하면(그림 (a)), select() 함수는 소켓 셋에 포함된 소켓이 입출력을 위한 준비가 될 때까지 대기한다. 적어도 한 소켓이 준비되면 select() 함수는 리턴한다(그림 (b)). 이때 소켓 셋에는 입출력이 가능한 소켓만 남고 나머지는 모두 제거된다. 그림 (b)는 두 소켓에 대해 읽기가 가능하고 한 소켓에 대해 쓰기가 가능한 것을 나타낸다. 따라서 이 세 개의 소켓에 대해서는 소켓 함수를 호출하여 원하는 작업을 할 수 있다.

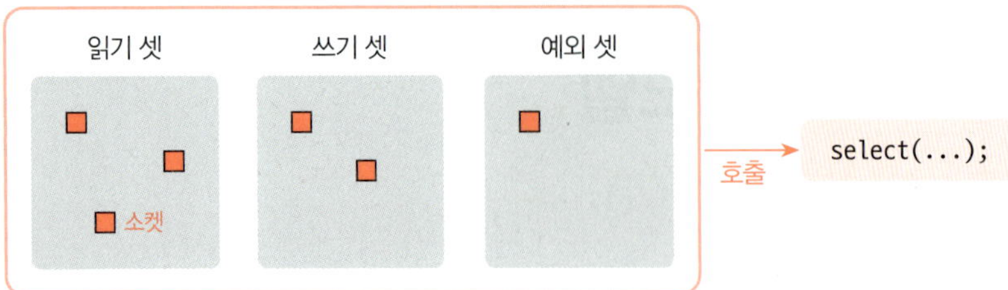

(a) select( ) 함수 호출 전 소켓 셋의 상태

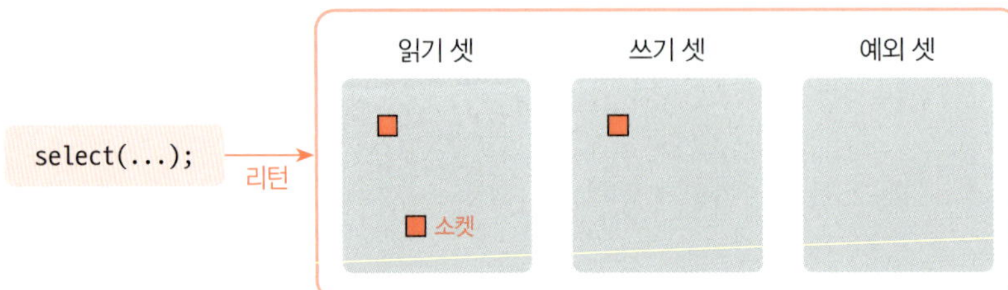

(b) select( ) 함수 호출 후 소켓 셋의 상태

그림 11-1 Select 모델의 동작 원리

응용 프로그램은 소켓 셋을 통해 소켓 함수를 성공적으로 호출할 수 있는 시점을 알아낼 수 있고, 드물게 소켓 함수의 호출 결과를 확인할 수도 있다. 다음은 소켓 셋의 역할을 정리한 것이다. 다음 장의 [표 12-6]과 비교해보면 쓰기 셋과 예외 셋의 내용이 조금 다르다.

표 11-6 소켓 셋의 역할

읽기 셋 read set	
함수 호출 시점	• 접속한 클라이언트가 있으므로 accept( ) 함수를 호출할 수 있다. • 소켓 수신 버퍼에 도착한 데이터가 있으므로 recv( ), recvfrom( ) 등의 함수를 호출하여 데이터를 읽을 수 있다. • TCP 연결을 종료했으므로 recv( ), recvfrom( ) 등의 함수를 호출하여 리턴값(0)으로 연결 종료를 알 수 있다.
쓰기 셋 write set	
함수 호출 시점	• 소켓 송신 버퍼의 여유 공간이 충분하므로 send( ), sendto( ) 등의 함수를 호출하여 데이터를 보낼 수 있다.
함수 호출 결과	• 넌블로킹 소켓을 사용한 connect( ) 함수 호출이 성공했다.
예외 셋 exception set	
함수 호출 시점	• OOB[Out-Of-Band] 데이터가 도착했으므로 recv( ), recvfrom( ) 등의 함수를 호출하여 OOB 데이터를 받을 수 있다.
함수 호출 결과	• 넌블로킹 소켓을 사용한 connect( ) 함수 호출이 실패했다.

여기서 잠깐! | OOB 데이터

OOB Out-Of-Band 데이터는 send() 함수의 마지막 인수에 MSG_OOB 옵션을 사용하여 보내는 특별한 데이터다. OOB 데이터가 도착하면 recv() 함수의 마지막 인수에 MSG_OOB 옵션을 사용해야만 읽을 수 있다. 그런데 문제는 응용 프로그램이 OOB 데이터의 도착 여부를 어떻게 알 수 있느냐는 점이다. 이때 select() 함수의 예외 셋에 소켓을 넣어두면 OOB 데이터의 도착을 알려주므로 문제가 간단히 해결된다.

원래 OOB 데이터는 긴급한 Urgent 상황을 알리는 용도로 사용하는데, TCP/IP에서는 OOB 데이터로 1바이트 이상을 보낼 수 없다는 특징 때문에 활용도가 높지 않다. OOB 데이터처럼 특별한 내용을 전달하는 통신 채널을 따로 두고 싶을 때는 소켓을 하나 더 생성하여 새로운 연결을 만드는 편이 낫다.

select() 함수 원형은 다음과 같다.

```
#include <winsock2.h>
int select(
 ❶ int nfds,
 ❷ fd_set *readfds,
   fd_set *writefds,
   fd_set *exceptfds,
 ❸ const struct timeval *timeout
);
                        성공: 조건을 만족하는 소켓의 개수 또는 0(타임아웃), 실패: SOCKET_ERROR
```

❶ `nfds` 유닉스/리눅스와의 호환성을 위해 존재하며 윈도우에서는 무시된다.

❷ `readfds, writefds, exceptfds` 각각 읽기 셋, 쓰기 셋, 예외 셋을 나타낸다. 사용하지 않는다면 모두 NULL 값이 될 수 있다.

❸ `timeout` 초 Seconds 와 마이크로초 Microseconds 단위로 타임아웃을 지정한다. 이 시간이 지나면 select() 함수는 무조건 리턴한다. timeval 구조체의 형태는 다음과 같다.

```
struct timeval {
    long tv_sec;  /* seconds */
    long tv_usec; /* microseconds */
};
```

타임아웃값에 따른 select( ) 함수의 동작은 다음과 같다.

- NULL: 적어도 한 소켓이 조건을 만족할 때까지 무한히 기다린다. 리턴값은 조건을 만족하는 소켓의 개수가 된다.
- {0, 0}: 소켓 셋에 포함된 모든 소켓을 검사한 후 곧바로 리턴한다. 리턴값은 조건을 만족하는 소켓의 개수(0도 가능)가 된다.
- 양수: 적어도 한 소켓이 조건을 만족하거나 타임아웃으로 지정한 시간이 지나면 리턴한다. 리턴값은 조건을 만족하는 소켓의 개수 또는 0(타임아웃)이 된다.

select( ) 함수를 이용한 소켓 입출력 절차는 다음과 같다. 단, 타임아웃은 NULL을 가정한다.

❶ 소켓 셋을 비운다(초기화).

❷ 소켓 셋에 소켓을 넣는다. 넣을 수 있는 소켓의 최대 개수는 FD_SETSIZE(64)로 정의되어 있다.

❸ select( ) 함수를 호출하여 소켓 이벤트를 기다린다. 타임아웃이 NULL이면 select( ) 함수는 조건을 만족하는 소켓이 하나라도 있을 때까지 리턴하지 않는다.

❹ select( ) 함수가 리턴하면 소켓 셋에 남아 있는 모든 소켓에 대해 적절한 소켓 함수를 호출하여 처리한다.

❺ ❶~❹를 반복한다.

> **NOTE** #define FD_SETSIZE 숫자 형태를 사용하면 소켓의 최대 처리 개수를 변경할 수 있다. 단, 어느 정도까지 가능한지는 공개되어 있지 않으므로 테스트가 필요하다. 표준 헤더 파일을 포함하기 전에 정의해야 작동하므로 이 책의 예제에서는 #include "..\..\Common.h" 앞쪽에 #define을 넣어야 한다. 이후에 소개할 WSAAsyncSelect 모델과 Completion Port 모델은 Select 모델과 같은 제약이 없다.

소켓 셋을 편하게 다룰 수 있도록 다음과 같은 매크로 함수가 제공되므로 알아둔다.

표 11-7 소켓 셋을 조작하는 매크로 함수

매크로 함수	기능
FD_ZERO(fd_set *set)	셋을 비운다(초기화).
FD_SET(SOCKET s, fd_set *set)	소켓 s를 셋에 넣는다.
FD_CLR(SOCKET s, fd_set *set)	소켓 s를 셋에서 제거한다.
FD_ISSET(SOCKET s, fd_set *set)	소켓 s가 셋에 들어 있으면 0이 아닌 값을 리턴한다. 그렇지 않으면 0을 리턴한다.

2 Select 모델 서버 작성

Select 모델을 이용하여 TCP 서버를 작성하고 테스트해보자. TCP 클라이언트는 4장에서 작성한 TCPClient 예제를 그대로 사용한다.

실습 11-2 Select 모델 TCP 서버 작성과 테스트

4장의 TCPServer 예제는 블로킹 소켓을 사용해 구현한 TCP 서버다. 이를 넌블로킹 소켓을 사용하도록 수정하고 Select 모델로 입출력 이벤트를 처리하도록 작성해보자.

1 SelectTCPServer라는 콘솔 응용 프로그램 프로젝트를 생성하고 SelectTCPServer.cpp 파일에 코드를 작성한다. 코드 내용은 405쪽에서 분석한다.

2 실행 결과는 6장의 ThreadTCPServer 예제와 같다. 차이가 있다면 멀티스레드를 사용하지 않고도 여러 소켓을 처리한다는 점이다. 이 예제에서 사용하는 모든 소켓은 넌블로킹 소켓이지만 작업 관리자로 살펴보면 CPU 사용률이 매우 낮다는 것(거의 0%)을 알 수 있다.

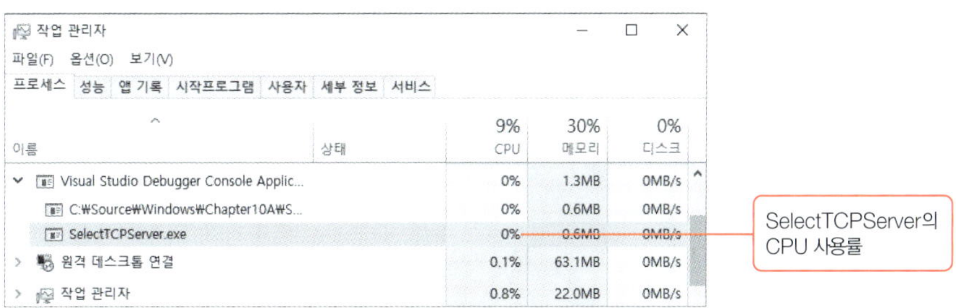

3 Select 모델 코드 분석

Select 모델은 여러 소켓에 대해 함수 호출 시점(또는 호출 결과)을 알려주는 역할을 할 뿐 소켓 정보를 관리해주지는 않는다. 따라서 각 소켓에 필요한 정보(응용 프로그램 버퍼, 송/수신 바이트 정보 등)를 관리하는 기능은 응용 프로그램이 구현해야 한다.

[그림 11-2]의 그림 (a)는 예제에서 소켓 정보를 관리하는 구조다. Select 모델에서 처리할 수 있는 소켓의 최대 개수는 FD_SETSIZE로 정해져 있으므로, 이 개수만큼 사용자 정의

SOCKETINFO 구조체의 주소를 저장할 수 있도록 배열을 선언한다. 새로운 소켓이 생성되면 그림 (b)와 같이 SOCKETINFO 구조체를 동적으로 할당하고, 배열에 주솟값을 저장해둔다. 소켓 정보를 삭제할 때는 포인터 배열 중간에 빈 곳이 없도록 그림 (c)와 같이 배열의 맨 끝에 있는 유효 원소를 삭제한 위치로 옮긴다.

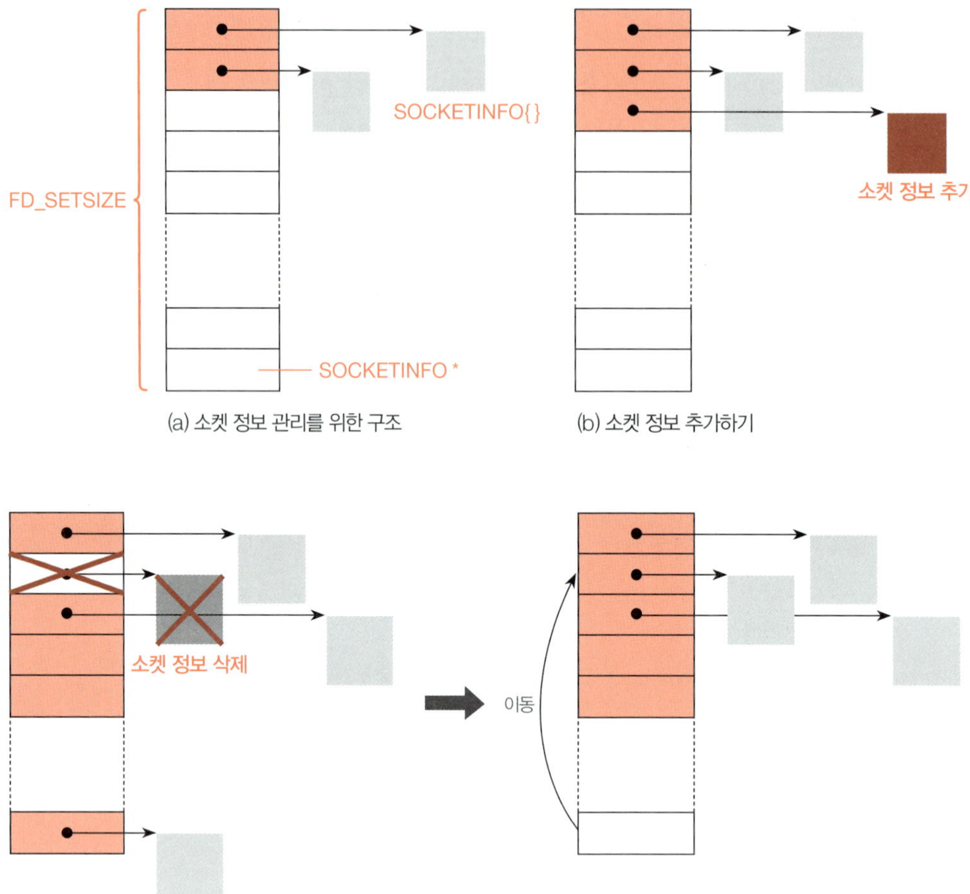

(a) 소켓 정보 관리를 위한 구조

(b) 소켓 정보 추가하기

(c) 소켓 정보 삭제하기

그림 11-2 SelectTCPServer 예제의 소켓 정보 관리

이제 행 단위로 코드를 분석해보자. 소켓 정보 저장을 위한 구조체와 변수는 다음과 같다.

```
 1 #include "..\..\Common.h"
 2
 3 #define SERVERPORT 9000
 4 #define BUFSIZE    512
 5
 6 // 소켓 정보 저장을 위한 구조체와 변수
 7 struct SOCKETINFO
 8 {
 9     SOCKET sock;
10     char buf[BUFSIZE + 1];
11     int recvbytes;
12     int sendbytes;
13 };
14 int nTotalSockets = 0;
15 SOCKETINFO *SocketInfoArray[FD_SETSIZE];
16
17 // 소켓 정보 관리 함수
18 bool AddSocketInfo(SOCKET sock);
19 void RemoveSocketInfo(int nIndex);
```

7~13행 소켓 자체와 더불어 구현에 필요한 정보를 저장하는 구조체다. 데이터를 받은 후 끝에 널 문자('\0')를 추가하기 위해 BUFSIZE+1 길이의 바이트 배열을 선언한다. recvbytes, sendbytes는 각각 받은 바이트 수와 보낸 바이트 수를 유지하는 변수다.

> **NOTE** sendbytes 변수는 넌블로킹 소켓으로 통신할 때만 필요하다. 블로킹 소켓의 경우 send() 함수 호출 시에 세 번째 인수로 지정한 크기만큼 전송되므로 보낸 바이트 수를 관리할 필요가 없다. 넌블로킹 소켓의 경우에는 세 번째 인수로 지정한 크기보다 적은 바이트 수가 전송될 수 있다.

14행 SOCKETINFO 구조체의 개수를 유지한다. 소켓을 생성할 때마다 1씩 증가하고 소켓을 닫을 때마다 1씩 감소한다.

15행 SOCKETINFO형 포인터를 저장할 배열이다. 요소 개수는 Select 모델에서 처리할 수 있는 소켓의 최대 개수(FD_SETSIZE)로 정의한다.

main( ) 함수 초반부는 넌블로킹 소켓으로 전환하는 부분과 변수 선언을 제외하고는 기존 TCP 서버와 동일하다.

```
int main(int argc, char *argv[])
{
    int retval;

    // 윈속 초기화
    WSADATA wsa;
    if (WSAStartup(MAKEWORD(2, 2), &wsa) != 0)
        return 1;

    // 소켓 생성
    SOCKET listen_sock = socket(AF_INET, SOCK_STREAM, 0);
    if (listen_sock == INVALID_SOCKET) err_quit("socket()");

    // bind()
    struct sockaddr_in serveraddr;
    memset(&serveraddr, 0, sizeof(serveraddr));
    serveraddr.sin_family = AF_INET;
    serveraddr.sin_addr.s_addr = htonl(INADDR_ANY);
    serveraddr.sin_port = htons(SERVERPORT);
    retval = bind(listen_sock, (struct sockaddr *)&serveraddr, sizeof(serveraddr));
    if (retval == SOCKET_ERROR) err_quit("bind()");

    // listen()
    retval = listen(listen_sock, SOMAXCONN);
    if (retval == SOCKET_ERROR) err_quit("listen()");

    // 넌블로킹 소켓으로 전환
    u_long on = 1;
    retval = ioctlsocket(listen_sock, FIONBIO, &on);
    if (retval == SOCKET_ERROR) err_display("ioctlsocket()");

    // 데이터 통신에 사용할 변수
    fd_set rset, wset;
    int nready;
    SOCKET client_sock;
    struct sockaddr_in clientaddr;
    int addrlen;
```

48~50행 연결 대기 소켓을 넌블로킹 모드로 전환한다. Select 모델에서는 블로킹과 넌블로킹 소켓을 모두 사용할 수 있지만 넌블로킹 소켓을 사용하는 것이 좀 더 효율적이다. 단, 넌블로킹 소켓을 사용하면 send( ) 함수 호출 시 지정한 값보다 작은 크기가 전송될 수 있으므로 보낸 바이트 수를 관리해야 한다.

53~54행 select( ) 함수에 사용할 읽기 셋, 쓰기 셋 그리고 리턴값을 저장하는 변수다.

```
59  while (1) {
60     // 소켓 셋 초기화
61     FD_ZERO(&rset);
62     FD_ZERO(&wset);
63     FD_SET(listen_sock, &rset);
64     for (int i = 0; i < nTotalSockets; i++) {
65        if (SocketInfoArray[i]->recvbytes > SocketInfoArray[i]->sendbytes)
66           FD_SET(SocketInfoArray[i]->sock, &wset);
67        else
68           FD_SET(SocketInfoArray[i]->sock, &rset);
69     }
```

61~63행 읽기 셋과 쓰기 셋을 비운 후 연결 대기 소켓을 읽기 셋에 넣는다.

64~69행 소켓 정보 구조체를 참조해 모든 소켓을 읽기 또는 쓰기 셋에 넣는다. 받은 데이터가 보낸 데이터보다 많으면 쓰기 셋에, 그렇지 않으면 읽기 셋에 넣는다. 이는 에코 서버의 특성상 받은 데이터를 그대로 보내주어야 하기 때문이다.

```
71     // select()
72     retval = select(0, &rset, &wset, NULL, NULL);
73     if (retval == SOCKET_ERROR) err_quit("select()");
```

72~73행 select( ) 함수를 호출하여 소켓 이벤트를 기다린다. 예외 셋은 사용하지 않으므로 NULL을 넣는다. 타임아웃에 NULL을 사용하므로 조건을 만족할 때까지 무한히 대기한다.

```
75     // 소켓 셋 검사(1): 클라이언트 접속 수용
76     if (FD_ISSET(listen_sock, &rset)) {
77        addrlen = sizeof(clientaddr);
78        client_sock = accept(listen_sock,
79           (struct sockaddr *)&clientaddr, &addrlen);
```

```
80        if (client_sock == INVALID_SOCKET) {
81          err_display("accept()");
82          break;
83        }
84        else {
85          // 클라이언트 정보 출력
86          char addr[INET_ADDRSTRLEN];
87          inet_ntop(AF_INET, &clientaddr.sin_addr, addr, sizeof(addr));
88          printf("\n[TCP 서버] 클라이언트 접속: IP 주소=%s, 포트 번호=%d\n",
89            addr, ntohs(clientaddr.sin_port));
90          // 소켓 정보 추가: 실패 시 소켓 닫음
91          if (!AddSocketInfo(client_sock))
92            closesocket(client_sock);
93        }
94        if (--nready <= 0)
95          continue;
96      }
```

76행 select() 함수가 리턴하면 먼저 읽기 셋을 검사해 접속한 클라이언트가 있는지 확인한다. 연결 대기 소켓이 읽기 셋에 있다면 접속한 클라이언트가 있다는 뜻이다.

77~83행 accept() 함수를 호출한 후 리턴값을 확인해 오류를 처리한다. 윈도우 운영체제에서는 listen_sock이 넌블로킹 소켓이면 client_sock도 자동으로 넌블로킹 소켓이 된다. 따라서 client_sock에 대해 48~50행과 비슷한 코드를 작성할 필요는 없다.

86~89행 접속한 클라이언트 정보를 화면에 출력한다.

91~92행 AddSocketInfo() 함수를 호출하여 소켓 정보를 추가하되, 실패 시 소켓을 닫는다. 이 함수는 [그림 11-2(b)]를 참고해 각자 분석해본다.

94~95행 accept() 함수를 호출하여 소켓을 처리하고 나면 nready 값을 감소시키고 이 값이 0이면 while 루프 처음으로 되돌아간다(최적화).

```
98      // 소켓 셋 검사(2): 데이터 통신
99      for (int i = 0; i < nTotalSockets; i++) {
100       SOCKETINFO *ptr = SocketInfoArray[i];
101       if (FD_ISSET(ptr->sock, &rset)) {
102         // 데이터 받기
```

```
        retval = recv(ptr->sock, ptr->buf, BUFSIZE, 0);
        if (retval == SOCKET_ERROR) {
          err_display("recv()");
          RemoveSocketInfo(i);
        }
        else if (retval == 0) {
          RemoveSocketInfo(i);
        }
        else {
          ptr->recvbytes = retval;
          // 클라이언트 정보 얻기
          addrlen = sizeof(clientaddr);
          getpeername(ptr->sock, (struct sockaddr *)&clientaddr, &addrlen);
          // 받은 데이터 출력
          ptr->buf[ptr->recvbytes] = '\0';
          char addr[INET_ADDRSTRLEN];
          inet_ntop(AF_INET, &clientaddr.sin_addr, addr, sizeof(addr));
          printf("[TCP/%s:%d] %s\n", addr,
            ntohs(clientaddr.sin_port), ptr->buf);
        }
      }
      else if (FD_ISSET(ptr->sock, &wset)) {
        // 데이터 보내기
        retval = send(ptr->sock, ptr->buf + ptr->sendbytes,
          ptr->recvbytes - ptr->sendbytes, 0);
        if (retval == SOCKET_ERROR) {
          err_display("send()");
          RemoveSocketInfo(i);
        }
        else {
          ptr->sendbytes += retval;
          if (ptr->recvbytes == ptr->sendbytes) {
            ptr->recvbytes = ptr->sendbytes = 0;
          }
        }
      }
    } /* end of for */
  } /* end of while (1) */
```

```
141
142    // 소켓 닫기
143    closesocket(listen_sock);
144
145    // 윈속 종료
146    WSACleanup();
147    return 0;
148 }
```

99~100행 select( ) 함수는 조건을 만족하는 소켓의 개수를 리턴하지만 구체적으로 어떤 소켓인지는 알려주지 않는다. 따라서 응용 프로그램이 관리하는 모든 소켓이 소켓 셋에 들어 있는지 일일이 확인해야 한다.

101~110행 소켓이 읽기 셋에 들어 있다면 recv( ) 함수를 호출한 후 리턴값을 확인해 오류를 처리한다. 오류 발생(SOCKET_ERROR) 또는 정상 종료(0) 모두 RemoveSocketInfo( ) 함수를 호출하여 소켓을 닫고 소켓 정보를 제거한다. RemoveSocketInfo( ) 함수는 [그림 11-2(c)]를 참고해 각자 분석해본다.

111~122행 recv( ) 함수 호출이 성공했으면 받은 바이트 수(recvbytes)를 갱신한 후 화면에 출력한다.

124~131행 소켓이 쓰기 셋에 들어 있다면 send( ) 함수를 호출한 후 리턴값을 확인해 오류를 처리한다. 오류가 발생했다면 RemoveSocketInfo( ) 함수를 호출하여 소켓을 닫고 소켓 정보를 제거한다.

133행 send( ) 함수 호출이 성공했으면 보낸 바이트 수(sendbytes)를 갱신한다.

134~136행 받은 데이터를 모두 보냈으면, 받은 바이트 수와 보낸 바이트 수를 0으로 초기화한다.

다음은 소켓 정보를 추가하는 함수다. [그림 11-2(b)]를 참고해 각자 분석해본다.

```
150 // 소켓 정보 추가
151 bool AddSocketInfo(SOCKET sock)
152 {
153   if (nTotalSockets >= FD_SETSIZE) {
154     printf("[오류] 소켓 정보를 추가할 수 없습니다!\n");
155     return false;
156   }
```

```
    SOCKETINFO *ptr = new SOCKETINFO;
    if (ptr == NULL) {
        printf("[오류] 메모리가 부족합니다!\n");
        return false;
    }
    ptr->sock = sock;
    ptr->recvbytes = 0;
    ptr->sendbytes = 0;
    SocketInfoArray[nTotalSockets++] = ptr;
    return true;
}
```

다음은 소켓 정보를 삭제하는 함수다. [그림 11-2(c)]를 참고해 각자 분석해본다.

```
// 소켓 정보 삭제
void RemoveSocketInfo(int nIndex)
{
    SOCKETINFO *ptr = SocketInfoArray[nIndex];

    // 클라이언트 정보 얻기
    struct sockaddr_in clientaddr;
    int addrlen = sizeof(clientaddr);
    getpeername(ptr->sock, (struct sockaddr *)&clientaddr, &addrlen);

    // 클라이언트 정보 출력
    char addr[INET_ADDRSTRLEN];
    inet_ntop(AF_INET, &clientaddr.sin_addr, addr, sizeof(addr));
    printf("[TCP 서버] 클라이언트 종료: IP 주소=%s, 포트 번호=%d\n",
        addr, ntohs(clientaddr.sin_port));

    // 소켓 닫기
    closesocket(ptr->sock);
    delete ptr;

    if (nIndex != (nTotalSockets - 1))
        SocketInfoArray[nIndex] = SocketInfoArray[nTotalSockets - 1];
    --nTotalSockets;
}
```

03 WSAAsyncSelect 모델

WSAAsyncSelect 모델은 WSAAsyncSelect( ) 함수가 핵심 역할을 한다는 뜻에서 붙인 이름이다. WSAAsyncSelect 모델을 사용하면 소켓과 관련된 네트워크 이벤트를 윈도우 메시지 형태로 받는다. [그림 11-3]과 같이 모든 소켓과 관련된 메시지가 하나의 윈도우, 즉 한 윈도우 프로시저에 전달되므로 멀티스레드를 사용하지 않고도 여러 소켓을 처리할 수 있다.

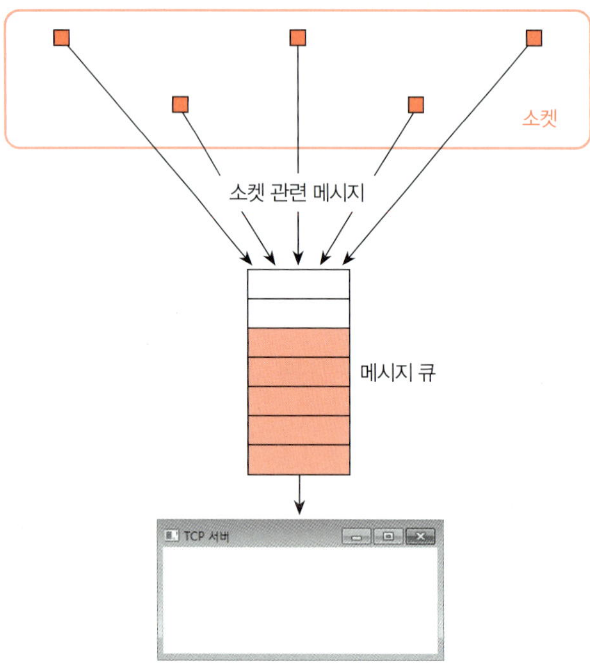

그림 11-3 WSAAsyncSelect 모델

1 WSAAsyncSelect 모델의 동작 원리

WSAAsyncSelect 모델을 사용하면 소켓 함수 호출이 성공할 수 있는 시점을 윈도우 메시지 수신으로 알 수 있다. 따라서 소켓 함수 호출 시 조건을 만족하지 않아 생기는 문제를 해결할 수 있다.

WSAAsyncSelect 모델을 이용한 소켓 입출력 절차는 다음과 같다.

❶ WSAAsyncSelect( ) 함수를 호출하여 소켓 이벤트를 알려줄 윈도우 메시지와 함께 관심 있는 네트워크 이벤트를 등록한다. 예를 들면, 소켓으로 데이터를 받을 수 있는 상황이 되면 (WM_USER+1)로 정의된 윈도우 메시지로 알려달라고 등록한다.

❷ 등록한 네트워크 이벤트가 발생하면, 윈도우 메시지가 발생해 윈도우 프로시저가 호출된다.

❸ 윈도우 프로시저는 받은 메시지의 종류에 따라 적절한 소켓 함수를 호출하여 처리한다.

WSAAsyncSelect( ) 함수 원형은 다음과 같다.

```
#include <winsock2.h>
int WSAAsyncSelect(
    ❶ SOCKET sock,
    ❷ HWND hWnd,
    ❸ unsigned int wMsg,
    ❹ long lEvent
);                                                  성공: 0, 실패: SOCKET_ERROR
```

❶ sock 네트워크 이벤트를 처리하고자 하는 소켓이다.

❷ hWnd 네트워크 이벤트가 발생하면 메시지를 받을 윈도우의 핸들이다.

❸ wMsg 네트워크 이벤트가 발생하면 윈도우가 받을 메시지다. 소켓을 위한 윈도우 메시지는 따로 정의되어 있지 않으므로 WM_USER+x 형태의 사용자 정의 메시지를 이용하면 된다.

❹ lEvent 관심 있는 네트워크 이벤트를 비트 마스크([표 11-8]) 조합으로 나타낸다.

표 11-8 네트워크 이벤트를 나타내는 상수

네트워크	이벤트 의미
FD_ACCEPT	접속한 클라이언트가 있다.
FD_READ	데이터 수신이 가능하다.
FD_WRITE	데이터 송신이 가능하다.
FD_CLOSE	상대가 접속을 종료했다.
FD_CONNECT	통신을 위한 연결 절차가 끝났다.
FD_OOB	OOB 데이터가 도착했다.

다음 코드는 소켓 s에 대해 FD_READ와 FD_WRITE 이벤트를 등록하는 예를 보여준다.

```
#define WM_SOCKET (WM_USER+1) // 사용자 정의 윈도우 메시지
...
WSAAsyncSelect(s, hWnd, WM_SOCKET, FD_READ|FD_WRITE);
```

WSAAsyncSelect( ) 함수 사용 시 유의할 점은 다음과 같다.

- WSAAsyncSelect( ) 함수를 호출하면 해당 소켓은 자동으로 넌블로킹 모드로 전환된다. 블로킹 소켓은 윈도우 메시지 루프를 정지시킬 가능성이 있어서 WSAAsyncSelect 모델에서는 넌블로킹 소켓만 사용하게 되어 있다.
- accept( ) 함수가 리턴하는 소켓은 연결 대기 소켓과 같은 속성을 갖는다. 연결 대기 소켓은 직접 데이터 송수신을 하지 않으므로 FD_READ, FD_WRITE 이벤트를 처리하지 않는다. 반면 accept( ) 함수가 리턴하는 소켓은 FD_READ, FD_WRITE 이벤트를 처리해야 하므로, 다시 WSAAsyncSelect( ) 함수를 호출하여 처리할 이벤트를 등록해야 한다.
- 윈도우 메시지에 대응해서 소켓 함수를 호출하면 대부분 성공하지만, WSAEWOULDBLOCK 오류 코드가 발생하는 경우가 드물게 있다.
- 윈도우 메시지를 받았을 때 적절한 소켓 함수를 호출하지 않으면, 다음에는 같은 윈도우 메시지가 발생하지 않는다. 예를 들어, FD_READ 이벤트에 대응해서 recv( ) 함수를 호출하지 않으면, 동일 소켓에 대한 FD_READ 이벤트는 다시 발생하지 않는다. 따라서 윈도우 메시지가 발생하면 [표 11-9]의 대응 함수를 호출해야 하며, 그렇지 않을 경우 응용 프로그램이 나중에 직접 메시지를 발생시켜야 한다.

NOTE 응용 프로그램이 직접 메시지를 발생시킨다는 것은 PostMessage() 함수를 사용해 자신의 윈도우 메시지 큐에 직접 메시지를 넣는다는 뜻이다. 잠시 후 실습할 AsyncSelectTCPServer 예제에서 이 방법을 사용한다.

표 11-9 네트워크 이벤트와 대응 함수

네트워크 이벤트	대응 함수
FD_ACCEPT	accept()
FD_READ	recv(), recvfrom()
FD_WRITE	send(), sendto()
FD_CLOSE	없음
FD_CONNECT	없음
FD_OOB	recv(), recvfrom()

이제 네트워크 이벤트 발생 시 윈도우 프로시저에 전달되는 내용을 살펴보자. 윈도우 프로시저는 다음과 같이 총 네 개의 인수를 통해 데이터를 전달받는다.

```
LRESULT CALLBACK WndProc(HWND hWnd, UINT uMsg, WPARAM wParam, LPARAM lParam)
{
    ...
}
```

- `hWnd` 메시지가 발생한 윈도우를 나타내는 핸들이다.
- `uMsg` WSAAsyncSelect( ) 함수 호출 시 등록했던 사용자 정의 메시지다.
- `wParam` 네트워크 이벤트가 발생한 소켓이다. 이 값을 SOCKET 타입으로 변환해 소켓 함수 호출에 그대로 사용하면 된다.
- `lParam` 하위 16비트는 발생한 네트워크 이벤트를, 상위 16비트는 오류 코드를 담고 있다. 항상 오류 코드를 먼저 확인한 후 네트워크 이벤트를 처리해야 한다. 이때 기존의 WSAGetLastError( ) 함수로는 오류 코드를 알아낼 수 없다는 점에 주의해야 한다. 이식성Portability을 위해 다음과 같이 정의된 매크로를 사용하는 것이 좋다.

```
#define WSAGETSELECTERROR(lParam) HIWORD(lParam)
#define WSAGETSELECTEVENT(lParam) LOWORD(lParam)
```

2 WSAAsyncSelect 모델 서버 작성

WSAAsyncSelect 모델을 이용하여 TCP 서버를 작성하고 테스트해보자. TCP 클라이언트는 4장에서 작성한 TCPClient 예제를 그대로 사용한다.

실습 11-3 WSAAsyncSelect 모델 TCP 서버 작성과 테스트

1 AsyncSelectTCPServer라는 콘솔 응용 프로그램 프로젝트를 생성하고 AsyncSelectTCPServer.cpp 파일에 코드를 작성한다. 프로젝트 생성 옵션과 컴파일, 링크 방법은 1장에 있는 예제와 같다. 코드 내용은 416쪽에서 분석한다.

2 실행 결과는 [실습 11-2]의 SelectTCPServer 예제와 같다. 차이가 있다면 SelectTCPServer 예제와 달리 화면에 보이는 윈도우가 존재한다는 점이다. 스레드를 한 개

만 사용한다는 점과 넌블로킹 소켓을 사용하는데도 CPU 사용률이 매우 낮다는 점은 SelectTCPServer 예제와 같다.

3 WSAAsyncSelect 모델 코드 분석

WSAAsyncSelect 모델도 Select 모델처럼 소켓과 관련된 이벤트를 알려줄 뿐 소켓 정보를 관리해주지는 않는다. 따라서 각 소켓에 필요한 정보(응용 프로그램 버퍼, 송수신 바이트 정보 등)를 관리하는 기능은 응용 프로그램이 구현해야 한다.

Select 모델에서는 최대 FD_SETSIZE개의 소켓을 처리할 수 있으므로 배열을 사용했지만, WSAAsyncSelect 모델에는 이런 제약이 없으므로 예제에서는 연결 리스트Linked list를 사용한다. [그림 11-4]의 그림 (a)는 예제에서 소켓 정보를 관리하기 위한 구조다. SocketInfoList 변수는 연결 리스트의 시작점을 나타내는 SOCKETINFO형 포인터다. 새로운 소켓이 생성되면 그림 (b)와 같이 SOCKETINFO 구조체를 동적으로 할당하고 연결 리스트 맨 앞에 삽입한다. 소켓 정보를 삭제할 때는 그림 (c)와 같이 앞쪽에 있는 포인터를 조작해 연결 리스트를 유지한다.

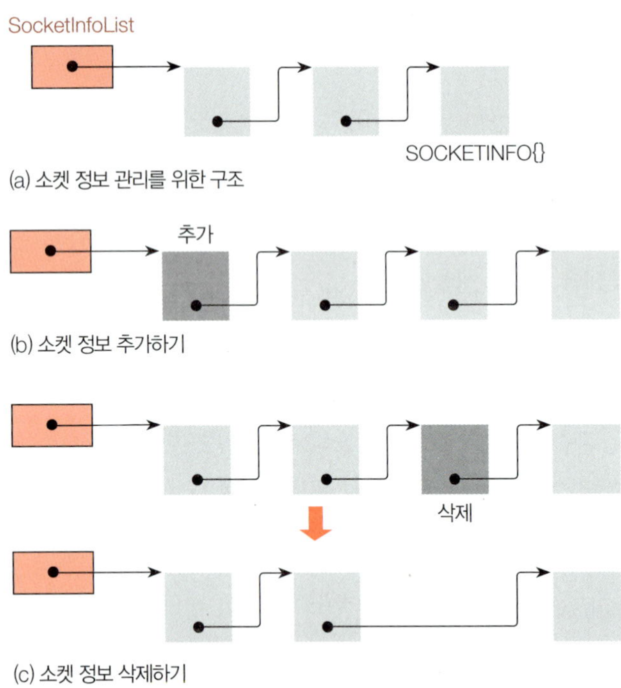

그림 11-4 AsyncSelectTCPServer 예제의 소켓 정보 관리

이제 행 단위로 코드를 분석해보자. 소켓 정보 저장을 위한 구조체와 변수는 다음과 같다.

```
 1 #include "..\..\Common.h"
 2
 3 #define SERVERPORT 9000
 4 #define BUFSIZE    512
 5 #define WM_SOCKET  (WM_USER+1)
 6
 7 // 소켓 정보 저장을 위한 구조체와 변수
 8 struct SOCKETINFO
 9 {
10     SOCKET sock;
11     char buf[BUFSIZE + 1];
12     int recvbytes;
13     int sendbytes;
14     bool recvdelayed;
15     SOCKETINFO *next;
16 };
17 SOCKETINFO *SocketInfoList;
18
19 // 윈도우 메시지 처리 함수
20 LRESULT CALLBACK WndProc(HWND, UINT, WPARAM, LPARAM);
21 void ProcessSocketMessage(HWND, UINT, WPARAM, LPARAM);
22 // 소켓 정보 관리 함수
23 bool AddSocketInfo(SOCKET sock);
24 SOCKETINFO *GetSocketInfo(SOCKET sock);
25 void RemoveSocketInfo(SOCKET sock);
```

5행 네트워크 이벤트를 전달할 사용자 정의 윈도우 메시지다.

8~16행 소켓 정보 저장을 위한 구조체다. 데이터를 받은 후 끝에 널 문자('\0')를 추가하기 위해 BUFSIZE+1 길이의 바이트 배열을 선언한다. recvbytes, sendbytes는 각각 받은 바이트 수와 보낸 바이트 수를 유지하는 변수다. recvdelayed 변수는 FD_READ 메시지를 받았지만 대응 함수인 recv( ) 함수를 호출하지 않은 경우에 true로 설정할 것이다. next 변수는 SOCKETINFO 구조체를 단일 연결 리스트Singly-Linked List로 관리하는 데 필요하다.

17행 SocketInfoList는 단일 연결 리스트의 시작점이다.

```
int main(int argc, char *argv[])
{
    int retval;

    // 윈도우 클래스 등록
    WNDCLASS wndclass;
    wndclass.style = CS_HREDRAW | CS_VREDRAW;
    wndclass.lpfnWndProc = WndProc;
    wndclass.cbClsExtra = 0;
    wndclass.cbWndExtra = 0;
    wndclass.hInstance = NULL;
    wndclass.hIcon = LoadIcon(NULL, IDI_APPLICATION);
    wndclass.hCursor = LoadCursor(NULL, IDC_ARROW);
    wndclass.hbrBackground = (HBRUSH)GetStockObject(WHITE_BRUSH);
    wndclass.lpszMenuName = NULL;
    wndclass.lpszClassName = _T("MyWndClass");
    if (!RegisterClass(&wndclass)) return 1;

    // 윈도우 생성
    HWND hWnd = CreateWindow(_T("MyWndClass"), _T("TCP 서버"),
        WS_OVERLAPPEDWINDOW, 0, 0, 600, 200, NULL, NULL, NULL, NULL);
    if (hWnd == NULL) return 1;
    ShowWindow(hWnd, SW_SHOWNORMAL);
    UpdateWindow(hWnd);

    // 윈속 초기화
    WSADATA wsa;
    if (WSAStartup(MAKEWORD(2, 2), &wsa) != 0)
        return 1;

    // 소켓 생성
    SOCKET listen_sock = socket(AF_INET, SOCK_STREAM, 0);
    if (listen_sock == INVALID_SOCKET) err_quit("socket()");

    // bind()
    struct sockaddr_in serveraddr;
    memset(&serveraddr, 0, sizeof(serveraddr));
```

```
64     serveraddr.sin_family = AF_INET;
65     serveraddr.sin_addr.s_addr = htonl(INADDR_ANY);
66     serveraddr.sin_port = htons(SERVERPORT);
67     retval = bind(listen_sock, (struct sockaddr *)&serveraddr, sizeof(serveraddr));
68     if (retval == SOCKET_ERROR) err_quit("bind()");
69 
70     // listen()
71     retval = listen(listen_sock, SOMAXCONN);
72     if (retval == SOCKET_ERROR) err_quit("listen()");
73 
74     // WSAAsyncSelect()
75     retval = WSAAsyncSelect(listen_sock, hWnd, WM_SOCKET, FD_ACCEPT | FD_CLOSE);
76     if (retval == SOCKET_ERROR) err_quit("WSAAsyncSelect()");
77 
78     // 메시지 루프
79     MSG msg;
80     while (GetMessage(&msg, 0, 0, 0) > 0) {
81         TranslateMessage(&msg);
82         DispatchMessage(&msg);
83     }
84 
85     // 윈속 종료
86     WSACleanup();
87     return msg.wParam;
88 }
```

32~50행 윈도우를 생성하고 화면에 보일 수 있도록 한다.

75~76행 연결 대기 소켓에 대한 이벤트를 윈도우 메시지 형식으로 받도록 등록한다. 연결 대기 소켓은 데이터 전송용으로 직접 사용하지 않으므로 FD_ACCEPT와 FD_CLOSE 이벤트만 등록한다.

```
90 // 윈도우 메시지 처리
91 LRESULT CALLBACK WndProc(HWND hWnd, UINT uMsg, WPARAM wParam, LPARAM lParam)
92 {
93     switch (uMsg) {
```

```
94    case WM_SOCKET: // 소켓 관련 윈도우 메시지
95      ProcessSocketMessage(hWnd, uMsg, wParam, lParam);
96      return 0;
97    case WM_DESTROY:
98      PostQuitMessage(0);
99      return 0;
100   }
101   return DefWindowProc(hWnd, uMsg, wParam, lParam);
102 }
```

94~95행 사용자 정의 WM_SOCKET 메시지가 발생하면 ProcessSocketMessage( ) 함수에 전달해 처리한다. 윈도우 메시지를 처리하는 코드가 길어질 때는 이처럼 별도의 사용자 정의 함수에서 처리하는 것이 좋다.

```
104 // 소켓 관련 메시지 처리
105 void ProcessSocketMessage(HWND hWnd, UINT uMsg, WPARAM wParam, LPARAM lParam)
106 {
107   // 데이터 통신에 사용할 변수
108   int retval;
109   SOCKET client_sock;
110   struct sockaddr_in clientaddr;
111   int addrlen;
112   SOCKETINFO *ptr;
113
114   // 오류 발생 여부 확인
115   if (WSAGETSELECTERROR(lParam)) {
116     err_display(WSAGETSELECTERROR(lParam));
117     RemoveSocketInfo(wParam);
118     return;
119   }
```

115~119행 소켓 관련 윈도우 메시지를 받으면 맨 먼저 오류 발생 여부를 확인해야 한다. WSAGETSELECTERROR( ) 매크로 함수로 lParam 변수의 상위 16비트를 검사한다. 오류가 발생했다면 err_display( ) 함수로 오류 코드에 대응하는 문자열을 출력한 후, RemoveSocketInfo( ) 함수로 소켓을 닫고 소켓 정보를 제거한다. RemoveSocketInfo( ) 함수는 [그림 11-4(c)]를 참고해 각자 분석해본다.

오류가 발생하지 않았다면 WSAGETSELECTEVENT( ) 매크로 함수로 네트워크 이벤트를 조사해야 한다. switch~case 문을 네트워크 이벤트별로 나누어 분석해보자.

```
121  // 메시지 처리
122  switch (WSAGETSELECTEVENT(lParam)) {
123  case FD_ACCEPT:
124    addrlen = sizeof(clientaddr);
125    client_sock = accept(wParam, (struct sockaddr *)&clientaddr, &addrlen);
126    if (client_sock == INVALID_SOCKET) {
127      err_display("accept()");
128      return;
129    }
130    printf("\n[TCP 서버] 클라이언트 접속: IP 주소=%s, 포트 번호=%d\n",
131      inet_ntoa(clientaddr.sin_addr), ntohs(clientaddr.sin_port));
132    AddSocketInfo(client_sock);
133    retval = WSAAsyncSelect(client_sock, hWnd,
134      WM_SOCKET, FD_READ | FD_WRITE | FD_CLOSE);
135    if (retval == SOCKET_ERROR) {
136      err_display("WSAAsyncSelect()");
137      RemoveSocketInfo(client_sock);
138    }
139    break;
```

123~129행 FD_ACCEPT 이벤트가 발생하면 accept( ) 함수를 호출하여 리턴값을 확인하고 오류를 처리한다.

130~131행 접속한 클라이언트 정보를 화면에 출력한다.

132행 AddSocketInfo( ) 함수를 호출하여 소켓 정보를 추가한다. 이 함수는 [그림 11-4(b)]를 참고해 각자 분석해본다.

133~138행 accept( ) 함수가 리턴한 소켓에 대해 WSAAsyncSelect( ) 함수를 호출함으로써 관심 있는 이벤트를 다시 등록한다. 이 소켓은 데이터 전송에 사용할 것이므로 FD_READ, FD_WRITE, FD_CLOSE 이벤트를 등록한다. 이 과정에서 오류가 발생하면 RemoveSocketInfo( ) 함수를 호출하여 소켓을 닫고 소켓 정보를 제거한다.

```
140 case FD_READ:
141     ptr = GetSocketInfo(wParam);
142     if (ptr->recvbytes > 0) {
143         ptr->recvdelayed = true;
144         return;
145     }
146     // 데이터 받기
147     retval = recv(ptr->sock, ptr->buf, BUFSIZE, 0);
148     if (retval == SOCKET_ERROR) {
149         err_display("recv()");
150         RemoveSocketInfo(wParam);
151         return;
152     }
153     ptr->recvbytes = retval;
154     // 받은 데이터 출력
155     ptr->buf[retval] = '\0';
156     addrlen = sizeof(clientaddr);
157     getpeername(wParam, (struct sockaddr *)&clientaddr, &addrlen);
158     printf("[TCP/%s:%d] %s\n", inet_ntoa(clientaddr.sin_addr),
159         ntohs(clientaddr.sin_port), ptr->buf);
```

140~141행 FD_READ 이벤트가 발생하면 해당 소켓(wParam 변수에 저장되어 있음)에 대응하는 소켓 정보 구조체를 GetSocketInfo( ) 함수로 얻는다.

142~145행 이전에 받았지만 아직 보내지 않은 데이터가 있다면 대응 함수인 recv( ) 함수를 호출하지 않고 곧바로 리턴한다. 단, recvdelayed 변수를 true로 설정해 이 사실을 기록해 둔다. 대응 함수를 호출하지 않았으므로 받은 데이터가 있더라도 FD_READ 이벤트는 다시 발생하지 않는다. 따라서 나중에 PostMessage( ) API 함수를 사용해 응용 프로그램이 직접 FD_READ 이벤트를 발생시켜야 한다(178행 참고).

147~152행 recv( ) 함수를 호출하여 데이터를 읽는다. 오류가 발생했다면 RemoveSocketInfo( ) 함수를 호출하여 소켓을 닫고 소켓 정보를 제거한다.

153행 recv( ) 함수 호출이 성공했으면 받은 바이트 수(recvbytes)를 갱신한다.

155~159행 받은 데이터를 출력한다. FD_READ 이벤트를 처리한 후 곧바로 FD_WRITE 이벤트를 처리한다(break 문이 없다는 점에 유의).

```
160   case FD_WRITE:
161     ptr = GetSocketInfo(wParam);
162     if (ptr->recvbytes <= ptr->sendbytes)
163       return;
164     // 데이터 보내기
165     retval = send(ptr->sock, ptr->buf + ptr->sendbytes,
166       ptr->recvbytes - ptr->sendbytes, 0);
167     if (retval == SOCKET_ERROR) {
168       err_display("send()");
169       RemoveSocketInfo(wParam);
170       return;
171     }
172     ptr->sendbytes += retval;
173     // 받은 데이터를 모두 보냈는지 체크
174     if (ptr->recvbytes == ptr->sendbytes) {
175       ptr->recvbytes = ptr->sendbytes = 0;
176       if (ptr->recvdelayed) {
177         ptr->recvdelayed = false;
178         PostMessage(hWnd, WM_SOCKET, wParam, FD_READ);
179       }
180     }
181     break;
182   case FD_CLOSE:
183     RemoveSocketInfo(wParam);
184     break;
185   }
186 }
```

160~161행 FD_WRITE 이벤트가 발생하면 해당 소켓(wParam 변수에 저장되어 있음)에 대응하는 소켓 정보 구조체를 GetSocketInfo( ) 함수로 얻는다.

162~163행 받은 바이트 수가 보낸 바이트 수보다 크지 않다면 보낼 데이터가 없으므로 곧바로 리턴한다.

165~171행 send( ) 함수를 호출하여 데이터를 보낸다. 오류가 발생했다면 RemoveSocketInfo( ) 함수를 호출하여 소켓을 닫고 소켓 정보를 제거한다.

172행 send( ) 함수 호출이 성공했으면 보낸 바이트 수(sendbytes)를 갱신한다.

174~180행 받은 데이터를 모두 보냈다면 받은 바이트 수와 보낸 바이트 수를 0으로 초기화한다. 이전에 FD_READ 이벤트에 대한 대응 함수를 호출하지 않았다면 PostMessage() API 함수를 호출하여 강제로 메시지를 발생시킨다. 이렇게 하면 다음에 FD_READ 이벤트가 발생하므로 이전에 도착했지만 처리하지 못한 데이터를 읽을 수 있다.

182~183행 FD_CLOSE 이벤트가 발생하면 정상 종료를 의미하므로 RemoveSocketInfo() 함수를 호출하여 소켓을 닫고 소켓 정보를 제거한다.

다음은 소켓 정보를 추가하는 함수다. [그림 11-4(b)]를 참고해 각자 분석해본다.

```
// 소켓 정보 추가
bool AddSocketInfo(SOCKET sock)
{
    SOCKETINFO *ptr = new SOCKETINFO;
    if (ptr == NULL) {
        printf("[오류] 메모리가 부족합니다!\n");
        return false;
    }
    // 단일 연결 리스트에 정보 추가
    ptr->sock = sock;
    ptr->recvbytes = 0;
    ptr->sendbytes = 0;
    ptr->recvdelayed = false;
    ptr->next = SocketInfoList;
    SocketInfoList = ptr;
    return true;
}
```

다음은 연결 리스트에서 소켓을 검색해 소켓 정보 구조체의 주솟값을 리턴한다.

```
// 소켓 정보 얻기
SOCKETINFO *GetSocketInfo(SOCKET sock)
{
    SOCKETINFO *ptr = SocketInfoList;
```

```
    while (ptr) {
        if (ptr->sock == sock)
            return ptr;
        ptr = ptr->next;
    }
    return NULL;
}
```

다음은 소켓 정보를 삭제하는 함수다. [그림 11-4(c)]를 참고해 각자 분석해본다.

```
// 소켓 정보 제거
void RemoveSocketInfo(SOCKET sock)
{
    // 클라이언트 정보 출력
    struct sockaddr_in clientaddr;
    int addrlen = sizeof(clientaddr);
    getpeername(sock, (struct sockaddr *)&clientaddr, &addrlen);
    printf("[TCP 서버] 클라이언트 종료: IP 주소=%s, 포트 번호=%d\n",
        inet_ntoa(clientaddr.sin_addr), ntohs(clientaddr.sin_port));

    // 단일 연결 리스트에서 정보 제거
    SOCKETINFO *curr = SocketInfoList;
    SOCKETINFO *prev = NULL;
    while (curr) {
        if (curr->sock == sock) {
            if (prev)
                prev->next = curr->next;
            else
                SocketInfoList = curr->next;
            closesocket(curr->sock);        // 소켓 닫기
            delete curr;
            return;
        }
        prev = curr;
        curr = curr->next;
    }
}
```

04 Completion Port 모델

Completion Port 모델은 윈도우 운영체제의 소켓 입출력 모델 중 가장 뛰어난 성능을 제공한다. 이 절에서는 Completion Port 모델의 동작 원리를 살펴보고, 이를 이용하여 TCP 서버를 작성하고 분석한다.

1 동기 입출력과 비동기 입출력

Completion Port 모델을 학습하기에 앞서 동기 입출력과 비동기 입출력의 개념을 이해해야 한다. 두 개념의 비교를 위해 [그림 11-5]와 [그림 11-6]을 살펴보자.

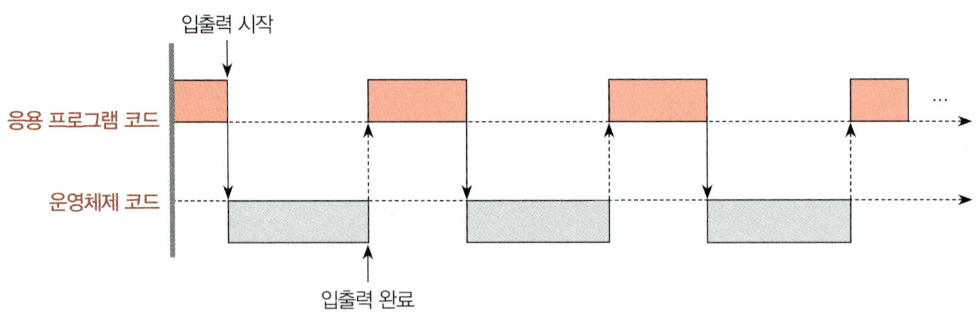

그림 11-5 동기 입출력

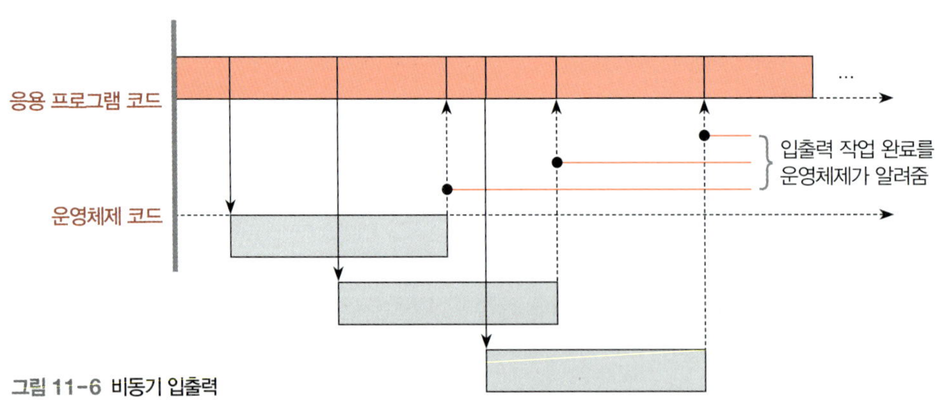

그림 11-6 비동기 입출력

[그림 11-5]는 동기 입출력Synchronous I/O이라 불리는 전형적인 입출력 방식이다. 응용 프로그램은 입출력 함수를 호출한 후 입출력 작업이 끝날 때까지 대기한다. 입출력 작업이 끝나면 입출력 함수가 리턴하고 응용 프로그램은 입출력 결과를 처리하거나 다른 작업을 진행할 수 있다. 이전에 학습한 소켓 입출력 모델(Select, WSAAsyncSelect)은 모두 동기 입출력 방식으로 소켓 입출력을 처리한다. 단, 입출력 함수를 성공적으로 호출할 수 있는 시점을 운영체제가 알려주므로 좀 더 편리하게 입출력을 처리할 수 있다. 이처럼 운영체제가 함수 호출 가능 시점을 알려주는 개념을 비동기 통지Asynchronous Notification라고 부른다. 요약하면, 이전에 배운 소켓 입출력 모델(Select, WSAAsyncSelect)은 동기 입출력과 비동기 통지를 결합한 형태다.

[그림 11-6]은 지금부터 학습할 입출력 방식으로, 비동기 입출력Asynchronous I/O 또는 중첩 입출력Overlapped I/O이라고 부른다. 응용 프로그램은 입출력 함수를 호출한 후 입출력 작업의 완료 여부와 무관하게 다른 작업을 진행할 수 있다. 입출력 작업이 끝나면 운영체제는 작업 완료를 응용 프로그램에 알려준다. 이때 응용 프로그램은 하던 작업을 중단하고 입출력 결과를 처리하면 된다. Completion Port 모델은 비동기 입출력 방식으로 소켓 입출력을 처리한다. 비동기 입출력 방식에서는 입출력 완료를 운영체제가 알려주는 개념이 필요하므로 비동기 통지도 사용한다고 볼 수 있다. 요약하면, Completion Port 모델은 비동기 입출력과 비동기 통지를 결합한 형태다.

여기서 잠깐! | 동기와 비동기 개념

동기Synchronous와 비동기Asynchronous의 개념을 비교해보자. 영어 단어 Synchronous는 어떤 사건이 '동시에 일어난다', 즉 '일치한다'는 뜻이다. 그렇다면 동기 입출력에서는 무엇이 일치한다는 뜻일까? 왼쪽 그림을 살펴보자. 어떤 동기 입출력 함수를 호출하면 운영체제는 곧바로 입출력 작업을 시작하고, 이 작업이 완료하면 동기 입출력 함수가 리턴한다. 따라서 동기 입출력 방식을 사용하면 함수 호출 시점과 입출력 시작 시점, 입출력 완료 시점과 함수 리턴 시점이 각각 일치한다고 볼 수 있다.

영어 단어 Asynchronous는 Synchronous의 반대 의미다. 즉 어떤 사건이 '일치하지 않는다'는 뜻이다. 그렇다면 비동기 입출력에서는 무엇이 일치하지 않는다는 뜻일까? 오른쪽 그림을 살펴보자. 어떤 비동기 입출력 함수를 호출하면 입출력 작업을 운영체제에 요청한 후 해당 함수는 곧바로 리턴한다. 운영체제는 입출력 작업을 완료하면 특별한 방법을 통해 응용 프로그램에 이 사실을 알린다. 따라서 비동기 입출력 방식을 사용하면 함수 호출 시점과 입출력 시작 시점은 일치하지만, 입출력 완료 시점과 함수 리턴 시점은 일치하지 않는다고 볼 수 있다.

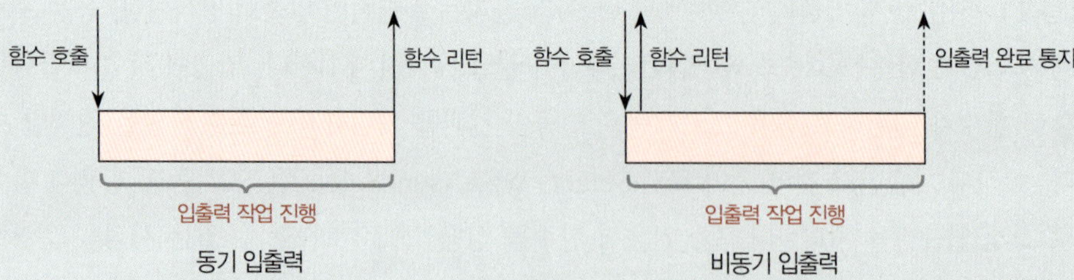

이제 비동기 통지(Asynchronous Notification)의 개념을 생각해보자. 영어 단어 Notification은 어떤 사실을 '알린다'는 뜻이다. 특별히 본문에서는 운영체제가 특정 사건 발생을 응용 프로그램에 알리는 의미로 사용한다. 다음 그림을 살펴보자. 통지 기능을 사용하려면 응용 프로그램은 자신이 관심을 두는 사건이 무엇인지 운영체제에 알려주어야 한다. 이는 약속된 API 함수를 호출함으로써 가능하다. 운영체제는 응용 프로그램이 등록해둔 사건이 발생하면 이 사실을 응용 프로그램에 알려준다. 이와 같은 통지 방식에서는 사건을 등록하는 API 함수 호출/리턴 시점과 사건 발생을 통지하는 시점이 일치하지 않으므로 비동기 통지라고 부른다.

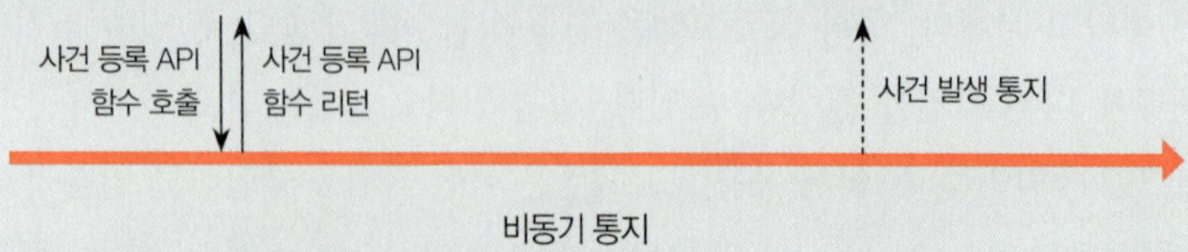

이전에 배운 소켓 입출력 모델 중 이와 같은 방식을 정확히 따르는 것은 WSAAsyncSelect 모델이다. Select 모델은 사건 발생 통지를 받기 위해 블로킹 함수인 select() 함수를 호출한 상태에서 기다려야 하므로 엄밀한 의미의 비동기 통지는 아니다. 하지만 타임아웃을 사용하면 사건이 발생하지 않더라도 다른 작업을 하는 것이 가능하므로 비슷한 효과를 낼 수 있다. 통지라는 것은 시점을 미리 알 수 없는 특정 사건의 발생을 운영체제가 알려주는 개념이므로 본질에서 비동기적이라고 할 수 있다. 이런 이유로 이전의 소켓 입출력 모델(Select, WSAAsyncSelect)을 모두 비동기 통지 방식으로 분류할 수 있다.

2 Completion Port 모델의 동작 원리

Completion Port 모델의 핵심은 입출력 완료 포트라는 윈도우 운영체제가 제공하는 구조를 이해하고 활용하는 것이다. 입출력 완료 포트I/O Completion Port는 비동기 입출력 결과와 이 결과를 처리할 스레드에 관한 정보를 담고 있는 구조다. 중요한 특징을 항목별로 정리하면 다음과 같다.

■ **생성과 파괴**

입출력 완료 포트는 CreateIoCompletionPort() 함수를 호출하여 생성하고 CloseHandle() 함수를 호출하여 파괴한다.

■ **스레드 접근 제약**

입출력 완료 포트를 생성한 스레드 외에 다른 스레드도 접근할 수 있다. 높은 성능을 위해 입출력 완료 포트에 접근하는 스레드를 별도로 만들어두는데, 이를 작업자 스레드Worker Thread라고 부른다. 이상적인 작업자 스레드 생성 개수는 CPU 개수*n개다(n의 최솟값은 1).

■ **비동기 입출력 처리 방법**

입출력 완료 포트에 저장된 결과를 처리하려면 작업자 스레드는 GetQueuedCompletionStatus() 함수를 호출해야 한다.

Completion Port 모델을 사용하려면 비동기 입출력 시작부터 완료까지의 과정을 이해해야 한다. [그림 11-7]은 Completion Port 모델을 이용한 입출력 과정을 보여준다.

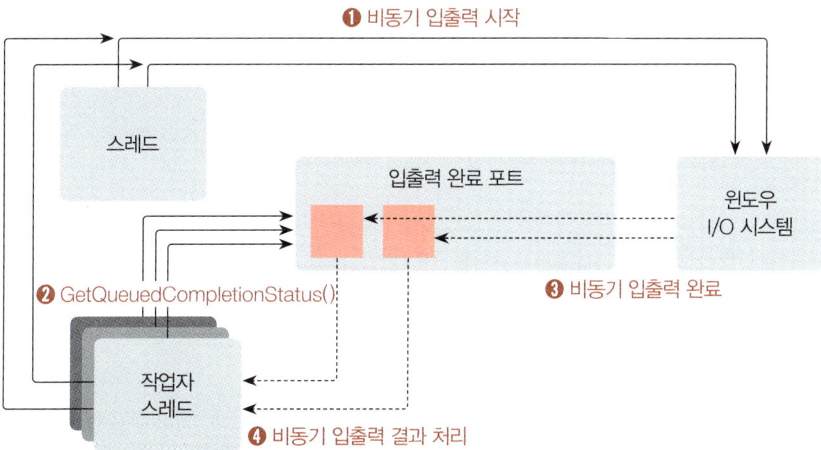

그림 11-7 Completion Port 모델의 동작 원리

[그림 11-7]의 단계별 동작을 요약하면 다음과 같다. 단, 입출력 완료 포트와 작업자 스레드는 미리 생성해둔 것으로 간주한다.

❶ 응용 프로그램을 구성하는 임의 스레드에서 비동기 입출력 함수를 호출함으로써 운영체제에 입출력 작업을 요청한다.

❷ 모든 작업자 스레드는 GetQueuedCompletionStatus( ) 함수를 호출하여 입출력 완료 포트를 감시한다. 완료한 비동기 입출력 작업이 아직 없다면 모든 작업자 스레드는 대기 상태가 된다. 이때 대기 중인 작업자 스레드 목록은 입출력 완료 포트 내부에 저장된다.

❸ 비동기 입출력 작업을 완료하면 운영체제는 입출력 완료 포트에 결과를 저장한다. 이때 저장되는 정보를 입출력 완료 패킷I/O Completion Packet이라고 부른다.

❹ 운영체제는 입출력 완료 포트에 저장된 작업자 스레드 목록에서 하나를 선택해 깨운다. 대기 상태에서 깨어난 작업자 스레드는 비동기 입출력 결과를 처리한다. 이후 작업자 스레드는 필요에 따라 다시 비동기 입출력 함수를 호출할 수 있다.

[그림 11-8]과 [그림 11-9]는 일반적인 Completion Port 모델의 실행 순서를 보여준다. 처음 시작할 때는 [그림 11-8] 순서로 실행되지만, 작업자 스레드에서 새로운 비동기 입출력을 시작하면 [그림 11-9] 순서로 진행한다.

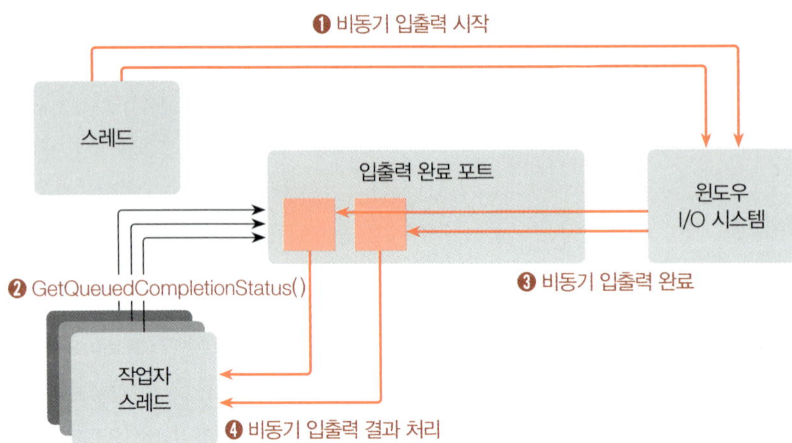

그림 11-8 Completion Port 모델의 실행 순서(1)

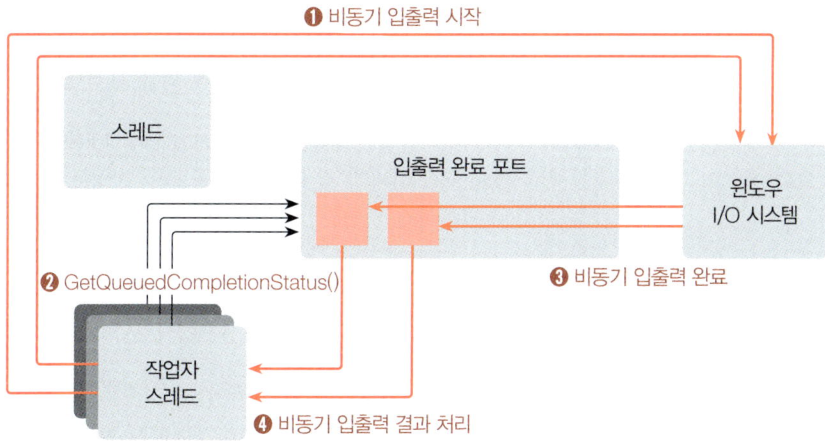

그림 11-9 Completion Port 모델의 실행 순서(2)

지금까지 소개한 내용을 토대로 Completion Port 모델을 이용한 소켓 입출력 절차를 살펴보면 다음과 같다.

❶ CreateIoCompletionPort() 함수를 호출하여 입출력 완료 포트를 생성한다.

❷ CPU 개수에 비례하여 작업자 스레드를 생성한다. 모든 작업자 스레드는 GetQueuedCompletionStatus() 함수를 호출하여 대기 상태가 된다.

❸ 비동기 입출력을 지원하는 소켓을 생성한다. 이 소켓에 대한 비동기 입출력 결과가 입출력 완료 포트에 저장되도록 하려면, CreateIoCompletionPort() 함수를 호출하여 소켓과 입출력 완료 포트를 연결해야 한다.

❹ 비동기 입출력 함수를 호출한다. 비동기 입출력 작업을 곧바로 완료하지 않으면, 소켓 함수는 SOCKET_ERROR를 리턴하고 오류 코드는 WSA_IO_PENDING으로 설정된다.

❺ 비동기 입출력 작업을 완료하면, 운영체제는 입출력 완료 포트에 결과를 저장하고, 대기 중인 스레드 하나를 깨운다. 대기 상태에서 깨어난 작업자 스레드는 비동기 입출력 결과를 처리한다.

❻ 새로운 소켓을 생성하면 ❸~❺를, 그렇지 않으면 ❹~❺를 반복한다.

Completion Port 모델에서 새롭게 등장하는 함수를 기능별로 살펴보자.

입출력 완료 포트 생성

CreateIoCompletionPort( ) 함수는 두 가지 역할을 한다. 하나는 입출력 완료 포트를 새로 생성하는 일이고, 또 하나는 소켓과 입출력 완료 포트를 연결하는 일이다. 소켓과 입출력 완료 포트를 연결해두면 이 소켓에 대한 비동기 입출력 결과가 입출력 완료 포트에 저장된다.

```
#include <windows.h>
HANDLE CreateIoCompletionPort(
    ❶ HANDLE FileHandle,
    ❷ HANDLE ExistingCompletionPort,
    ❸ ULONG_PTR CompletionKey,
    ❹ DWORD NumberOfConcurrentThreads
);
                                    성공: 입출력 완료 포트 핸들, 실패: NULL
```

❶ `FileHandle` 입출력 완료 포트와 연결할 파일 핸들이다. 파일 입출력에서는 파일 핸들을, 소켓 프로그래밍에서는 소켓을 넣어주면 된다. 새로운 입출력 완료 포트를 생성할 때는 유효한 핸들 대신 INVALID_HANDLE_VALUE 값을 사용해도 된다.

❷ `ExistingCompletionPort` 파일 또는 소켓과 연결할 입출력 완료 포트 핸들이다. 이 값이 NULL이면 새로운 입출력 완료 포트를 생성한다.

❸ `CompletionKey` 입출력 완료 패킷I/O Completion Packet에 들어갈 부가 정보다. 여기서 입출력 완료 패킷이란 비동기 입출력 작업이 완료할 때마다 생성되어 입출력 완료 포트에 저장되는 정보다.

❹ `NumberOfConcurrentThreads` 동시에 실행될 수 있는 작업자 스레드의 개수다. 0을 사용하면 자동으로 CPU 개수와 같은 수로 설정된다. 운영체제는 실행 중인 작업자 스레드 개수가 여기서 설정한 값을 넘지 않도록 관리해준다.

CreateIoCompletionPort( ) 함수 사용 예를 살펴보자. 다음 코드는 입출력 완료 포트를 생성한다.

```
HANDLE hcp = CreateIoCompletionPort(INVALID_HANDLE_VALUE, NULL, 0, 0);
if (hcp == NULL) return 1;
```

기존 입출력 완료 포트와 소켓을 연결하는 코드는 다음과 같다. 간단한 형태로 세 번째 인수에 소켓 자체를 넣을 수도 있고, 좀 더 복잡한 형태로 소켓을 담고 있는 구조체를 넣을 수도 있다. 잠시 후 실습 예제에서는 세 번째 인수에 구조체를 넣어준다.

```
SOCKET sock;
...
HANDLE hResult = CreateIoCompletionPort((HANDLE)sock, hcp, (ULONG_PTR)sock, 0);
if (hResult == NULL) return 1;
```

비동기 입출력(데이터 송/수신)

표준 소켓 함수인 send() 함수와 recv() 함수 대신 WSASend() 함수와 WSARecv() 함수를 사용해야 비동기 입출력을 할 수 있다. 두 함수의 형태와 인수의 의미를 살펴보자.

```
#include <winsock2.h>
int WSASend(
  ❶ SOCKET sock,
  ❷ LPWSABUF lpBuffers,
     DWORD dwBufferCount,
  ❸ LPDWORD lpNumberOfBytesSent,
  ❹ DWORD dwFlags,
  ❺ LPWSAOVERLAPPED lpOverlapped,
  ❻ LPWSAOVERLAPPED_COMPLETION_ROUTINE lpCompletionRoutine
);
                                        성공: 0, 실패: SOCKET_ERROR
```

```
#include <winsock2.h>
int WSARecv(
  ❶ SOCKET sock,
  ❷ LPWSABUF lpBuffers,
     DWORD dwBufferCount,
  ❸ LPDWORD lpNumberOfBytesRecvd,
  ❹ LPDWORD lpFlags,
  ❺ LPWSAOVERLAPPED lpOverlapped,
  ❻ LPWSAOVERLAPPED_COMPLETION_ROUTINE lpCompletionRoutine
);
                                        성공: 0, 실패: SOCKET_ERROR
```

❶ sock 비동기 입출력을 시작할 대상 소켓이다.

❷ lpBuffers, dwBufferCount 데이터 송/수신에 사용할 버퍼를 WSABUF 구조체 배열의 시작 주소와 배열의 요소 개수로 나타낸다. 각 배열 요소(WSABUF 타입)는 버퍼의 시작 주소와 길이(바이트 단위)를 담는다.

```
typedef struct __WSABUF {
    u_long len; // 길이(바이트 단위)
    char *buf;  // 버퍼 시작 주소
} WSABUF, *LPWSABUF;
```

❸ lpNumberOfBytesSent, lpNumberOfBytesRecvd 함수 호출이 성공하면 보내거나 받은 바이트 수가 저장된다.

❹ dwFlags, lpFlags 옵션으로 MSG_* 형태의 상수를 전달할 수 있는데, 각각 send( ) 함수와 recv( ) 함수의 마지막 인수와 같은 기능을 한다. 대부분 0을 사용하면 된다.

❺ lpOverlapped WSAOVERLAPPED 구조체의 주솟값이다. WSAOVERLAPPED 구조체는 비동기 입출력을 위한 정보를 운영체제에 전달하거나, 운영체제가 비동기 입출력 결과를 응용 프로그램에 알려줄 때 사용한다. WSAOVERLAPPED 구조체 필드 중 처음 네 개는 운영체제가 내부적으로만 사용한다. 마지막 필드인 hEvent는 이벤트 객체의 핸들값으로, 입출력 작업을 완료하면 hEvent가 가리키는 이벤트 객체가 신호 상태가 된다(Completion Port 모델에서는 사용하지 않음).

```
typedef struct _WSAOVERLAPPED {
    DWORD Internal;
    DWORD InternalHigh;
    DWORD Offset;
    DWORD OffsetHigh;
    WSAEVENT hEvent;
} WSAOVERLAPPED, *LPWSAOVERLAPPED;
```

❻ lpCompletionRoutine 입출력 작업을 완료하면 운영체제가 자동으로 호출할 완료 루틴(콜백 함수)의 주솟값이다(Completion Port 모델에서는 사용하지 않음).

WSASend( ) 함수와 WSARecv( ) 함수의 특징을 정리하면 다음과 같다.

❶ Scatter/Gather 입출력을 지원한다. 송신 측에서 WSABUF 구조체 배열을 사용하면 여러 버퍼에 저장된 데이터를 모아서Gather 보낼 수 있다. 수신 측에서 WSABUF 구조체 배열을 사용하면 받은 데이터를 여러 버퍼에 흩뜨려Scatter 저장할 수 있다.

```
// 송신 측 코드
char buf1[128];
char buf2[256];
WSABUF wsabuf[2];
wsabuf[0].buf = buf1;
wsabuf[0].len = 128;
wsabuf[1].buf = buf2;
wsabuf[1].len = 256;
WSASend(sock, wsabuf, 2, ...);
```

```
// 수신 측 코드
char buf1[128];
char buf2[256];
WSABUF wsabuf[2];
wsabuf[0].buf = buf1;
wsabuf[0].len = 128;
wsabuf[1].buf = buf2;
wsabuf[1].len = 256;
WSARecv(sock, wsabuf, 2, ...);
```

❷ 마지막 두 인수에 NULL 값을 사용하면 send( ) 함수, recv( ) 함수처럼 동기 함수로 동작한다.

❸ 본문에서 소개하지 않은 Overlapped 모델에서는 WSAOVERLAPPED 구조체의 hEvent 필드 또는 lpCompletionRoutine 인수를 사용한다. 단, lpCompletionRoutine 인수의 우선순위가 높으므로 이 값이 NULL이 아닌 유효한 값이면 WSAOVERLAPPED 구조체의 hEvent 변수는 사용되지 않는다.

비동기 입출력 결과 확인

작업자 스레드는 GetQueuedCompletionStatus( ) 함수를 호출함으로써 입출력 완료 포트에 입출력 완료 패킷이 들어올 때까지 대기한다. 입출력 완료 패킷이 입출력 완료 포트에 들어오면 운영체제는 실행 중인 작업자 스레드의 개수를 점검한다. 이 값이 CreateIoCompletionPort( ) 함수의 네 번째 인수로 설정한 값보다 작다면, 대기 상태인 작업자 스레드를 깨워서 입출력 완료 패킷을 처리하게 한다.

```
#include <windows.h>
BOOL GetQueuedCompletionStatus(
    ❶ HANDLE CompletionPort,
    ❷ LPDWORD lpNumberOfBytes,
    ❸ PULONG_PTR lpCompletionKey,
    ❹ LPOVERLAPPED *lpOverlapped,
    ❺ DWORD dwMilliseconds
);
                                        성공: 0이 아닌 값, 실패: 0
```

❶ `CompletionPort` 입출력 완료 포트 핸들이다.

❷ `lpNumberOfBytes` 비동기 입출력 작업으로 전송된 바이트 수가 여기에 저장된다.

❸ `lpCompletionKey` CreateIoCompletionPort() 함수 호출 시 전달한 세 번째 인수가 여기에 저장된다.

❹ `lpOverlapped` 비동기 입출력 함수 호출 시 전달한 OVERLAPPED 구조체의 주솟값이 여기에 저장된다.

❺ `dwMilliseconds` 작업자 스레드가 대기할 시간을 밀리초 단위로 지정한다. INFINITE 값을 넣으면 입출력 완료 패킷이 생성되어 운영체제가 깨울 때까지 무한히 대기한다.

참고로, 응용 프로그램이 작업자 스레드에 특별한 사실을 알리기 위해 직접 입출력 완료 패킷을 생성할 수도 있다. 이때 사용하는 함수는 PostQueuedCompletionStatus( ) 함수다. 각 인수의 의미는 GetQueuedCompletionStatus( ) 함수와 비슷하므로 비주얼 스튜디오 설명서를 참고하기 바란다.

3 Completion Port 모델 서버 작성

Completion Port 모델을 이용하여 TCP 서버를 작성하고 테스트해보자. TCP 클라이언트는 4장에서 작성한 TCPClient 예제를 그대로 사용한다.

실습 11-4 Completion Port 모델 TCP 서버 작성과 테스트

1 CompletionPortTCPServer라는 콘솔 응용 프로그램 프로젝트를 생성하고 CompletionPortTCPServer.cpp에 코드를 작성한다. 코드 내용은 아래쪽에서 분석한다.

2 실행 결과는 [실습 11-2]의 SelectTCPServer 예제와 같다. CPU 사용률이 매우 낮다는 점도 마찬가지이며, 10장에서 작성한 GUITCPClient 예제로 테스트해도 잘 동작한다.

4 Completion Port 모델 코드 분석

CompletionPortTCPServer.cpp 코드를 행 단위로 분석해보자.

헤더 파일, 상수와 구조체 정의, 함수 원형 선언

```
1 #include "..\..\Common.h"
2
3 #define SERVERPORT 9000
4 #define BUFSIZE    512
5
6 // 소켓 정보 저장을 위한 구조체
7 struct SOCKETINFO
8 {
9     OVERLAPPED overlapped;
10    SOCKET sock;
11    char buf[BUFSIZE + 1];
12    int recvbytes;
13    int sendbytes;
14    WSABUF wsabuf;
15 };
16
17 // 작업자 스레드 함수
18 DWORD WINAPI WorkerThread(LPVOID arg);
```

7~15행 소켓 정보 저장을 위한 구조체다. 소켓마다 OVERLAPPED 구조체(9행), 응용 프로그램 버퍼(11행), 송수신 바이트 수(12~13행), WSABUF 구조체(14행) 정보를 유지한다.

메인 함수

```
int main(int argc, char *argv[])
{
    int retval;

    // 윈속 초기화
    WSADATA wsa;
    if (WSAStartup(MAKEWORD(2, 2), &wsa) != 0) return 1;

    // 입출력 완료 포트 생성
    HANDLE hcp = CreateIoCompletionPort(INVALID_HANDLE_VALUE, NULL, 0, 0);
    if (hcp == NULL) return 1;

```

```
// CPU 개수 확인
SYSTEM_INFO si;
GetSystemInfo(&si);

// (CPU 개수 * 2)개의 작업자 스레드 생성
HANDLE hThread;
for (int i = 0; i < (int)si.dwNumberOfProcessors * 2; i++) {
    hThread = CreateThread(NULL, 0, WorkerThread, hcp, 0, NULL);
    if (hThread == NULL) return 1;
    CloseHandle(hThread);
}

// 소켓 생성
SOCKET listen_sock = socket(AF_INET, SOCK_STREAM, 0);
if (listen_sock == INVALID_SOCKET) err_quit("socket()");

// bind()
struct sockaddr_in serveraddr;
memset(&serveraddr, 0, sizeof(serveraddr));
serveraddr.sin_family = AF_INET;
serveraddr.sin_addr.s_addr = htonl(INADDR_ANY);
serveraddr.sin_port = htons(SERVERPORT);
retval = bind(listen_sock, (struct sockaddr *)&serveraddr, sizeof(serveraddr));
if (retval == SOCKET_ERROR) err_quit("bind()");

// listen()
retval = listen(listen_sock, SOMAXCONN);
if (retval == SOCKET_ERROR) err_quit("listen()");

// 데이터 통신에 사용할 변수
SOCKET client_sock;
struct sockaddr_in clientaddr;
int addrlen;
DWORD recvbytes, flags;

while (1) {
    // accept()
    addrlen = sizeof(clientaddr);
    client_sock = accept(listen_sock, (struct sockaddr *)&clientaddr, &addrlen);
```

```
        if (client_sock == INVALID_SOCKET) {
            err_display("accept()");
            break;
        }

        // 접속한 클라이언트 정보 출력
        char addr[INET_ADDRSTRLEN];
        inet_ntop(AF_INET, &clientaddr.sin_addr, addr, sizeof(addr));
        printf("\n[TCP 서버] 클라이언트 접속: IP 주소=%s, 포트 번호=%d\n",
            addr, ntohs(clientaddr.sin_port));

        // 소켓과 입출력 완료 포트 연결
        CreateIoCompletionPort((HANDLE)client_sock, hcp, client_sock, 0);

        // 소켓 정보 구조체 할당
        SOCKETINFO *ptr = new SOCKETINFO;
        if (ptr == NULL) break;
        memset(&ptr->overlapped, 0, sizeof(ptr->overlapped));
        ptr->sock = client_sock;
        ptr->recvbytes = ptr->sendbytes = 0;
        ptr->wsabuf.buf = ptr->buf;
        ptr->wsabuf.len = BUFSIZE;

        // 비동기 입출력 시작
        flags = 0;
        retval = WSARecv(client_sock, &ptr->wsabuf, 1, &recvbytes,
            &flags, &ptr->overlapped, NULL);
        if (retval == SOCKET_ERROR) {
            if (WSAGetLastError() != ERROR_IO_PENDING) {
                err_display("WSARecv()");
            }
            continue;
        }
    }

    // 윈속 종료
    WSACleanup();
    return 0;
}
```

29~30행 입출력 완료 포트를 생성한다. 생성 시 첫 번째 인수는 의미가 없으므로 INVALID_HANDLE_VALUE를 주로 사용한다.

33~34행 CPU 개수를 얻는다. CPU 개수에 비례하여 작업자 스레드를 생성하기 위해서다.

37~42행 작업자 스레드를 {CPU 개수*2}개 생성한다. 이때 스레드 함수 인수로 입출력 완료 포트 핸들을 전달한다.

83행 accept() 함수가 리턴한 소켓을 입출력 완료 포트와 연결한다.

86~92행 소켓 정보 구조체를 할당하여 초기화한다.

95~103행 WSARecv() 함수를 호출하여 비동기 입출력을 시작한다.

작업자 스레드 함수

```
// 작업자 스레드 함수
DWORD WINAPI WorkerThread(LPVOID arg)
{
  int retval;
  HANDLE hcp = (HANDLE)arg;

  while (1) {
    // 비동기 입출력 완료 기다리기
    DWORD cbTransferred;
    SOCKET client_sock;
    SOCKETINFO *ptr;
    retval = GetQueuedCompletionStatus(hcp, &cbTransferred,
      (PULONG_PTR)&client_sock, (LPOVERLAPPED *)&ptr, INFINITE);

    // 클라이언트 정보(IP 주소, 포트 번호) 얻기
    struct sockaddr_in clientaddr;
    int addrlen = sizeof(clientaddr);
    getpeername(ptr->sock, (struct sockaddr *)&clientaddr, &addrlen);
    char addr[INET_ADDRSTRLEN];
    inet_ntop(AF_INET, &clientaddr.sin_addr, addr, sizeof(addr));

    // 비동기 입출력 결과 확인
    if (retval == 0 || cbTransferred == 0) {
      printf("[TCP 서버] 클라이언트 종료: IP 주소=%s, 포트 번호=%d\n",
        addr, ntohs(clientaddr.sin_port));
      closesocket(ptr->sock); // 소켓 닫기
```

```
            delete ptr; continue;
        }

        // 데이터 전송량 갱신
        if (ptr->recvbytes == 0) {
            ptr->recvbytes = cbTransferred;
            ptr->sendbytes = 0;
            // 받은 데이터 출력
            ptr->buf[ptr->recvbytes] = '\0';
            printf("[TCP/%s:%d] %s\n", addr, ntohs(clientaddr.sin_port), ptr->buf);
        }
        else {
            ptr->sendbytes += cbTransferred;
        }

        if (ptr->recvbytes > ptr->sendbytes) {
            // 데이터 보내기
            memset(&ptr->overlapped, 0, sizeof(ptr->overlapped));
            ptr->wsabuf.buf = ptr->buf + ptr->sendbytes;
            ptr->wsabuf.len = ptr->recvbytes - ptr->sendbytes;

            DWORD sendbytes;
            retval = WSASend(ptr->sock, &ptr->wsabuf, 1,
                &sendbytes, 0, &ptr->overlapped, NULL);
            if (retval == SOCKET_ERROR) {
                if (WSAGetLastError() != WSA_IO_PENDING) {
                    err_display("WSASend()");
                }
                continue;
            }
        }
        else {
            ptr->recvbytes = 0;
            // 데이터 받기
            memset(&ptr->overlapped, 0, sizeof(ptr->overlapped));
            ptr->wsabuf.buf = ptr->buf;
            ptr->wsabuf.len = BUFSIZE;

            DWORD recvbytes;
            DWORD flags = 0;
```

```
177             retval = WSARecv(ptr->sock, &ptr->wsabuf, 1,
178                 &recvbytes, &flags, &ptr->overlapped, NULL);
179             if (retval == SOCKET_ERROR) {
180                 if (WSAGetLastError() != WSA_IO_PENDING) {
181                     err_display("WSARecv()");
182                 }
183                 continue;
184             }
185         }
186     }
187 
188     return 0;
189 }
```

111행 스레드 함수 인수로 전달된 입출력 완료 포트 핸들을 저장해둔다.

119~123행 GetQueuedCompletionStatus( ) 함수를 호출하여 비동기 입출력이 완료하기를 기다린다. 리턴값(retval)이 0이거나 전송 바이트 수(cbTransferred)가 0이면 오류로 간주하여 나중에 처리해야 한다. 성공/실패 여부와 상관없이 소켓(client_sock)과 소켓 정보 구조체 포인터(ptr)를 얻을 수 있다.

126~130행 화면 출력을 위해 클라이언트 정보를 얻어 저장해둔다. IP 주소와 포트 번호를 얻을 때는 getpeername( ) 함수를, IP 주소를 문자열로 변경할 때는 inet_ntop( ) 함수를 사용한다.

133~138행 비동기 입출력 결과를 확인하여 오류가 발생했다면, 소켓을 닫고 소켓 정보 구조체도 제거한다.

141~150행 클라이언트로부터 받은 데이터를 그대로 되돌려주는 에코 서버임을 고려하여 데이터 전송량을 갱신한다. 소켓 정보 구조체를 참조하면, 비동기 입출력이 완료한 데이터가 수신 데이터인지 아니면 송신 데이터인지 알 수 있다.

152~167행 보낸 데이터가 받은 데이터보다 적으면 아직 보내지 못한 데이터를 다 보낸다. WSASend( ) 함수는 비동기적으로 동작하므로 실제로 보낸 바이트 수는 다음에 비동기 입출력을 완료하면 확인할 수 있다(149행).

168~185행 클라이언트가 보낸 데이터를 받기 위해 소켓 정보 구조체의 수신 바이트 수를 초기화한다(169행). WSARecv( ) 함수는 비동기적으로 동작하므로 실제로 받은 바이트 수는 다음에 비동기 입출력을 완료하면 확인할 수 있다(142행).

05 소켓 입출력 모델 비교

지금까지 배운 소켓 입출력 모델의 장점을 정리하면 다음과 같다.

- Select 모델: 모든 윈도우 운영체제는 물론, 유닉스/리눅스 운영체제에서도 사용할 수 있으므로 이식성이 높다. 윈도우와 유닉스/리눅스에서 모두 실행할 서버가 필요하고 이식할 때 코드 수정을 최소화하고 싶다면 유일하게 선택할 수 있는 모델이다.
- WSAAsyncSelect 모델: 소켓 이벤트를 윈도우 메시지 형태로 처리하므로 GUI 응용 프로그램과 잘 결합할 수 있다. MFC^Microsoft Foundation Class Library^ 소켓 클래스에서 내부적으로 사용하는 모델이므로, 학습해두면 MFC 소켓 클래스의 내부 동작을 이해하려고 할 때 도움이 된다.
- Completion Port 모델: 비동기 입출력과 완료 포트를 통해 가장 뛰어난 성능을 제공한다.

각 모델의 단점을 정리하면 다음과 같다.

- Select 모델: 하위 호환성을 위해 존재한다. 스레드당 처리할 수 있는 소켓의 개수가 64개로 제한되어 있다. 그 이상의 소켓을 처리하려면 스레드를 여러 개 사용하는 것이 원칙이다. 하지만 윈도우 운영체제에서는 FD_SETSIZE를 재정의(#define)함으로써 스레드당 처리할 수 있는 소켓의 개수를 늘릴 수 있다.
- WSAAsyncSelect 모델: 단일 윈도우 프로시저에서 일반 윈도우 메시지와 소켓 메시지를 처리해야 하므로 성능 저하 요인이 된다.
- Completion Port 모델: 가장 단순한 소켓 입출력 방식(블로킹 소켓+스레드)과 비교하면 코딩이 복잡하지만, 성능 면에서 특별한 단점은 없다. 과거에는 윈도우 NT 계열에서만 사용할 수 있다는 점을 단점으로 생각할 수 있었지만, 현재는 문제가 되지 않는다.

마지막으로, 1절에서 소개한 이상적인 소켓 입출력 모델에 요구되는 사항을 각 소켓 입출력 모델과 비교해보자.

- 소켓 함수 호출 시 블로킹을 최소화한다.
  - 모든 모델이 만족한다.
- 스레드 개수를 일정 수준으로 유지한다.
  - 모든 모델이 만족한다. Select 모델과 WSAAsyncSelect 모델은 기본적으로 단일 스레드를, Completion Port 모델은 기본적으로 다중 스레드를 사용한다. Select 모델과 WSAAsyncSelect 모델에서 성능을 높이기 위해 스레드를 추가로 생성한다면 개발자가 직접 관리해야 한다는 문제가 있다. Completion Port 모델은 CPU 개수에 비례하여 작업자 스레드를 운영체제가 생성하고 관리해주므로 가장 이상적이다.
- CPU 명령 수행과 입출력 작업을 병행한다.
  - 비동기 입출력 방식을 사용하는 Completion Port 모델만 만족한다.
- 유저 모드와 커널 모드 전환 횟수를 최소화한다.
  - 비동기 입출력 방식을 사용하는 Completion Port 모델만 만족한다. 비동기 입출력을 할 때 송신 버퍼나 수신 버퍼가 가득 차면, 운영체제는 응용 프로그램 버퍼를 잠근 후 Lock 직접 접근한다. 따라서 유저 영역 ↔ 커널 영역 복사가 불필요하며 모드 전환 없이 입출력 작업이 곧바로 이루어지므로 효율적이다.

01 소켓 입출력 모델

- 다수의 소켓을 관리하고 소켓에 대한 입출력을 처리하는 방식
- 프로그래밍 복잡도는 높아지지만, 시스템 자원을 적게 사용하면서도 다수의 클라이언트를 효율적으로 처리하는 서버 작성 가능

02 두 종류의 소켓 모드

- 블로킹 소켓: 소켓 함수 호출 시 조건을 만족하지 않으면 함수가 리턴하지 않고 스레드 실행이 정지. 조건이 만족하면 소켓 함수가 리턴하고 정지된 스레드가 깨어나 실행을 재개
- 넌블로킹 소켓: 소켓 함수 호출 시 조건을 만족하지 않더라도 함수가 리턴하므로 스레드가 중단 없이 다음 코드를 수행 가능. ioctlsocket( ) 함수로 넌블로킹 모드로 전환 가능

03 두 종류의 서버 작성 모델

- 반복 서버: 여러 클라이언트를 하나씩 처리
- 병행 서버: 여러 클라이언트를 동시에 처리

04 Select 모델을 이용한 소켓 입출력 절차

① 소켓 셋을 비움(초기화)

② 소켓 셋에 소켓을 넣음

③ select( ) 함수 호출

④ select( ) 함수가 리턴하면 소켓 셋에 남아 있는 모든 소켓에 대해 소켓 함수 호출

⑤ ①~④단계를 반복

05 WSAAsyncSelect 모델을 이용한 소켓 입출력 절차

① WSAAsyncSelect( ) 함수를 호출하여 윈도우 메시지 + 네트워크 이벤트 등록

② 등록한 네트워크 이벤트가 발생하면 윈도우 프로시저가 호출됨

③ 윈도우 프로시저는 받은 메시지의 종류에 따라 소켓 함수 호출

06 Completion Port 모델을 이용한 소켓 입출력 절차

① CreateIoCompletionPort( ) 함수를 호출하여 입출력 완료 포트 생성

② CPU 개수에 비례하여 작업자 스레드 생성

③ 비동기 입출력 지원 소켓 생성

④ 비동기 입출력 함수 호출

⑤ 비동기 입출력 작업을 완료하면, 운영체제는 입출력 완료 포트에 결과를 저장하고, 대기 중인 스레드 하나를 깨움. 대기 상태에서 깨어난 작업자 스레드는 비동기 입출력 결과 처리

⑥ 새로운 소켓을 생성하면 ③~⑤단계, 그렇지 않으면 ④~⑤단계를 반복

01 Select 모델을 이용하여 4장의 TCPServer와 8장의 UDPServer를 한 응용 프로그램으로 작성하시오. 단, 멀티스레드를 최소로 사용하여 여러 TCP 클라이언트와 UDP 클라이언트를 서비스할 수 있어야 한다.

02 명령행 인수로 숫자를 입력받아 해당 숫자만큼 서버에 연결하고 고정된 데이터(예 "Hello Server!")를 한 번만 보내고 받는 TCP 클라이언트를 MultiConnectTCPClient라는 이름으로 작성하시오. 프로그램 종료 전까지는 해당 숫자만큼 서버와의 연결을 동시에 유지하도록 주의해야 한다.

실행 방법 MultiConnectTCPClient 127.0.0.1 9000 2000

실행 결과 IP 주소 127.0.0.1, 포트 번호 9000을 사용하는 TCP 서버에 최대 2000개의 연결을 만들되, 연결이 하나 성공할 때마다 고정된 데이터를 보내고 받는다.

03 Select 모델에서는 FD_SETSIZE 값을 재정의함으로써 소켓을 64개 이상 처리할 수 있다. SelectTCPServer 예제를 최대 128개 소켓을 처리하도록 수정하고, **02**번 문제에서 작성한 MultiConnectTCPClient로 테스트하시오.

04 WSAAsyncSelect 모델을 이용하여 4장의 TCPServer와 8장의 UDPServer를 한 응용 프로그램으로 작성하시오. 단, 멀티스레드를 최소로 사용하여 여러 TCP 클라이언트와 UDP 클라이언트를 서비스할 수 있어야 한다.

05 AsyncSelectTCPServer 예제를 수정하여 완전한 GUI 응용 프로그램으로 만드시오. 즉, 모든 출력이 화면에 보이는 윈도우를 통해 일어나야 한다.

06 CompletionPortTCPServer 예제를 수정하여 완전한 GUI 응용 프로그램으로 만드시오. 즉, 모든 출력이 화면에 보이는 윈도우를 통해 일어나야 한다.

연습문제

07 TCP 서버에 접속하면 현재 날짜와 시각이 '20××년 ××월 ××시 ××분 ××초\r\n' 형식으로 리턴된다고 가정하고 TCP 클라이언트를 작성하시오.

08 CompletionPortTCPServer 예제를 수정하여, TCP 클라이언트가 접속하면 현재 날짜와 시각을 '20××년 ××월 ××시 ××분 ××초\r\n' 형식으로 보내주는 기능을 추가하시오. 동작 여부는 **07**번에서 작성한 TCP 클라이언트로 테스트한다.

Chapter

12

소켓 입출력 모델: 리눅스

학습목표

- 블로킹과 넌블로킹 소켓의 특징을 이해한다.
- Select 소켓 입출력 모델을 이해하고 활용한다.
- Poll 소켓 입출력 모델을 이해하고 활용한다.
- EPoll 소켓 입출력 모델을 이해하고 활용한다.

01 소켓 입출력 모델 개요

소켓 입출력 모델Socket I/O Model은 다수의 소켓을 관리하고 소켓에 대한 입출력을 처리하는 방식을 뜻한다. 소켓 입출력 모델을 사용하면 프로그래밍 복잡도는 높아지지만, 시스템 자원을 적게 사용하면서도 다수의 클라이언트를 효율적으로 처리하는 서버를 만들 수 있다. 이 절에서는 소켓 입출력 모델을 학습하기 위한 사전 지식으로 소켓의 동작 모드를 알아보고, 리눅스 운영체제가 제공하는 다양한 소켓 입출력 모델의 종류를 살펴본다.

이 장의 1절(소켓 입출력 모델 개요)과 2절(Select 모델) 내용은 11장의 1~2절과 비슷하지만, 윈도우와 리눅스가 약간 다른 점도 있다. 1절은 다소 중복이 있더라도 독립적으로 읽을 수 있도록 구성했으며, 2절은 윈도우와 다른 점을 중심으로 설명한다.

1 소켓 모드의 종류

소켓은 소켓 함수 호출 시 동작하는 방식에 따라 블로킹과 넌블로킹 소켓으로 구분하며, 이를 소켓 모드Socket Mode라고 부른다. 각각의 특징을 정리하면 다음과 같다.

블로킹 소켓

블로킹 소켓Blocking Socket은 소켓 함수 호출 시 조건을 만족하지 않으면 함수가 리턴하지 않고 스레드 실행이 정지한다. 조건을 만족하면 소켓 함수가 리턴하고 정지된 스레드가 실행을 재개한다.

주요 소켓 함수와 리턴 조건은 [표 12-1]과 같다. 조건을 만족하지 않으면 소켓 함수가 리턴하지 않으므로 응용 프로그램이 별도의 스레드를 사용하지 않는 한 다른 작업을 할 수 없다.

> **NOTE** 9장에서 배운 SO_SNDTIMEO, SO_RCVTIMEO 소켓 옵션을 이용하면, 조건을 만족하지 않더라도 send() 함수, sendto() 함수, recv() 함수, recvfrom() 함수가 일정 시간 후에 리턴할 수 있다.

표 12-1 주요 소켓 함수와 리턴 조건

소켓 함수	리턴 조건
accept()	TCP 소켓 접속한 클라이언트가 있을 때
connect()	TCP 소켓 서버에 접속이 성공했을 때
send(), sendto()	TCP 소켓, UDP 소켓 응용 프로그램이 전송을 요청한 데이터를 소켓 송신 버퍼에 모두 복사했을 때
recv(), recvfrom()	TCP 소켓 소켓 수신 버퍼에 도착한 데이터가 1바이트 이상 있어서 이를 응용 프로그램이 제공한 버퍼에 복사했을 때 UDP 소켓 UDP 패킷이 완전히 도착해서 소켓 수신 버퍼의 UDP 데이터를 응용 프로그램이 제공한 버퍼에 복사했을 때

넌블로킹 소켓

넌블로킹 소켓Nonblocking Socket은 소켓 함수 호출 시 조건을 만족하지 않더라도 함수가 리턴하므로 스레드가 중단 없이 다음 코드를 수행한다. 예를 들면, 접속한 클라이언트가 없어도 accept() 함수가 리턴하고, 소켓 수신 버퍼에 도착한 데이터가 없어도 recv() 함수가 리턴한다.

socket() 함수는 기본적으로 블로킹 소켓을 생성한다. 넌블로킹 소켓이 필요하면 다음과 같이 fcntl() 함수를 호출하여 소켓 모드를 변경해야 한다.

NOTE 윈도우 운영체제에서 소켓 모드를 변경할 때는 ioctlsocket() 함수를 사용한다(11장 참고).

```
// 블로킹 소켓 생성
SOCKET sock = socket(AF_INET, SOCK_STREAM, 0);
if (sock == INVALID_SOCKET) err_quit("socket()");
// 넌블로킹 소켓으로 전환
int flags = fcntl(sock, F_GETFL);
flags |= O_NONBLOCK;
fcntl(sock, F_SETFL, flags);
```

넌블로킹 소켓에 대해 소켓 함수 호출 시 조건을 만족하지 않으면 소켓 함수는 오류를 리턴한다. 이때는 errno 전역 변수를 이용하여 오류 코드를 확인해야 한다. 대개 오류 코드는 WSAEWOULDBLOCK인데, 이는 조건을 만족하지 않았음을 나타내므로 나중에 다시 소켓 함수를 호출하면 된다.

실습 12-1 넌블로킹 소켓 연습

4장의 TCPServer 예제는 블로킹 소켓을 사용해 구현한 TCP 서버다. 이를 넌블로킹 소켓을 사용하도록 수정하고 차이점을 확인해보자.

1 4장의 TCPServer.cpp 파일을 NonblockTCPServer.cpp 이름으로 복사하고 따로 표시한 부분을 추가한다.

NonblockTCPServer.cpp

```
#include "../Common.h"

#define SERVERPORT 9000
#define BUFSIZE    512

int main(int argc, char *argv[])
{
    int retval;

    // 소켓 생성
    SOCKET listen_sock = socket(AF_INET, SOCK_STREAM, 0);
    if (listen_sock == INVALID_SOCKET) err_quit("socket()");

    // 넌블로킹 소켓으로 전환
    int flags = fcntl(listen_sock, F_GETFL);
    flags |= O_NONBLOCK;
    fcntl(listen_sock, F_SETFL, flags);

    // bind()
    struct sockaddr_in serveraddr;
    memset(&serveraddr, 0, sizeof(serveraddr));
    serveraddr.sin_family = AF_INET;
    serveraddr.sin_addr.s_addr = htonl(INADDR_ANY);
    serveraddr.sin_port = htons(SERVERPORT);
    retval = bind(listen_sock, (struct sockaddr *)&serveraddr, sizeof(serveraddr));
    if (retval == SOCKET_ERROR) err_quit("bind()");

```

```
// listen()
retval = listen(listen_sock, SOMAXCONN);
if (retval == SOCKET_ERROR) err_quit("listen()");

// 데이터 통신에 사용할 변수
SOCKET client_sock;
struct sockaddr_in clientaddr;
socklen_t addrlen;
char buf[BUFSIZE + 1];

while (1) {
  // accept()
ACCEPT_AGAIN:
  addrlen = sizeof(clientaddr);
  client_sock = accept(listen_sock, (struct sockaddr *)&clientaddr, &addrlen);
  if (client_sock == INVALID_SOCKET) {
    if (errno == EWOULDBLOCK)
      goto ACCEPT_AGAIN;
    err_display("accept()");
    break;
  }

  // 넌블로킹 소켓으로 전환
  int flags = fcntl(client_sock, F_GETFL);
  flags |= O_NONBLOCK;
  fcntl(client_sock, F_SETFL, flags);

  // 접속한 클라이언트 정보 출력
  char addr[INET_ADDRSTRLEN];
  inet_ntop(AF_INET, &clientaddr.sin_addr, addr, sizeof(addr));
  printf("\n[TCP 서버] 클라이언트 접속: IP 주소=%s, 포트 번호=%d\n",
    addr, ntohs(clientaddr.sin_port));

 // 클라이언트와 데이터 통신
  while (1) {
    // 데이터 받기
  RECEIVE_AGAIN:
    retval = recv(client_sock, buf, BUFSIZE, 0);
```

```
66             if (retval == SOCKET_ERROR) {
67                 if (errno == EWOULDBLOCK)
68                     goto RECEIVE_AGAIN;
69                 err_display("recv()");
70                 break;
71             }
72             else if (retval == 0)
73                 break;
74 
75             // 받은 데이터 출력
76             buf[retval] = '\0';
77             printf("[TCP/%s:%d] %s\n", addr, ntohs(clientaddr.sin_port), buf);
78 
79             // 데이터 보내기
80         SEND_AGAIN:
81             retval = send(client_sock, buf, retval, 0);
82             if (retval == SOCKET_ERROR) {
83                 if (errno == EWOULDBLOCK)
84                     goto SEND_AGAIN;
85                 err_display("send()");
86                 break;
87             }
88         }
89 
90         // 소켓 닫기
91         close(client_sock);
92         printf("[TCP 서버] 클라이언트 종료: IP 주소=%s, 포트 번호=%d\n",
93             addr, ntohs(clientaddr.sin_port));
94     }
95 
96     // 소켓 닫기
97     close(listen_sock);
98     return 0;
99 }
```

NOTE listen_sock이 넌블로킹 소켓이더라도 client_sock은 블로킹 소켓이므로 넌블로킹 모드로 전환해야 한다(51~53행). 이는 윈도우와 리눅스 소켓이 다르게 동작하는 예다.

2 실행 결과는 4장 TCPServer 예제와 같으므로 실행 화면은 생략한다. 하지만 CPU 사용률은 차이가 크다. NonblockTCPServer 예제를 실행한 상태에서 top 명령을 실행해보면 CPU 사용률이 상당히 높음을 볼 수 있다. 싱글 코어 CPU라면 거의 100% 사용률일 것이고, 멀티 코어 CPU라면 대략 1/{CPU 개수} 값으로 나올 것이다. 이는 접속한 클라이언트가 없어도 accept() 함수가 대기하지 않고 곧바로 리턴해 64~68행 코드를 계속 수행하기 때문이다.

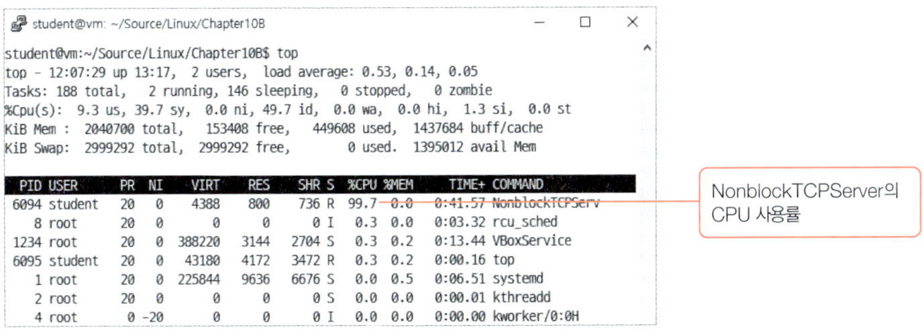

넌블로킹 소켓의 특징을 정리하면 다음과 같다. 이 장에서 학습할 소켓 입출력 모델을 사용하면 넌블로킹 소켓의 장점을 유지하면서 단점을 해결할 수 있다는 점도 염두에 두자.

표 12-2 넌블로킹 소켓의 특징

장점	• 소켓 함수 호출 시 항상 리턴하므로 조건을 만족하지 않아 스레드가 오랜 시간 정지하는 상황, 즉 교착 상태 Deadlock가 생기지 않는다. • 멀티스레드를 사용하지 않고도 여러 소켓에 대해 돌아가면서 입출력을 처리할 수 있다. 필요하다면 중간에 소켓과 직접 관계가 없는 다른 작업을 할 수도 있다.
단점	• 소켓 함수를 호출할 때마다 WSAEWOULDBLOCK과 같은 오류 코드를 확인하고 처리해야 하므로 프로그램 구조가 복잡해진다. • 블로킹 소켓을 사용한 경우보다 CPU 사용률이 훨씬 높다.

2 서버 작성 모델의 종류

소켓 입출력 모델에 기반한 서버를 작성하기에 앞서 기존의 서버 작성 모델을 살펴보자. 지금까지 배운 TCP 혹은 UDP 서버는 반복 서버와 병행 서버로 분류할 수 있다.

반복 서버

반복 서버Iterative Server는 여러 클라이언트를 한 번에 하나씩 처리한다. 4장에서 작성한 TCP 서버, 8장에서 작성한 UDP 서버가 반복 서버에 해당한다. 반복 서버의 특징은 다음과 같다.

표 12-3 반복 서버의 특징

장점	• 한 개의 스레드로 구현하므로 시스템 자원 소모가 적다.
단점	• 한 클라이언트의 처리 시간이 길어지면 다른 클라이언트의 대기 시간이 길어진다.

이런 특징이 있어 반복 서버는 UDP 서버를 작성할 때 적합하다. UDP는 TCP와 달리 논리적 연결 개념을 사용하지 않으므로, 반복 서버 방식으로 다수의 클라이언트를 동시에 서비스할 수 있다.

병행 서버

병행 서버Concurrent Server는 여러 클라이언트를 동시에 처리한다. 6~7장에서 멀티스레드로 구현한 TCP 서버가 이에 해당한다. 병행 서버의 특징은 다음과 같다.

표 12-4 병행 서버의 특징

장점	• 한 클라이언트의 처리 시간이 길어지더라도 다른 클라이언트의 대기 시간에 영향을 주지 않는다.
단점	• 스레드를 여러 개 생성해 구현하므로 시스템 자원 소모가 크다.

이런 특징 때문에 병행 서버는 TCP 서버를 작성할 때 적합하다. TCP는 UDP와 달리 논리적 연결 개념을 사용하므로, 병행 서버 방식을 사용하지 않고는 다수의 클라이언트를 동시에 서비스하기 어렵다. 하지만 TCP 서버가 각 클라이언트와 아주 짧은 시간 동안만 통신하고, 동시에 접속하는 클라이언트 수가 제한되어 있다면 반복 서버 방식으로 작성해도 된다.

3 이상적인 소켓 입출력 모델의 특징

바람직한 소켓 입출력 모델은 반복 서버와 병행 서버의 장점을 모두 갖추면서 각각의 단점을 해결한 형태가 될 것이다. 유한한 자원(CPU, 메모리 등)을 갖춘 시스템에서 실행되는 서버는 다음과 같은 이상적인 기능을 제공해야 한다.

- 가능한 많은 클라이언트가 접속할 수 있다.
- 서버는 각 클라이언트의 서비스 요청에 빠르게 반응하며Short Response Time, 고속으로 데이터를 전송한다High Throughput.
- 시스템 자원 사용량(CPU 사용률, 메모리 사용량 등)을 최소화한다.

이상적인 기능을 제공하는 서버를 구현하기 위해 소켓 입출력 모델에 요구되는 사항을 정리해보면 다음과 같다. 이 장에서 배울 소켓 입출력 모델이 이런 요구 사항을 얼마나 만족하는지 살펴보는 것도 흥미로울 것이다.

■ **소켓 함수 호출 시 블로킹을 최소화한다.**

블로킹을 없애기 위해 넌블로킹 소켓을 사용하는 것으로는 충분하지 않다. 함수 호출 시 조건을 만족하지 않아 그냥 리턴하게 되면 불필요하게 CPU 사용률만 높아지기 때문이다. 이상적인 소켓 입출력 모델에서는 CPU 사용률을 최소로 하되, 넌블로킹 소켓을 사용한 소켓 함수 호출이 항상 성공해야 한다. 소켓 함수 호출이 성공한다는 것은 조건을 만족하지 않아 WSAEWOULDBLOCK과 같은 오류 코드가 발생하는 경우가 없어야 한다는 뜻이다.

■ **스레드 개수를 일정 수준으로 유지한다.**

스레드를 사용하면 여러 작업이 동시에 처리되는 것처럼 보이지만, 실제로는 CPU가 여러 스레드를 짧은 시간 간격으로 번갈아 수행하는 것이다. 따라서 스레드 개수를 무작정 늘린다고 성능이 좋아지지는 않는다. 게다가 스레드는 자신만의 스택을 별도로 유지하므로 개수가 늘어나면 메모리 사용량이 많아지는 문제도 생긴다. 시스템에서 동시에 실행할 수 있는 스레드 개수는 CPU 개수와 일치하므로, 이상적인 소켓 입출력 모델에서는 CPU 개수에 비례하여 스레드를 생성하고 입출력을 처리할 수 있어야 한다.

■ **CPU 명령 수행과 입출력 작업을 병행한다.**

하드웨어는 진정한 의미의 병렬 동작이 가능하므로 CPU 명령 수행(코드 실행)과 입출력 작업을 동시에 진행할 수 있다. 이상적인 소켓 입출력 모델에서는 CPU 명령 수행과 소켓 입출력 작업을 병행할 수 있어야 한다.

■ **유저 모드와 커널 모드 전환 횟수를 최소화한다.**

운영체제에서 응용 프로그램은 유저 모드User Mode와 커널 모드Kernel Mode를 끊임없이 오가며 실행된다. 여기서 문제는 유저 모드와 커널 모드의 전환이 CPU 사이클Cycle을 상당히 소모한다는 점이다. 이상적인 소켓 입출력 모델에서는 가능한 많은 작업을 모드 전환 없이 처리할 수 있어야 한다.

4 소켓 입출력 모델의 종류

리눅스 운영체제에서 제공하는 소켓 입출력 모델은 [표 12-5]와 같다. 아주 오래된 리눅스 배포판이 아니라면 사실상 모든 소켓 입출력 모델이 지원된다고 보면 된다.

표 12-5 리눅스 운영체제의 소켓 입출력 모델 지원

소켓 입출력 모델	리눅스 커널 버전
Select, PSelect	0.12 이상, 2.6.16 이상
Poll, PPoll	2.1.23 이상, 2.6.16 이상
EPoll	2.5.44 이상 (2.6.8부터 내부 동작 약간 변경)

이 장에서는 실용성을 고려해서 이들 중 Select, Poll, EPoll 모델을 학습한다. Select는 윈도우에서도 사용할 수 있다는 호환성이 있고, Poll은 Select를 좀 더 개선한 모델이다. EPoll은 리눅스 운영체제에서 가장 효율적인 입출력 방식이다. PSelect/PPoll은 시그널 처리와 관련된 기능이 약간 추가된 것인데, 본문에서 리눅스 시그널 처리를 다루지 않으므로 따로 언급하지 않는다.

02 Select 모델

Select 모델은 select( ) 함수가 핵심 역할을 한다는 뜻에서 붙인 이름이다. Select 모델을 사용하면 소켓 모드(블로킹, 넌블로킹)와 관계없이 여러 소켓을 한 스레드로 처리할 수 있다.

NOTE 리눅스의 select( ) 함수는 첫 번째 인수만 제외하면 윈도우의 select( ) 함수와 기본 동작이 거의 같다.

1 Select 모델의 동작 원리

Select 모델을 사용하면 소켓 함수 호출이 성공할 수 있는 시점을 미리 알 수 있다. 따라서 소켓 함수 호출 시 조건을 만족하지 않아 생기는 문제를 해결할 수 있다. 소켓 모드에 따른 Select 모델 사용의 효과는 다음과 같다.

- 블로킹 소켓: 소켓 함수 호출 시 조건을 만족하지 않아 블로킹되는 상황을 막을 수 있다.
- 넌블로킹 소켓: 소켓 함수 호출 시 조건을 만족하지 않아 나중에 다시 호출해야 하는 상황을 막을 수 있다.

[그림 12-1]은 Select 모델의 동작 원리를 보여준다. Select 모델을 사용하려면 세 개의 소켓 셋Set을 준비해야 한다. 소켓 셋은 소켓의 집합으로, 호출할 함수의 종류에 따라 소켓을 담아두는 역할을 한다. 예를 들면, 어떤 소켓에 대해 recv( ) 함수를 호출하고 싶다면 읽기 셋에 넣고, send( ) 함수를 호출하고 싶다면 쓰기 셋에 넣으면 된다.

소켓 셋을 세 개 준비해 select( ) 함수를 호출하면(그림 (a)), select( ) 함수는 소켓 셋에 포함된 소켓이 입출력을 위한 준비가 될 때까지 대기한다. 적어도 한 소켓이 준비되면 select( ) 함수는 리턴한다(그림 (b)). 이때 소켓 셋에는 입출력이 가능한 소켓만 남고 나머지는 모두 제거된다. 그림 (b)는 두 소켓에 대해 읽기가 가능하고 한 소켓에 대해 쓰기가 가능한 것을 나타낸다. 따라서 이 세 개의 소켓에 대해서는 소켓 함수를 호출하여 원하는 작업을 할 수 있다.

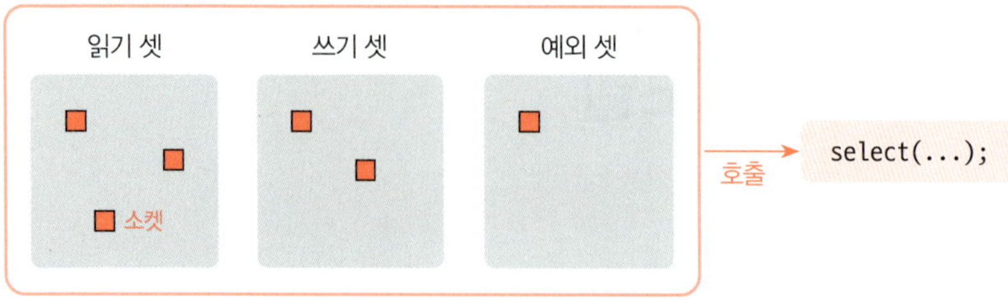

(a) select( ) 함수 호출 전 소켓 셋의 상태

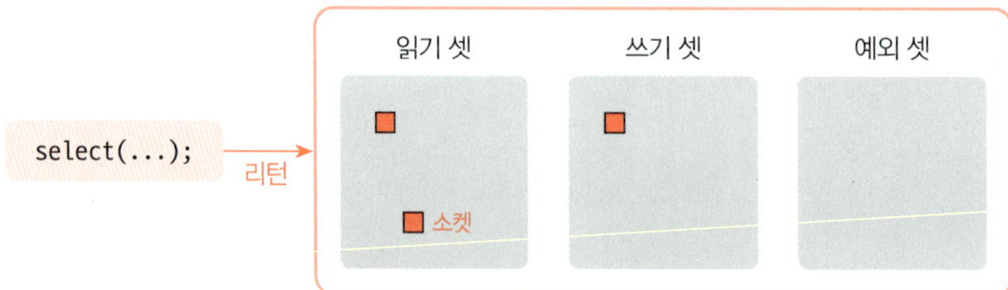

(b) select( ) 함수 호출 후 소켓 셋의 상태

그림 12-1 Select 모델의 동작 원리

응용 프로그램은 소켓 셋을 통해 소켓 함수를 성공적으로 호출할 수 있는 시점을 알아낼 수 있고, 드물게 소켓 함수의 호출 결과를 확인할 수도 있다. 다음은 소켓 셋의 역할을 정리한 것이다. 이전 장의 [표 11-6]과 비교해보면 쓰기 셋과 예외 셋의 내용이 조금 다르다.

표 12-6 소켓 셋의 역할

읽기 셋 read set	
함수 호출 시점	• 접속한 클라이언트가 있으므로 accept( ) 함수를 호출할 수 있다. • 소켓 수신 버퍼에 도착한 데이터가 있으므로 recv( ), recvfrom( ) 등의 함수를 호출하여 데이터를 읽을 수 있다. • TCP 연결을 종료했으므로 recv( ), recvfrom( ) 등의 함수를 호출하여 리턴값(0)으로 연결 종료를 알 수 있다.
쓰기 셋 write set	
함수 호출 시점	• 소켓 송신 버퍼의 여유 공간이 충분하므로 send( ), sendto( ) 등의 함수를 호출하여 데이터를 보낼 수 있다.
함수 호출 결과	• 넌블로킹 소켓을 사용한 connect( ) 함수 호출이 성공/실패했다.
예외 셋 exception set	
함수 호출 시점	• OOB[Out-Of-Band] 데이터가 도착했으므로 recv( ), recvfrom( ) 등의 함수를 호출하여 OOB 데이터를 받을 수 있다.

여기서 잠깐! | OOB 데이터

OOB[Out-Of-Band] 데이터는 send() 함수의 마지막 인수에 MSG_OOB 옵션을 사용해 보내는 특별한 데이터다. OOB 데이터가 도착하면 recv() 함수의 마지막 인수에 MSG_OOB 옵션을 사용해야만 읽을 수 있다. 그런데 문제는 응용 프로그램이 OOB 데이터의 도착 여부를 어떻게 알 수 있느냐는 점이다. 이때 select() 함수의 예외 셋에 소켓을 넣어두면 OOB 데이터의 도착을 알려주므로 문제가 간단히 해결된다.

원래 OOB 데이터는 긴급한[Urgent] 상황을 알리는 용도로 사용하는데, TCP/IP에서는 OOB 데이터로 1바이트 이상을 보낼 수 없다는 특징 때문에 활용도가 높지 않다. OOB 데이터처럼 특별한 내용을 전달하는 통신 채널을 따로 두고 싶을 때는 소켓을 하나 더 생성해 새로운 연결을 만드는 편이 낫다.

select() 함수 원형은 다음과 같다.

```
#include <sys/select.h>
int select(
 ❶ int nfds,
 ❷ fd_set *readfds,
   fd_set *writefds,
   fd_set *exceptfds,
 ❸ struct timeval *timeout
);
                        성공: 조건을 만족하는 소켓의 개수 또는 0(타임아웃), 실패: -1
```

❶ `nfds` 소켓의 검사 범위를 나타내는 값으로, {검사할 소켓의 최댓값+1}을 응용 프로그램이 직접 계산해서 넣어주어야 한다.

> **NOTE** 리눅스의 소켓은 파일 디스크립터와 같은 개념이므로 윈도우처럼 #define FD_SETSIZE 숫자 형태를 사용하는 방식으로는 소켓의 최대 처리 개수를 늘릴 수 없다. 소켓의 최대 개수(리눅스에서는 파일의 최대 개수와 같음)를 늘리는 방법은 이 장의 마지막 절에서 소켓 입출력 모델을 요약하면서 소개하기로 한다. 단, 그렇게 하더라도 Select 모델에서는 안 되며, 다음 절부터 소개할 Poll 모델과 EPoll 모델에서는 소켓의 최대 처리 개수를 늘릴 수 있다.

❷ `readfds, writefds, exceptfds` 각각 읽기 셋, 쓰기 셋, 예외 셋을 나타낸다. 사용하지 않는다면 모두 NULL 값이 될 수 있다.

❸ `timeout` 초[Seconds]와 마이크로초[Microseconds] 단위로 타임아웃을 지정한다. 이 시간이 지나면 select() 함수는 무조건 리턴한다. timeval 구조체의 형태는 다음과 같다.

NOTE 11장에서 소개한 윈도우의 select() 함수와 달리 timeout 매개변수 앞에 const가 붙지 않는다는 것에 유의하자. 이는 select() 함수 리턴 후 타임아웃값이 변할 수 있다는 뜻이다. 다음에 다시 같은 타임아웃을 주고 싶다면 select() 함수 호출 전에 초기화해야 한다.

```
struct timeval {
    long tv_sec;  /* seconds */
    long tv_usec; /* microseconds */
};
```

타임아웃값에 따른 select( ) 함수의 동작은 다음과 같다.

- NULL: 적어도 한 소켓이 조건을 만족할 때까지 무한히 기다린다. 리턴값은 조건을 만족하는 소켓의 개수가 된다.
- {0, 0}: 소켓 셋에 포함된 모든 소켓을 검사한 후 곧바로 리턴한다. 리턴값은 조건을 만족하는 소켓의 개수(0도 가능)가 된다.
- 양수: 적어도 한 소켓이 조건을 만족하거나 타임아웃으로 지정한 시간이 지나면 리턴한다. 리턴값은 조건을 만족하는 소켓의 개수 또는 0(타임아웃)이 된다.

select( ) 함수를 이용한 소켓 입출력 절차는 다음과 같다. 단, 타임아웃은 NULL을 가정한다.

❶ 소켓 셋을 비운다(초기화).

❷ 소켓 셋에 소켓을 넣는다. 넣을 수 있는 소켓의 최대 개수는 FD_SETSIZE(1024)로 정의되어 있다.

❸ select( ) 함수를 호출하여 소켓 이벤트를 기다린다. 타임아웃이 NULL이면 select( ) 함수는 조건을 만족하는 소켓이 하나라도 있을 때까지 리턴하지 않는다.

❹ select( ) 함수가 리턴하면 소켓 셋에 남아 있는 모든 소켓에 대해 적절한 소켓 함수를 호출하여 처리한다.

❺ ❶~❹를 반복한다.

소켓 셋을 편하게 다룰 수 있도록 다음과 같은 매크로 함수가 제공되므로 알아둔다.

표 12-7 소켓 셋을 조작하는 매크로 함수

매크로 함수	기능
FD_ZERO(fd_set *set)	셋을 비운다(초기화).
FD_SET(int fd, fd_set *set)	소켓 fd를 셋에 넣는다.
FD_CLR(int fd, fd_set *set)	소켓 fd를 셋에서 제거한다.
FD_ISSET(int fd, fd_set *set)	소켓 fd가 셋에 들어 있으면 0이 아닌 값을 리턴한다. 그렇지 않으면 0을 리턴한다.

> **NOTE** 리눅스에서 소켓은 파일과 같이 취급하므로 매크로 함수 정의에서 fd[file descriptor]라는 이름을 사용한다. Select 모델은 다수의 파일 디스크립터에서 발생하는 사건을 효율적으로 모니터링하고 처리하는 방식이라고 보면 된다.

2 Select 모델 서버 작성

실습 12-2 Select 모델 TCP 서버 작성과 테스트

4장의 TCPServer 예제는 블로킹 소켓을 사용해 구현한 TCP 서버다. 이를 넌블로킹 소켓을 사용하게 수정하고 Select 모델로 입출력 이벤트를 처리하도록 작성해보자. TCP 클라이언트는 4장에서 작성한 TCPClient 예제를 그대로 사용한다.

1 SelectTCPServer.cpp 파일을 생성하고 코드를 작성한다. 11장의 SelectTCPServer 예제와 코드가 거의 같으므로 윈속 초기화/종료나 소켓을 닫는 close( ) 함수 등의 사소한 부분을 제외하고 중요한 부분은 별도로 표시했다. 나머지 부분에 대한 설명은 11장 2절의 내용을 참조하기 바란다.

SelectTCPServer.cpp

```
#include "../Common.h"

#define SERVERPORT 9000
#define BUFSIZE    512

// 소켓 정보 저장을 위한 구조체와 변수
```

```
struct SOCKETINFO
{
    SOCKET sock;
    char buf[BUFSIZE + 1];
    int recvbytes;
    int sendbytes;
};
int nTotalSockets = 0;
SOCKETINFO *SocketInfoArray[FD_SETSIZE];

// 소켓 정보 관리 함수
bool AddSocketInfo(SOCKET sock);
void RemoveSocketInfo(int nIndex);
// {최대 소켓 번호 + 1} 얻는 함수
int GetMaxFDPlus1(SOCKET s);

int main(int argc, char *argv[])
{
    int retval;

    // 소켓 생성
    SOCKET listen_sock = socket(AF_INET, SOCK_STREAM, 0);
    if (listen_sock == INVALID_SOCKET) err_quit("socket()");

    // bind()
    struct sockaddr_in serveraddr;
    memset(&serveraddr, 0, sizeof(serveraddr));
    serveraddr.sin_family = AF_INET;
    serveraddr.sin_addr.s_addr = htonl(INADDR_ANY);
    serveraddr.sin_port = htons(SERVERPORT);
    retval = bind(listen_sock, (struct sockaddr *)&serveraddr, sizeof(serveraddr));
    if (retval == SOCKET_ERROR) err_quit("bind()");

    // listen()
    retval = listen(listen_sock, SOMAXCONN);
    if (retval == SOCKET_ERROR) err_quit("listen()");

```

```
// 넌블로킹 소켓으로 전환
int flags = fcntl(listen_sock, F_GETFL);
flags |= O_NONBLOCK;
fcntl(listen_sock, F_SETFL, flags);

// 데이터 통신에 사용할 변수
fd_set rset, wset;
int nready;
SOCKET client_sock;
struct sockaddr_in clientaddr;
socklen_t addrlen;

while (1) {
    // 소켓 셋 초기화
    FD_ZERO(&rset);
    FD_ZERO(&wset);
    FD_SET(listen_sock, &rset);
    for (int i = 0; i < nTotalSockets; i++) {
        if (SocketInfoArray[i]->recvbytes > SocketInfoArray[i]->sendbytes)
            FD_SET(SocketInfoArray[i]->sock, &wset);
        else
            FD_SET(SocketInfoArray[i]->sock, &rset);
    }

    // select()
    nready = select(GetMaxFDPlus1(listen_sock), &rset, &wset, NULL, NULL);
    if (nready == SOCKET_ERROR) err_quit("select()");

    // 소켓 셋 검사(1): 클라이언트 접속 수용
    if (FD_ISSET(listen_sock, &rset)) {
        addrlen = sizeof(clientaddr);
        client_sock = accept(listen_sock,
            (struct sockaddr *)&clientaddr, &addrlen);
        if (client_sock == INVALID_SOCKET) {
            err_display("accept()");
            break;
        }
        else {
```

```
            // 넌블로킹 소켓으로 전환
            int flags = fcntl(client_sock, F_GETFL);
            flags |= O_NONBLOCK;
            fcntl(client_sock, F_SETFL, flags);
            // 클라이언트 정보 출력
            char addr[INET_ADDRSTRLEN];
            inet_ntop(AF_INET, &clientaddr.sin_addr, addr, sizeof(addr));
            printf("\n[TCP 서버] 클라이언트 접속: IP 주소=%s, 포트 번호=%d\n",
                addr, ntohs(clientaddr.sin_port));
            // 소켓 정보 추가: 실패 시 소켓 닫음
            if (!AddSocketInfo(client_sock))
                close(client_sock);
        }
        if (--nready <= 0)
            continue;
    }

    // 소켓 셋 검사(2): 데이터 통신
    for (int i = 0; i < nTotalSockets; i++) {
        SOCKETINFO *ptr = SocketInfoArray[i];
        if (FD_ISSET(ptr->sock, &rset)) {
            // 데이터 받기
            retval = recv(ptr->sock, ptr->buf, BUFSIZE, 0);
            if (retval == SOCKET_ERROR) {
                err_display("recv()");
                RemoveSocketInfo(i);
            }
            else if (retval == 0) {
                RemoveSocketInfo(i);
            }
            else {
                ptr->recvbytes = retval;
                // 클라이언트 정보 얻기
                addrlen = sizeof(clientaddr);
                getpeername(ptr->sock, (struct sockaddr *)&clientaddr, &addrlen);
                // 받은 데이터 출력
                ptr->buf[ptr->recvbytes] = '\0';
```

```
          char addr[INET_ADDRSTRLEN];
          inet_ntop(AF_INET, &clientaddr.sin_addr, addr, sizeof(addr));
          printf("[TCP/%s:%d] %s\n", addr,
            ntohs(clientaddr.sin_port), ptr->buf);
        }
      }
      else if (FD_ISSET(ptr->sock, &wset)) {
        // 데이터 보내기
        retval = send(ptr->sock, ptr->buf + ptr->sendbytes,
          ptr->recvbytes - ptr->sendbytes, 0);
        if (retval == SOCKET_ERROR) {
          err_display("send()");
          RemoveSocketInfo(i);
        }
        else {
          ptr->sendbytes += retval;
          if (ptr->recvbytes == ptr->sendbytes) {
            ptr->recvbytes = ptr->sendbytes = 0;
          }
        }
      }
    } /* end of for */
  } /* end of while (1) */

  // 소켓 닫기
  close(listen_sock);
  return 0;
}

// 소켓 정보 추가
bool AddSocketInfo(SOCKET sock)
{
  if (nTotalSockets >= FD_SETSIZE) {
    printf("[오류] 소켓 정보를 추가할 수 없습니다!\n");
    return false;
  }
```

```
    SOCKETINFO *ptr = new SOCKETINFO;
    if (ptr == NULL) {
        printf("[오류] 메모리가 부족합니다!\n");
        return false;
    }
    ptr->sock = sock;
    ptr->recvbytes = 0;
    ptr->sendbytes = 0;
    SocketInfoArray[nTotalSockets++] = ptr;
    return true;
}

// 소켓 정보 삭제
void RemoveSocketInfo(int nIndex)
{
    SOCKETINFO *ptr = SocketInfoArray[nIndex];

    // 클라이언트 정보 얻기
    struct sockaddr_in clientaddr;
    socklen_t addrlen = sizeof(clientaddr);
    getpeername(ptr->sock, (struct sockaddr *)&clientaddr, &addrlen);

    // 클라이언트 정보 출력
    char addr[INET_ADDRSTRLEN];
    inet_ntop(AF_INET, &clientaddr.sin_addr, addr, sizeof(addr));
    printf("[TCP 서버] 클라이언트 종료: IP 주소=%s, 포트 번호=%d\n",
        addr, ntohs(clientaddr.sin_port));

    // 소켓 닫기
    close(ptr->sock);
    delete ptr;

    if (nIndex != (nTotalSockets - 1))
        SocketInfoArray[nIndex] = SocketInfoArray[nTotalSockets - 1];
    --nTotalSockets;
}

```

```
192 // {최대 소켓 번호 + 1} 얻기
193 int GetMaxFDPlus1(SOCKET s)
194 {
195     int maxfd = s;
196     for (int i = 0; i < nTotalSockets; i++) {
197         if (SocketInfoArray[i]->sock > maxfd) {
198             maxfd = SocketInfoArray[i]->sock;
199         }
200     }
201     return maxfd + 1;
202 }
```

45~47행, 83~85행 소켓을 넌블로킹 모드로 전환한다. 윈도우와 달리 accept( ) 함수가 생성하는 소켓은 항상 블로킹 소켓이므로 필요하다면 넌블로킹 모드로 전환해야 한다.

21행, 69행, 193~202행 select( ) 함수의 첫 번째 인수로 {최대 소켓 번호+1}을 계산해서 넣어준다. 윈도우에서는 무시되는 값이었지만 유닉스/리눅스에서는 제대로 값을 전달하지 않으면 오동작한다.

2 실행 결과는 7장의 ThreadTCPServer 예제와 같다. 차이가 있다면 멀티스레드를 사용하지 않고도 여러 소켓을 처리한다는 점이다. 이 예제에서 사용하는 모든 소켓은 넌블로킹 소켓이지만 top 명령으로 살펴보면 CPU 사용률이 매우 낮다는 것(거의 0%)을 알 수 있다.

> **NOTE** top 명령은 CPU 사용률이 높은 것부터 표시하므로 이 예제처럼 CPU 사용률이 낮은 경우에서는 -p 프로세스 ID 옵션을 주는 것이 좋다. 프로세스 ID는 ps와 grep 명령을 조합해 얻을 수 있다.

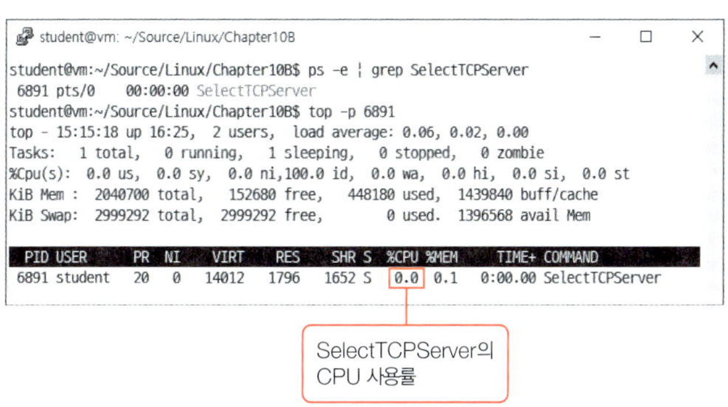

03 Poll 모델

Poll 모델은 poll( ) 함수가 핵심 역할을 한다는 뜻에서 붙인 이름이다. Select 모델처럼 Poll 모델을 사용하면 소켓 모드(블로킹, 넌블로킹)와 관계없이 여러 소켓을 한 스레드로 처리할 수 있다.

1 Poll 모델의 동작 원리

Poll 모델을 사용하면 소켓 함수 호출이 성공할 수 있는 시점을 미리 알 수 있다. 따라서 소켓 함수 호출 시 조건을 만족하지 않아 생기는 문제를 해결할 수 있다. 소켓 모드에 따른 Poll 모델 사용의 효과는 다음과 같다.

- 블로킹 소켓: 소켓 함수 호출 시 조건을 만족하지 않아 블로킹되는 상황을 막을 수 있다.
- 넌블로킹 소켓: 소켓 함수 호출 시 조건을 만족하지 않아 나중에 다시 호출해야 하는 상황을 막을 수 있다.

[그림 12-2]는 Poll 모델의 동작 원리를 보여준다. Poll 모델을 사용하려면 pollfd 구조체를 소켓 수에 맞게 배열 형태로 준비해야 한다. 소켓을 fd 필드에, 관심 있는 사건을 events 필드에 넣어두고 poll( ) 함수를 호출하면, 적어도 한 소켓에 사건이 발생했을 때 poll( ) 함수가 리턴한다. pollfd 구조체의 revents 필드를 차례로 검사하면 발생한 사건을 알 수 있고, 그에 따라 소켓 송수신 함수를 호출하여 처리하면 된다. Select 모델에서 사용했던 소켓 셋과 달리 pollfd 구조체에 넣어둔 소켓과 기다릴 사건이 유지되므로 매번 초기화하지 않아도 된다.

pollfd 구조체 정의는 다음과 같다. fd는 소켓을, events는 기다릴 사건을, revents는 발생한 사건을 나타낸다. events와 revents 필드는 개별 비트가 서로 다른 의미가 있으며, 이와 관련된 비트 마스크가 [표 12-8]과 같이 정의되어 있다.

```
#include <poll.h>
struct pollfd {
   int   fd;          /* file descriptor */ (값이 -1이면 나머지 필드 모두 무시됨)
   short events;  /* requested events */
   short revents; /* returned events */
};
```

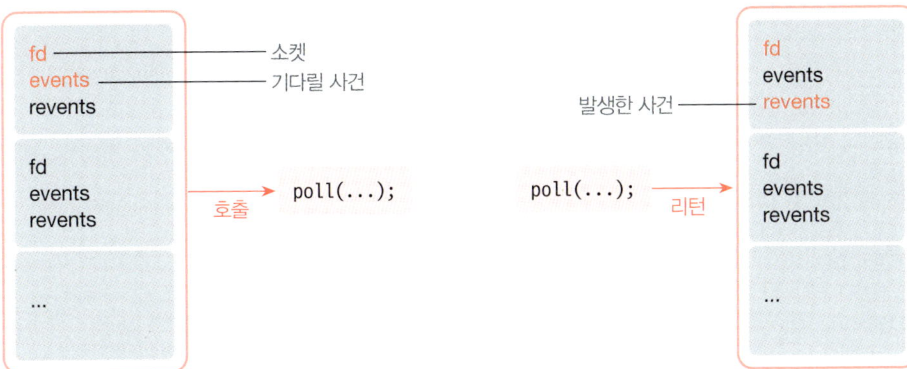

(a) poll() 함수 호출 전 pollfd 구조체 배열의 상태

(b) poll( ) 함수 호출 후 pollfd 구조체 배열의 상태

그림 12-2 Poll 모델의 동작 원리

표 12-8 pollfd 관련 비트 마스크

비트 마스크	의미
POLLIN (=POLLRDNORM)	데이터를 읽을 수 있다. 소켓의 경우 recv( ), recvfrom( ) 등의 함수를 호출하여 데이터를 수신할 수 있음을 뜻한다.
POLLOUT (=POLLWRNORM)	데이터를 쓸 수 있다. 소켓의 경우 send( ), sendto( ) 등의 함수를 호출하여 데이터를 송신할 수 있음을 뜻한다.
POLLPRI	OOB[Out-Of-Band] 데이터가 도착했다. 소켓의 경우 recv( ), recvfrom( ) 등의 함수를 호출하여 OOB 데이터를 읽을 수 있음을 뜻한다.
POLLHUP (revents에만 존재)	TCP 연결을 종료했다. 소켓의 경우 recv( ), recvfrom( ) 등의 함수를 호출하여 리턴값(0)으로 연결 종료를 알 수 있다.
POLLERR (revents에만 존재)	오류가 발생했다. 응용 프로그램에서는 오류로 처리하면 된다.
POLLNVAL (revents에만 존재)	유효하지 않은[Invalid] 요청이다. 응용 프로그램에서는 오류로 처리하면 된다.

NOTE 표의 설명과 달리 리눅스에서는 POLLHUP, POLLERR, POLLNVAL을 확인하지 않아도 된다. POLLIN, POLLOUT만 확인하고 그에 대응하는 소켓 함수를 호출하면 오류 여부를 알 수 있기 때문이다. OOB 데이터는 잘 사용되지 않으므로 POLLPRI를 사용할 일은 거의 없다.

poll() 함수 원형은 다음과 같다.

```
#include <poll.h>
int poll(
  ❶ struct pollfd *fds,
  ❷ nfds_t nfds,
  ❸ int timeout
);
                    성공: 조건을 만족하는 소켓의 개수 또는 0(타임아웃), 실패: -1
```

❶ `fds` pollfd 구조체 배열이다. poll() 함수 호출 전에 각 배열 요소에 소켓과 기다릴 사건을 넣어주면, poll() 함수 호출 후에는 발생한 사건이 저장된다.

❷ `nfds` pollfd 구조체 배열의 요소 개수다.

❸ `timeout` 밀리초Milliseconds 단위로 타임아웃을 지정한다. 이 시간이 지나면 poll() 함수는 무조건 리턴한다. −1이면 사건이 발생할 때까지 무한 대기한다.

> **NOTE** 이전에 언급했듯이 select() 함수와 달리 poll() 함수는 소켓과 기다릴 사건을 유지한다. 따라서 소켓과 그 소켓에 대해 기다릴 사건이 똑같다면 pollfd 구조체 배열을 계속 재사용할 수 있다.

poll() 함수를 이용한 소켓 입출력 절차는 다음과 같다. 단, 타임아웃은 −1을 가정한다.

❶ pollfd 구조체 배열을 준비한다. 배열 요소의 최대 개수는 리눅스의 프로세스당 파일 최대 개수(기본값 1024) 제약을 받는다.

❷ pollfd 구조체 배열에 소켓과 그 소켓에 대해 기다릴 사건([표 12-8]의 비트 마스크)을 넣거나 뺀다.

❸ poll() 함수를 호출하여 소켓 이벤트를 기다린다. 타임아웃이 −1이면 poll() 함수는 조건을 만족하는 소켓이 있을 때까지 리턴하지 않는다.

❹ poll() 함수가 리턴하면 pollfd 구조체 배열을 검사하고 적절한 소켓 함수를 호출하여 처리한다.

❺ ❷~❹를 반복한다.

2 Poll 모델 서버 작성

실습 12-3 **Poll 모델 TCP 서버 작성과 테스트**

4장의 TCPServer 예제는 블로킹 소켓을 사용해 구현한 TCP 서버다. 이를 넌블로킹 소켓을 사용하게 수정하고 Poll 모델로 입출력 이벤트를 처리하도록 작성해보자. TCP 클라이언트는 4장에서 작성한 TCPClient 예제를 그대로 사용한다.

1 PollTCPServer.cpp 파일을 생성하고 코드를 작성한다. 코드 길이가 길어서 분석할 때 전체 코드를 살펴본다.

2 실행 결과는 [실습 12-2]의 SelectTCPServer 예제와 같다. CPU 사용률이 매우 낮다는 점도 마찬가지이며, 10장에서 작성한 GUITCPClient 예제로 테스트해도 잘 동작한다.

3 Poll 모델 코드 분석

Poll 모델은 여러 소켓에 대해 함수 호출 시점(또는 호출 결과)을 알려주는 역할을 할 뿐 소켓 정보를 관리해주지는 않는다. 따라서 각 소켓에 필요한 정보(데이터 버퍼, 송수신 크기 등)를 관리하는 기능은 응용 프로그램이 구현해야 한다.

[그림 12-3]의 그림 (a)는 예제에서 소켓 정보를 관리하는 구조다. Poll 모델에서 처리할 수 있는 소켓의 최대 개수는 파일의 최대 개수와 똑같은데, 이 예제에서는 Select 모델에서 사용했던 FD_SETSIZE(1024)를 사용하기로 했다. FD_SETSIZE 개수만큼 사용자 정의 SOCKETINFO 구조체의 주소를 저장할 수 있도록 배열을 선언한다. 또한 poll() 함수에서 직접 사용할 pollfd 구조체 배열도 똑같이 선언하고, 같은 규칙에 따라 관리한다. 인덱스 i 위치의 SOCKETINFO 구조체는 인덱스 i 위치의 pollfd 구조체에 있는 소켓 정보를 나타낸다. 새로운 소켓이 생성되면 그림 (b)와 같이 SOCKETINFO 구조체를 동적으로 할당하고, 배열에 주솟값을 저장해둔다. 소켓 정보를 삭제할 때는 포인터 배열 중간에 빈 곳이 없도록 그림 (c)와 같이 배열의 맨 끝에 있는 유효 원소를 삭제한 위치로 옮긴다. 그림 (b)와 (c)는 pollfd 구조체 배열을 관리할 때도 사용하는 방식인데, 따로 그림을 그리지는 않았다.

NOTE 다른 구현 방법으로, pollfd 구조체의 fd 값이 -1이면 무시된다는 특징을 활용할 수 있다. 만약 블로킹 모드 소켓을 사용한다면 소켓별로 데이터 버퍼와 송수신 크기를 관리하지 않아도 되므로 pollfd 구조체 배열만 남게 된다. pollfd 구조체의 fd 값을 유효한 값 또는 -1로 설정하는 방식으로 관리하면 배열 요소를 옮길 필요가 없다.

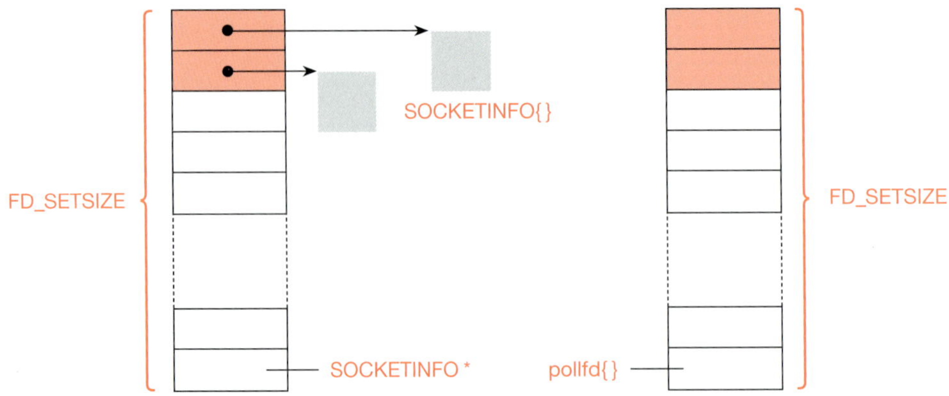

(a) 소켓 정보 관리를 위한 구조

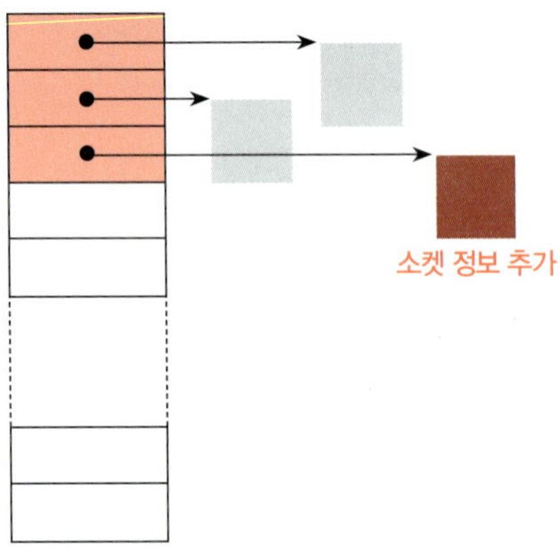

(b) 소켓 정보 추가하기(pollfd 구조체 배열도 같은 방식으로 관리)

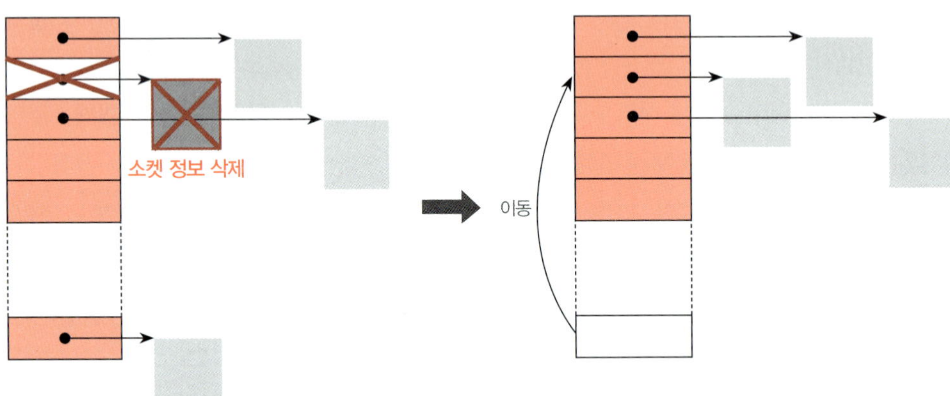

(c) 소켓 정보 삭제하기(pollfd 구조체 배열도 같은 방식으로 관리)

그림 12-3 PollTCPServer 예제의 소켓 정보 관리

이제 행 단위로 코드를 분석해보자. SelectTCPServer 예제와 핵심 구조가 같으므로 다른 부분을 중심으로 설명하기로 한다.

헤더 파일, 상수/구조체/전역 변수 정의, 함수 원형 선언

```
 1 #include "../Common.h"
 2
 3 #define SERVERPORT 9000
 4 #define BUFSIZE    512
 5
 6 // 소켓 정보 저장을 위한 구조체와 변수
 7 struct SOCKETINFO
 8 {
 9     char buf[BUFSIZE + 1];
10     int recvbytes;
11     int sendbytes;
12 };
13 int nTotalSockets = 0;
14 SOCKETINFO *SocketInfoArray[FD_SETSIZE];
15 struct pollfd Pollfds[FD_SETSIZE];
16
17 // 소켓 정보 관리 함수
18 bool AddSocketInfo(SOCKET sock);
19 void RemoveSocketInfo(int nIndex);
```

15행 pollfd 구조체 배열이다. 소켓의 개수는 리눅스의 프로세스당 파일의 최대 개수(기본값 1024)와 제한값이 같으므로 그보다 작거나 같은 크기로 선언해야 한다. 여기서는 SelectTCPServer 예제에서 사용했던 것과 같은 값을 사용하기로 한다.

메인 함수

```
21 int main(int argc, char *argv[])
22 {
23     int retval;
24
```

```
	// 소켓 생성
	SOCKET listen_sock = socket(AF_INET, SOCK_STREAM, 0);
	if (listen_sock == INVALID_SOCKET) err_quit("socket()");

	// bind()
	struct sockaddr_in serveraddr;
	memset(&serveraddr, 0, sizeof(serveraddr));
	serveraddr.sin_family = AF_INET;
	serveraddr.sin_addr.s_addr = htonl(INADDR_ANY);
	serveraddr.sin_port = htons(SERVERPORT);
	retval = bind(listen_sock, (struct sockaddr *)&serveraddr, sizeof(serveraddr));
	if (retval == SOCKET_ERROR) err_quit("bind()");

	// listen()
	retval = listen(listen_sock, SOMAXCONN);
	if (retval == SOCKET_ERROR) err_quit("listen()");

	// 넌블로킹 소켓으로 전환
	int flags = fcntl(listen_sock, F_GETFL);
	flags |= O_NONBLOCK;
	fcntl(listen_sock, F_SETFL, flags);

	// 소켓 이벤트 등록(1)
	Pollfds[0].fd = listen_sock;
	Pollfds[0].events = POLLIN; /* POLLRDNORM도 같음 */
	++nTotalSockets;

	// 데이터 통신에 사용할 변수
	int nready;
	SOCKET client_sock;
	struct sockaddr_in clientaddr;
	socklen_t addrlen;

	while (1) {
		// 소켓 이벤트 등록(2)
		for (int i = 1; i < nTotalSockets; i++) {
			if (SocketInfoArray[i]->recvbytes > SocketInfoArray[i]->sendbytes)
				Pollfds[i].events = POLLOUT; /* POLLWRNORM도 같음 */
```

```
        else
          Pollfds[i].events = POLLIN; /* POLLRDNORM도 같음 */
      }

      // poll()
      nready = poll(Pollfds, nTotalSockets, -1);
      if (nready == SOCKET_ERROR) err_quit("poll()");

      // 소켓 이벤트 검사(1): 클라이언트 접속 수용
      if (Pollfds[0].revents & POLLIN) {
        addrlen = sizeof(clientaddr);
        client_sock = accept(listen_sock,
          (struct sockaddr *)&clientaddr, &addrlen);
        if (client_sock == INVALID_SOCKET) {
          err_display("accept()");
          break;
        }
        else {
          // 넌블로킹 소켓으로 전환
          int flags = fcntl(client_sock, F_GETFL);
          flags |= O_NONBLOCK;
          fcntl(client_sock, F_SETFL, flags);
          // 클라이언트 정보 출력
          char addr[INET_ADDRSTRLEN];
          inet_ntop(AF_INET, &clientaddr.sin_addr, addr, sizeof(addr));
          printf("\n[TCP 서버] 클라이언트 접속: IP 주소=%s, 포트 번호=%d\n",
            addr, ntohs(clientaddr.sin_port));
          // 소켓 정보 추가: 실패 시 소켓 닫음
          if (!AddSocketInfo(client_sock))
            close(client_sock);
        }
        if (--nready <= 0)
          continue;
      }

```

```
    // 소켓 이벤트 검사(2): 데이터 통신
    for (int i = 1; i < nTotalSockets; i++) {
        SOCKETINFO *ptr = SocketInfoArray[i];
        SOCKET sock = Pollfds[i].fd;
        if (Pollfds[i].revents & POLLIN) {
            // 데이터 받기
            retval = recv(sock, ptr->buf, BUFSIZE, 0);
            if (retval == SOCKET_ERROR) {
                err_display("recv()");
                RemoveSocketInfo(i);
            }
            else if (retval == 0) {
                RemoveSocketInfo(i);
            }
            else {
                ptr->recvbytes = retval;
                // 클라이언트 정보 얻기
                addrlen = sizeof(clientaddr);
                getpeername(sock, (struct sockaddr *)&clientaddr, &addrlen);
                // 받은 데이터 출력
                ptr->buf[ptr->recvbytes] = '\0';
                char addr[INET_ADDRSTRLEN];
                inet_ntop(AF_INET, &clientaddr.sin_addr, addr, sizeof(addr));
                printf("[TCP/%s:%d] %s\n", addr,
                    ntohs(clientaddr.sin_port), ptr->buf);
            }
        }
        else if (Pollfds[i].revents & POLLOUT) {
            // 데이터 보내기
            retval = send(sock, ptr->buf + ptr->sendbytes,
                ptr->recvbytes - ptr->sendbytes, 0);
            if (retval == SOCKET_ERROR) {
                err_display("send()");
                RemoveSocketInfo(i);
            }
            else {
                ptr->sendbytes += retval;
```

```
135                 if (ptr->recvbytes == ptr->sendbytes) {
136                     ptr->recvbytes = ptr->sendbytes = 0;
137                 }
138             }
139         }
140     } /* end of for */
141   } /* end of while (1) */
142
143   // 소켓 닫기
144   close(listen_sock);
145   return 0;
146 }
```

48~50행 TCP 연결 대기 소켓을 pollfd 구조체 배열의 인덱스 0 위치에 넣고, POLLIN 이벤트를 등록한다.

60~65행 소켓 정보 구조체를 참조해 모든 소켓에 대해 이벤트를 등록한다. 받은 데이터가 보낸 데이터보다 많으면 POLLOUT 이벤트를, 그렇지 않으면 POLLIN 이벤트를 등록한다. 이는 에코 서버의 특성상 받은 데이터를 그대로 보내줘야 하기 때문이다.

68~69행 poll( ) 함수를 호출하여 소켓 이벤트를 기다린다. 타임아웃에 −1을 사용하므로 조건을 만족할 때까지 무한히 대기한다.

72행 연결 대기 소켓(pollfd 구조체 배열의 인덱스 0 위치)의 POLLIN 이벤트를 검사해 처리한다.

94~95행 accept( ) 함수를 호출하여 소켓을 처리하고 나면 nready 값을 감소시키고 이 값이 0이면 while 루프 처음으로 되돌아간다(최적화).

99~101행 poll( ) 함수는 조건을 만족하는 소켓의 개수를 리턴하지만 구체적으로 어떤 소켓인지는 알려주지 않는다. 따라서 응용 프로그램이 관리하는 모든 소켓에 대해 이벤트가 발생했는지 일일이 확인해야 한다. 연결 대기 소켓은 이전에 이미 검사했으므로 인덱스 1부터 시작함에 유의한다.

102행 POLLIN 이벤트를 검사해 데이터 수신이 가능한지 확인하고 처리한다.

125행 POLLOUT 이벤트를 검사해 데이터 송신이 가능한지 확인하고 처리한다.

다음은 소켓 정보를 추가하는 함수다. [그림 12-3(b)]를 참고해 각자 분석해보자. SelectTCPServer 예제의 것과 코드는 거의 같다. 새로 추가한 부분만 별도로 표시했다.

```
// 소켓 정보 추가
bool AddSocketInfo(SOCKET sock)
{
    if (nTotalSockets >= FD_SETSIZE) {
        printf("[오류] 소켓 정보를 추가할 수 없습니다!\n");
        return false;
    }
    SOCKETINFO *ptr = new SOCKETINFO;
    if (ptr == NULL) {
        printf("[오류] 메모리가 부족합니다!\n");
        return false;
    }
    ptr->recvbytes = 0;
    ptr->sendbytes = 0;
    SocketInfoArray[nTotalSockets] = ptr;

    // 소켓 이벤트 등록(3)
    Pollfds[nTotalSockets].fd = sock;
    Pollfds[nTotalSockets].events = POLLIN; /* POLLRDNORM도 같음 */

    ++nTotalSockets;
    return true;
}
```

다음은 소켓 정보를 삭제하는 함수다. [그림 12-3(c)]를 참고해 각자 분석해본다. SelectTCPServer 예제의 것과 코드는 거의 같다. 새로 추가한 부분만 별도로 표시했다.

```
// 소켓 정보 삭제
void RemoveSocketInfo(int nIndex)
{
    SOCKETINFO *ptr = SocketInfoArray[nIndex];
    SOCKET sock = Pollfds[nIndex].fd;

    // 클라이언트 정보 얻기
    struct sockaddr_in clientaddr;
    socklen_t addrlen = sizeof(clientaddr);
    getpeername(sock, (struct sockaddr *)&clientaddr, &addrlen);

    // 클라이언트 정보 출력
    char addr[INET_ADDRSTRLEN];
    inet_ntop(AF_INET, &clientaddr.sin_addr, addr, sizeof(addr));
    printf("[TCP 서버] 클라이언트 종료: IP 주소=%s, 포트 번호=%d\n",
        addr, ntohs(clientaddr.sin_port));

    // 소켓 닫기
    close(sock);
    delete ptr;

    if (nIndex != (nTotalSockets - 1)) {
        SocketInfoArray[nIndex] = SocketInfoArray[nTotalSockets - 1];
        Pollfds[nIndex] = Pollfds[nTotalSockets - 1];
    }
    --nTotalSockets;
}
```

04 EPoll 모델

EPoll 모델은 epoll( ) 함수가 핵심 역할을 한다는 뜻에서 붙인 이름이다. Select나 Poll 모델처럼 EPoll 모델을 사용하면 소켓 모드(블로킹, 넌블로킹)와 관계없이 여러 소켓을 한 스레드로 처리할 수 있다.

1 EPoll 모델의 동작 원리

EPoll 모델을 사용하면 소켓 함수 호출이 성공할 수 있는 시점을 미리 알 수 있다. 따라서 소켓 함수 호출 시 조건을 만족하지 않아 생기는 문제를 해결할 수 있다. 소켓 모드에 따른 Poll 모델 사용의 효과는 다음과 같다.

- 블로킹 소켓: 소켓 함수 호출 시 조건을 만족하지 않아 블로킹되는 상황을 막을 수 있다.
- 넌블로킹 소켓: 소켓 함수 호출 시 조건을 만족하지 않아 나중에 다시 호출해야 하는 상황을 막을 수 있다.

[그림 12-4]는 EPoll 모델의 동작 원리를 보여준다. Poll 모델을 사용하려면 epoll_create( ) 함수를 호출하여 최초 한 번 EPoll 인스턴스를 생성한다. 다음으로, 소켓과 그 소켓에 대해 기다릴 사건을 epoll_event 구조체에 넣고 epoll_ctl( ) 함수를 호출하여 등록한다. 마지막으로, epoll_wait( ) 함수를 호출하여 사건이 발생할 때까지 기다린다. epoll_wait( ) 함수가 리턴하면 epoll_event 구조체를 검사해 발생한 사건을 알 수 있고, 그에 따라 소켓 송수신 함수를 호출하여 처리하면 된다.

NOTE 특이 사항으로는 epoll_ctl() 함수와 epoll_wait() 함수 모두 epoll_event 구조체를 사용하지만 서로 독립적인 변수라는 점을 들 수 있다. Select나 Poll 모델과 달리 소켓 자체는 물론 소켓과 관련된 부가 정보를 EPoll 인스턴스에 넘겨주면 리눅스 운영체제가 알아서 관리한다. 이는 응용 프로그램이 배열 등의 형태로 소켓 정보를 유지 관리할 필요가 없어서 편리하다. 소켓 이벤트를 등록할 때 epoll_ctl() 함수 인수로 소켓을 넣어주는데, 이때 epoll_event 구조체에도 같은 소켓을 또 넣어준다는 점도 눈여겨본다.

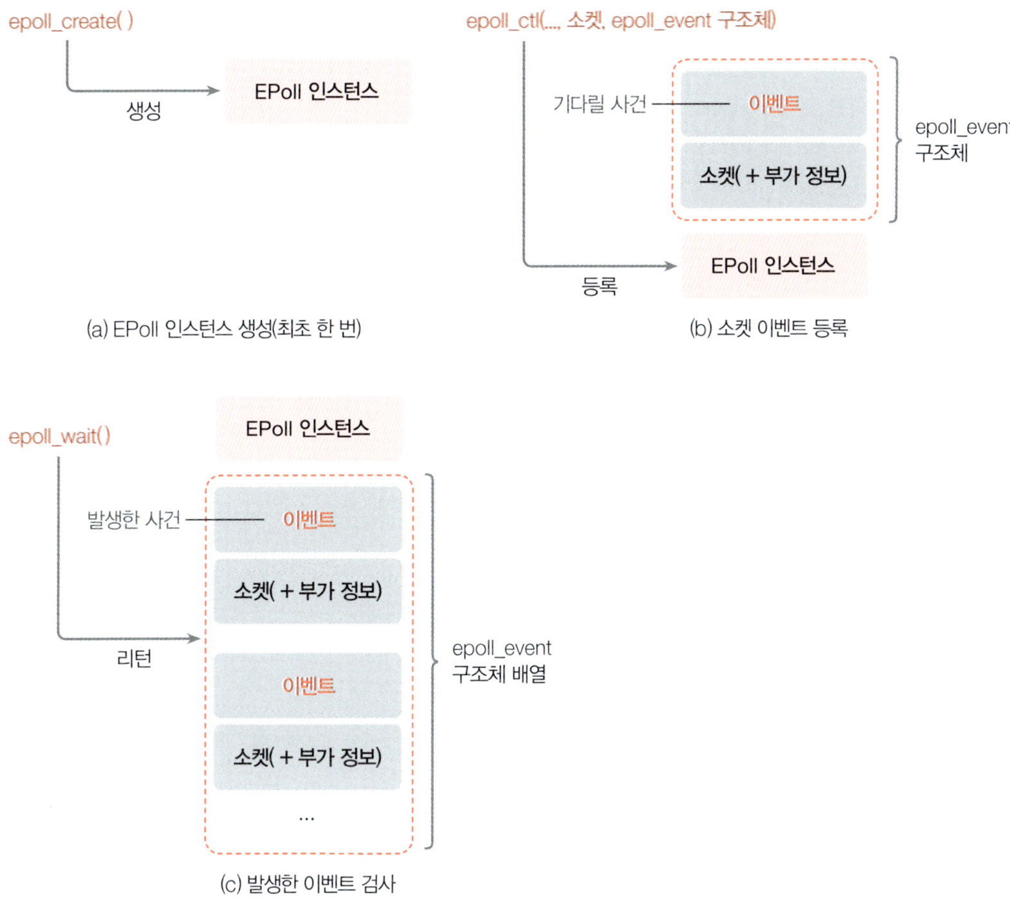

그림 12-4 EPoll 모델의 동작 원리

epoll_event 구조체 정의는 다음과 같다. events는 소켓 이벤트를, data는 사용자 데이터를 나타낸다. 사용자 데이터는 공용체로 정의되어 있으므로 네 개의 필드 중 한 개만 사용할 수 있다. 소켓만 저장할 때는 fd를, 소켓 + 부가 정보를 저장할 때는 ptr을 사용하면 된다. 소켓 + 부가 정보의 형태는 응용 프로그램에 따라 자유롭게 정의할 수 있다. u32와 u64는 각각 32/64비트 정보인데, 역시 사용자 정의 데이터이므로 대개는 ptr을 사용한다고 보면 된다. events 필드는 개별 비트가 서로 다른 의미가 있으며, 이와 관련된 비트 마스크가 [표 12-9]와 같이 정의되어 있다.

```c
#include <sys/epoll.h>
struct epoll_event {
   uint32_t     events;  /* epoll events */
   epoll_data_t data;    /* user data variable */
};
typedef union epoll_data {
   void     *ptr;
   int       fd;
   uint32_t u32;
   uint64_t u64;
} epoll_data_t;
```

NOTE epoll_event 구조체의 두 번째 필드인 data가 공용체임에 다시 한 번 유의한다.

표 12-9 epoll 관련 비트 마스크

비트 마스크	의미
EPOLLIN	데이터를 읽을 수 있다. 소켓의 경우 recv(), recvfrom() 등의 함수를 호출하여 데이터를 수신할 수 있음을 뜻한다.
EPOLLOUT	데이터를 쓸 수 있다. 소켓의 경우 send(), sendto() 등의 함수를 호출하여 데이터를 송신할 수 있음을 뜻한다.
EPOLLPRI	OOB[Out-Of-Band] 데이터가 도착했다. 소켓의 경우 recv(), recvfrom() 등의 함수를 호출하여 OOB 데이터를 읽을 수 있음을 뜻한다.
EPOLLHUP (이벤트를 등록하지 않아도 발생)	TCP 연결을 종료했다. 소켓의 경우 recv(), recvfrom() 등의 함수를 호출하여 리턴값(0)으로 연결 종료를 알 수 있다.
EPOLLERR (이벤트를 등록하지 않아도 발생)	오류가 발생했다. 응용 프로그램에서는 오류로 처리하면 된다.

NOTE 표의 설명과 달리 EPOLLHUP, POLLERR을 확인하지 않아도 된다. EPOLLIN, EPOLLOUT만 확인하고 그에 대응하는 소켓 함수를 호출하면 오류 여부를 알 수 있기 때문이다. OOB 데이터는 잘 사용되지 않으므로 EPOLLPRI를 사용할 일은 거의 없다.

[표 12-9]에 나열된 비트 마스크 외에 특별한 값으로 EPOLLET가 있다. EPoll 모델은 레벨 트리거Level-Trigger와 에지 트리거Edge-Trigger 두 가지 모드를 지원한다. 데이터 수신을 예로 들면, 1024바이트의 데이터가 도착했을 때 EPOLLIN 이벤트가 발생했다고 생각해보자. 이때 데이터의 일부(예 512바이트)만 읽으면 에지 트리거 모드에서는 EPOLLIN 이벤트가 더는 발생하지 않는다. 반면 레벨 트리거 모드(기본 모드)에서는 아직 데이터를 다 읽지 않았으므로 다시 EPOLLIN 이벤트가 발생한다. 이 책의 예제에서는 기본값인 레벨 트리거 모드만 사용하기로 한다.

이제 세 개의 핵심 함수를 살펴보자. epoll_create( ) 함수는 EPoll 인스턴스를 생성하고 그를 가리키는 디스크립터를 리턴한다. 유일한 매개변수인 size는 리눅스 커널 2.6.8부터 무시되지만, 이전 코드와의 호환성을 위해 0보다 큰 값을 전달하기를 권장한다. EPoll 인스턴스 사용이 끝나면 소켓과 마찬가지로 close( ) 함수에 전달해서 삭제한다.

```
#include <sys/epoll.h>
int epoll_create(int size);                    성공: EPoll 디스크립터, 실패: -1
```

epoll_ctl() 함수는 소켓 이벤트를 등록/수정/삭제한다.

```
#include <sys/epoll.h>
int epoll_ctl(
   ❶ int epfd,
   ❷ int op,
   ❸ int fd,
   ❹ struct epoll_event *event
);                                                        성공: 0, 실패: -1
```

❶ epfd EPoll 디스크립터다.

❷ op 소켓 이벤트를 등록할 때는 EPOLL_CTL_ADD를, 소켓 이벤트를 수정할 때는 EPOLL_CTL_MOD를, 소켓 이벤트를 삭제할 때는 EPOLL_CTL_DEL을 전달한다.

❸ fd 이벤트를 등록/수정/삭제할 대상 소켓이다.

❹ event 등록/수정할 이벤트 자체([표 12-9])와 더불어 사용자 데이터를 담는 구조체다. 이벤트를 삭제할 때는 무시되므로 아무 값이나 넣어주면 된다.

epoll_wait( ) 함수는 소켓 이벤트 발생을 기다리다가 이벤트가 발생하면 그 결과를 두 번째 인수로 전달된 epoll_event 구조체 배열에 넣어서 리턴한다. 배열 크기(요소 개수)는 세 번째 인수인 maxevents로 지정한다.

```
#include <sys/epoll.h>
int epoll_wait(
 ❶ int epfd,
 ❷ struct epoll_event *events,
 ❸ int maxevents,
 ❹ int timeout
);
                    성공: 조건을 만족하는 소켓의 개수 또는 0(타임아웃), 실패: -1
```

❶ `epfd` EPoll 디스크립터다.

❷ `events` 발생한 이벤트 정보를 담을 epoll_event 배열의 시작 주소다.

❸ `maxevents` 발생한 이벤트 정보를 담을 epoll_event 배열의 요소 개수다.

❹ `timeout` 밀리초Milliseconds 단위로 타임아웃을 지정한다. 이 시간이 지나면 poll( ) 함수는 무조건 리턴한다. −1이면 사건이 발생할 때까지 무한 대기한다.

epoll( ) 함수를 이용한 소켓 입출력 절차는 다음과 같다. 단, 타임아웃은 −1을 가정하며 ❶, ❷는 순서를 바꿔도 된다.

❶ epoll_create( ) 함수를 호출하여 EPoll 인스턴스를 생성한다.

❷ epoll_event 구조체 배열을 준비한다. 배열 요소의 최대 개수는 리눅스의 프로세스당 최대 파일의 개수(기본값 1024) 제약을 받는다.

❸ epoll_ctl( ) 함수를 호출하여 소켓과 기다릴 사건([표 12−9]의 비트 마스크)을 등록/수정/삭제한다.

❹ epoll_wait( ) 함수를 호출하여 소켓 이벤트를 기다린다. 타임아웃이 −1이면 epoll_wait( ) 함수는 조건을 만족하는 소켓이 있을 때까지 리턴하지 않는다.

❺ epoll_wait( ) 함수가 리턴하면 epoll_event 구조체 배열을 검사하고 적절한 소켓 함수를 호출하여 처리한다.

❻ ❸~❺를 반복한다.

❼ 모든 작업이 끝나면 close() 함수를 사용해 EPoll 인스턴스를 삭제한다.

2 EPoll 모델 서버 작성

실습 12-4 **EPoll 모델 TCP 서버 작성과 테스트**

4장의 TCPServer 예제는 블로킹 소켓을 사용해 구현한 TCP 서버다. 이를 넌블로킹 소켓을 사용하게 수정하고 EPoll 모델로 입출력 이벤트를 처리하도록 작성해보자. TCP 클라이언트는 4장에서 작성한 TCPClient 예제를 그대로 사용한다.

1 EPollTCPServer.cpp 파일을 생성하고 코드를 작성한다. 코드 길이가 길어서 분석할 때 전체 코드를 살펴본다.

2 실행 결과는 [실습 12-2]의 SelectTCPServer 예제와 같다. CPU 사용률이 매우 낮다는 점도 마찬가지이며, 10장에서 작성한 GUITCPClient 예제로 테스트해도 잘 동작한다.

3 EPoll 모델 코드 분석

EPoll 모델은 Select나 Poll 모델과 달리 응용 프로그램이 소켓 정보를 배열과 같은 자료 구조로 관리하지 않아도 된다. 다만, 넌블로킹 모드 소켓을 사용한다면 데이터 버퍼와 송수신 크기 등의 정보를 소켓별로 관리해야 하므로 구조체를 정의해야 한다.

헤더 파일, 상수와 구조체 정의

```
#include "../Common.h"

#define SERVERPORT 9000
#define BUFSIZE    512

```

```
// 소켓 정보 저장을 위한 구조체
struct SOCKETINFO
{
    SOCKET sock;
    char buf[BUFSIZE + 1];
    int recvbytes;
    int sendbytes;
};
```

소켓 이벤트 등록 함수

EPoll 인스턴스(첫 번째 인수)에 소켓(두 번째 인수)과 이벤트(세 번째 인수)를 등록하는 사용자 정의 함수다.

```
// 소켓 이벤트 등록 함수
void RegisterEvent(int epollfd, SOCKET sock, uint32_t events)
{
    SOCKETINFO *ptr = new SOCKETINFO;
    ptr->sock = sock;
    ptr->recvbytes = 0;
    ptr->sendbytes = 0;

    struct epoll_event ev;
    ev.events = events;
    ev.data.ptr = ptr;
    if (epoll_ctl(epollfd, EPOLL_CTL_ADD, sock, &ev) < 0) {
        perror("epoll_ctl()");
        close(sock);
        exit(1);
    }
}
```

18~21행 소켓 자체(두 번째 인수로 전달됨)와 더불어 부가 정보(데이터 버퍼, 송수신 크기)를 저장할 구조체를 동적 생성한다. 예제에서 넌블로킹 소켓을 사용할 계획이므로 이같은 정보를 소켓마다 관리해야 한다.

23~30행 소켓 이벤트(세 번째 인수로 전달됨)와 소켓 정보(SOCKETINFO 구조체)를 EPoll 인스턴스에 등록한다.

> **NOTE** 연결 대기 소켓은 소켓 자체(19행)를 제외하고는 필요 없는 정보라서 메모리가 약간 낭비되지만 일관된 코드 활용을 위해 그대로 두기로 한다.

소켓 이벤트 수정 함수

EPoll 인스턴스(첫 번째 인수)에 등록된 소켓(두 번째 인수 내부에 들어 있음)에 새로운 이벤트(세 번째 인수)를 등록하는 사용자 정의 함수다.

```
33 // 소켓 이벤트 수정 함수
34 void ModifyEvent(int epollfd, struct epoll_event ev, uint32_t events)
35 {
36   ev.events = events;
37   SOCKETINFO *ptr = (SOCKETINFO *)ev.data.ptr;
38   if (epoll_ctl(epollfd, EPOLL_CTL_MOD, ptr->sock, &ev) < 0) {
39     perror("epoll_ctl()");
40     close(ptr->sock);
41     exit(1);
42   }
43 }
```

36행 두 번째 인수로 전달된 epoll_event 구조체에 새로운 이벤트를 넣는다.

37~42행 epoll_event 구조체에 들어 있는 소켓과 36행에서 수정한 epoll_event 구조체를 활용해 소켓 이벤트 정보를 변경한다.

메인 함수(1/3)

```
int main(int argc, char *argv[])
{
   int retval;

   // 소켓 생성
   SOCKET listen_sock = socket(AF_INET, SOCK_STREAM, 0);
   if (listen_sock == INVALID_SOCKET) err_quit("socket()");

   // bind()
   struct sockaddr_in serveraddr;
   memset(&serveraddr, 0, sizeof(serveraddr));
   serveraddr.sin_family = AF_INET;
   serveraddr.sin_addr.s_addr = htonl(INADDR_ANY);
   serveraddr.sin_port = htons(SERVERPORT);
   retval = bind(listen_sock, (struct sockaddr *)&serveraddr, sizeof(serveraddr));
   if (retval == SOCKET_ERROR) err_quit("bind()");

   // listen()
   retval = listen(listen_sock, SOMAXCONN);
   if (retval == SOCKET_ERROR) err_quit("listen()");

   // 넌블로킹 소켓으로 전환
   int flags = fcntl(listen_sock, F_GETFL);
   flags |= O_NONBLOCK;
   fcntl(listen_sock, F_SETFL, flags);

   // EPoll 인스턴스 생성
   int epollfd = epoll_create(1); /* 전달 인수(> 0)는 무시됨 */
   if (epollfd < 0) {
      perror("epoll_create()");
      exit(1);
   }

   // 소켓 이벤트 등록(1)
   RegisterEvent(epollfd, listen_sock, EPOLLIN);

```

```
81    // 데이터 통신에 사용할 변수
82    struct epoll_event events[FD_SETSIZE];
83    int nready;
84    SOCKET client_sock;
85    struct sockaddr_in clientaddr;
86    socklen_t addrlen;
```

67~69행 11~12장의 다른 예제와 마찬가지로 소켓을 넌블로킹 모드로 전환한다.

72~76행 EPoll 인스턴스를 생성한다.

79행 연결 대기 소켓에 대해 EPOLLIN 이벤트를 등록한다. 나중에 EPOLLIN 이벤트가 발생한다면 접속한 클라이언트가 있어서 accept( ) 함수를 호출할 수 있다는 뜻이다.

82~83행 epoll_wait( ) 함수 호출 시 소켓 이벤트 결과와 리턴값을 받을 변수다. FD_SETSIZE(1024)는 Select 모델에서 사용했던 상수인데, 이 숫자 대신 응용 프로그램에서 관리하는 소켓의 최대 개수를 자유롭게 사용하면 된다. 단, 리눅스에서 프로세스당 디스크립터(파일+소켓+파이프+...)의 최대 개수는 1024(기본값)임에 유의해야 한다.

메인 함수(2/3)

```
88    while (1) {
89      // epoll_wait()
90      nready = epoll_wait(epollfd, events, FD_SETSIZE, -1);
91      if (nready < 0) err_quit("epoll_wait()");
92
93      for (int i = 0; i < nready; i++) {
94        SOCKETINFO *ptr = (SOCKETINFO *)events[i].data.ptr;
95        // 소켓 이벤트 검사(1): 클라이언트 접속 수용
96        if (ptr->sock == listen_sock) {
97          addrlen = sizeof(clientaddr);
98          client_sock = accept(listen_sock,
99            (struct sockaddr *)&clientaddr, &addrlen);
100         if (client_sock == INVALID_SOCKET) {
101           err_display("accept()");
102           goto MAIN_EXIT;
103         }
```

```
104            else {
105                // 클라이언트 정보 출력
106                char addr[INET_ADDRSTRLEN];
107                inet_ntop(AF_INET, &clientaddr.sin_addr, addr, sizeof(addr));
108                printf("\n[TCP 서버] 클라이언트 접속: IP 주소=%s, 포트 번호=%d\n",
109                    addr, ntohs(clientaddr.sin_port));
110                // 넌블로킹 소켓으로 전환
111                int flags = fcntl(client_sock, F_GETFL);
112                flags |= O_NONBLOCK;
113                fcntl(client_sock, F_SETFL, flags);
114                // 소켓 이벤트 등록(2)
115                RegisterEvent(epollfd, client_sock, EPOLLIN);
116            }
117            if (--nready <= 0)
118                break;
119        } /* end of if */
```

90~91행 epoll_wait( ) 함수를 호출하여 소켓 이벤트 발생을 기다린다. 리턴값은 이벤트가 발생한 소켓의 개수이며, 이 개수만큼 epoll_event 구조체 배열의 내용이 채워진다.

93~94행 루프를 돌면서 epoll_event 구조체 배열 요소를 꺼내고 내부에 저장된 SOCKETINFO 구조체 포인터를 얻는다.

96행 연결 대기 소켓에서 이벤트가 발생한 상황이다.

111~113행 accept( ) 함수가 결과로 리턴해준 소켓을 넌블로킹 모드로 전환한다.

115행 accept( ) 함수가 리턴한 소켓에 대해 EPOLLIN 이벤트를 등록한다. 나중에 EPOLLIN 이벤트가 발생한다면 도착한 데이터가 있어서 recv( ) 함수를 호출할 수 있다는 뜻이다.

117~118행 accept( ) 함수를 호출하여 소켓을 처리하고 나면 nready 값을 감소시키고 이 값이 0이면 for 루프를 탈출해 while 루프 처음으로 되돌아간다(최적화).

메인 함수(3/3)

```
120        // 소켓 이벤트 검사(2): 데이터 통신
121        else {
122            // 클라이언트 정보 얻기
123            addrlen = sizeof(clientaddr);
```

```
      getpeername(ptr->sock, (struct sockaddr *)&clientaddr, &addrlen);
      char addr[INET_ADDRSTRLEN];
      inet_ntop(AF_INET, &clientaddr.sin_addr, addr, sizeof(addr));

      if (events[i].events & EPOLLIN) {
        // 데이터 받기
        retval = recv(ptr->sock, ptr->buf, BUFSIZE, 0);
        if (retval == SOCKET_ERROR) {
          err_display("recv()");
          // 소켓 이벤트 등록 해제(1)
          epoll_ctl(epollfd, EPOLL_CTL_DEL, ptr->sock, NULL);
          close(ptr->sock); delete ptr;
        }
        else if (retval == 0) {
          // 클라이언트 정보 출력
          printf("[TCP 서버] 클라이언트 종료: IP 주소=%s, "
                 "포트 번호=%d\n", addr, ntohs(clientaddr.sin_port));
          // 소켓 이벤트 등록 해제(2)
          epoll_ctl(epollfd, EPOLL_CTL_DEL, ptr->sock, NULL);
          close(ptr->sock); delete ptr;
        }
        else {
          ptr->recvbytes = retval;
          // 받은 데이터 출력
          ptr->buf[ptr->recvbytes] = '\0';
          printf("[TCP/%s:%d] %s\n", addr,
            ntohs(clientaddr.sin_port), ptr->buf);
          // 소켓 이벤트 재등록(1)
          if (ptr->recvbytes > ptr->sendbytes) {
            ModifyEvent(epollfd, events[i], EPOLLOUT);
          }
        }
      }
      else if (events[i].events & EPOLLOUT) {
        // 데이터 보내기
        retval = send(ptr->sock, ptr->buf + ptr->sendbytes,
          ptr->recvbytes - ptr->sendbytes, 0);
        if (retval == SOCKET_ERROR) {
          err_display("send()");
```

```
163                 // 소켓 이벤트 등록 해제(3)
164                 epoll_ctl(epollfd, EPOLL_CTL_DEL, ptr->sock, NULL);
165                 close(ptr->sock); delete ptr;
166               }
167               else {
168                 ptr->sendbytes += retval;
169                 // 소켓 이벤트 재등록(2)
170                 if (ptr->recvbytes == ptr->sendbytes) {
171                   ptr->recvbytes = ptr->sendbytes = 0;
172                   ModifyEvent(epollfd, events[i], EPOLLIN);
173                 }
174               }
175             }
176           } /* end of else */
177         } /* end of for */
178     } /* end of while (1) */
179
180 MAIN_EXIT:
181     // EPoll 인스턴스 삭제
182     close(epollfd);
183
184     // 소켓 닫기
185     close(listen_sock);
186     return 0;
187 }
```

121행 연결 대기 소켓 이외의 소켓에서 이벤트가 발생한 상황이다.

128행 EPOLLIN 이벤트가 발생했다면 도착한 데이터가 있다는 뜻이다.

134~135행, 142~143행, 164~165행 오류 발생 시 소켓 이벤트 등록을 해제하고, 소켓을 닫고, SOCKETINFO 구조체 메모리를 해제한다.

157행 EPOLLOUT 이벤트가 발생했다면 데이터를 보낼 수 있다는 뜻이다.

170~173행 수신 데이터만큼 데이터 송신이 끝났으면 에코 서버의 기본 동작이 마무리된 것이므로 다시 EPOLLIN 이벤트를 등록해 다음 데이터 도착을 기다린다.

182행 사용이 끝난 EPoll 인스턴스를 삭제한다.

05 소켓 입출력 모델 비교

지금까지 배운 소켓 입출력 모델의 장점을 정리하면 다음과 같다.

- Select 모델: 모든 유닉스/리눅스 운영체제는 물론, 윈도우 운영체제에서도 사용할 수 있으므로 이식성이 높다. 유닉스/리눅스와 윈도우에서 모두 실행할 서버가 필요하고 이식할 때 코드 수정을 최소화하고 싶다면 유일하게 선택할 수 있는 모델이다.
- Poll 모델: Select 모델의 개량된 버전으로 볼 수 있다. Select 모델과 달리 {검사할 소켓의 최댓값+1}을 응용 프로그램이 직접 계산할 필요가 없다.
- EPoll 모델: Select나 Poll 모델과 달리 {소켓+부가 정보}를 응용 프로그램이 직접 관리하지 않아도 된다. 이는 유저 모드와 커널 모드 간의 전환이 그만큼 적다는 뜻이므로 성능 향상에 이바지한다. 또한, 관리할 소켓의 개수가 많아졌을 때 내부 구현의 특성상 Select나 Poll 모델보다 성능이 우수하다.

각 모델의 단점을 정리하면 다음과 같다.

- Select 모델: 하위 호환성을 위해 존재한다. select() 함수 호출 전에 매번 소켓 셋을 설정해야 하고, select() 함수 호출 후에는 매번 소켓 셋이 변경되므로 응용 프로그램이 관리해야 할 부분이 많다. 운영체제 내부 구현의 특성상 관리할 소켓의 개수가 많아질수록 그에 비례하여 성능이 떨어진다.
- Poll 모델: Select 모델과 마찬가지로 운영체제 내부 구현의 특성상 관리할 소켓의 개수가 많아질수록 그에 비례하여 성능이 떨어진다. Select 모델이 타임아웃을 마이크로초 단위로 지정함에 반해 Poll 모델은 밀리초 단위를 사용하므로 타임아웃 정밀도는 조금 떨어진다(실용적으로는 문제없음).
- EPoll 모델: Select 또는 Poll 모델과 달리 이식성이 좋지 않다. 리눅스 운영체제에서는 지원되지만 다른 유닉스 계열 운영체제에서는 별도 라이브러리가 제공되지 않는다면 지원을 보장할 수 없다. Select 모델이 타임아웃을 마이크로초 단위로 지정함에 반해 EPoll 모델은 밀리초 단위를 사용하므로 타임아웃 정밀도는 조금 떨어진다(실용적으로는 문제없음).

세 가지 모델은 단일 스레드에서 다수의 소켓을 처리하는 방식이므로 윈도우의 Completion Port 모델처럼 운영체제가 CPU 개수에 비례하여 활성 스레드 수를 자동으로 조절해주는 기능은 존재하지 않는다.

여기서 잠깐! | 프로세스당 소켓(파일) 개수 늘리기

리눅스에서 소켓은 소켓 디스크립터라고도 부르는데 파일 디스크립터와 같은 이름 공간을 사용한다. 기본값은 프로세스당 1024이므로 {파일+소켓+파이프+...}를 모두 합쳐서 1024개를 넘을 수 없다. 이 값을 늘리지 않으면 어떤 소켓 입출력 모델을 사용하더라도 처리할 수 있는 소켓의 개수에 제약이 걸린다. 리눅스의 프로세스는 최초 실행 시 0, 1, 2번 디스크립터가 자동으로 열려 있으며, 파일이나 파이프 또는 EPoll 인스턴스도 모두 디스크립터를 사용하므로 실제로는 1024부터 적은 수의 소켓을 만들 수 있다.

프로세스당 소켓(파일) 개수를 늘려주면 Poll과 EPoll 모델은 1024보다 많은 개수의 소켓을 처리할 수 있다. 간단한 방법으로는 리눅스의 터미널에서 ulimit –n 명령을 사용하면 된다. 옵션 없이 실행하면 현재의 파일 디스크립터 한계치가 표시되고, 값을 주어서 실행하면 한계치가 변경된다. 다시 옵션 없이 실행해서 파일 디스크립터 한계치가 잘 설정되었는지 확인해야 한다. 그런 후 서버를 실행하면 소켓(파일) 디스크립터 최대 개수가 늘어난 상태로 작동한다.

```
student@vm:~/Source/Linux/Chapter12B$ ulimit -n
1024
student@vm:~/Source/Linux/Chapter12B$ ulimit -n 2048
student@vm:~/Source/Linux/Chapter12B$ ulimit -n
2048
student@vm:~/Source/Linux/Chapter12B$ ./PollTCPServer
```

하지만 이런 방식은 반드시 작동한다고 보장할 수 없다. 한계치를 줄이는 것은 항상 가능하지만, 한계치를 늘리는 것은 리눅스 시스템 설정에 따라 권한 문제가 생겨서 안 될 수 있다. 좀 더 확실한 방법은 서버 코드를 작성할 때 한계치를 늘리는 코드를 넣어주는 것이다. 한계치를 변경할 때는 setrlimit() 함수를, 한계치를 얻을 때는 getrlimit() 함수를 사용하면 된다. 주석에 적은 것처럼 이런 코드를 서버에 넣고 실행할 때는 리눅스 시스템 설정에 따라 수퍼 유저 권한이 필요할 수 있다.

```
#include <stdio.h>
#include <sys/time.h>
#include <sys/resource.h>

int main(void)
{
    // 각각 Soft, Hard limit 값이다.
    struct rlimit rlim = { 2048, 2048 };
    // 파일 디스크립터 최대 개수를 설정한다.
    setrlimit(RLIMIT_NOFILE, &rlim);
    // 파일 디스크립터 최대 개수를 확인한다.
    getrlimit(RLIMIT_NOFILE, &rlim);
    // 값이 예상과 다르다면 수퍼 유저 권한으로 실행하면 된다.
    printf("max # of fds = %ld %ld\n", rlim.rlim_cur, rlim.rlim_max);
    return 0;
}
```

본문의 Poll과 EPoll 모델 예제에서 FD_SETSIZE보다 많은 수의 소켓을 처리하려면 FD_SETSIZE 대신 다른 값을 배열 크기로 사용하든지, 아니면 모든 표준 헤더 파일을 포함한 후에 #define FD_SIZE 숫자 형태로 변경하는 작업을 추가로 해주어야 한다.

01 소켓 입출력 모델

- 다수의 소켓을 관리하고 소켓에 대한 입출력을 처리하는 방식
- 프로그래밍 복잡도는 높아지지만, 시스템 자원을 적게 사용하면서도 다수의 클라이언트를 효율적으로 처리하는 서버 작성 가능

02 두 종류의 소켓 모드

- 블로킹 소켓: 소켓 함수 호출 시 조건을 만족하지 않으면 함수가 리턴하지 않고 스레드 실행이 정지. 조건을 만족하면 소켓 함수가 리턴하고 정지된 스레드가 깨어나 실행을 재개
- 넌블로킹 소켓: 소켓 함수 호출 시 조건을 만족하지 않더라도 함수가 리턴하므로 스레드가 중단 없이 다음 코드를 수행 가능. fcntl( ) 함수로 넌블로킹 모드로 전환 가능

03 두 종류의 서버 작성 모델

- 반복 서버: 여러 클라이언트를 하나씩 처리
- 병행 서버: 여러 클라이언트를 동시에 처리

04 Select 모델을 이용한 소켓 입출력 절차

① 소켓 셋을 비움(초기화)

② 소켓 셋에 소켓을 넣음

③ select( ) 함수 호출

④ select( ) 함수가 리턴하면 소켓 셋에 남아 있는 모든 소켓에 대해 소켓 함수 호출

⑤ ①~④단계를 반복

05 Poll 모델을 이용한 소켓 입출력 절차

① pollfd 구조체 배열 준비

② pollfd 구조체 배열에 소켓과 기다릴 사건을 넣거나 뺌

③ poll( ) 함수 호출

④ poll( ) 함수가 리턴하면 pollfd 구조체 배열을 검사하고 적절한 소켓 함수 호출

⑤ ②~④단계를 반복

06 EPoll 모델을 이용한 소켓 입출력 절차

① epoll_create( ) 함수를 호출하여 EPoll 인스턴스 생성

② epoll_event 구조체 배열 준비

③ epoll_ctl( ) 함수를 호출하여 소켓과 기다릴 사건을 등록/수정/삭제

④ epoll_wait( ) 함수 호출

⑤ epoll_wait( ) 함수가 리턴하면 epoll_event 구조체 배열을 검사하고 적절한 소켓 함수 호출

⑥ ③~⑤단계 반복

⑦ 모든 작업이 끝나면 close( ) 함수를 사용하여 EPoll 인스턴스 삭제

01 Select 모델을 이용하여 4장의 TCPServer와 8장의 UDPServer를 한 응용 프로그램으로 작성하시오. 단, 멀티스레드를 최소로 사용해 여러 TCP 클라이언트와 UDP 클라이언트를 서비스할 수 있어야 한다.

02 명령행 인수로 숫자를 입력받아 해당 숫자만큼 서버에 연결하고 고정된 데이터(예 "Hello Server!")를 한 번만 보내고 받는 TCP 클라이언트를 MultiConnectTCPClient라는 이름으로 작성하시오. 프로그램 종료 전까지는 해당 숫자만큼 서버와의 연결을 동시에 유지하도록 주의해야 한다.

실행 방법 MultiConnectTCPClient 127.0.0.1 9000 2000

실행 결과 IP 주소 127.0.0.1, 포트 번호 9000을 사용하는 TCP 서버에 최대 2000개의 연결을 만들되, 연결이 하나 성공할 때마다 고정된 데이터를 보내고 받는다.

03 PollTCPServer 예제를 소켓을 1024개 이상 처리할 수 있게 수정하고, **02**번 문제에서 작성한 MultiConnectTCPClient로 테스트하시오.

힌트 1 5절 끝부분의 '프로세스당 소켓(파일) 개수 늘리기' 부분을 읽어보고 구현하면 된다.

2 테스트할 때 Ctrl+C를 눌러 서버 프로세스를 종료하고 재실행하면 bind 오류가 발생할 수 있다. 9장에서 소개한 SO_REUSEADDR 옵션을 bind( ) 함수 호출 전에 적용하기를 권장한다.

04 Poll 모델을 이용하여 4장의 TCPServer와 8장의 UDPServer를 한 응용 프로그램으로 작성하시오. 단, 멀티스레드를 최소로 사용해 여러 TCP 클라이언트와 UDP 클라이언트를 서비스할 수 있어야 한다.

05 EPollTCPServer 예제를 소켓을 1024개 이상 처리할 수 있도록 수정하고, **02**번 문제에서 작성한 MultiConnectTCPClient로 테스트하시오.

힌트 1 5절 끝부분의 '프로세스당 소켓(파일) 개수 늘리기' 부분을 읽어보고 구현하면 된다.

2 테스트할 때 Ctrl+C를 눌러 서버 프로세스를 종료하고 재실행하면 bind 오류가 발생할 수 있다. 9장에서 소개한 SO_REUSEADDR 옵션을 bind( ) 함수 호출 전에 적용하기를 권장한다.

06 EPoll 모델을 이용하여 4장의 TCPServer와 8장의 UDPServer를 한 응용 프로그램으로 작성하시오. 단, 멀티스레드를 최소로 사용해 여러 TCP 클라이언트와 UDP 클라이언트를 서비스할 수 있어야 한다.

07 SelectTCPServer, PollTCPServer, EPollTCPServer 예제는 모두 nready 변수를 accept() 함수 호출 직후에 점검해 루프를 도는 횟수를 줄인다. 이를 좀 더 적극적으로 활용해 클라이언트와 데이터 통신이 끝날 때마다 nready 변수를 점검하도록 수정하시오.

Chapter

13

직렬 통신과 블루투스 통신 : 윈도우

학습목표

- 윈도우 API를 이용한 직렬 통신 프로그래밍 기법을 익힌다.
- 윈도우 소켓을 이용한 블루투스 통신 프로그래밍 기법을 익힌다.

01 직렬 통신

직렬 통신Serial Communication은 데이터를 보낼 때 한 번에 한 비트(관점에 따라 한 바이트)씩 전송하는 방식이다. PC에서는 흔히 직렬 포트Serial Port라고 불리는 하드웨어 인터페이스를 이용하면 직렬 통신을 할 수 있다. 직렬 포트는 속도가 느리고 사용하기 불편하여 최근에는 USBUniversal Serial Bus나 IEEE-1394와 같은 고속 통신 인터페이스로 대체되었다. 하지만 다음과 같은 이유로 여전히 중요하며 배울 가치가 있다.

- 직렬 통신은 학교(전자/컴퓨터 분야) 실험이나 산업 현장에서 각종 장비를 제어하는 목적으로 많이 사용된다.
- USB를 사용하는 장치도 가상 COM 포트를 지원하여 전통적인 직렬 통신을 그대로 사용할 수 있는 경우가 종종 있다.
- 무선 통신 프로토콜(예 블루투스)이 가상 COM 포트를 지원하면 기존 직렬 통신 코드를 거의 변경 없이 재사용할 수 있다.

이 절에서는 직렬 포트의 구조와 동작에 관한 기초 지식을 다지고, 윈도우 API를 이용한 직렬 통신 프로그래밍 기법을 학습한다.

NOTE 엄밀히 보면 현재 사용되는 대부분의 유선 통신은 직렬 통신 방식이다. 본문에서 다루는 직렬 통신(RS-232)과 비슷한 것으로 RS-422와 RS-485가 있고, Ethernet, USB, IEEE-1394, I2C, SPI, Microwire 등이 모두 직렬 통신 방식을 사용한다. 직렬 통신과 대비되는 것으로 병렬 통신이 있는데, 예전에 PC와 프린터 간의 통신에 사용되었던 Parallel 포트가 대표적인 예이고, PC와 계측 장비 간의 통신에 사용되는 IEEE-488(GPIB)도 있다.

1 직렬 통신 기초

PC에 장착된 직렬 포트는 RS-232CRecommended Standard 232C(최신 표준은 TIA-232-F) 표준으로 정한 신호 중 필수적인 9개만 지원한다. [그림 13-1]은 일반 PC에서 볼 수 있는 9핀 직렬 포트의 핀 번호와 신호 이름을 보여준다.

NOTE 요즘은 PC 메인 보드에서 물리적인 직렬 포트가 빠지는 추세이고, 노트북에서는 거의 찾아볼 수 없다. 하지만 장치 관리자로 확인해보면 메인 보드 내부에 존재하는 경우가 종종 있다. 1만원 안팎으로 구입할 수 있는 USB-to-Serial 컨버터를 사용하면 호환성에 전혀 문제없이 직렬 통신을 할 수 있다.

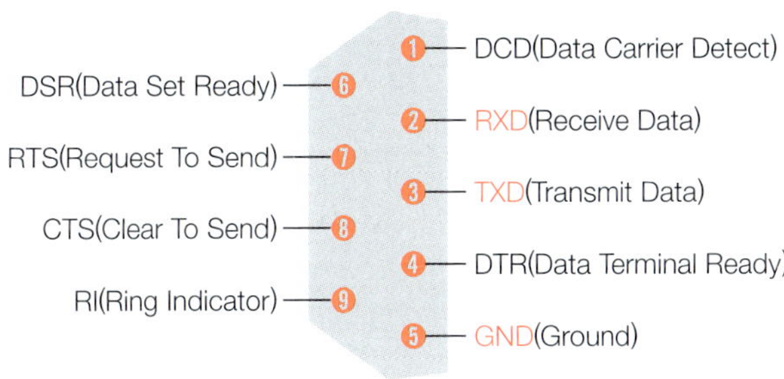

그림 13-1 9핀 직렬 포트의 핀 번호와 신호 이름

이들 중 데이터 전송에서 핵심 신호는 RXD, TXD, GND 세 개다. GND는 흔히 접지선이라고 부르며, 통신 양단 신호의 전압 기준이 된다. RXD와 TXD는 각각 데이터를 받을 때와 보낼 때 사용한다. 직렬 포트에는 이처럼 데이터 송/수신 선이 따로 있어 데이터를 양방향으로 동시에 주고받을 수 있다. RXD, TXD, GND를 제외한 나머지 핀은 제어 신호를 주고받을 때 사용할 수 있는데, 일반적인 데이터 통신에 꼭 필요하지는 않다.

직렬 통신의 한 가지 예는 직렬 포트에 모뎀Modem을 연결해서 제어하는 경우다. 이때는 [그림 13-2(a)]처럼 PC의 직렬 포트와 모뎀의 직렬 포트를 직접Direct 연결한다. 데이터 신호를 보면 PC의 RXD/TXD 선이 모뎀의 RXD/TXD 선에 그대로 연결되어 있다. 이는 PC에서 보내는 데이터가 모뎀을 통해 그대로 보내지고, 모뎀이 받은 데이터를 PC가 그대로 받는다는 뜻이다.

직렬 통신의 또 다른 예는 두 PC를 상호 연결하는 경우다. [그림 13-2(b)]는 여러 연결 방법 중 한 가지로, 그림 (a)와 달리 신호선을 교차Cross 연결한다. 데이터 신호를 보면 PC의 TXD/RXD 선이 다른 PC의 RXD/TXD 선에 연결되어 있다. 이는 한쪽의 송신 데이터가 다른 쪽의 수신 데이터가 되고, 그 반대도 성립한다는 뜻이다. 이처럼 연결하는 케이블을 널 모뎀 케이블Null Modem Cable 또는 줄여서 널 케이블Null Cable이라고 부르며, 저렴한 가격에 구매하거나 간단히 직접 제작할 수 있다.

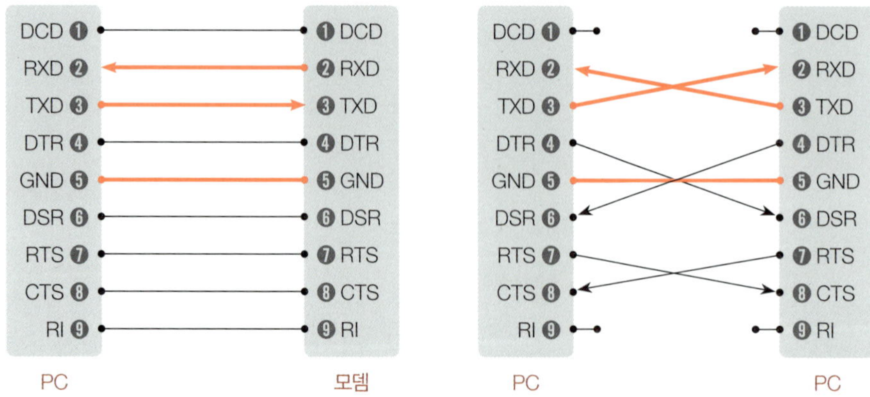

(a) PC와 모뎀 간 직렬 통신　　(b) PC 간 직렬 통신

그림 13-2 직렬 통신 예

이 장에서 실습할 예제는 PC 간 직렬 통신을 가정한다. (b)처럼 데이터 신호선을 교차 연결하는 방식은 PC와 주변 장치가 직렬 통신할 때 보편적으로 사용된다. 소위 임베디드 시스템Embedded System이라고 불리는 소형 주변 장치들은 RXD/TXD/GND 세 개의 신호만 존재하며 PC와 통신할 때 교차 연결 방식을 사용한다.

직렬 통신에서 자주 등장하는 용어를 정리해보자. 따로 수식어를 붙이지 않는 한 이 책에서 직렬 통신은 RS-232 직렬 통신을 뜻한다. 하지만 전기적 신호를 언급할 때는 RS-232 직렬 통신이라는 용어도 사용한다.

시작 비트, 데이터 비트, 정지 비트

직렬 포트를 이용한 통신은 비동기 방식으로 동작한다. 여기서 비동기Asynchronous 방식이란 공통의 Clock 시그널 없이 통신하는 방식이다. 데이터를 보내기 전에 시작을 알리는 시작 비트Start Bit를 보낸 후 실제 데이터인 데이터 비트Data Bits를 한 비트씩 차례로 보낸다. 데이터 비트는 5~8비트가 될 수 있으며 통신 양단이 사전에 약속해야 한다. 데이터를 보낸 후 종료를 알리는 정지 비트Stop Bits를 보낸다. 정지 비트는 1, 1.5, 2비트가 가능하며 통신 양단이 사전에 약속해야 한다.

패리티

패리티Parity는 데이터 비트에서 발생한 오류를 검사하기 위해 데이터 비트 끝에 추가하는 한 비트다. 짝수Even 또는 홀수Odd 패리티가 흔히 사용된다. 예를 들어 7비트 데이터를 보낼 때 홀수 패리티를 사용한다고 가정해보자. 데이터 비트에 1이 홀수 개이면 패리티는 0, 1이 짝수 개이면 패리티는 1이 되어 1의 개수가 홀수 개가 되도록 자동으로 맞춰준다. [그림 13-3]은 홀수 패리티를 사용하는 예다. 패리티는 오류 검출 능력이 약해 잘 사용하지 않지만, 만약 사용한다면 통신 양단은 패리티 사용 여부와 패리티 종류를 사전에 약속해야 한다.

							패리티 비트	
0	1	0	1	1	0	0	0	정상
0	1	0	0	0	0	1	1	정상
0	1	0	0	0	0	1	0	오류

그림 13-3 홀수 패리티 사용 예

흐름 제어

흐름 제어는 버퍼 오버플로우Buffer Overflow를 방지하기 위한 기법으로, 직렬 통신에는 다음과 같이 네 종류가 있다. 어떤 방법을 사용하든지 통신 양단이 사전에 약속해야 한다.

■ **사용 안 함**

CPU의 처리 속도는 직렬 통신 속도보다 훨씬 빠르므로 대부분 흐름 제어가 필요 없다. 따라서 일반적으로 흐름 제어를 사용하지 않도록 설정한다.

■ **XON/XOFF**

데이터를 주고받는 RXD/TXD 선에 정상 데이터와 함께 제어 신호를 포함해서 주고받는 방법으로, 흔히 소프트웨어 흐름 제어Software Flow Control라고 부른다. 데이터를 받을 준비가 되면 상대편에 XON 문자를 보내고, 받을 수 없는 상태이면 XOFF 문자를 보낸다. XON과 XOFF에 사용하는 문자는 정상 데이터에 포함되어서는 안 되므로 정상 데이터의 인코딩에 주의해야 한다.

■ RTS/CTS

RTS/CTS 선을 통해 제어 신호를 주고받는 방법으로, 흔히 하드웨어 흐름 제어Hardware Flow Contro라고 부른다. 다음 두 가지 방식이 있다.

송신 흐름 제어	데이터를 보낼 준비가 되면 RTS 신호를 on으로 만든다. 상대편은 데이터를 받을 준비가 되면 CTS 신호를 on으로 만든다. 단방향 데이터 전송에 적합하다.
수신 흐름 제어	데이터를 받을 준비가 되면 RTS 신호를 on으로 만든다. 상대편은 RTS 선과 연결된 CTS 선을 통해 RTS 신호를 읽을 수 있다([그림 13-2(b)]). 양방향 데이터 전송에 적합하다.

■ DTR/DSR

DTR/DSR 선을 통해 제어 신호를 주고받는 방법으로, RTS/CTS와 마찬가지로 흔히 하드웨어 흐름 제어라고 부른다. 다음 두 가지 방식이 있다.

송신 흐름 제어	데이터를 보낼 준비가 되면 DTR 신호를 on으로 만든다. 상대편은 데이터를 받을 준비가 되면 DSR 신호를 on으로 만든다. 단방향 데이터 전송에 적합하다.
수신 흐름 제어	데이터를 받을 준비가 되면 DTR 신호를 on으로 만든다. 상대편은 DTR 선과 연결된 DSR 선을 통해 DTR 신호를 읽을 수 있다([그림 13-2(b)]). 양방향 데이터 전송에 적합하다.

2 직렬 통신 함수

윈도우 운영체제에서 제공하는 직렬 통신 모델은 파일 입출력 모델과 비슷하다. 직렬 포트를 이용한 데이터 통신 절차는 다음과 같다.

❶ 직렬 포트를 연다.

❷ 각종 설정값을 변경한다.

❸ 읽기와 쓰기 타임아웃을 설정한다.

❹ 데이터를 읽거나 쓴다.

❺ 직렬 포트를 닫는다.

❶, ❹, ❺는 파일 입출력 모델과 개념적으로 같으며, 실제로 파일 입출력 함수를 그대로 사용한다. 반면 ❷, ❸은 직렬 통신에만 해당하며, 직렬 통신 전용 함수를 사용한다. 단계별로 필요한 함수를 기능별로 살펴본다.

열기와 닫기

직렬 포트를 열 때는 CreateFile( ) 함수, 닫을 때는 CloseHandle( ) 함수를 사용한다. 사용 예는 다음과 같다.

```
// 직렬 포트 열기
HANDLE hComm = CreateFile(_T("\\\\.\\COM1"), GENERIC_READ | GENERIC_WRITE,
    0, NULL, OPEN_EXISTING, 0, NULL);
if (hComm == INVALID_HANDLE_VALUE)
    err_quit("CreateFile()");
...
// 직렬 포트 닫기
CloseHandle(hComm);
```

CreateFile( ) 함수는 파일이나 입출력 장치I/O Device를 열거나 생성한다. 직렬 포트를 열 때는 첫 번째 인수로 포트 이름(COM1, COM2 등)을 문자열로 넣고, 나머지 부분은 예제와 같은 형태로 변경 없이 사용하면 된다. 한 개의 직렬 포트를 두 개 이상의 프로세스가 동시에 열어서 사용할 수 없으므로 CreateFile( ) 함수 호출 시 반드시 오류를 점검해야 한다. 사용을 마치면 CloseHandle( ) 함수로 닫아야만 다른 프로세스가 직렬 포트를 사용할 수 있다.

> **NOTE** 포트 이름에 COM1, COM2 등의 별명을 넣어도 작동하지만, 숫자가 커지면 작동하지 않는다. 특히 USB-to-Serial 컨버터를 사용할 때는 COM10, COM15처럼 큰 숫자가 할당되는 경우가 흔한데, 이때는 \\.\COM10, \\.\COM15와 같은 실제 이름을 사용해야 한다. C/C++ 언어의 문자열에 \를 넣을 때는 두 개를 넣어야 하나로 인식되므로 결국 "\\\\.\\COM10"과 같은 형태를 사용해야 한다.

각종 설정값 변경하기

직렬 포트로 통신하려면 통신 양단이 다양한 설정값Settings을 통일해야 한다. 이는 TCP/IP 소켓 프로그래밍에서 통신 양단이 프로토콜과 포트 번호를 통일하는 것과 비슷한 개념이다.

직렬 포트의 동작 특성을 변경할 수 있는 항목은 상당히 많은데, 일반적으로 기존 설정값을 얻은 후 꼭 필요한 항목만 변경하는 방식을 사용한다. 기존 설정값을 얻을 때는 GetCommState( ) 함수, 설정값을 변경할 때는 SetCommState( ) 함수를 호출한다. 두 함수의 형태는 동일하다. hFile은 CreateFile( ) 함수의 리턴값이고, lpDCB는 DCB 구조체의 주솟값이다.

```
#include <windows.h>
BOOL GetCommState(
  HANDLE hFile,
   LPDCB lpDCB
);                                                          성공: 0이 아닌 값, 실패: 0
```

```
#include <windows.h>
BOOL SetCommState(
   HANDLE hFile,
   LPDCB lpDCB
);                                                          성공: 0이 아닌 값, 실패: 0
```

GetCommState( ) 함수와 SetCommState( ) 함수 사용 예는 다음과 같다. GetCommState( ) 함수를 호출하면 직렬 포트의 최근 설정값이 DCB 구조체에 저장된다. DCB 구조체의 일부 값을 수정한 후 SetCommState( ) 함수를 호출하여 직렬 포트 설정값을 변경한다.

```
// 직렬 포트 설정값 얻기
DCB dcb;
if (!GetCommState(hComm, &dcb))
   err_quit("GetCommState()");

// 직렬 포트 설정값 수정
dcb.BaudRate = CBR_57600;
dcb.ByteSize = 8;
dcb.fParity = FALSE;
dcb.StopBits = ONESTOPBIT;
if (!SetCommState(hComm, &dcb))
   err_quit("SetCommState()");
```

두 함수에서 공통으로 사용하는 DCB 구조체 정의는 다음과 같다. 모든 필드를 다 이해할 필요는 없다. 실용적으로 주로 사용되는 중요 필드를 별도로 표시했으니 그 부분만 읽고 건너뛰어도 된다.

```
typedef struct _DCB {
(1)   DWORD DCBlength;              /* sizeof(DCB) */
(2)   DWORD BaudRate;               /* Baudrate at which running */
(3)   DWORD fBinary:1;              /* Binary Mode (skip EOF check) */
(4)   DWORD fParity:1;              /* Enable parity checking */
(5)   DWORD fOutxCtsFlow:1;         /* CTS handshaking on output */
(6)   DWORD fOutxDsrFlow:1;         /* DSR handshaking on output */
(7)   DWORD fDtrControl:2;          /* DTR Flow control */
(8)   DWORD fDsrSensitivity:1;      /* DSR Sensitivity */
(9)   DWORD fTXContinueOnXoff:1;    /* Continue TX when Xoff sent */
(10)  DWORD fOutX:1;                /* Enable output X-ON/X-OFF */
(11)  DWORD fInX:1;                 /* Enable input X-ON/X-OFF */
(12)  DWORD fErrorChar:1;           /* Enable Err Replacement */
(13)  DWORD fNull:1;                /* Enable Null stripping */
(14)  DWORD fRtsControl:2;          /* RTS Flow control */
(15)  DWORD fAbortOnError:1;        /* Abort all reads and writes on Error */
      DWORD fDummy2:17;             /* Reserved */
      WORD  wReserved;              /* Not currently used */
(16)  WORD  XonLim;                 /* Transmit X-ON threshold */
(17)  WORD  XoffLim;                /* Transmit X-OFF threshold */
(18)  BYTE  ByteSize;               /* Number of bits/byte, 4-8 */
(19)  BYTE  Parity;                 /* 0-4=None,Odd,Even,Mark,Space */
(20)  BYTE  StopBits;               /* 0,1,2 = 1, 1.5, 2 */
(21)  char  XonChar;                /* Tx and Rx X-ON character */
(22)  char  XoffChar;               /* Tx and Rx X-OFF character */
(23)  char  ErrorChar;              /* Error replacement char */
(24)  char  EofChar;                /* End of Input character */
(25)  char  EvtChar;                /* Received Event character */
      WORD  wReserved1;             /* Fill for now. */
} DCB, *LPDCB;
```

(1) `DCBlength` DCB 구조체의 크기인 sizeof(DCB)로 설정해야 한다.

(2) `BaudRate` 초당 신호 변화 수로, 흔히 보율Baud Rate이라고 부른다. 널 케이블을 이용한 PC 간 통신에서는 초당 비트 전송 수를 의미하는 bpsbits per second와 동의어로 간주해도 된다. 원하는 데이터 전송 속도를 CBR_로 시작하는 상수로 지정하면 된다. 예를 들어 19200bps로 통신하려면 CBR_19200을 넣는다. 주변의 전자기 잡음이 심하지 않다면 일반적으로 115200bps까지 문제없이 동작한다. 지원되는 값은 다음과 같다.

```
CBR_110, CBR_300, CBR_600, CBR_1200, CBR_2400, CBR_4800, CBR_9600, CBR_14400,
CBR_19200, CBR_38400, CBR_57600, CBR_115200, CBR_128000, CBR_256000
```

(3) `fBinary` 값이 TRUE이면 이진 모드가 활성화된다. 윈도우에서는 이진 모드만 지원하므로 항상 TRUE로 설정해야 한다.

(4) `fParity` 값이 TRUE이면 패리티를 이용한 오류 체크가 이루어진다. 패리티 종류는 [표 13-3]을 참고하여 Parity 멤버를 설정해서 결정한다.

(5) `fOutxCtsFlow` 값이 TRUE이면 CTS 신호로 송신 흐름 제어를 한다. CTS 신호가 off이면 데이터를 보낼 수 없다. 구체적인 흐름 제어 방법은 [표 13-2]에 정리되어 있다.

(6) `fOutxDsrFlow` 값이 TRUE이면 DSR 신호로 송신 흐름 제어를 한다. DSR 신호가 off이면 데이터를 보낼 수 없다. 구체적인 흐름 제어 방법은 [표 13-1]에 정리되어 있다.

(7) `fDtrControl` DTR 신호를 이용한 흐름 제어 방법을 지정한다. [표 13-1]과 같은 상수가 정의되어 있다.

표 13-1 fDtrControl 상수

값	의미
DTR_CONTROL_DISABLE	DTR 신호를 계속 off로 유지한다.
DTR_CONTROL_ENABLE	DTR 신호를 계속 on으로 유지한다.
DTR_CONTROL_HANDSHAKE	DTR 신호를 이용한 수신 흐름 제어 기능이 활성화된다. 이때 응용 프로그램은 EscapeCommFunction() 함수로 직접 제어 신호를 변경하면 안 된다.

(8) `fDsrSensitivity` 값이 TRUE이면 DSR 신호가 on일 때만 데이터를 받아들인다. DSR 신호가 off일 때 받은 데이터는 모두 무시된다.

(9) `fTXContinueOnXoff` 값이 TRUE이면 XON/XOFF 흐름 제어를 통해 XoffChar 문자를 보내서 데이터 수신을 중단했더라도 데이터 송신은 계속된다. FALSE이면 XON/XOFF 흐름 제어를 통해 XonChar 문자를 보내서 데이터 수신을 재개해야 데이터 송신이 계속된다.

(10) `fOutX` 값이 TRUE이면 XON/XOFF를 이용한 송신 흐름 제어를 한다. XonChar 문자를 받으면 송신이 시작되고, XoffChar 문자를 받으면 송신이 중지된다.

(11) `fInX` 값이 TRUE이면 XON/XOFF를 이용한 수신 흐름 제어를 한다. 수신 버퍼의 여유 용량이 XonLim보다 커지면 상대편에 XonChar 문자를 보내서 전송이 시작되고, 수신

버퍼의 여유 용량이 XoffLim보다 작아지면 상대편에 XoffChar 문자를 보내서 전송이 중지된다.

(12) `fErrorChar` 이 값이 TRUE이고 fParity가 TRUE이면 패리티 오류가 발생한 바이트가 ErrorChar 값으로 자동 치환된다.

(13) `fNull` 값이 TRUE이면 수신된 널 바이트Null Bytes(모든 비트가 0)는 버려진다.

(14) `fRtsControl` RTS 흐름 제어 방법을 지정한다. [표 13-2]와 같은 상수가 정의되어 있다.

표 13-2 fRtsControl 상수

값	의미
RTS_CONTROL_DISABLE	RTS 신호를 계속 off로 유지한다.
RTS_CONTROL_ENABLE	RTS 신호를 계속 on으로 유지한다.
RTS_CONTROL_HANDSHAKE	RTS 신호를 이용한 수신 흐름 제어 기능이 활성화된다. 수신 버퍼의 여유 공간이 1/2 이상이 되면 RTS 신호가 on으로, 수신 버퍼의 여유 공간이 1/4 이하가 되면 RTS 신호가 off로 자동 변경된다. 이때 응용 프로그램은 EscapeCommFunction() 함수로 직접 제어 신호를 변경하면 안 된다.
RTS_CONTROL_TOGGLE	RTS 신호를 이용한 송신 흐름 제어 기능이 활성화된다. 보낼 데이터가 있으면 RTS가 on으로 유지되고, 데이터를 모두 보낸 후에는 RTS가 자동으로 off가 된다.

(15) `fAbortOnError` 값이 TRUE이면 오류가 발생했을 때 모든 읽기와 쓰기 작업이 취소된다. 통신을 재개하려면 응용 프로그램이 ClearCommError( ) 함수로 오류를 제거해야 한다.

(16) `XonLim` 수신 버퍼의 여유 용량이 이 값보다 커지면 흐름 제어가 작동하여 상대방이 데이터 전송을 시작하게 한다. fInX, fRtsControl, fDtrControl 중 하나를 이용하여 수신 흐름 제어를 활성화했을 때 의미가 있다.

(17) `XoffLim` 수신 버퍼의 여유 용량이 이 값보다 작아지면 흐름 제어가 작동하여 상대방이 데이터 전송을 중단하게 한다. fInX, fRtsControl, fDtrControl 중 하나를 이용하여 수신 흐름 제어를 활성화했을 때 의미가 있다.

(18) `ByteSize` 한 바이트를 구성하는 비트 수로 4~8까지 가능하다. 대개 8로 설정한다.

(19) `Parity` 패리티의 종류를 나타낸다. [표 13-3]과 같은 상수가 정의되어 있다.

표 13-3 Parity 상수

값	의미
NOPARITY	패리티 비트를 사용하지 않는다.
ODDPARITY	홀수 패리티를 사용한다.
EVENPARITY	짝수 패리티를 사용한다.
MARKPARITY	패리티 비트가 항상 1이다.
SPACEPARITY	패리티 비트가 항상 0이다.

(20) `StopBits` 정지 비트 수다. ONESTOPBIT(1비트), ONE5STOPBITS(1.5비트), TWOSTOPBITS(2비트) 세 종류가 있다.

(21) `XonChar` XON/XOFF 흐름 제어에서 XON으로 사용할 문자다.

(22) `XoffChar` XON/XOFF 흐름 제어에서 XOFF로 사용할 문자다.

(23) `ErrorChar` 패리티 오류가 발생한 바이트를 대체할 문자다.

(24) `EofChar` 데이터 끝을 알리는 문자다.

(25) `EvtChar` 이벤트 발생을 알리는 문자다.

읽기와 쓰기 타임아웃 변경하기

읽기 함수인 ReadFile( ) 함수와 쓰기 함수인 WriteFile( ) 함수를 호출하기 전에 타임아웃을 지정할 수 있다. 이렇게 하면 데이터 전송이 완료되지 않았더라도 일정 시간 후 함수가 리턴한다. 이전에 지정한 타임아웃값을 얻을 때는 GetCommTimeouts( ) 함수를, 새로운 타임아웃값을 지정할 때는 SetCommTimeouts( ) 함수를 호출한다.

GetCommTimeouts( ) 함수와 SetCommTimeouts( ) 함수의 형태는 똑같다. hFile은 CreateFile( ) 함수의 리턴값이고, lpCommTimeouts는 COMMTIMEOUTS 구조체의 주솟값이다.

```
#include <windows.h>
BOOL GetCommTimeouts(
  HANDLE hFile,
  LPCOMMTIMEOUTS lpCommTimeouts
);                                              성공: 0이 아닌 값, 실패: 0
```

```
#include <windows.h>
BOOL SetCommTimeouts(
  HANDLE hFile,
  LPCOMMTIMEOUTS lpCommTimeouts
);                                              성공: 0이 아닌 값, 실패: 0
```

두 함수에서 공통으로 사용하는 COMMTIMEOUTS 구조체 정의는 다음과 같다. 구조체 하나로 읽기와 쓰기 타임아웃을 모두 지정할 수 있다.

```
typedef struct _COMMTIMEOUTS {
  ❶ DWORD ReadIntervalTimeout;          /* Maximum time between read chars. */
  ❷ DWORD ReadTotalTimeoutMultiplier;   /* Multiplier of characters. */
    DWORD ReadTotalTimeoutConstant;     /* Constant in milliseconds. */
  ❸ DWORD WriteTotalTimeoutMultiplier;  /* Multiplier of characters. */
    DWORD WriteTotalTimeoutConstant;    /* Constant in milliseconds. */
} COMMTIMEOUTS, *LPCOMMTIMEOUTS;
```

❶ `ReadIntervalTimeout` 읽기 간격 타임아웃Read Interval Timeout(도착하는 바이트 사이의 최대 시간 간격)을 밀리초 단위로 지정한다. 한 바이트가 도착한 후 이 값으로 지정한 시간이 지나도 다음 바이트가 도착하지 않으면 ReadFile( ) 함수가 리턴한다. [표 13-4]와 같이 특별한 값을 사용할 수도 있다.

표 13-4 ReadIntervalTimeout

값	의미
0	읽기 간격 타임아웃을 사용하지 않는다.
MAXDWORD	ReadTotalTimeoutMultiplier와 ReadTotalTimeoutConstant가 모두 0이면, 받은 바이트가 없더라도 곧바로 리턴한다.

❷ `ReadTotalTimeoutMultiplier`, `ReadTotalTimeoutConstant` 바이트당 읽기 타임아웃값과 상수를 밀리초 단위로 지정한다. 읽을 바이트 수가 n이면 읽기 타임아웃값은 다음과 같이 계산한다. 특별히 두 값이 모두 0이면 읽기 타임아웃을 사용하지 않는다는 뜻이다.

```
읽기타임아웃(밀리초) = n * ReadTotalTimeoutMultiplier + ReadTotalTimeoutConstant
```

❸ `WriteTotalTimeoutMultiplier`, `WriteTotalTimeoutConstant` 바이트당 쓰기 타임아웃값과 상수를 밀리초 단위로 지정한다. 보낼 바이트 수가 n이면 쓰기 타임아웃값은 다음과 같이 계산한다. 특별히 두 값이 모두 0이면 쓰기 타임아웃을 사용하지 않는다는 뜻이다.

```
쓰기타임아웃(밀리초) = n * WriteTotalTimeoutMultiplier + WriteTotalTimeoutConstant
```

SetCommTimeouts( ) 함수 사용 예는 다음과 같다. 읽기 간격 타임아웃, 읽기 타임아웃, 쓰기 타임아웃을 모두 사용하지 않도록 설정한다. 이렇게 하면 ReadFile( ) 함수와 WriteFile( ) 함수는 데이터를 읽거나 쓰기가 끝나기 전까지는 리턴하지 않는다.

```
// 읽기와 쓰기 타임아웃 설정
COMMTIMEOUTS timeouts;
timeouts.ReadIntervalTimeout = 0;
timeouts.ReadTotalTimeoutMultiplier = 0;
timeouts.ReadTotalTimeoutConstant = 0;
timeouts.WriteTotalTimeoutMultiplier = 0;
timeouts.WriteTotalTimeoutConstant = 0;
if (!SetCommTimeouts(hComm, &timeouts))
    err_quit("SetCommTimeouts()");
```

읽기와 쓰기

직렬 포트에서 데이터를 읽고 쓸 때는 파일 입출력 함수인 ReadFile( ) 함수와 WriteFile( ) 함수를 그대로 사용한다. 여기서는 인수의 의미만 소개하고 두 함수의 구체적인 사용 예는 잠시 후 [실습 13-1]에서 살펴보기로 한다.

```
#include <windows.h>
BOOL ReadFile(
    ❶ HANDLE hFile,
    ❷ LPVOID lpBuffer,
    ❸ DWORD nNumberOfBytesToRead,
    ❹ LPDWORD lpNumberOfBytesRead,
    ❺ LPOVERLAPPED lpOverlapped
);                                               성공: 0이 아닌 값, 실패: 0
```

❶ hFile CreateFile( ) 함수로 얻은 파일 핸들이다.

❷ lpBuffer 읽은 데이터를 저장할 버퍼의 시작 주소다.

❸ nNumberOfBytesToRead 읽을 바이트 수다.

❹ lpNumberOfBytesRead 실제로 읽은 바이트 수가 여기에 저장된다.

❺ lpOverlapped 비동기 입출력에 사용한다. 소켓처럼 직렬 포트 데이터를 읽을 때도 비동기 입출력을 할 수 있지만 본문 예제에서는 사용하지 않는다. 일반적인 동기 입출력을 할 때는 NULL 값을 준다.

```
#include <windows.h>
BOOL WriteFile(
    ❶ HANDLE hFile,
    ❷ LPCVOID lpBuffer,
    ❸ DWORD nNumberOfBytesToWrite,
    ❹ LPDWORD lpNumberOfBytesWritten,
    ❺ LPOVERLAPPED lpOverlapped
);                                          성공: 0이 아닌 값, 실패: 0
```

❶ `hFile` CreateFile() 함수로 얻은 파일 핸들이다.

❷ `lpBuffer` 보낼 데이터를 담고 있는 버퍼의 시작 주소다.

❸ `nNumberOfBytesToWrite` 보낼 바이트 수다.

❹ `lpNumberOfBytesWritten` 실제로 보낸 바이트 수가 여기에 저장된다.

❺ `lpOverlapped` 비동기 입출력에 사용된다. 소켓처럼 직렬 포트에 데이터를 쓸 때도 비동기 입출력을 할 수 있지만 본문 예제에서는 사용하지 않는다. 일반적인 동기 입출력을 할 때는 NULL 값을 준다.

❸ 직렬 통신 프로그램 작성

4장에서 다룬 TCP 서버/클라이언트와 비슷하게 동작하는 응용 프로그램을 직렬 통신으로 구현해보자([그림 13-4]). 실습을 진행하려면 두 PC가 널 케이블로 연결되어 있어야 한다. 또한 통신에 사용할 직렬 포트 이름(COM1, COM2 등)을 장치 관리자에서 확인하여 일부 코드를 수정해야 한다.

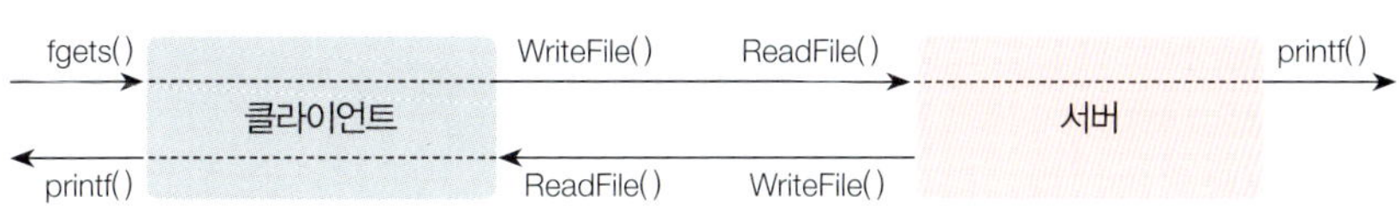

그림 13-4 직렬 통신 예제 동작

실습 13-1 직렬 통신 프로그램 작성과 테스트

1 CommServer와 CommClient라는 콘솔 응용 프로그램 프로젝트 두 개를 생성하고 각각 다음과 같이 입력한다. 프로젝트 생성 옵션과 컴파일, 링크 방법은 1장에 있는 예제를 참고한다. 소켓 함수를 사용하지 않으므로 ws2_32.lib 라이브러리 파일과 링크하는 지시자는 빠져 있다. 앞서 핵심 함수 설명에서 주요 코드를 보았으므로 별도 분석 없이 실습 방법만 소개한다.

CommServer.cpp

```
#include "..\..\Common.h"

#define PORTNAME _T("\\\\.\\COM10") /* 실습 환경에 따라 변경 필요! */
#define BUFSIZE  512

int main(int argc, char *argv[])
{
   int retval;

   // 직렬 포트 열기
   HANDLE hComm = CreateFile(PORTNAME, GENERIC_READ | GENERIC_WRITE,
      0, NULL, OPEN_EXISTING, 0, NULL);
   if (hComm == INVALID_HANDLE_VALUE)
      err_quit("CreateFile()");

   // 직렬 포트 설정값 얻기
   DCB dcb;
   if (!GetCommState(hComm, &dcb))
      err_quit("GetCommState()");

   // 직렬 포트 설정값 수정
   dcb.BaudRate = CBR_57600;
   dcb.ByteSize = 8;
   dcb.fParity = FALSE;
   dcb.StopBits = ONESTOPBIT;
   if (!SetCommState(hComm, &dcb))
      err_quit("SetCommState()");

```

```
    // 읽기와 쓰기 타임아웃 설정
    COMMTIMEOUTS timeouts;
    timeouts.ReadIntervalTimeout = 0;
    timeouts.ReadTotalTimeoutMultiplier = 0;
    timeouts.ReadTotalTimeoutConstant = 0;
    timeouts.WriteTotalTimeoutMultiplier = 0;
    timeouts.WriteTotalTimeoutConstant = 0;
    if (!SetCommTimeouts(hComm, &timeouts))
        err_quit("SetCommTimeouts()");

    // 데이터 통신에 사용할 변수
    char buf[BUFSIZE + 1];
    DWORD BytesRead, BytesWritten;

    // 클라이언트와 데이터 통신
    while (1) {
        // 데이터 받기
        retval = ReadFile(hComm, buf, BUFSIZE, &BytesRead, NULL);
        if (retval == 0) err_quit("ReadFile()");

        // 받은 데이터 출력
        buf[BytesRead] = '\0';
        printf("[받은 데이터] %s\n", buf);

        // 데이터 보내기
        retval = WriteFile(hComm, buf, BUFSIZE, &BytesWritten, NULL);
        if (retval == 0) err_quit("WriteFile()");
    }

    // 직렬 포트 닫기
    CloseHandle(hComm);
    return 0;
}
```

CommClient.cpp

```
#include "..\..\Common.h"

#define PORTNAME _T("\\\\.\\COM10") /* 실습 환경에 따라 변경 필요! */
#define BUFSIZE  512

int main(int argc, char *argv[])
{
  int retval;

  // 직렬 포트 열기
  HANDLE hComm = CreateFile(PORTNAME, GENERIC_READ | GENERIC_WRITE,
    0, NULL, OPEN_EXISTING, 0, NULL);
  if (hComm == INVALID_HANDLE_VALUE)
    err_quit("CreateFile()");

  // 직렬 포트 설정값 얻기
  DCB dcb;
  if (!GetCommState(hComm, &dcb))
    err_quit("GetCommState()");

  // 직렬 포트 설정값 수정
  dcb.BaudRate = CBR_57600;
  dcb.ByteSize = 8;
  dcb.fParity = FALSE;
  dcb.StopBits = ONESTOPBIT;
  if (!SetCommState(hComm, &dcb))
    err_quit("SetCommState()");

  // 읽기와 쓰기 타임아웃 설정
  COMMTIMEOUTS timeouts;
  timeouts.ReadIntervalTimeout = 0;
  timeouts.ReadTotalTimeoutMultiplier = 0;
  timeouts.ReadTotalTimeoutConstant = 0;
  timeouts.WriteTotalTimeoutMultiplier = 0;
  timeouts.WriteTotalTimeoutConstant = 0;
  if (!SetCommTimeouts(hComm, &timeouts))
    err_quit("SetCommTimeouts()");

```

```
    // 데이터 통신에 사용할 변수
    char buf[BUFSIZE + 1];
    int len;
    DWORD BytesRead, BytesWritten;

    // 서버와 데이터 통신
    while (1) {
        // 데이터 입력
        memset(buf, 0, sizeof(buf));
        printf("\n[보낼 데이터] ");
        if (fgets(buf, BUFSIZE + 1, stdin) == NULL)
            break;

        // '\n' 문자 제거
        len = (int)strlen(buf);
        if (buf[len - 1] == '\n') buf[len - 1] = '\0';
        if (strlen(buf) == 0) break;

        // 데이터 보내기
        retval = WriteFile(hComm, buf, BUFSIZE, &BytesWritten, NULL);
        if (retval == 0) err_quit("WriteFile()");
        printf("[클라이언트] %d바이트를 보냈습니다.\n", BytesWritten);

        // 데이터 받기
        retval = ReadFile(hComm, buf, BUFSIZE, &BytesRead, NULL);
        if (retval == 0) err_quit("ReadFile()");

        // 받은 데이터 출력
        buf[BytesRead] = '\0';
        printf("[클라이언트] %d바이트를 받았습니다.\n", BytesRead);
        printf("[받은 데이터] %s\n", buf);
    }

    // 직렬 포트 닫기
    CloseHandle(hComm);
    return 0;
}
```

2 실습 환경에 따라 직렬 포트 이름을 변경한다. 예제 코드는 두 PC에 각각 USB-to-Serial 컨버터를 연결해서 COM10 포트를 사용했는데, 다른 직렬 포트를 사용한다면 장치 관리자를 확인해서 CommServer와 CommClient 예제의 3행을 수정해야 한다. 실행 결과는 다음과 같다. 동작하지 않으면 케이블 접속 상태와 포트 이름을 체크하고, 속도를 낮춰서 (CommServer와 CommClient 예제의 22행) 실행해본다.

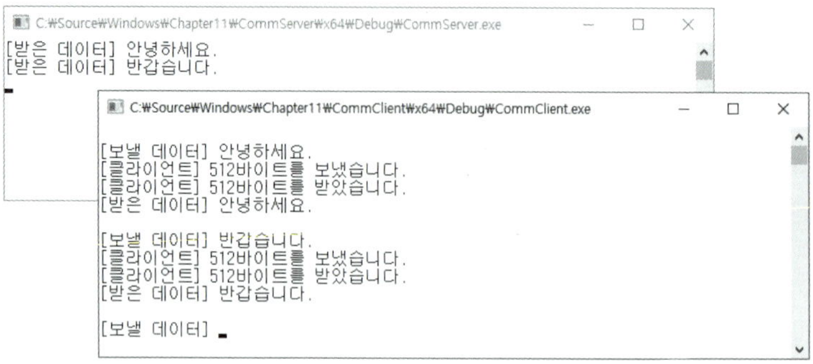

> **NOTE** USB-to-Serial 컨버터를 사용한다면 PC 한 대에 USB-to-Serial 컨버터 2개를 연결하고 이들을 널 케이블로 연결할 수도 있다. 이렇게 하면 같은 컴퓨터에서 CommServer와 CommClient를 실행해서 편리하게 테스트할 수 있다.

오실로스코프Oscilloscope(시간에 따라 변하는 전압값을 보여주는 장비)로 클라이언트가 보내는 데이터(TXD 신호)의 중간 부분을 살펴보면 [그림 13-5]와 같다. 시작 비트는 항상 1비트이고, 정지 비트는 두 예제 코드 25행에서 보듯이 1비트로 설정한 상태다. 시작 비트와 정지 비트 사이에 데이터 비트가 자리하는데, CommClient 예제의 47행에서 보듯이 사용자가 아주 긴 문자열을 입력하지 않는 한 대부분 0으로 채워진 상태다. RS-232 직렬 통신에서 0은 높은 전압(대략 +10V 전후), 1은 낮은 전압(대략 −10V 전후)으로 바뀌어서 전송된다. 시작 비트(1) + 데이터 비트(8) + 정지 비트(1)가 끝나면 다시 시작 비트(1) + 데이터 비트(8) + 정지 비트(1)가 이어진다. RS-232 직렬 통신에서 사용하는 전압 범위는 [표 13-5]에 정리되어 있다.

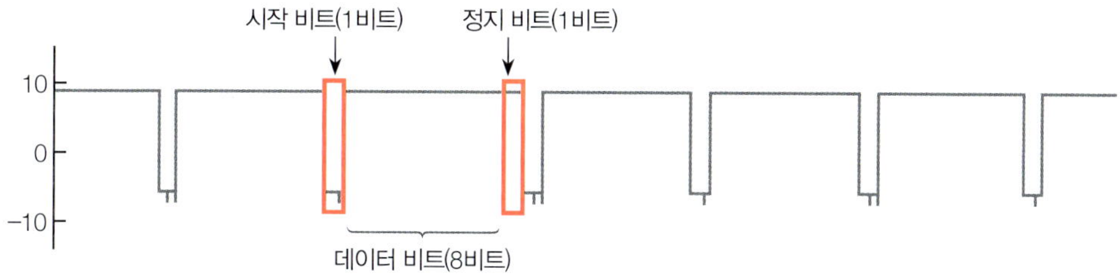

그림 13-5 RS-232 TXD 신호

표 13-5 RS-232 전압 범위

구분	로직	전압
출력	0	+5V ~ +15V
	1	−5V ~ −15V
입력	0	+3V ~ +15V
	1	−3V ~ −15V

NOTE RS-232 직렬 통신은 단순한 케이블 구조와 신호를 사용하므로 주변 잡음에 취약한 편이다. 이를 보완하고자 상당히 높은 전압 범위를 적용해서 0과 1을 표현한다. 또한, 출력 신호가 전송되어 입력 신호가 될 때는 강도가 다소 약해지므로 유효 전압의 최솟값(절댓값 기준)이 더 작게 정의되어 있다.

02 블루투스 통신

블루투스Bluetooth는 무선 통신 프로토콜로, 노트북이나 스마트폰, 태블릿은 물론이고 마우스, 키보드, 프린터, 헤드셋, 게임기 등 다양한 기기에 응용되고 있다. 이런 추세에 맞춰 마이크로소프트는 윈도우 XP 서비스 팩 2부터 블루투스 프로토콜을 정식으로 지원한다. 따라서 호환되는 블루투스 장치만 있으면 블루투스 응용 프로그램을 제작하고 테스트할 수 있다. 이 절에서는 블루투스의 특징과 윈도우 운영체제에서 제공하는 프로그래밍 인터페이스를 살펴보고, 소켓을 이용한 블루투스 프로그래밍 기법을 학습한다.

1 블루투스 기초

블루투스의 특징을 정리하면 다음과 같다.

- 전 세계에서 사용 가능한 2.4GHz 주파수 영역을 사용한다. Wi-Fi와 주파수 영역이 겹치지만 Wi-Fi와 달리 고정된 대역을 사용하지 않고 통신 양단이 주파수 대역을 변경하면서 통신하므로 문제가 생기지 않는다.
- 무지향성이며 단거리(1m~100m)에서 점대점Point-to-Point 또는 점대다점Point-to-Multipoint 방식으로 동작한다.
- 데이터 외에 최대 세 개의 음성 채널을 지원한다.
- 블루투스 장치 클래스에 따라 최소 1미터(클래스 3)에서 최대 100미터(클래스 1) 범위에서 통신할 수 있다.
- 블루투스 버전에 따라 최소 721kbps(1.x)에서 최대 3Mbps(2.x+EDR)까지 데이터 전송 속도를 지원한다. Wi-Fi 기술을 결합한 3.0+HS 버전에서는 24Mbps 속도를 지원한다.

NOTE 본문에서 다루는 블루투스는 클래식 블루투스Classic Bluetooth다. 이와는 별개로, 블루투스 4.0 표준부터 등장한 저전력 블루투스Bluetooth Low Energy(줄여서 Bluetooth LE)가 있다. 블루투스 LE는 똑같이 2.4GHz 주파수 영역을 사용하지만, 주파수를 분할하는 방식과 프로토콜 계층 구조가 달라서 호환되지 않는다. 5.0 버전 기준으로 최대 2Mbps 속도를 제공하며 클래식 블루투스보다 에너지 사용량이 훨씬 적다.

프로그래밍 관점에서 블루투스를 TCP/IP와 비교하면 다음과 같다.

표 13-6 TCP/IP와 블루투스 비교

용어	설명
프로토콜	TCP/IP는 단일 프로토콜이 아니라 다양한 프로토콜의 집합이다. 블루투스 역시 단일 프로토콜이 아니라 다양한 프로토콜의 집합이다. 따라서 프로토콜의 특성을 이해하고 응용 프로그램 개발 시 사용할 프로토콜을 선택해야 한다.
주소	TCP/IP 응용 프로그램은 논리 주소인 IP 주소를 사용한다(단, IP 패킷 전달 과정에서는 물리 주소를 사용한다). 블루투스 응용 프로그램은 각 블루투스 장치의 고유한 48비트 물리 주소를 사용한다.
이름	DNS 서버에 등록된 인터넷의 호스트나 라우터의 이름은 전 세계적으로 고유하며, 약속된 절차를 거치면 대응하는 IP 주소를 얻을 수 있다. 반면, 블루투스 장치의 이름은 등록하지 않으며 사용자가 자유롭게 변경할 수 있다. 따라서 이름이 같은 블루투스 장치가 통신 가능 지역 안에 여러 개 있을 수 있다. 블루투스 장치의 48비트 물리 주소는 장치 검색Device Discovery을 통해 알아낼 수 있다.
TCP ↔ RFCOMM UDP ↔ L2CAP	인터넷의 TCP에 대응하는 블루투스 프로토콜은 RFCOMMRadio Frequency Communications이고, UDP에 대응하는 블루투스 프로토콜은 L2CAPLogical Link Control and Adaptation Protocol이다. 유감스럽게도 윈도우 XP 서비스 팩 2 이상(윈도우 10도 포함)에서 블루투스 소켓 응용 프로그램을 작성할 때는 RFCOMM 프로토콜만 사용할 수 있다는 제약이 있다. 다행히 RFCOMM 프로토콜은 블루투스에서 전통적인 직렬 통신을 흉내내기 위해 만든 것으로, 범용적이어서 일반 응용 프로그램에 적합하다. L2CAP은 UDP와 달리 패킷 전송 순서가 보장되며 동작 모드에 따라 신뢰성 있는 전송도 가능하므로 UDP와 정확히 대응한다고 보기는 어렵지만, UDP처럼 패킷 기반의 데이터그램 서비스로 볼 수 있다는 점에서 비슷하다. 윈도우와 달리 리눅스에서는 L2CAP 프로토콜이 공개되어 있어서 일반 응용 프로그램이 데이터 통신에 사용할 수 있다.
포트 번호	TCP 서버 응용 프로그램은 고정된 포트 번호를 사용하지만, 블루투스 서버 응용 프로그램은 임의 포트 번호를 할당받아 사용한다. 또한 전통적인 포트 번호 외에 서버가 제공하는 서비스를 고유하게 식별하는 128비트 숫자(서비스 ID라고 부름)를 사용한다. 모든 블루투스 장치는 장치 정보와 서비스 정보를 외부에서 검색할 수 있게 해주는 SDPService Discovery Protocol 서버를 내장하고 있다. 클라이언트는 각 블루투스 장치의 SDP 서버에 접근하여 서버가 제공하는 서비스의 종류와 사용 중인 포트 번호를 알아낼 수 있다.

예제로 작성할 블루투스 응용 프로그램은 RFCOMM 프로토콜을 사용한다. RFCOMM 프로토콜은 TCP처럼 데이터 경계 구분이 없는 스트림Stream 방식 전송 기능을 제공한다. 또한 TCP처럼 포트 번호를 사용하지만 1~30번까지만 가능하다. 이런 특징 때문에 RFCOMM 프로토콜을 사용하는 블루투스 응용 프로그램은 TCP 응용 프로그램과 구조가 비슷하다. 서버와 클라이언트로 나누어 구조의 차이점과 유사점을 살펴보고 관련 함수를 학습해보자.

2 블루투스 통신 함수 – 서버

[그림 13-6]은 TCP 서버와 블루투스 RFCOMM 서버의 구조를 보여준다. listen( ) 함수를 호출하기 전에 WSASetService( ) 함수를 호출한다는 점을 제외하면 구조는 동일하다.

단계별로 주요 함수를 정리해보자. 단, TCP와 같은 방식으로 사용하는 recv( ) 함수, send( ) 함수, closesocket( ) 함수는 설명을 생략한다.

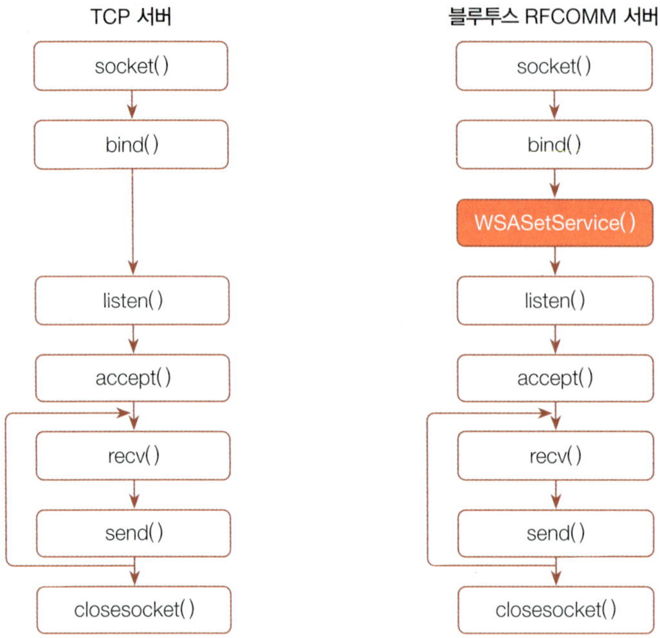

그림 13-6 TCP 서버와 블루투스 RFCOMM 서버의 구조

socket( ) 함수

블루투스 RFCOMM 소켓 생성 예는 다음과 같다. RFCOMM 프로토콜은 TCP와 특성이 비슷하므로 socket( ) 함수의 두 번째 인수에 SOCK_STREAM을 전달한다.

```
SOCKET listen_sock = socket(AF_BTH, SOCK_STREAM, BTHPROTO_RFCOMM);
if (listen_sock == INVALID_SOCKET) err_quit("socket()");
```

bind() 함수

bind() 함수를 사용하려면 통신 프로토콜에 적합한 소켓 주소 구조체가 필요하다. 블루투스 소켓 주소 구조체 정의는 다음과 같다.

```
#include <ws2bth.h>
typedef struct _SOCKADDR_BTH {
    ❶ USHORT addressFamily;
    ❷ BTH_ADDR btAddr;
    ❸ GUID serviceClassId;
    ❹ ULONG port;
} SOCKADDR_BTH;
```

❶ `addressFamily` 항상 AF_BTH로 설정한다.

❷ `btAddr` TCP/IP의 IP 주소와 비슷한 개념으로 블루투스 장치의 48비트 주소를 나타낸다. connect() 함수에 사용할 때는 장치 검색을 통해 얻은 실제 주솟값을 넣어야 한다. bind() 함수에 사용할 때는 0을 넣으면 된다. BTH_ADDR 타입은 CPU의 처리 효율성을 고려하여 48비트가 아닌 64비트 정수형으로 정의되어 있다.

❸ `serviceClassId` 서버가 제공하는 서비스를 나타내는 고유한 식별자다. 충돌을 막고자 128비트 GUID Globally Unique Identifier를 사용하도록 약속되어 있다. connect() 함수에 사용할 때는 유효한 값을 넣어야 하지만, bind() 함수에 사용할 때는 무시되므로 값을 넣을 필요는 없다.

❹ `port` TCP/IP의 포트 번호와 비슷한 개념이다. bind() 함수에 사용할 때는 대개 BT_PORT_ANY 값을 넣는다. 이렇게 하면 RFCOMM 포트 번호 1~30번 중 하나가 자동으로 할당되고, 이 번호는 getsockname() 함수로 얻을 수 있다. connect() 함수에 사용할 때는 장치 검색을 통해 알아낸 포트 번호를 넣어야 한다.

bind() 함수 사용 예는 다음과 같다.

```
SOCKADDR_BTH serveraddr;
memset(&serveraddr, 0, sizeof(serveraddr));
serveraddr.addressFamily = AF_BTH;
serveraddr.btAddr = 0;
serveraddr.port = BT_PORT_ANY;
retval = bind(listen_sock, (struct sockaddr *)&serveraddr, sizeof(serveraddr));
if (retval == SOCKET_ERROR) err_quit("bind()");
```

WSASetService( ) 함수

WSASetService( ) 함수는 서버 정보를 블루투스 장치에 내장된 SDP 서버에 등록하는 역할을 한다. 서버가 등록해둔 정보는 클라이언트가 장치 검색을 통해 알아낼 수 있다.

```
#include <winsock2.h>
int WSASetService(
    ❶ LPWSAQUERYSET lpqsRegInfo,
    ❷ WSAESETSERVICEOP essOperation,
    ❸ DWORD dwControlFlags
);                                          성공: 0, 실패: SOCKET_ERROR
```

❶ `lpqsRegInfo` 등록할 정보를 담고 있는 WSAQUERYSET 구조체다. 복잡한 구조체이므로 따로 설명할 것이다.

❷ `essOperation` 등록할 때는 RNRSERVICE_REGISTER 값을, 등록을 해제할 때는 RNRSERVICE_DELETE 값을 넣는다. RNRSERVICE_DEREGISTER 값도 정의되어 있지만 블루투스 응용 프로그램에서는 사용할 수 없다.

❸ `dwControlFlags` 블루투스 응용 프로그램에서는 항상 0을 넣는다.

WSAQUERYSET 구조체 정의는 다음과 같다. WSASetService( ) 함수로 서버 정보를 등록할 때 필수적인 부분만 설명한다.

```
#include <winsock2.h>
typedef struct _WSAQuerySet {
  ❶ DWORD         dwSize;
  ❷ LPTSTR        lpszServiceInstanceName;
  ❸ LPGUID        lpServiceClassId;
    LPWSAVERSION  lpVersion;
  ❹ LPTSTR        lpszComment;
  ❺ DWORD         dwNameSpace;
    LPGUID        lpNSProviderId;
    LPTSTR        lpszContext;
    DWORD         dwNumberOfProtocols;
    LPAFPROTOCOLS lpafpProtocols;
    LPTSTR        lpszQueryString;
  ❻ DWORD         dwNumberOfCsAddrs;
  ❼ LPCSADDR_INFO lpcsaBuffer;
    DWORD         dwOutputFlags;
    LPBLOB        lpBlob;
} WSAQUERYSET;
```

❶ `dwSize` WSAQUERYSET 구조체 자체의 크기를 넣는다(필수).

❷ `lpszServiceInstanceName` 서비스 이름을 문자열로 넣는다(권장).

❸ `lpServiceClassId` 서버가 제공하는 서비스를 나타내는 고유한 식별자를 128비트 GUID 형식으로 넣는다(필수). 비주얼 스튜디오에서 [도구]-[GUID 만들기] 메뉴를 선택하면 [GUID 만들기] 대화상자가 나타난다([그림 13-7]). 두 번째 서식을 선택한 상태에서 [새 GUID] 버튼을 클릭하면 새로운 GUID를 계속 만들 수 있고, [복사] 버튼을 누르면 현재 내용이 클립보드에 복사된다. 코드에 붙여넣고 〈〈name〉〉 부분만 자유롭게 변경해서 사용하면 된다.

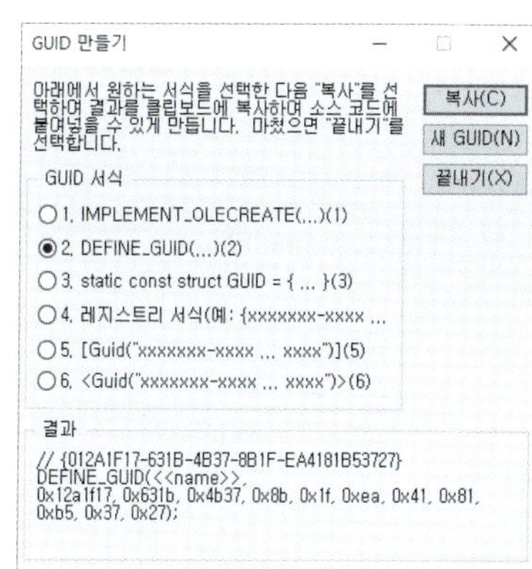

그림 13-7 GUID 만들기

❹ `lpszComment` 부가적인 설명을 문자열로 넣는다(옵션).

❺ `dwNameSpace` 항상 NS_BTH 값을 사용한다(필수).

❻ `dwNumberOfCsAddrs` 항상 1이어야 한다(필수).

❼ `lpcsaBuffer` CSADDR_INFO 구조체로 소켓 주소 정보를 넣는다(필수). 복잡한 구조체이므로 따로 설명할 것이다.

CSADDR_INFO 구조체 정의는 다음과 같다. 내부에서 사용하는 SOCKET_ADDRESS 구조체도 같이 표시했다.

```
#include <winsock2.h>
typedef struct _SOCKET_ADDRESS {
      LPSOCKADDR lpSockaddr;
      int iSockaddrLength;
} SOCKET_ADDRESS;

typedef struct _CSADDR_INFO {
   ❶ SOCKET_ADDRESS LocalAddr;
      SOCKET_ADDRESS RemoteAddr;
   ❷ int            iSocketType;
   ❸ int            iProtocol;
} CSADDR_INFO;
```

❶ `LocalAddr, RemoteAddr` 각각 지역 주소와 원격 주소를 뜻하는데, WSASetService( ) 함수로 서버 정보를 등록할 때는 bind( ) 함수에 사용했던 소켓 주소 구조체 정보를 그대로 넣어야 한다. SOCKET_ADDRESS 구조체에는 소켓 주소 구조체의 주소와 길이를 넣어준다.

❷ `iSocketType` 항상 SOCK_STREAM으로 설정한다.

❸ `iProtocol` 항상 BTHPROTO_RFCOMM으로 설정한다.

지금까지 설명한 내용을 모두 포함하여 WSASetService( ) 함수 사용 예를 살펴보면 다음과 같다.

```
#include <initguid.h>

DEFINE_GUID(BthServer_Service, 0x4672de25, 0x588d, 0x48af,
   0x80, 0x73, 0x5f, 0x2b, 0x7b, 0x0, 0x60, 0x1f);

int main(int argc, char *argv[])
{
   socket(...);
   bind(...);

   CSADDR_INFO addrinfo;
   addrinfo.LocalAddr.lpSockaddr = (struct sockaddr *)&serveraddr;
   addrinfo.LocalAddr.iSockaddrLength = sizeof(serveraddr);
   addrinfo.RemoteAddr.lpSockaddr = (struct sockaddr *)&serveraddr;
   addrinfo.RemoteAddr.iSockaddrLength = sizeof(serveraddr);
   addrinfo.iSocketType = SOCK_STREAM;
   addrinfo.iProtocol = BTHPROTO_RFCOMM;

   WSAQUERYSET qset;
   memset(&qset, 0, sizeof(qset));
   qset.dwSize = sizeof(qset);
   qset.lpszServiceInstanceName = (LPTSTR)_T("Bluetooth Server Test Service");
   qset.lpServiceClassId = (GUID *)&BthServer_Service;
   qset.dwNameSpace = NS_BTH;
   qset.dwNumberOfCsAddrs = 1;
   qset.lpcsaBuffer = &addrinfo;
   retval = WSASetService(&qset, RNRSERVICE_REGISTER, 0);
   if (retval == SOCKET_ERROR) err_quit("WSASetService()");
   ...
}
```

listen( ) 함수

TCP 서버와 같은 방식으로 사용하면 된다. 단, listen( ) 함수의 두 번째 인수인 backlog에는 보통 1을 사용한다. 대부분의 블루투스 응용 프로그램은 일대일로 통신하기 때문이다.

accept() 함수

TCP 서버와 같은 방식으로 사용하면 된다. 단, 소켓 주소 구조체로 SOCKADDR_BTH 타입을 사용한다.

3 블루투스 통신 함수 – 클라이언트

[그림 13-8]은 TCP 클라이언트와 블루투스 RFCOMM 클라이언트의 구조를 보여준다. 블루투스 장치와 서비스를 검색하는 부분을 제외하면 구조는 같다.

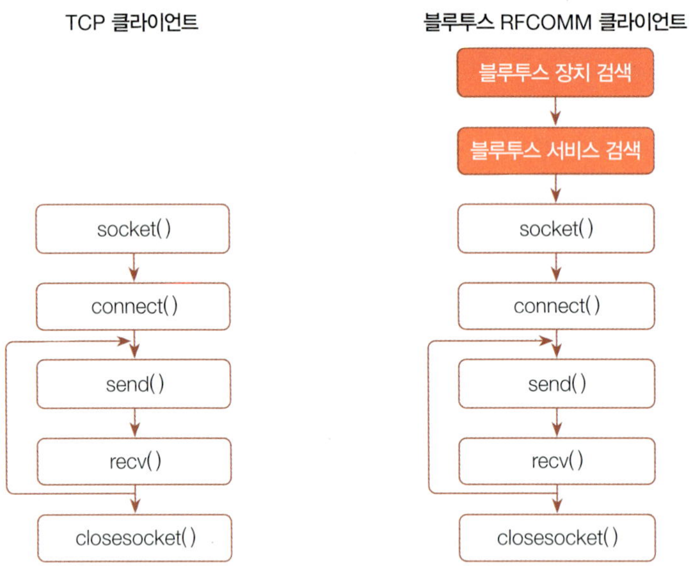

그림 13-8 TCP 클라이언트와 블루투스 RFCOMM 클라이언트의 구조

단계별로 주요 함수를 정리해보자. 단, 앞에서 설명한 socket() 함수 그리고 TCP와 같은 방식으로 사용하는 send() 함수, recv() 함수, closesocket() 함수는 설명을 생략한다.

블루투스 장치 검색

블루투스 장치를 검색할 때는 함수 세 개를 묶어서 사용한다. WSALookupServiceBegin() 함수를 호출하면 블루투스 장치를 검색하여 결과를 저장해둔다. 다음으로 WSALookupServiceNext() 함수를 반복해서 호출하면 블루투스 장치 정보를 한 번에 한 개씩 리턴해준다. 검색된 장치 정보를 모두 얻으면 WSALookupServiceEnd() 함수를 호출하여 정리한다.

```
#include <winsock2.h>
int WSALookupServiceBegin(
    ❶ LPWSAQUERYSET lpqsRestrictions,
    ❷ DWORD dwControlFlags,
    ❸ LPHANDLE lphLookup
);                                          성공: 0, 실패: SOCKET_ERROR
```

❶ `lpqsRestrictions` 검색 대상을 WSAQUERYSET 구조체로 지정한다. dwSize 필드에 WSAQUERYSET 구조체 자체의 크기를 넣고, dwNameSpace 필드에 NS_BTH 값을 넣어서 전달한다. 구조체의 나머지 필드는 0으로 초기화해야 한다.

❷ `dwControlFlags` 검색 깊이를 지정하는 플래그의 집합이다. 블루투스 장치를 검색할 때는 LUP_CONTAINERS 플래그를 반드시 사용해야 한다. 그 밖에 유용한 플래그로는 LUP_FLUSHCACHE(캐시 정보 삭제), LUP_RETURN_NAME(장치 이름 리턴), LUP_RETURN_ADDR(장치 주소 리턴) 등이 있다.

❸ `lphLookup` WSALookupServiceNext( ) 함수 호출에 사용할 핸들값이 저장되어 리턴된다.

```
#include <winsock2.h>
int WSALookupServiceNext(
    ❶ HANDLE hLookup,
    ❷ DWORD dwControlFlags,
    ❸ LPDWORD lpdwBufferLength,
    ❹ LPWSAQUERYSET lpqsResults
);                                          성공: 0, 실패: SOCKET_ERROR
```

❶ `hLookup` WSALookupServiceBegin( ) 함수로 얻은 핸들값이다.

❷ `dwControlFlags` WSALookupServiceBegin( ) 함수 호출 시 사용한 값을 그대로 넣어준다.

❸ `lpdwBufferLength` 값-결과 인수이므로 함수 호출 전에 반드시 초깃값을 주어야 하며, 호출 후에는 다른 값을 가질 수 있다. 함수 호출 전에는 값이 WSAQUERYSET 구조체의 크기이지만, 만약 함수 호출이 실패하고 WSAEFAULT 오류 코드가 발생하면 새로운 값이 저장된다. 이 값은 WSALookupServiceNext( ) 함수의 네 번째 인수가 가리킬 메모리 크기를 나타내므로 응용 프로그램이 메모리 재할당 작업을 해야 한다.

❹ lpqsResults 검색된 블루투스 장치 정보를 담고 있는 WSAQUERYSET 구조체다. lpqsResults->RemoteAddr.lpSockaddr에는 블루투스 장치의 48비트 주소가 들어 있다.

```
#include <winsock2.h>
int WSALookupServiceEnd(
    HANDLE hLookup   // WSALookupServiceBegin( ) 함수로 얻은 핸들값
);                                                성공: 0, 실패: SOCKET_ERROR
```

48비트 블루투스 장치 주소를 문자열 형태로 출력할 때는 WSAAddressToString( ) 함수로 변환해야 한다. WSAAddressToString( ) 함수는 윈도우 전용 함수로, IPv4/IPv6 주소를 문자열 형태로 변환할 때도 사용할 수 있는 범용 함수다.

```
#include <winsock2.h>
int WSAAddressToString(
    ❶ LPSOCKADDR          lpsaAddress,
    ❷ DWORD               dwAddressLength,
    ❸ LPWSAPROTOCOL_INFO lpProtocolInfo,
    ❹ LPTSTR              lpszAddressString,
    ❺ LPDWORD             lpdwAddressStringLength
);                                                성공: 0, 실패: SOCKET_ERROR
```

❶ lpsaAddress 소켓 주소 구조체를 가리킨다.

❷ dwAddressLength 소켓 주소 구조체의 길이다.

❸ lpProtocolInfo 대부분 NULL을 사용한다.

❹ lpszAddressString 문자열 형태의 주소를 담을 버퍼를 가리킨다.

❺ lpdwAddressStringLength 문자열 형태의 주소를 담을 버퍼의 길이다. 값-결과 인수이므로 함수 호출 전에 반드시 초깃값을 주어야 하며, 호출 후에는 다른 값을 가질 수 있다.

블루투스 서비스 검색

블루투스 서비스 검색은 블루투스 장치가 제공하는 서비스 정보를 얻는 일이다. 대표 예는 서버가 사용하는 포트 번호를 알아내는 것이다. 블루투스 서비스를 검색할 때는 블루투스 장치 검색처럼 WSALookupServiceBegin( ) 함수, WSALookupServiceNext( ) 함수,

WSALookupServiceEnd( ) 함수를 차례로 사용한다. 단, WSALookupServiceBegin( ) 함수 호출 시 전달하는 WSAQUERYSET 구조체의 lpServiceClassId와 lpszContext 필드를 추가로 사용한다는 점만 다르다. lpServiceClassId 필드는 서버가 제공하는 서비스 식별자인 128비트 GUID를, lpszContext 필드는 통신할 블루투스 장치의 48비트 주소(문자열 형태)를 가리켜야 한다.

connect( ) 함수

TCP 클라이언트와 같은 방식으로 사용한다. 단, 소켓 주소 구조체로 SOCKADDR_BTH 타입을 사용한다.

4 블루투스 통신 프로그램 작성

블루투스 장치를 검색하는 프로그램과 블루투스 기반의 서버-클라이언트 프로그램을 별도로 만들어서 테스트해보자. 우선 블루투스 장치를 검색하는 프로그램을 작성한다.

실습 13-2 블루투스 장치 검색 프로그램 작성과 테스트

1 BthDevSearch라는 콘솔 응용 프로그램 프로젝트를 생성하고 다음과 같이 입력한다. 프로젝트 생성 옵션과 컴파일, 링크 방법은 1장에 있는 예제와 같다. 앞에서 핵심 함수를 모두 다루었으므로 그 외에 주목할 부분만 설명하기로 한다.

BthDevSearch.cpp

```
#include "..\..\Common.h"
#include <ws2bth.h>
#include <locale.h>

int main(int argc, char *argv[])
{
  int retval;

  // Unicode 한국어 출력
  setlocale(LC_ALL, "");

```

```
// 윈속 초기화
WSADATA wsa;
if (WSAStartup(MAKEWORD(2, 2), &wsa) != 0)
   return 1;

// 블루투스 장치 검색 준비
DWORD qslen = sizeof(WSAQUERYSET);
WSAQUERYSET *qs = (WSAQUERYSET *)malloc(qslen);
memset(qs, 0, qslen);
qs->dwSize = qslen;
qs->dwNameSpace = NS_BTH;
DWORD flags = LUP_CONTAINERS; /* 필수! */
flags |= (LUP_FLUSHCACHE | LUP_RETURN_NAME | LUP_RETURN_ADDR);

// 블루투스 장치 검색 시작
HANDLE hLookup;
retval = WSALookupServiceBegin(qs, flags, &hLookup);
if (retval == SOCKET_ERROR) {
   printf("[오류] 발견된 블루투스 장치 없음!\n");
   exit(1);
}

// 검색된 장치 정보 출력
SOCKADDR_BTH *sa = NULL;
bool done = false;
while (!done) {
   retval = WSALookupServiceNext(hLookup, flags, &qslen, qs);
   if (retval == NO_ERROR) {
      // 장치 정보를 담은 소켓 주소 구조체 접근
      sa = (SOCKADDR_BTH *)qs->lpcsaBuffer->RemoteAddr.lpSockaddr;
      // 블루투스 장치 주소를 문자열로 출력
      TCHAR addr[40] = { 0, };
      DWORD addrlen = sizeof(addr);
      WSAAddressToString((struct sockaddr *)sa, sizeof(SOCKADDR_BTH),
         NULL, addr, &addrlen);
      _tprintf(_T("블루투스 장치 발견! %s - %s\n"),
         addr, qs->lpszServiceInstanceName);
   }
```

```
50        else {
51            if (WSAGetLastError() == WSAEFAULT) {
52                free(qs);
53                qs = (WSAQUERYSET *)malloc(qslen);
54            }
55            else {
56                done = true;
57            }
58        }
59    }
60
61    // 블루투스 장치 검색 종료
62    WSALookupServiceEnd(hLookup);
63    free(qs);
64
65    // 윈속 종료
66    WSACleanup();
67    return 0;
68 }
```

3행, 10행 비주얼 스튜디오 프로젝트 설정에 따라 ANSI 또는 Unicode 문자 집합을 지원할 수 있는데, Unicode 문자 집합(기본값)을 사용할 때 한국어 출력이 안 되는 문제를 해결하는 코드다.

43행 char 타입 대신 ANSI/Unicode 문자 집합을 지원하는 TCHAR 타입을 사용한다. 이는 45~46행의 WSAAddressToString( ) 함수가 비주얼 스튜디오 프로젝트 설정에 따라 ANSI 또는 Unicode 문자열 형태로 블루투스 장치 주소를 반환하기 때문이다.

47~48행 ANSI 문자열만 지원하는 printf( ) 함수 대신 ANSI/Unicode 문자 집합을 지원하는 _tprintf( ) 매크로 함수를 사용한다. 이때 서식 문자열인 첫 번째 인수를 _T( ) 매크로로 묶어야 한다.

2 PC나 노트북의 블루투스를 켠 상태에서 실행 결과는 다음과 같다. 실습 환경에 따라 주변의 블루투스 장치가 두 개 이상 검색될 수도 있고, 한 개도 발견되지 않을 수도 있다. 스마트폰의 블루투스를 활성화하고 테스트해도 좋다. 단, 스마트폰의 블루투스 설정 화면을 벗어나고 일정 시간이 지나면 검색이 안 될 수 있음에 유의해야 한다.

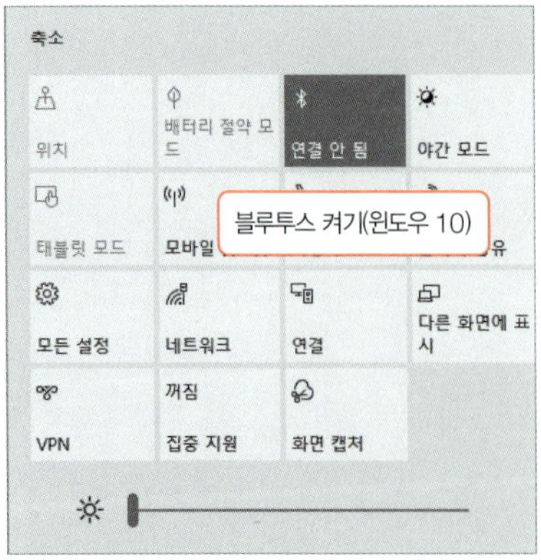

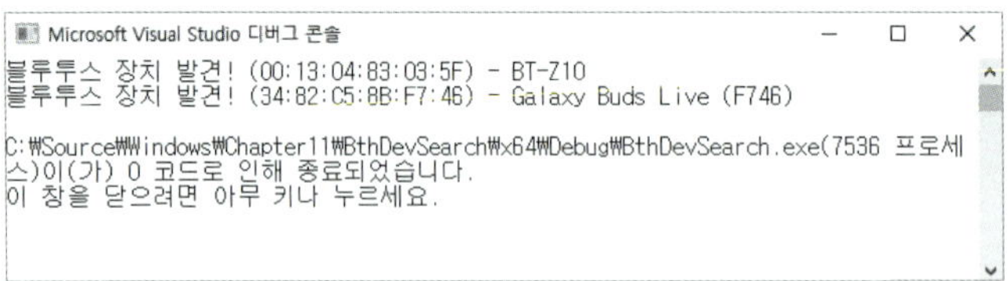

다음으로 블루투스 기반의 서버-클라이언트 프로그램을 작성해보자. 클라이언트에서 키보드로 입력한 글자를 보내면 서버가 받아서 화면에 표시하는 전형적인 프로그램이다.

실습 13-3 블루투스 통신 프로그램 작성과 테스트

1 BthServer와 BthClient라는 콘솔 응용 프로그램 프로젝트 두 개를 생성하고 각각 다음과 같이 입력한다. 프로젝트 생성 옵션과 컴파일, 링크 방법은 1장에 있는 예제와 같다. 앞에서 핵심 함수를 모두 다루었으므로 예제 코드를 별도로 분석하지 않고 실습 방법만 소개할 것이다.

BthServer.cpp

```
#include "..\..\Common.h"
#include <ws2bth.h>
#include <initguid.h>

#define BUFSIZE 512

DEFINE_GUID(BthServer_Service, 0x4672de25, 0x588d, 0x48af,
  0x80, 0x73, 0x5f, 0x2b, 0x7b, 0x0, 0x60, 0x1f);

```

```
int main(int argc, char *argv[])
{
    int retval;

    // 윈속 초기화
    WSADATA wsa;
    if (WSAStartup(MAKEWORD(2, 2), &wsa) != 0)
        return 1;

    // 소켓 생성
    SOCKET listen_sock = socket(AF_BTH, SOCK_STREAM, BTHPROTO_RFCOMM);
    if (listen_sock == INVALID_SOCKET) err_quit("socket()");

    // bind()
    SOCKADDR_BTH serveraddr;
    memset(&serveraddr, 0, sizeof(serveraddr));
    serveraddr.addressFamily = AF_BTH;
    serveraddr.btAddr = 0;
    serveraddr.port = BT_PORT_ANY;
    retval = bind(listen_sock, (struct sockaddr *)&serveraddr, sizeof(serveraddr));
    if (retval == SOCKET_ERROR) err_quit("bind()");

    // 서버 포트 번호 출력 (옵션)
    int addrlen = sizeof(serveraddr);
    retval = getsockname(listen_sock, (struct sockaddr *)&serveraddr, &addrlen);
    if (retval == SOCKET_ERROR) err_quit("bind()");
    printf("[블루투스 서버] 사용 포트 번호: %d\n", serveraddr.port);

    // 서버 정보 등록 (필수)
    CSADDR_INFO addrinfo;
    addrinfo.LocalAddr.lpSockaddr = (struct sockaddr *)&serveraddr;
    addrinfo.LocalAddr.iSockaddrLength = sizeof(serveraddr);
    addrinfo.RemoteAddr.lpSockaddr = (struct sockaddr *)&serveraddr;
    addrinfo.RemoteAddr.iSockaddrLength = sizeof(serveraddr);
    addrinfo.iSocketType = SOCK_STREAM;
    addrinfo.iProtocol = BTHPROTO_RFCOMM;

```

```
    WSAQUERYSET qset;
    memset(&qset, 0, sizeof(qset));
    qset.dwSize = sizeof(qset);
    qset.lpszServiceInstanceName = (LPTSTR)_T("Bluetooth Server Test Service");
    qset.lpServiceClassId = (GUID *)&BthServer_Service;
    qset.dwNameSpace = NS_BTH;
    qset.dwNumberOfCsAddrs = 1;
    qset.lpcsaBuffer = &addrinfo;
    retval = WSASetService(&qset, RNRSERVICE_REGISTER, 0);
    if (retval == SOCKET_ERROR) err_quit("WSASetService()");

    // listen()
    retval = listen(listen_sock, 1);
    if (retval == SOCKET_ERROR) err_quit("listen()");

    // 데이터 통신에 사용할 변수
    SOCKET client_sock;
    SOCKADDR_BTH clientaddr;
    char buf[BUFSIZE + 1];

    while (1) {
        // accept()
        addrlen = sizeof(clientaddr);
        client_sock = accept(listen_sock, (struct sockaddr *)&clientaddr, &addrlen);
        if (client_sock == INVALID_SOCKET) {
            err_display("accept()");
            break;
        }
        printf("\n[블루투스 서버] 클라이언트 접속!\n");

        // 클라이언트와 데이터 통신
        while (1) {
            // 데이터 받기
            retval = recv(client_sock, buf, BUFSIZE, 0);
            if (retval == SOCKET_ERROR) {
                err_display("recv()");
                break;
            }
```

```
            else if (retval == 0)
                break;

            // 받은 데이터 출력
            buf[retval] = '\0';
            printf("[블루투스 서버] %s\n", buf);
        }

        // 소켓 닫기
        closesocket(client_sock);
        printf("[블루투스 서버] 클라이언트 종료!\n");
    }

    // 소켓 닫기
    closesocket(listen_sock);

    // 윈속 종료
    WSACleanup();
    return 0;
}
```

BthClient.cpp

```
#include "..\..\Common.h"
#include <ws2bth.h>
#include <initguid.h>
#include <locale.h>

#define SERVERADDR _T("E0:06:E6:AF:78:9F") /* 실습 환경에 따라 변경 필요! */
#define BUFSIZE    512

DEFINE_GUID(BthServer_Service, 0x4672de25, 0x588d, 0x48af,
    0x80, 0x73, 0x5f, 0x2b, 0x7b, 0x0, 0x60, 0x1f);

int main(int argc, char *argv[])
{
    int retval;

```

```
    // Unicode 한국어 출력
    setlocale(LC_ALL, "");

    // 윈속 초기화
    WSADATA wsa;
    if (WSAStartup(MAKEWORD(2, 2), &wsa) != 0)
        return 1;

    // 블루투스 장치 검색 (생략)
    // - 편의상 SERVERADDR 상수로 대신한다.

    // 블루투스 서비스 검색 준비
    DWORD qslen = sizeof(WSAQUERYSET);
    WSAQUERYSET *qs = (WSAQUERYSET *)malloc(qslen);
    memset(qs, 0, qslen);
    qs->dwSize = qslen;
    qs->dwNameSpace = NS_BTH;
    qs->lpServiceClassId = (GUID *)&BthServer_Service;
    qs->lpszContext = (LPTSTR)SERVERADDR;
    DWORD flags = LUP_FLUSHCACHE | LUP_RETURN_ADDR;

    // 블루투스 서비스 검색 시작
    HANDLE hLookup;
    retval = WSALookupServiceBegin(qs, flags, &hLookup);
    if (retval == SOCKET_ERROR) {
        printf("[오류] 발견된 블루투스 장치 없음!\n");
        exit(1);
    }

    // 검색된 블루투스 서비스 정보 확인
    SOCKADDR_BTH *sa = NULL;
    int serverport = 0;
    bool done = false;
    while (!done) {
        retval = WSALookupServiceNext(hLookup, flags, &qslen, qs);
        if (retval == NO_ERROR) {
            // 장치 정보를 담은 소켓 주소 구조체 접근
            sa = (SOCKADDR_BTH *)qs->lpcsaBuffer->RemoteAddr.lpSockaddr;
```

```
            // 서버 포트 번호 저장 후 탈출
            serverport = sa->port;
            break;
        }
        else {
            if (WSAGetLastError() == WSAEFAULT) {
                free(qs);
                qs = (WSAQUERYSET *)malloc(qslen);
            }
            else {
                done = true;
            }
        }
    }
    if (sa == NULL) {
        _tprintf(_T("[오류] %s에서 실행 중인 서버 없음!\n"), SERVERADDR);
        exit(1);
    }

    // 블루투스 서비스 검색 종료
    WSALookupServiceEnd(hLookup);
    free(qs);

    // 소켓 생성
    SOCKET sock = socket(AF_BTH, SOCK_STREAM, BTHPROTO_RFCOMM);
    if (sock == INVALID_SOCKET) err_quit("socket()");

    // connect()
    SOCKADDR_BTH serveraddr;
    memset(&serveraddr, 0, sizeof(serveraddr));
    int addrlen = sizeof(serveraddr);
    WSAStringToAddress((LPTSTR)SERVERADDR, AF_BTH, NULL,
        (struct sockaddr *)&serveraddr, &addrlen);
    serveraddr.port = serverport;
    retval = connect(sock, (struct sockaddr *)&serveraddr, sizeof(serveraddr));
    if (retval == SOCKET_ERROR) err_quit("connect()");

```

```
91      // 데이터 통신에 사용할 변수
92      char buf[BUFSIZE + 1];
93      int len;
94
95      // 서버와 데이터 통신
96      while (1) {
97          // 데이터 입력
98          printf("\n[보낼 데이터] ");
99          if (fgets(buf, BUFSIZE + 1, stdin) == NULL)
100             break;
101
102         // '\n' 문자 제거
103         len = (int)strlen(buf);
104         if (buf[len - 1] == '\n') buf[len - 1] = '\0';
105         if (strlen(buf) == 0) break;
106
107         // 데이터 보내기
108         retval = send(sock, buf, (int)strlen(buf), 0);
109         if (retval == SOCKET_ERROR) {
110             err_display("send()");
111             break;
112         }
113         printf("[블루투스 클라이언트] %d바이트를 보냈습니다.\n", retval);
114     }
115
116     // 소켓 닫기
117     closesocket(sock);
118
119     // 윈속 종료
120     WSACleanup();
121     return 0;
122 }
```

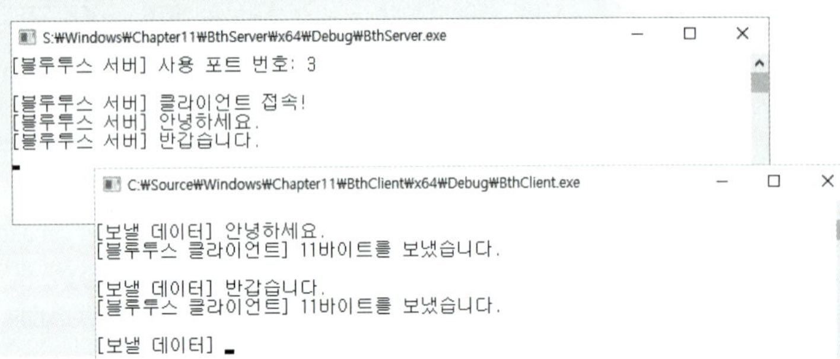

2 실습 환경에 따라 BthClient.cpp 파일의 5행을 변경한다. 서버가 실행 중인 블루투스 장치의 48비트 주소를 적어야 하는데, 이전에 작성한 BthDevSearch 예제로 알아낸 값을 사용하면 된다. PC나 노트북의 블루투스를 켠 상태에서의 실행 결과는 오른쪽과 같다.

01 직렬 통신 기초

- 시작 비트, 데이터 비트, 정지 비트
  - 데이터를 보내기 전에 시작을 알리는 시작 비트를 보냄
  - 실제 데이터인 데이터 비트(5, 6, 7, 8비트 설정 가능)를 한 비트씩 차례로 보냄
  - 데이터를 보낸 후 종료를 알리는 정지 비트를 보냄: 1, 1.5, 2비트 설정 가능
- 패리티: 오류 검출 능력이 약해 잘 사용하지 않음. 짝수 또는 홀수 패리티가 있음
- 흐름 제어
  - 사용 안 함: 가장 일반적임
  - XON/XOFF: 소프트웨어 흐름 제어
  - RTS/CTS: 하드웨어 흐름 제어
  - DTR/DSR: 하드웨어 흐름 제어

02 직렬 포트를 이용한 데이터 통신 절차

① 직렬 포트 열기: CreateFile( )

② 각종 설정값 얻거나 변경하기: GetCommState( ), SetCommState( )

③ 읽기와 쓰기 타임아웃 얻거나 변경하기: GetCommTimeouts( ), SetCommTimeouts( )

④ 데이터 읽거나 쓰기: ReadFile( ), WriteFile( )

⑤ 직렬 포트 닫기: CloseHandle( )

03 블루투스 소켓 프로그래밍

- 블루투스 헤더 파일(ws2bth.h) 추가
- 블루투스 통신용 소켓 생성
- 소켓 주소 구조체로 SOCKADDR_BTH 사용
- 서버는 WSASetService( ) 함수로 서버 정보를 SDP 서버에 등록. 클라이언트는 WSALookupServiceBegin( ), WSALookupServiceNext( ), WSALookupServiceEnd( ) 함수로 블루투스 장치와 블루투스 서비스 검색

연습문제

01 직렬 통신을 이용한 채팅 프로그램을 콘솔 응용 프로그램 형식으로 작성하시오. 직렬 포트 읽기와 쓰기를 독립적으로 해야 하므로 멀티스레드를 이용해야 한다. 또한 교착 상태Deadlock가 발생하지 않도록 적당한 타임아웃 값을 지정하는 것이 좋다.

02 본문의 직렬 통신 예제는 고정 길이 데이터를 주고받는다. 가변 길이 데이터를 주고받되 '\n'을 EOREnd Of Record로 사용하도록 수정하시오.

03 직렬 통신을 이용한 파일 전송 프로그램을 콘솔 응용 프로그램 형식으로 작성하시오.

04 블루투스 장치 이름을 명령행 인수로 입력받아 통신하도록 BthClient 예제를 수정하시오.

힌트 BthDevSearch 예제와 BthClient 예제 기능을 결합하면 된다.

05 블루투스 통신을 이용한 채팅 프로그램을 콘솔 응용 프로그램 형식으로 작성하시오.

06 블루투스 통신을 이용한 파일 전송 프로그램을 콘솔 응용 프로그램 형식으로 작성하시오.

Chapter

14

IPv4/IPv6 + TCP/UDP 지원 데이터 전송 프로그램

학습목표

- IPv4와 IPv6를 모두 지원하는 소켓 응용 프로그램을 제작한다.
- TCP와 UDP를 모두 지원하는 소켓 응용 프로그램을 제작한다.
- 윈도우에서 작동하는 서버 코드를 리눅스에 맞게 변환한다.
- 형식이 다른 데이터를 네트워크로 주고받는 기법을 익힌다.
- 서버 작성 모델과 스레드를 실전 응용 프로그램에 활용한다.

01 프로젝트 개요

이 장에서는 실전 응용 프로그램을 제작하는 과정을 통해 본문에서 배운 소켓 함수와 서버 작성 모델을 종합적으로 정리한다. 4장과 8장에서 IPv4와 IPv6용 TCP와 UDP 소켓 응용 프로그램을 개별적으로 작성했는데, 여기서는 IPv4/IPv6, TCP/UDP를 동시에 지원하는 서버와 클라이언트를 제작한다. 서버는 콘솔 응용 프로그램이지만 클라이언트는 GUI 응용 프로그램 형식을 사용할 것이므로 10장의 내용을 파악하고 있어야 한다. 또한 여러 클라이언트가 보낸 데이터를 효과적으로 처리하기 위해 서버에서 Select 소켓 입출력 모델을 사용하므로 11, 12장의 내용도 다시 살펴보는 것이 좋다. 서버는 콘솔 응용 프로그램 형식이며 윈도우/리눅스에서 공통으로 지원하는 Select 모델을 사용하므로 약간의 수정을 거치면 윈도우 버전을 리눅스 버전으로 손쉽게 변환할 수 있다.

1 프로그램 구조

인터넷에 연결된 호스트는 전 세계적으로 유일한 IP 주소, 즉 공인 IP 주소Public IP Address를 사용하는 것이 원칙이다. 하지만 IPv4 주소 공간의 한계와 보안 때문에 실제로는 사설 IP 주소Private IP Address라고 부르는 유일하지 않은 IP 주소를 사용하는 경우가 많다. 사설 IP 주소는 호스트가 속한 물리적 네트워크 내부에서만 사용하므로 IP 주소가 같은 호스트가 서로 다른 물리적 네트워크에 존재할 수 있다.

전형적인 서버-클라이언트 구조에서 서버가 사설 IP 주소를 사용할 때 생기는 문제점을 생각해보자. [그림 14-1]은 사설 IP 주소를 사용하는 네트워크에서 실행 중인 서버에 외부에서 클라이언트가 접속하는 상황을 보여준다. 인터넷을 통해 전송되는 IP 패킷에는 항상 공인 IP 주소를 사용해야 하므로, 클라이언트가 보내는 IP 패킷에는 서버(가 포함된 네트워크)의 공인 IP 주소가 들어 있다. 그런데 목적지 네트워크에 도착한 IP 패킷을 최종적으로 어느 호스트에 전달해야 할지 판단할 수 없는 문제가 생긴다. 사설 IP 주소를 사용하는 네트워크 내부의 모든 호스트가 IP 패킷의 수신 후보가 될 수 있기 때문이다. 이런 이유로 서버는 외부 네트워크에서 접근할 수 있는 공인 IP 주소를 사용하는 것이 원칙이다(클라이언트는 사설 IP 주소를 사용해도 상관없다).

NOTE 가정에서 공유기를 사용하는 환경이라면 DDNSDynamic Domain Name System를 이용하여 외부 접속이 가능하도록 할 수 있다. 자신의 공유기에서 DDNS를 지원하는지 확인해보고 활용법을 익혀두면 외부에서 필요할 때 자신의 가정 PC(사설 IP 사용 중)에 접근할 수 있어 매우 편리하다. DDNS는 사설 IP를 사용하는 호스트에 공인 IP로 접근할 수 있는 구조를 제공한다.

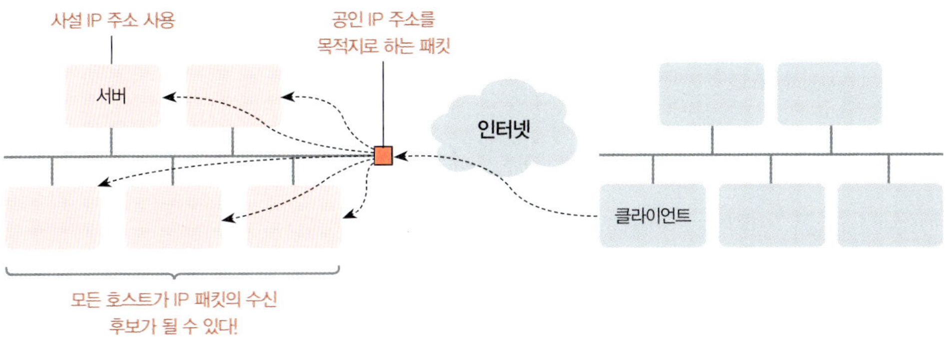

그림 14-1 사설 IP를 사용하는 서버와 클라이언트 간 통신

[그림 14-2]와 같이 공인 IP 주소를 사용하는 서버를 사용하면 클라이언트가 공인 IP 주소를 사용하든 사설 IP 주소를 사용하든 관계없이 서버를 거쳐 통신할 수 있다는 장점이 있다. 이런 구조는 여러 클라이언트가 데이터를 공유해야 할 때(예 다자간 채팅 프로그램) 유용하다.

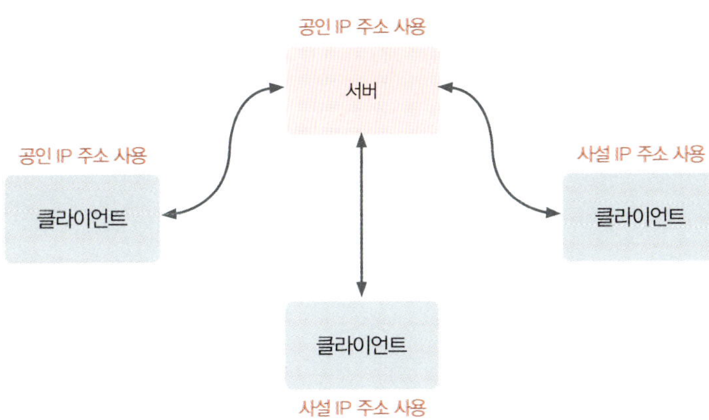

그림 14-2 공인 IP를 사용하는 서버를 경유한 클라이언트 간 통신

이 장에서 작성할 서버-클라이언트도 [그림 14-2]와 같이 동작한다. 서버는 클라이언트가 보낸 데이터를 받아 현재 접속한 모든 클라이언트에 데이터를 전송한다. 클라이언트는 서버와 접속을 한 개만 유지하지만, 서버는 다른 모든 클라이언트의 데이터를 중계하는 역할을 하므로 사실상 모든 클라이언트가 직접 연결된 것이나 다름없이 작동한다.

서버와 클라이언트가 지원할 프로토콜과 실행 환경을 정리하면 다음과 같다.

■ 서버

- 프로토콜: TCP/IPv4, TCP/IPv6, UDP/IPv4, UDP/IPv6
- 실행 환경: 윈도우, 리눅스
- 프로그램 형태: CLI[Command Line Interface]

■ 클라이언트

- 프로토콜: TCP/IPv4, TCP/IPv6, UDP/IPv4, UDP/IPv6
- 실행 환경: 윈도우
- 프로그램 형태: GUI[Graphical User Interface]

2 프로그램 기능

작성할 서버와 클라이언트의 실행 화면을 미리 살펴보면 [그림 14-3]과 같다. 클라이언트 화면의 왼쪽 첫 줄에는 접속할 대상 서버의 IP 주소와 포트 번호를 입력할 수 있다. IP 주소의 기본 형식은 IPv4이지만 '(IPv6)' 부분을 체크하면 IPv6 주소를 입력하여 접속할 수도 있다. 기본 전송 프로토콜은 TCP이지만 클라이언트 화면의 왼쪽 둘째 줄의 '(UDP)' 부분을 체크하면 UDP를 사용한다. [서버 접속] 버튼을 누르면 접속이 되고 서버 화면에 접속 상황이 표시된다. [그림 14-3]의 서버 화면을 보면 두 클라이언트가 각각 IPv4, IPv6 루프백 주소를 사용 중임을 알 수 있다.

'메시지' 부분에 글자를 입력한 후 Enter를 누르거나 [메시지 전송] 버튼을 눌러 메시지를 전송할 수 있다. 전송된 메시지는 현재 서버에 접속한 모든 클라이언트에 전달되므로 다자간 채팅이 가능하다. 오른쪽에는 세 가지 색상 중 하나를 선택하여 그림을 그릴 수 있는 영역이 준비되어 있다. 그림 정보도 네트워크를 통해 실시간으로 전송되므로 현재 서버에 접속한 모든 클라이언트 화면에 똑같은 그림이 그려진다. [그림 지우기] 버튼을 누르면 모든 클라이언트 화면의 그림이 지워진다. '(UDP)'를 체크하여 UDP 통신을 지원하는 부분과 [파일 전송] 기능은 뼈대 코드만 작성되어 있는데, 전체 코드를 분석하고 이를 토대로 독자가 기능을 직접 구현해야 한다.

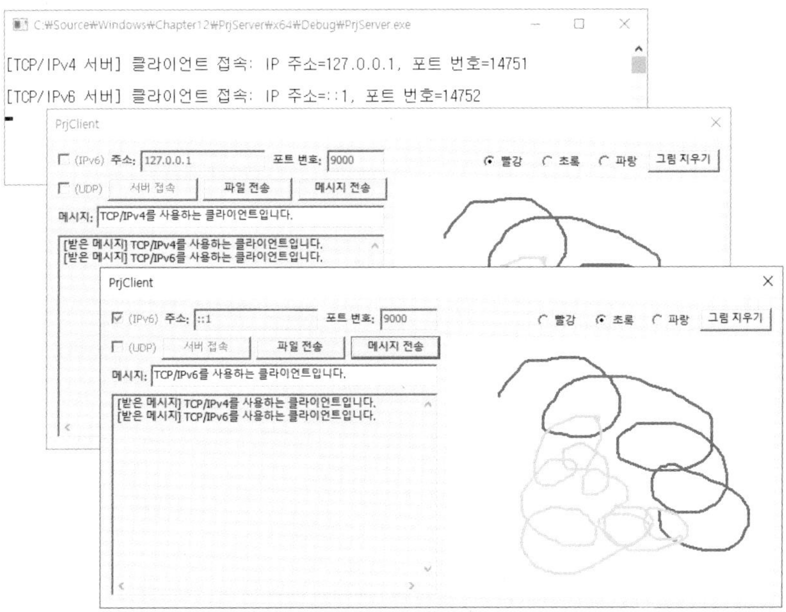

그림 14-3 서버와 클라이언트 실행 화면

02 응용 프로그램 작성

다음 순서에 따라 서버와 클라이언트 응용 프로그램을 작성한다. 서버는 본문에서 다룬 대부분의 예제처럼 콘솔 형식을 사용하고, 클라이언트는 편리하게 화면을 구성할 수 있는 대화상자를 기반으로 작성한다. 본문 예제로 제공되는 파일을 그대로 활용하되 프로젝트는 직접 만들어 보기를 권장한다. 서버는 프로젝트를 생성하고 .cpp 파일 내용만 가져다 사용하면 되지만, 클라이언트는 프로젝트 생성 후 대화상자를 디자인하고 각종 컨트롤의 속성을 변경하는 절차를 거쳐야 한다.

실습 14-1 IPv4/IPv6 + TCP/UDP 지원 서버 작성

1 본문 1장의 [실습 1-1] **1~5**단계를 따라 PrjServer 프로젝트와 함께 PrjServer.cpp 파일을 생성한다. 예제로 제공되는 Source\Windows\Chapter14\PrjServer\PrjServer.cpp 파일의 내용을 복사해서 그대로 사용한다. 지면을 줄이고자 소스 코드는 생략하지만, 잠시 후 분석할 때 전체 코드를 살펴볼 것이다.

2 컴파일, 링크 후 실행한다.

실습 14-2 IPv4/IPv6 + TCP/UDP 지원 클라이언트 작성

1 본문 1장의 [실습 1-1] **1~5**단계를 따라 PrjClient 프로젝트와 함께 PrjClient.h, PrjClient.cpp 파일을 생성한다.

2 이어서 본문 10장의 [실습 10-3] **2~3**단계를 따라 대화상자 리소스를 추가한다. 자동으로 추가된 [확인]과 [취소] 버튼을 각각 누르고 Delete 를 눌러 삭제한다. [그림 14-4]는 대화상자 디자인 화면, [그림 14-5]는 컨트롤 번호에 대응하는 컨트롤의 종류다. 컨트롤을 선

택하고 대화상자 디자인 화면을 클릭하여 배치한다. 컨트롤별로 변경할 ID와 속성은 [표 14-1]에 정리해두었다. 참고로, [그림 14-4]의 숫자는 임의로 적은 것이 아니고 탭 순서를 나타낸다. [서식]-[탭 순서] 메뉴를 선택한 상태에서 컨트롤을 차례로 클릭하면 탭 순서를 바꿀 수 있는데, 가능한 [그림 14-4]처럼 순서를 바꾸기를 권장한다.

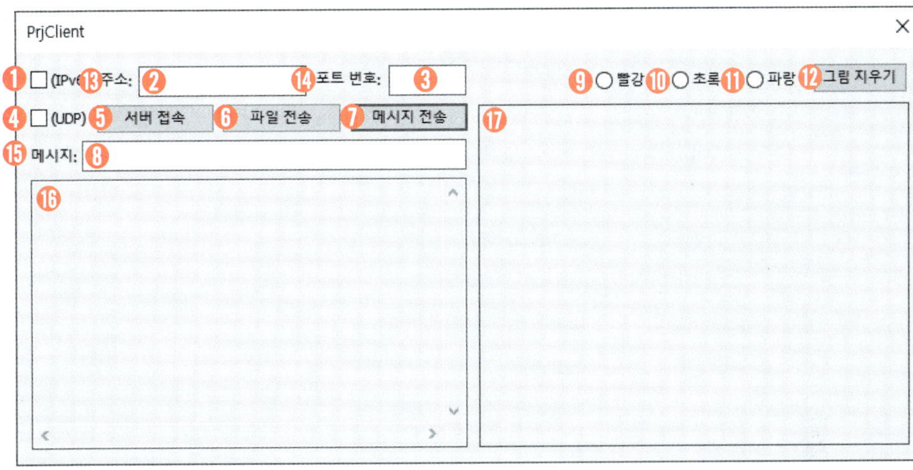

그림 14-4 대화상자 디자인 화면

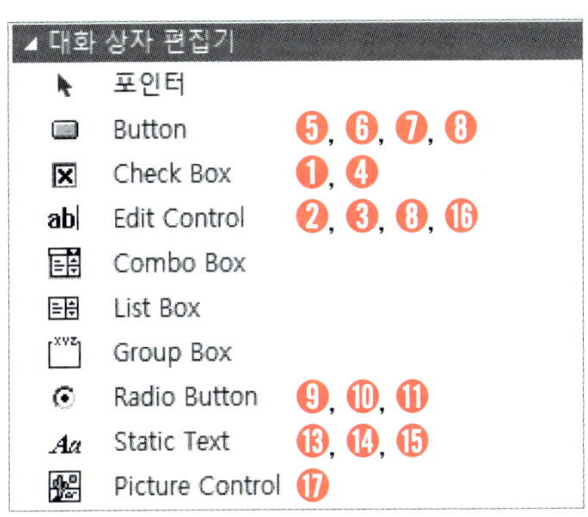

그림 14-5 사용할 컨트롤의 종류

표 14-1 컨트롤 속성

번호	ID	변경 사항
❶	IDC_ISIPV6	Caption을 '(IPv6)'로 변경
❷	IDC_IPADDR	없음
❸	IDC_PORT	없음
❹	IDC_ISUDP	Caption을 '(UDP)'로 변경
❺	IDC_CONNECT	Caption을 '서버 접속'으로 변경
❻	IDC_SENDFILE	Caption을 '파일 전송'으로 변경
❼	IDC_SENDMSG	Caption을 '메시지 전송', Default Button을 True로 변경
❽	IDC_MSG	없음
❾	IDC_COLORRED	Caption을 '빨강'으로 변경
❿	IDC_COLORGREEN	Caption을 '초록'으로 변경
⓫	IDC_COLORBLUE	Caption을 '파랑'으로 변경
⓬	IDC_ERASEPIC	Caption을 '그림 지우기'로 변경
⓭	IDC_STATIC	Caption을 '주소:'로 변경
⓮	IDC_STATIC	Caption을 '포트 번호:'로 변경
⓯	IDC_STATIC	Caption을 '메시지:'로 변경
⓰	IDC_STATUS	Horizontal Scroll, Multiline, Read Only, Vertical Scroll을 모두 True로 변경
⓱	IDC_DUMMY	없음

3 예제로 제공되는 Source\Windows\Chapter14\PrjClient 폴더의 PrjClient.h, PrjClient.cpp 파일 내용을 복사해서 그대로 사용한다. 지면을 줄이고자 소스 코드는 생략하지만, 잠시 후 분석할 때 전체 코드를 살펴볼 것이다.

4 컴파일, 링크 후 실행하여 테스트한다. [그림 14-3]처럼 서버를 한 개, 클라이언트를 두 개 이상 실행했을 때 잘 동작하는지 확인해보자.

03 서버 코드 분석: 윈도우

PrjServer 예제의 기본 구조는 11장에서 작성한 SelectTCPServer 예제와 비슷하지만, 다음과 같은 차이가 있다.

- TCP/IPv4와 TCP/IPv6 소켓을 생성하여 모두 소켓 셋으로 관리한다. UDP/IPv4와 UDP/IPv6 소켓은 독자가 추가할 수 있게 남겨 두었다.
- 구현의 복잡도를 다소 줄이기 위해 블로킹 소켓을 사용한다. Select 소켓 입출력 모델은 블로킹 소켓이든 넌블로킹 소켓이든 상관없이 단일 스레드로 여러 소켓 입출력을 처리할 수 있다. 블로킹 소켓은 넌블로킹 소켓과 달리 수신 바이트 수만 관리하면 되므로 11장의 본문 예제보다 데이터 처리 부분이 간단해진다.
- 클라이언트가 보내는 데이터는 포함된 내용과 관계없이 길이가 일정하다고 가정한다. 클라이언트가 보낸 데이터가 정해진 길이(256바이트)에 도달하면, 현재 접속한 모든 클라이언트에 전송해준다.
- 클라이언트가 보낸 데이터를 해석하지 않는다. 서버는 현재 접속한 클라이언트 간 데이터를 중계하는 역할만 한다. 만약 데이터를 해석해서 처리할 필요가 생긴다면, 바이트 순서나 글자 인코딩과 같은 부분을 서버와 클라이언트가 통일해야 한다.

이 특징을 염두에 두고 PrjServer.cpp 코드의 핵심 부분을 위주로 분석해본다.

1 헤더 파일 포함, 상수/구조체/전역 변수 정의, 함수 원형 선언

```
#include "..\..\Common.h"

#define SERVERPORT 9000
#define BUFSIZE    256

```

```
6 // 소켓 정보 저장을 위한 구조체와 변수
7 typedef struct _SOCKETINFO
8 {
9   SOCKET sock;
10   bool   isIPv6;
11   bool   isUDP;
12   char   buf[BUFSIZE + 1];
13   int    recvbytes;
14 } SOCKETINFO;
15 int nTotalSockets = 0;
16 SOCKETINFO *SocketInfoArray[FD_SETSIZE];
17
18 // 소켓 정보 관리 함수
19 bool AddSocketInfo(SOCKET sock, bool isIPv6, bool isUDP);
20 void RemoveSocketInfo(int nIndex);
```

4행 고정 길이 데이터를 항상 256바이트로 약속한다.

7~14행 소켓 정보 저장을 위한 구조체다. 소켓마다 소켓 자체(9행), IPv6 타입 여부(10행), UDP 소켓 여부(11행), 응용 프로그램 버퍼(12행), 수신 바이트 수(13행)를 유지한다. 11행은 당장 필요하지 않아도 나중에 확장을 위해 추가해둔 것이다.

15~16행 소켓 정보 관리를 위한 각종 변수다. nTotalSockets 변수는 관리하는 소켓의 개수를, SocketInfoArray[] 배열은 소켓 정보(SOCKETINFO 구조체)를 관리한다.

2 메인 함수

```
22 int main(int argc, char *argv[])
23 {
24   int retval;
25
26   // 윈속 초기화
27   WSADATA wsa;
28   if (WSAStartup(MAKEWORD(2, 2), &wsa) != 0)
29     return 1;
30
```

```
/*----- TCP/IPv4 소켓 초기화 시작 -----*/
// 소켓 생성
SOCKET listen_sock4 = socket(AF_INET, SOCK_STREAM, 0);
if (listen_sock4 == INVALID_SOCKET) err_quit("socket()");

// bind()
struct sockaddr_in serveraddr;
memset(&serveraddr, 0, sizeof(serveraddr));
serveraddr.sin_family = AF_INET;
serveraddr.sin_addr.s_addr = htonl(INADDR_ANY);
serveraddr.sin_port = htons(SERVERPORT);
retval = bind(listen_sock4, (struct sockaddr *)&serveraddr,
  sizeof(serveraddr));
if (retval == SOCKET_ERROR) err_quit("bind()");

// listen()
retval = listen(listen_sock4, SOMAXCONN);
if (retval == SOCKET_ERROR) err_quit("listen()");
/*----- TCP/IPv4 소켓 초기화 종료 -----*/

/*----- TCP/IPv6 소켓 초기화 시작 -----*/
// 소켓 생성
SOCKET listen_sock6 = socket(AF_INET6, SOCK_STREAM, 0);
if (listen_sock6 == INVALID_SOCKET) err_quit("socket()");

// bind()
struct sockaddr_in6 serveraddr6;
memset(&serveraddr6, 0, sizeof(serveraddr6));
serveraddr6.sin6_family = AF_INET6;
serveraddr6.sin6_addr = in6addr_any;
serveraddr6.sin6_port = htons(SERVERPORT);
retval = bind(listen_sock6, (struct sockaddr *)&serveraddr6,
  sizeof(serveraddr6));
if (retval == SOCKET_ERROR) err_quit("bind()");

// listen()
retval = listen(listen_sock6, SOMAXCONN);
```

```
if (retval == SOCKET_ERROR) err_quit("listen()");
/*----- TCP/IPv6 소켓 초기화 종료 -----*/

/*----- UDP/IPv4 소켓 초기화 시작 -----*/
// TODO: 소켓을 생성하고 초기화한다.
/*----- UDP/IPv4 소켓 초기화 종료 -----*/

/*----- UDP/IPv6 소켓 초기화 시작 -----*/
// TODO: 소켓을 생성하고 초기화한다.
/*----- UDP/IPv6 소켓 초기화 종료 -----*/

// 데이터 통신에 사용할 변수(공통)
fd_set rset;
SOCKET client_sock;
int addrlen;
// 데이터 통신에 사용할 변수(IPv4)
struct sockaddr_in clientaddr4;
// 데이터 통신에 사용할 변수(IPv6)
struct sockaddr_in6 clientaddr6;

while (1) {
    // 소켓 셋 초기화
    FD_ZERO(&rset);
    FD_SET(listen_sock4, &rset);
    FD_SET(listen_sock6, &rset);
    for (int i = 0; i < nTotalSockets; i++) {
        FD_SET(SocketInfoArray[i]->sock, &rset);
    }

    // select()
    retval = select(0, &rset, NULL, NULL, NULL);
    if (retval == SOCKET_ERROR) err_quit("select()");

    // 소켓 셋 검사(1): 클라이언트 접속 수용
    if (FD_ISSET(listen_sock4, &rset)) { // TCP/IPv4
        addrlen = sizeof(clientaddr4);
        client_sock = accept(listen_sock4,
            (struct sockaddr *)&clientaddr4, &addrlen);
```

```
	if (client_sock == INVALID_SOCKET) {
		err_display("accept()");
		break;
	}
	else {
		// 클라이언트 정보 출력
		char addr[INET_ADDRSTRLEN];
		inet_ntop(AF_INET, &clientaddr4.sin_addr, addr, sizeof(addr));
		printf("\n[TCP/IPv4 서버] 클라이언트 접속: IP 주소=%s, 포트 번호=%d\n",
			addr, ntohs(clientaddr4.sin_port));
		// 소켓 정보 추가: 실패 시 소켓 닫음
		if (!AddSocketInfo(client_sock, false, false))
			closesocket(client_sock);
	}
}
if (FD_ISSET(listen_sock6, &rset)) { // TCP/IPv6
	addrlen = sizeof(clientaddr6);
	client_sock = accept(listen_sock6,
		(struct sockaddr *)&clientaddr6, &addrlen);
	if (client_sock == INVALID_SOCKET) {
		err_display("accept()");
		break;
	}
	else {
		// 클라이언트 정보 출력
		char addr[INET6_ADDRSTRLEN];
		inet_ntop(AF_INET6, &clientaddr6.sin6_addr, addr, sizeof(addr));
		printf("\n[TCP/IPv6 서버] 클라이언트 접속: IP 주소=%s, 포트 번호=%d\n",
			addr, ntohs(clientaddr6.sin6_port));
		// 소켓 정보 추가: 실패 시 소켓 닫음
		if (!AddSocketInfo(client_sock, true, false))
			closesocket(client_sock);
	}
}

// 소켓 셋 검사(2): 데이터 통신
for (int i = 0; i < nTotalSockets; i++) {
	SOCKETINFO *ptr = SocketInfoArray[i];
```

```
            if (FD_ISSET(ptr->sock, &rset)) {
                // 데이터 받기
                retval = recv(ptr->sock, ptr->buf + ptr->recvbytes,
                    BUFSIZE - ptr->recvbytes, 0);
                if (retval == 0 || retval == SOCKET_ERROR) {
                    RemoveSocketInfo(i);
                    continue;
                }

                // 받은 바이트 수 누적
                ptr->recvbytes += retval;

                if (ptr->recvbytes == BUFSIZE) {
                    // 받은 바이트 수 리셋
                    ptr->recvbytes = 0;
                    // 현재 접속한 모든 클라이언트에 데이터 전송
                    for (int j = 0; j < nTotalSockets; j++) {
                        SOCKETINFO *ptr2 = SocketInfoArray[j];
                        retval = send(ptr2->sock, ptr->buf, BUFSIZE, 0);
                        if (retval == SOCKET_ERROR) {
                            err_display("send()");
                            RemoveSocketInfo(j);
                            --j; // 루프 인덱스 보정
                            continue;
                        }
                    }
                }
            }
        } /* end of for */
    } /* end of while (1) */

    // 소켓 닫기
    closesocket(listen_sock4);

    // 윈속 종료
    WSACleanup();
    return 0;
}
```

33~48행, 53~68행 TCP/IPv4와 TCP/IPv6 연결 대기 소켓을 각각 생성하고 초기화한다.

71~77행 UDP/IPv4와 UDP/IPv6 소켓을 위해 비워둔 부분이다.

90~95행 소켓 셋(읽기 셋)을 초기화하고 TCP/IPv4와 TCP/IPv6 연결 대기 소켓을 읽기 셋에 넣는다. 현재 접속한 클라이언트와 통신할 소켓도 모두 읽기 셋에 넣는다. 예제 전체에서 블로킹 소켓만 사용하므로 송신 바이트 수를 유지하면서 쓰기 셋을 관리할 필요는 없다.

102~120행, 121~139행 소켓 셋(읽기 셋)을 검사하여 accept( ) 함수를 호출함으로써 새로 접속한 클라이언트와 통신할 수 있는 소켓을 생성한다. IPv4와 IPv6를 구분하여 처리하는데, IPv6 소켓이면 AddSocketInfo( ) 함수의 두 번째 인수에 true를, 그렇지 않으면 false를 전달한다. 모두 TCP 소켓이므로 AddSocketInfo( ) 함수의 세 번째 인수에는 항상 false를 넣는다.

142~172행 소켓 셋(읽기 셋)을 검사하여 도착한 데이터가 있는지 확인한다. 읽기 셋에 소켓이 남아 있다면 도착한 데이터가 있거나 연결 종료 등의 오류를 뜻하므로 recv( ) 함수를 호출하여 데이터를 읽거나 오류를 감지한다. 여기서 주의할 점은 recv( ) 함수 호출 한 번으로 256바이트 고정 길이 패킷을 읽는다는 보장이 없다는 사실이다. 따라서 매번 받은 바이트 수를 누적했다가(154행) 256바이트 크기에 도달했을 때만(156행) 현재 접속한 모든 클라이언트에 데이터를 보내는 작업을 시작한다.

3 소켓 정보 관리 함수

AddSocketInfo( ) 함수, RemoveSocketInfo( ) 함수는 각각 소켓 정보를 추가하고 삭제하는 역할을 한다. 기본 기능은 11/12장의 Select 모델에서 사용한 것과 같다. 소켓 정보 추가 시 사용하는 SOCKETINFO 구조체의 구성이 약간 다르고, 소켓 정보 삭제 시 클라이언트 정보를 출력할 때 IPv4와 IPv6를 구분하여 처리한다는 점이 다를 뿐이다.

```
183 // 소켓 정보 추가
184 bool AddSocketInfo(SOCKET sock, bool isIPv6, bool isUDP)
185 {
186   if (nTotalSockets >= FD_SETSIZE) {
187     printf("[오류] 소켓 정보를 추가할 수 없습니다!\n");
188     return false;
189   }
```

```
    SOCKETINFO *ptr = new SOCKETINFO;
    if (ptr == NULL) {
        printf("[오류] 메모리가 부족합니다!\n");
        return false;
    }
    ptr->sock = sock;
    ptr->isIPv6 = isIPv6;
    ptr->isUDP = isUDP;
    ptr->recvbytes = 0;
    SocketInfoArray[nTotalSockets++] = ptr;
    return true;
}

// 소켓 정보 삭제
void RemoveSocketInfo(int nIndex)
{
    SOCKETINFO *ptr = SocketInfoArray[nIndex];

    if (ptr->isIPv6 == false) {
        // 클라이언트 정보 얻기
        struct sockaddr_in clientaddr;
        int addrlen = sizeof(clientaddr);
        getpeername(ptr->sock, (struct sockaddr *)&clientaddr, &addrlen);
        // 클라이언트 정보 출력
        char addr[INET_ADDRSTRLEN];
        inet_ntop(AF_INET, &clientaddr.sin_addr, addr, sizeof(addr));
        printf("[TCP/IPv4 서버] 클라이언트 종료: IP 주소=%s, 포트 번호=%d\n",
            addr, ntohs(clientaddr.sin_port));
    }
```

```
else {
    // 클라이언트 정보 얻기
    struct sockaddr_in6 clientaddr;
    int addrlen = sizeof(clientaddr);
    getpeername(ptr->sock, (struct sockaddr *)&clientaddr, &addrlen);
    // 클라이언트 정보 출력
    char addr[INET6_ADDRSTRLEN];
    inet_ntop(AF_INET6, &clientaddr.sin6_addr, addr, sizeof(addr));
    printf("[TCP/IPv6 서버] 클라이언트 종료: IP 주소=%s, 포트 번호=%d\n",
        addr, ntohs(clientaddr.sin6_port));
}
// 소켓 닫기
closesocket(ptr->sock);
delete ptr;

if (nIndex != (nTotalSockets - 1))
    SocketInfoArray[nIndex] = SocketInfoArray[nTotalSockets - 1];
--nTotalSockets;
}
```

04 서버 코드 변환: 리눅스

3절에서 작성한 윈도우용 서버 코드를 다음 단계를 따라 리눅스용으로 변환해보자.

1 리눅스의 g++ 명령으로 컴파일/링크가 되도록 수정한다.

- 맨 첫 줄의 Common.h 포함 경로를 수정한다.
- 메인 함수 시작과 끝부분의 윈속 초기화/종료 코드를 삭제한다.
- closesocket() → close()로 함수 이름을 변경한다.
- int addrlen → socklen_t addrlen으로 변수 타입을 변경한다.

2 g++ 명령으로 컴파일/링크하고 실행하면 bind( ) 함수에서 오류가 발생한다. PrjServer 예제는 TCP/IPv4, TCP/IPv6 소켓을 차례로 만들어서 같은 포트 번호(9000)로 바인딩하는데, 두 번째로 바인딩하는 TCP/IPv6 소켓에서 발생하는 문제다. 윈도우에서는 같은 포트 번호를 사용하는 TCP/IPv4, TCP/IPv6 소켓을 만들 수 있지만, 리눅스에서는 소켓 옵션을 설정해야만 가능하다. 최근 리눅스는 듀얼 스택Dual-Stack이 기본값이므로 TCP/IPv6 소켓만으로 TCP/IPv4 연결도 처리할 수 있다. 그러나 다른 유닉스 시스템과의 호환성을 고려하여 이 책에서는 사용하지 않기로 한다. 소켓 옵션을 사용해서 듀얼 스택을 꺼주면 TCP/IPv4 소켓은 TCP/IPv4 통신만, TCP/IPv6 소켓은 TCP/IPv6 통신만 담당한다.

```
student@vm:~/Source/Linux/Chapter14$ g++ PrjServer.cpp -o PrjServer
student@vm:~/Source/Linux/Chapter14$ ./PrjServer
[bind()] Address already in use
```

듀얼 스택을 끄는 코드는 다음과 같다. 두 번째 bind( ) 함수 호출 전에 넣어주면 된다.

```
// 듀얼 스택을 끈다. [Windows는 꺼져 있음(기본값). UNIX/Linux는 OS마다 다름]
int no = 1;
setsockopt(listen_sock6, IPPROTO_IPV6, IPV6_V6ONLY, &no, sizeof(no));
```

3 다시 g++ 명령으로 컴파일/링크하고 실행하면 당장은 오류가 없지만 클라이언트를 실행하여 테스트할 때 작동하지 않는다. 이는 select() 함수의 첫 번째 인수에 {처리할 소켓의 최대 번호+1}을 계산해서 넣어주지 않았기 때문이다. 윈도우에서는 무시되므로 0을 사용했지만 리눅스에서는 제대로 값을 전달해야 한다. 12장의 SelectTCPServer.cpp 예제 끝부분에 정의한 GetMaxFDPlus1() 함수를 가져와 적용하면 된다.

4 지금까지 설명한 내용을 모두 반영한 전체 소스 코드는 다음과 같다. 수정하거나 추가한 부분을 한눈에 파악할 수 있도록 별도 표시했다. 단, 삭제한 윈속 초기화/종료 코드는 따로 표시하지 않았다.

```
#include "../Common.h"

#define SERVERPORT 9000
#define BUFSIZE    256

// 소켓 정보 저장을 위한 구조체와 변수
typedef struct _SOCKETINFO
{
  SOCKET sock;
  bool   isIPv6;
  bool   isUDP;
  char   buf[BUFSIZE + 1];
  int    recvbytes;
} SOCKETINFO;
int nTotalSockets = 0;
SOCKETINFO *SocketInfoArray[FD_SETSIZE];

// 소켓 정보 관리 함수
bool AddSocketInfo(SOCKET sock, bool isIPv6, bool isUDP);
void RemoveSocketInfo(int nIndex);
// {최대 소켓 번호 + 1} 얻는 함수
int GetMaxFDPlus1(SOCKET s);

int main(int argc, char *argv[])
{
  int retval;

```

```
/*----- TCP/IPv4 소켓 초기화 시작 -----*/
... (중략)...

// 듀얼 스택을 끈다. [Windows는 꺼져 있음(기본값). UNIX/Linux는 OS마다 다름]
int no = 1;
setsockopt(listen_sock6, IPPROTO_IPV6, IPV6_V6ONLY, &no, sizeof(no));

... (중략)...

// 데이터 통신에 사용할 변수(공통)
fd_set rset;
SOCKET client_sock;
socklen_t addrlen;
// 데이터 통신에 사용할 변수(IPv4)
struct sockaddr_in clientaddr4;
// 데이터 통신에 사용할 변수(IPv6)
struct sockaddr_in6 clientaddr6;

while (1) {
    // 소켓 셋 초기화
    FD_ZERO(&rset);
    FD_SET(listen_sock4, &rset);
    FD_SET(listen_sock6, &rset);
    for (int i = 0; i < nTotalSockets; i++) {
        FD_SET(SocketInfoArray[i]->sock, &rset);
    }

    // select()
    retval = select(GetMaxFDPlus1(listen_sock4), &rset, NULL, NULL, NULL);
    if (retval == SOCKET_ERROR) err_quit("select()");

    // 소켓 셋 검사(1): 클라이언트 접속 수용
... (중략)...
            addrlen = sizeof(clientaddr4);
            client_sock = accept(listen_sock4,
                (struct sockaddr *)&clientaddr4, &addrlen);
```

```
            if (client_sock == INVALID_SOCKET) {
                err_display("accept()");
                break;
            }
            else {
                // 클라이언트 정보 출력
                char addr[INET_ADDRSTRLEN];
                inet_ntop(AF_INET, &clientaddr4.sin_addr, addr, sizeof(addr));
                printf("\n[TCP/IPv4 서버] 클라이언트 접속: IP 주소=%s, 포트 번호=%d\n",
                    addr, ntohs(clientaddr4.sin_port));
                // 소켓 정보 추가: 실패 시 소켓 닫음
                if (!AddSocketInfo(client_sock, false, false))
                    close(client_sock);
            }
        }
        if (FD_ISSET(listen_sock6, &rset)) { // TCP/IPv6
            addrlen = sizeof(clientaddr6);
            client_sock = accept(listen_sock6,
                (struct sockaddr *)&clientaddr6, &addrlen);
            if (client_sock == INVALID_SOCKET) {
                err_display("accept()");
                break;
            }
            else {
                // 클라이언트 정보 출력
                char addr[INET6_ADDRSTRLEN];
                inet_ntop(AF_INET6, &clientaddr6.sin6_addr, addr, sizeof(addr));
                printf("\n[TCP/IPv6 서버] 클라이언트 접속: IP 주소=%s, 포트 번호=%d\n",
                    addr, ntohs(clientaddr6.sin6_port));
                // 소켓 정보 추가: 실패 시 소켓 닫음
                if (!AddSocketInfo(client_sock, true, false))
                    close(client_sock);
            }
        }

```

```
        // 소켓 셋 검사(2): 데이터 통신
        for (int i = 0; i < nTotalSockets; i++) {
            SOCKETINFO *ptr = SocketInfoArray[i];
            if (FD_ISSET(ptr->sock, &rset)) {
                // 데이터 받기
                retval = recv(ptr->sock, ptr->buf + ptr->recvbytes,
                    BUFSIZE - ptr->recvbytes, 0);
                if (retval == 0 || retval == SOCKET_ERROR) {
                    RemoveSocketInfo(i);
                    continue;
                }

                // 받은 바이트 수 누적
                ptr->recvbytes += retval;

                if (ptr->recvbytes == BUFSIZE) {
                    // 받은 바이트 수 리셋
                    ptr->recvbytes = 0;
                    // 현재 접속한 모든 클라이언트에 데이터 전송
                    for (int j = 0; j < nTotalSockets; j++) {
                        SOCKETINFO *ptr2 = SocketInfoArray[j];
                        retval = send(ptr2->sock, ptr->buf, BUFSIZE, 0);
                        if (retval == SOCKET_ERROR) {
                            err_display("send()");
                            RemoveSocketInfo(j);
                            --j; // 루프 인덱스 보정
                            continue;
                        }
                    }
                }
            }
        } /* end of for */
    } /* end of while (1) */

    // 소켓 닫기
    close(listen_sock4);
    return 0;
}
```

```
// 소켓 정보 추가
bool AddSocketInfo(SOCKET sock, bool isIPv6, bool isUDP)
{
  if (nTotalSockets >= FD_SETSIZE) {
    printf("[오류] 소켓 정보를 추가할 수 없습니다!\n");
    return false;
  }
  SOCKETINFO *ptr = new SOCKETINFO;
  if (ptr == NULL) {
    printf("[오류] 메모리가 부족합니다!\n");
    return false;
  }
  ptr->sock = sock;
  ptr->isIPv6 = isIPv6;
  ptr->isUDP = isUDP;
  ptr->recvbytes = 0;
  SocketInfoArray[nTotalSockets++] = ptr;
  return true;
}

// 소켓 정보 삭제
void RemoveSocketInfo(int nIndex)
{
  SOCKETINFO *ptr = SocketInfoArray[nIndex];

  if (ptr->isIPv6 == false) {
    // 클라이언트 정보 얻기
    struct sockaddr_in clientaddr;
    socklen_t addrlen = sizeof(clientaddr);
    getpeername(ptr->sock, (struct sockaddr *)&clientaddr, &addrlen);
    // 클라이언트 정보 출력
    char addr[INET_ADDRSTRLEN];
    inet_ntop(AF_INET, &clientaddr.sin_addr, addr, sizeof(addr));
    printf("[TCP/IPv4 서버] 클라이언트 종료: IP 주소=%s, 포트 번호=%d\n",
      addr, ntohs(clientaddr.sin_port));
  }
```

```
  else {
    // 클라이언트 정보 얻기
    struct sockaddr_in6 clientaddr;
    socklen_t addrlen = sizeof(clientaddr);
    getpeername(ptr->sock, (struct sockaddr *)&clientaddr, &addrlen);
    // 클라이언트 정보 출력
    char addr[INET6_ADDRSTRLEN];
    inet_ntop(AF_INET6, &clientaddr.sin6_addr, addr, sizeof(addr));
    printf("[TCP/IPv6 서버] 클라이언트 종료: IP 주소=%s, 포트 번호=%d\n",
      addr, ntohs(clientaddr.sin6_port));
  }
  // 소켓 닫기
  close(ptr->sock);
  delete ptr;

  if (nIndex != (nTotalSockets - 1))
    SocketInfoArray[nIndex] = SocketInfoArray[nTotalSockets - 1];
  --nTotalSockets;
}

// {최대 소켓 번호 + 1} 얻기
int GetMaxFDPlus1(SOCKET s)
{
  int maxfd = s;
  for (int i = 0; i < nTotalSockets; i++) {
    if (SocketInfoArray[i]->sock > maxfd) {
      maxfd = SocketInfoArray[i]->sock;
    }
  }
  return maxfd + 1;
}
```

05 클라이언트 코드 분석

이전에 작성한 서버는 Select 모델을 기반으로 하는 단일 스레드 콘솔 프로그램으로 구조가 단순했지만 이제 살펴볼 클라이언트는 GUI 응용 프로그램이며 네트워크 통신을 위해 멀티스레드를 사용해야 하므로 조금 더 복잡하다. PrjClient 프로그램의 전체 구조를 윈도우와 스레드 관점에서 [그림 14-6]과 같다. 대화상자가 메인 윈도우이고 내부에는 다양한 컨트롤이 자리 잡고 있다. 오른쪽의 그림 그리기 영역은 일반 윈도우로 구현하되 대화상자의 자식 윈도우가 되도록 생성한다. 스레드 관점에서 보면 메인 스레드는 대화상자와 내부에 포함된 자식 윈도우(컨트롤도 포함)의 메시지를 주로 처리한다. 별도로 생성한 세 개의 스레드는 메인 통신(소켓 생성과 서버 연결), 데이터 수신, 데이터 송신을 각각 담당한다. 편의상 '메인 통신'이라는 표현을 사용했지만 실제로 데이터를 주고받는 작업은 데이터 송신과 수신 스레드가 담당한다.

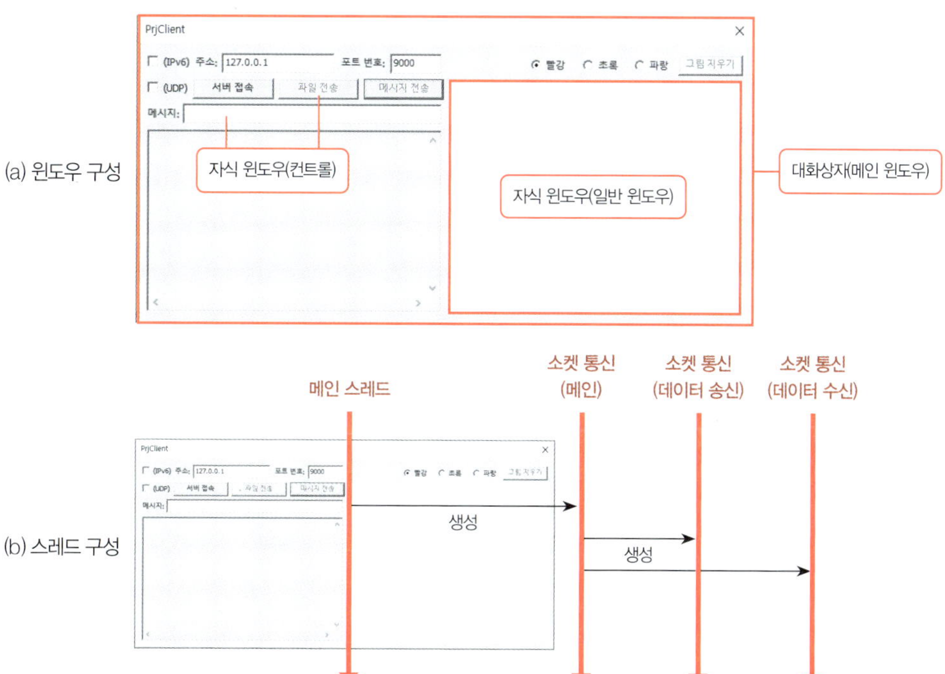

그림 14-6 PrjClient 프로그램의 구조

PrjClient 프로그램이 서버를 경유하여 주고받는 데이터의 형태는 세 가지다. 차례로 채팅 메시지, 선 그리기, 그림 지우기 정보를 담는다. 메시지 구조는 [그림 14-7]과 같다. 채팅 메시지는 type=1000, 선 그리기 메시지는 type=1001, 그림 지우기 메시지는 type=1002로 정의한다. 새로운 메시지 형식을 추가하려면 type에 새로운 번호를 지정하고, 뒤따라오는 데이터 형태를 252(=256-4)바이트 내에서 적절히 정해주면 된다. 본문 5장에서 여러 가지 데이터 전송 방식을 학습했는데, 이 예제에서는 256바이트 고정 길이 데이터 전송 방식을 사용한다.

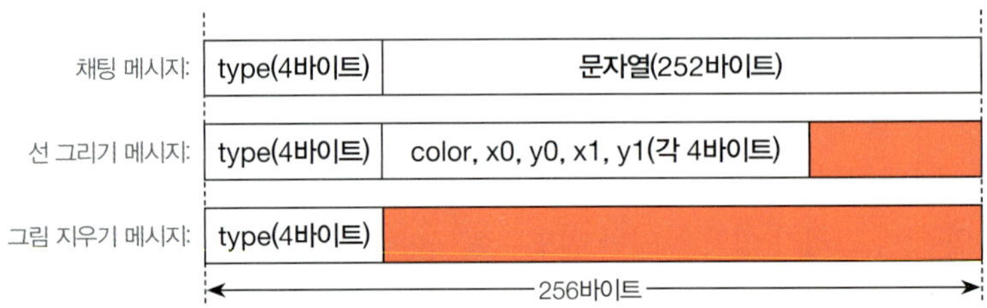

그림 14-7 PrjClient 프로그램이 사용하는 메시지 구조

지금까지 설명한 특징을 염두에 두고 PrjClient.h와 PrjClient.cpp 코드의 핵심 부분을 위주로 분석해보자. 이 책에서 소개하지 않은 윈도우 API가 일부 사용되는데, 이런 부분은 전체적으로 어떤 일을 하는지 정도만 파악하고 소켓 통신 함수 위주로 살펴보기를 바란다.

1 상수/구조체 정의, 함수 원형 선언

PrjClient.h

```
#pragma once

#define SERVERIP4  _T("127.0.0.1")
#define SERVERIP6  _T("::1")
#define SERVERPORT  9000

#define SIZE_TOT 256                        // 전송 패킷(헤더 + 데이터) 전체 크기
#define SIZE_DAT (SIZE_TOT-sizeof(int)) // 헤더를 제외한 데이터 부분만의 크기

#define TYPE_CHAT     1000                  // 메시지 타입: 채팅
#define TYPE_DRAWLINE 1001                  // 메시지 타입: 선 그리기
#define TYPE_ERASEPIC 1002                  // 메시지 타입: 그림 지우기

```

```
#define WM_DRAWLINE (WM_USER+1)          // 사용자 정의 윈도우 메시지(1)
#define WM_ERASEPIC (WM_USER+2)          // 사용자 정의 윈도우 메시지(2)

// 공통 메시지 형식
// sizeof(COMM_MSG) == 256
typedef struct _COMM_MSG
{
   int  type;
   char dummy[SIZE_DAT];
} COMM_MSG;

// 채팅 메시지 형식
// sizeof(CHAT_MSG) == 256
typedef struct _CHAT_MSG
{
   int  type;
   char msg[SIZE_DAT];
} CHAT_MSG;

// 선 그리기 메시지 형식
// sizeof(DRAWLINE_MSG) == 256
typedef struct _DRAWLINE_MSG
{
   int  type;
   int  color;
   int  x0, y0;
   int  x1, y1;
   char dummy[SIZE_TOT - 6 * sizeof(int)];
} DRAWLINE_MSG;

// 그림 지우기 메시지 형식
// sizeof(ERASEPIC_MSG) == 256
typedef struct _ERASEPIC_MSG
{
   int  type;
   char dummy[SIZE_DAT];
} ERASEPIC_MSG;

```

```
52 // 대화상자 프로시저
53 INT_PTR CALLBACK DlgProc(HWND, UINT, WPARAM, LPARAM);
54 // 자식 윈도우 프로시저
55 LRESULT CALLBACK ChildWndProc(HWND, UINT, WPARAM, LPARAM);
56 // 소켓 통신 스레드 함수
57 DWORD WINAPI ClientMain(LPVOID arg);
58 DWORD WINAPI ReadThread(LPVOID arg);
59 DWORD WINAPI WriteThread(LPVOID arg);
60 // 에디트 컨트롤 출력 함수
61 void DisplayText(const char *fmt, ...);
```

3~5행 기본값으로 사용할 서버의 IPv4/IPv6 주소와 포트 번호다.

7~8행 메시지의 길이를 정의한다. 전체 크기(SIZE_TOT)에서 type 부분(4바이트)을 제외한 크기가 사용자 데이터의 최대 길이다.

10~12행 메시지 타입을 나타내는 상수다. 메시지를 서버에 전송할 때도 필요하지만 받은 메시지를 분석할 때도 중요하다.

14~15행 선 그리기 메시지와 그림 지우기 메시지가 도착하면 선을 그리거나 기존 그림을 지우도록 지시해야 하는데, 이때 사용하는 사용자 정의 윈도우 메시지다. 대화상자 오른쪽의 자식 윈도우가 이 메시지를 받아서 처리할 것이다.

19~50행 세 종류의 메시지 형식을 정의한다. 세 개 모두 크기가 256바이트가 되도록 구조체 필드를 배치했다. COMM_MSG는 모든 메시지의 기본 구조를 정의하고, CHAT_MSG / DRAWLINE_MSG / ERASEPIC_MSG는 각각 채팅 메시지, 선 그리기 메시지, 그림 지우기 메시지에 사용된다.

2 헤더 파일 포함, 전역 변수 정의

PrjClient.cpp

```
#include "..\..\Common.h"
#include "PrjClient.h"
#include "resource.h"

/* 윈도우 관련 전역 변수 */
static HINSTANCE    g_hInstance;          // 프로그램 인스턴스 핸들
```

```
7 static HWND            g_hBtnSendFile;     // [파일 전송] 버튼
8 static HWND            g_hBtnSendMsg;      // [메시지 전송] 버튼
9 static HWND            g_hEditStatus;      // 각종 메시지 출력 영역
10 static HWND           g_hBtnErasePic;     // [그림 지우기] 버튼
11 static HWND           g_hDrawWnd;         // 그림을 그릴 윈도우
12
13 /* 통신 관련 전역 변수 */
14 static volatile bool g_isIPv6;           // IPv4 or IPv6 주소?
15 static char          g_ipaddr[64];       // 서버 IP 주소(문자열)
16 static int           g_port;             // 서버 포트 번호
17 static volatile bool g_isUDP;            // TCP or UDP 프로토콜?
18 static HANDLE        g_hClientThread;    // 스레드 핸들
19 static volatile bool g_bCommStarted;     // 통신 시작 여부
20 static SOCKET        g_sock;             // 클라이언트 소켓
21 static HANDLE        g_hReadEvent;       // 이벤트 핸들(1)
22 static HANDLE        g_hWriteEvent;      // 이벤트 핸들(2)
23
24 /* 메시지 관련 전역 변수 */
25 static CHAT_MSG      g_chatmsg;          // 채팅 메시지
26 static DRAWLINE_MSG  g_drawlinemsg;      // 선 그리기 메시지
27 static int           g_drawcolor;        // 선 그리기 색상
28 static ERASEPIC_MSG  g_erasepicmsg;      // 그림 지우기 메시지
```

6~28행 여러 함수에서 접근하여 사용할 전역 변수를 정의한다. 전역 변수임을 쉽게 알 수 있도록 'g_'를 붙여 변수 이름을 만들었다. 외부 파일에서 참조하지 않는 전역 변수는 맨 앞에 static 키워드를 붙이는 것이 좋다. 개수가 많으므로 각 변수의 의미는 이후 코드를 분석할 때 하나씩 체크하면서 파악하기를 바란다.

3 메인 함수

```
30 int WINAPI WinMain(HINSTANCE hInstance, HINSTANCE hPrevInstance,
31   LPSTR lpCmdLine, int nCmdShow)
32 {
33   // 윈속 초기화
34   WSADATA wsa;
```

```
35     if (WSAStartup(MAKEWORD(2, 2), &wsa) != 0)
36         return 1;
37
38     // 이벤트 생성(각각 신호, 비신호 상태)
39     g_hReadEvent = CreateEvent(NULL, FALSE, TRUE, NULL);
40     if (g_hReadEvent == NULL) return 1;
41     g_hWriteEvent = CreateEvent(NULL, FALSE, FALSE, NULL);
42     if (g_hWriteEvent == NULL) return 1;
43
44     // 전역 변수 초기화(일부)
45     g_chatmsg.type = TYPE_CHAT;
46     g_drawlinemsg.type = TYPE_DRAWLINE;
47     g_drawlinemsg.color = RGB(255, 0, 0);
48     g_erasepicmsg.type = TYPE_ERASEPIC;
49
50     // 대화상자 생성
51     g_hInstance = hInstance;
52     DialogBox(hInstance, MAKEINTRESOURCE(IDD_DIALOG1), NULL, DlgProc);
53
54     // 이벤트 제거
55     CloseHandle(g_hReadEvent);
56     CloseHandle(g_hWriteEvent);
57
58     // 윈속 종료
59     WSACleanup();
60     return 0;
61 }
```

39~42행, 55~56행 각각 이벤트 객체를 생성하고 제거하는 코드다. 이벤트 객체는 메인 스레드와 통신 스레드 간의 동기화에 사용한다.

45~48행 일부 전역 변수를 초기화한다. 여기서는 네트워크로 주고받는 메시지의 타입과 선 그리기 초기 색상을 정해준다.

51행 인스턴스 핸들값을 저장해둔다. 인스턴스 핸들은 윈도우 API에서 종종 필요하므로 전역 변수에 넣어두는 것이 좋다.

52행 대화상자를 생성한다. 대화상자에서 발생하는 메시지는 맨 마지막 인수로 전달한 DlgProc() 함수에서 처리한다.

4 대화상자 프로시저

```
// 대화상자 프로시저
INT_PTR CALLBACK DlgProc(HWND hDlg, UINT uMsg, WPARAM wParam, LPARAM lParam)
{
    static HWND hChkIsIPv6;
    static HWND hEditIPaddr;
    static HWND hEditPort;
    static HWND hChkIsUDP;
    static HWND hBtnConnect;
    static HWND hBtnSendFile;    // 전역 변수에도 저장
    static HWND hBtnSendMsg;     // 전역 변수에도 저장
    static HWND hEditMsg;
    static HWND hEditStatus;     // 전역 변수에도 저장
    static HWND hColorRed;
    static HWND hColorGreen;
    static HWND hColorBlue;
    static HWND hBtnErasePic;    // 전역 변수에도 저장
    static HWND hStaticDummy;

    switch (uMsg) {
    case WM_INITDIALOG:
        // 컨트롤 핸들 얻기
        hChkIsIPv6 = GetDlgItem(hDlg, IDC_ISIPV6);
        hEditIPaddr = GetDlgItem(hDlg, IDC_IPADDR);
        hEditPort = GetDlgItem(hDlg, IDC_PORT);
        hChkIsUDP = GetDlgItem(hDlg, IDC_ISUDP);
        hBtnConnect = GetDlgItem(hDlg, IDC_CONNECT);
        hBtnSendFile = GetDlgItem(hDlg, IDC_SENDFILE);
        g_hBtnSendFile = hBtnSendFile;     // 전역 변수에 저장
        hBtnSendMsg = GetDlgItem(hDlg, IDC_SENDMSG);
        g_hBtnSendMsg = hBtnSendMsg;       // 전역 변수에 저장
        hEditMsg = GetDlgItem(hDlg, IDC_MSG);
        hEditStatus = GetDlgItem(hDlg, IDC_STATUS);
        g_hEditStatus = hEditStatus;       // 전역 변수에 저장
        hColorRed = GetDlgItem(hDlg, IDC_COLORRED);
        hColorGreen = GetDlgItem(hDlg, IDC_COLORGREEN);
        hColorBlue = GetDlgItem(hDlg, IDC_COLORBLUE);
```

```
    hBtnErasePic = GetDlgItem(hDlg, IDC_ERASEPIC);
    g_hBtnErasePic = hBtnErasePic;    // 전역 변수에 저장
    hStaticDummy = GetDlgItem(hDlg, IDC_DUMMY);

    // 컨트롤 초기화
    SetDlgItemText(hDlg, IDC_IPADDR, SERVERIP4);
    SetDlgItemInt(hDlg, IDC_PORT, SERVERPORT, FALSE);
    EnableWindow(g_hBtnSendFile, FALSE);
    EnableWindow(g_hBtnSendMsg, FALSE);
    SendMessage(hEditMsg, EM_SETLIMITTEXT, SIZE_DAT / 2, 0);
    SendMessage(hColorRed, BM_SETCHECK, BST_CHECKED, 0);
    SendMessage(hColorGreen, BM_SETCHECK, BST_UNCHECKED, 0);
    SendMessage(hColorBlue, BM_SETCHECK, BST_UNCHECKED, 0);
    EnableWindow(g_hBtnErasePic, FALSE);

    // 윈도우 클래스 등록
    WNDCLASS wndclass;
    wndclass.style = CS_HREDRAW | CS_VREDRAW;
    wndclass.lpfnWndProc = ChildWndProc;
    wndclass.cbClsExtra = 0;
    wndclass.cbWndExtra = 0;
    wndclass.hInstance = g_hInstance;
    wndclass.hIcon = LoadIcon(NULL, IDI_APPLICATION);
    wndclass.hCursor = LoadCursor(NULL, IDC_ARROW);
    wndclass.hbrBackground = (HBRUSH)GetStockObject(WHITE_BRUSH);
    wndclass.lpszMenuName = NULL;
    wndclass.lpszClassName = _T("MyWndClass");
    if (!RegisterClass(&wndclass)) exit(1);

    // 자식 윈도우 생성
    RECT rect; GetWindowRect(hStaticDummy, &rect);
    POINT pt; pt.x = rect.left; pt.y = rect.top;
    ScreenToClient(hDlg, &pt);
    g_hDrawWnd = CreateWindow(_T("MyWndClass"), _T(""), WS_CHILD,
      pt.x, pt.y, rect.right - rect.left, rect.bottom - rect.top,
      hDlg, (HMENU)NULL, g_hInstance, NULL);
    if (g_hDrawWnd == NULL) exit(1);
    ShowWindow(g_hDrawWnd, SW_SHOW);
```

```
    UpdateWindow(g_hDrawWnd);
    return TRUE;
  case WM_COMMAND:
    switch (LOWORD(wParam)) {
    case IDC_ISIPV6:
      g_isIPv6 = SendMessage(hChkIsIPv6, BM_GETCHECK, 0, 0);
      if (g_isIPv6 == false)
        SetDlgItemText(hDlg, IDC_IPADDR, SERVERIP4);
      else
        SetDlgItemText(hDlg, IDC_IPADDR, SERVERIP6);
      return TRUE;
    case IDC_CONNECT:
      // 컨트롤 상태 얻기
      GetDlgItemTextA(hDlg, IDC_IPADDR, g_ipaddr, sizeof(g_ipaddr));
      g_port = GetDlgItemInt(hDlg, IDC_PORT, NULL, TRUE);
      g_isIPv6 = SendMessage(hChkIsIPv6, BM_GETCHECK, 0, 0);
      g_isUDP = SendMessage(hChkIsUDP, BM_GETCHECK, 0, 0);
      // 소켓 통신 스레드 시작
      g_hClientThread = CreateThread(NULL, 0, ClientMain, NULL, 0, NULL);
      if (g_hClientThread == NULL) exit(0);
      // 서버 접속 성공 기다림
      while (g_bCommStarted == false);
      // 컨트롤 상태 변경
      EnableWindow(hChkIsIPv6, FALSE);
      EnableWindow(hEditIPaddr, FALSE);
      EnableWindow(hEditPort, FALSE);
      EnableWindow(hChkIsUDP, FALSE);
      EnableWindow(hBtnConnect, FALSE);
      EnableWindow(g_hBtnSendFile, TRUE);
      EnableWindow(g_hBtnSendMsg, TRUE);
      SetFocus(hEditMsg);
      EnableWindow(g_hBtnErasePic, TRUE);
      return TRUE;
    case IDC_SENDFILE:
      MessageBox(NULL, _T("아직 구현하지 않았습니다."), _T("알림"), MB_ICONERROR);
      // 1. GetOpenFileName() 윈도우 API를 이용해서 파일 열기 대화상자를 열고
      // 전송할 파일을 선택한다. 2. 선택한 파일을 읽어서 서버에 전송한다.
      return TRUE;
```

```
175         case IDC_SENDMSG:
176             // 이전에 얻은 채팅 메시지 읽기 완료를 기다림
177             WaitForSingleObject(g_hReadEvent, INFINITE);
178             // 새로운 채팅 메시지를 얻고 쓰기 완료를 알림
179             GetDlgItemTextA(hDlg, IDC_MSG, g_chatmsg.msg, SIZE_DAT);
180             SetEvent(g_hWriteEvent);
181             // 입력된 텍스트 전체를 선택 표시
182             SendMessage(hEditMsg, EM_SETSEL, 0, -1);
183             return TRUE;
184         case IDC_COLORRED:
185             g_drawlinemsg.color = RGB(255, 0, 0);
186             return TRUE;
187         case IDC_COLORGREEN:
188             g_drawlinemsg.color = RGB(0, 255, 0);
189             return TRUE;
190         case IDC_COLORBLUE:
191             g_drawlinemsg.color = RGB(0, 0, 255);
192             return TRUE;
193         case IDC_ERASEPIC:
194             send(g_sock, (char *)&g_erasepicmsg, SIZE_TOT, 0);
195             return TRUE;
196         case IDCANCEL:
197             closesocket(g_sock);
198             EndDialog(hDlg, IDCANCEL);
199             return TRUE;
200         }
201     }
202     return FALSE;
203 }
```

코드가 긴 편이므로 대화상자 프로시저에서 처리하는 메시지별로 구분하여 분석해본다.

WM_INITDIALOG 메시지 처리

84~101행 컨트롤의 핸들값을 얻어서 저장해둔다. 핸들값을 유지하면 컨트롤의 상태를 알아내거나 변경하는 등의 작업을 할 때 편리하다. 핸들값 중 전역 변수에도 저장하는 것은 주석으로 표시해두었다.

104~112행 컨트롤의 초기 상태를 변경한다. 104~105행은 IP 주소와 포트 번호의 초깃값을 넣어준다. 106~107행, 112행은 당장 의미 없는 버튼을 비활성화한다. 108행은 에디트 컨트롤에 입력할 수 있는 글자 수를 제한한다. 109~111행은 '빨강'만 선택 상태로 만든다.

115~137행 대화상자 오른쪽 영역에 그림을 그릴 수 있도록 자식 윈도우를 생성한다. 자식 윈도우이므로 CreateWindow( ) 함수 세 번째 인수에 WS_CHILD 상수를 사용한다. 자식 윈도우의 크기는 대화상자에 미리 디자인해둔 컨트롤(IDC_DUMMY)의 크기를 GetWindowRect( ) 함수, ScreenToClient( ) 함수로 얻어서 사용한다.

> **NOTE** IDC_DUMMY 컨트롤은 자식 윈도우의 위치와 크기를 결정하는 데만 사용된다. 일단 자식 윈도우가 생성되면 IDC_DUMMY 컨트롤보다 앞쪽에 위치하여 전체를 가리므로 IDC_DUMMY 컨트롤의 역할은 끝난다.

WM_COMMAND – IDC_ISIPV6 메시지 처리

142~146행 '(IPv6)' 체크 박스를 클릭할 때마다 현재 체크 상태를 알아내고, 사용자 편의를 고려하여 IPv4 또는 IPv6 루프백 주소를 에디트 컨트롤에 자동으로 넣어준다.

WM_COMMAND – IDC_CONNECT 메시지 처리

150~153행 에디트 컨트롤에 입력된 IP 주소와 포트 번호를 얻고, IPv6 주소인지 UDP 프로로토콜인지 체크한다.

155~168행 소켓 통신 스레드(메인)를 생성한다. 서버 접속이 성공하면 사용자가 조작할 필요가 없는 컨트롤은 모두 비활성화하고(160~164행), 일부 버튼은 활성화한다(164~166행, 168행). 167행은 사용자의 편의를 위해 메시지 입력에 사용되는 에디트 컨트롤이 키보드 포커스를 얻도록 해준다. 따라서 [서버 접속] 버튼을 클릭해서 접속이 성공하면 곧바로 채팅 메시지를 입력할 수 있다.

WM_COMMAND – IDC_SENDFILE 메시지 처리

[파일 전송] 버튼을 누르면 파일을 선택하고 전송하는 기능을 구현하는 부분이다. 학습을 위해 독자 몫으로 남겨 두었다.

WM_COMMAND – IDC_SENDMSG 메시지 처리

177~182행 [메시지 전송] 버튼을 누르면 현재 입력된 채팅 메시지를 보낸다. 10장에서 다룬

GUITCPClient 예제와 동일하게 구현했다. 이벤트 객체 두 개를 이용한 동기화 방법은 본문 10장을 참조하기 바란다.

WM_COMMAND – IDC_COLORRED, IDC_COLORGREEN, IDC_COLORBLUE 메시지 처리

185, 188, 191행 색상을 선택하면 전역 구조체 변수 g_drawmsg의 color 필드에 저장해둔다. 나중에 선 그리기 메시지를 네트워크로 전송할 때 그대로 사용한다.

WM_COMMAND – IDCANCEL 메시지 처리

197~198행 IDCANCEL 메시지는 대화상자 오른쪽 상단의 종료(☒) 부분을 클릭할 때 발생한다. 여기서는 소켓과 대화상자를 차례로 닫음으로써 응용 프로그램 종료 절차를 시작한다.

5 자식 윈도우 프로시저

```
// 자식 윈도우 프로시저
LRESULT CALLBACK ChildWndProc(HWND hWnd, UINT uMsg, WPARAM wParam, LPARAM lParam)
{
    HDC hDC;
    HPEN hPen, hOldPen;
    PAINTSTRUCT ps;
    static int cx, cy;
    static HBITMAP hBitmap;
    static HDC hDCMem;
    static int x0, y0;
    static int x1, y1;
    static bool bDrawing;

    switch (uMsg) {
    case WM_SIZE:
        // 화면 출력용 DC 핸들 얻기
        hDC = GetDC(hWnd);
        // 배경 비트맵과 메모리 DC 생성
        cx = LOWORD(lParam);
        cy = HIWORD(lParam);
        hBitmap = CreateCompatibleBitmap(hDC, cx, cy);
        hDCMem = CreateCompatibleDC(hDC);
```

```
        SelectObject(hDCMem, hBitmap);
        // 배경 비트맵 흰색으로 채움
        SelectObject(hDCMem, GetStockObject(WHITE_BRUSH));
        SelectObject(hDCMem, GetStockObject(WHITE_PEN));
        Rectangle(hDCMem, 0, 0, cx, cy);
        // 화면 출력용 DC 핸들 해제
        ReleaseDC(hWnd, hDC);
        return 0;
    case WM_PAINT:
        // 화면 출력용 DC 핸들 얻기
        hDC = BeginPaint(hWnd, &ps);
        // 배경 비트맵을 화면에 전송
        BitBlt(hDC, 0, 0, cx, cy, hDCMem, 0, 0, SRCCOPY);
        // 화면 출력용 DC 핸들 해제
        EndPaint(hWnd, &ps);
        return 0;
    case WM_LBUTTONDOWN:
        // 마우스 클릭 좌표 얻기
        x0 = LOWORD(lParam);
        y0 = HIWORD(lParam);
        bDrawing = true;
        return 0;
    case WM_MOUSEMOVE:
        if (bDrawing && g_bCommStarted) {
            // 마우스 클릭 좌표 얻기
            x1 = LOWORD(lParam);
            y1 = HIWORD(lParam);
            // 선 그리기 메시지 보내기
            g_drawlinemsg.x0 = x0;
            g_drawlinemsg.y0 = y0;
            g_drawlinemsg.x1 = x1;
            g_drawlinemsg.y1 = y1;
            send(g_sock, (char *)&g_drawlinemsg, SIZE_TOT, 0);
            // 마우스 클릭 좌표 갱신
            x0 = x1;
            y0 = y1;
        }
        return 0;
```

```
    case WM_LBUTTONUP:
        bDrawing = false;
        return 0;
    case WM_DRAWLINE:
        // 화면 출력용 DC와 Pen 핸들 얻기
        hDC = GetDC(hWnd);
        hPen = CreatePen(PS_SOLID, 3, g_drawcolor);
        // 윈도우 화면에 1차로 그리기
        hOldPen = (HPEN)SelectObject(hDC, hPen);
        MoveToEx(hDC, LOWORD(wParam), HIWORD(wParam), NULL);
        LineTo(hDC, LOWORD(lParam), HIWORD(lParam));
        SelectObject(hDC, hOldPen);
        // 배경 비트맵에 2차로 그리기
        hOldPen = (HPEN)SelectObject(hDCMem, hPen);
        MoveToEx(hDCMem, LOWORD(wParam), HIWORD(wParam), NULL);
        LineTo(hDCMem, LOWORD(lParam), HIWORD(lParam));
        SelectObject(hDCMem, hOldPen);
        // 화면 출력용 DC와 Pen 핸들 해제
        DeleteObject(hPen);
        ReleaseDC(hWnd, hDC);
        return 0;
    case WM_ERASEPIC:
        // 배경 비트맵 흰색으로 채움
        SelectObject(hDCMem, GetStockObject(WHITE_BRUSH));
        SelectObject(hDCMem, GetStockObject(WHITE_PEN));
        Rectangle(hDCMem, 0, 0, cx, cy);
        // WM_PAINT 메시지 강제 생성
        InvalidateRect(hWnd, NULL, FALSE);
        return 0;
    case WM_DESTROY:
        DeleteDC(hDCMem);
        DeleteObject(hBitmap);
        PostQuitMessage(0);
        return 0;
    }
    return DefWindowProc(hWnd, uMsg, wParam, lParam);
}
```

WndProc( ) 함수는 132행에서 생성한 자식 윈도우의 메시지를 처리한다. 이 윈도우는 화면에 그림을 그릴 때 사용된다. 마우스로 그림을 그리려면 WM_LBUTTONDOWN, WM_MOUSEMOVE, WM_LBUTTONUP 메시지를 처리해야 한다. 화면에 그릴 정보를 네트워크로 전송하거나 전송된 메시지를 토대로 그림을 그리는 작업이 핵심인데, 화면에 그린 내용을 저장했다가 필요시 복원하는 작업도 중요하다. 화면 복원에 흔히 사용하는 기법은 메모리 DC와 비트맵을 조합하는 것이다. 메모리 DC와 비트맵 사용법을 여기서 다루기에는 적절하지 않으므로 나중에 관련 서적을 참고하여 살펴보기 바란다.

> **NOTE** GUI 소켓 응용 프로그램 특성상 소켓 함수만으로 구현할 수는 없으므로 다소 생소한 내용이 나올 수 있는데, 전체적인 통신 데이터 처리 흐름을 파악하는 데 우선 집중하도록 한다.

WM_SIZE 메시지 처리

WM_SIZE 메시지는 윈도우가 생성되어 크기가 결정되면 발생한다. 윈도우의 크기(폭, 높이) 정보는 WndProc( ) 함수의 마지막 매개변수인 lParam에 저장되어 있으므로 값을 꺼내서 비트맵 생성에 사용한다. 편의상 '배경 비트맵'이라고 부르는 비트맵을 흰색으로 채우고, 나중에 그림을 그릴 경우가 있다면 여기에 그린다(저장한다). 이 배경 비트맵을 화면에 전송하면 사용자가 보는 출력으로 나오게 된다. 화면에 곧바로 그리지 않고 배경 비트맵에 그리는 이유는 나중에 화면을 복원해야 할 때를 대비한 것이다.

WM_PAINT 메시지 처리

WM_PAINT 메시지는 윈도우의 화면 전체 또는 일부를 갱신해야 할 때 발생한다. WM_SIZE 메시지를 처리하면서 만들어둔 배경 비트맵을 화면에 전송하기만 하면 된다. 배경 비트맵에 그림을 실제로 그리는 작업은 WM_DRAWLINE 메시지를 처리할 때(278~281행) 한다.

WM_LBUTTONDOWN 메시지 처리

245~246행 마우스 왼쪽 버튼을 클릭하면 x, y 좌표를 기억해둔다.

247행 마우스 왼쪽 버튼을 떼기 전까지 bDrawing 전역 변수를 TRUE로 유지한다.

WM_MOUSEMOVE 메시지 처리

250행 마우스 왼쪽 버튼을 클릭한 상태이고, 서버와 연결되어 통신이 시작되었으면 처리한다.

252~253행 마우스를 움직이면 마우스 좌표를 저장해둔다.

255~259행 선 그리기 메시지를 만들어서 send() 함수로 서버에 보낸다.

261~262행 저장된 마우스 좌표를 새로운 좌표로 갱신한다.

WM_LBUTTONUP 메시지 처리

266행 마우스 왼쪽 버튼을 떼면 bDrawing 전역 변수를 FALSE로 되돌린다.

WM_DRAWLINE 메시지 처리

WM_DRAWLINE 메시지는 나중에 설명할 데이터 수신 스레드(391행)에서 만들어내는 사용자 정의 윈도우 메시지다. 따라서 데이터 수신 스레드 코드와 연계해서 이해해야 한다. wParam과 lParam에 전달된 직선의 좌표와 전역 변수 g_drawcolor에 저장되어 있는 색상 값을 참고하여 직선을 그린다. 이때 화면에 그림과 동시에 배경 비트맵에도 그린다. 배경 비트맵에 그린 그림은 WM_PAINT 메시지가 발생해서 화면을 갱신할 때 사용된다.

6 소켓 통신 스레드 함수(1) – 메인

```
303 // 소켓 통신 스레드 함수(1) - 메인
304 DWORD WINAPI ClientMain(LPVOID arg)
305 {
306   int retval;
307 
308   if (g_isIPv6 == false && g_isUDP == false) {  // TCP/IPv4 서버
309     // socket()
310     g_sock = socket(AF_INET, SOCK_STREAM, 0);
311     if (g_sock == INVALID_SOCKET) err_quit("socket()");
312 
313     // connect()
314     struct sockaddr_in serveraddr;
315     memset(&serveraddr, 0, sizeof(serveraddr));
316     serveraddr.sin_family = AF_INET;
317     inet_pton(AF_INET, g_ipaddr, &serveraddr.sin_addr);
318     serveraddr.sin_port = htons(g_port);
319     retval = connect(g_sock, (struct sockaddr *)&serveraddr, sizeof(serveraddr));
```

```
        if (retval == SOCKET_ERROR) err_quit("connect()");
    }
    else if (g_isIPv6 == true && g_isUDP == false) { // TCP/IPv6 서버
        // socket()
        g_sock = socket(AF_INET6, SOCK_STREAM, 0);
        if (g_sock == INVALID_SOCKET) err_quit("socket()");

        // connect()
        struct sockaddr_in6 serveraddr;
        memset(&serveraddr, 0, sizeof(serveraddr));
        serveraddr.sin6_family = AF_INET6;
        inet_pton(AF_INET6, g_ipaddr, &serveraddr.sin6_addr);
        serveraddr.sin6_port = htons(g_port);
        retval = connect(g_sock, (struct sockaddr *)&serveraddr, sizeof(serveraddr));
        if (retval == SOCKET_ERROR) err_quit("connect()");
    }
    else if (g_isIPv6 == false && g_isUDP == true) {      // UDP/IPv4 서버
        MessageBox(NULL, _T("아직 구현하지 않았습니다."), _T("알림"), MB_ICONERROR);
        exit(1);
    }
    else if (g_isIPv6 == true && g_isUDP == true) {       // UDP/IPv6 서버
        MessageBox(NULL, _T("아직 구현하지 않았습니다."), _T("알림"), MB_ICONERROR);
        exit(1);
    }
    MessageBox(NULL, _T("서버에 접속했습니다."), _T("알림"), MB_ICONINFORMATION);

    // 읽기 & 쓰기 스레드 생성
    HANDLE hThread[2];
    hThread[0] = CreateThread(NULL, 0, ReadThread, NULL, 0, NULL);
    hThread[1] = CreateThread(NULL, 0, WriteThread, NULL, 0, NULL);
    if (hThread[0] == NULL || hThread[1] == NULL) exit(1);
    g_bCommStarted = true;

    // 스레드 종료 대기 (둘 중 하나라도 종료할 때까지)
    retval = WaitForMultipleObjects(2, hThread, FALSE, INFINITE);
    retval -= WAIT_OBJECT_0;
    if (retval == 0)
        TerminateThread(hThread[1], 1);
```

```
358     else
359         TerminateThread(hThread[0], 1);
360     CloseHandle(hThread[0]);
361     CloseHandle(hThread[1]);
362 
363     MessageBox(NULL, _T("연결이 끊겼습니다."), _T("알림"), MB_ICONERROR);
364     EnableWindow(g_hBtnSendFile, FALSE);
365     EnableWindow(g_hBtnSendMsg, FALSE);
366     EnableWindow(g_hBtnErasePic, FALSE);
367     g_bCommStarted = false;
368     closesocket(g_sock);
369     return 0;
370 }
```

308~355행 TCP/IPv4 또는 TCP/IPv6 소켓을 생성하여 서버에 접속한다.

336~343행 UDP/IPv4 또는 UDP/IPv6 소켓을 생성하는 부분이다. 실제 코드는 학습을 위해 남겨 두었다.

347~350행 데이터 수신과 송신을 독립적으로 수행하는 스레드를 생성한다.

351행 서버와 통신할 준비가 되었으므로 전역 변수 g_bStart를 true로 바꾼다.

354~361행 두 스레드(ReadThread( ), WriteThread( ))가 종료하기를 기다린다. 둘 중 하나만 종료하면 나머지 하나도 강제로 종료시킨다.

364~366행 서버와 통신할 수 없는 상황이므로 사용해서는 안 되는 버튼을 모두 비활성화한다.

367~368행 서버와 통신할 수 없는 상황이므로 전역 변수 g_bStart를 false로 바꾸고 소켓을 닫는다.

7 소켓 통신 스레드 함수(2) – 데이터 수신

```
372 // 소켓 통신 스레드 함수(2) - 데이터 수신
373 DWORD WINAPI ReadThread(LPVOID arg)
374 {
375     int retval;
376     COMM_MSG comm_msg;
377     CHAT_MSG *chat_msg;
```

```
378    DRAWLINE_MSG *drawline_msg;
379    ERASEPIC_MSG *erasepic_msg;
380
381    while (1) {
382      retval = recv(g_sock, (char *)&comm_msg, SIZE_TOT, MSG_WAITALL);
383      if (retval == 0 || retval == SOCKET_ERROR) {
384        break;
385      }
386      if (comm_msg.type == TYPE_CHAT) {
387        chat_msg = (CHAT_MSG *)&comm_msg;
388        DisplayText("[받은 메시지] %s\r\n", chat_msg->msg);
389      }
390      else if (comm_msg.type == TYPE_DRAWLINE) {
391        drawline_msg = (DRAWLINE_MSG *)&comm_msg;
392        g_drawcolor = drawline_msg->color;
393        SendMessage(g_hDrawWnd, WM_DRAWLINE,
394          MAKEWPARAM(drawline_msg->x0, drawline_msg->y0),
395          MAKELPARAM(drawline_msg->x1, drawline_msg->y1));
396      }
397      else if (comm_msg.type == TYPE_ERASEPIC) {
398        erasepic_msg = (ERASEPIC_MSG *)&comm_msg;
399        SendMessage(g_hDrawWnd, WM_ERASEPIC, 0, 0);
400      }
401    }
402    return 0;
403  }
```

382~385행 256바이트 고정 길이 데이터를 읽고 오류를 처리한다.

386~389행 받은 메시지 타입이 채팅 메시지이면 CHAT_MSG 구조체로 형변환하여 필드 내용을 DisplayText() 함수로 에디트 컨트롤에 출력한다. DisplayText() 함수는 10장 본문 예제에서 만들었던 함수와 거의 똑같은 것으로, PrjClient.cpp 코드의 맨 끝에 정의되어 있다.

390~396행 받은 메시지 타입이 선 그리기 메시지이면 DRAWLINE_MSG 구조체로 형변환 후 좌표 정보를 꺼내서 SendMessage() 함수로 자식 윈도우에 WM_DRAWLINE 메시지를 전달한다. 이때 색상 정보는 전역 변수 g_drawcolor에 저장해두고, 좌표 정보는 SendMessage() 함수의 세 번째와 네 번째 인수로 전달한다.

397~400행 받은 메시지 타입이 그림 지우기 메시지이면 SendMessage() 함수로 자식 윈도우에 WM_ERASEPIC 메시지를 전달한다. ERASEPIC_MSG 구조체로 형변환하는 398행 코드는 당장은 필요 없어도 나중에 확장을 위해 남겨 두었다.

8 소켓 통신 스레드 함수(3) – 데이터 송신

```
// 소켓 통신 스레드 함수(3) - 데이터 송신
DWORD WINAPI WriteThread(LPVOID arg)
{
    int retval;

    // 서버와 데이터 통신
    while (1) {
        // 쓰기 완료 기다리기
        WaitForSingleObject(g_hWriteEvent, INFINITE);
        // 문자열 길이가 0이면 보내지 않음
        if (strlen(g_chatmsg.msg) == 0) {
            // [메시지 전송] 버튼 활성화
            EnableWindow(g_hBtnSendMsg, TRUE);
            // 읽기 완료 알리기
            SetEvent(g_hReadEvent);
            continue;
        }
        // 데이터 보내기
        retval = send(g_sock, (char *)&g_chatmsg, SIZE_TOT, 0);
        if (retval == SOCKET_ERROR) break;
        // [메시지 전송] 버튼 활성화
        EnableWindow(g_hBtnSendMsg, TRUE);
        // 읽기 완료 알리기
        SetEvent(g_hReadEvent);
    }
    return 0;
}
```

ReadThread( ) 함수가 채팅/선 그리기/그림 지우기 메시지를 모두 처리하는 반면, WriteThread( ) 함수는 채팅 메시지만 처리한다. 사용자가 대화상자의 에디트 컨트롤에 입력한 글자를 서버에 전송하는데, 기본 구조는 10장의 GUITCPClient 예제와 같다.

413행 사용자가 대화상자의 에디트 컨트롤에 글자를 입력한 후 Enter를 누르거나 [메시지 전송] 버튼을 누를 때까지 기다린다.

415~421행 입력된 문자열 길이가 0이면 데이터를 전송하지 않는다. 사용자가 다음 데이터를 입력할 수 있도록 [메시지 전송] 버튼을 활성화하고, 이벤트 객체를 통해 읽기 완료 사실을 대화상자에 알려준다.

423~424행 데이터를 서버에 전송하고 오류를 처리한다.

426~428행 사용자가 다음 데이터를 입력할 수 있도록 [메시지 전송] 버튼을 활성화하고, 이벤트 객체를 통해 읽기 완료 사실을 대화상자에 알려준다.

9 에디트 컨트롤 출력 함수

10장의 본문 예제에서 만들었던 함수와 거의 동일하므로 분석은 생략한다.

```
// 에디트 컨트롤 출력 함수
void DisplayText(const char *fmt, ...)
{
    va_list arg;
    va_start(arg, fmt);
    char cbuf[1024];
    vsprintf(cbuf, fmt, arg);
    va_end(arg);

    int nLength = GetWindowTextLength(g_hEditStatus);
    SendMessage(g_hEditStatus, EM_SETSEL, nLength, nLength);
    SendMessageA(g_hEditStatus, EM_REPLACESEL, FALSE, (LPARAM)cbuf);
}
```

06 추가 구현 사항

지금까지 작성하고 분석한 예제를 토대로 다음과 같은 기능을 추가해보자. 관련 장도 표시했으므로 참고한다.

■ 서버에 디버깅 모드 추가

서버 실행 시 /d 옵션을 주면 디버깅 모드로 작동한다. 디버깅 모드에서는 클라이언트가 보낸 데이터를 화면에 출력하는 등의 기능을 넣어서 서버의 내부 동작을 쉽게 파악할 수 있어야 한다.

■ UDP 프로토콜 지원

- 8장과 10장 내용 참고
- 현재는 TCP 프로토콜만 지원하지만 UDP 프로토콜을 지원할 수 있도록 대화상자 디자인과 뼈대 코드가 제공된다. 현재 구현된 코드 구조를 파악하고 적절한 위치에 새로운 코드를 추가하여 완성해보자.

■ 파일 전송 기능 추가

- 5장과 10장 내용 참고
- 파일 전송 기능을 넣도록 대화상자 디자인과 뼈대 코드가 제공되므로 적절한 위치에 코드를 추가하여 완성해보자. 새로운 데이터 형식이므로 PrjClient.cpp에 코드를 작성하기 전에 PrjClient.h 파일에 메시지 타입과 사용자 정의 윈도우 메시지, 메시지 형식을 새롭게 정의해야 한다.

■ 채팅 ID 추가

- 5장과 10장 내용 참고
- 현재 클라이언트 화면에는 채팅 메시지만 표시될 뿐 누가 보낸 것인지 알 수 없다는 문제가 있다. 채팅 ID를 추가하려면 사용자가 채팅 ID를 입력할 수 있도록 대화상자 디자인을 변경하고 채팅 메시지 구조체(CHAT_MSG)를 변경해야 한다.

■ 메시지 전송 방식 변경

- 5장 내용 참고
- 현재는 고정 길이 전송 방식을 사용한다. 5장에서 소개한 가변 길이 전송 방식, 고정 길이+가변 길이 전송 방식, 데이터 전송 후 종료 방식 중 하나를 선택하여 구현해보자.

■ 서버에 소켓 옵션 적용

- 9장 내용 참고
- 9장을 읽어보면 서버 작성 시에 권장되는 소켓 옵션이 있다. 이를 찾아서 추가해보자. 특히 리눅스에서 서버를 실행하여 테스트할 때 적절한 소켓 옵션을 설정해두지 않으면 bind( ) 함수에서 종종 오류가 생긴다.

■ 새로운 클라이언트 접속 시 채팅 메시지 복원

- 10장 내용 참고
- 현재는 새로운 클라이언트 접속 시 이전의 채팅 메시지를 볼 수 없다. 서버에서 일정 개수의 채팅 메시지를 항상 유지하고 있다가 새로운 클라이언트가 접속한 직후에 보내주는 기능을 넣으면 된다.

■ 서버에서 넌블로킹 소켓 사용

- 11~12장 내용 참고
- 현재 서버는 블로킹 소켓을 사용하므로 구조가 간단하다. 블로킹 소켓을 사용하면 send( ) 함수 호출 시 전달한 데이터가 모두 전송된 후 send( ) 함수가 리턴한다. 반면 넌블로킹 소켓을 사용하면 send( ) 함수 호출 시 전달한 데이터 중 일부만 전송되고 send( ) 함수가 리턴할 수 있다. 이런 상황에 대처하려면 서버의 SOCKETINFO 구조체에 sendbytes 변수를 추가하여 데이터 송신량을 관리하면 된다. 11~12장의 SelectTCPServer 예제를 참고하여 서버 코드를 변경해보자.

■ 다양한 소켓 입출력 모델 적용

- 11~12장 내용 참고
- 현재 서버는 Select 모델을 사용한다. 11장과 12장에서 운영체제별로 소개한 소켓 입출력 모델 중 하나씩 선택하여 윈도우/리눅스용 서버를 각각 재작성해보자.

찾아보기

찾아보기

T

U

V

찾아보기

찾아보기